Reutlinger + Uracher Alb 1

Lenninger Alb 2

SPÄTZLE & SEIL

Ostalb 3

Blautal 4

Wichtige Telefonnummern ☎

Notruf (Feuerwehr): 112

Polizei: 110

Polizei oder Feuerwehr leiten Notrufe an die nächste Rettungsleitstelle weiter.

Important phone numbers ☎

Emergency (Firefighters): 112

Police: 110

Police or Firefighters transmit emergency calls to the next rescue centre.

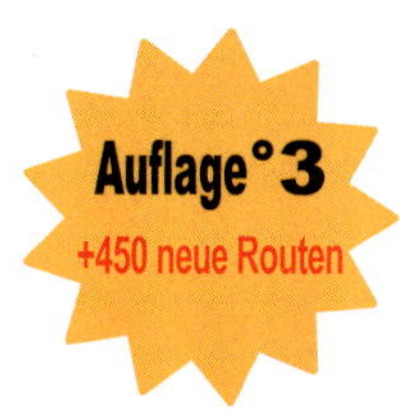

GEBRO Verlag

SPÄTZLE & SEIL

Sportkletter-Auswahlführer

Schwäbische Alb

Reutlingen • Urach • Lenningen • Ostalb • Blautal

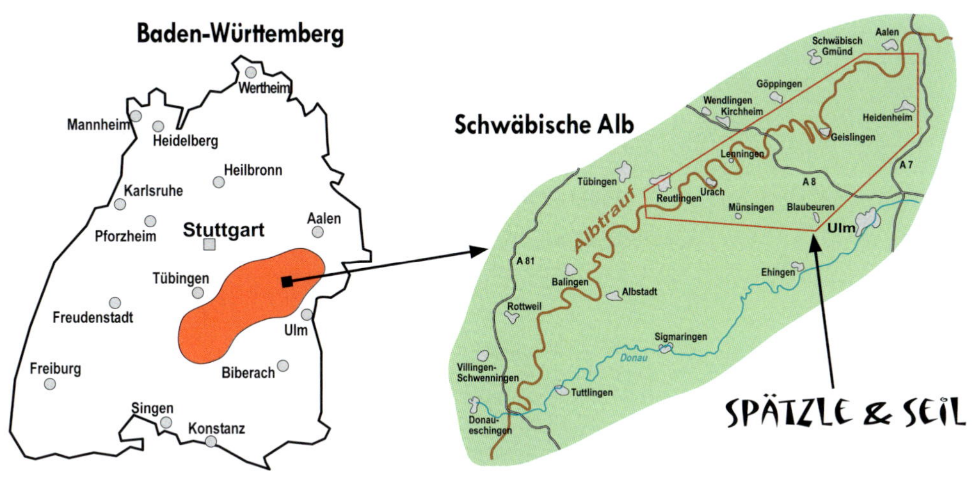

<u>Achtung!</u>

Klettern ist ein potenziell gefährlicher Sport. Die persönliche Sicherheit sollte von keinen Angaben in diesem Buch abhängig gemacht werden. Autoren und Herausgeber können für die Richtigkeit der Angaben in diesem Buch nicht garantieren, dazu gehören die Topos, die Beschreibung der Routen, Zugangsinformationen sowie Schwierigkeitsbewertungen und Wandhöhen.

Jegliche Haftung für die Richtigkeit der Angaben in diesem Buch wird abgelehnt. Klettern erfolgt vollständig auf eigene Verantwortung.

<u>Warning!</u>

Climbing is inherently dangerous. You should not depend or rely on any information gleaned from this book for your personal safety. The authors and publisher cannot assure the accuracy of any of the information in this book, including the topos, the route descriptions, access information, difficulty ratings and heights of the walls.

There are no warranties, whether expressed or implied, that this guidebook is accurate or that the information included in it is reliable. You are climbing entirely at your own risk.

Ulrich & Harald Röker,

Spätzle & Seil
Sportkletter-Auswahlführer Schwäbische Alb

GEBRO Verlag, Immenstadt
3. Auflage, Juli 2021

ISBN 978-3-938680-47-6

Gedruckt in Deutschland • Printed in Germany

Knottenried 14,
D-87509 Immenstadt
Tel.: +49 (0) 83 20/92 54 16
www.gebro-verlag.de

Titel: Tabea Mager in *Kompletter Wahn* (8), Linke Wittlinger Felsen
Foto: Archiv Röker

Bilder Innenteil: Archiv Röker, soweit nicht anders vermerkt

Inhalt • Content

1

2

3

4

Vorwort

Was für ein verrücktes Jahr liegt hinter uns! Und noch ist nicht abzusehen, wie lange das Coronavirus uns alle noch in seinem Würgegriff halten wird. Die während der letzten Jahre stark in Mode gekommenen Kletterhallen waren gesperrt, umso wichtiger wurden in dieser Zeit die klettersportlichen Ziele in freier Natur.

Für nicht wenige Kletterer ergab sich dadurch 2020/21 der erste Kontakt mit den Felsen der eigenen Heimat, dabei konnte so manch eine/einer sicherlich feststellen, dass der Fels in freier Natur durchaus seine Vorzüge hat.

In solchen Zeiten Bücher zu machen ist nicht einfach, trotzdem haben wir uns auch für diese Neuauflage wieder mächtig ins Zeug gelegt, um alles zu erfassen, was sich während der letzten Jahre in der Region an Neuem getan hat.

Einige Wände, wie die tollen, aber für die Vorstiegsmoral ziemlich anspruchsvollen Sirchinger Nadeln, haben Aufnahme in das vorliegende Buch gefunden. Ebenso die ausgedehnten Wandfluchten der Hannerfelsen, die durch zahlreiche Nacherschließungen zum angesagten Kletterziel wurden. Mit der Neuaufnahme des Sonntagsfelsen, des GG-Pfeilers und des Jungfraufelsen sind die Kletterziele des idyllisch gelegenen Eselsburger Tals nun vollständig in diesem Buch enthalten.

Dagegen haben wir schweren Herzens den beliebten Römerstein herausgenommen. Er ist seit mehreren Jahren aufgrund eines Uhubrutplatzes jetzt ganzjährig gesperrt. Eine Wiedereröffung ist derzeit nicht abzusehen. Sollte sich diese Situation irgendwann wieder ändern, werden wir dem in Folgeauflagen sicherlich Rechnung tragen.

Leider ist diese Sperrung nicht die einzige der letzten Jahre. Zumindest halbjährige Sperrungen der letzten noch verbliebenen Klettermöglichkeiten greifen immer mehr um sich. Ein Trend, der sich auch in anderen Kletterregionen, wie zum Beispiel dem Frankenjura, beobachten lässt, der aber im Ländle leider deutlich heftigere Auswirkungen hat. Stehen doch hierzulande bereits die meisten Wände seit vielen Jahren ohnehin unter Vollsperrung.

Doch bei aller Sorge um den Fortbestand der Klettermöglichkeiten im Ländle gibt es selbstverständlich auch Erfreuliches zu berichten. Nachdem sich auf der Schwäbischen Alb über viele Jahre hinweg nur wenig in Sachen Neutouren getan hatte und dadurch ein gewisser Stillstand eingetreten war, hat sich dies in letzter Zeit wieder etwas verändert. Eine ganze Reihe genehmigter Neuerschließungen ziert mittlerweile die Felsen unserer schwäbischen Felsenheimat. Dabei wurde nicht in jedem Fall tatsächlich Neuland betreten, erfreulicherweise wurde auch ab und an nur ein alter, vergessener Weg wiederentdeckt. Durch das Setzen neuer Silberlinge als Ersatz für vollkommen verrostete Relikte vergangener Heldentaten, wurde auf dieses Weise so manch alter Weg wieder kletterbar gemacht und damit dem heutigen Kletterpublikum zurückgegeben.

All diese kleinen und großen Veränderungen haben wir auch dieses Mal wieder so gut wie möglich zu dokumentieren versucht. Den zahlreichen Unterstützern, die uns mit Tipps und Informationen bei der Bucherstellung behilflich waren, möchten wir an dieser Stelle ein herzliches Dankeschön sagen, denn ohne ihr Spezialwissen geht es manchmal nicht.

Wie immer an dieser Stelle wünschen wir allen Freunden des Klettersports wieder eine tolle Zeit an den steilen Wänden unserer schwäbischen Felsenheimat. Überschätzt bei Euren Begehungen bitte niemals die eigenen Fähigkeiten, denn nur wer am Ende des Tages wohlbehalten wieder zu Hause eintrifft, kann die kleinen und großen Heldentaten noch viele Jahre lang als unvergessliche Glücksmomente in Erinnerung behalten.

Im Sommer 2021, Ulrich und Harald Röker

Gebrauch

Der Führer besteht grundsätzlich aus 10 Hauptsegmenten.

- Generalkarte
- Gebietskarte
- Wegeskizze
- Lage
- Allgemeines
- Anfahrt
- Zugang
- Naturschutz
- Routentabelle
- Felstopo

Bei der Erstellung der Topos haben wir sehr viel Wert auf möglichst hohe Detailgenauigkeit gelegt, kleinere oder größere Fehler bei Haken, Hakenpositionen, Grasbüscheln etc. bitten wir zu entschuldigen.

Generalkarte
Im hinteren Teil des Umschlags zeigt diese Karte einen kompletten Überblick über alle 4 beschriebenen Gebiete der Schwäbischen Alb.

Gebietskarte
Vor jedem Teilgebiet finden sich Übersichtskarten mit den Felsen der jeweiligen Region.

Wegeskizze
Skizze für Anfahrt u. Zugang zu jedem einzelnen Fels.

Allgemeines
Kurze Charakterisierung des Felsen mit Angaben zur Absicherung, Felsqualität oder sonstigen wissenswerten Details.

 **Anfahrt**
Verbale Beschreibung der Anfahrt, häufig ausgehend vom nächstgelegenen Autobahnanschluss.

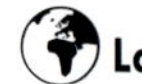 **Zugang**
Verbale Beschreibung des Zugangs beginnend am Parkplatz.

Lage
Hier wird die Ausrichtung der Felswände angegeben, werden Angaben zu den Verhältnissen am Wandfuß gemacht und Informationen gegeben, ob der Fels im Wald steht und wenn ja, in Laub- oder Nadelwald. Mit diesen Angaben kann man sich dann jeweils ein eigenes Bild für die beste Jahreszeit machen.
Die Ausrichtung der Felswände wird auch direkt beim jeweiligen Topo angegeben.

 **Naturschutz**
Sollten über die allgemeinen Verhaltensregeln hinaus besondere Bestimmungen für den jeweiligen Fels gelten, findet man diese unter diesem Stichwort.

How to use the guidebook

The guidebook basically contains 10 main segments.

- General map
- Area map
- Access map
- Situation
- General information
- Getting there
- Access
- The Climate
- Route list
- Topo of the crag

On the topos we tried to be as detailed as possible but we beg you to forgive the one or other bug on the exact position of bolts or grass-bunches.

General map
This map can be found in the backcover of the book and gives an overview over all 4 described areas of the Schwäbische Alb.

Area map
At the beginning of each area you will find maps with the crags of the specific area.

Access map
Map for getting there and access to each crag.

General information
The general part gives a short description of the wall, the protection, the rock quality and other useful details. Also in English if something is really important.

 **Getting there** [only in German]
The getting there starting at the closest motorway exit. Detailed maps help you to find the crags without text.

 **Access** [only in German]
The German "walk in"-text describes the access starting at the parking. Detailed maps help you to find the crags also without text.

The climate [only in German]
Short information on the lie of the land and the conditions at the base of the crag. Often you can find information to if and in which kind of wood an area lies and when the sun turns up and disappears depending on the season. The orientation of the walls are also given directly at the respective topo (**N**-North, **S**-South, **W**-West, **O**-East).

 **Conservation**
If there are special regulations for a certain crag you will find these under this topic.

Routentabelle

Auflistung der Routen mit Name und Schwierigkeit. Hinzu kommt noch bei vielen Routen ein kleiner Kommentar mit wissenswerten Angaben zu Verlauf, Absicherung und teils auch Charakter der Routen.

Felstopo

Detaillierte Felsskizze mit fixen Sicherungsmitteln und teilweise eingetragenen Schlüsselstellen.

Verwendete Symbole

7 | 8 Zwei Seillängen, erste Grad 7, zweite Grad 8
ꝿ Schlinge / Sanduhr (SU)
Fixer Klemmkeil
× Bohrhaken (BH)
Normalhaken (NH)
⊗ Entfernter Bohrhaken
Umlenkung
⊖ Stand
Wandbuch, Kassette
Schlüsselstelle
Waldrand / Albtrauf

Herausragende Routen

Die Felsen sind in ein 4-Sternesystem eingeteilt. Dies beinhaltet Routenqualität, Absicherung, Routenzahl und Schwierigkeitsverteilung. Die lohnendsten Routen einer Wand sind unabhängig von der Absicherung mit einem leckeren Bräschdling gekennzeichnet.

Kinderfreundlichkeit

Die Schwäbische Alb ist sicher nicht das ideale Gebiet, um mit Kindern klettern zu gehen. Vor allem die Kleinen, die nicht selber klettern, haben bei den beengten Platzverhältnissen am Wandfuß keinen Auslauf. Hinzu kommt, dass der Fels auf der Alb selten 100%ig fest ist, mit Steinschlag muss immer gerechnet werden. Kinder reagieren auf Warnrufe i. d. R. nicht rasch genug oder falsch. Jedenfalls sollten Kinder immer einen Helm tragen. Der Wandfuß ist kein Spielplatz!

Alle Felsen wurden je nach den Gegebenheiten vor Ort in ein Ampelsystem rot - gelb - grün eingeteilt. Der rote Wagen bedeutet ungeeignet für Kinder, der grüne hingegen eine besondere Eignung für einen Besuch mit Kindern. Ein rotes Symbol wurde in der Regel dann gewählt, wenn der Zugang eher schwierig ist, am Wandfuß erhöhte Steinschlaggefahr vorherrscht oder die Wand an einem steilen Hang liegt, mit gleichzeitig wenig Platz am Wandfuß.

Route list

Additionally to the grade and the name of the route a short sentence describes the character or other special things of a route which could be helpful in some cases.

Topo of the crag

Detailed drawing of the crag with all protection points which are fixed at place, in some cases you find also the place of the crux of a route.

Used symbols

7 | 8 Two pitches, first grade 7, second grade 8
ꝿ Sling, thread/thread pocket (SU)
Fixed nut
× Bolt (BH)
Peg (NH)
⊗ Removed bolt
Anchor, lower-off
⊖ Belay
Crag book, casket, slip case
Crux of the route
Edge of the forest / rim

Outstanding routes

All crags are classified in a 4-star-system. This takes into consideration the quality of the routes, the protection, the amount of routes and the range of grades. The most worthwhile routes of a crag are marked with a delicious "Bräschdling" without regarding the protection.

On the way with children

On the Schwäbische Alb most crags are far from beeing child-friendly. As they are often lying steeply on the slope, the children, especially those who do not climb yet themselves, do not have enough space to play and run around. Also the rock quality is often not the best, there can be loose rock sometimes (rock-fall) and normally children do not react in the proper way on sudden rockfall-warnings. Childs at the base of the cliff should wear a helmet all the time!

All crags are classified in a 3-colour-system - red, yellow, green - depending on the situation at place. The red handcart means unsuitable for children. On the other hand the green one means that the crag is convenient for a visit with children. The red symbol is used in general if the access is difficult, if there is danger of rockfall at the base of the crag or the wall is lying on a steep slope without enough space at the base.

Zugangszeiten

Das Schneckensymbol gibt die Zugangszeit in Minuten zur jeweiligen Wand an.

Access times

The snail-symbol gives the access time in minutes to the respective wall.

Bewaldung

Das Bewaldungssymbol gibt die vorherrschende Situation am Wandfuß an. Unterschieden wird zwischen Laubwald, Nadelwald, Mischwald, Gras und Buschwerk.

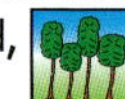 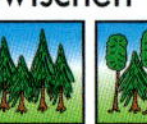 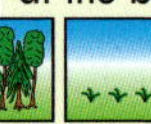 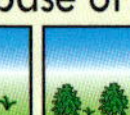

Crag Base Vegetation

The vegetation-symbol gives an idea of the situation at the base of a crag. There are symbols for deciduous forest, conifer wood, mixed forest, grass and bushes.

Einsteiger-Tipps (siehe auch Seite 19)

Hier haben wir einige Felsen ausgewählt, die unserer Ansicht nach am besten für die ersten Schritte am Fels in freier Natur geeignet sind.

Tips for beginners (see also page 19)

Here we picked out some crags which in our opinion may be the best suitable ones for getting started with climbing outdoors.

Parkplätze

Für offizielle Parkplätze haben wir das viereckige Symbol, für inoffizielle das runde Parkplatzsymbol verwandt.

Parking areas

For official parking areas a square symbol is used, for all other parking possibilities a round symbol.

GPS Koordinaten

Die GPS Koordinaten der Parkplätze sind im Kopfbereich des jeweiligen Felsen vermerkt. Dort, wo noch auf einen Feldweg abgebogen werden muss, sind die Koordinaten des Abzweigpunktes angegeben.

Ob es sich um Parkplatz-Koordinaten oder um die letzte Abzweigung handelt, erkennt man an den unterschiedlichen Symbolen.

GPS coordinates

For the parking areas we give the GPS-coordinates in the headline of the respective wall. Where the last metres lead onto a field-road we give the coordinates of the turn-off.

Weather the coordinates are for a parking area or for a turn-off can be recognised by the different symbols.

Gestein

Kalk in allen Variationen, von kompakten Platten über löchrige Überhänge bis zu splittrigem Schrofengelände.

The rock

Limestone in all possible variations. From compact slabs over pocketed overhangs to a gravel-like nightmare-terrain all can be found.

Beste Jahreszeit

Auf der Schwäbischen Alb kann nahezu das ganze Jahr geklettert werden. Besonders zu empfehlen sind sonnige, klare Herbsttage, wenn sich die aus überwiegend Laubwald bestehenden Hänge bunt färben und eine farbenprächtige Kulisse bieten.

Best time to visit the Schwäbische Alb

On the Schwäbische Alb climbing is possible almost the whole year. But don't miss clear and sunny days in autumn, when the trees are beautiful coloured and offer a breathtaking view over the hills and valleys.

Absicherung

(Mahnende Worte aus dem Jahre 2008, aufgrund stetig fortschreitender Sanierungen nicht mehr ganz so ernst zu nehmen, aber immer noch relevant.)

Zur Absicherung der Routen sollte an dieser Stelle einiges klargestellt werden. Die Schwäbische Alb ist nach wie vor ein Klettergebiet, bei dem auf Klemmkeile und einige Bandschlingen nicht verzichtet werden kann. Viele, vor allem auch einfachere Routen, sind ohne zusätzliches Sicherungsmaterial schlichtweg gemeingefährlich.

Am besten eignet sich auf der Alb ein kompletter Satz Stopper (Größe 1-11) und ab und zu ein paar Friends (alte Größen 1½ - 4; neue Größen 0,75 - 4). Manche Risse lassen sich auch mit Hex-Klemmkeilen ganz vernünftig absichern.

Ein Klemmkeilentferner gehört ebenfalls an den Gurt. Mit diesem kann man nicht nur bockige Keile aus engen Rissen herausfieseln, sondern - und das ist mindestens ebenso wichtig - auch Bandschlingen durch Sanduhren fädeln. Denn Sanduhren gibt es auf der Alb zuhauf. Das hat in der Vergangenheit leider zu der Unsitte geführt, alles und jeden Mist zu fädeln und dabei auf solide Haken zu verzichten. Viele dieser Schlingen können im Vorstieg nicht ersetzt werden, weil oftmals Sanduhren zu groß oder zu klein sind, oder einfach das Durchgangsloch zu eng für eine neue Schlinge ist. Die fix vorhandenen Schlingen sind dabei häufig uralt und können nicht mehr als solide Sturzsicherung betrachtet werden. Unfälle mit gerissenen Bandschlingen gab es in der Vergangenheit leider schon viel zu oft.

Auch der gute alte - und das „alt" ist bitte wörtlich zu nehmen - Normalhaken hat hierzulande noch nicht ausgedient. Diesen Prachtexemplaren sollte ebenfalls nur sehr begrenztes Vertrauen entgegengebracht werden. Für all jene, die sich mit den unterschiedlichen Hakenformen nicht so genau auskennen, sei gesagt: Normalhaken bestehen aus Weicheisen (ideal im Kalk) oder Stahl (eher im Urgestein zu finden) sind aber nahezu ausschließlich aus rostendem Material angefertigt. Normalhaken können sich im Laufe der Jahre komplett lockern und halten selbst neu und optimal geschlagen - was übrigens in den seltensten Fällen zutrifft - nur einen Bruchteil eines betonierten oder gedübelten Bohrhakens modernen Standards.

Bohrhakenversionen findet man am heimischen Fels so ziemlich alle und von jeder Generation. Nach bereits sprichwörtlich gewordener typisch schwäbischer Manier, haben die sparsamen Schwaben immer wieder Eigenprodukte aus ihren heimischen Werkstätten hervorgezaubert, und was früher mal aus der Not geboren wurde (richtige Bohrhaken gab's noch nicht), hat heute schon beinahe Tradition. Ob die oftmals recht eigenwilligen und manchmal leider auch wenig durchdachten Konstruktionen in ihren Festigkeitswerten dabei auch nur annähernd an geprüfte Edelstahlbohrhaken herankommen, das steht in den Sternen. Jedenfalls haben wir bereits viele Exemplare gesehen, die mit Sicherheit weit unterhalb von üblichen Normbruchwerten anzusiedeln sind. Eine weitere schwäbische Sitte/Unsitte war und ist es bis heute, erste Bohrhaken in schwindelerregender Höhe anzubringen. Dabei wird oft nur wenig Rücksicht auf Absprunggelände, Schwierigkeit, oder Festigkeit des Felsen genommen. „Dees isch hald soo, do muasch durch!"

Wer jetzt aber zu dem Schluss kommt die Schwaben spinnen, da soll klettern wer will, der kann zumindest etwas beruhigt werden. Es gibt IHN! Er wurde mittlerweile auch auf der Schwäbischen Alb gesichtet. DEN richtigen, echten, soliden und geprüften Edelstahlbohrhaken, betoniert oder geklebt, ganz nach Wunsch und was noch besser ist, die überwiegende Anzahl der hier beschriebenen Routen ist damit ausgerüstet.

Doch auch hier sei nochmals warnend angemerkt. Solche Haken sind zwar fest, der umgebende Fels ist es aber deshalb noch lange nicht immer. Manch ein motiviertes Schwäble nagelte sich auch schon senkrechte Schutthalden empor, die aus was für einem Grund auch immer, immer noch - und wer weiß wie lange noch - in ihrer ursprünglichen Lage verharren. Deshalb gilt auch hier die eiserne Grundregel, immer einen aufmerksamen Blick auf das umgebende Gestein werfen, um unliebsame Überraschungen zu vermeiden. Damit sei aber genug gewarnt, denn wer mit eingeschaltetem Gehirn und einem Satz Keile am Gurt - notwendige Kenntnisse beim Legen vorausgesetzt - in schwäbische Routen einsteigt, hat auch hierzulande gute Chancen, lebendig auf den Boden zurückzukehren. Je schwerer die Routen werden, desto besser ist auch im Ländle abgesichert (nützt natürlich der großen Mehrheit herzlich wenig).

Protection

(warning from the year 2008, not as serious as in the past but still not obsolete.)

At this place we want to speak some clear words about the situation concerning the protection. The Schwäbische Alb is still a climbing area in which you don't get along without chocks and some tape-slings. Many and especially the easier routes are often extremely dangerous without additional material to protect the routes in trad-style.

Best you should bring a complete set of nuts (sizes 1-11) and for some cases friends (old sizes 1½ - 4; new sizes 0.75 - 4). For some cracks hexentrics-chocks are very useful.

A nutkey is also indispensable. With this it is not only possible to remove unwilling chocks but - at least as important as that - you can also get tape-slings through thread-pockets. And you will find countless of these thread-pockets on the Alb. Therefore the climbers there got used to use all these possibilities, also if they are dangerous small and loose and often they did not use solid pegs or bolts instead. Many of these slings can not be changed while leading a route as the thread-pockets are often too big or too small or the hole is too small for new slings. The existing slings are mostly as old as the hills and are definitely not a solid point for protection any more. There have been enough accidents with broken slings in the past.

Also the good old peg - and please take the "old" literal - is still in use here. Please do not really trust in these beauties. For all these who don't really know the difference between all the different kinds of pegs/bolts listen to these words: pegs are made from soft iron (good for limestone) or steel (mostly found in gneiss or granite) but all these materials do oxidate. After some years these pegs are not really solid any more, some can be removed by hand and even if they are new and well placed - something which is really rare - they hold only some percent of a glued bolt or other bolts of modern standard.

You will find all kinds and generations of bolts in the suebian rock. According to the proverbial suebian parsimony the climbers of the area managed to produce all possible kinds of home-made hangers and bolts. And something which was originally a matter of necessity (there have been no bolts available) is almost a tradition nowadays. If these home-made and sometimes really bizarr constructions do hold only nearly as much as tested bolts made from stainless steel is standing in the stars. It is absolutely sure, that some of the specimen we have seen are by far miles below the solidity of common bolts.
Another suebian speciality is to place the first point of protection in an impressive height. The ground at the base of the cliff or the difficulty does not have any influence on this....

But if you should get to the conclusion, the Suebians are completely idiot, climbing there is not fun and it is not worth going there, it must be said, that IT EXISTS! It has been seen also on the Schwäbische Alb in the meanwhile. THE real, solid and tested stainless-steel-bolt. Fixed with concrete or glued, just as you like it. And the even better thing is, that most of the here described routes are bolted with it!

But we have to say some warning word here too. The bolts are solid, without doubt, but the surrounding rock must not necessarily be solid as well! There are some motivated suebian first ascensionists which drill routes in vertical walls of gravel which, nobody knows why, do still remain in their original position. Therefore check always not only the bolt but also the surrounding rock to avoid bad surprises. But now this was enough warning, if you climb with using your brain and you bring some chocks with you - of course the knowledge how to place these is necessary - you have a good chance to get back save to the ground also in the suebian routes. And the harder a route gets, the better is the protection...

Bewertungen

Zu diesem Thema möchten wir an dieser Stelle ebenfalls ein paar Wort verlieren.

An nahezu allen Felsen, die in diesem Führer beschrieben werden, haben wir vor allem für die Erstauflage 2008 die Schwierigkeitsangaben ausführlich überarbeitet. Dazu wurden in der Regel alle Routen innerhalb kürzester Zeit (möglichst innerhalb eines Tages) am jeweiligen Fels geklettert, um den bestmöglichen Vergleich zwischen den einzelnen Routen zu erhalten. Die Bewertungen repräsentieren den heutigen Zustand dieser Routen. Griffausbrüche, Abspeckungsgrad geänderte Linienführung nach Sanierung etc. wurden berücksichtigt.

Ein Problem, das sich uns dabei stellte, ist die doch sehr stark gebietsabhängige Bewertungsphilosophie, die in den vier verschiedenen Teilgebieten in vergangenen Führerwerken zum Einsatz kam. Manche Gebiete wurden dabei schon immer traditionell hart, andere etwas weicher bewertet. Damit kann aber ein Gesamtführer unserer Ansicht nach nicht leben, die Gebiete sollten vergleichbar sein, denn dazu ist eine Bewertungsskala schließlich da. Dass uns bei diesem Vorhaben natürlich immer mal wieder Gegenwind um die Nase wehte, kann man sich sicher unschwer vorstellen. Kommentare wie „Ja doo muasch de hald erschd mol ans Gebied gwööhna", haben wir nicht nur einmal zu hören bekommen. Da wir aber diesen Ratschlag umfassend umgesetzt haben (mehr Gewöhnung geht nicht mehr), sollte der Bewertungsmaßstab auch nach strengen schwäbischen Maßstäben Hand und Fuß haben und all den unterschiedlichen Gesteinsformen und Klettertechniken gerecht werden. Dass wir es nicht geschafft haben, alle beschrieben Routen extra für diesen Führer zu klettern, dafür bitten wir um Nachsicht. Da wir aber auf eine langjährige Klettererfahrung in schwäbischem Fels zurückblicken können, kennen wir etwa 80 % aller beschriebenen Routen aus eigener Anschauung.

Wir sind uns natürlich im Klaren, dass Schwierigkeiten individuell sehr stark unterschiedlich empfunden werden und sich sicher nicht jeder unserer Meinung anschließen kann. So wollen wir abschließend zu diesem Thema nur noch Folgendes anmerken:

Schwierigkeitsbewertungen werden immer etwas ganz Persönliches sein und sollten deshalb auch nie als absolut unverrückbar betrachtet werden. Nehmt die Sache sportlich, und wenn ihr mal nicht mit uns einig sein solltet, macht einfach eure eigene Bewertung, die stimmt dann auf jeden Fall - für euch.

Gradings

We also want to spend some words here concerning the grading on the Schwäbische Alb.

For almost all crags which are described in this guidebook we had a close look to all grades especially for the 1st edition 2008.

For this we climbed all routes of a crag in a very short time (if possible within one day) to be able to compare the grades of the routes in the best possible way. Our grades represent the actual routes, broken holds, polished rock and changed lines after re-bolting have been taken into consideration.

One problem at this is the very differing philosophy to give grades in the different areas which was used in former guidebooks.

Some areas have been graded traditionally hard, others a bit softer.

For a guidebook which is covering all these areas, this state is not bearable, the climbers should be able to compare the grades in the different areas as grades do exist exactly for this.

You can imagin easily, that this intention did not find friends everywhere. We heard very often sentence like "Well, you just have to get used to the area". But as we took this advice to heart (to get used to it in a better way is simply not possible) we are sure, that our new grading system holds water, even if you take the severe suebian standard, and takes into consideration all different kind of rock and climbing techniques.

Please forgive us the fact, that we did not manage to climb all routes explicitly for this guidebook. But as we can look back on many years of climbing experience on the suebian rock, we know about 80 % of all described routes from the personal touch.

Of course we know, that grades are always something very individual and maybe not everyone will have the same opinion like we do. Therefore we want to say the following final words:

Gradings will always be something very personal and should never be taken as absolute and unchangable. Take it like a sportsman and if you should not agree with us in some cases, just give your own grade, this will be absolutely exact - at least for you.

Ausrüstung

Für die meisten Routen genügt ein 60 m langes Seil, teilweise können 70 m sinnvoll sein, und nur in ganz wenigen Fällen reichen diese Seillängen nicht zum Umlenken einer Kletterroute aus. Solche Routen sind dann aber normalerweise auch nicht zum Umlenken gedacht, sondern es muss in klassischer Manier nachgestiegen und abgeseilt werden.

Ein Helm gehört im Schwabenländle auf den Kopf, das Gestein ist in den allermeisten Gebieten nie hundertprozentig fest, besonders viele lockere Brocken findet man dabei in der Region Lenninger Alb. Die wenigsten Probleme hat man damit im Blautal.

Bei Expressschlingen sollte man 10 bis 16 Stück einplanen, für Keile braucht man gelegentlich auch die eine oder andere Extraschlinge.

Ein Abseilachter und der eine oder andere Schraubkarabiner für Standplatzbau kann je nach Route auch nicht schaden.

Über die oben bereits erwähnten Keile und Schlingen (siehe Absicherung) hinaus, braucht man dann nur noch die üblichen Ausrüstungsgegenstände einzupacken.

Klettern alleine mit Steigklemme

Für den kleinen Kletterausflug zwischendurch eignen sich leider nur wenige Felsen der Schwäbischen Alb, da nahezu überall ein Felskopfbetretungsverbot gilt. Welche Felsen noch mit der Steigklemme aufgesucht werden können, findet ihr im Vorspann zu den Teilgebieten.

Verpflegung

Läden oder Supermärkte finden sich in allen größeren Ortschaften. Doch sollte man es nicht versäumen, ab und zu einen Klettertag in einer der vielen Gaststätten der Schwäbischen Alb ausklingen zu lassen.

Equipment

For most routes a 60 m rope is long enough, sometimes a 70 m rope can be useful and only in some cases these lengths of ropes are too short to lower off. These routes are in general not made for lowering off. You have to do it in the classical way leading/following and rappel down later.

A helmet is a must at the Schwäbische Alb. In most areas and crags the rock is not 100 % solid. Really a lot of loose blocks can be found in the area Lenninger Alb. The most solid rock can be found in the Blautal.

Bring 10 to 16 quickdraws, for nuts you need sometimes some extra slings.

A eight to rappel down and the one or two carabiners with screws to built a belay can be useful in some routes.

Apart from the already mentioned nuts and slings (see "protection") you need only your normal equipment.

Climbing alone with a rope clamp

For the quick climbing afternoon alone only a few cliffs on the Schwäbische Alb are free to rappel down as on most walls it is forbidden to walk on the top.

On which crags it is still possible to climb there with a rope clamp you will find in the introduction to the different regions.

Boarding

You will find small shops or supermarkets in all bigger villages. But don't miss to visit some of the inns and enjoy a good meal and a cold beer.

Unterkunft

Gasthöfe oder Pensionen mit Zimmervermietung, um sein müdes Haupt nach getaner Arbeit angemessen betten zu können, gibt es überall auf der Alb. Wer mehr auf frische Landluft steht, findet auf folgenden Campingplätzen vielleicht das Ziel seiner Träume:

Overnight accommodation

In all of the here described areas you will find inns, apartments and rooms to rent. You can find everything in all possible categories.
If you prefer sleeping outside in the fresh air you will find the following campings in the area:

- Camping Pfählhof (Urach), Tel.: 0 71 25 / 80 98
- Azur Rosencamping (Erpfingen, Sonnenbühl), Tel.: 0 711 / 4 09 35 10
- Camping Aichelberg, Tel.: 0 71 64 / 27 00
- Camping Schurrenhof (Reichenbach / Donzdorf), Tel.: 0 71 65 / 92 85 85
- Heidehof Camping (Machtolsheim), Tel.: 0 73 33 / 64 08
- Camping Waldpark Hohenstadt, Tel.: 0 73 35 / 67 54
- Camping Hirtenteich (Lauterburg / Essingen), Tel.: 0 73 65 / 2 96
- Camping Sonneneck (Ellenberg), Tel: 0 79 65 / 23 59

Weitere Übernachtungsmöglichkeiten • More overnight accomodation
(meist nur am Wochenende) (mostly only during the weekend)

- Jugendherberge Bad Urach, Tel.: 0 71 25 / 80 25, www.jugendherberge-bad-urach.de
- Stuttgarter Albhaus (DAV Stuttgart, www.dav-albhaus.de), Tel.: 0 711 / 3 42 24 00, (Stellfels)
- Harpprechthaus (DAV Schwaben, www.alpenverein-schwaben.de), Tel.: 0 70 26 / 21 11, (Schopfloch)
- Geislinger Hütte (DAV Geislingen, www.alpenverein-geislingen.de), Tel.: 0157 / 31 77 92 78, (B 466 - Böhmenkirch)
- Karl Vorbrugg Hütte (DAV Brenztal, www.dav-brenztal.de), Tel.: 0176 / 43 66 73 78, (Steinenkirch - Gussenstadt - Waldstetten)
- Rosensteinhütte (DAV Schw. Gmünd, www.dav-schwaebischgmuend.de), 0 71 73 / 7 10 25 97, (Heubach - Rosenstein Ostfels)
- Naturfreundehaus Blaubeuren, 0 73 44 / 72 23 (im Haus), 0170 5 37 03 51 (Anfragen), www.M39.naturfreundehaus.de
- Uli-Wieland Hütte (DAV Ulm, www.dav-ulm.de), 0 73 1 / 9 21 67 77, (Weiler / Blaubeuren)
- Bergwachthaus Blaubeuren, www.drk-bergwacht-blautal.de

Kartenmaterial

Obwohl wir uns sehr viel Mühe mit Anfahrts- und Zugangsbeschreibungen gemacht haben, können zusätzliche Karten natürlich nicht schaden. Empfehlenswert sind beispielsweise folgende Karten:

Maps

Though we tried our best to describe the access to each crag, we recommend to buy the one or two additional road or hiking maps.
For example:

- Freizeitkarte rund um Stuttgart, 1 : 150 000, Medienagentur GeoMap
- Wanderkarte Göppingen Geislingen, 1 : 50 000, Blatt 15, Landesvermessungsamt Baden-Württemberg
- Wanderkarte Aalen Heidenheim, 1 : 50 000, Blatt 16, Landesvermessungsamt Baden-Württemberg
- Wanderkarte Reutlingen Bad Urach, 1 : 50 000, Blatt 18, Landesvermessungsamt Baden-Württemberg
- Wanderkarte Ulm Blaubeuren, 1 : 50 000, Blatt 19, Landesvermessungsamt Baden Württemberg

Klettern und Naturschutz • Climbing and nature

Hierzu gibt es Einiges anzumerken. Da in Baden-Württemberg ein ziemlich restriktives Landesnaturschutzgesetz gilt, wonach Klettern an natürlichen Felsbildungen grundsätzlich erst mal verboten wurde, darf heute nur noch an relativ wenigen Felsen per Ausnahmeverordnung geklettert werden. Hierbei bestehen häufig noch zusätzliche Einschränkungen wie halbjährige Verbote wegen Vogelbrut oder Ausstiegsverbote auf Felsköpfe, um die dortige Felsflora vor Trittschäden zu bewahren. Ein solches Ausstiegsverbot besteht an nahezu allen Felsen der Schwäbischen Alb. Detaillierte Angaben, welche besonderen Einschränkungen an welchem Fels herrschen, findet ihr beim jeweiligen Fels unter der Rubrik Naturschutz.

Die Schilder ⊗ und ▶ markieren vor Ort die Grenze zwischen gesperrten und freigegebenen Felszonen. Gleichzeitig kennzeichnen sie in sensiblen Bereichen den optimalen Zustiegsweg.

Eine Liste der in diesem Führer beschriebenen Felsen, die einer zeitweiligen Sperrung unterliegen, findet ihr am Ende dieses Kapitels.

Jeder Kletterer sollte einige Grundregeln beachten:

- Bei der Anreise mit PKW wenn möglich Fahrgemeinschaften bilden.
- Öffentliche Verkehrsmittel nutzen, was zugegebenermaßen bei den Felsen der Alb meist recht schwierig ist (Info hierzu im Innenteil des Buchs).
- Parken nur an den beschriebenen Möglichkeiten oder an offensichtlich dafür vorgesehenen Plätzen. Dieses Thema ist auf der Alb zum Glück in der Regel unproblematisch, da nahezu immer größere offizielle Parkplätze vorhanden sind.
- Haltet euch an die beschriebenen Zustiegswege. Abseits von Wanderwegen sind nur diese mit Naturschutzverbänden abgesprochen. Abschneider führen lediglich zu Problemen und zerstören oftmals mühsam herbeigeführte Verhandlungslösungen. Im schlimmsten Fall gibt es dann nur weitere Sperrungsmaßnahmen.
- Am Fels sollte man sich einigermaßen unauffällig verhalten, sprich den Ghettoblaster könnt ihr getrost zu Hause lassen und lautstarke Wutausbrüche über vergeigte Begehungsversuche haben am Fels ebenfalls keine Berechtigung.
- Alle bewachsenen Wandbereiche wie Felsbänder oder Absätze nach Möglichkeit vermeiden.

There is a lot to mention concerning this topic. As there is a really severe conservation law in the country Baden-Württemberg which forbids basically climbing on all natural rock, it is possible nowadays to climb only on the few rocks which are allowed by a special decree. Here you have to respect often additional restrictions like half-year closures because of bird nesting or the prohibition to top out the routes to protect the plants on the top of the cliff. Such a prohibition to top out exists on almost all crags of the Schwäbische Alb.

Detailed information which special restrictions exist for which crag you can find at the specific wall under the topic "Naturschutz".

The signs ⊗ and ▶ mark at place the limits between closed and free parts of the cliff.

At the same time they are used for the access-path to show you where you are allowed to walk.

A list of crags with a temporal limited closure described in this guidebook you can find at the end of this chapter.

All climbers should respect some basic rules:

- If you use the car to get there it would be good to built car pools.
- Use public transport. Unfortunately this is not really easy for the crags of the Schwäbische Alb (info to this topic in the inner part of the book).
- Park only at the described possibilities or on official parkings. At the Schwäbische Alb you have big hiking parkings almost everywhere, therefore there does not really exist a parking-problem.
- Stay on the described access paths. Apart from hiking pathes only these are free to walk on and accepted by conservation instances. If you take shortcuts you cause problems and destroy the solutions which have been found in long and hard discussions. In the worst case you cause new closures.
- Act quiet and inconspicuous at the crag. You can leave the Ghettoblaster at home and loud shouting because of missed ascents have no place at the wall.
- If it is possible you should avoid all parts of the wall with plants.

- Felsköpfe nicht betreten, hier wachsen viele in Deutschland selten gewordene Pflanzen, also vorher umlenken!
- Am Wandfuß ebenfalls die dort vorhandene Vegetation beachten und schonend behandeln.
- Geröllhalden auf dem Weg zum Fels oder am Wandfuß nicht betreten, geschützter Lebensraum für viele Pflanzen und Tiere.
- Keinen Abfall am Fels hinterlassen, dazu zählen auch altes Tape und Zigarettenstummel! Das gilt übrigens auch für den Weg zum Fels! Fäkalien, wenn's denn sein muss, vergraben!

Und bitte haltet euch an die Regelungen, auch wenn sie euch manches Mal noch so unsinnig erscheinen mögen. Denn ihr könnt sicher sein, die getroffenen Vereinbarungen werden von Naturschutzseite aus sehr genau beobachtet. Verstöße dagegen werden auch gerichtlich verfolgt und schaden darüber hinaus dem gesamten Klettersport.

Neutouren/Sanierungen

Neutouren zu erschließen, ist auf der Schwäbischen Alb möglich aber man benötigt häufig einen langen Atem. Wenn überhaupt, geht dies nur nach einer ausführlichen Rücksprache mit allen möglichen Interessengruppen. Erster Ansprechpartner ist dabei natürlich die zuständige Sektion des AKN und/oder des Alpenvereins (nähere Informationen zu den zuständigen Ansprechpartnern siehe „DAV-Felsinfo“).
Sanierungen sollen ebenfalls nur nach Rücksprache mit der zuständigen Sektion durchgeführt werden. Der Charakter von Routen soll dabei stets erhalten bleiben, das letzte Wort hat dabei der Erstbegeher (sofern noch ermittelbar).

- Don't walk on the top of the crags. Here grow many plants which got rare in Germany. Therefore lower off before!
- Respect as well the vegetation at the base of the cliff.
- Don't walk on the rubble fields on the access to the crag or at the base of the cliff. Many animals and plants live there and their living-space is protected.
- Pack out your waste! Also tape and cigarette stubs! The same rules are valid also for the walk to the cliff! If it should be necessary, bury faecal matters!

And please respect these rules, also if you should not understand the sense sometimes.
You can be sure, these agreements will be controlled by conservation authorities. Offences will be prosecuted by court and will harm the image of climbing.

Rules for exploring new routes and re-bolting

To explore new routes at the Schwäbische Alb is very difficult and almost not possible any more. If, then it is only possible after long discussions with many different groups. The first instance to ask is of course the respective Section of the IG Klettern and/or the German Alpine Club (DAV) (for detailed info to the respective contact person see "DAV-Felsinfo").
For re-bolting routes you should also contact the respective Section of IG/DAV.
The character of a route has to stay the same, the last word has the first ascensionist (if possible to find out).

Liste der zeitlich befristet gesperrten Felsen

List of cliffs with a temporal limited closure

(Nur die in diesem Führer erwähnten Felsen • Only the cliffs mentioned in this guidebook)

Gebiet • area	Felsname • name of cliff	Grund • reason	von/bis • from/to
Ostalb	Falkenstein	Vogelschutz • bird-protection	01.03.-14.07.
Ostalb	Donaldstein	Vogelschutz • bird-protection	01.01.-31.07.
Ostalb	Burgfels	Vogelschutz • bird-protection	flexibel, meist 01.03.-15.07.
Ostalb	GG Pfeiler	Vogelschutz • bird-protection	flexibel, meist 01.03.-15.07.
Ostalb	Sonntagsfels	Vogelschutz • bird-protection	flexibel, meist 01.03.-15.07.
Ostalb	Großer Herwartstein	Vogelschutz • bird-protection	flexibel, meist 01.03.-15.07.
Ostalb	Kleiner Herwartstein	Vogelschutz • bird-protection	flexibel, meist 01.03.-15.07.
Ostalb	Rosenstein Ostfels	Vogelschutz • bird-protection	01.02.-15.07.

Kurzfristige Sperrungen sind grundsätzlich überall möglich (Vogelschutz)

Short-term closure are possible everywhere (bird-protection)

Gebiet • area	**Felsname • name of cliff**	**Zeitliche Regelung • Time-regulation**
Urach	Linke Wittlinger Felsen (im Bereich Lange Felsenwand)	Zeitweise (Beschilderung vor Ort). Only some time (signs at place).
Lenningen	Gelber Fels mit Nebenfelsen	Kann halbjährig gesperrt werden, nicht immer gleich. Can be closed half a year, not always the same.
Ostalb	Löwin	Meist halbjährig gesperrt (Beschilderung vor Ort). Mostly closed half a year (signs at place).
Lenningen	Beutelfels	Zeitweise und nicht regelmäßig. Aktuelle Informationen www.alpenverein-bw.de. Only some time but not regularily. Actual information at www.alpenverein-bw.de.
Lenningen	Katzenfels	Gelegentlich halbjährig (Beschilderung vor Ort). Sometimes half a year (signs at place).
Lenningen	Kesselwand Sektor Kessel	Gelegentlich halbjährig (Beschilderung vor Ort). Sometimes half a year (signs at place)
Ostalb	Wackerstein	Einzelne Routen halbjährig (Beschilderung vor Ort). Some routes half a year (signs at place)
Blautal	Blaufels	Einzelne Routen halbjährig (Beschilderung vor Ort). Some routes half a year (signs at place)

Aktuelle Informationen zu Sperrungen gibt es im Internet • actual information in the web concerning closures

www.dav-felsinfo.de www.alpenverein-bw.de www.ig-klettern-alb.de

Einsteiger-Tipps • Tips for beginners

Reutlinger + Uracher Alb	Bereich	SP	Seite
Wiesfels	3...9-	4-7	30
Rossfels	4-...8	5-7	38
Hannerfelsen	4-...9	6-8	42
Hockenlochfels	3...9-	5-6	86
Lenninger Alb	**Bereich**	**SP**	**Seite**
Neuffener Parkplatzfels	3...8+	4-7	118
Schlupffels	2+...8+	4-6	128
Gelber Fels Oberer Nebenfels	3-...7+	4-7	145
Kompostfels	4...7-/7	5-6	186

SP - Schwerpunkt • focus on
Bereich - range of grades
Seite - page

Ostalb	Bereich	SP	Seite
Kahlenstein Südfels	4...8+	6-7	236
Kuhfels (Kuchfels)	3...8	6-7	240
Beutelfels	3...8-/8	4-6	266
Rosenstein Mittelfels	3+...8+/9-	4-7	284
Bindstein	5-...9-	6-7	297
Falkenstein	5+...9-	6-8	303
Bachfels	3-...9-	6-8	322
Mittlere Wand	3...8+	5-8	332
Jungfraufelsen	3...7	4-6	336
Blautal	**Bereich**	**SP**	**Seite**
Blaufels	5+...8	6-7	362
Breitfels	2...9+/10-	3-6	364
Wannenwändle	5...8+	6-7	368
Katzentaler Fels	2+...9-	6,8	370

Kummerkasten
Für kleine oder auch größere Fehler bitten wir um Gnade (vor Recht) und würden uns freuen, wenn ihr uns auf ebendiese aufmerksam machen könntet. Korrekturen werden wir selbstverständlich in Folgeauflagen mit einarbeiten.

E-Mail: info@gebro-verlag.de
www.gebro-verlag.de

Spätzle

Wie der Buchtitel bereits vermuten ließ, haben wir uns neben hartem Fels auch einer eher weichen schwäbischen Spezialität gewidmet, dem Spätzle. Vier einfach zu kochende Gerichte auf Spätzlebasis, die auch - zugegeben in etwas vereinfachter Outdoor angepasster Form - ideal unterwegs mit Campingkocher gemacht werden können, runden den Klettertag perfekt ab. Wer lieber Essen geht, muss in schwäbischen Lokalen ebenfalls nicht auf diesen goldgelben Leckerbissen verzichten.

Schwäbische Spätzle, die Basis für alle vorgestellten Gerichte
Lecker, nahrhaft, vielseitig verwendbar und rasch auch unterwegs zubereitet.

Erforderliche Ausrüstung: 1 Kochflamme, 1 Topf, 1 Schüssel, Sieb, Spätzlespresse, Kochlöffel, Sieb zum Abfischen der fertigen Spatzen.

Erforderliche Zutaten: Mehl, Eier, Salz, Wasser.

Zubereitung: Mehl mit Eier verrühren (pro Person etwa 1 ½ Eier) Salz dazugeben und unter Zugabe von Wasser einen noch deutlich zähflüssigen Teig anrühren. Der Teig sollte solange geschlagen werden, bis er ordentlich Luftblasen zeigt. Topf mit Wasser zum Kochen bringen, Salz hinzugeben und den Teig mittels Presse in das Wasser einbringen (alternativ ist Schaben möglich). Die Spatzen verbleiben bis zum erneuten Aufkochen (ca. 1 Min.) im heißen Wasser und können dann abgefischt werden.

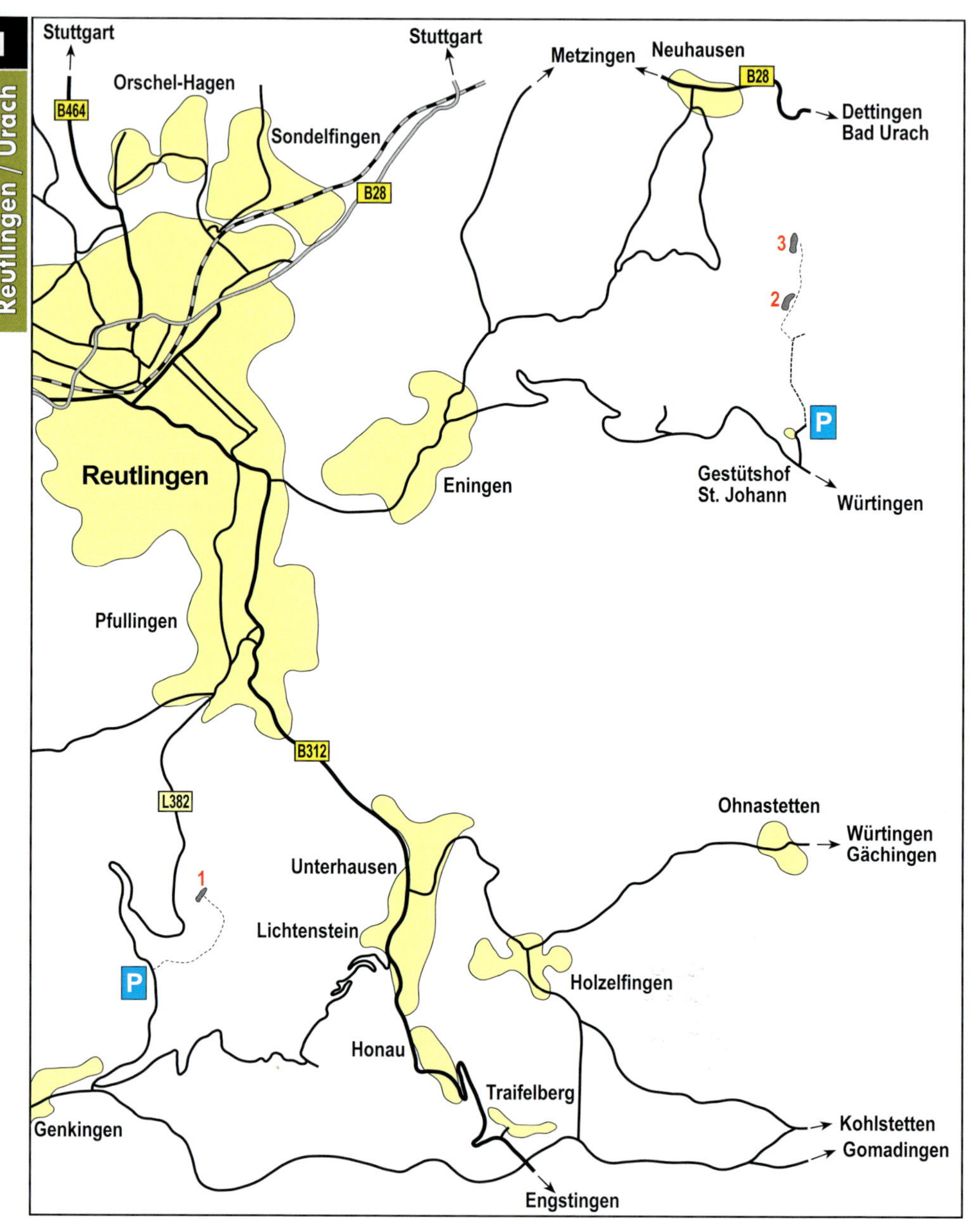
Stuttgart
B464
Orschel-Hagen
Stuttgart
Sondelfingen
B28
Metzingen
Neuhausen
B28
Dettingen
Bad Urach
3
2
P
Gestütshof
St. Johann
Würtingen
Reutlingen
Eningen
Pfullingen
B312
L382
1
P
Unterhausen
Lichtenstein
Ohnastetten
Würtingen
Gächingen
Holzelfingen
Honau
Traifelberg
Genkingen
Kohlstetten
Gomadingen
Engstingen

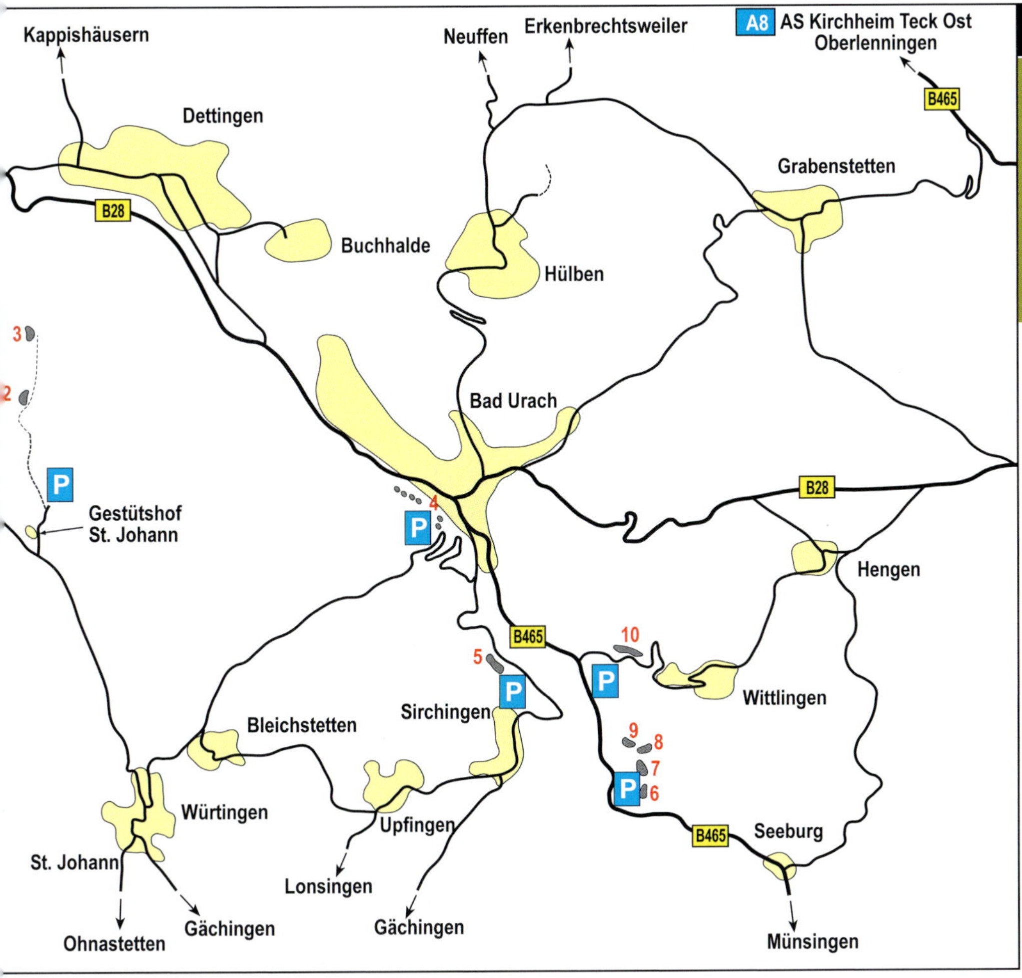

Kappishäusern
Neuffen
Erkenbrechtsweiler
A8 AS Kirchheim Teck Ost
Oberlenningen
B465
Dettingen
Grabenstetten
B28
Buchhalde
Hülben
3
2
Bad Urach
P
Gestütshof
St. Johann
4
P
B28
Hengen
10
B465
5
P
P
Wittlingen
Sirchingen
Bleichstetten
9
8
7
P
6
Würtingen
Upfingen
B465
Seeburg
St. Johann
Lonsingen
Ohnastetten
Gächingen
Gächingen
Münsingen

Etwas zweigeteiltes Gebiet. Zum Ersten die Wände rund um den Kessel von Reutlingen und zum Zweiten die geballte Felsmasse entlang des Uracher Tals. Die Uracher Felsen weisen meist sehr kompaktes und eher glattes Gestein auf, doch die Wände haben trotzdem oft einen eher alpinen Charakter, was nicht zuletzt an der meist wenig sportklettermäßigen Absicherung an den Felsen liegt. Leider hat hier die Sperrungswelle mit am stärksten zugeschlagen, und so kann man trotz vieler Felsmassive heutzutage nur noch an wenigen relativ unbehelligt dem Klettersport nachgehen. Mit den Linken Wittlinger Wänden findet man hier eines der größten Gebiete der Alb überhaupt.

Besuch alleine mit der Steigklemme: Wiesfels
Rossfels (eingeschränkt möglich)
Wackerstein (teilweise)
Sirchinger Nadeln (teilweise)

Ansonsten darf im Gebiet der Felskopf nicht betreten werden.

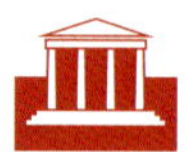 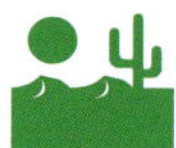

Kultur - Natur

Wer Urach sagt, muss natürlich auch den Uracher Wasserfall erwähnen. Dieser oder auch die Burgruine Hohenwittlingen sind immer wieder als Ausflugsziel interessant. Mit der Falkensteiner Höhle bei Urach hat man auch eine interessante unterirdische Sehenswürdigkeit zur Hand (Besuch nur noch nach Anmeldung möglich) und an den Rechten Wittlinger Felsen kann man mit der Schillerhöhle die Vorlage für die Tulkahöhle und mit dem Steffesloch die Vorlage für die Staffahöhle in David Friedrich Weinlands bekanntem Kinderroman „Rulaman" besichtigen. Die Reutlinger Alb wartet mit Klassikern wie der Bärenhöhle bei Erpfingen, der Olgahöhle bei Traifelberg oder der Nebelhöhle bei Honau auf. Über Tage ist sicher Schloss Lichtenstein ein Publikumsmagnet.

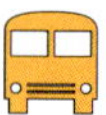

Anreise mit öffentlichen Verkehrsmitteln

Die beschriebenen Felsen können nur mit Busverbindungen erreicht werden. Am Parkplatz Wackerstein befindet sich eine Bushaltestelle (Verbindung von Reutlingen, dort Zuganschluss), desgleichen am Parkplatz Linke Wittlinger Wände (Verbindung von Urach).

Gastronomie Tipps

Gasthaus Krone, Grafenberg (Strecke Metzingen-Reutlingen), Tel.: 0 71 23 / 3 13 03, Montag Ruhetag
Gestütsgaststätte St. Johann, 0 71 22 / 92 96, Montag Ruhetag
Gaststätte Restaurant Pfählhof, im Campingplatz Bad Urach, Tel.: 0 71 25 / 86 25
Restaurante Pizzeria Schützenhaus Bad Urach, Tel.: 0 71 25 / 80 50
Gasthof Lamm, Hengen, 0 71 25 / 35 22, Montag Ruhetag

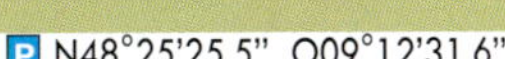

N48°25'25,5" O09°12'31,6"

Haus- und Hoffels der Reutlinger Kletterer. Wunderschöne Lage mit allerdings etwas weiterem Zugang. Die Felsqualität lässt dagegen Einiges zu wünschen übrig, obwohl viele Routen mittlerweile gut abgeklettert sind. Man findet hier durchaus sehr lohnende Kletterlinien, jedoch gibt es einen großen Wermutstropfen bezüglich der teils miserablen Absicherung (uralte Normalhaken, selbstgebastelte Bohrhaken, modrige Schlingen und häufig nicht vorhandene Umlenkmöglichkeiten). Sollte sich hier etwas ändern, würde dies den Fels gewaltig aufwerten. Keile/Schlingen, ein Helm und ein sicherer Vorsteiger sind jedenfalls derzeit Pflicht.

Bring nuts, slings and a helmet.

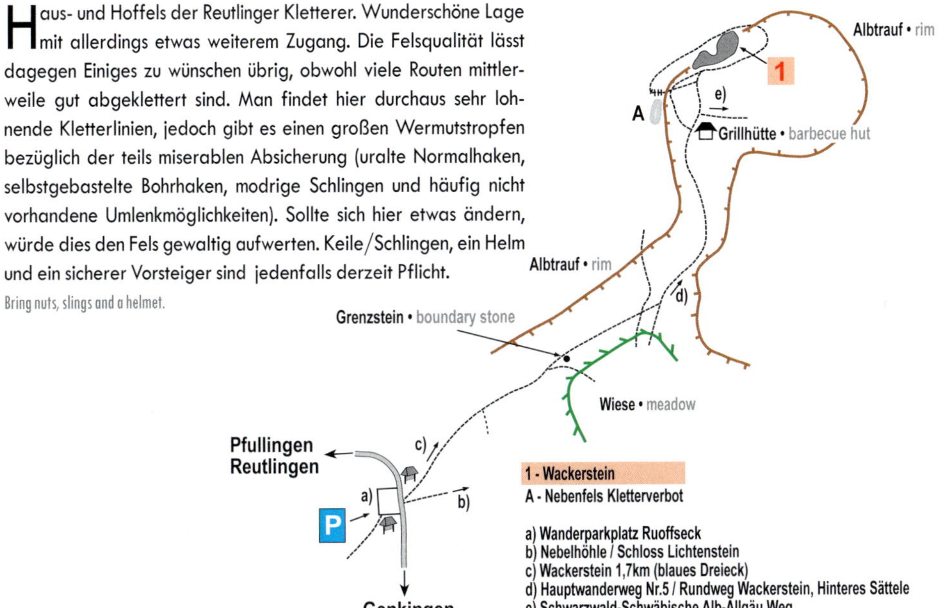

Anfahrt

Von Reutlingen auf der B 312 in Fahrtrichtung Pfullingen. Kurz vor Ortsausgang Reutlingen an einer großen Ampelkreuzung rechts ab nach Pfullingen/Sonnenbühl. Stets mehr oder weniger geradeaus durch Pfullingen hindurch der Ausschilderung Richtung Sonnenbühl/Genkingen folgen und auf der L 382 auf die Albhochfläche. Kurz nach Erreichen der Hochfläche befindet sich rechts ein großer Wanderparkplatz (Ruoffseck), hier parken. Hier befindet sich auch eine Bushaltestelle, Buslinie 7635 von Reutlingen/Pfullingen.

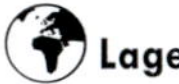

Lage

Fels mit toller Sicht auf Reutlingen und Umgebung. Am Albtrauf gelegen und nordwestlich bis südwestlich ausgerichtet. Der Wandfuß ist am steilen Hang gelegen und mit hohem Laubwald bewachsen. Trotzdem ist in der Regel ausreichend Platz am Wandfuß vorhanden, bevor der Hang steil ins Tal abfällt.

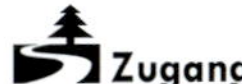

Zugang

Die Straße überqueren und auf der anderen Seite bei Infotafel auf einen Wanderweg Richtung Wackerstein (blaues Dreieck). Dem Wanderweg stets entlang des Albtraufs bis zu einer Gabelung folgen. Hier nach links der Ausschilderung „RundwegWackerstein, Hinteres Sättele“ folgen und über die schmale Bergzunge, zuerst leicht absteigend, später wieder leicht ansteigend, bis zu einer kleinen Grillhütte kurz vor dem Felskopf. Von der Hütte aus leicht linkshaltend vor zum Felskopf und dort nach links auf einem Pfad absteigend zum Wandfuß.

Zugangszeit etwa 20 Minuten (1,87 km).

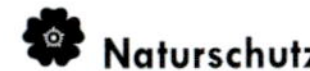

Naturschutz

Am rechten Nebenfels und im Kessel zwischen den beiden Hauptwänden besteht ein Kletterverbot, dem leider auch einige Routen zum Opfer gefallen sind.

Die Schrofenzone oberhalb der Route Schinder (22) sollte nicht betreten werden, nur der Plattenpfeiler kann hier auch bis zur Umlenkung geklettert werden.

On the right neigbouring Wall and between the 2 mainwalls climbing is prohibited, also some routes are affected. The botanic zone above the route “Schinder” (22) is protected, it is only allowed to climb the “Plattenpfeiler” to the anchors.

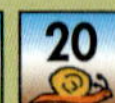

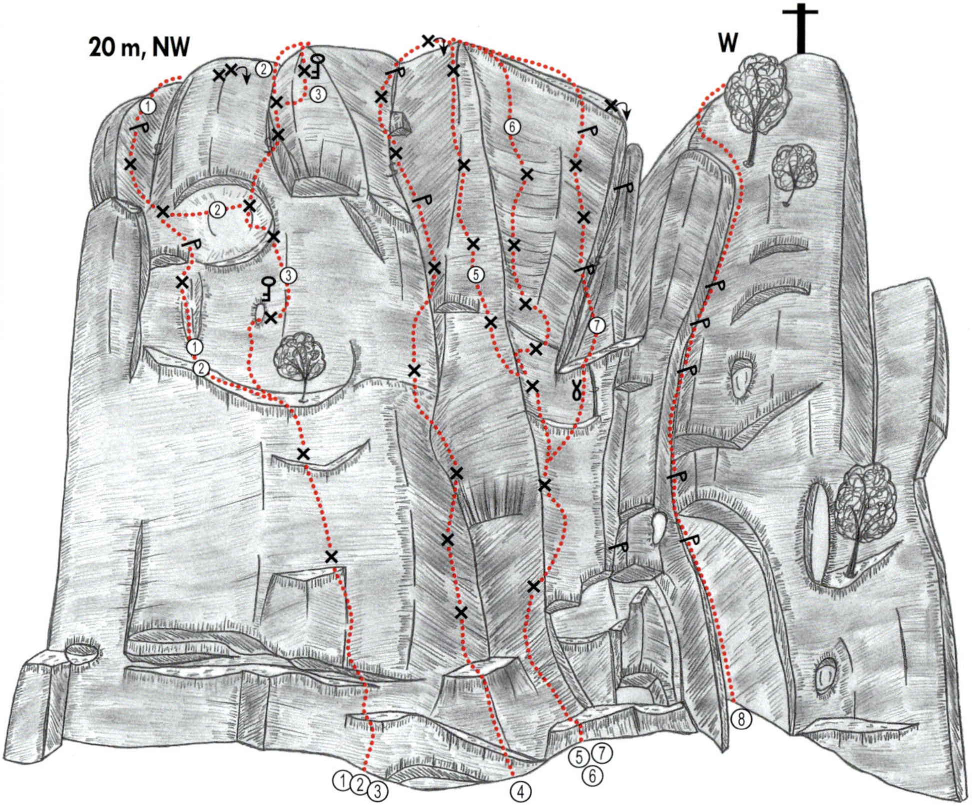

20 m, NW

W

1	**Falkenweg**	5+	*Schöne Route, Einstieg steil, etwas brüchig, aber gut abgeklettert. Nach links zu Gufel, rechts des Überhangs hoch in Verschneidung.*
2	**Schäubleverschneidung**	6-	*Start wie Falkenweg, aber vor der oberen Verschneidung rechts queren und über steile Rissverschneidung raus, schöne Tour.*
3	**Macconda+Plattenausstieg**	6+/7-	*Einstieg wie Falkenweg, aber geradeaus durch die schwere Platte, unter Überhang nach links in die Schäubleverschneidung und an deren letztem Bohrhaken rechts ums Eck in die glatte Platte. Schwere Stelle zum Ausstieg.*
 4	**Königswand**	6+/7-	*Unten schwere, seichte Verschneidung, ziemlich abgegriffen. Oben tiefe Verschneidung/Kamin evtl. kleine Keile.*
5	**Dogma**	8+	*Aalglatter Pfeiler, sehr ausdauernd und im mittleren Bereich miserabel gesichert, Keile legen schwierig.*
6	**Magischer Tau**	9-/9	*Wesentlich glatter wie durch die seichte Wanne geht's nicht mehr. Schlechte Haken und vom 2. zum 3. Bohrhaken sehr weit, dazwischen nur eine alte schlechte Sicherung.*
7	**Eulenkopf**	8	*Überhängender Start wie Dogma und Magischer Tau, dann rechts in Verschneidung. Danach einen Kamin bis zum oberen Bohrhaken ausspreizen. Hier nach links in die Platte und an runden, stark abgegriffenen Griffen und Tritten nach oben hin immer schwerer zum Ausstieg.*
8	**Verschneidung**	6+	*Alte Rostgurken.*

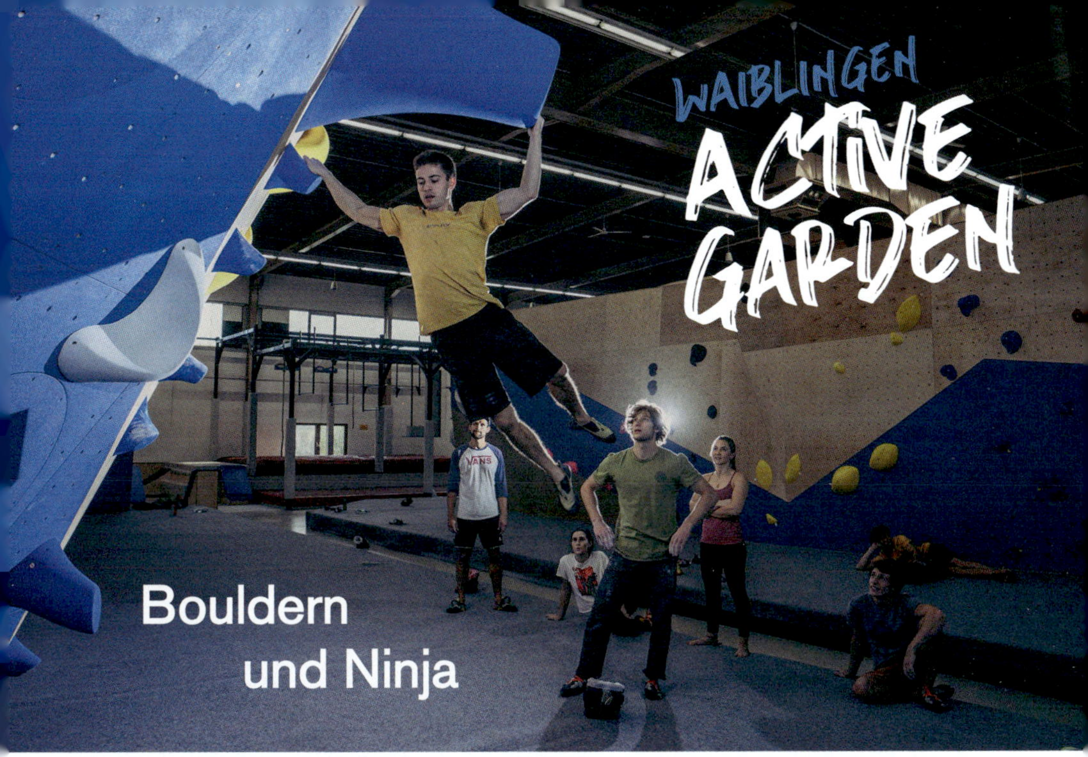

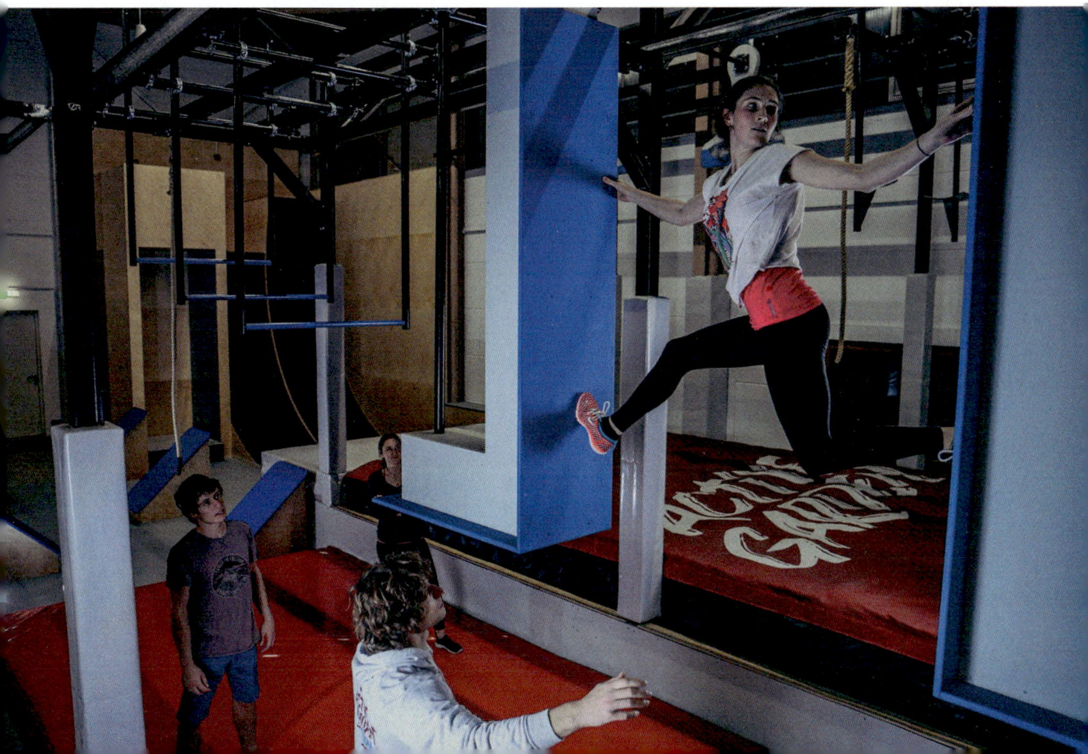

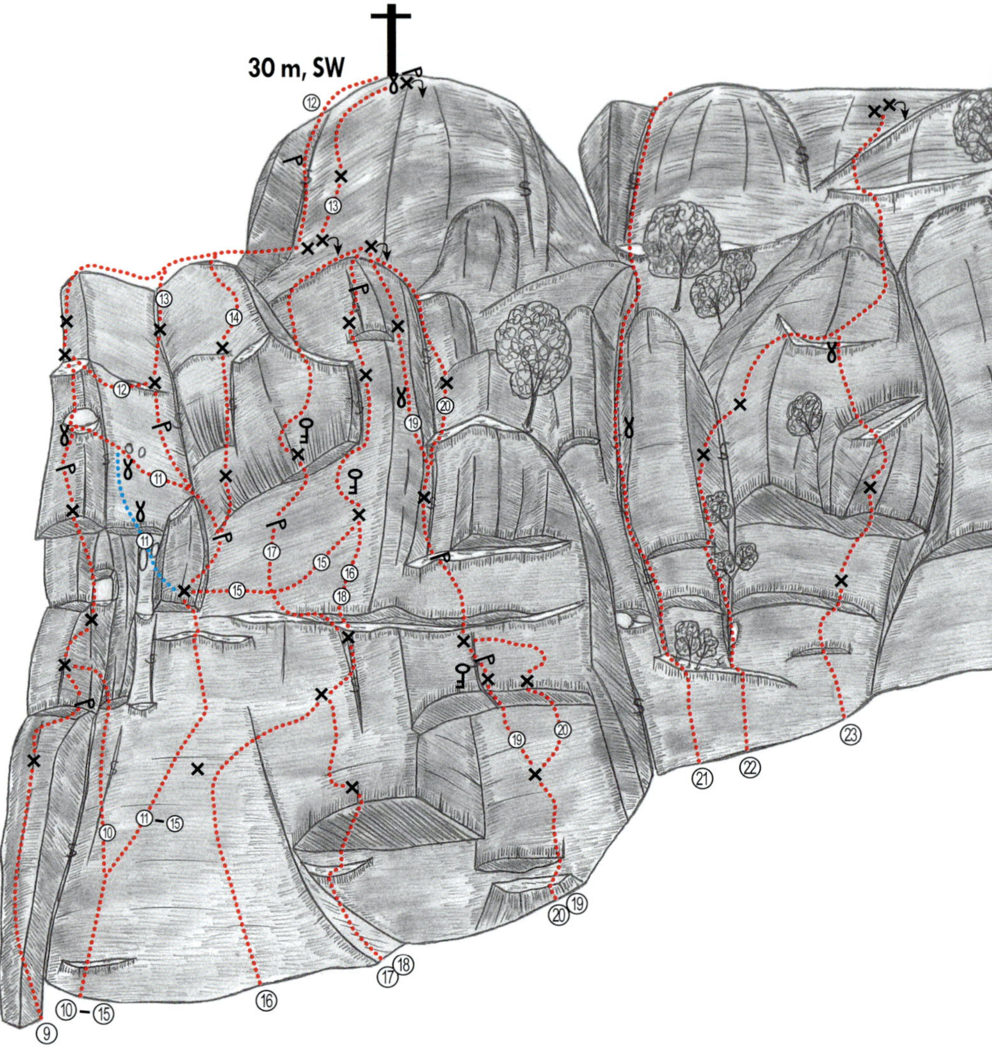

9	**Kanteneinstieg**	7-	*Schöne Pfeilerkante, unten nach dem 1. BH rechts über den Normalhaken hoch.*
10	**Direkter Grat**	6	*Seiteneinstieg, NH des Direkteinstiegs einhängen, aber noch in Verschneidung hoch, erst kurz vor 2. BH nach links an die Kante.*
11	**Diagonalvariante**	5-	*Schöne, großgriffige Traverse aus der Verschneidung nach links zur Kante. Verschiedene Varianten machbar.*
12	**Grat**	5-	*Schöne, gut griffige und lange Route.*

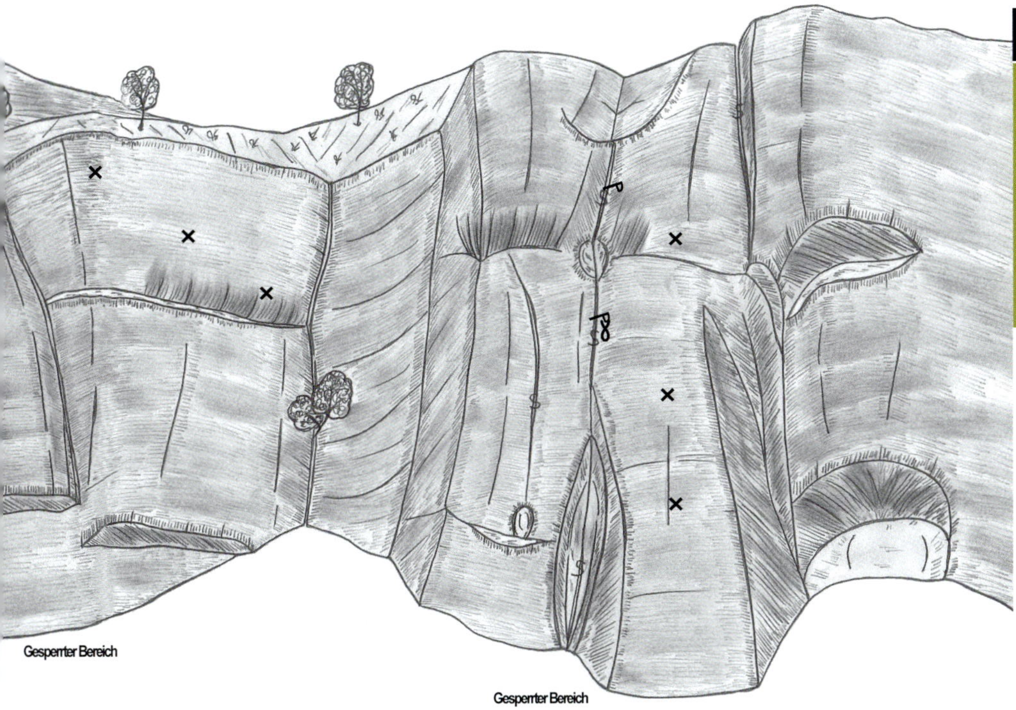

Gesperrter Bereich

Gesperrter Bereich

 13	**Grosse Verschneidung + Plattenausstieg**	**6-**	*Großzügige, schöne Linie. Oben gut griffige, leicht überhängende Verschneidung. Nach Band über kompakte Platte leicht links haltend zum Riss orientiert raus. Umlenkung am Bühler der Gipfelkreuzbefestigung, 30 m.*
14	**Latissimus**	**7-**	*Zum 1. eigenständigen BH hin sehr schlecht abgesichert, gefährlich!*
15	**Schöllkopf links**	**6+/7-**	*Einstieg über Große Verschneidung und Querung am 2. BH nach rechts.*
16	**Schöllkopf rechts**	**6+/7-**	*Schöne klassische Route, ausdauernd und teils weite Hakenabstände.*
17	**Gorilla**	**8-/8**	*Harter Blockierzug von etwas runden Griffen aus. Einstieg am besten über Künkele Ged. Weg.*
18	**Künkele Ged. Weg**	**7-**	*Direkteinstieg zu Schöllkopf. Schwere Stelle gleich am Überhang.*
19	**Wulstweg Direktausstieg**	**7**	*Steil, anstrengende Passage am 2. Bohrhaken, ziemlich brüchig. Oben nochmals schwer durch die Platte.*
20	**Wulst weg + Rissausstieg**	**6+**	*Etwas einfacher, aber immer noch kräftig über den Überhang, oben rechts durch den Riss zum Ausstieg.*
21	**Faustriss**	**6+**	*Ziemlich seltsames und bröseliges Unterfangen. Ausstieg sensibles, botanisches Terrain, dezent klettern!*
22	**Schinder**	**5+**	*Total verwachsen, botanisch.*
23	**Plattenpfeiler**	**7-/7**	*Runde Wanne mit weiten Zügen an ordentlichen Griffen.*

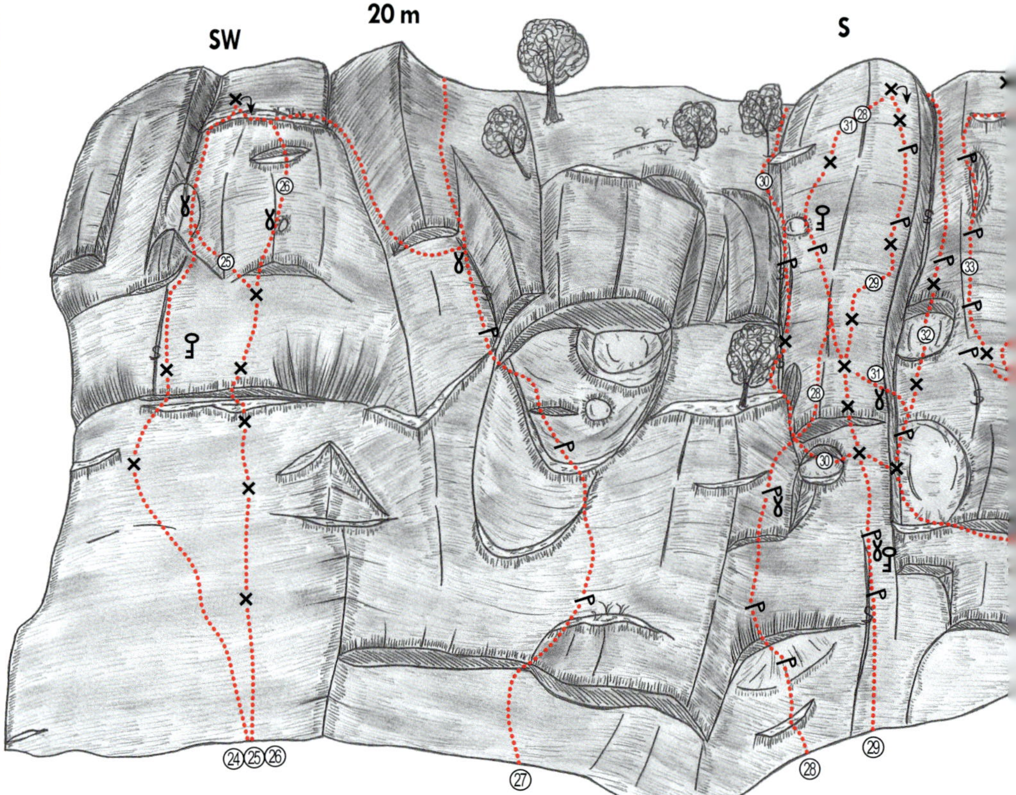

1.1 Wackerstein

24	**Rosarotes Wanderschwein**	**5+/6-**	*Schwere Einzelstelle am 2. Bohrhaken. Zum ersten Bohrhaken weit und etwas brüchig.*
25	**Margaritenweg links**	**6**	*Steile, meist gut griffige, aber stark abgegriffene Wandkletterei. Oben einfacher nach links in Rosarotes Wanderschwein.*
26	**Margaritenweg rechts**	**6**	*Steile, meist gut griffige, aber stark abgegriffene Wandkletterei. Oben etwas schwerer, aber schöner über Schlinge an guten Henkeln durch überhängendes Gelände hoch zum Stand.*
27	**Talseite**	**5+**	*Brüchige Route mit uralten Haken, besser Finger weg. Oben Ausstieg nach links zu Stand, oder fest und gut griffig gerade über die Schlinge raus.*
28	**Grosse Wand**	**7-**	*Uralte Haken! Oben in der Platte ziemlich knackig.*
 29	**Mauerläufer**	**8-**	*Unten bereits deftig, der Piaz aus der Grotte hat es dann in sich. Die Platte danach ist etwas einfacher, der Riss zum Schluss ist bröselig und nervig, aber zum Glück nicht mehr so schwer. Der Einstieg mit den alten Rostgurken ist gefährlich, trotzdem lohnende Route!*

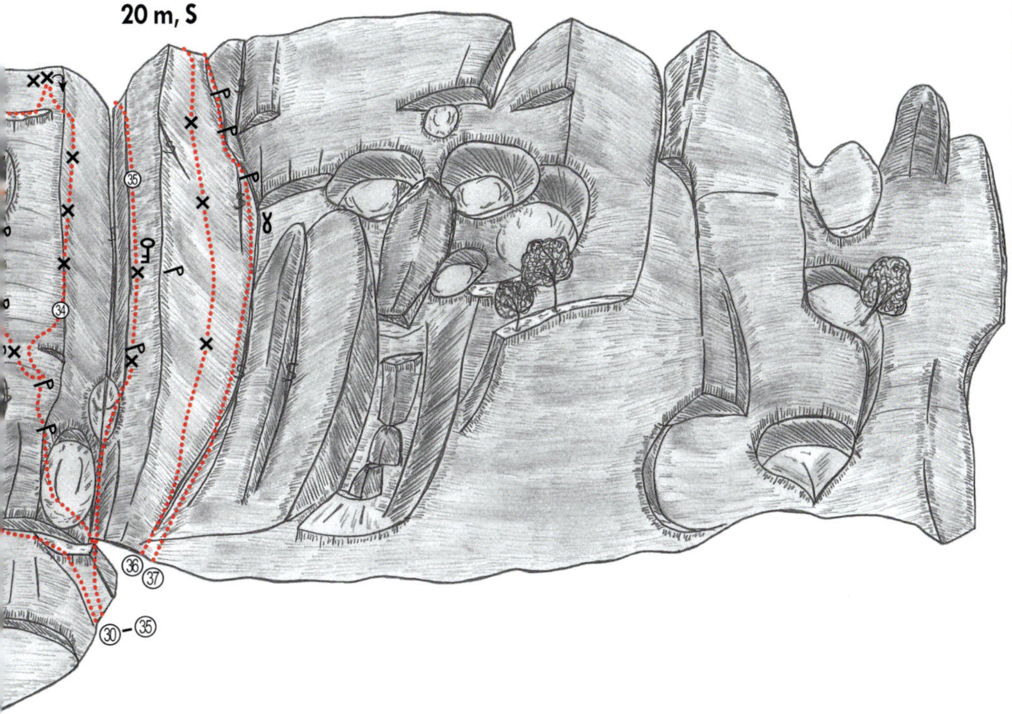

20 m, S

Nr.	Route	Grad	Beschreibung
30	**Edelweißquergängle**	4	*Nette Traverse mit Rissausstieg, keine Umlenkung!*
31	**Mauerblümchen**	7+	*Von der Verschneidung über die alte Moderschlinge den Mauerläufer queren, Ausstieg wie große Wand, miserabel gesichert.*
32	**Edelweißspalte**	5-	*Verschneidungskletterei, oben bereits ziemlich abgegriffen, keine Umlenkung!*
33	**Rissaustieg**	7	*Start wie Firlefanz, aber oben gerade raus, technisch anspruchsvolle Kletterei.*
34	**Firlefanz**	7	*Elegant, aber brüchig über den Pfeiler und danach an die Kante, der knallharte Abschluss ist ein echter Onsight-Killer.*
35	**Edelweißriss**	7-	*Schwere Passage am 2. Bohrhaken, äußerst sparsam gesichert, unten Keile, oben ist der Riss dafür zu breit!*
36	**Brudschgos Traum**	7+	*Keine Umlenkung, blöder Zugang!*
37	**Kurze Verschneidung**	5+	*Keine Umlenkung, blöder Zugang!*

1.2 Wiesfels ❀❀❀

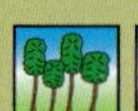
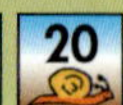

P N48°29'21,0" O09°19'34,0"

Langgezogenes Massiv mit herrlichem Ausblick übers Land. Hier herrscht sehr glattes und zum Teil bereits stark abgegriffenes Gestein vor. Viele einfachere und zumeist brauchbar gesicherte Routen locken vor allem Kletterkurse und Kletterer der gemäßigten Grade an. Man sollte sich jedoch nicht täuschen lassen, einige Routen, vor allem auch die etwas anspruchsvolleren, sind sehr ernsthaft und Klemmkeile gehören hier zwingend an den Gurt.

Some routes are serious, for these nuts are necessary.

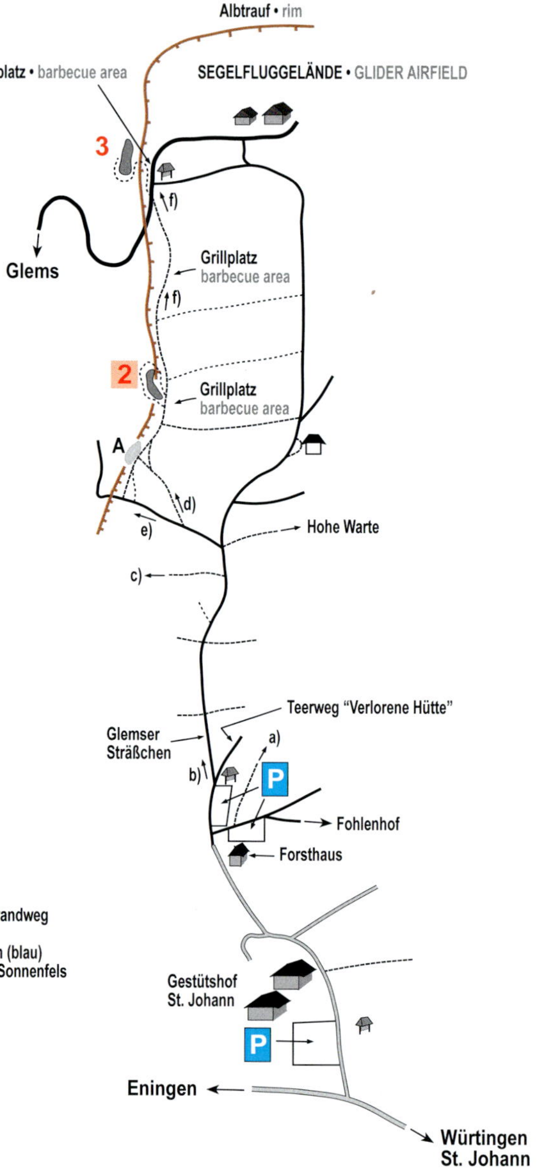

Albtrauf • rim
Grillplatz • barbecue area
SEGELFLUGGELÄNDE • GLIDER AIRFIELD
3
f)
Glems
Grillplatz barbecue area
f)
2
Grillplatz barbecue area
A
d)
e)
Hohe Warte
c)
Teerweg "Verlorene Hütte"
Glemser Sträßchen
a)
b)
P
Fohlenhof
Forsthaus
Gestütshof St. Johann
P
Eningen
Würtingen St. Johann

2 - Wiesfels
3 - Rossfels
A - Grüner Fels

a) Schwäbische Alb Nordrandweg
b) Grüner Fels, Rossfels
c) Eninger Weide, Eningen (blau)
d) Grüner Fels, Rossfels, Sonnenfels
e) Glems, Neuhausen
f) Rossfels

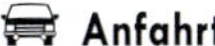

Anfahrt

Von der A 8 an der Ausfahrt Kirchheim Ost abfahren. Auf die B 465 und auf dieser Richtung Lenningen/Owen. In Owen rechts Richtung Beuren abbiegen. Nach einiger Zeit links ab auf die Albhochfläche nach Erkenbrechtsweiler. Weiter über Hülben und hinab ins Tal nach Bad Urach. In Bad Urach geradeaus, bis man an einer T-Kreuzung auf die B 28 trifft. Hier rechts (Reutlingen/Stuttgart/Münsingen), dann geradeaus, bis man an einer erneuten T-Kreuzung links auf die B 465 Richtung St. Johann/Biberach/Münsingen abbiegt. Kurz nach Ortsende Urach bei Ampel rechts ab Richtung Gomadingen/St. Johann/Sirchingen. Der Steige bergauf folgen und an der nächsten Möglichkeit rechts ab Richtung Bleichstetten/Würtingen/St. Johann. Der Straße auf die Albhochfläche folgen und durch Bleichstetten bis nach Würtingen. In Würtingen an T-Kreuzung scharf rechts Richtung Eningen/Reutlingen. Der Straße einige Kilometer folgen, bis man rechts der Straße den Gestütshof St. Johann erreicht (nicht zu verwechseln mit St. Johann, das auf jedem zweiten Verkehrsschild auf der Hochfläche auftaucht). Hier rechts abbiegen und vorbei am Gestüt. An einer Abzweigung links bleiben und weiter, bis man den Waldrand (Forsthaus) erreicht. Dort befindet sich ein großer zweigeteilter Wanderparkplatz. Am besten im linken (in Verlängerung der Straße) Bereich parken. Hier befindet sich auch eine Schautafel mit einer Lageskizze der Felsen.

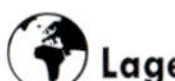

Lage

Vorwiegend westlich ausgerichtete Wand am Albtrauf gelegen. Der hohe Laubwald am Wandfuß hält meist ausreichend Abstand zu diesem, so dass auch hier die Sonnenstrahlen ankommen können. Am Wandfuß ist ausreichend ebene Fläche vorhanden, bevor der Hang steil ins Tal abfällt.

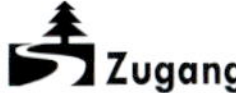

Zugang

Vom Parkplatz dem Forstweg folgen, der sich bereits nach einigen Metern gabelt. Hier nach links Richtung „Grüner Fels/Rossfels" (Glemser Sträßchen). Dem breiten Forstweg eine ganze Zeitlang (etwa 10 Minuten) folgen, bis man eine erneute markante Wegkreuzung erreicht. Hier nach links der Ausschilderung „Grüner Fels/Rossfels/Sonnenfels" folgen. Kurz danach an Gabelung rechts halten, dem Weg vor zum Albtrauf folgen (Grüner Fels) und dort nach rechts. Nach einiger Zeit führt der Pfad leicht bergab und erreicht am Rande einer Wiese eine große Grillstelle. Hier führt ein Pfad links hinab zu den Einstiegen.

Zugangszeit etwa 20 Minuten (1,66 km).

Naturschutz

Keine besonderen Einschränkungen. Der routenfreie Wandbereich zwischen den beiden Hauptwandbereichen sollte möglichst nicht betreten werden.

Don't step into the area without routes between the two main sectors of the wall.

1.2 Wiesfels

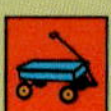
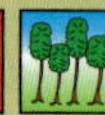
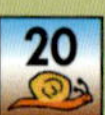

Nr.	Route	Grad	Beschreibung
1	**Trollinger**	7-..7	*Der Einstieg ist bereits extrem abgegriffen, je nach Sohlenreibung und Umgebungstemperaturen variiert der zu kletternde Grad erheblich.*
2	**Chateau Laffite**	7-	*Dir. über den 1. Haken eingestiegen knackig, mit weitem Rechtsschlenker 6-.*
3	**Verschneidung**	3	*Gut griffige, geneigte Verschneidungskletterei.*
4	**Urmel goes rock**	4+	*Gut griffige, steile Verschneidungskletterei.*
5	**Projekt**		*2 knackige Passagen am 1. Bohrhaken und über den 3. Bohrhaken raus.*
6	**Eroscenter**	8	*Komplett clean zu kletternder, überhängender Riss mit erbärmlich schlechten, dafür aber teils äußerst schmerzhaften Klemmstellen, Keile.*
7	**Piazriss**	8-	*Ebenfalls überhängender Riss, mit nur 2 alten, maroden Haken ebenfalls nahezu ungesichert. Bereits der Einstieg hat's ganz schön in sich, Keile.*
8	**Kohlenkeller**	8-	*Die kleine Höhle ausspreizen und am 1. Bohrhaken nach links in die überhängende Wand, schwere Einzelstelle, Keile.*
9	**Höhlenkante**	6+..7-	*Stark abgegriffene Route, bei der der ursprüngliche Grad 6 nur noch erahnt werden kann.*
10	**Blondie Train**	9-	
11	**Diagonale**	5+	*Rissverschneidung mit knackiger Einzelstelle, Keile sinnvoll.*
12	**Tellriss**	7	*Interessante Rissroute mit schwerem Klemmer zwischen 3.+4. BH, stark abgegriffen. Manch einer wünscht sich vmtl. einige cm mehr Reichweite.*
13	**König Goya**	8..9-	*Für kleinere Kletterer äußerst undankbare Einzelstelle am 2. Bohrhaken. Im Ausstiegsriss kann ein Friend die Nerven stark beruhigen.*
14	**Syphinsky**	7	*Stark abgegriffene, glatte, schlecht gesicherte Einstiegsverschneidung, dann Querung nach links über den fetten Ring, Ausstieg wie König Goya.*

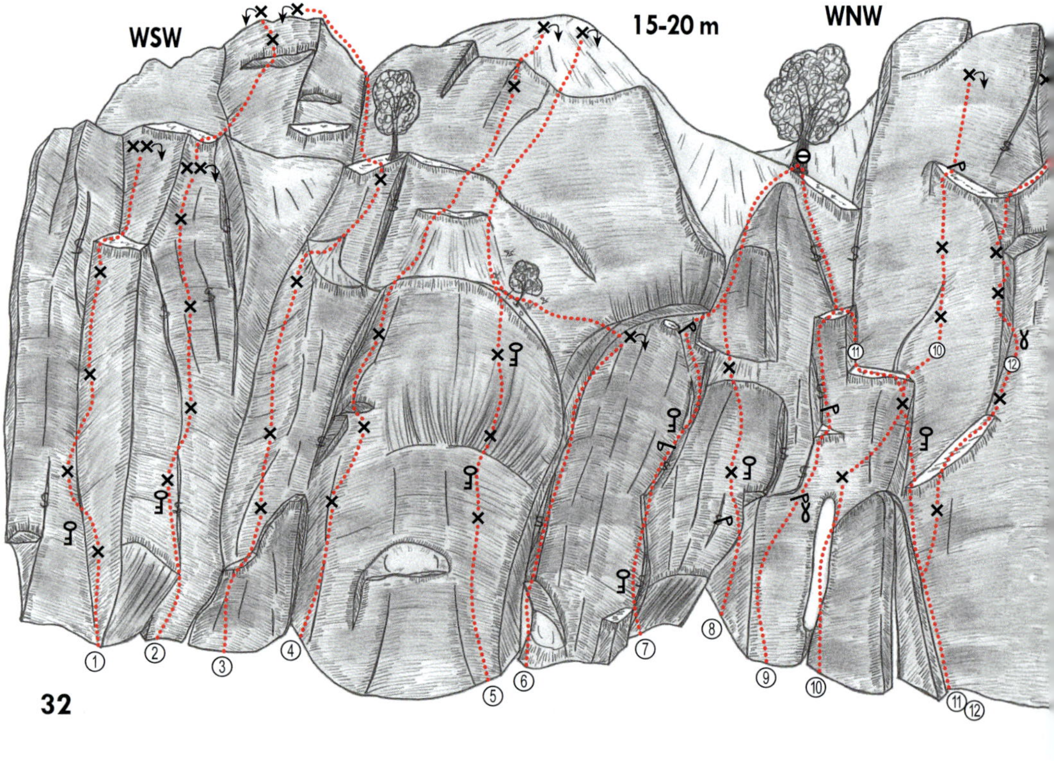

WSW

15-20 m

WNW

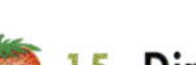

Nr.	Route	Grad	Beschreibung
15	**Direktausstieg**	8-	*Einstieg wie Syphinsky aber geradeaus über das Risssystem raus. Äußerst schmerzhafte und teils miserable Klemmstellen, am Ausstieg macht ein gut gelegter Keil das Leben leichter.*
16	**Kaminle**	5+	*Im unteren Teil ein abgegriffener Stemm/Spreiz/Schraddelkamin, vom Pfeilerkopf nochmals nicht ganz einfach zu Baum und Stand.*
17	**Braunbär**	6	*Unten schöner, gut griffiger Pfeiler, oben wartet nochmals eine etwas dubiose Ecke, die sich aber ganz gut lösen lässt.*
18	**Gsälzbär**	5+	*Gleich zu Beginn der Schwierigkeiten eine glatte Plattenstelle, die man leicht rechts haltend bewältigt.*
19	**Obelix**	5	*Nette Route mit knackiger Passage über den Überhang.*
20		5	*Einstieg wie Gabiriss, aber nach dem 1. Bohrhaken kräftiger Hangel nach links. Oben schöne und gut gesicherte Risskletterei mit einer weiteren etwas kniffligen Stelle.*
21	**Gabiriss**	5	*Großes Risssystem, gut griffig, aber leider bereits stark abgegriffen.*
22	**Gabiriss rechter Ausstieg**	5	*Nach dem 4. Bohrhaken rechts raus und clean über einen abdrängenden Riss zum Ausstieg.*
23	**Affengehirn auf Eis**	7	*Knackiger Einstieg, dann Runout in brüchigem Gelände. Oben glatte Passage mit Reibungstritten. Je nach Linienwahl kann man sich hier die Schwierigkeiten aussuchen.*
24	**Pfeilerriss**	5+	*Unten schottriger, grasiger Zustieg, oben schöne Rissroute mit einigen Handklemmern, Keile.*

20 m, W

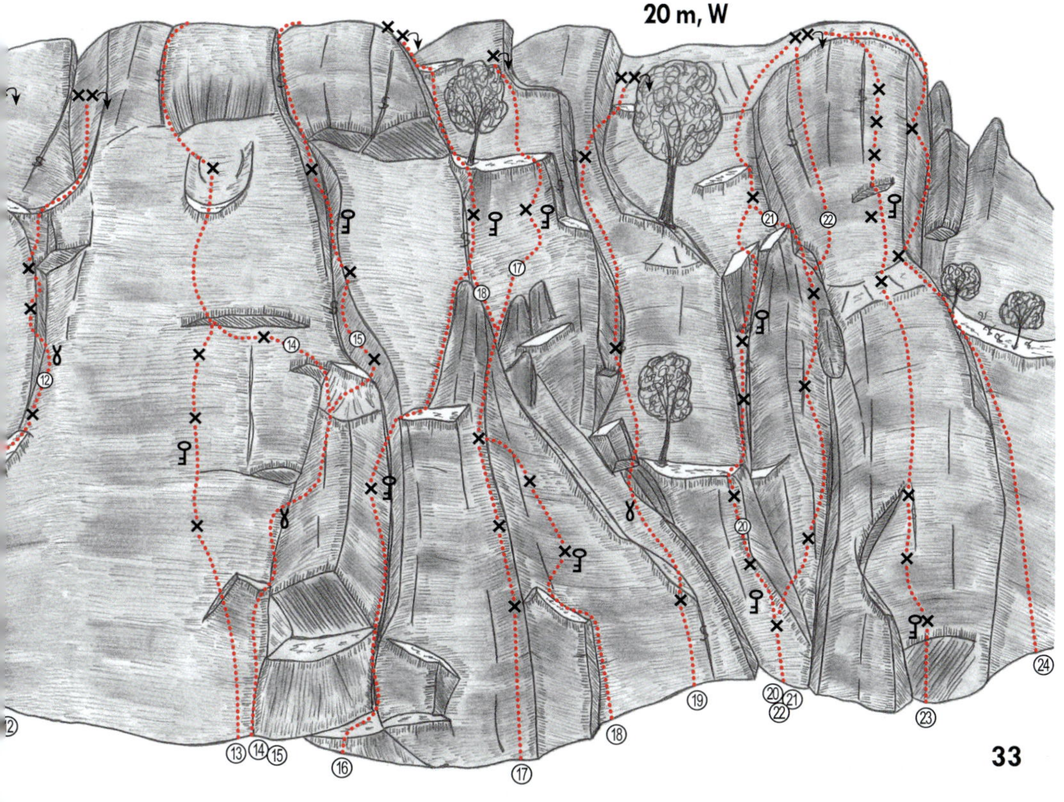

1.2 Wiesfels 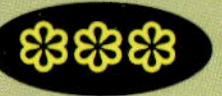

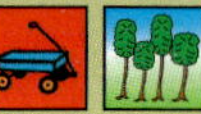
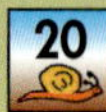

Nr.	Route	Grad	Beschreibung
25	**Rainerschuppe**	4-	*Gut griffige Kletterei, unten Wand, oben Riss.*
26	**Stiefelriss**	5-	*Komplett clean zu kletternder Riss.*
27	**Piazriss**	6-	*Schöne Rissroute, ordentlich gesichert, zusätzlich Keile legen möglich, 1 Sanduhrschlinge mitnehmen. Einstieg auch über die Route Kamin.*
28	**Kamin**	4+/5-	*Am 2. Bohrhaken Rechtsquerung und in Rissverschneidung empor zu kurzem Kamin, der clean erklettert werden muss.*
29	**Bäumlesverschneidung**	4	*Einstieg wie Kamin, aber am 3. Bohrhaken weiter nach rechts in die große, gut griffige Verschneidung, klasse Route.*
30	**Sommernachtsträume**	7-	*Wie Bäumlesverschneidung, aber noch weiter nach rechts und über die Risslinie aussteigen.*
31	**Direttissima**	6	*Schwerer, ziemlich abgegriffener Einstieg. Nicht ungefährlich zwischen 1. und 2. Bohrhaken, besser Keil legen. Schöne Route, Keile!*
32	**Technoroute**	8	*Athletische Startpassage mit harter Einzelstelle am 3. Bohrhaken, schmerzhafter Klemmer! Ausstieg wie Sommernachtsträume, klasse Route.*
33	**Full time boogie**	7+	*Schöne, leicht abdrängende, ausdauernde Route mit 1 harten Einzelstelle.*
34	**Rechter Dachweg**	7-/7	*Unten überhängende, etwas bescheiden gesicherte Rissverschneidung, Keile! Oben Pfeiler und zum Abschluss nochmals ein paar tolle Meter in bestem Fels, schöne Route.*

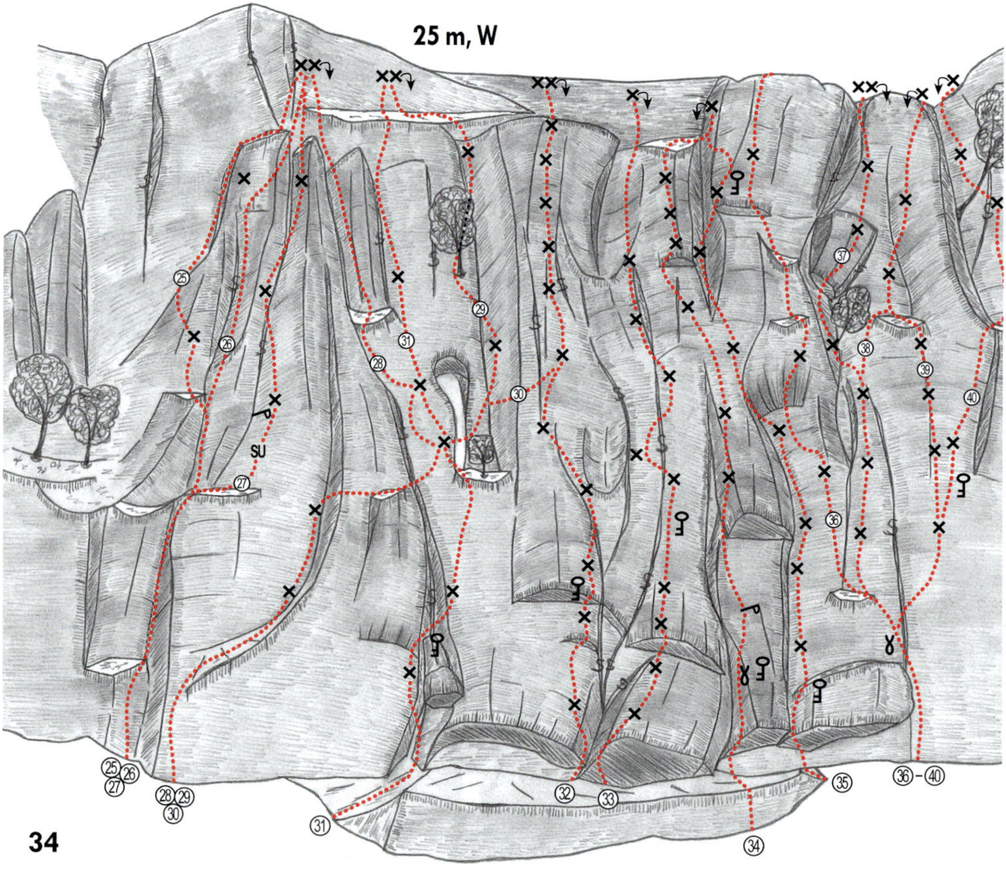

25 m, W

	Nr.	Route	Grad	Beschreibung
	35	**Boirariss**	6-	*Schöne Rissverschneidung, oben nochmals eine etwas seltsame Passage.*
	36	**Platte**	7-	*Wenig eigenständige Route, bei der man lediglich am letzten Bohrhaken zwei eigenständige Meter klettert. Ansonsten entweder im Boirariss oder in Mitte links.*
	37	**Mitte links**	5+	*Lohnende Route entlang von Rissen, oben ein Verschneidungssystem.*
	38	**Wandmitte**	5-	*Schöne Route, Einstieg wie Mitte links aber oben leicht rechts haltend raus.*
	39	**Majestätsbeleidigung**	6	*Etwas gesuchte Route.*
	40	**Abortdeggale**	4	*Unten geneigte Wandkletterei, oben großes Verschneidungssystem.*
	41	**Regenbogen**	6+	*Unten Wand-, oben schöne Risskletterei mit einer knackigen Überraschung am letzten Zwischenhaken. Vom Band weg über den rechten Riss etwas einfacher (6).*
	42	**Kaminführe**	4	*Unten Wandkletterei, dann Spreizkamin und noch ein Riss zum Abschluss, schöne Route.*
	43	**Wa Wa**	6-	*Risseinstieg und oben rechts haltend raus.*
	44	**Tur Tur**	6+/7-	*Oben überhängende, anstrengende Piazkletterei.*
	45	**Kleiner Pfeiler li. Einstieg**	6	
	46	**Tur Tur direkt**	7	*Glatte Platte mit flachen Seitgriffen, ziemlich definiert.*
	47	**Vorbau**	4-	*Gut griffig durch den steilen Wandvorbau.*

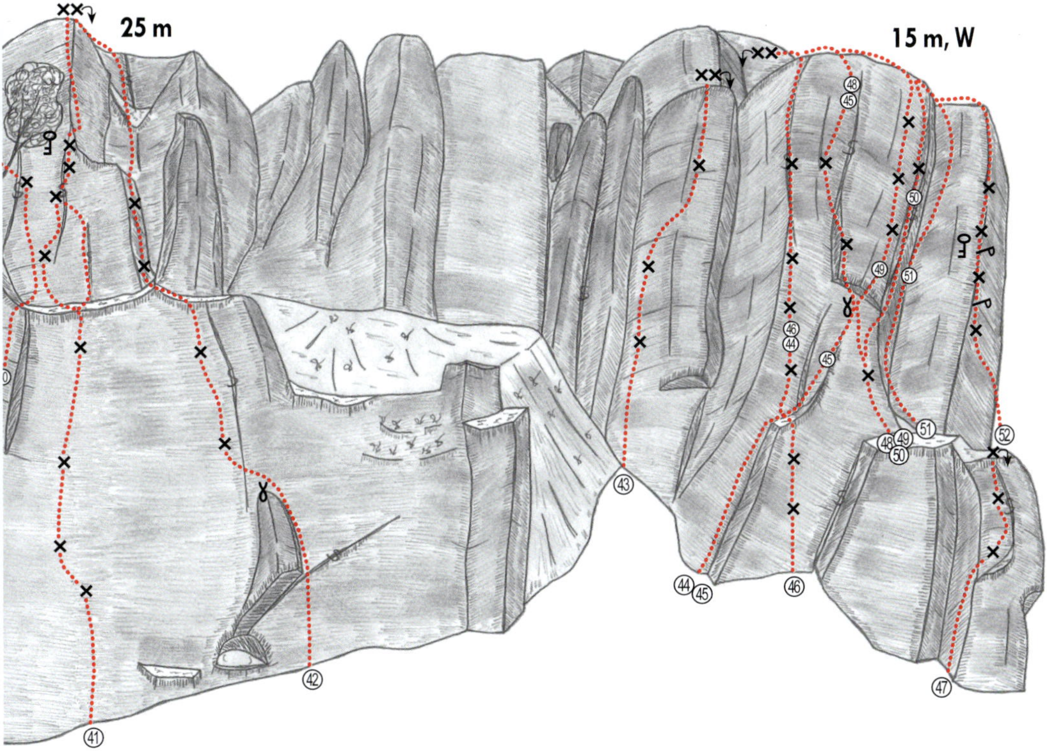

25 m

15 m, W

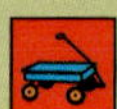
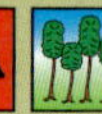
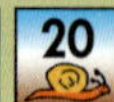

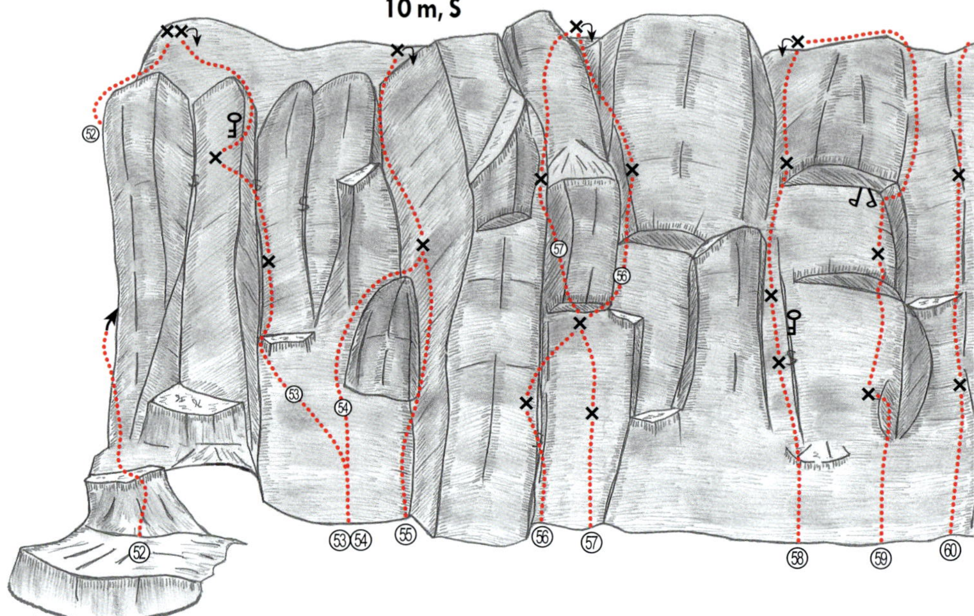

48	**Kleiner Pfeiler re. Einstieg**	6	*Steile, aber gut griffige Wandkletterei, klasse Route, leider etwas kurz.*
49	**Lummerland Express**	7-	*Abdrängende Kante mit vielen Seitgriffen, luftig.*
50	**Riss**	7-/7	*Rissspur, die weitestgehend clean zu klettern ist.*
51	**Kamin**	4	*Gut griffiger, tiefer Spreiz-Stemmkamin.*
52	**Pfeiler**	6+	*Leicht überhängende Kantenkletterei.*
53	**Ene**	5-	*Das dicke Ende kommt zum Schluss.*
54	**Muh**	3	*Leichte Verschneidungskletterei links am Block vorbei.*
55	**Block rechts**	5-	*Riss mit guten Handklemmern (Friends 2 ½ und größer).*
56	**Traversle**	4	*Im linken Riss einsteigen und am 2. Bohrhaken nach rechts traversieren. Ausstieg im rechten Riss.*
57	**Direktvariante**	5-	*Steiler Wandeinstieg, oben nach links in Rissverschneidung.*
58	**Alpinzentrum**	6	*Steile Wand-/Risskletterei, schwer vor allem im unteren Bereich.*
59	**Wellen aus Stein**	4-	*Sehr gut griffige Rissverschneidung, Keile legen gut möglich.*
60	**Luis Trenker**	4+	
61	**Drei Zinnenweg links**	6	*Knackige Stelle mit schlechten Tritten am 2. Bohrhaken.*
62	**Drei Zinnenweg rechts**	4	*Schöne Rissverschneidung, gut griffig zum Ausstieg.*
63	**Debütantenweg**	3+	*Gut griffige, gestufte Route, aber leider bereits stark abgegriffen.*

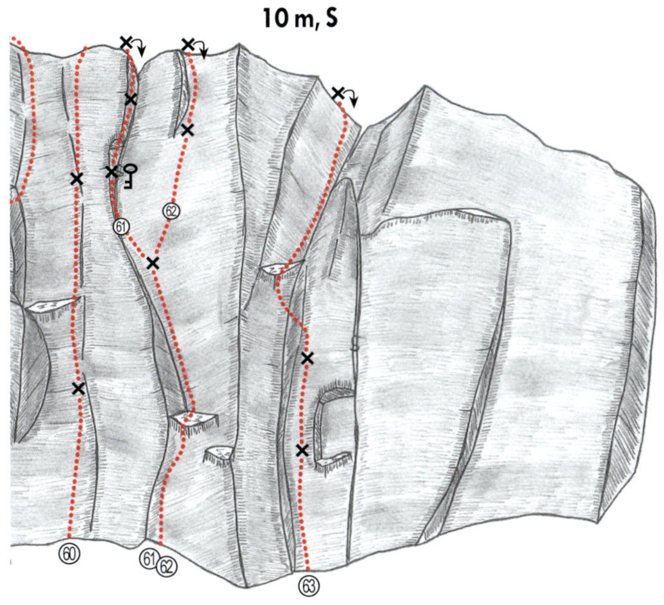

Urach-Reutlinger Foltertopf

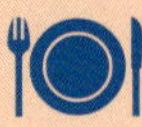

Lecker aber etwas aufwändiger zuzubereiten, daher ideal für den Ruhetag:

Geschnetzeltes mit Spätzle und Salat

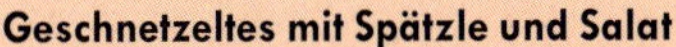

Zusätzliche Ausrüstung

Zweite Flamme, Pfanne mit Deckel, Salatschüssel.

Zutaten

Zutaten Spätzle siehe Basis, Putenschnitzel, frische Paprika, Pilze (ideal frische Pfifferlinge oder Steinpilze), Mehl, Salz, Pfeffer, Curry, Paprikagewürz, Salatdressing, Speiseöl, Zwiebel, Bratensaftwürfel, Wasser.

Zubereitung Geschnetzeltes

Fleisch in feine Streifen schneiden, Pilze, Zwiebel und Paprika ebenfalls in feine Streifen schneiden. Fleisch mit Öl und Zwiebel in Pfanne anbraten. Würzen mit Salz, Pfeffer, Curry und Paprika. Nach einiger Zeit frische Paprika und Pilze hinzufügen und ebenfalls mit anbraten, dann Wasser hinzugeben und etwa 15 Minuten auf kleiner Flamme dünsten. Die Soße kann noch mit einem Bratensaftwürfel bzw. Curry, Pfeffer, Salz und Paprika abgeschmeckt werden und zum Schluss noch durch Zugabe von Mehl (zuvor in kaltem Wasser aufgelöst) etwas eingedickt werden.

Zusammen mit einem knackigen Salat und frisch zubereiteten Spatzen ein absoluter Stimmungsheber und ideale Vorbereitung für einen weiteren erfolgreichen Klettertag.

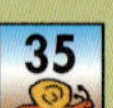

N48°29'21,0" O09°19'34,0"

Ruhig gelegene hohe Wand, die nach ihrer weitgehenden Sanierung viele gut gesicherte Routen in den mittleren Graden bietet. Die Felsqualität ist schwankend, insgesamt aber recht ordentlich. Einige noch nicht sanierte Routen müssen zwingend durch Keile entschärft werden.

Bring nuts for some routes.

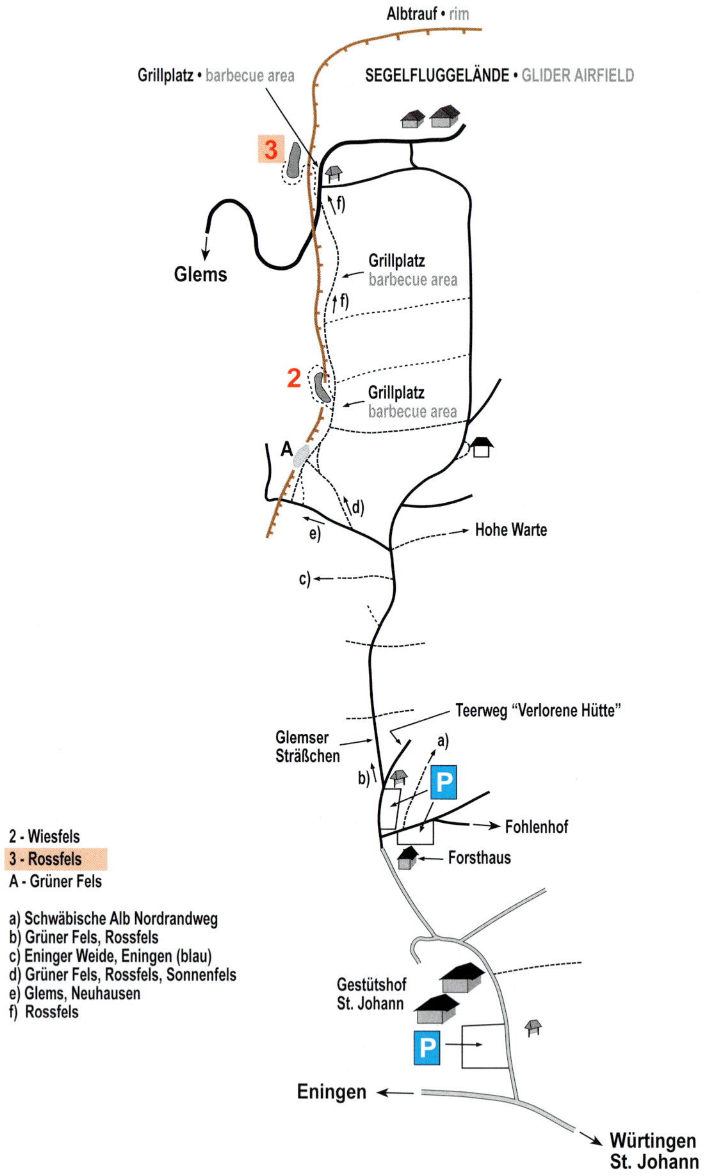

Anfahrt

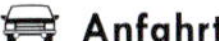

Von der A 8 an der Ausfahrt Kirchheim Ost abfahren. Auf die B 465 und auf dieser Richtung Lenningen/Owen. In Owen rechts Richtung Beuren abbiegen. Nach einiger Zeit links ab auf die Albhochfläche nach Erkenbrechtsweiler. Weiter über Hülben und hinab ins Tal nach Bad Urach. In Bad Urach geradeaus, bis man an einer T-Kreuzung auf die B 28 trifft. Hier rechts (Reutlingen/Stuttgart/Münsingen), dann geradeaus, bis man an einer erneuten T-Kreuzung links auf die B 465 Richtung St. Johann/Biberach/ Münsingen abbiegt. Kurz nach Ortsende Urach bei Ampel rechts ab Richtung Gomadingen/St. Johann/Sirchingen. Der Steige bergauf folgen und an der nächsten Möglichkeit rechts ab Richtung Bleichstetten/Würtingen/St. Johann. Der Straße auf die Albhochfläche folgen und durch Bleichstetten bis nach Würtingen. In Würtingen an T-Kreuzung scharf rechts Richtung Eningen/Reutlingen. Der Straße einige Kilometer folgen, bis man rechts der Straße den Gestütshof St. Johann erreicht (nicht zu verwechseln mit St. Johann, das auf jedem zweiten Verkehrsschild auf der Hochfläche auftaucht). Hier rechts abbiegen und vorbei am Gestüt. An einer Abzweigung links bleiben und weiter, bis man den Waldrand (Forsthaus) erreicht. Dort befindet sich ein großer zweigeteilter Wanderparkplatz. Am besten im linken (in Verlängerung der Straße) Bereich parken. Hier befindet sich auch eine Schautafel mit einer Lageskizze der Felsen.

Zugang

Vom Parkplatz dem Forstweg folgen, der sich bereits nach einigen Metern gabelt. Hier nach links Richtung „Grüner Fels/Rossfels“ (Glemser Sträßchen). Dem breiten Forstweg eine ganze Zeitlang (etwa 10 Minuten) folgen, bis man eine erneute markante Wegkreuzung erreicht. Hier nach links der Ausschilderung „Grüner Fels/Rossfels/Sonnenfels“ folgen. Kurz danach an Gabelung rechts halten, dem Weg vor zum Albtrauf folgen (Grüner Fels) und dort nach rechts. Nach einiger Zeit führt der Pfad leicht bergab und erreicht am Rande einer Wiese eine große Grillstelle. Hier befindet sich der Wiesfels. Der Pfad führt jetzt etwas linkshaltend immer entlang des Albtraufes durch den Wald. Nach einiger Zeit führt der Wanderweg über Wiesen leicht bergab und erreicht beim Flugfeld Rossfeld die Straße nach Glems. Diese überqueren und noch etwa 100 m weiter am Trauf entlang bis zu einer Grillstelle. Hier führt links ein Pfad hinab zum Felskopf. Links herum (Blickrichtung Tal) führen Stufen hinab zum Wandfuß.

Zugangszeit etwa 30-35 Minuten (2,64 km).

Lage

Fels mit Ausblick. Am Trauf gelegene, hohe, westlich ausgerichtete Wand mit lichtem, aber hohem Laubwald am Wandfuß, der jedoch ausreichend Abstand von der Wand einhält. Genügend Platz und relativ ebene Fläche am Wandfuß.

Naturschutz

Nur den beschriebenen Abstieg benutzen, alle Routen umlenken.

Use only the described path, lower off all routes.

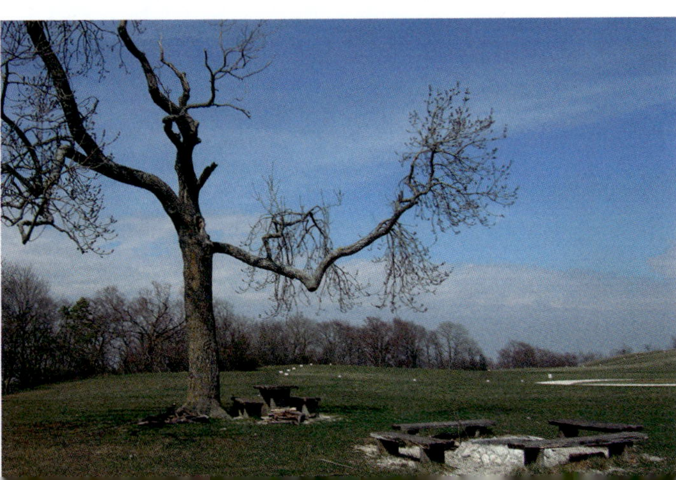

Der Grillplatz direkt oberhalb des Rossfelsen ist wunderschön gelegen. Den malerischen alten Baum gibt es allerdings nicht mehr.

1.3 Rossfels 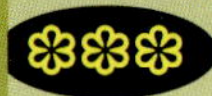

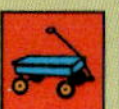
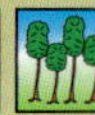

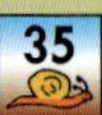

	Nr.	Route	Grad	Beschreibung
	1	**Saddams letzte Chance**	**8**	*Äußerst wackelige Einzelstelle, deren Schwierigkeit sicher sehr unterschiedlich wahrgenommen wird.*
	2	**Hausmann**	**6-**	*Schöne, gut griffige Route. Im oberen Teil deutlich einfacher, als es den Anschein hat, allerdings eher schlechte Trittmöglichkeiten.*
	3	**Ponyexpress(Ponytrail)**	**4-**	*Gut gesicherte, gut griffige Route, teils etwas brüchig.*
	4	**Nicki**	**5+**	*Gut griffig, brüchig und ordentlich gesichert.*
	5	**Pico Bello**	**6+/7-**	*Steile Route in festem Fels.*
	6	**To bolt or not to bolt**	**6+**	*Originaleinstieg wie Kamin, dann links über den steilen Pfeiler.*
	7	**Verschneidung**	**5**	*Schöne Verschneidungs- und Risskletterei, Keile!*
	8	**Kamin**	**4-**	*Keile! Die kaminartige Verschneidung hoch, oben brüchig. Am besten die Bohrhaken von Solemio mit einhängen.*
	9	**Solemio**	**7-**	*Rechts des Kamins über den Pfeiler, oben brüchig.*
	10	**Platte**	**6+/7-**	*Unten kompakte Wand-/Verschneidungskletterei, oben steiler und teils nicht hundertprozentig fest.*
	11	**Wildführe**	**4**	*Hoch in die Gufel und rechts raus querend auf das Band.*
	12	**Gelbe Verschneidung**	**5+**	*Klasse Rissverschneidung.*
	13	**Fissure**	**7+**	*Ausdauernde Risskletterei, schlecht gesichert!*
	14	**Pfeilerkante**	**7+**	*Erst wie Fissure, dann am 3. Bohrhaken rechts querend. Auch direkter möglich, aber schwerer.*
	15	**Pfeilerkante Direkteinstieg**	**7+**	*Weitere Einstiegsmöglichkeit ohne Auswirkung auf den Grad.*
	16	**Soloteufel**	**6+**	*Steile Wand-/Verschneidungskletterei.*
	17	**Direkter Vagabundenweg**	**7-**	*Tolle, leicht überhängende Route.*

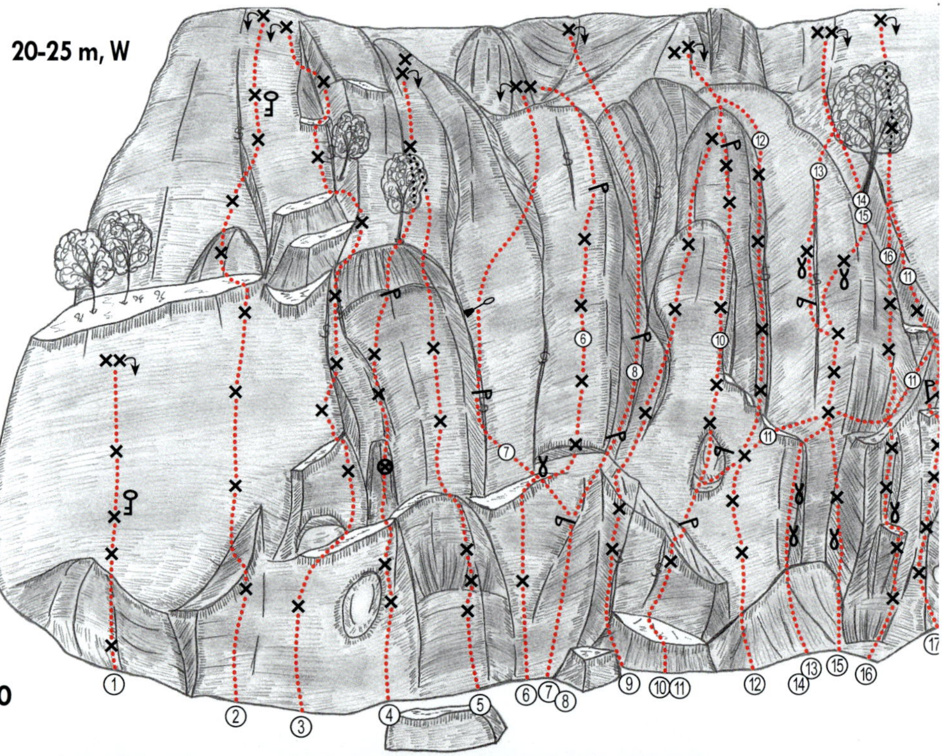

20-25 m, W

Nr.	Route	Grad	Beschreibung
18	**Rosstäuscher + Kromer Gedächtnis Weg**	7+/8-	*Überhängendes Gezerre im unteren Teil, oben löst sich alles ganz gut, es sei denn man ist zu klein, dann wird es blöde.*
19	**Vagabundenweg**	6-	*Schöne Route entlang Verschneidungssystem.*
20	**Ohlala**	7-	*Am 2. BH von (19) geradeaus den Riss empor, schmerzhafte Klemmer.*
21	**Reutlinger Weg**	7+	*Ausdauernd und etwas schwierig zu findende Linie.*
22	**Pfeiler**	7-	*Erst wie (23), am 4. BH nach links, dann leicht rechts hoch, wenig eigenständig.*
23	**Gerader Riss**	5+	*Rissverschneidung.*
24	**Bohrwurm**	6	*1. BH sehr hoch, evtl. den 1. BH des Geraden Risses mit einhängen.*
25	**Plattenweg linker Einstieg**	5+	*Unten ist Eigeninitiative beim Absichern gefragt, schöne Plattenroute.*
26	**Loriot**	8-	*Unterer Teil ist ~7-, oben kommt eine äußerst griffarme Reibungsplatte, in der momentan der Haken fehlt!*
27	**Loriot rechter Ausstieg**	7-	
28	**Plattenweg re. Einstieg**	5+	*Erst entlang der Rissverschneidung, dann nach links queren, raus wie (25).*
29	**Rechte Führe**	4	*Gut griffige Rissverschneidung, Keile!*
30	**Südkante**	6	*Gut griffige Rissverschneidung, oben Riss.*
31			
32	**Schinder+Südkante**	6	*Unten Pfeiler, oben Riss.*
33	**Eugens Kante**	6	*Start an Rissspur, über große Löcher zu oberem Riss.*
34	**Quergang**	4-	*Der Ausstieg führt durchs Gemüse.*
35	**Rechte Kante**	6-	*Oben harte Einzelstelle, der Rest deutlich einfacher.*

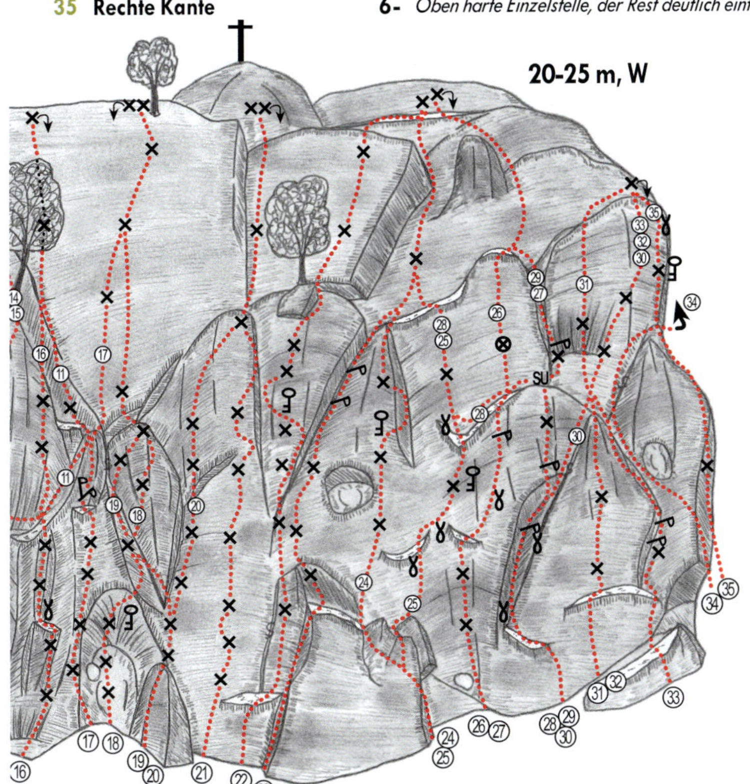

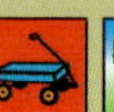
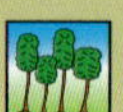
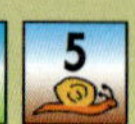

P N48°29'10,7" O09°23'48,1"

Ansammlung von kleineren Felsen, die sich wie an der Perlenschnur aufgereiht oberhalb von Urach an der Traufkante entlang ziehen. Es gibt hier jede Menge sehr unterschiedliche und meist gut gesicherte Routen. Für einige wenige Routen benötigt man auch Keile. Am Wandfuß des Oberen Hannerfelsen unbedingt auf Glasscherben achten, einige unbelehrbare Zeitgenossen werfen leider immer mal wieder Flaschen von oben herab. Auch am Mittleren Hannerfels (Sektoren c, d) muss mit Glasscherben gerechnet werden, da hier oberhalb der Wand eine Schutzhütte steht, die häufig für private Feiern genutzt wird. Viele Routen befinden sich noch im Projektstatus, der unbedingt zu achten ist. Im Klartext: Finger weg von Projekten!

Keep off the projects!

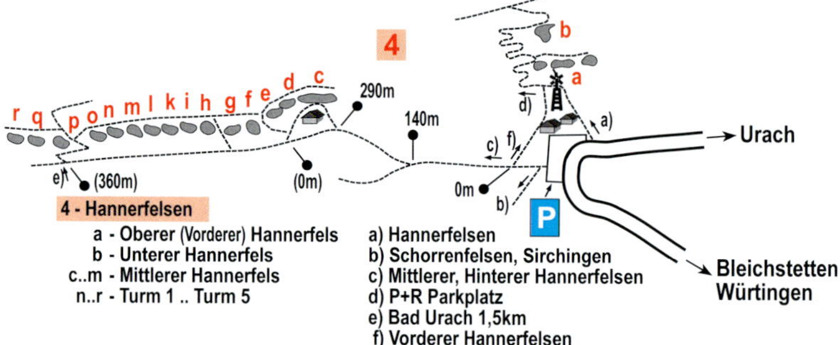

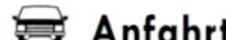

Anfahrt

Von der A 8 an der Ausfahrt Kirchheim Ost abfahren. Auf die B 465 und auf dieser Richtung Lenningen/Owen. In Owen rechts Richtung Beuren abbiegen. Nach einiger Zeit links ab auf die Albhochfläche nach Erkenbrechtsweiler. Weiter über Hülben und hinab ins Tal nach Bad Urach. In Bad Urach geradeaus, bis man an einer T-Kreuzung auf die B 28 trifft. Hier rechts (Reutlingen/Stuttgart/Münsingen), dann geradeaus, bis man an einer erneuten T-Kreuzung links auf die B 465 Richtung St. Johann/Biberach/Münsingen abbiegt. Kurz nach Ortsende Urach bei Ampel rechts ab Richtung Gomadingen/St. Johann/Sirchingen in die Sirchinger Straße. Der Steige bergauf 680 m folgen und an der nächsten Möglichkeit rechts ab Richtung Bleichstetten/Würtingen/St. Johann/Haus auf der Alb. Nach 1,86 km, direkt an der 2. Linkskehre, erreicht man schließlich einen Wanderparkplatz bei einer Hütte (Funkmast), hier parken.

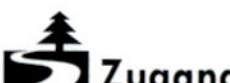

Zugang

Zum Oberen (Vorderen) und Unteren Hannerfels direkt von der Haarnadelkurve beim Parkplatz auf Weg in wenigen Schritten zum Funkmast und weiter vor zum Trauf. Dort nach links auf einen schmalen Wanderweg (Ausschilderung P+R Parkplatz), der bergab führt. **Zum Oberen Hannerfels** wenige Meter nach Felsturm mit einzelner Route (Meine sehr fetten Damen und Herren) rechts ab und nahezu weglos nach rechts queren. **Zum Unteren Hannerfels** dem Wanderweg weiter bergab folgen. Der Fels befindet sich kurz vor Erreichen einer Forststraße direkt rechts des Weges.

Zum Mittleren Hannerfels und den Türmen vom Parkplatz aus dem Schotterweg in westlicher Richtung (Mittlerer, Hinterer Hannerfelsen) folgen. Nach 200 m erreicht man eine Weggabelung, hier rechts und nach 150 m zu einer Blockhütte. An dieser vorbei und kurz danach rechts ab (Fixseil) zu den linken Sektoren des Mittleren Hannerfelsen. Ein Pfad am Wandfuß verbindet alle Sektoren miteinander, siehe Skizze.

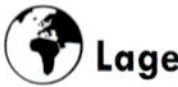

Lage

Vorwiegend nördliche bis nordöstliche Ausrichtung in Laubwald an mäßig steilem Hang. Je nach Sektor hat man mal mehr mal weniger Platz am Wandfuß.

Naturschutz

Zustiegswege unbedingt einhalten, Umlenkungen nutzen, keine Topropes von oben her einrichten, Felsköpfe schonen.

Stay on the access pathes, use the lower-offs, do not install topropes from above, preserve the tops of the crags.

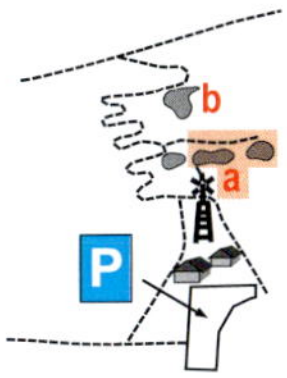

Sektor a - Oberer Hannerfels

10 m, NO

6 m, NO

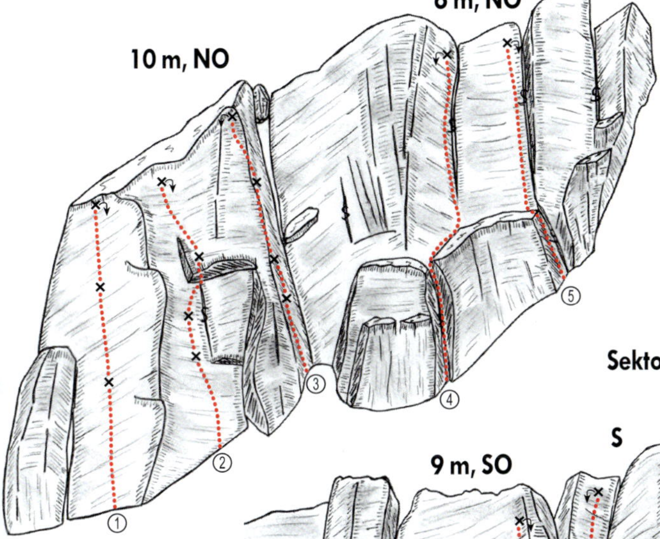

Sektor a - Oberer Hannerfels

12 m, O

S N

9 m, SO

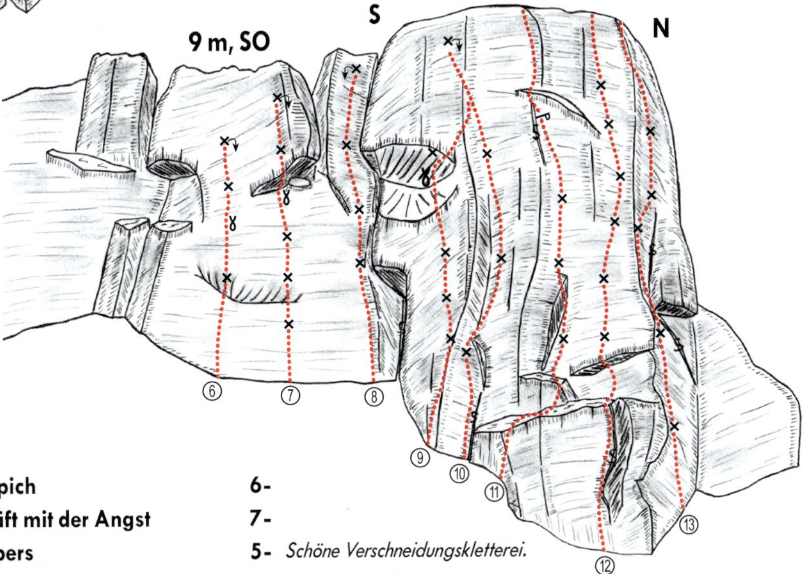

1	Grüner Teppich	6-	
2	Das Geschäft mit der Angst	7-	
3	Seven Sleepers	5-	*Schöne Verschneidungskletterei.*
4	Von Heppenheim nach Wuppertal	7-	*Fingerriss, Keile!*
5	Tuzzling whales	6-	*Faustriss, Keile!*
6	Eye of the Thaigirl	7	
7	Brot alle, Kuchen essen	8	
8	Kamin	4	
9	Flugwesen	7	
10	Aktuelles Sportstudio	7-	*Klasse Kletterei, Stopper vor 1. BH, zur UL nochmals luftig.*
11	Dies Irae	8	
12	Sanatorium	8+	
13	Schatzkiste	7-	

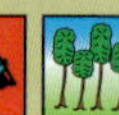

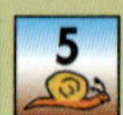

Sektor a - Oberer Hannerfels

9 m, N

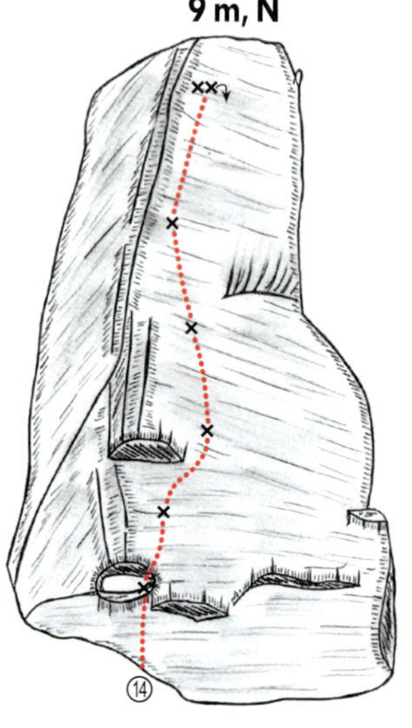

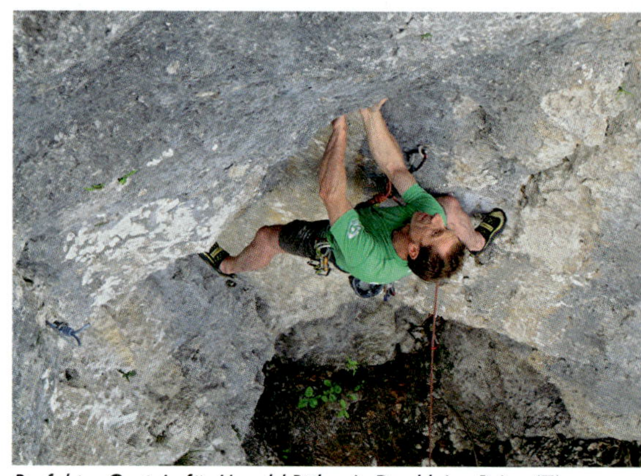

Perfektes Gestein für Harald Röker in Der kleine Prinz (7)
Mittlerer Hannerfels

14	Meine sehr fetten Damen und Herren	8+

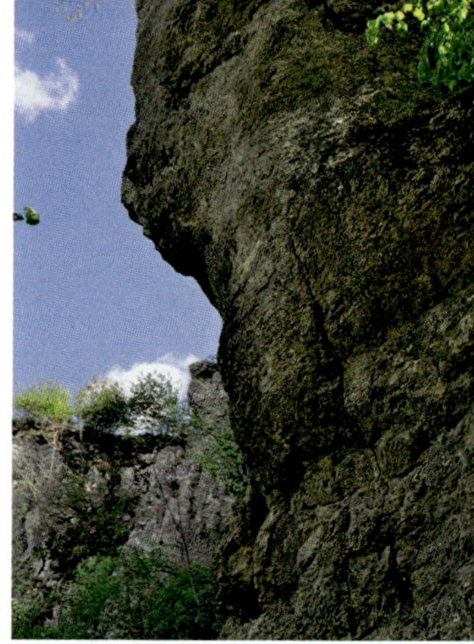

Sektor b - Unterer Hannerfels

1	B, ich nehm B	6+	
2	Langbeend Mügg	6+	
3	Schiitweer	6+	
4	Rauf in Stunden runter in Sekunden	4-	*Keile!*
5	Far beyond driven	7+	
6	Gewitterkante	8-	
7	Donnerwetter	7+	
8	Midlife Lightning	7+	
9	Blitzriss	6-	*Ziemlich staubige Angelegenheit, Keile!*
10	z'kurzer Schmidti	8	*Uralte Bohrhaken, derzeit nicht zu empfehlen.*
11	Unwetterzentrale	8-/8	
12	Fluch des Uhu	7	

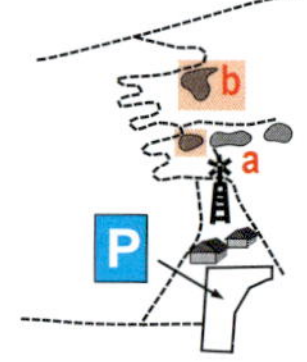

Sektor b - Unterer Hannerfels Talseite 20 m, NO

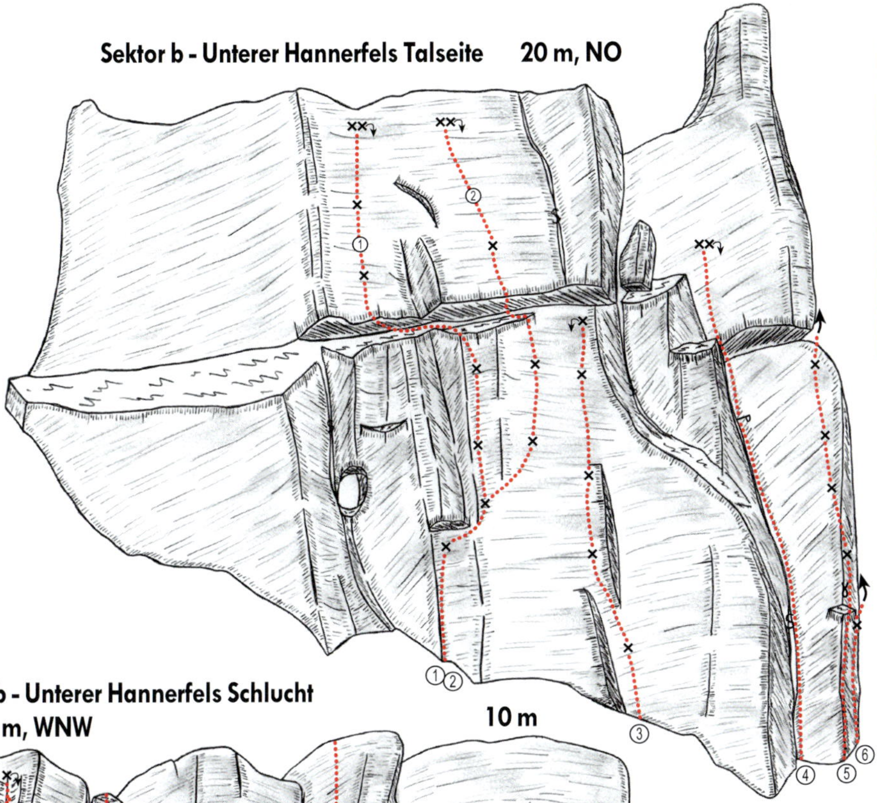

Sektor b - Unterer Hannerfels Schlucht
20 m, WNW

10 m

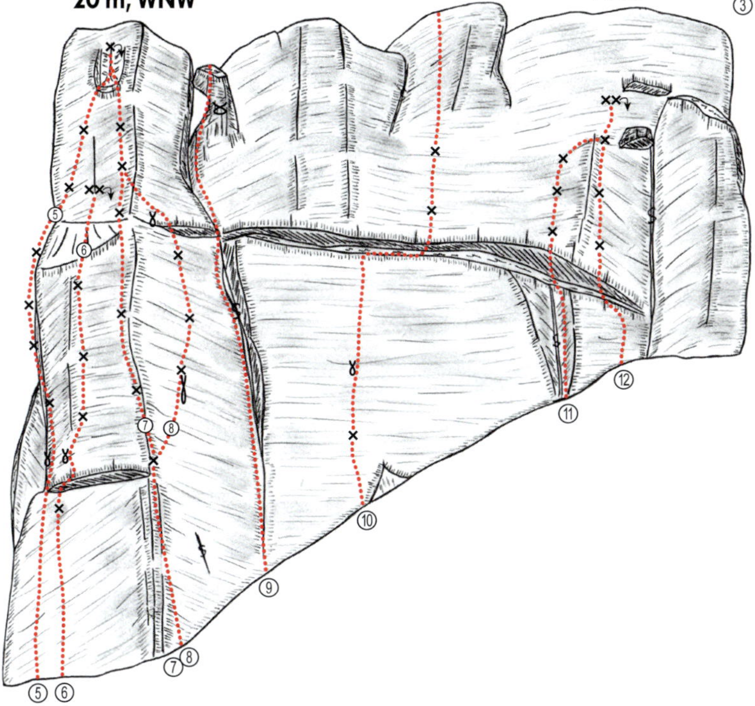

Mittlerer Hannerfels - Sektor c **18 m, O**

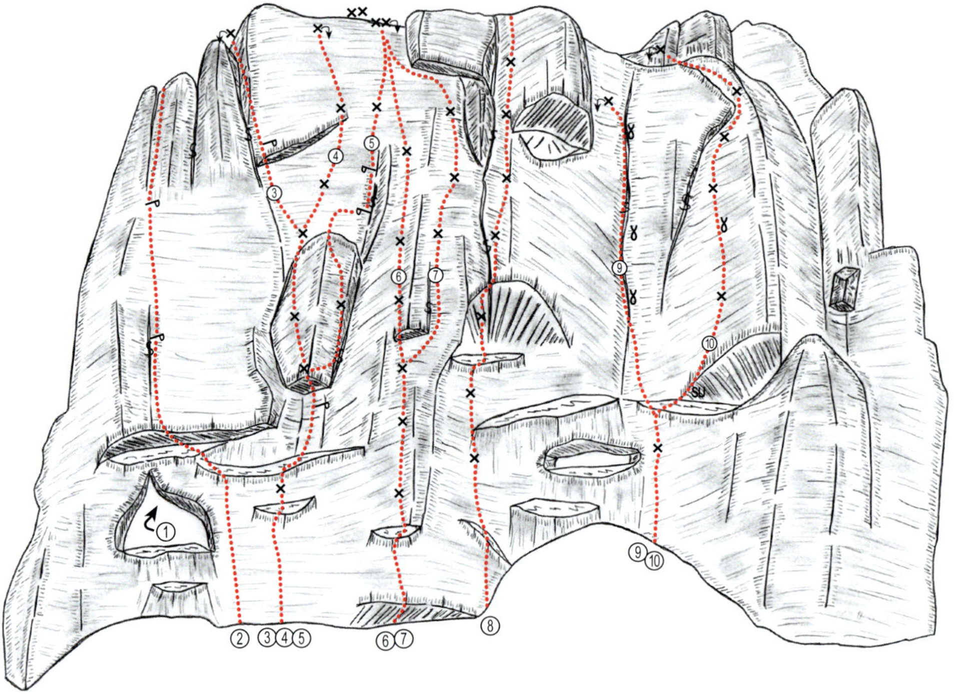

1	**Hephaistos**	7	*Rückseite, Schlinge + Umlenker, Keile!*
2	**Performance**	6	*Unten eher brüchige Angelegenheit, altes Material.*
3	**Alte Führe**	6-	*Total verwachsen, derzeit nicht zu empfehlen.*
4	**Gazella Illuminata**	7-	
5	**Gazellenjagd**	6+	*Tolle, anspruchsvolle Route, oben knifflige Stelle zur Umlenkung.*
6	**Goldfingers Lustgarten**	7	
7	**Der Hühne und das Huhn**	8-	
8	**Vom Regen in die Traufe**	8-	
9	**Minimalprinzip**	6+	
10	**Der kleine Prinz**	7	*Dünne SU am Absatz. Tolles Gestein; oben ganz harte Powerkletterei mit offenen Seit/Untergriffen. Superweite athletische Klipp-Positionen!*
11	**Projekt**		
12	**Projekt**		
13	**Achtung Baby**	7+	*Gefährlich und schwer vom 1. zum 2. BH (brüchiger Tritt für Klipp)! Danach gutgriffige, teils athletische Kletterei an oft hohlen Strukturen.*
14	**Für Paps Manni**	7	
15	**Zwiespalt**	6+	
16	**Fridays for future**	5-	
17	**Fringe activities**	7+	

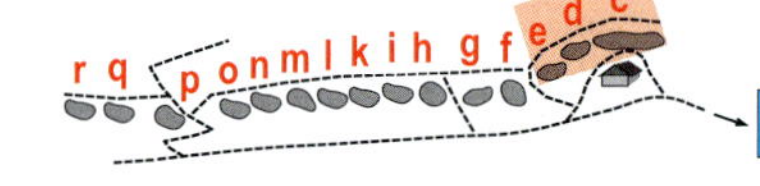

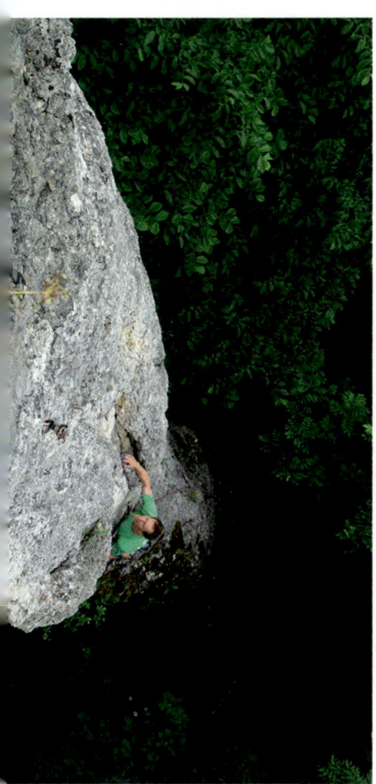
Harald Röker in Achtung Baby (7+)

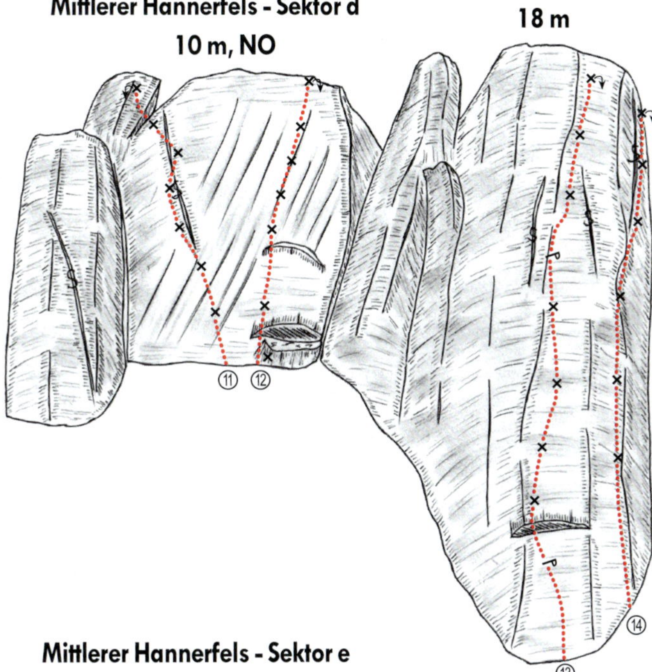

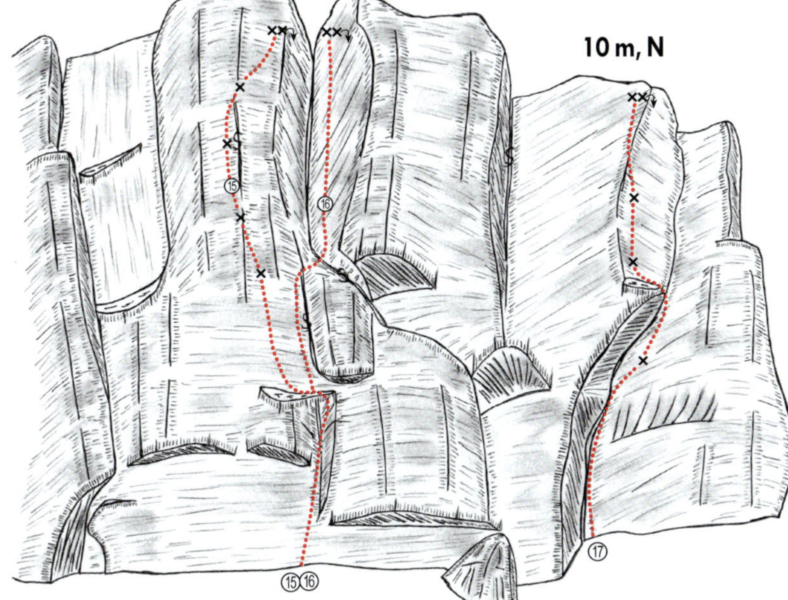

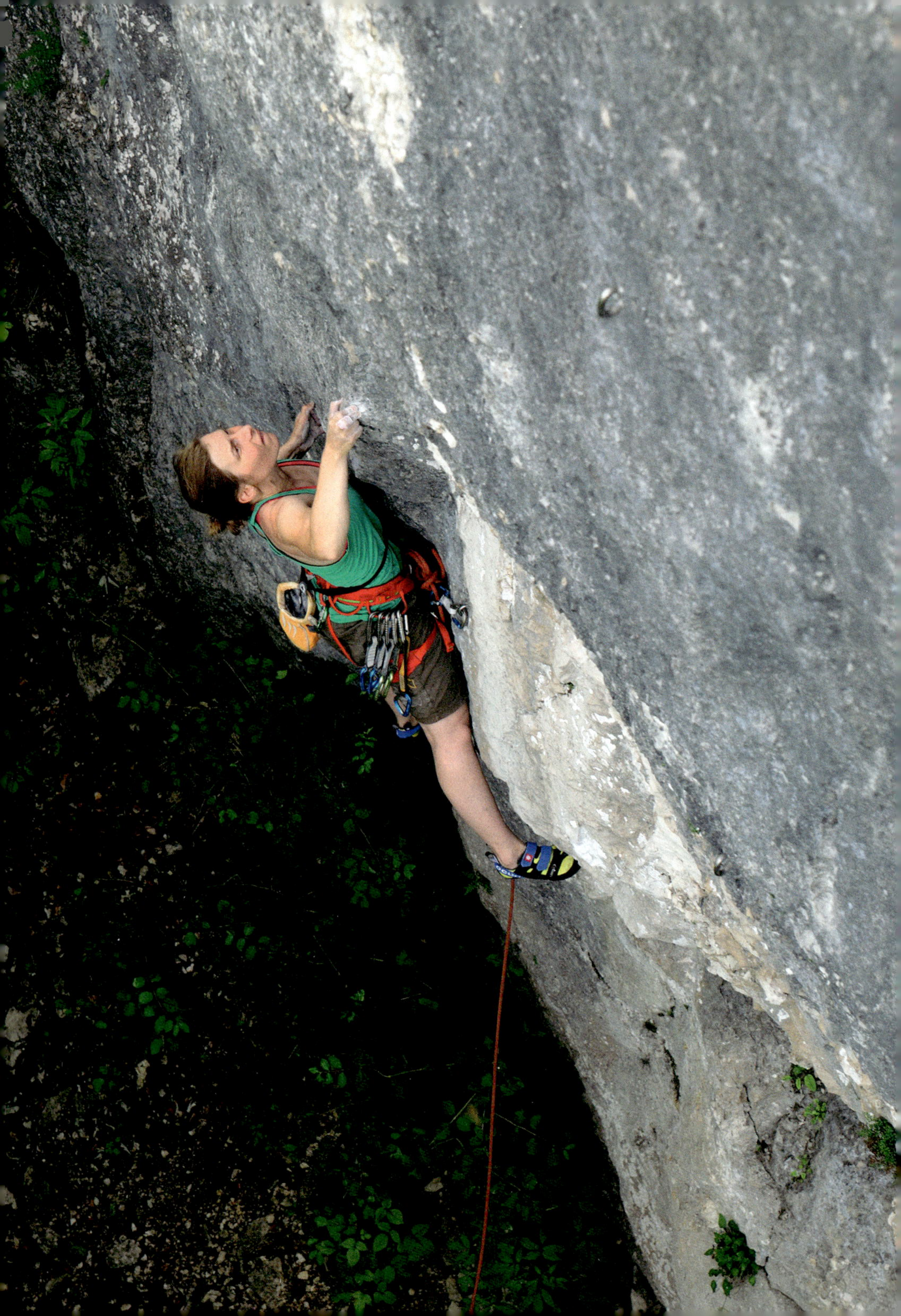

Mittlerer Hannerfels - Sektor f

15 m, O

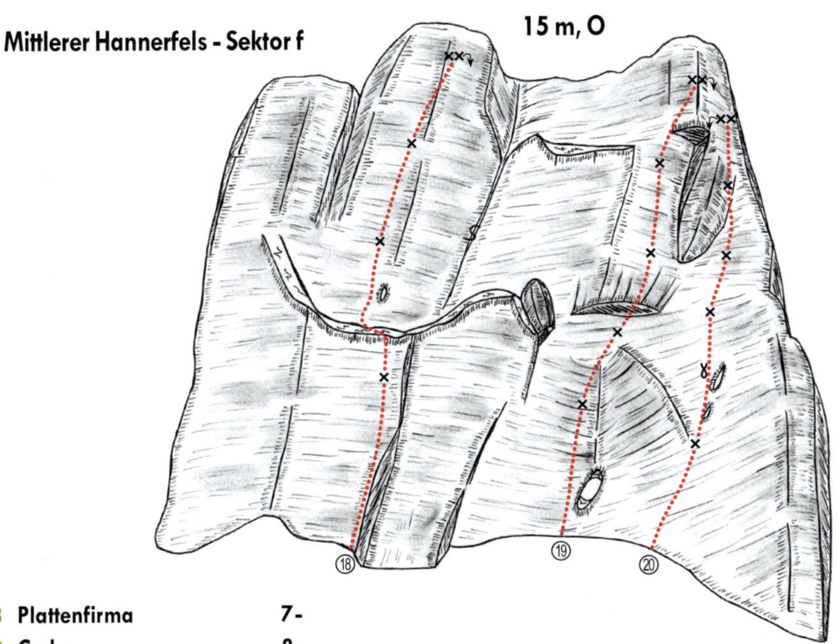

18	Plattenfirma	7-	
19	Codo	8-	
20	Täglicher Bedarf	6	
21	Ja - Nein - Filter - Defekt	5-	
21a	B&B	8/8+	*Clean zu klettern.*
22	M&M	7	*Keile!*
23	Die kleine Raupe	7	
24	Nimmersatt	6-	

r q p o n m l k i h g f e d c P

Mittlerer Hannerfels - Sektor g

10 m, NO

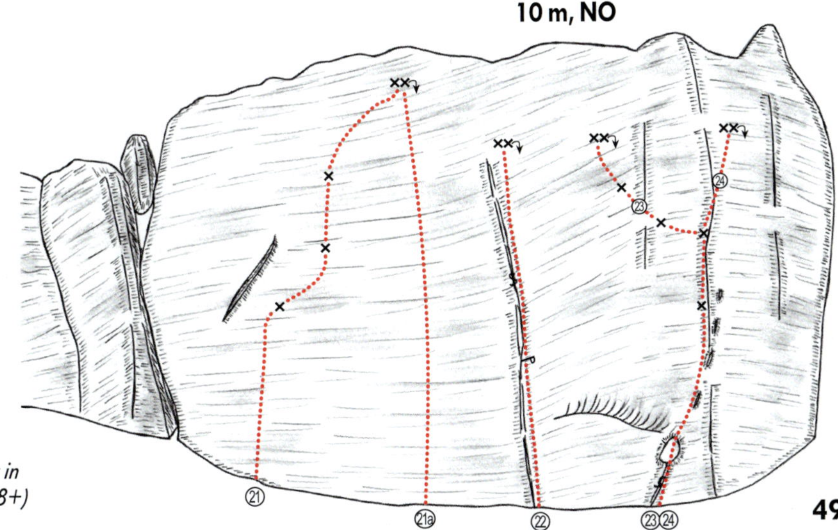

← *Tabea Mager in Pour un flirt (8+)*

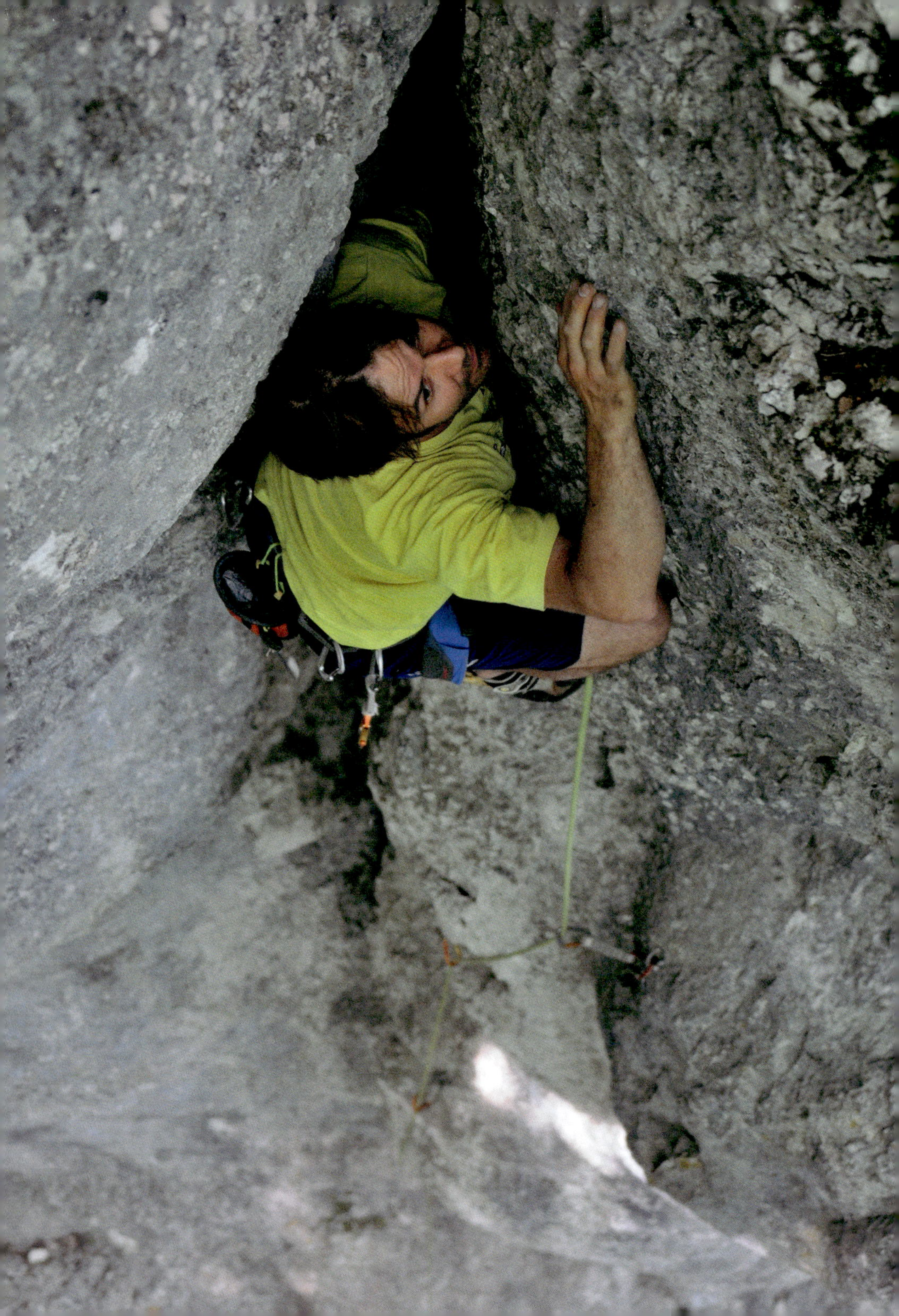

Mittlerer Hannerfels - Sektor h 12 m, O

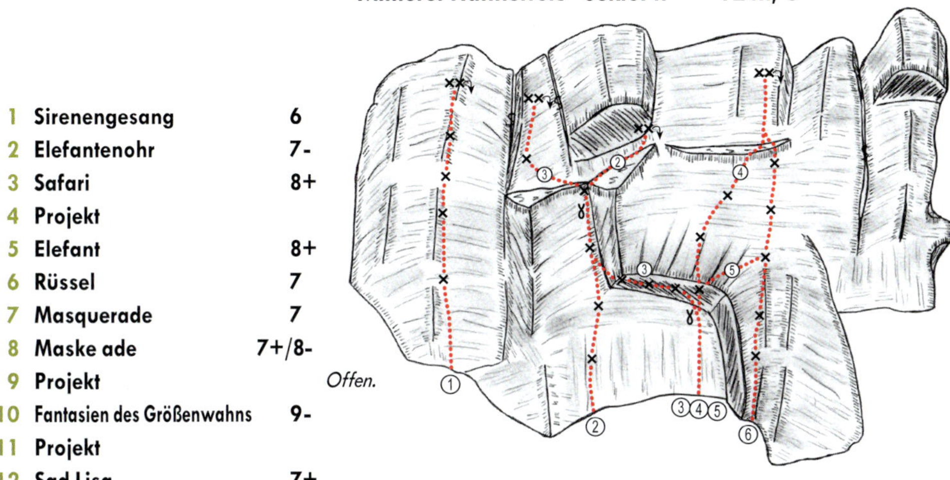

1	Sirenengesang	6
2	Elefantenohr	7-
3	Safari	8+
4	Projekt	
5	Elefant	8+
6	Rüssel	7
7	Masquerade	7
8	Maske ade	7+/8-
9	Projekt	
10	Fantasien des Größenwahns	9-
11	Projekt	
12	Sad Lisa	7+
13	Pee from the Pillerman	6+
14	Tea for the Til(ler)mann	6+
15	Projekt	
16	Flechtlandia	8+
17	Neeilandia	8

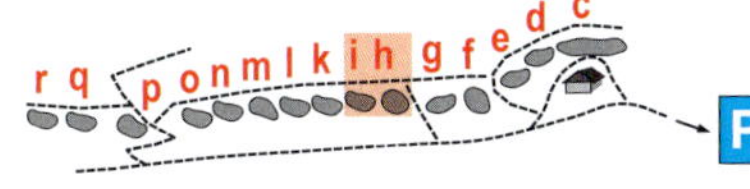

Mittlerer Hannerfels - Sektor i
18 m, NO

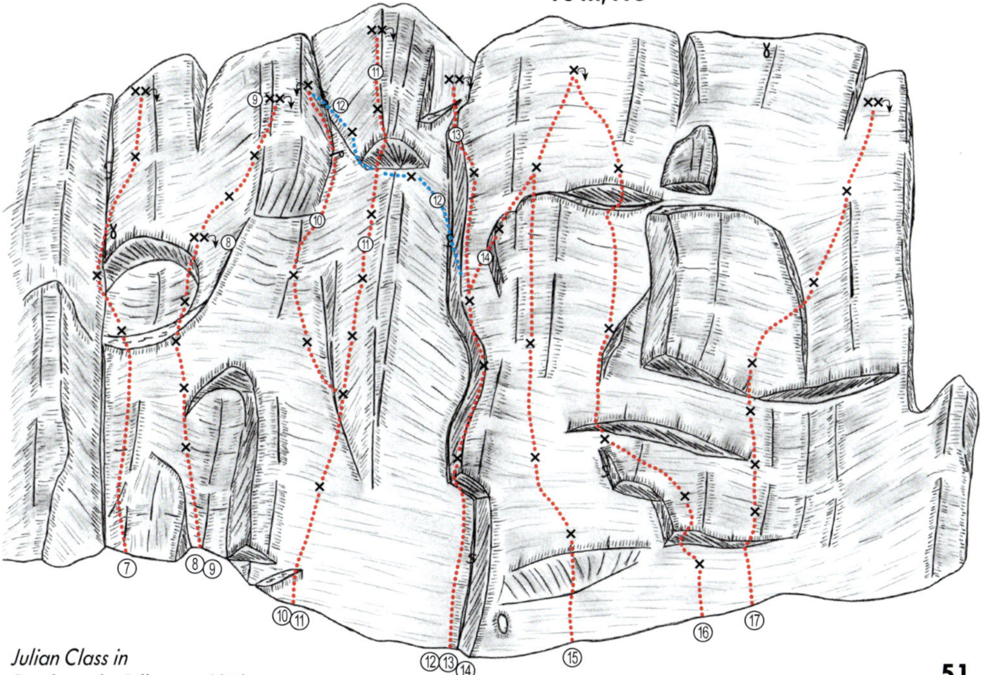

Julian Class in Pee from the Pillerman (6+)

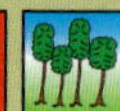

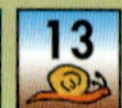

Mittlerer Hannerfels - Sektor k

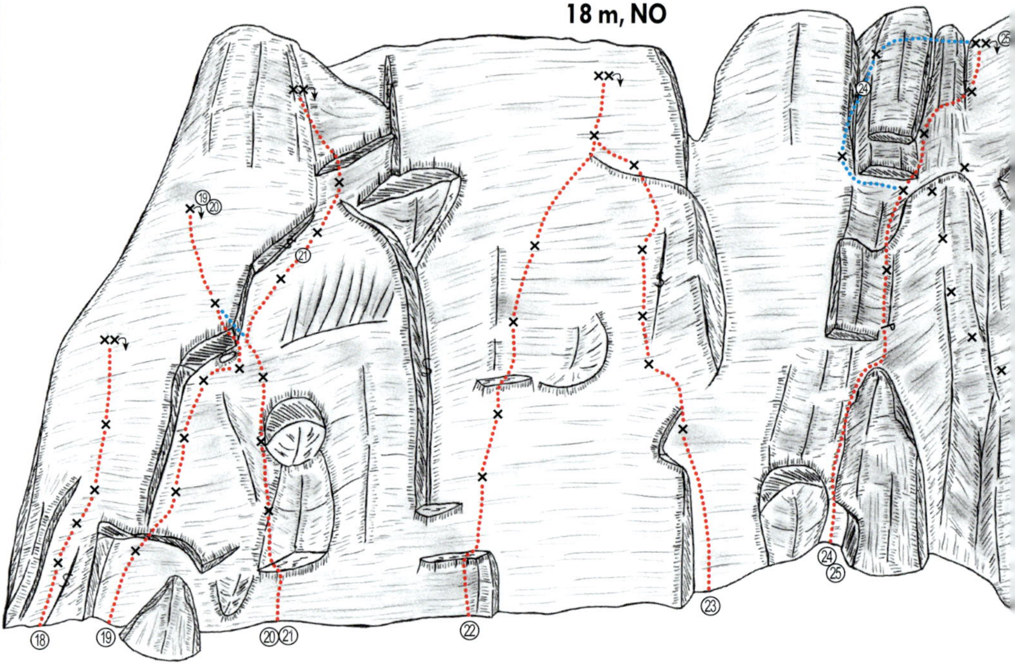

18 m, NO

Nr.	Route	Grad	Beschreibung
18	**Kleiner Klai(m)ber**		*Offenes Projekt.*
19	**Warteschleife**	**8+/9-**	
20	**Love is a battlefield**	**9-**	
21	**Projekt**		
22	**Katzensprung**	**9**	
23	**Sorry heißt Entschuldigung**	**6**	
24	**Show must go on**	**7+**	
25	**Geschenk**	**6+**	*Vom Pfeilerkopf aus schwer für Kleingewachsene.*
26	**Markstein**	**7+**	
27	**Überraschung**	**8-**	
28	**Projekt**		
29	**Lazy Lizard**	**7**	*Stehtechnisch sehr anspruchsvolle Wandkletterei; oben nach links und nochmals athletisch zur für Kleinere sehr hoch angebrachten UL.*

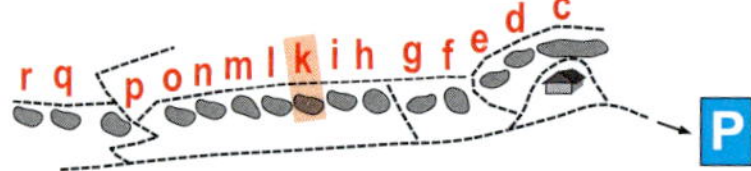

18 m, NO

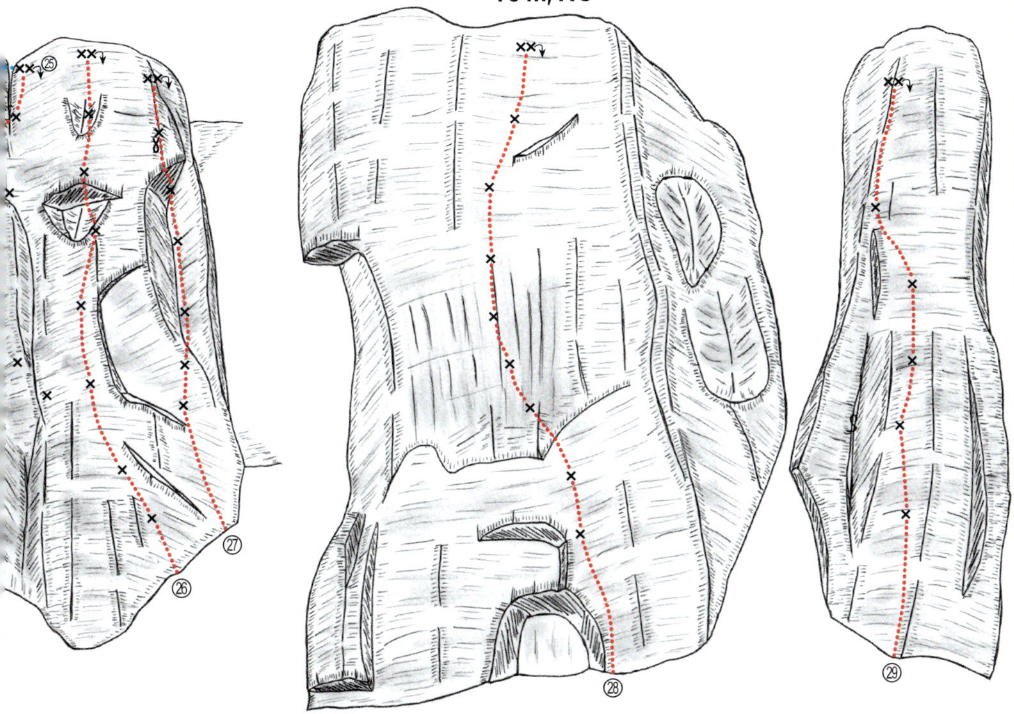

25 26 27 28 29

Tabea Mager in Sorry heißt Entschuldigung (6)

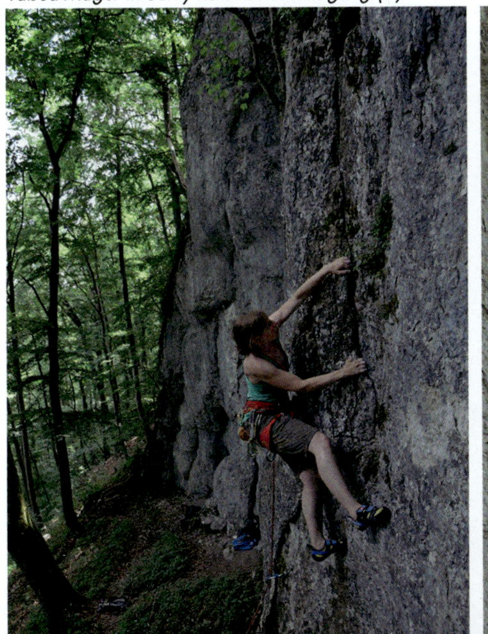

Julian Class in Pee from the Pillerman (6+)

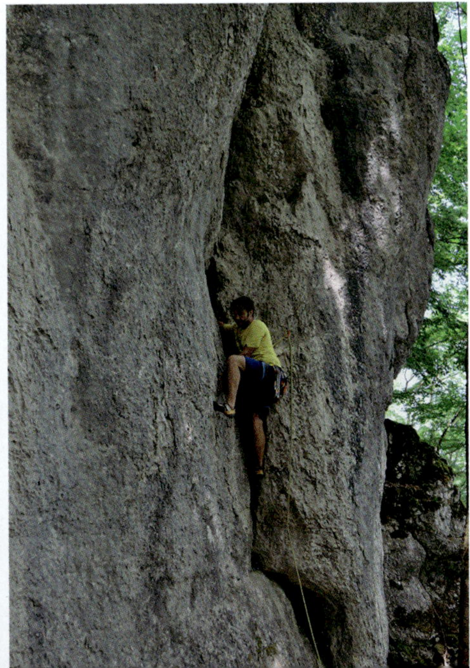

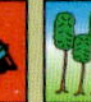
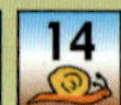

Mittlerer Hannerfels - Sektor I

NO

15 m, NW

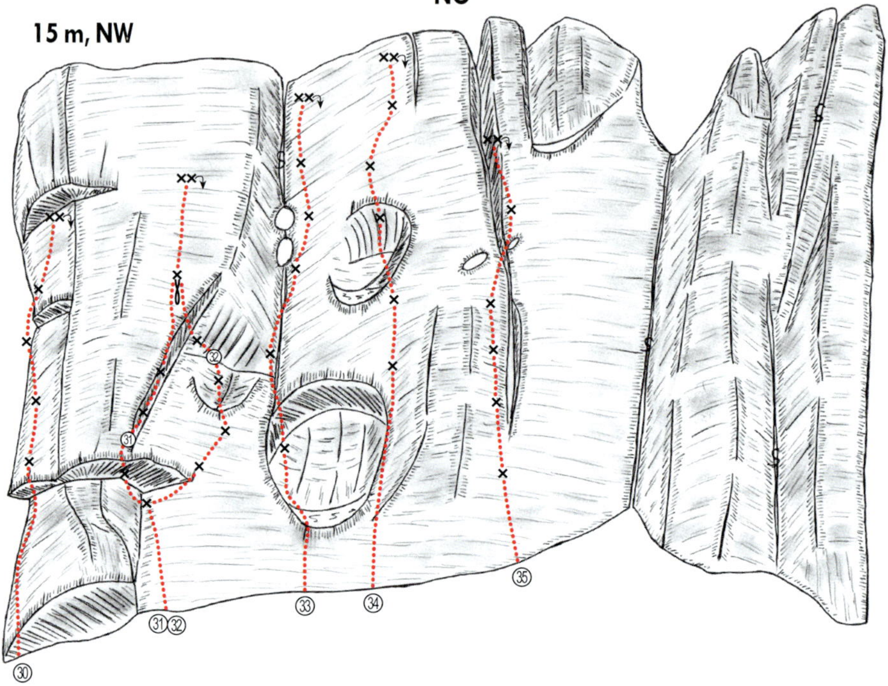

30	Yatra	7+
31	Ratamiaou	8/8+
32	Goldochsen	8-
33	Der Bär groovt	7+
34	Projekt	
35	Goldstück	9-
36	Die Welle	7-
37	Pour un flirt	8+
38	Offenes Projekt	
39	Kurgast Schocker *Bis zur Kante gut, danach sehr brüchig.*	7+
40	Mofa Rocker	9-
41	Schwimmbad Hocker	8+
42	Feierabend Jogger	7-

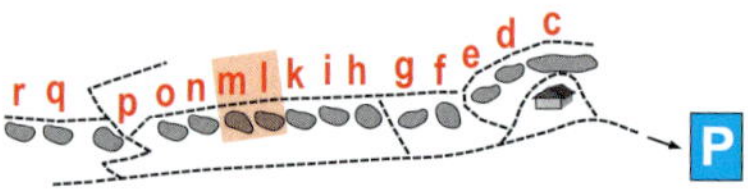

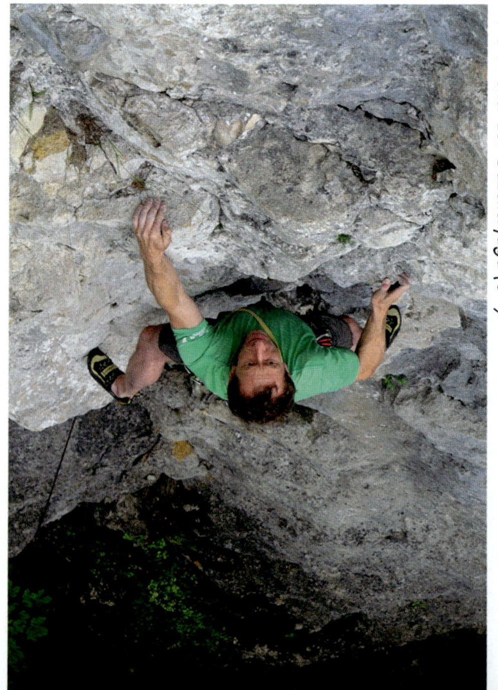

Harald Röker auf Gazellenjagd (6+)

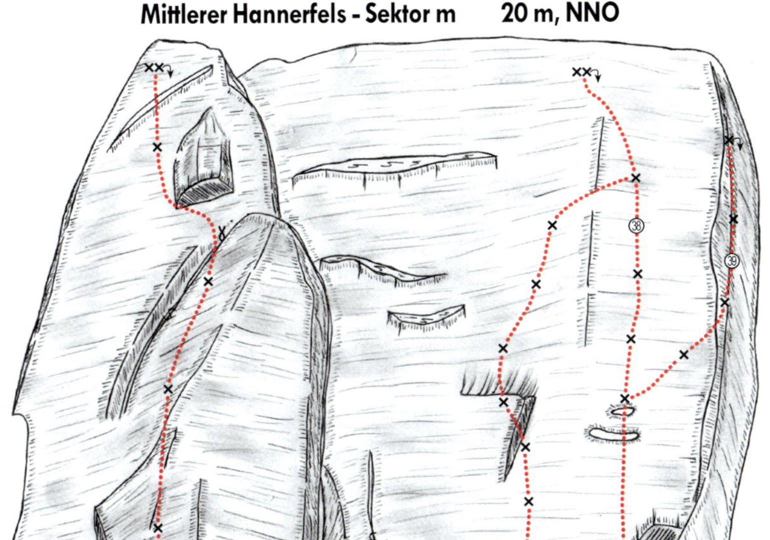

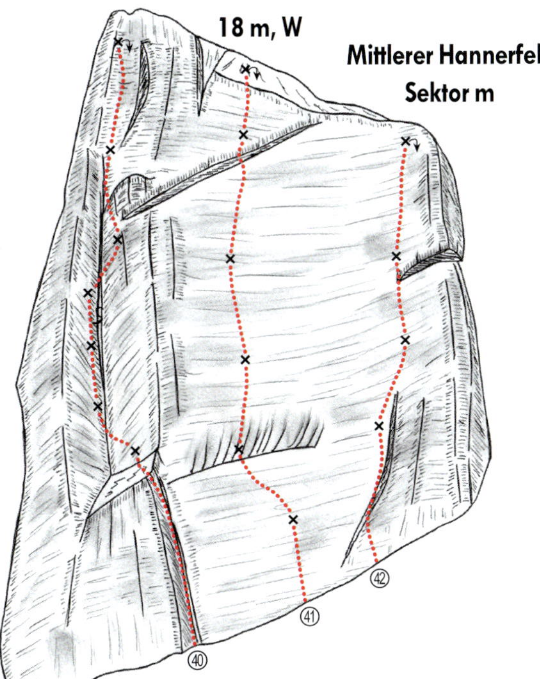

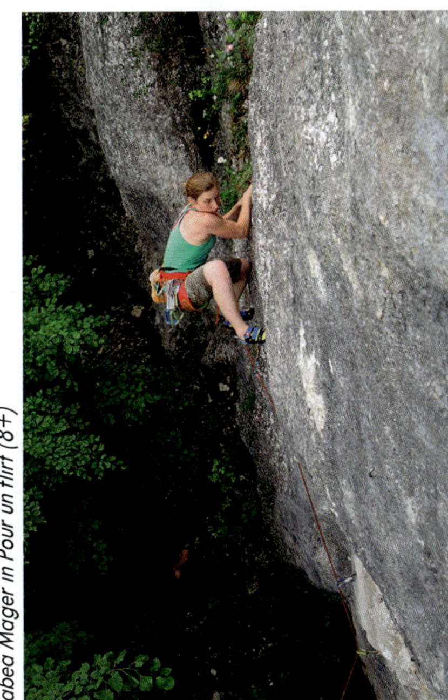
Tabea Mager in Pour un flirt (8+)

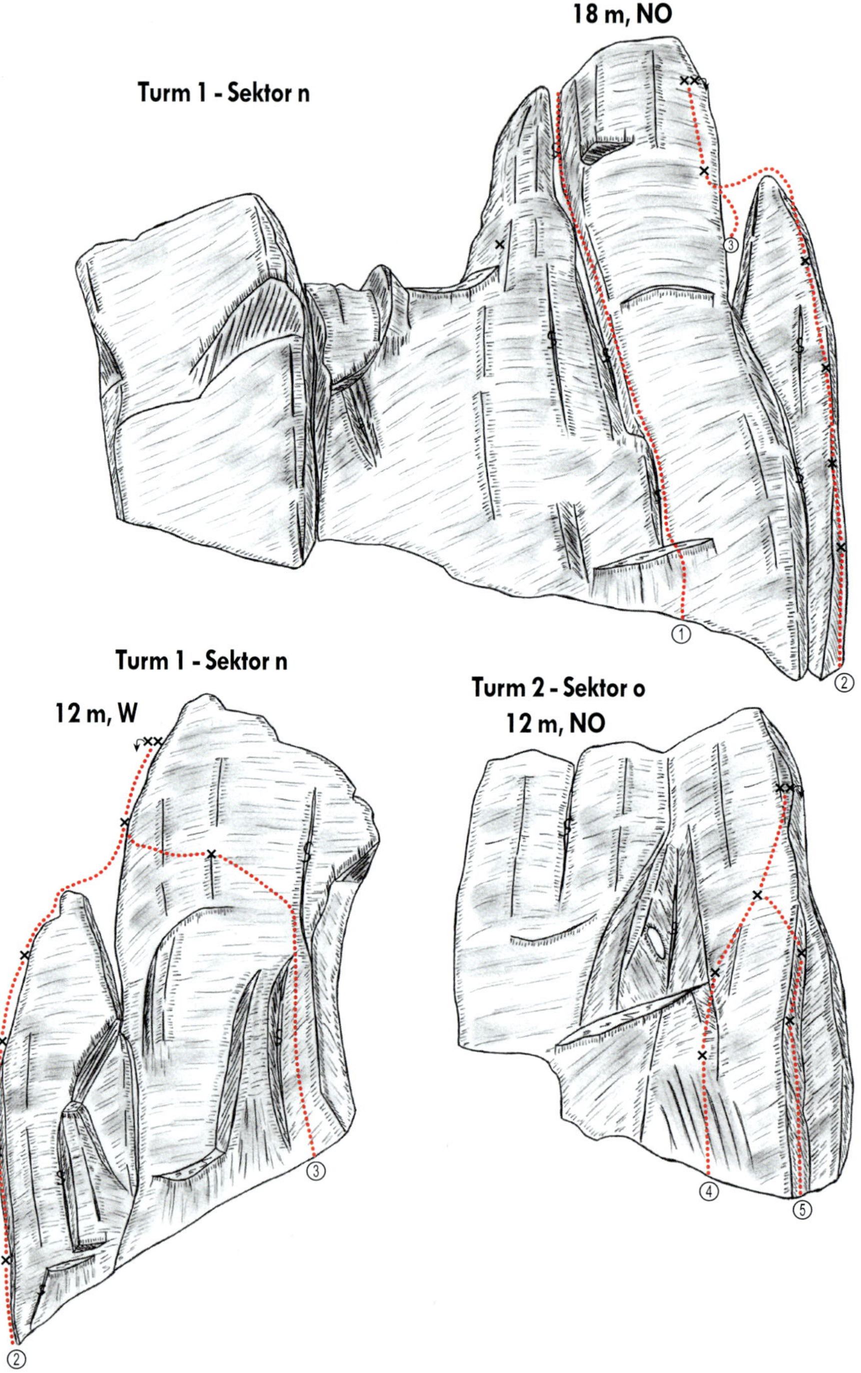
18 m, NO
Turm 1 - Sektor n
①
②
③
Turm 1 - Sektor n
12 m, W
②
③
Turm 2 - Sektor o
12 m, NO
④
⑤

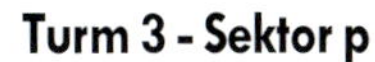

13 m, NO

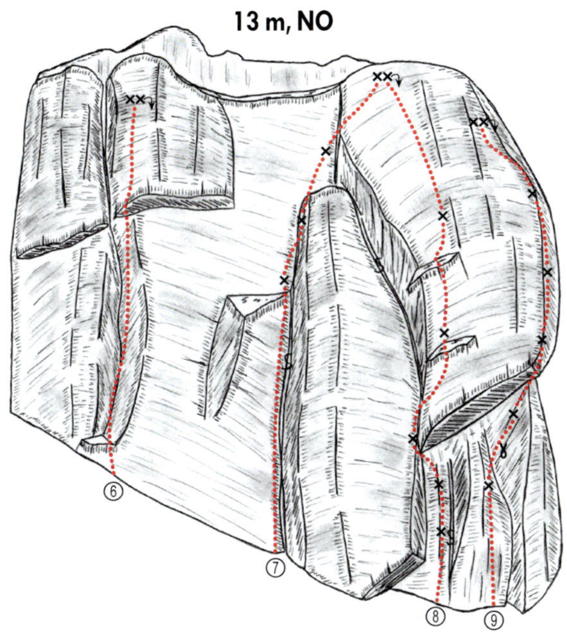

	1	**Pures Abenteuerland**	**4+**
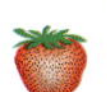	2	**Selten so gelacht**	**5+** *Die große Schuppe vor der Umlenkung ist nicht stabil!!*
	3	**Höpfigheim Boulevard**	**4+**
	4	**Spaß im Glas**	**6+** *Vom Boden weg happig.*
	5	**Betrug im Krug**	**6**
	6	**Hard grit, hard fall**	**7** *Clean zu klettern, Keile legen nicht einfach!*
	7	**Höhenschweißbad**	**6** *Vor dem ersten Bohrhaken Keil legen!*
	8	**Gift to the Jugend**	**7+**
	9	**Projekt**	

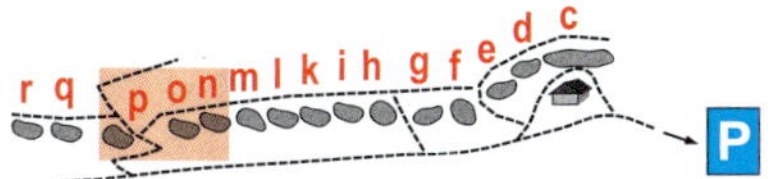

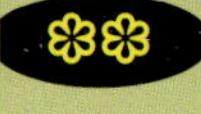

Turm 4 - Sektor q

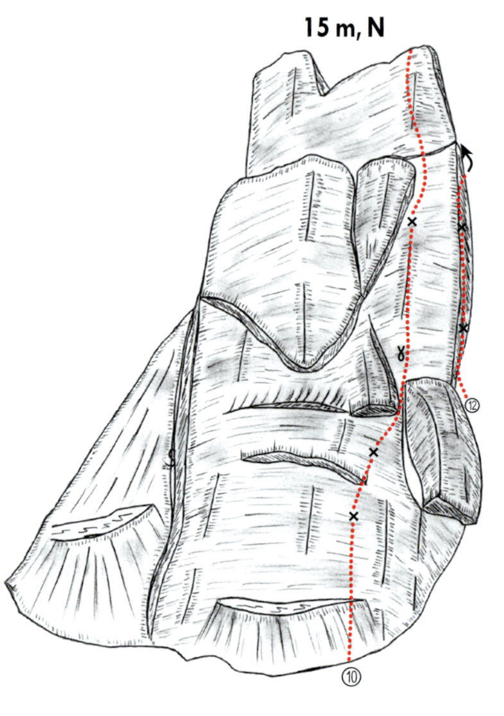

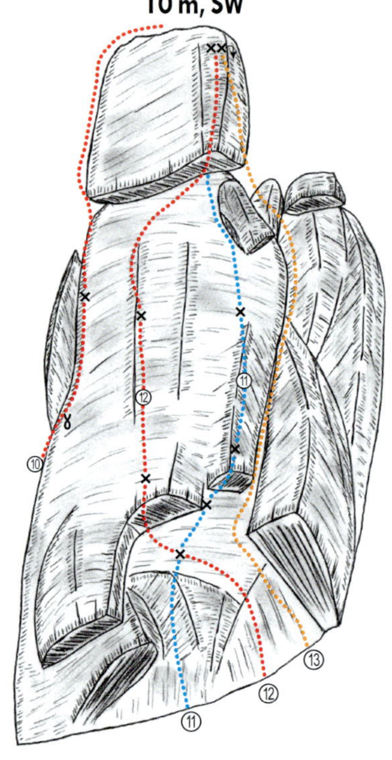

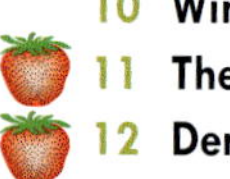

10	**Windharfe**	**7-**	
11	**The boogeyman**	**8**	
12	**Der Clip der toten Wichtel**	**7**	
13	**Manque d'express**	**7**	*Clean.*

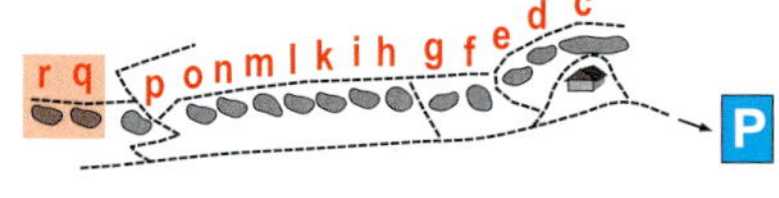

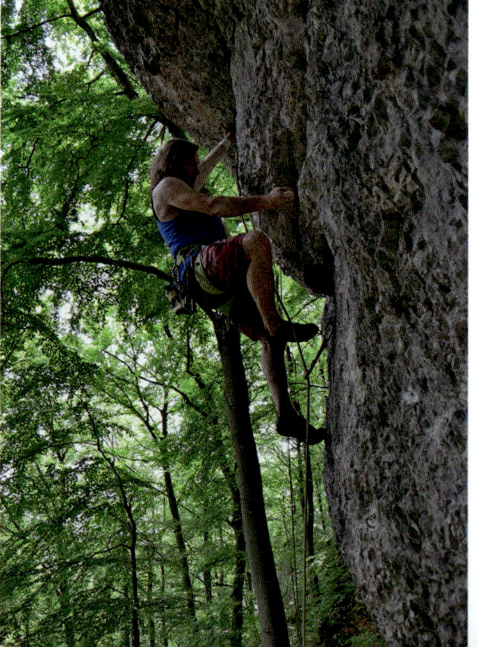

Martin Hafner in Neeilandia (8) im Sektor i

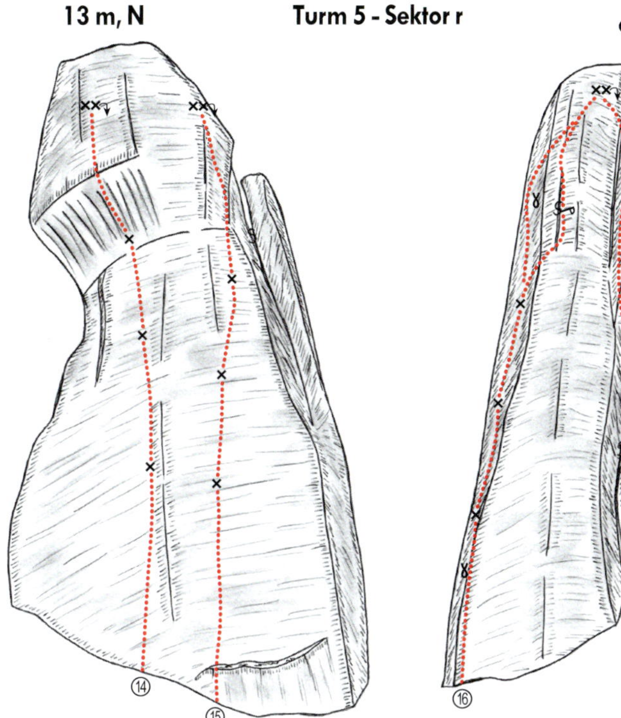

14	UB40	7	
15	Bouldur der Schreckliche	8+	
16	Das letzte Ahorn	6-	*Oben 2 Varianten.*
17	Riss	5	*Clean zu klettern, Keile!*

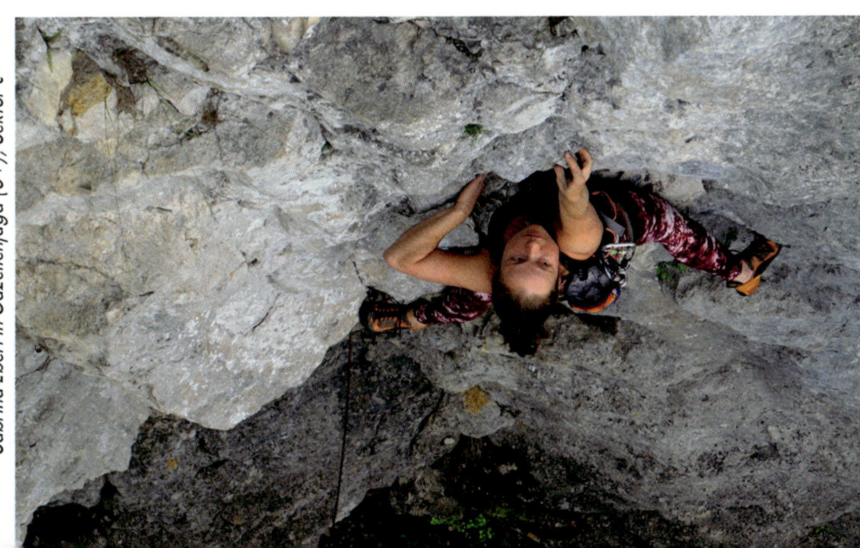

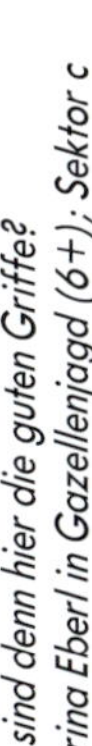
Wo sind denn hier die guten Griffe?
Sabrina Eberl in Gazellenjagd (6+); Sektor c

1.5 Sirchinger Nadeln

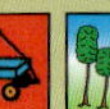

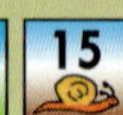

P N48°27'53,9" O09°24'50,7"

Mächtige Wandflucht mit vielen ausgezeichneten Routen in meist solidem Gestein. Allerdings sind viele der Routen nur sehr sparsam abgesichert, vor allem die einfacheren Touren können ohne ein gut sortiertes Keilsortiment kaum geklettert werden. Einige Bandschlingen sollten ebenfalls am Gurt mitgeführt werden. Insgesamt ein Gebiet, das zu den ernsteren Felsen auf der Alb zählt. Ein Helm gehört hier auf den Kopf. Ein 70 m Seil ist für viele Routen zwingend.
Bring nuts, slings, a helmet and a 70 m rope.

Urach
Wiese • meadow
Sirchingen
150m
60m
0m
(0m)
(100m)

a) Wanderparkplatz Schorrenfels
b) Sportplatz Sirchingen, Schorrenfels
c) Sirchingen
d) Aussichtspunkt • view point

5 - Sirchinger Nadeln

Schorrenhöhle
Durchschlupf • way through
Abseilstelle rappel-down station
Wiese • meadow

a - Hauptwand
b - Große Nadel
c - Kleine Nadel
d - Felsenkessel
e - Turm 1
f - Turm 2
g - Turm 3
h - Turm 4

Anfahrt

Von der A 8 an der Ausfahrt Kirchheim Ost abfahren. Auf die B 465 und auf dieser Richtung Lenningen/Owen. In Owen rechts Richtung Beuren abbiegen. Nach einiger Zeit links ab auf die Albhochfläche nach Erkenbrechtsweiler. Weiter über Hülben und hinab ins Tal nach Bad Urach. In Bad Urach geradeaus, bis man an einer T-Kreuzung auf die B 28 trifft. Hier rechts (Reutlingen/Stuttgart/Münsingen), dann geradeaus, bis man an einer erneuten T-Kreuzung links auf die B 465 Richtung St. Johann/Biberach/Münsingen/Haus auf der Alb abbiegt. Kurz nach Ortsende Urach bei Ampel, rechts ab Richtung Gomadingen/Sirchingen/St. Johann/Haus auf der Alb. Man folgt der Steige, bis man auf der Hochfläche etwa 100 m vor Sirchingen rechts eine Abzweigung erreicht (Ausschilderung „Wanderparkplatz Schorrenfels"). Hier rechts und kurz danach auf dem Parkplatz parken.

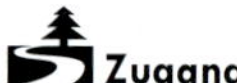

Zugang

Vom hinteren Ende des Parkplatzes dem Forstweg in östlicher Richtung folgen (gelbes Dreieck). Dieser gabelt sich bereits nach 60 m. Hier nach links und an der nächsten Gabelung 90 m danach erneut links auf einen schmalen Wanderweg, der zuerst noch etwas unterhalb des Traufes, später auf Traufhöhe Richtung „Sportplatz Sirchingen, Schorrenfels" führt. Nach einiger Zeit verlässt der Pfad den Wald und führt einige Zeit direkt am Waldrand an einer großen eingezäunten Wiese entlang. Kurz vor einigen Gebäuden führt er erneut in den Wald und erreicht einen Aussichtspunkt am Felskopf der Sirchinger Nadeln. Hier abseilen oder von hier aus dem Wanderweg noch ein Stück folgen, bis etwa auf Höhe der letzten Gebäude (links) rechts ein schmaler Pfad in Kehren zu den Einstiegen hinabführt.

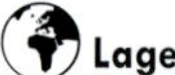

Lage

Nordseitig ausgerichtete Wand, dadurch vor allem an heißen Sommertagen ideal. Am Wandfuß geht es vor allem im linken Wandbereich teils sehr beengt zu, dort besteht erhebliche Absturzgefahr; es sind Ketten und Fixseile zur Fortbewegung am Wandfuß angebracht.

Naturschutz

Ab und zu teilweise gesperrt wegen Vogelbrut. Beim Aussteigen auf die Felsköpfe achtsam vorgehen, hier wachsen empfindliche und teils seltene Pflanzen, wie die streng geschützte Pfingstnelke. Now and then climbing in some parts is prohibited due to nesting birds. Be on the watch when topping out on the top of the cliff, sensitive and rare plants grow here as the strictly protected cheddar pink.

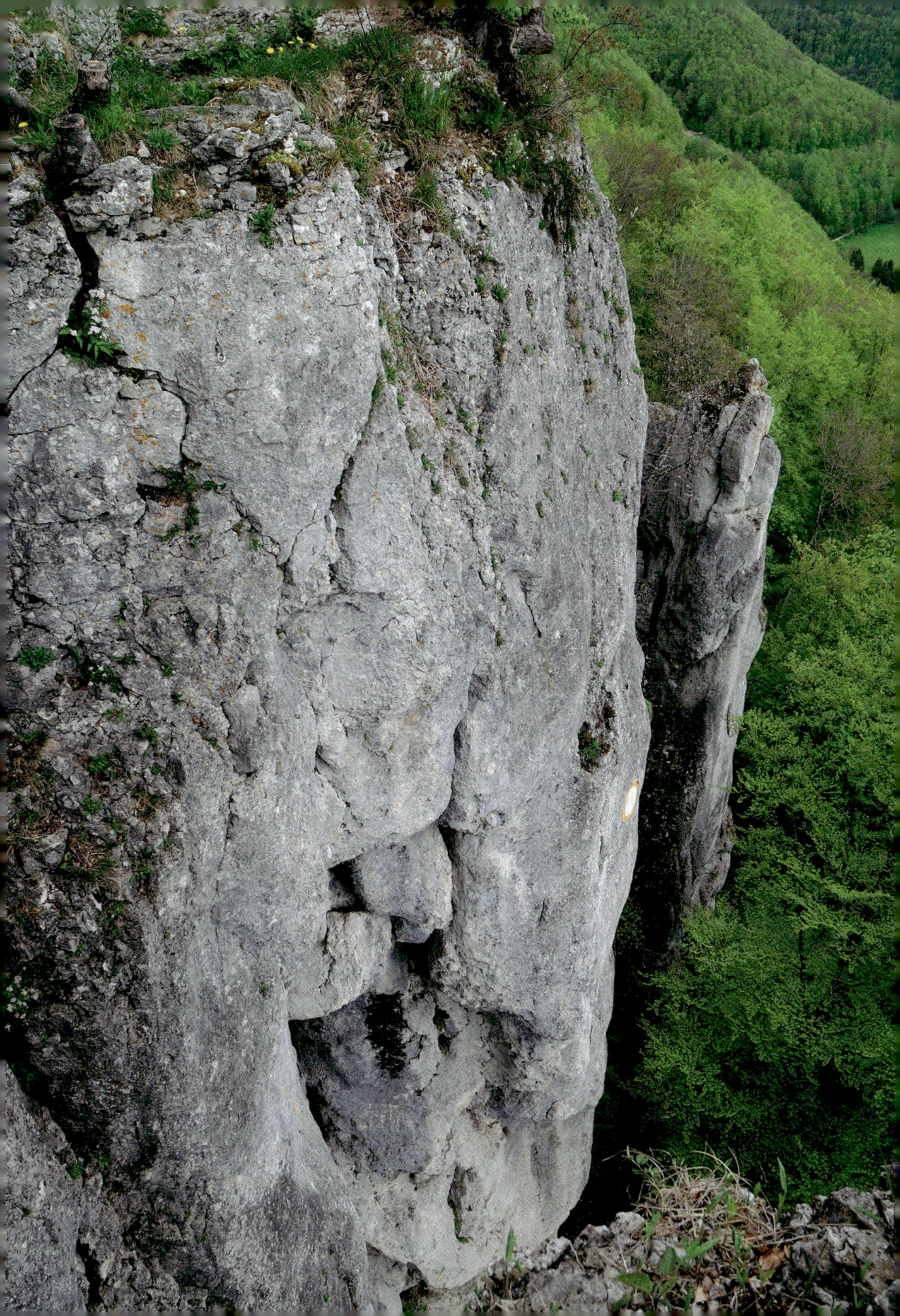

Hauptwand (a) 35 m, NO

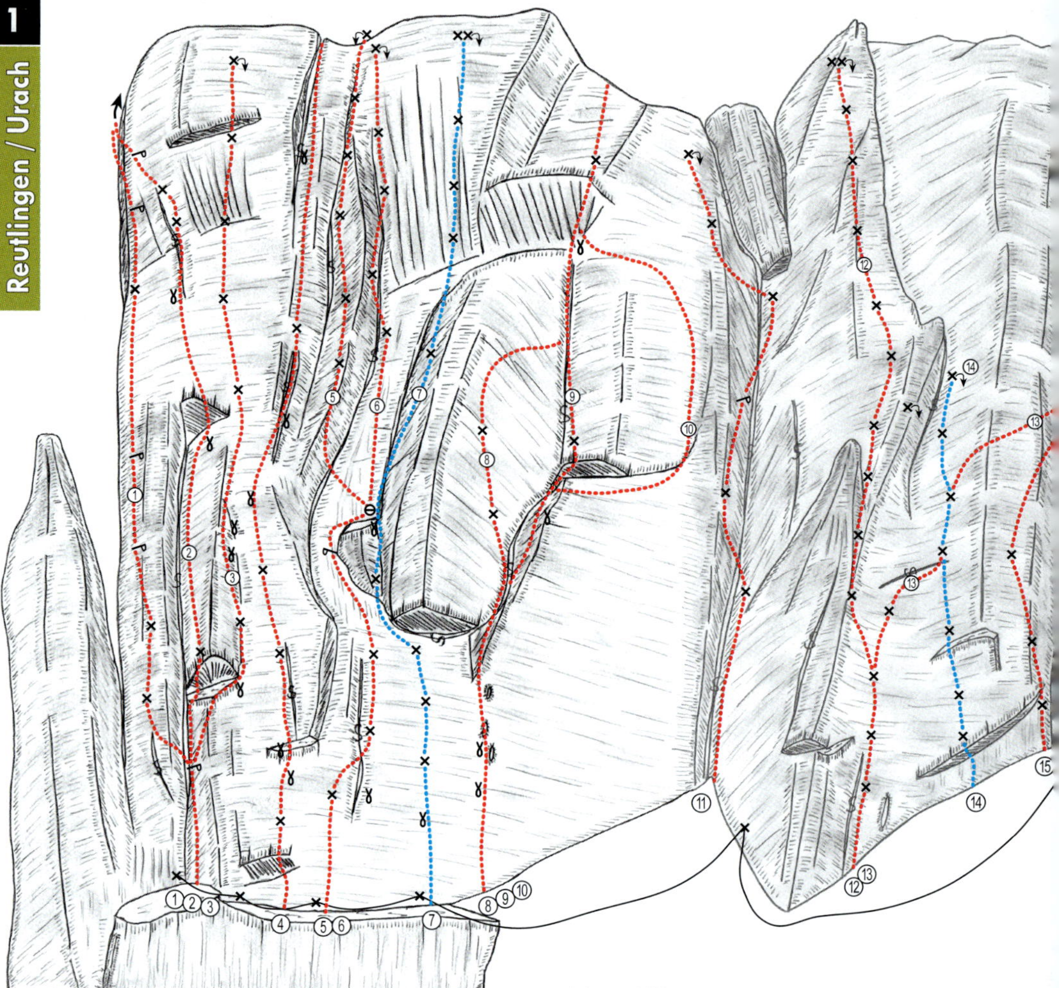

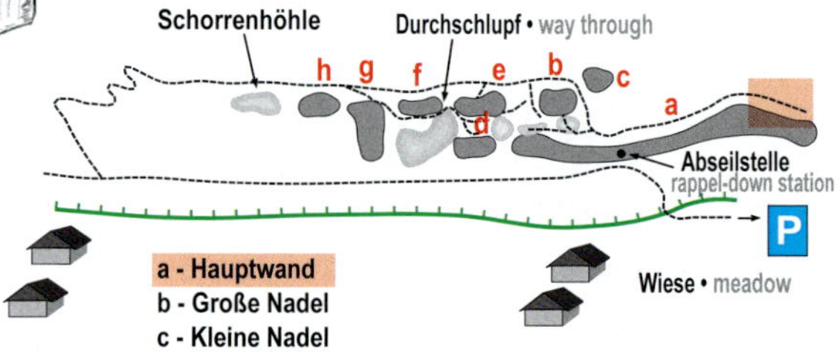

a - Hauptwand
b - Große Nadel
c - Kleine Nadel
d - Felsenkessel
e - Turm 1
f - Turm 2
g - Turm 3
h - Turm 4

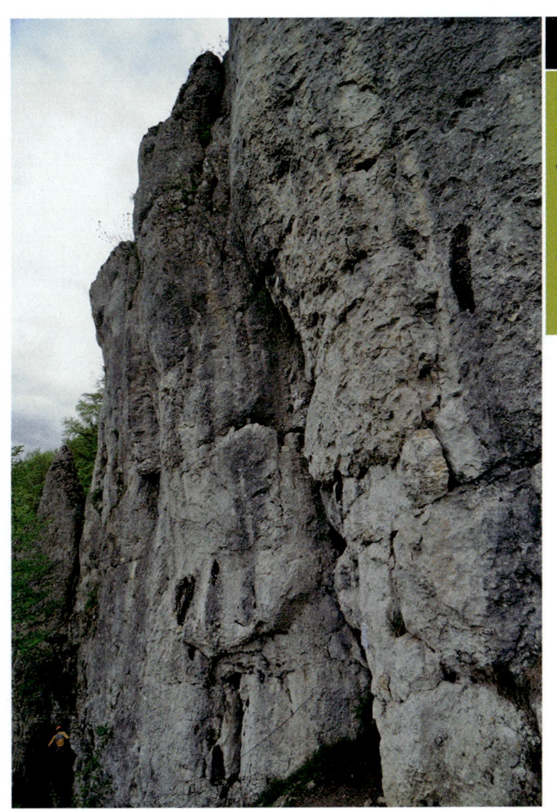

1	Peter Pervers	7
2	Neue Falkenwand	8
3	Wochenend und Sonnenschein	9
4	Kaufmanns tote Hose	8
5	Alte Falkenwand	7-
6	Perpetuum Mobile	8
7	Greidsgrabbasagg	8+
8	Tango im Bauch	7+
9	Affentango	7
10	Rentnertango	6-
11	Alte Führe	6
12	Bauchtanz	6+ *Eine der ganz wenigen Routen, die gut gesichert wurde.*
13	Crossroad	8-
14	Ewig schad	8-

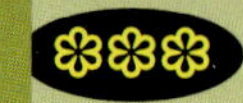

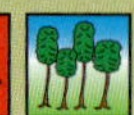

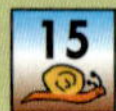

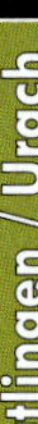

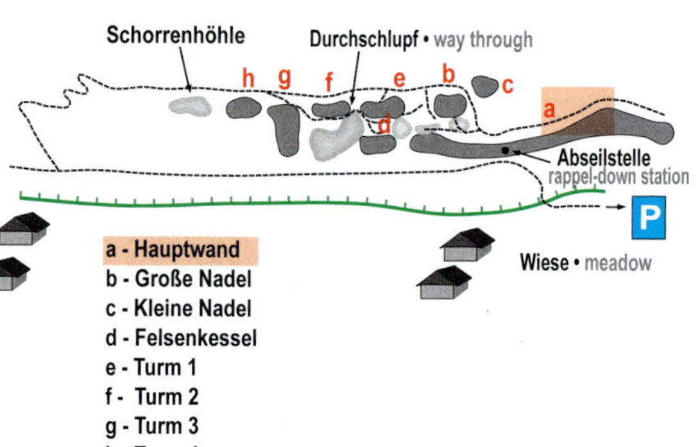

Hauptwand (a) 30 m, NO

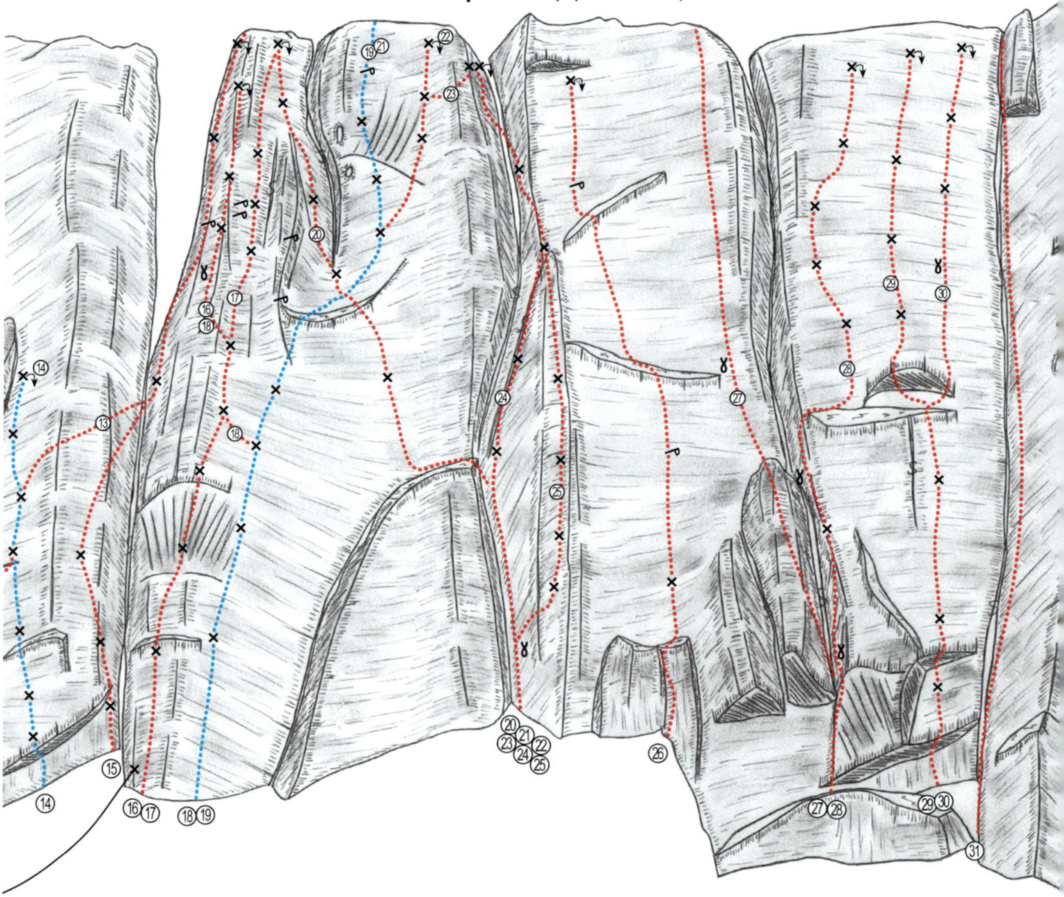

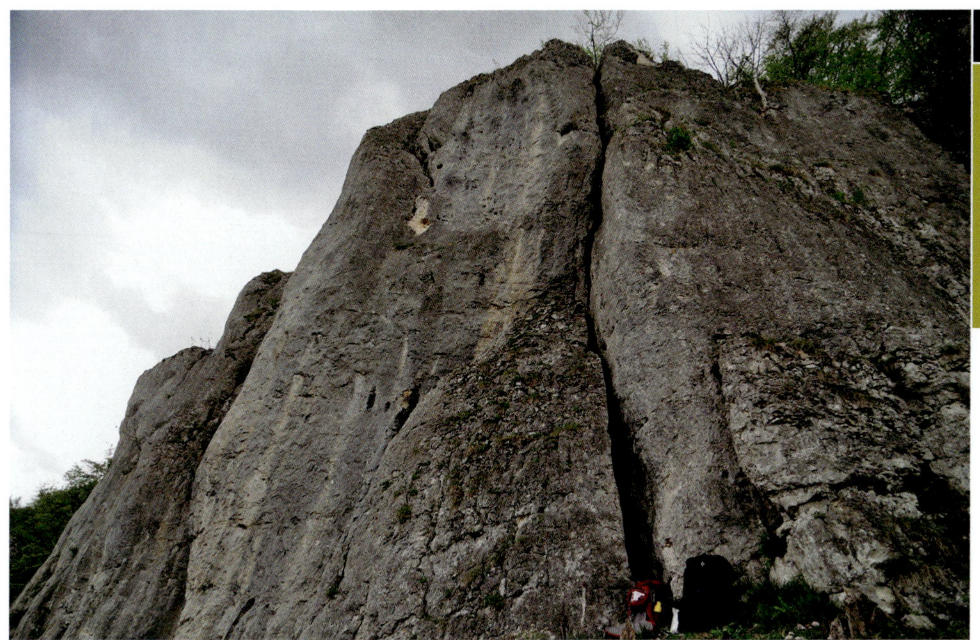

15	**Antiqua**	6-	
16	**Bohrhakenpfeiler**	9+	
17	**Mastermind**	9+	*Der direkte Ausstieg zum Bohrhakenpfeiler.*
18	**Variante Bohrhakenpfeiler**	9-	
19	**Steinzeit**	9-	
20	**Linker Eulerriss**	7-	
21	**Blauer Himmel**	8+	
22	**Projekt**		*Der Direktausstieg von Smooth operator.*
23	**Smooth operator**	9-	
24	**Rechter Eulerriss**	5+	
25	**Papperlapapp**	8+/9-	
26	**Route Napoleon**	6+	
27	**Hakenlos**	5	*Keile, Schlingen.*
28	**Angst vorm Streicheln**	7+	
29	**Frühlingserwachen**	7+	
30	**Snoopy**	8-	
31	**Kamin**	5	*Clean zu klettern.*

Hauptwand (a) **35 m, NO**

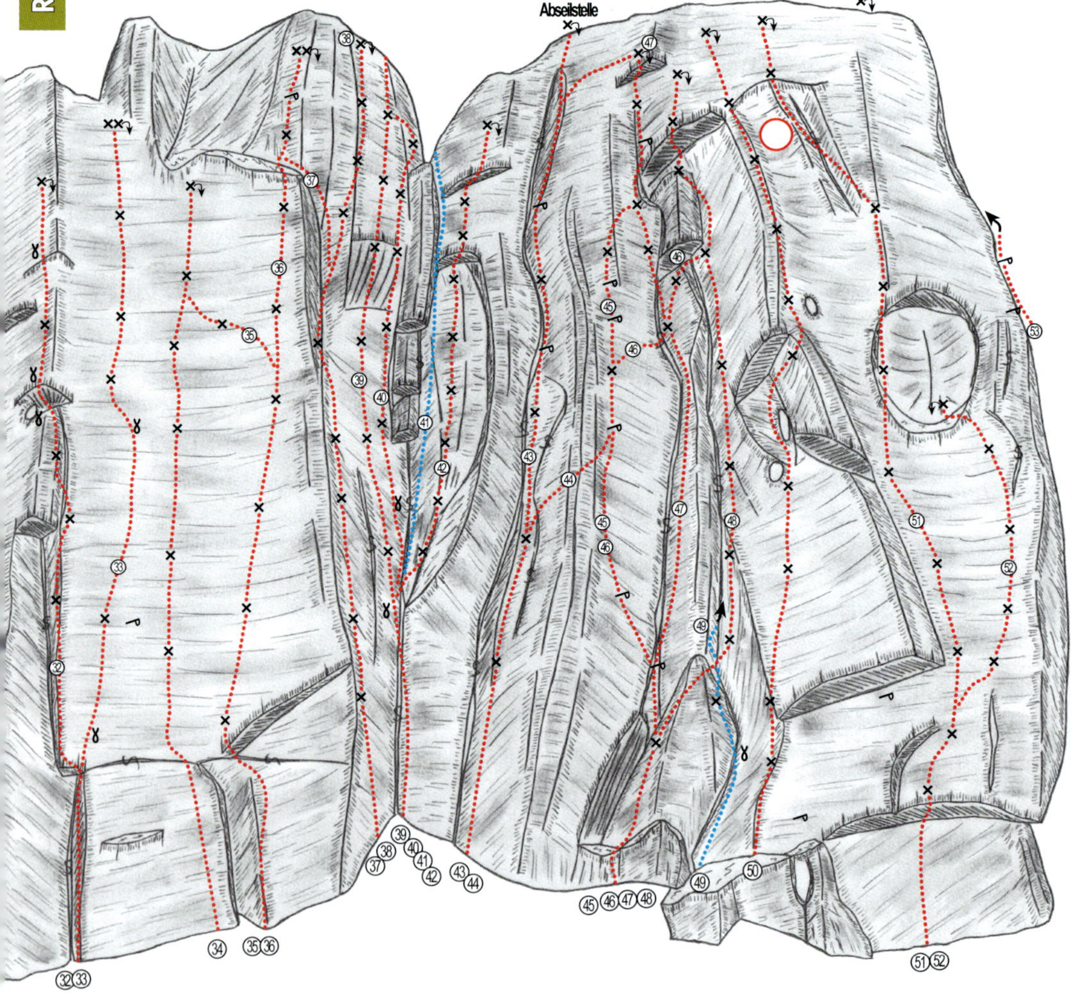

Abseilstelle

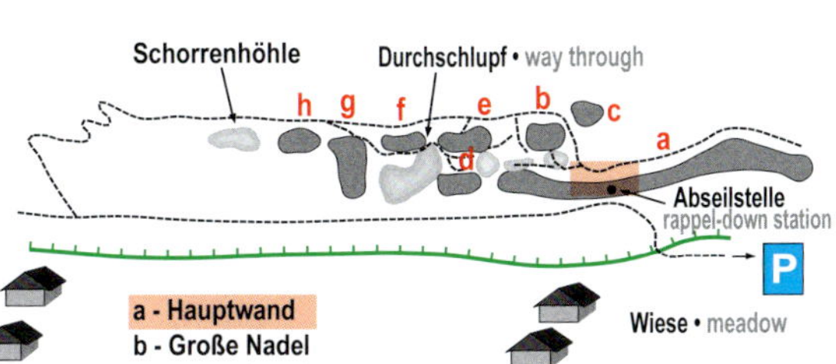

32	**Vizegkante**	7-	
33	**Älblerplatte**	8	*Neuer Direktaustieg.*
34	**Nirwana**	9-	
35	**Saudonüber**	9-	*Verbindungsvariante.*
36	**Sunglasses at night**	7+	
37	**Löchlesweg**	8-	
38	**Löchlesweg Direktausstieg**	8	
39	**Paris Dakar**	8+	
40	**Motodrom**	8+	
41	**Baumriss**	5	
42	**Rock'n roll**	8	
43	**Vertikalriss**	6+	
44	**Direkteinstieg Schbreng...**	7	
45	**Psychiatrie**	8-	
46	**Schbreng, Karle schbreng**	8-	
47	**Sirchinger Riss**	7-	
48	**Karle direkt**	8	
49	**Häresie**	6	*Durch den Spalt in den „Mooskamin" dort Schlingenstand, dann dem Doppelriss auf Felskopf folgen, Cams bis Größe 4.*
50	**Umleitung**	8+	
51	**Durchfahrt verboten**	7+	
52	**Standstreifen**	8	
53	**Frühstückskante**	7	

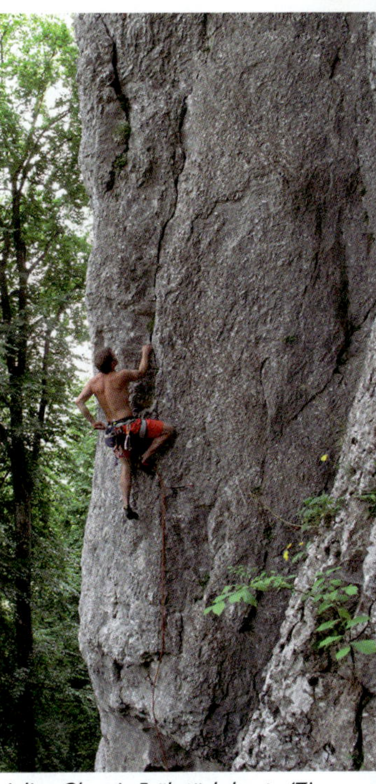

Julian Class in Frühstückskante (7)
Foto: Gaspard Magarinos

Hauptwand (a)

30 m, NO

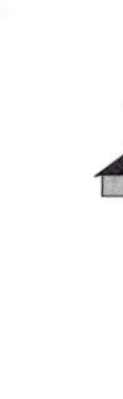

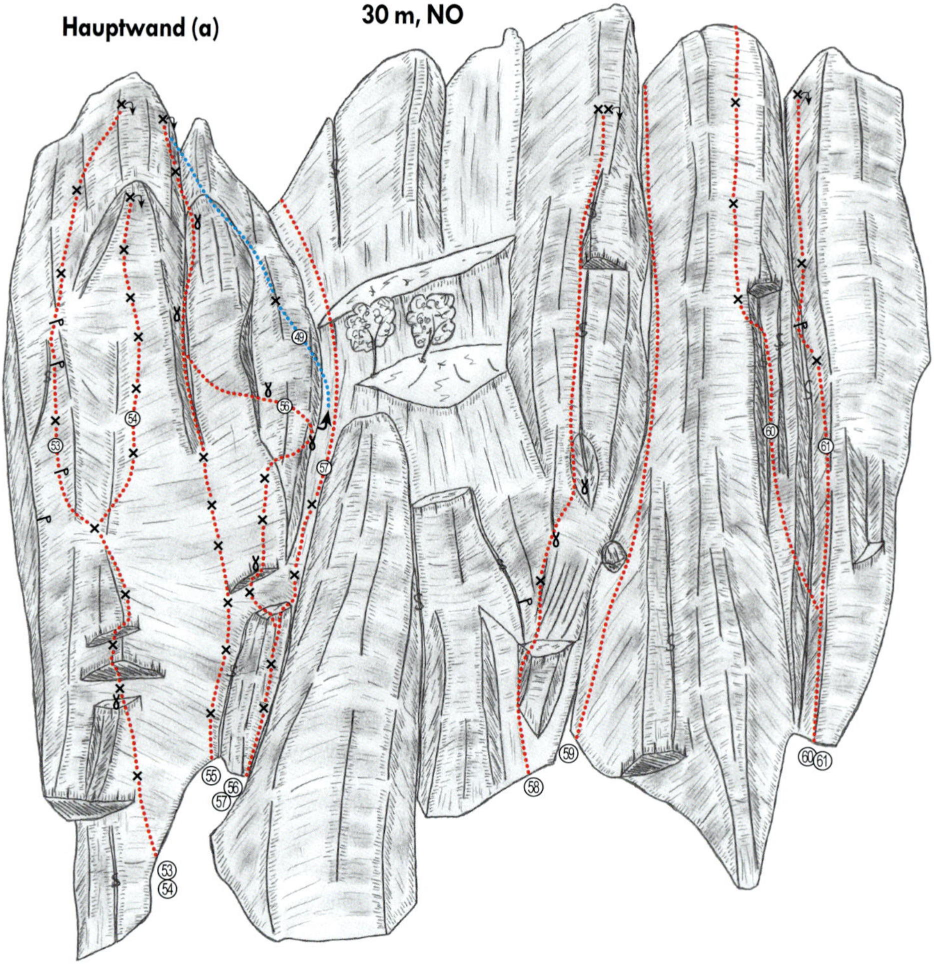

54	**Bholenath**	8-
55	**Magisches Theater** *Der schwerste Kamin im Gebiet.*	7
56	**36th chimney**	6+
57	**Mooskamin**	3
58	**Das Königreich der Bilche** *Oben kleine Cams erforderlich, Runout zur Umlenkung.*	8-
59	**Heilbronner Kamin**	4-
60	**Gauloises blondes** *Keile!*	6
61	**Soloverschneidung**	5-

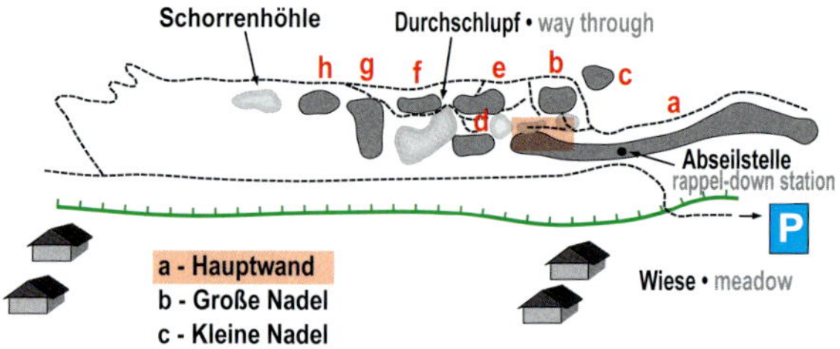

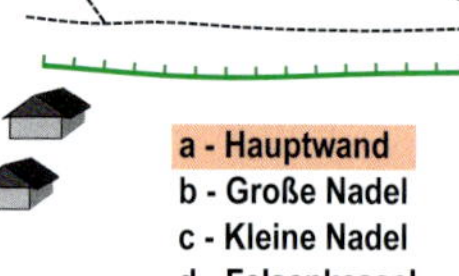

Geht das noch mit rechten Dingen zu? Julian Class zaubert im Magischen Theater (7) und greift tief in die Trickkiste

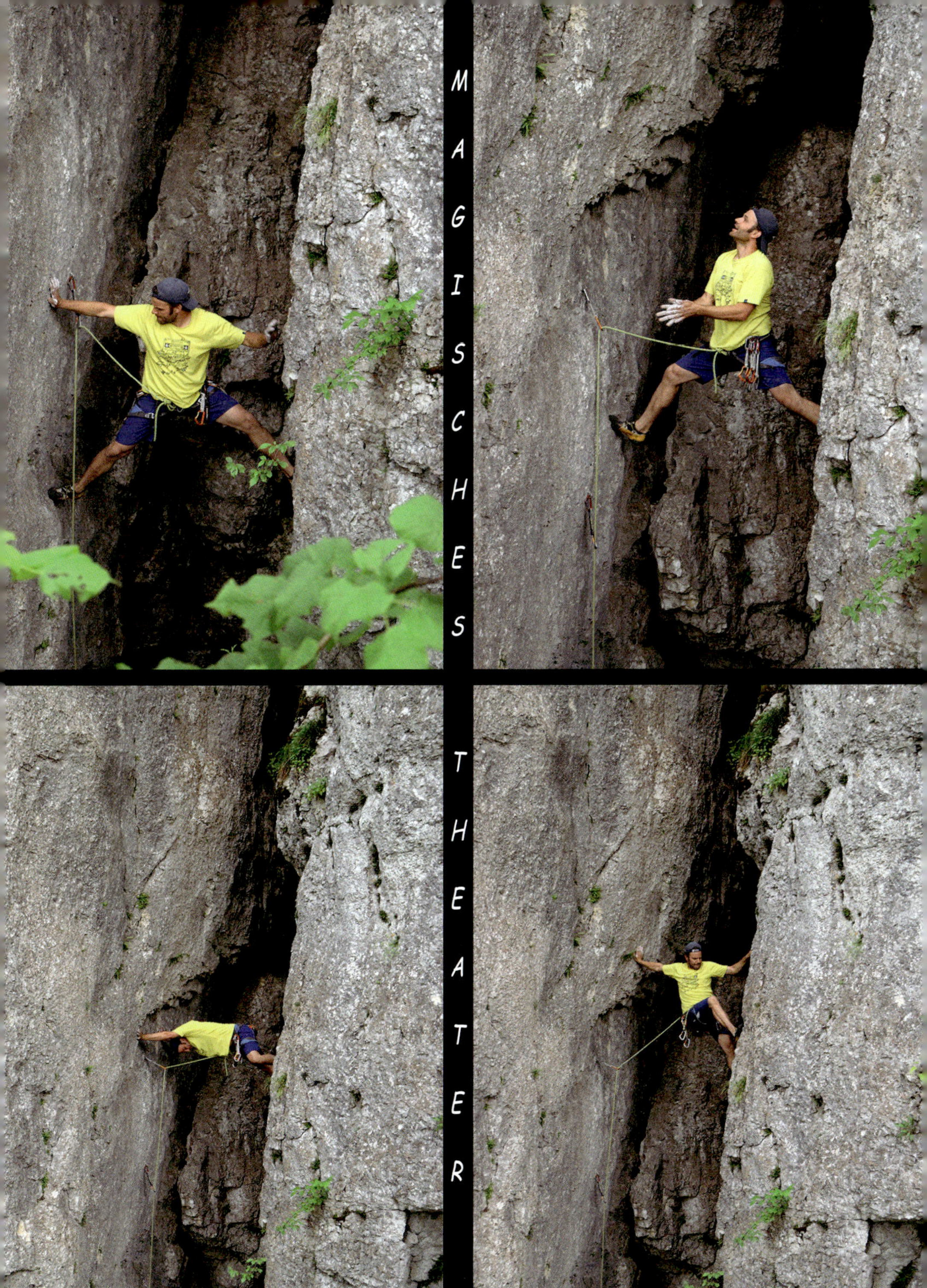
MAGISCHES
THEATER

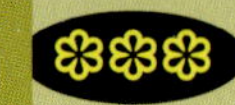
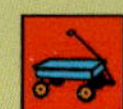
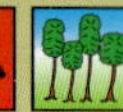

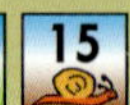

Große Nadel Bergseite (b)

18 m, S

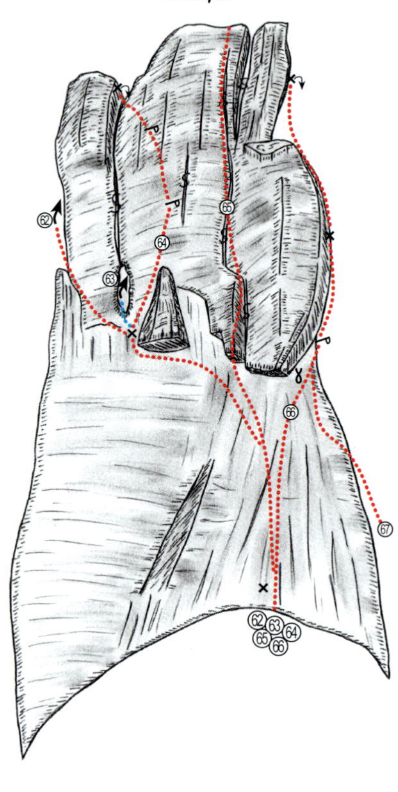

30 m, O

Große Nadel (b)

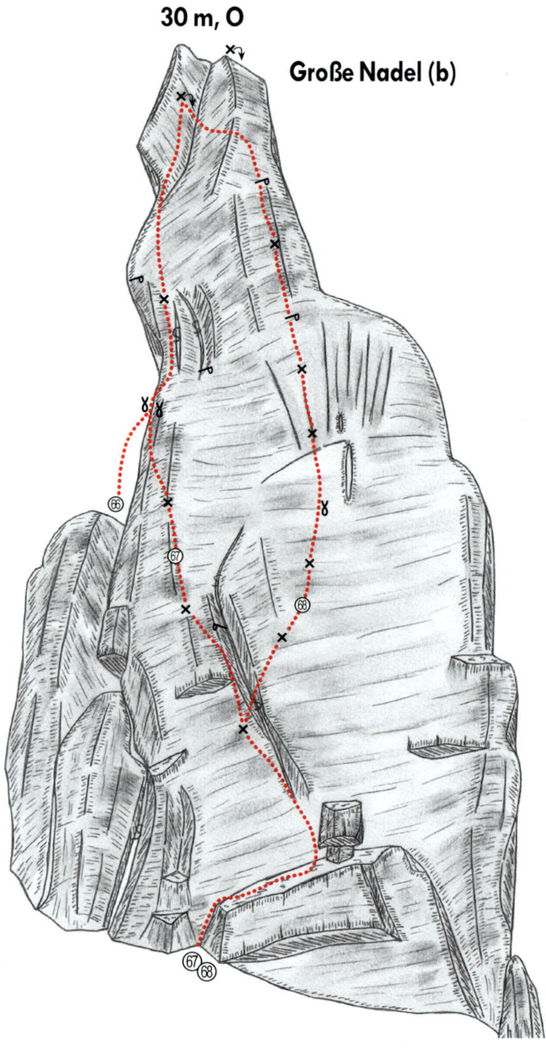

62	**Bergseite links** *Keile!*	3	
63	**Schwäbisches Mäuselöchle**	3	*Nur für sehr schlanke Zeitgenossen geeignet! Durch einen engen Spalt auf die andere Seite durchquetschen.*
64	**Schartenriss**	5	
65	**Bergseite**	6	*Keile!*
66	**Via Tabis**	6	
67	**Via Tabis Direkteinstieg**	7-	*Keile!*
68	**Einer flog aus dem Kuckucksnest**	8+	

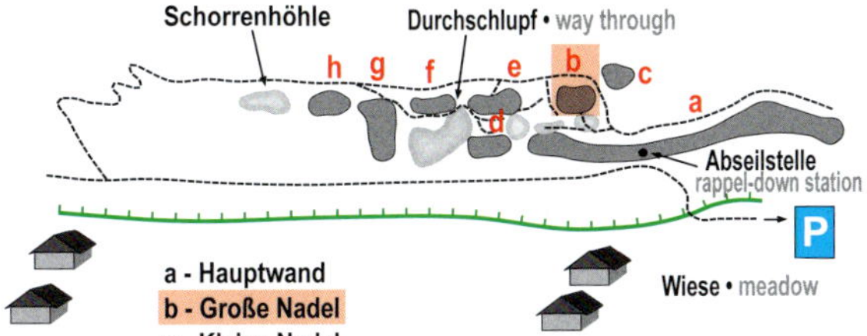

a - Hauptwand
b - Große Nadel
c - Kleine Nadel
d - Felsenkessel
e - Turm 1
f - Turm 2
g - Turm 3
h - Turm 4

Große Nadel (b)

35 m, N

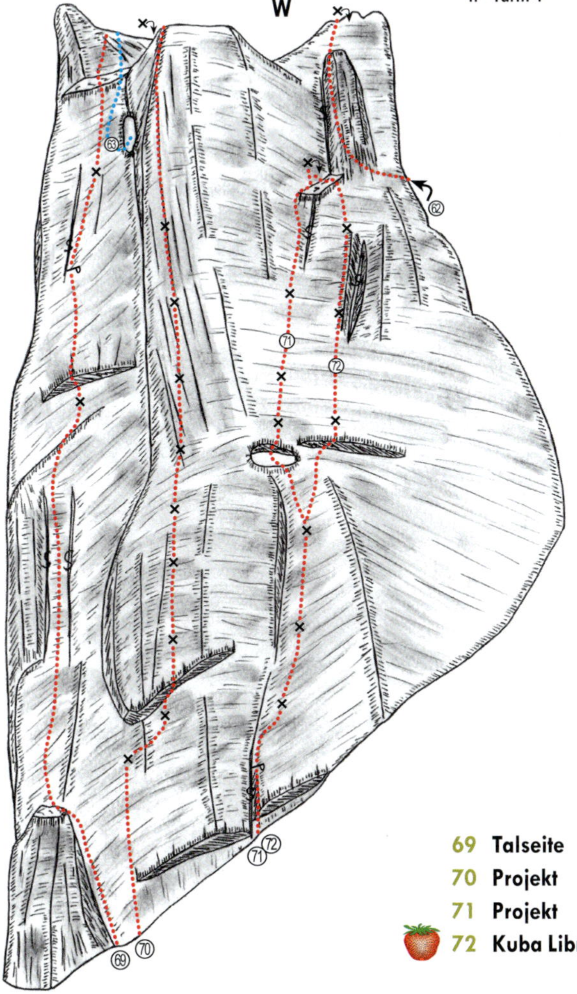

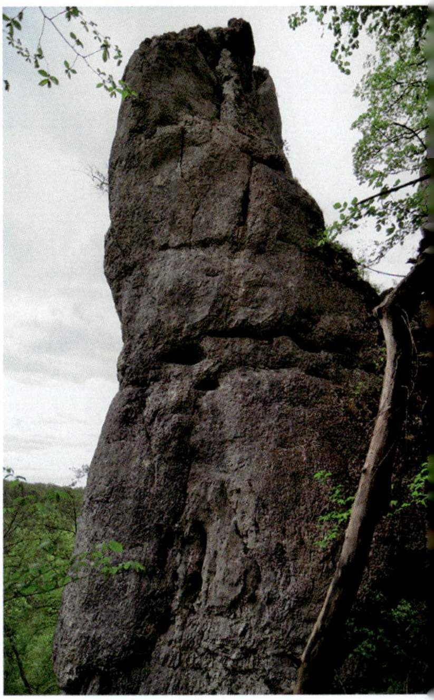

69	**Talseite**	7+ *Keile!*
70	**Projekt**	
71	**Projekt**	
72	**Kuba Libre**	8

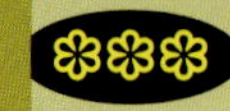

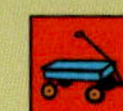

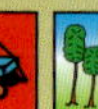

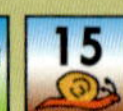

Kleine Nadel Bergseite (c)

15 m, S

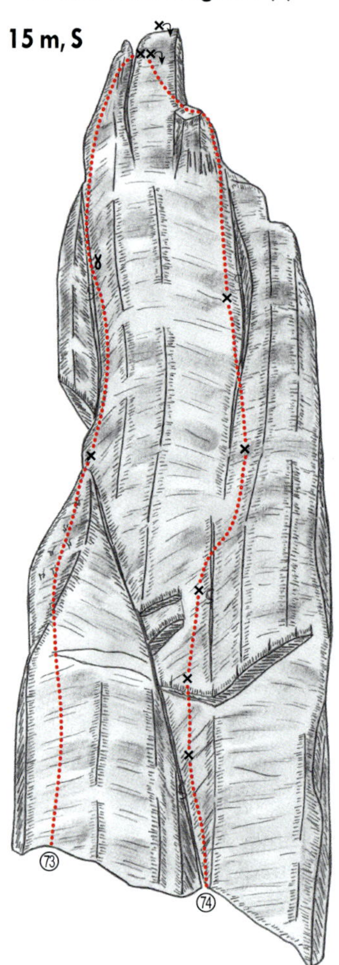

Kleine Nadel Talseite (c)

25 m, ONO

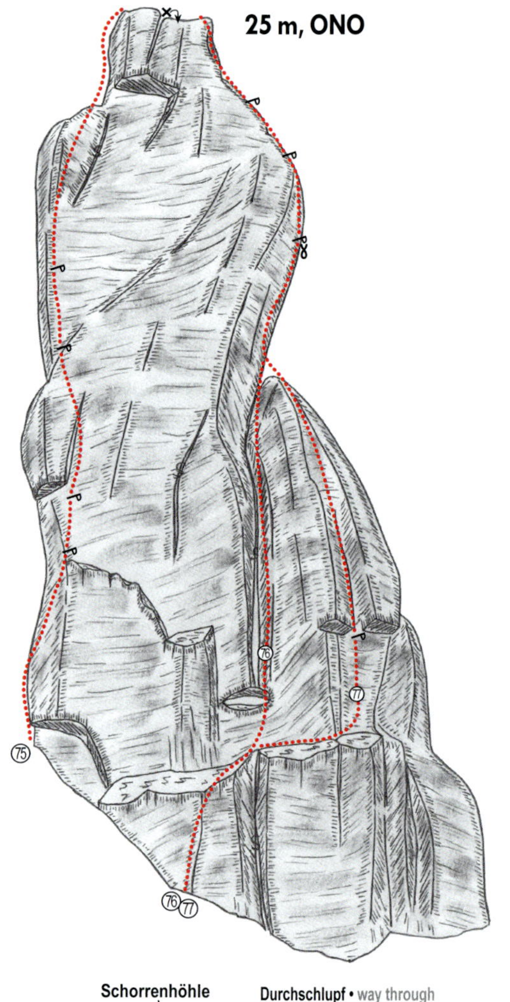

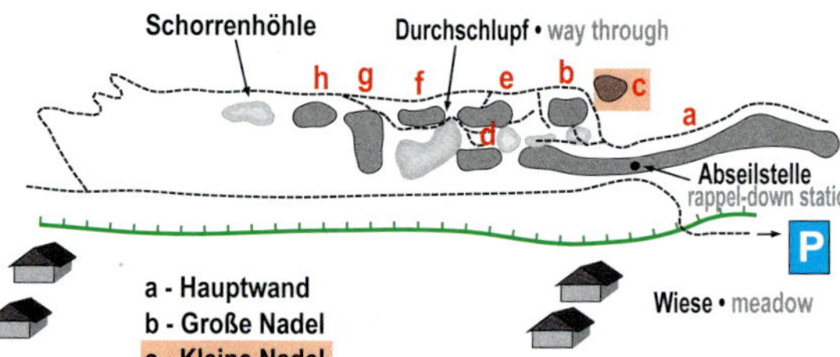

73 **Bergseite** **3**
74 **Mandelsplitter** **5-**
75 **Alter Weg** *
76 **Talriss** *
77 **Talseite** *

** Vergessener Weg, uraltes Hakenmaterial, so nicht mehr kletterbar.*

a - Hauptwand
b - Große Nadel
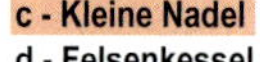
c - Kleine Nadel
d - Felsenkessel
e - Turm 1
f - Turm 2
g - Turm 3
h - Turm 4

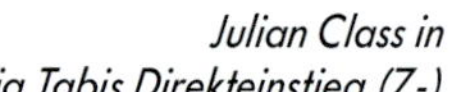

Julian Class in Via Tabis Direkteinstieg (7-) an der großen Nadel →

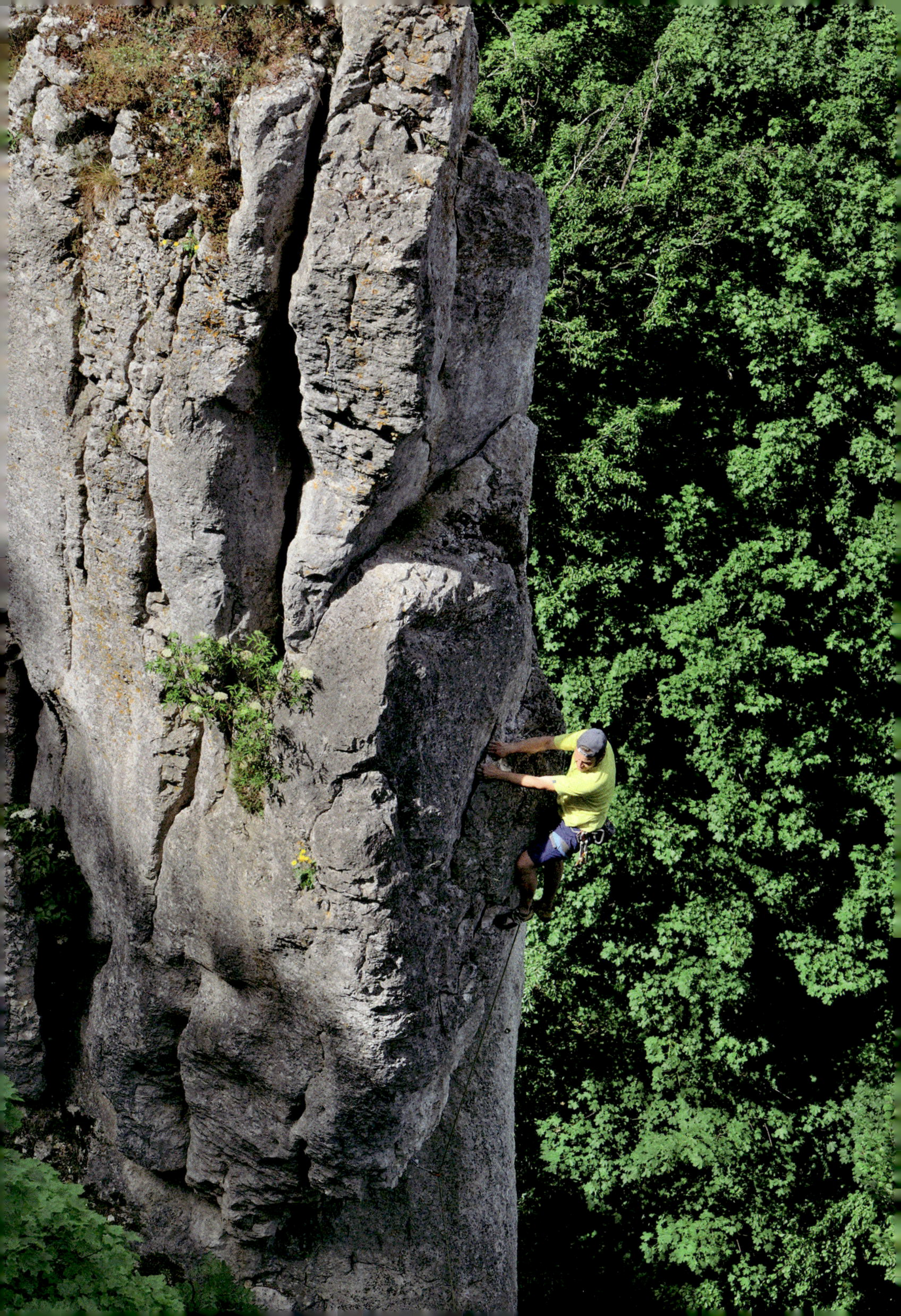

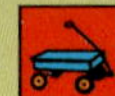
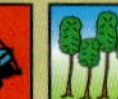
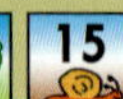

Der Zugang zu den Routen im Felsenkessel erfolgt zu Fuß von der Route Nr. 1 von Turm 3 (Sektor g) aus. Am Wandfuß vorbei nach links in eine steile Rinne queren (die linke Rinne), diese hoch, an deren Ende nach links in einen engen Spalt, durch einen sehr engen Syphon durchwinden und schon hat man es geschafft. Der Zugang ist von unten nicht zu sehen. Besser allerdings massivseitig abseilen, oder über den Botanikerweg.

Felsenkessel (d) 15 m, NO

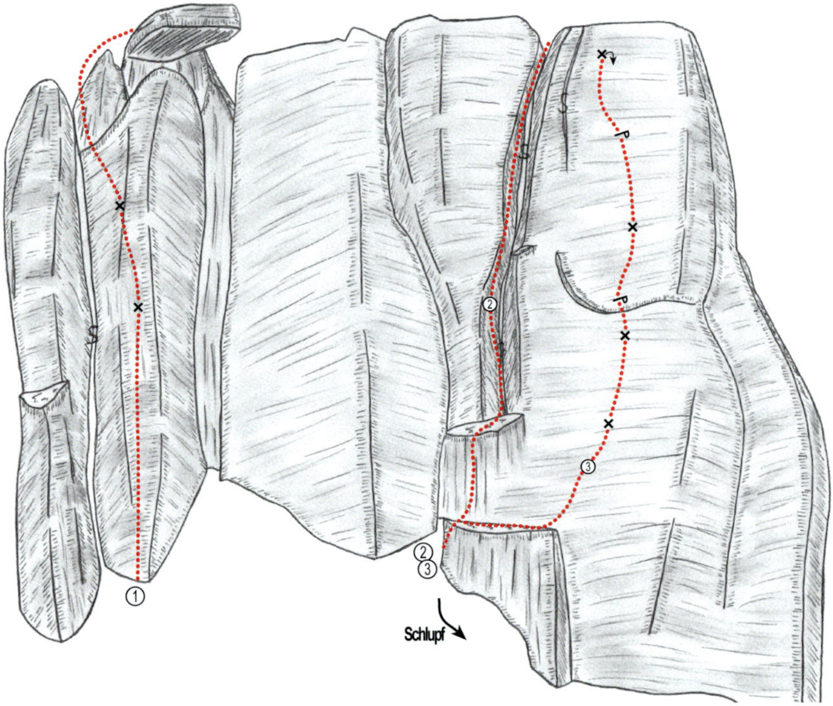

Schlupf

1 **Linker Ausstiegsriss** **3** *Kein Umlenker vorhanden.*

2 **Rechter Ausstiegsriss** **3** *Kein Umlenker vorhanden, Keile!*

3 **Räch mich** **8** *Vom Vorblock aus starten.*

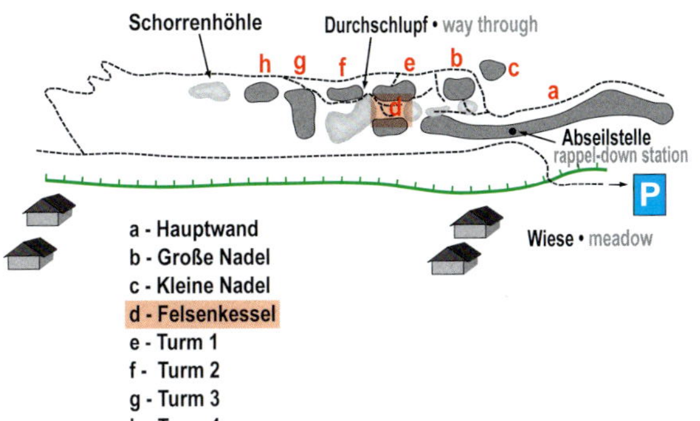

Felsenkessel (d) (Bergseite Turm 1)

12 m, SW

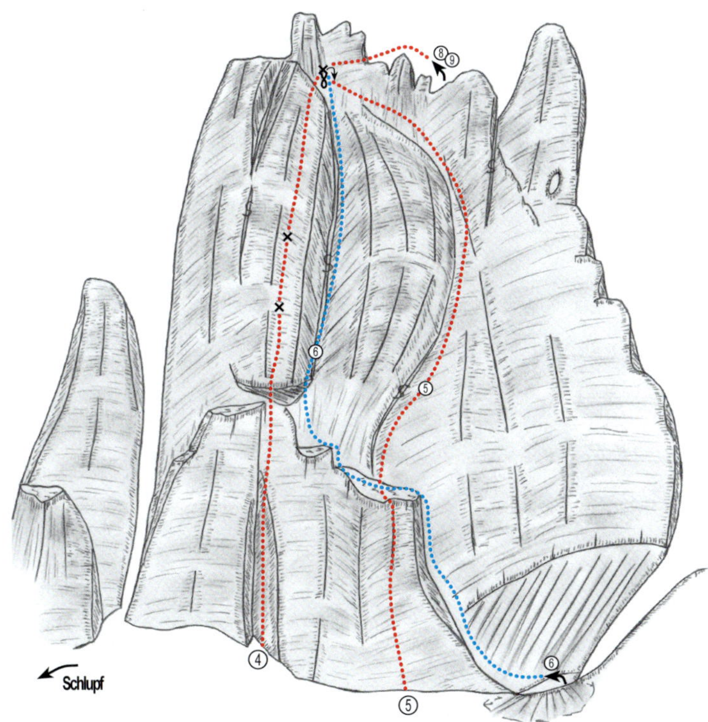

4	**Quark macht stark**	7+	*Keile!*
5	**Bergseite**	3	*Keile!*
6	**Via Prostata**	6	*Kommt von ganz unten, Start bei „Dame oder Schwein", Keile!*

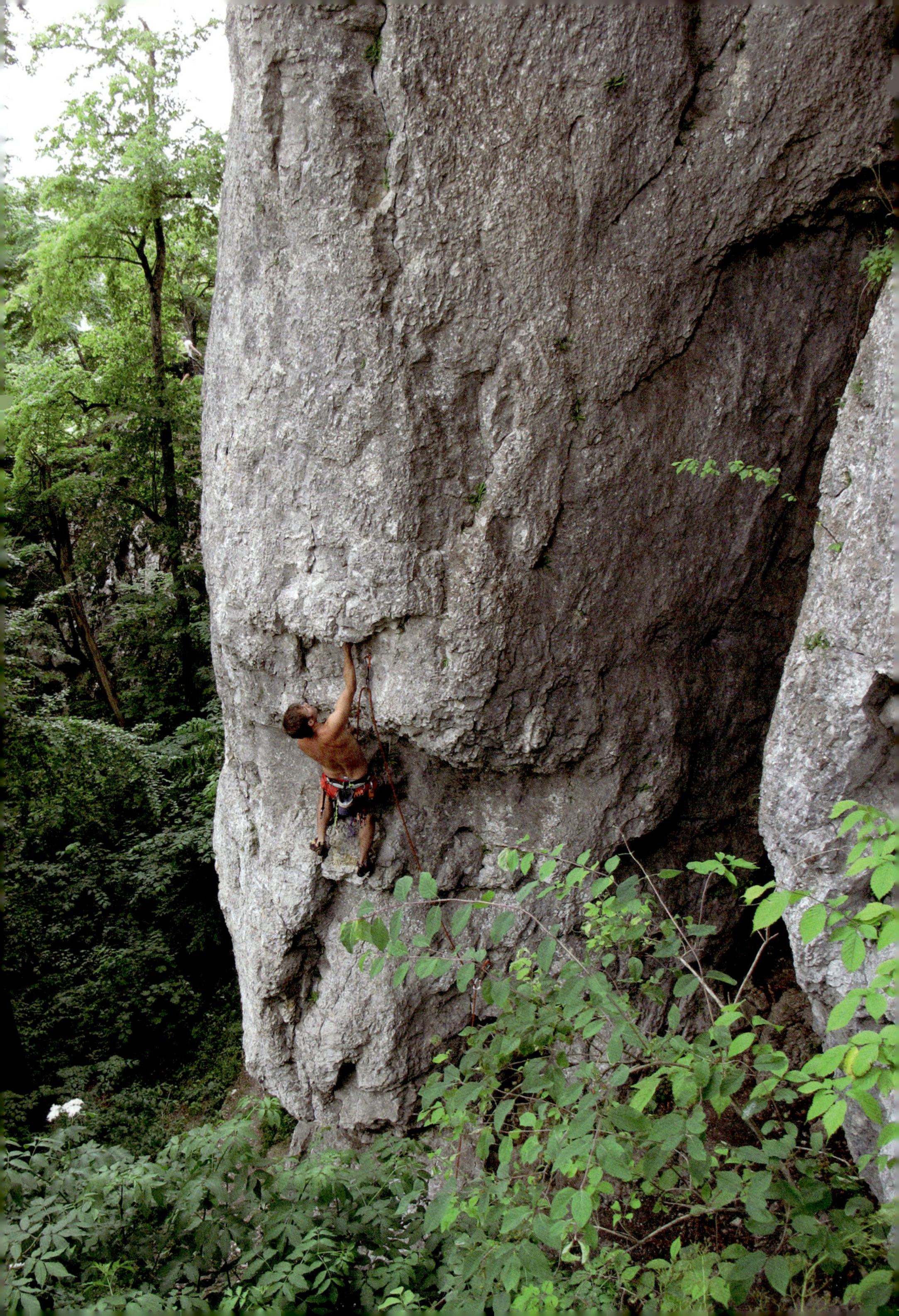

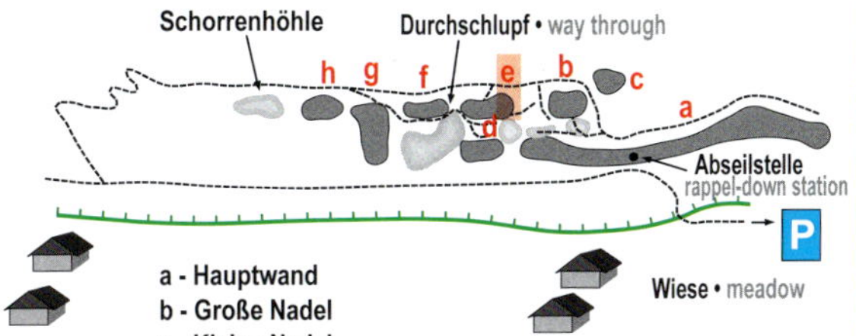

a - Hauptwand
b - Große Nadel
c - Kleine Nadel
d - Felsenkessel
e - Turm 1
f - Turm 2
g - Turm 3
h - Turm 4

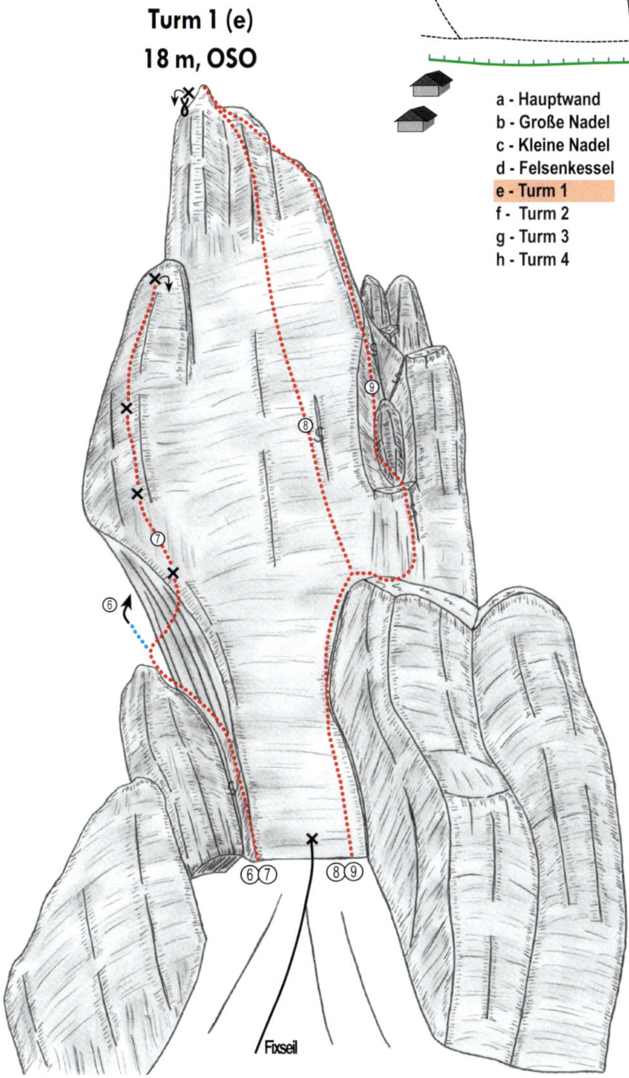

Turm 1 (e)
18 m, OSO

6	**Via Prostata**	6	*Clean zu klettern, Keile!*
7	**Dame oder Schwein**	8	*Erster Bohrhaken sehr hoch, Keile!*
8	**Graswand links**	7-	*Zuerst auf den grasigen Vorbau.*
9	**Graswand**	3	*Zuerst auf den grasigen Vorbau.*

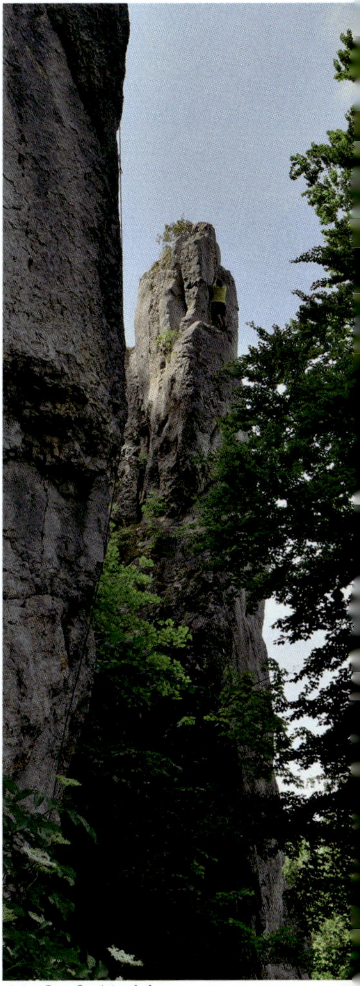

Die Große Nadel

← *Julian Class in Frühstückskante (7); Foto: Gaspard Magarinos*

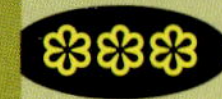
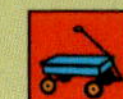
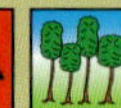
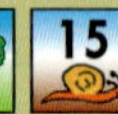

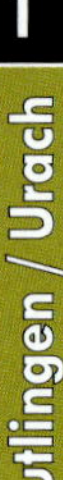

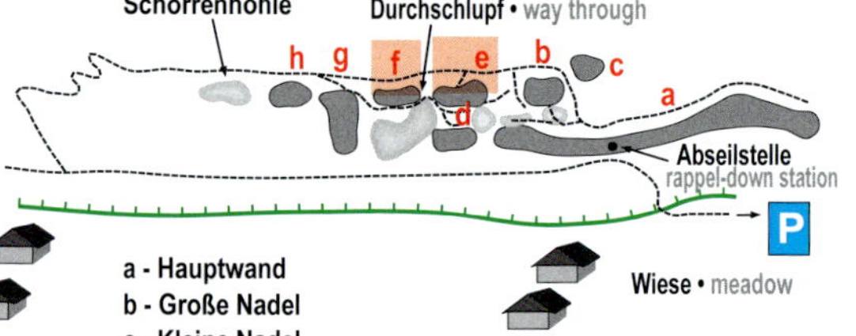

a - Hauptwand
b - Große Nadel
c - Kleine Nadel
d - Felsenkessel
e - Turm 1
f - Turm 2
g - Turm 3
h - Turm 4

Turm 1 (e)
30 m, N

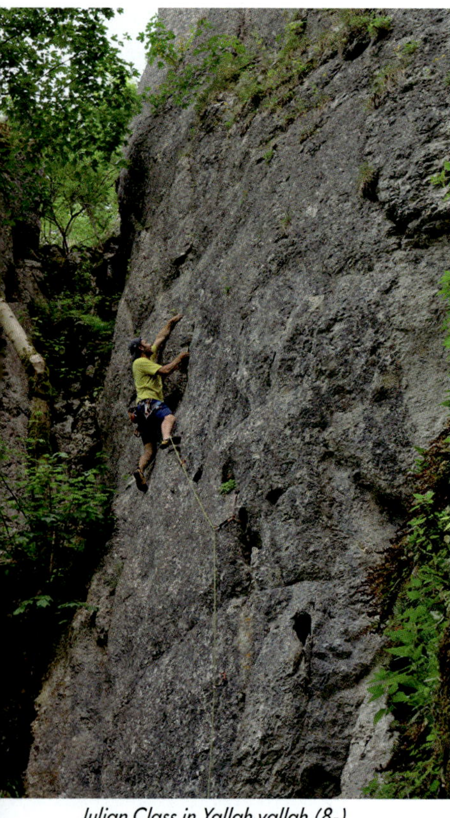

Julian Class in Yallah yallah (8-)

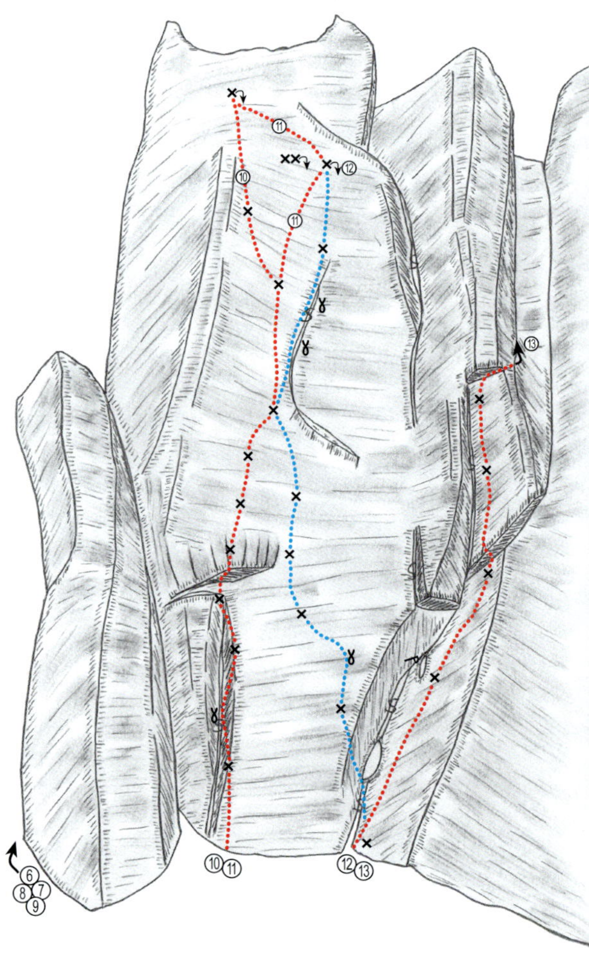

10	**Projekt**	
11	**Welcome to the machine**	8
12	**Yallah yallah**	8-
13	**Botanikerweg**	4

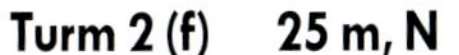
Turm 2 (f) 25 m, N

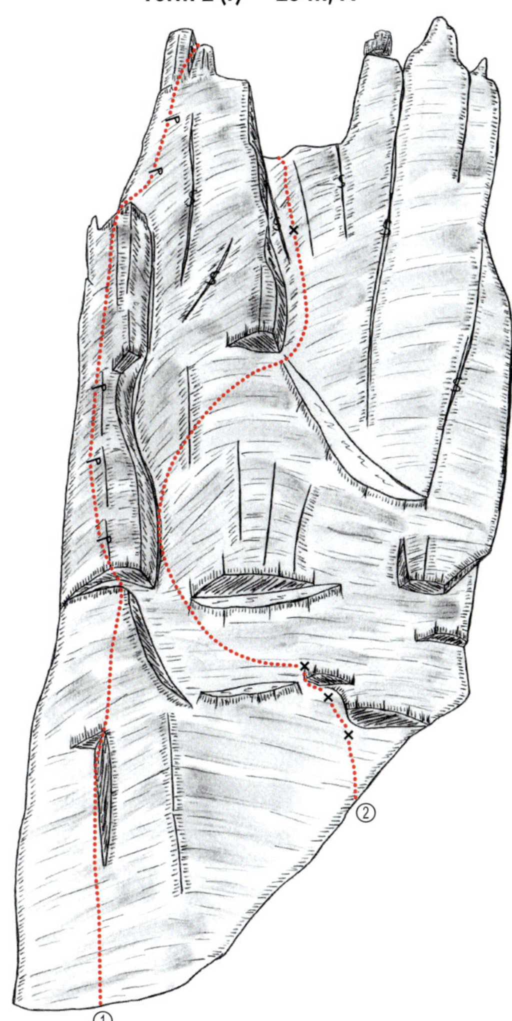

1 **Himbeerpfeiler** **A1** *Gruselig, uraltes Hakenmaterial, Keile!*

2 **Himbeerwand** **6+** *Gruselig, Keile!*

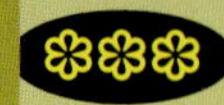
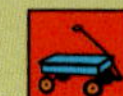
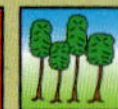
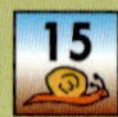

Turm 4 (h)
23 m, N

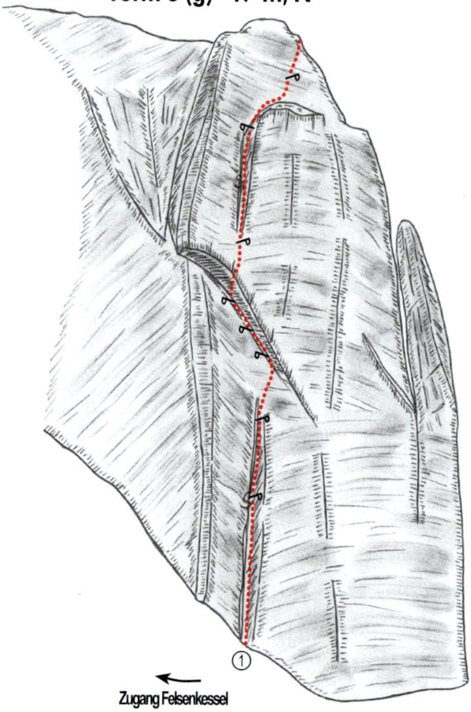

Turm 3 (g) 17 m, N

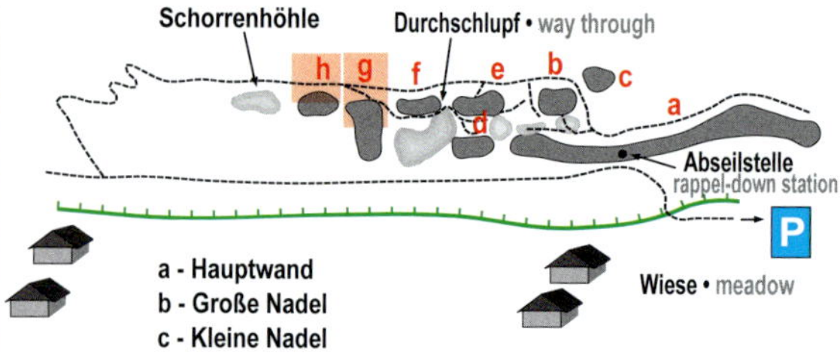

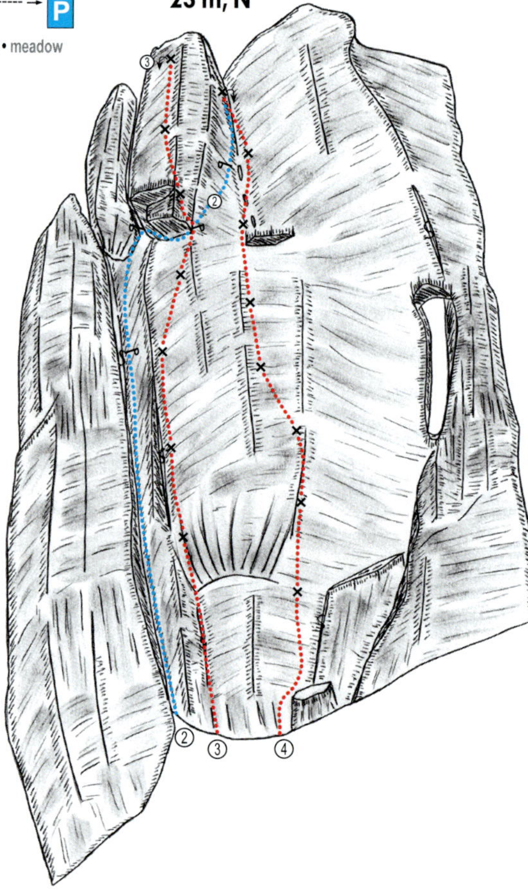

1 **Alter Weg**	**A1**	*Uraltes Hakenmaterial.*
2 **Via Renata**	**A1**	*Uraltes Hakenmaterial.*
3 **Blutsauger**	**9-**	
4 **Via Usla**	**8-**	

Klemmen was das Zeug hält! Martin Hafner in Karle direkt (8) an der Hauptwand →

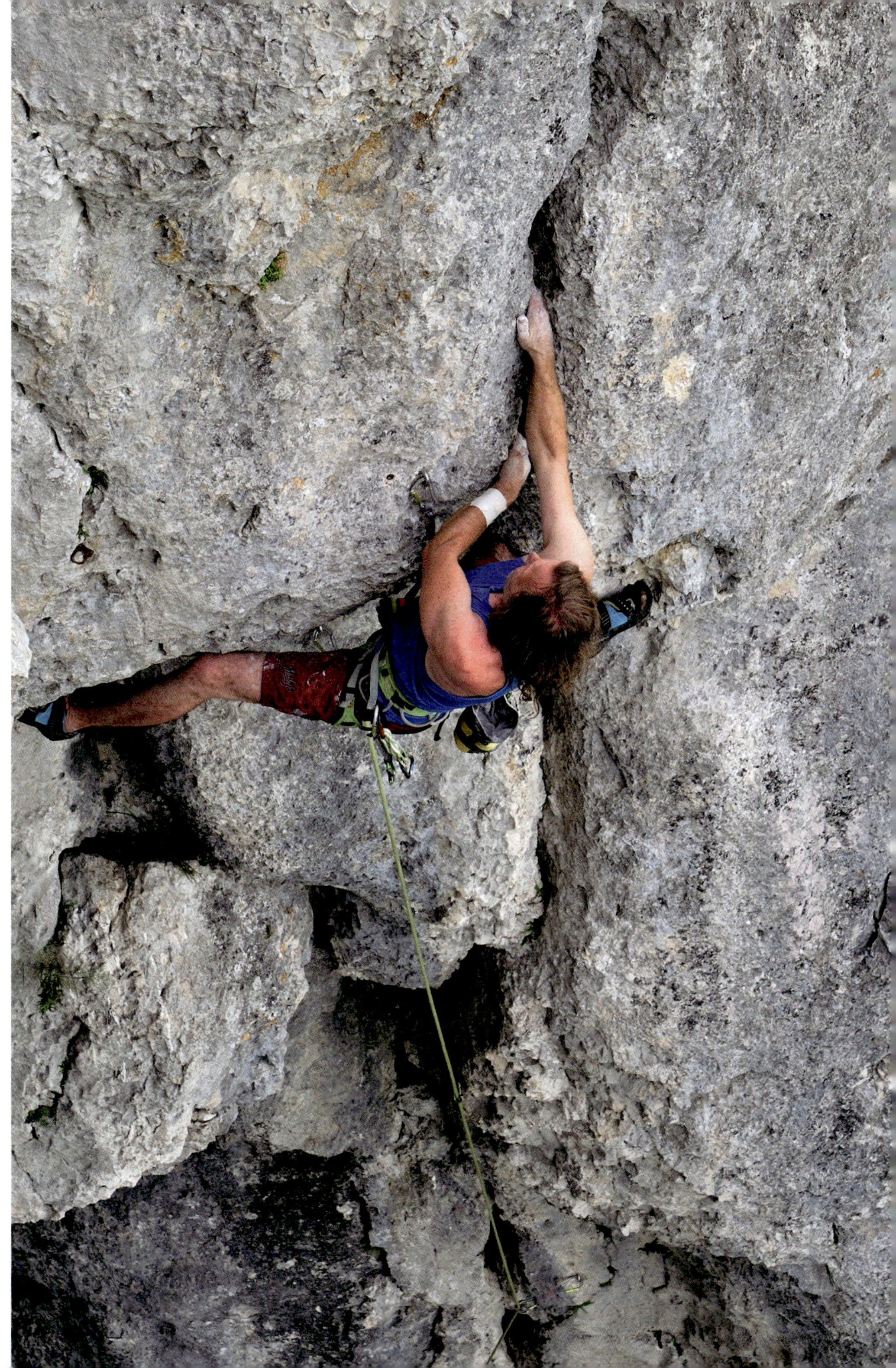

1.6 Baldecknadeln

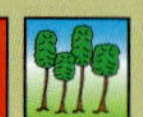
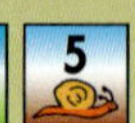

P N48°27'25,0" O09°25'35,4"

Beide Felsen sind leider nach wie vor etwas in Vergessenheit geraten, obwohl sich hier durchaus einige gute Routen befinden. Am linken, kleineren Turm findet man kompaktes Gestein mit der einen oder anderen guten Route. Der rechte, größere Turm ist an seiner Talseite mittlerweile sehr botanisch und nicht besonders einladend. Die Bergseite dagegen bietet ebenfalls einige gute und sehr kompakte Klettereien. Die Absicherung an beiden Türmen wurde in den letzten Jahren großteils saniert und alte, zwischenzeitlich ausgebohrte Linien, wurden bei dieser Gelegenheit erneut mit Haken versehen. Die Mitnahme von Keilen ist trotzdem ratsam, diese sind im kompakten Fels aber nicht gerade einfach unterzubringen.

Bring nuts for some routes.

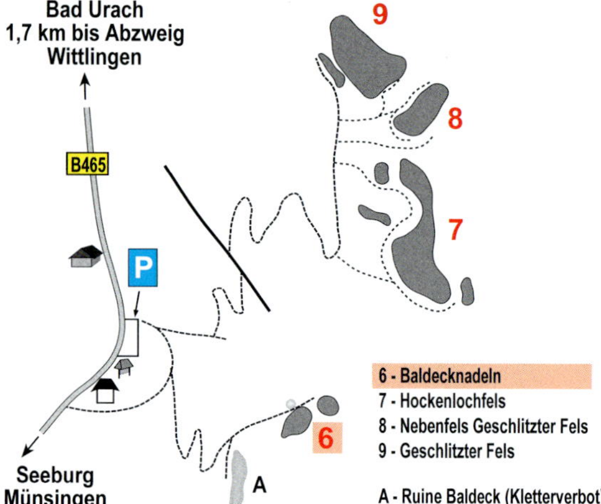

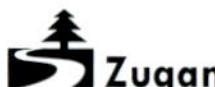

Anfahrt

Von der A 8 an der Ausfahrt Kirchheim Ost abfahren. Auf die B 465 und auf dieser Richtung Lenningen/Owen. In Owen rechts Richtung Beuren abbiegen. Nach einiger Zeit links ab auf die Albhochfläche nach Erkenbrechtsweiler. Weiter über Hülben und hinab ins Tal nach Bad Urach. In Bad Urach geradeaus, bis man an einer T-Kreuzung auf die B 28 trifft. Hier rechts, dann geradeaus, bis man an einer erneuten T-Kreuzung links auf die B 465 Richtung Seeburg/Biberach/Münsingen abbiegt. Bad Urach verlassen und auf der B 465 bis zur Abzweigung (linke Seite) nach Wittlingen. Von hier aus noch 1,7 km auf der B 465 bleiben. Dort erreicht man in einer markanten Rechtskurve auf der linken Straßenseite eine kleine Parkbucht mit Infotafel (daneben befindet sich eine kleine Hütte), hier parken.

Zugang

Vom Parkplatz auf einem Pfad zuerst etwa 50 m in Richtung des kleinen Tales bergauf, dann nach rechts und auf einem schmalen Pfad steil ansteigend den Hang hinauf. Dieser führt direkt zum Wandfuß der Ruine Baldeck (Kletterverbot). Dem Pfad weiter nach links ansteigend folgen, der nach einiger Zeit den Wandfuß der rechten Nadel erreicht.

Zugangszeit etwa 5 Minuten.

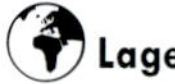

Lage

Zwei Felstürme am steilen Hang gelegen. Vorwiegend nordöstliche bis nordwestliche Ausrichtung, einige Routen haben auch eine südöstliche Orientierung. Beide Türme befinden sich in lichtem, aber hohem Laubwald. Am Wandfuß hat man meist wenig Platz und es geht relativ steil den Hang runter.

Naturschutz

Umlenkungen nutzen, sofern vorhanden.

Use lower-offs if available.

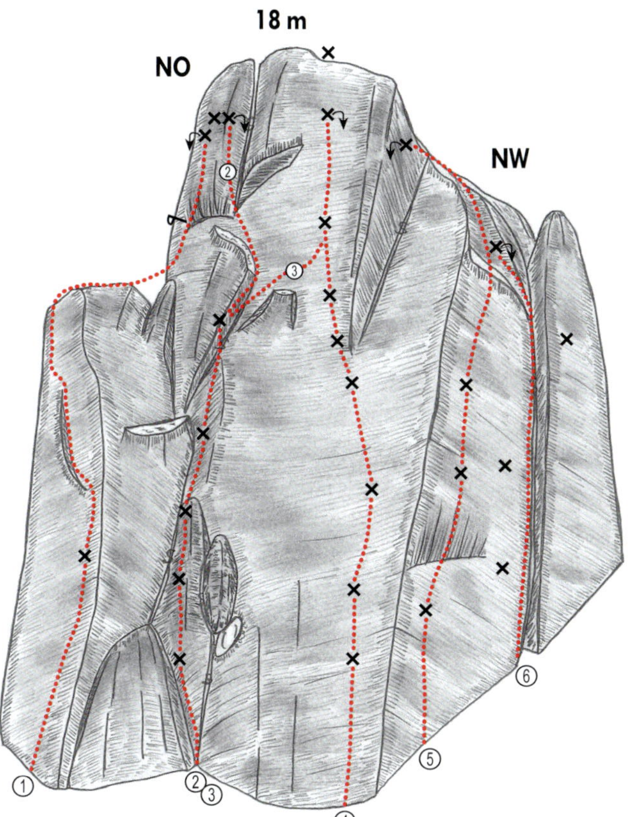

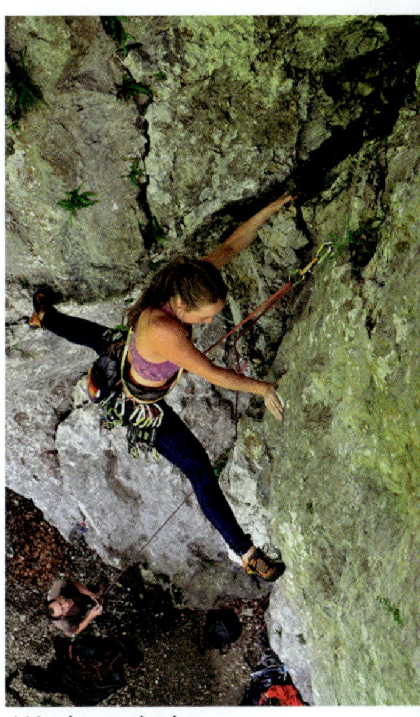
Wer kann, der kann
Sabrina Eberl spreizt durch den Schartenkamin (5+)

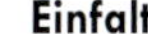

1	**Einfalt**	6+	
 2	**Schartenkamin**	5+	*Vor der UL kann man eine Klemmblockschlinge fädeln.*
3	**Geburtstagsgeschenk**	7	
4	**Fliegende Zecke**	9-	*Kompakte, steile Wandkletterei, mit die beste Route am Fels.*
5	**Sturm der Leidenschaft**	9	
6	**Riss**	6	

1.6 Baldecknadeln

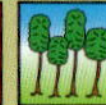
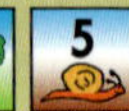

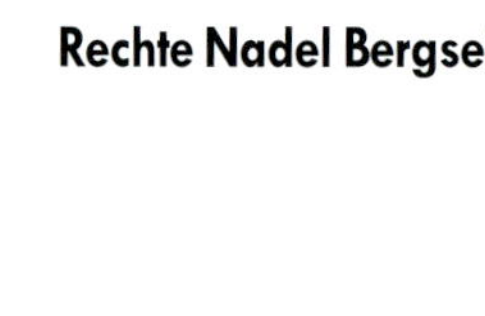

Rechte Nadel Bergseite

SO 20-25 m NO

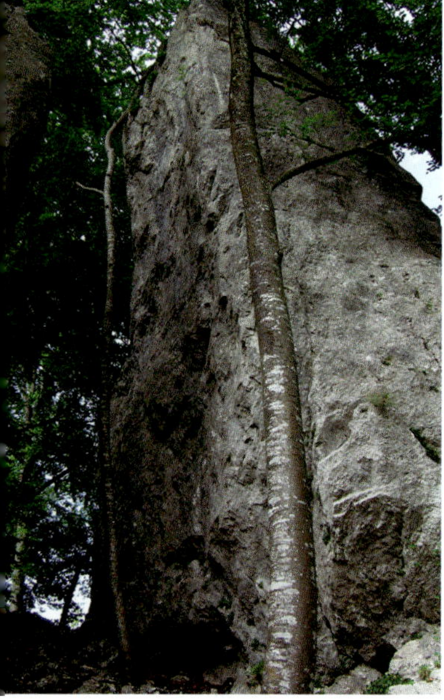

	Nr.	Route	Grad	Bemerkung
	1	**Osterriss**	3-	*Mehr rechts geklettert: Zauber der Farbe (5-).*
	2	**Kühlwalda**	7-	
	3	**Adrenalin Joggele**	8-	
	4	**Flutlicht**	8-	*Oben Keile!*
	5	**Lizardking**	8+/9-	
	6	**Tango Korrupti (Lothars Route)**	8+	*Oben weiter Runout!!*
🍓	7	**Muggaseggale**	8	*Klasse Kantenkletterei.*
	8	**Salatschüssel statt Bries**	7	*Solo Direkteinstieg!!*
	9	**Achtung Baum**	8	
	10	**Jungfräuliche Diktatur**	7	
	11	**Bleib dran Mann**	8-	
	12	**Qualmende Sohlen**	8-	
	13	**Morgenstund hat Gold im Mund**	5+	*3. BH locker, Versager!!!*

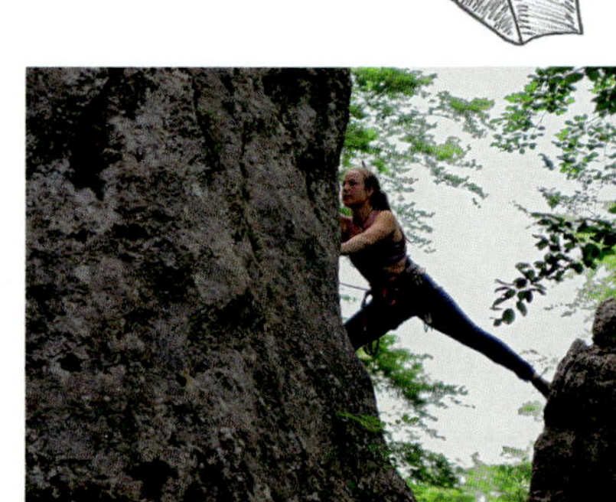

Sabrina Eberl in Kamin (5-)

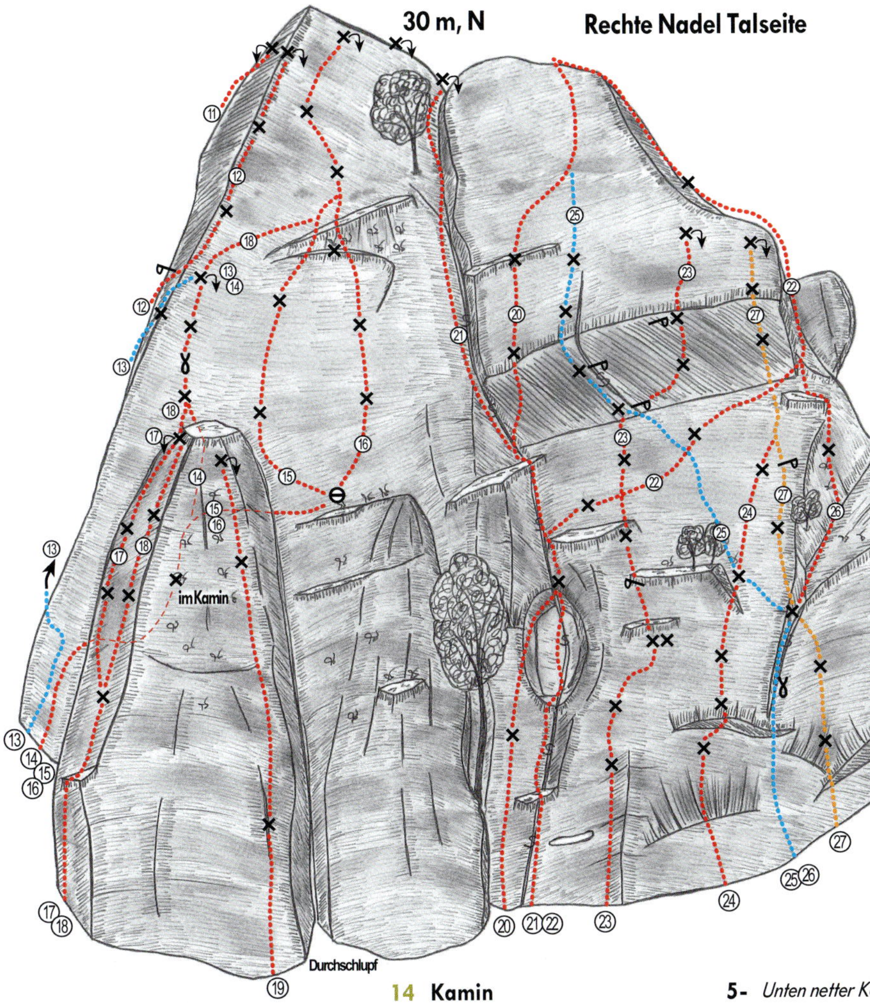

30 m, N

Rechte Nadel Talseite

im Kamin

Durchschlupf

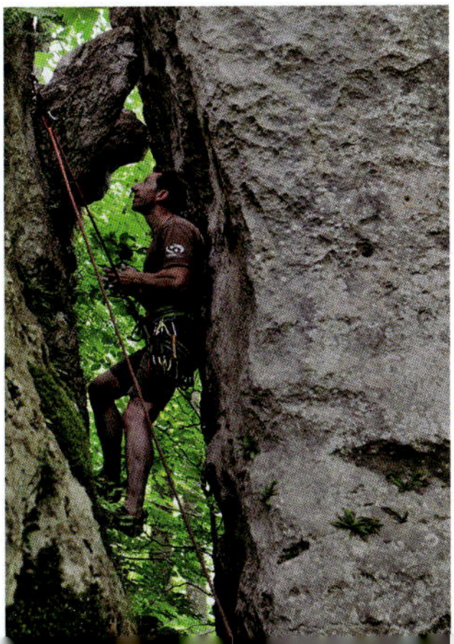

14	**Kamin**	5-	*Unten netter Kamin, oben grasig.*
15		8-	
16	**Zauberlehrling**	8-	
17	**Blutspur**	8-	
18	**Piaz piaz an der Wand**	8-	*Bis auf Vorblock (6+/7-). Topropehaken für Boulder.*
19	**?**		
20	**Variante**	7	
21	**Talseite**	6	
22	**Sommerzeit**	6-	
23	**Mitternachtssonne**	7	
24		9-	
25	**Alt und Jung**	8+	
26			
27	**Lethargie**	8+	

Harald Röker in Kamin (5-)

1.7 Hockenlochfels ❀❀

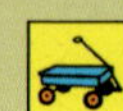
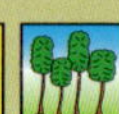
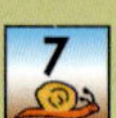

P N48°27'25,0" O09°25'35,4"

Gegliedertes, langgezogenes Massiv mit vielen, meist etwas einfacheren Routen in recht ordentlichem Gestein. Die Absicherung ist etwas schwankend, aber mit dem einen oder anderen Keil können die meisten Routen sicher geklettert werden.

The one or two nuts can be useful in some routes.

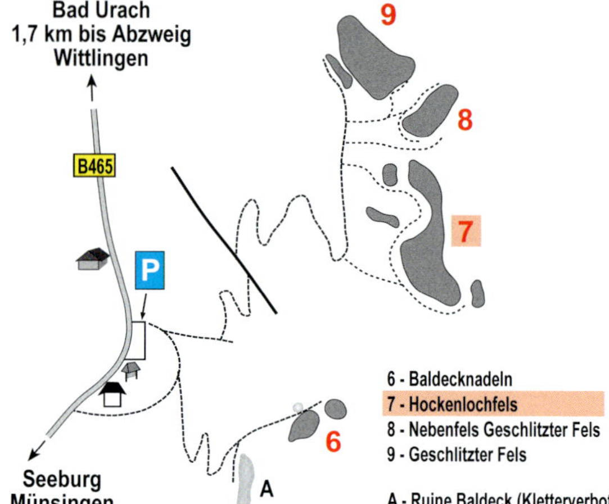

Anfahrt

Von der A 8 an der Ausfahrt Kirchheim Ost abfahren. Auf die B 465 und auf dieser Richtung Lenningen/Owen. In Owen rechts Richtung Beuren abbiegen. Nach einiger Zeit links ab auf die Albhochfläche nach Erkenbrechtsweiler. Weiter über Hülben und hinab ins Tal nach Bad Urach. In Bad Urach geradeaus, bis man an einer T-Kreuzung auf die B 28 trifft. Hier rechts, dann geradeaus, bis man an einer erneuten T-Kreuzung links auf die B 465 Richtung Seeburg/Biberach/Münsingen abbiegt. Bad Urach verlassen und auf der B 465 bis zur Abzweigung (linke Seite) nach Wittlingen. Von hier aus noch 1,7 km auf der B 465 bleiben. Dort erreicht man in einer markanten Rechtskurve auf der linken Straßenseite eine kleine Parkbucht mit Infotafel (daneben befindet sich eine kleine Hütte), hier parken.

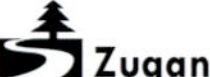

Zugang

Vom Parkplatz in das kleine Tal. Ansteigend auf einen Pfad, der kurz darauf links abknickt (kleiner Bachlauf) und steil hinauf zu einem breiten Forstweg führt. Hier etwa 10 m nach links und rechts auf einen weiteren schmalen Pfad, der in Kehren bergauf zuerst zum Hockenlochfels, in der Folge zum Nebenfels Geschlitzter Fels und zum Geschlitzten Fels führt.

Zugangszeit etwa 5-10 Minuten.

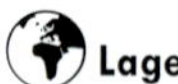

Lage

Langgezogene, am Hang gelegene Wand. Westliche bis südliche Ausrichtung. Der Wandfuß befindet sich in hohem Laubwald, der Boden ist teils etwas abschüssig, teils eben. Im äußerst rechten Wandteil befinden sich noch einige Routen am steilen Hang.

Naturschutz

Umlenkungen nutzen, Geröllhalden nicht betreten und die angelegten Zugangswege nicht verlassen, Rucksackdepots nutzen. Keine großen Gruppen oder Kurse.

Use lower-offs and stay on the access pathes, no big groups.

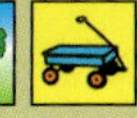

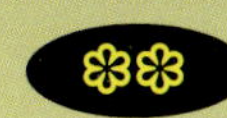

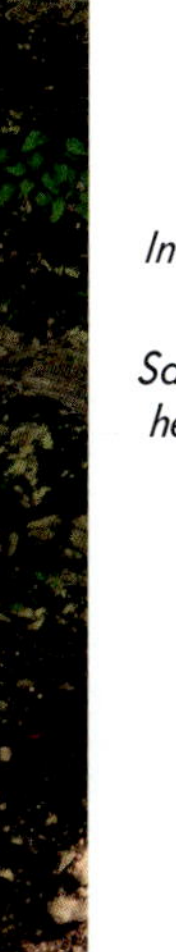

In der Rechten Pfeilerkante (7+) ist Power gefragt!

Sabrina Eberl zieht was die Arme her geben und hat den Zielgriff fest im Blick

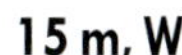

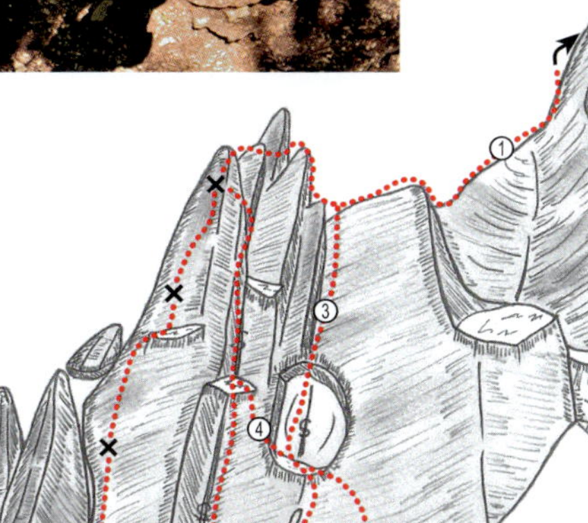

1	**Grat**	**3+**	
2	**Jungfräuliche Begattung direkt**	**6**	
3	**Verzweiflungstat**	**6-**	
4	**Jungfräuliche Begattung**	**4+**	
5	**Sonnensturm links**	**6-**	
6	**Sterntaler**	**6**	*Raue Tritte sucht man hier vergebens.*
7	**Keil and fly**	**5-**	*Gutgriffige Platte, zur UL richtig einfach.*
8	**Pfeilerle**	**5+**	
9	**Rechte Pfeilerkante**	**7+**	*Mit Spreizstart nach links zu stark abgegriffener athletischer Schuppe. Oben besser linksrum zur UL.*

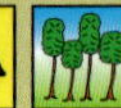

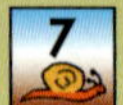

10	Sonnensturm rechts	5-
11	Grasiger Traum links	5
12	Grasiger Traum rechts	5
13	Nichts desto trotz	5+
14	Bauerriss	5
15	Trostelplatte	6+
16	Spätlese	5+
17	Kanutenpfeiler	4+

15-20 m, W

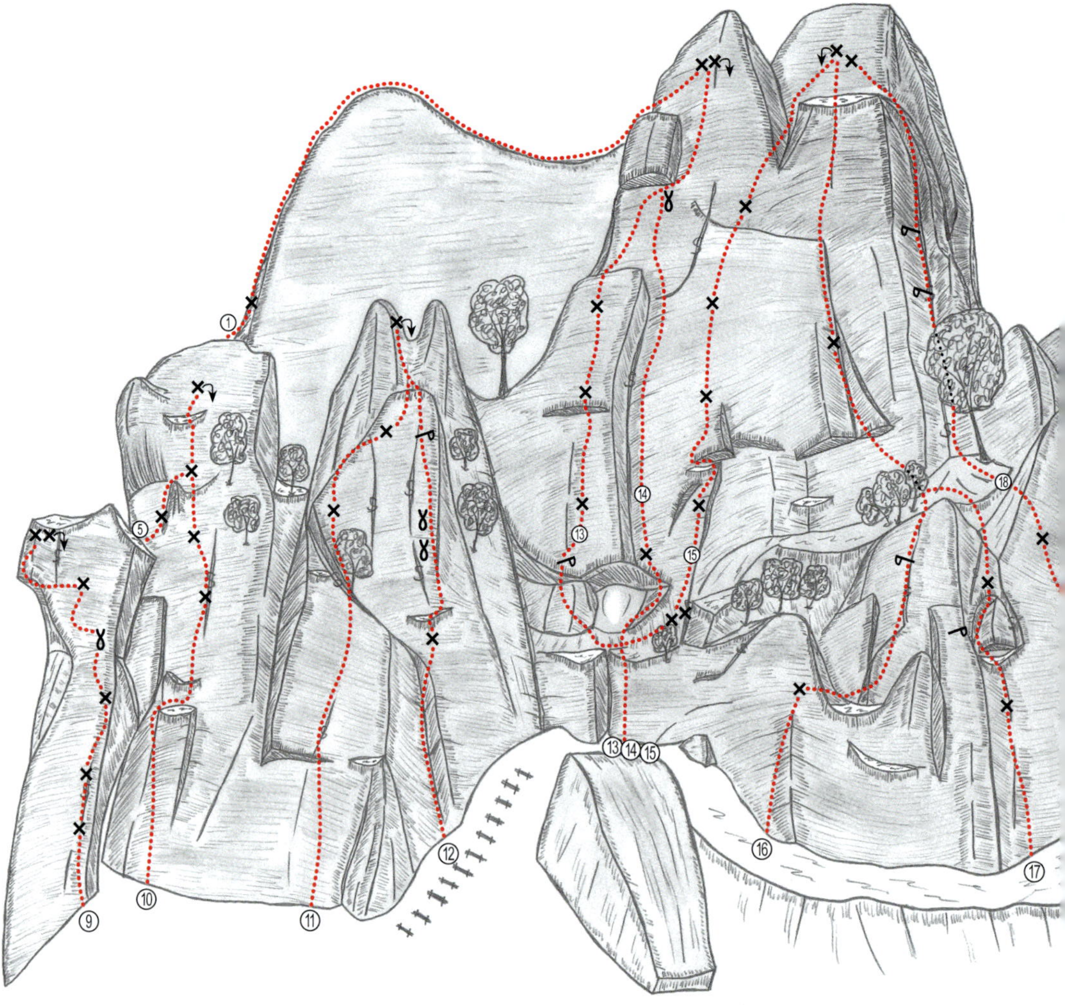

18	**Die Unbekannte**	6	
19	**Kleiner Felix**	4-	
20	**Barbarella**	3	
21	**Höhlendächle**	8+	*Schweres Dach, Foothook hilft weiter, oben ungemütlich abgesichert.*
22	**Lilli left one footprint**	A2	
23	**Ameisentrail**	5	
24	**Rechte Dachkante**	7+	
25	**Reifenpilz**	5+	
26	**Kollaps**	6-	
27	**Prolaps**	5	

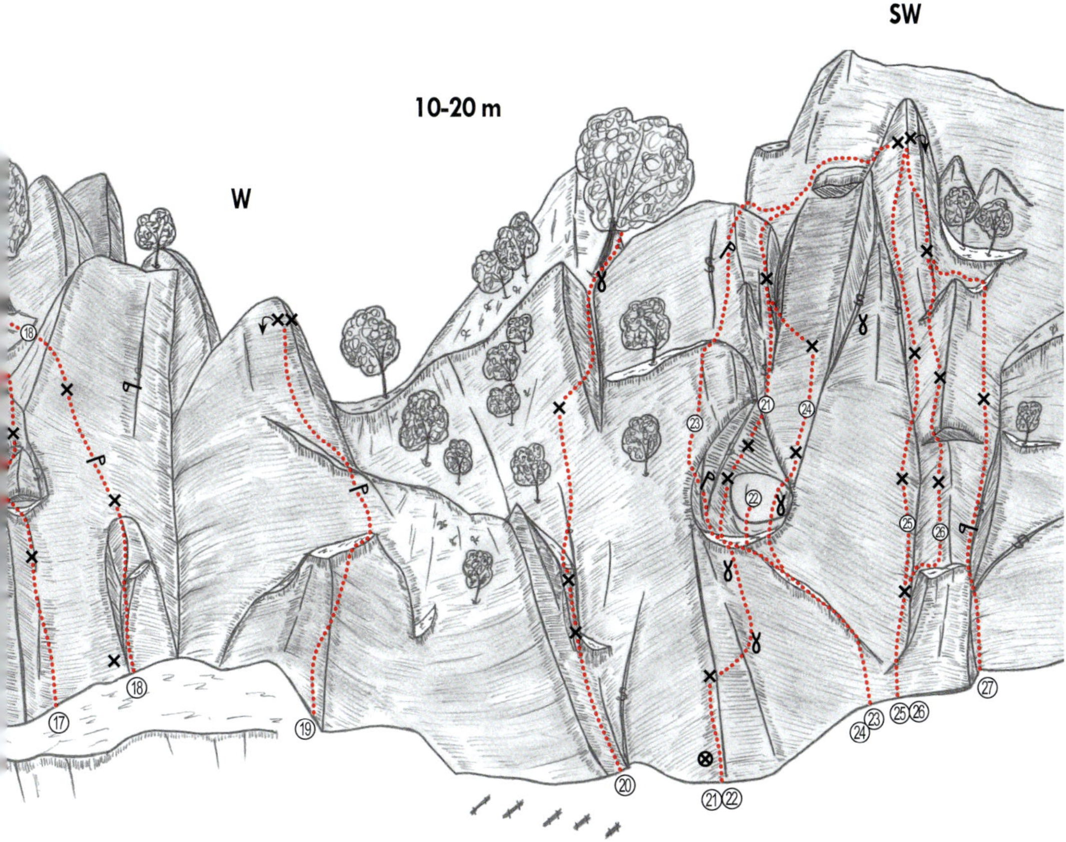

SW

10-20 m

W

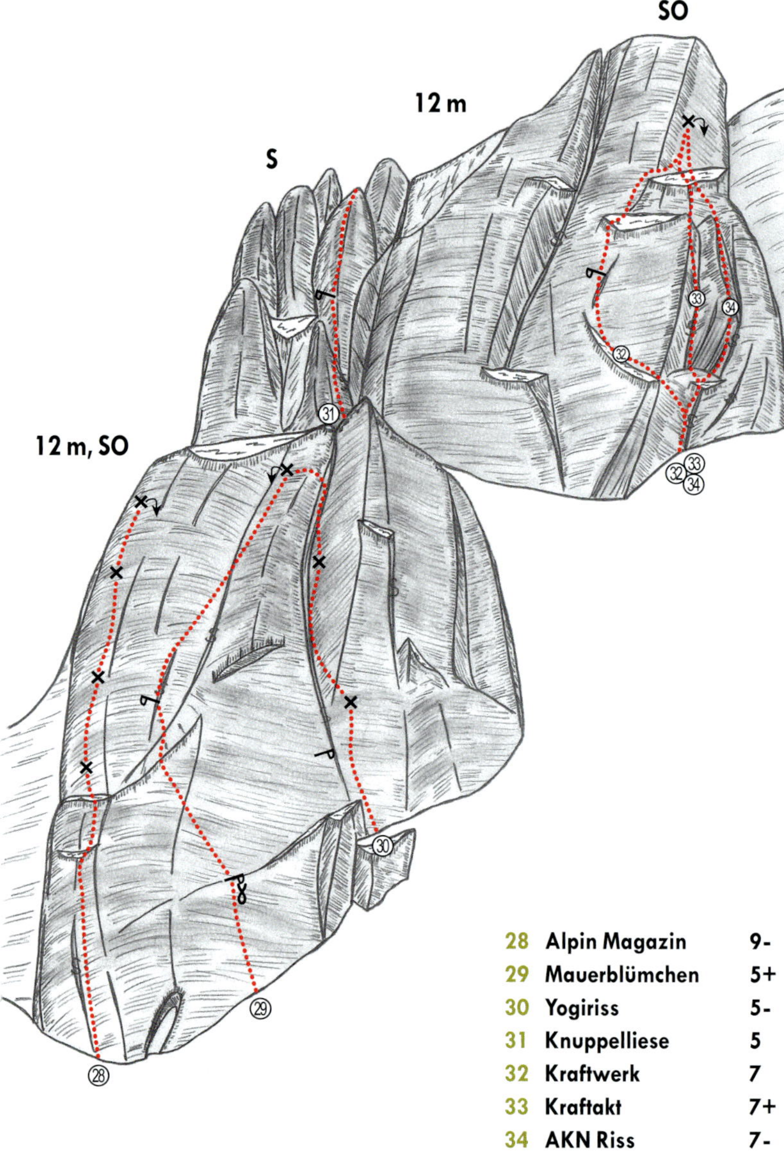

28	Alpin Magazin	9-
29	Mauerblümchen	5+
30	Yogiriss	5-
31	Knuppelliese	5
32	Kraftwerk	7
33	Kraftakt	7+
34	AKN Riss	7-

P N48°27'25,0" O09°25'35,4"

Geschlitzter Fels Nebenfels - Kompakte Wandflucht mit einer ganzen Reihe von extrem glatten und schweren Routen im linken Wandteil. Nach rechts wird es etwas einfacher. Die Absicherung ist durchwachsen, in den einfacheren Routen benötigt man meist zusätzlich noch ein paar Klemmkeile. Einige Routen sind noch nicht saniert. Bring some nuts, some routes are not re-bolted.

Geschlitzter Fels - Mächtige, kompakte Wand mit einigen tollen Klettereien. Der Schwerpunkt ist dabei in den gehobenen Schwierigkeitsgraden anzutreffen, doch gibt es auch einige einfachere und ausgesprochen tolle Wege. Die Absicherung ist etwas wechselhaft, aber - abgesehen von der schwäbischen Angewohnheit, die ersten Haken häufig extrem hoch anzubringen - eigentlich ganz gut. Keile sind trotzdem gelegentlich sinnvoll. The one or two nuts can be helpful.

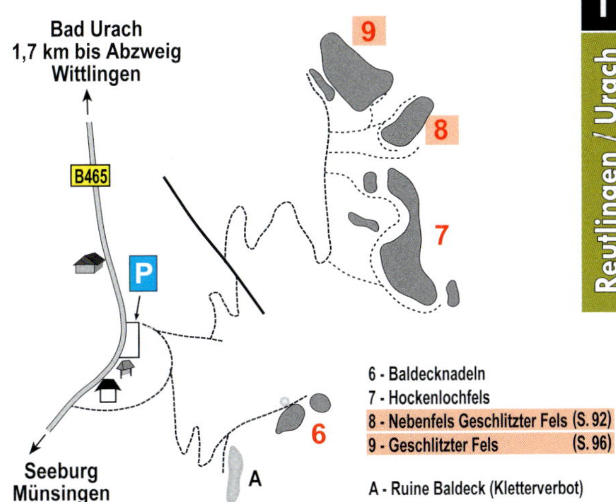

Anfahrt

Von der A 8 an der Ausfahrt Kirchheim Ost abfahren. Auf die B 465 und auf dieser Richtung Lenningen/Owen. In Owen rechts Richtung Beuren abbiegen. Nach einiger Zeit links ab auf die Albhochfläche nach Erkenbrechtsweiler. Weiter über Hülben und hinab ins Tal nach Bad Urach. In Bad Urach geradeaus, bis man an einer T-Kreuzung auf die B 28 trifft. Hier rechts, dann geradeaus, bis man an einer erneuten T-Kreuzung links auf die B 465 Richtung Seeburg/Biberach/Münsingen abbiegt. Bad Urach verlassen und auf der B 465 bis zur Abzweigung (linke Seite) nach Wittlingen. Von hier aus noch 1,7 km auf der B 465 bleiben. Dort erreicht man in einer markanten Rechtskurve auf der linken Straßenseite eine kleine Parkbucht mit Infotafel (daneben befindet sich eine kleine Hütte), hier parken.

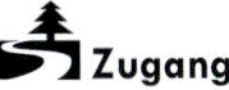

Zugang

Vom Parkplatz in das kleine Tal. Ansteigend auf einen Pfad, der kurz darauf links abknickt (kleiner Bachlauf) und steil hinauf zu einem breiten Forstweg führt. Hier etwa 10 m nach links und rechts auf einen weiteren schmalen Pfad, der in Kehren bergauf zuerst zum Hockenlochfels, in der Folge zum Nebenfels Geschlitzter Fels und zum Geschlitzten Fels führt.

Zugangszeit etwa 5-10 Minuten.

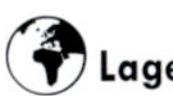

Lage

Geschlitzter Fels Nebenfels

Am Hang direkt neben dem Hauptmassiv gelegen. Der Wandfuß liegt am steilen Hang in hohem Laubwald.

Geschlitzter Fels

Die Wand ist am Hang in hohem Laubwald gelegen. Am Wandfuß ist ausreichend Platz, aber kaum Sonne.

Naturschutz

Geschlitzter Fels Nebenfels

Alle Routen umlenken, angelegte Wege benutzen.
Lower-off all routes and use the pathes.

Geschlitzter Fels

Alle Routen umlenken, Ausstiegsverbot. Nur die angelegten Pfade nutzen und Rucksäcke am Rucksackdepot ablegen.
Do not top out, use lower-offs and the access-pathes.

 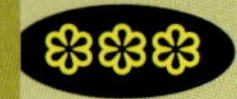  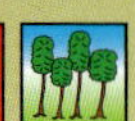 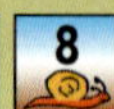

Zugang und allgemeiner Text siehe Seite 91
Access and general description see page 91

15-20 m, W

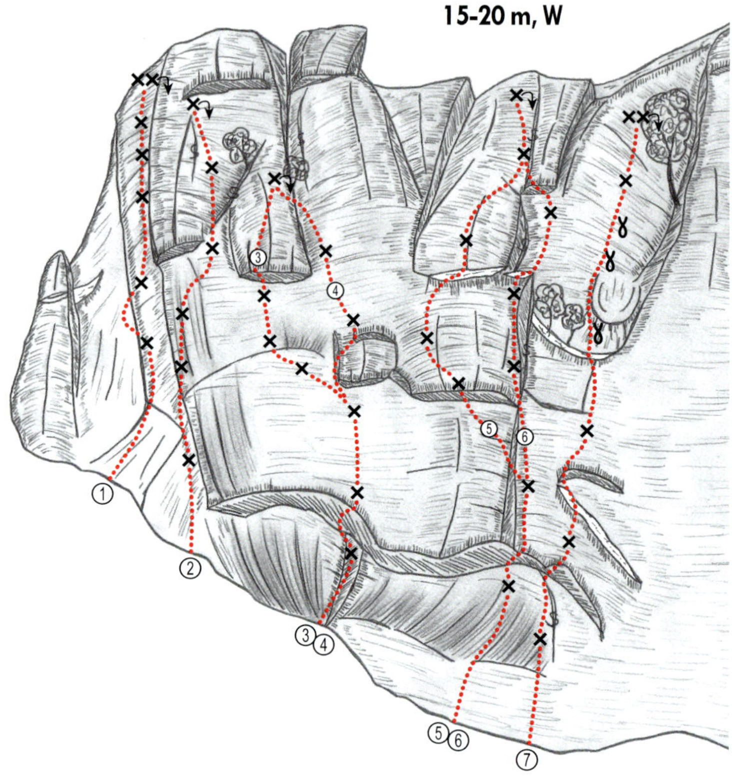

1	**Ritter der Kokosnuss**	**9+**	
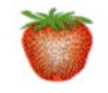 2	**Heilige drei Könige**	**9**	
3	**Arschglatt**	**9-**	
4	**Grüner Zweig**	**9-**	*Gleich im unteren Teil geht's richtig zur Sache.*
5	**Endlich Nichtraucher**	**9**	
6	**Heilig Abendteuer**	**9**	
7	**Schmarotzer**	**8-**	*Knackiger Einstieg vom 1. zum 2. Bohrhaken.*
8	**Schnee von gestern**	**A3+**	
9	**Senkrechtstarter**	**8-**	
10	**Freak out**	**8+**	
11	**Rainy day, keep away**	**A2**	
12	**Nepomukriss**	**7-**	*Ziemlich verdreckt, gefährlich! Uralte Rostgurken, Keile legen schwierig!*
13	**Nepomukriss+Lets fets**	**7-**	

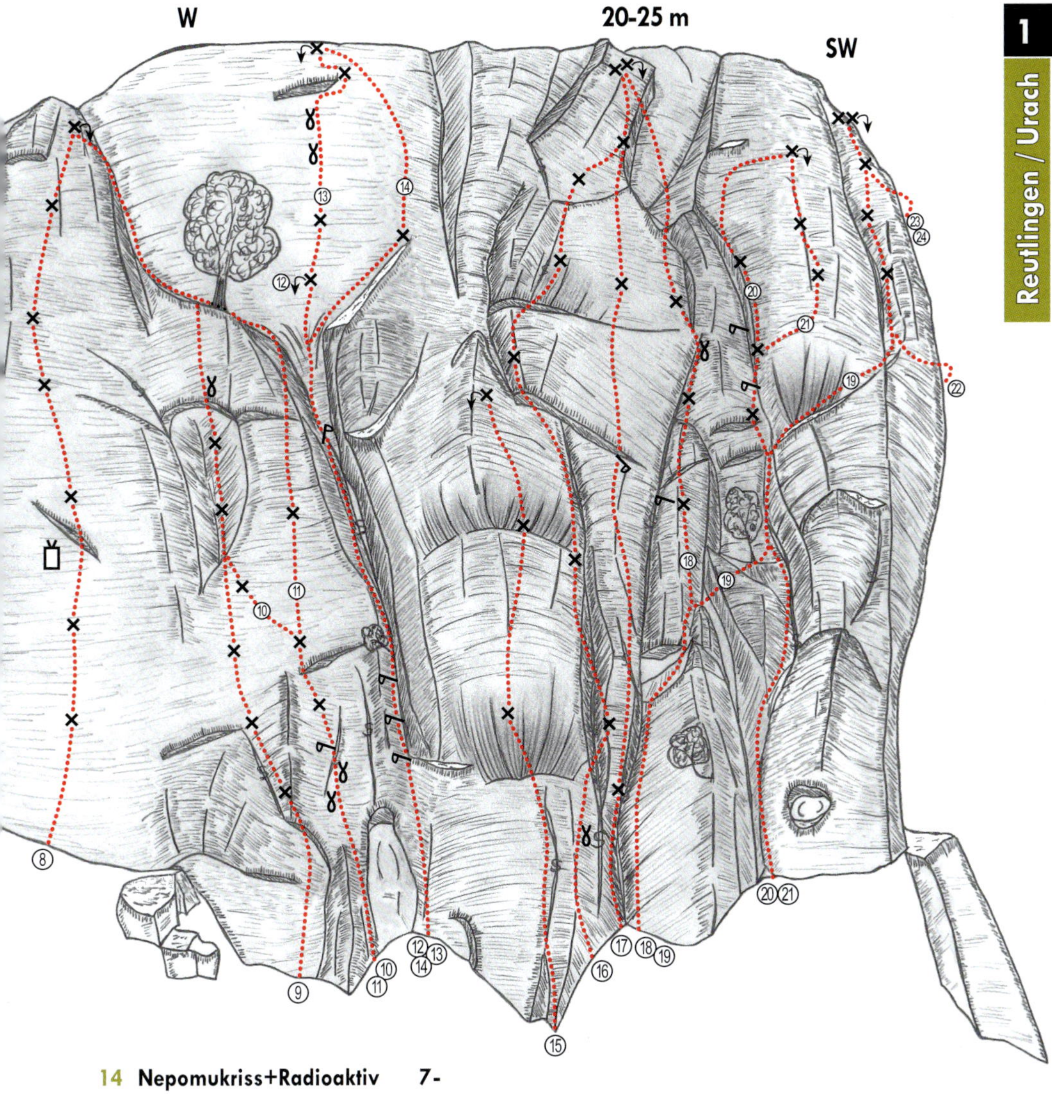

14	Nepomukriss+Radioaktiv	7-
15	Wettkampfloser	8
16	Ammonitenriss	6-
17	Prost Anita	6+
18	Red pullover crack	6-
19	Margaritenvariante	4+
20	Tschernobyl	6+
21	Trunkenbolt	8-

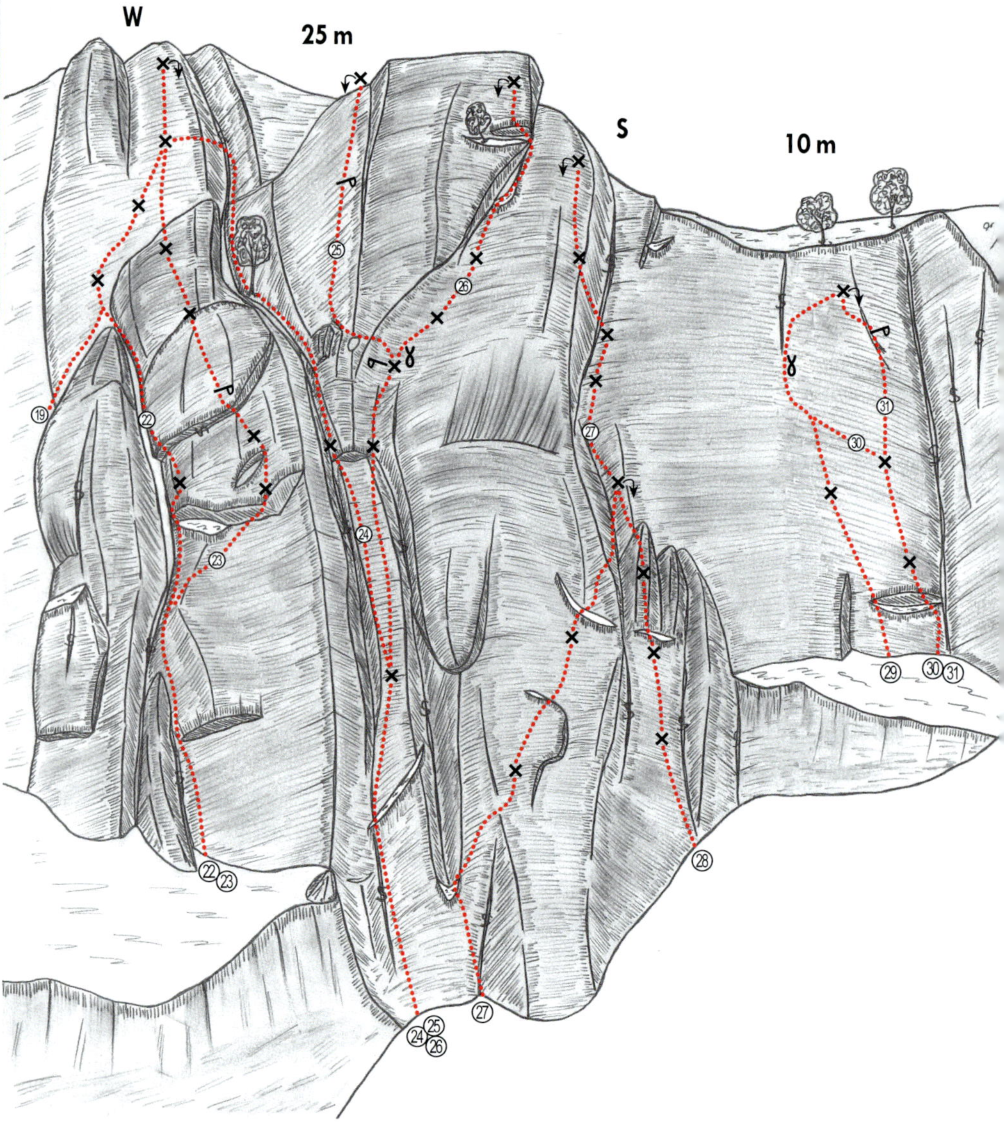

1.8 Geschlitzter Fels Nebenfels

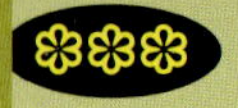

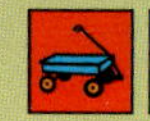

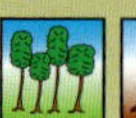

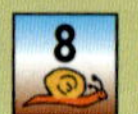

W

25 m

S

10 m

19 22 23 24 25 26 27 28 29 30 31

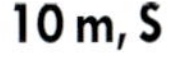

10 m, S

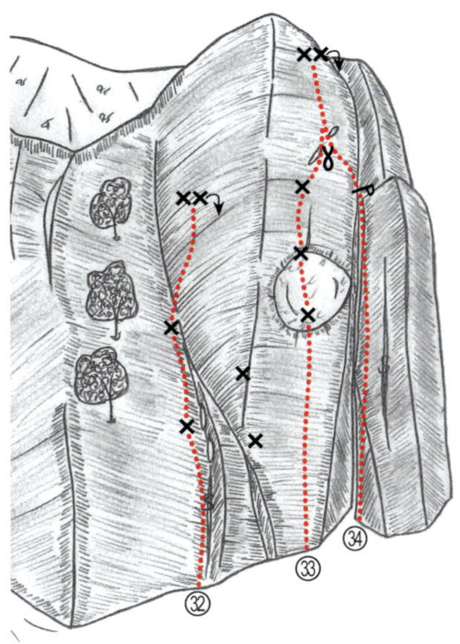

22	Talwandriss	6+
23	Big Science	8-
24	Schulterriss	5-
25	Fischkopf	7+
26	Fischkopf halts Maul	9-
27	Via Appia	7
28	Für kleine Enten	4
29	Stature Error	8-
30	Lochblech	7-
31	Schlüsselloch	7-
32	Raum und Zeit	5
33	Tset	9-/9
34	Fredo Finale	5+

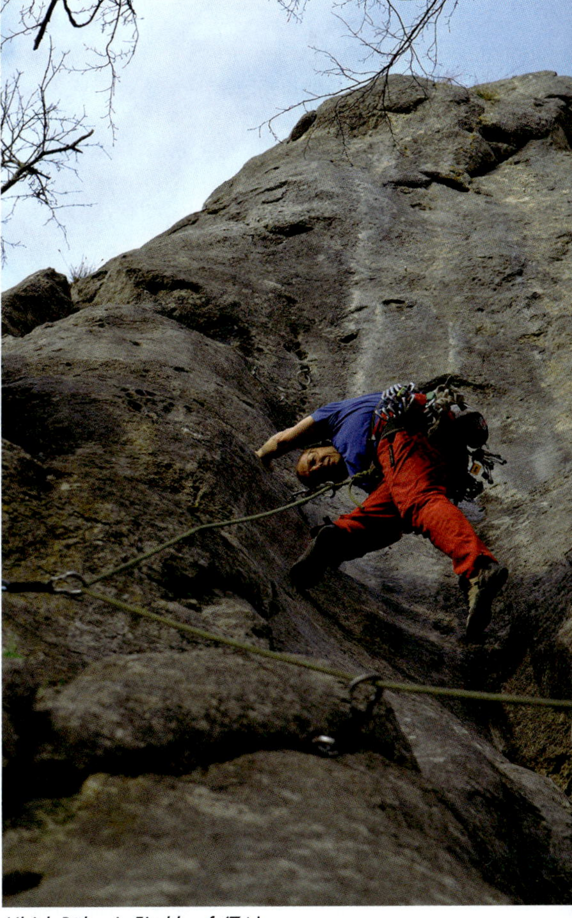

Ulrich Röker in Fischkopf (7+)

1.9 Geschlitzter Fels 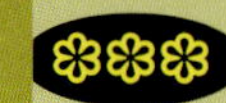

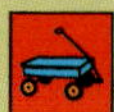 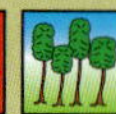 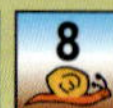

Zugang und allgemeiner Text siehe Seite 91
Access and general description see page 91

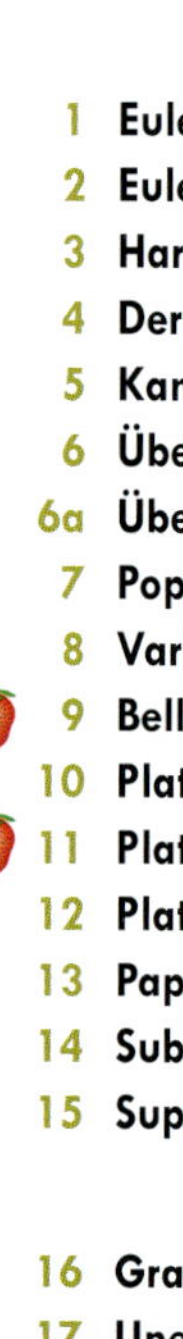

Nr.	Route	Grad	Beschreibung
1	**Eule rechter Flügelriss**	5	*Route auf der Bergseite des vorgelagerten linken Turms.*
2	**Eule linker Flügelriss**	6+	*Markante Risslinie am links vorgelagerten Turm.*
3	**Hart Steuerbord**	4	
4	**Der Schwachsinn des Lebens**	8	
5	**Kampf und Vision**	9-	
6	**Überdosis**	8+	
6a	**Überpopo**	8+	*Verbindung Popobello - Überdosis.*
7	**Popobello**	A3+	*Der einst fixe Cliff hat schon lange der Schwerkraft nachgegeben.*
8	**Variante Rummenigge**	6	
9	**Belloumi**	7	*Schwer aus der Gufel heraus in die Linksquerung.*
10	**Plattenquergang**	7+	
11	**Plattenführe**	7	*Klasse Linie mit schweren Stellen in den beiden Querungen.*
12	**Plattenführe Rechtsausstieg**	7	*Ausstiegsvariante vom Stand weg nach rechts raus.*
13	**Papagallo**	9	
14	**Subsumtion**	8	*Start wie (15), aber Ausstieg wie Plattenführe.*
15	**Super Subsumtion**	9-	*Vor dem oberen Linksquergang der Plattenführe geradeaus in der Verschneidung raus.*
16	**Grande Finale**	7	*Nur der Vorbau der Route ist 6.*
17	**Unendliches Trauma**	9-	
18	**Malaria**	7	
19	**Projekt**		
20	**Fickmaschine**	9-	
21	**Snail**	10	
22	**Terray-Gedächtnis-Weg**	9-	*Der 1. Bohrhaken steckt extrem hoch.*
23	**Ausflug**	7-	*Ausstiegsvariante.*
24	**Im Dunkel der Fantasie**	9-	
25	**Engpass-Syndrom**	8	

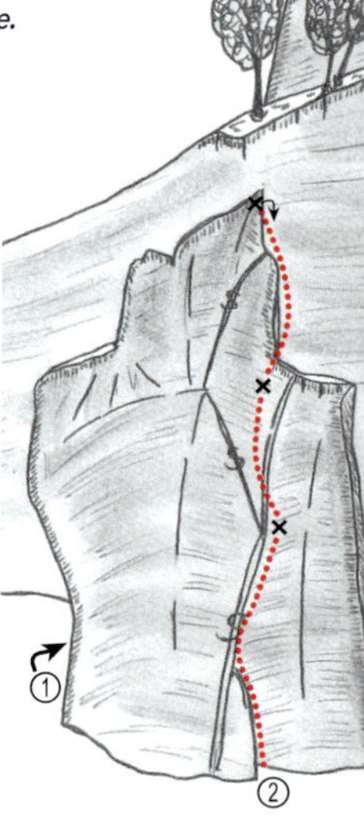

30 m, S

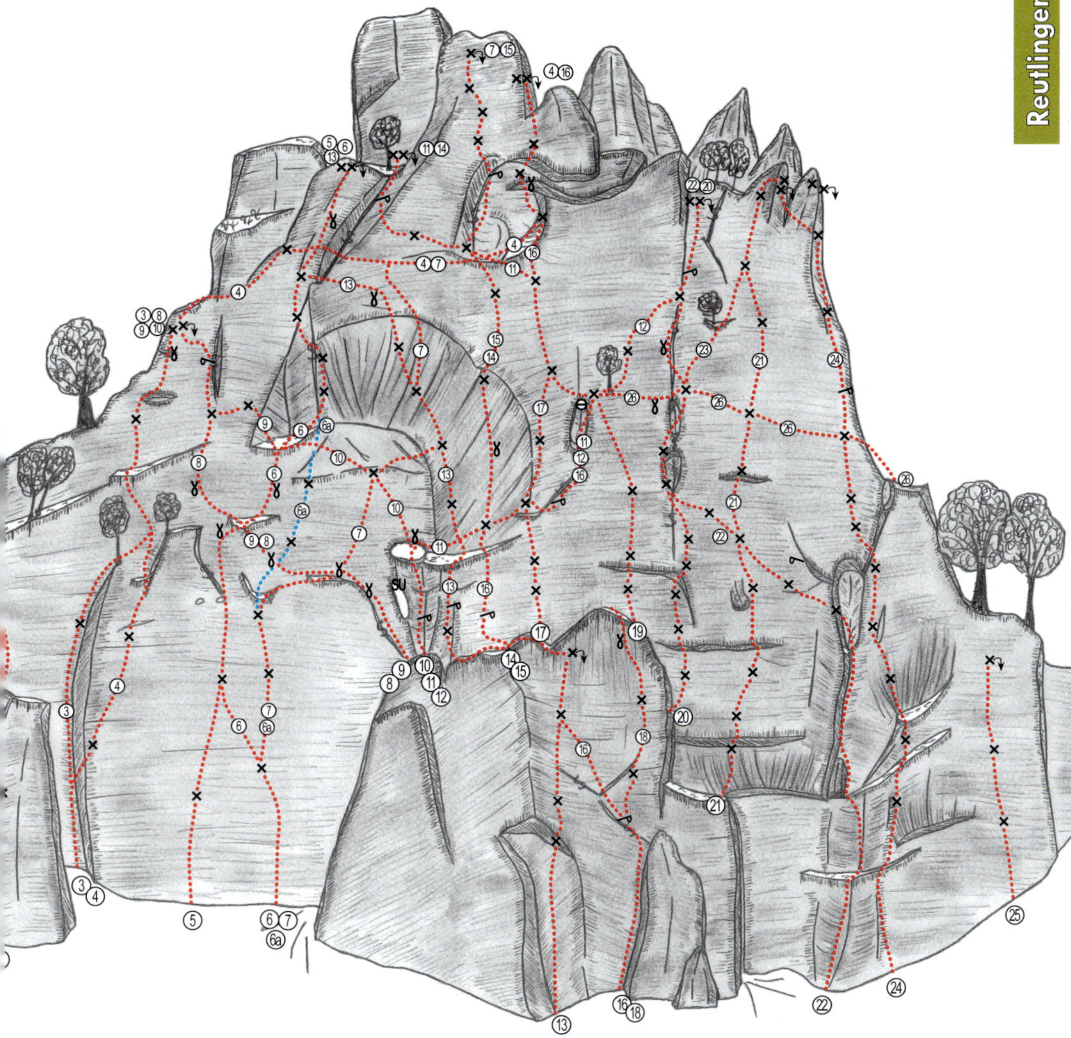

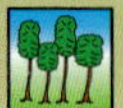

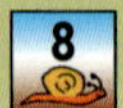

17 m, O

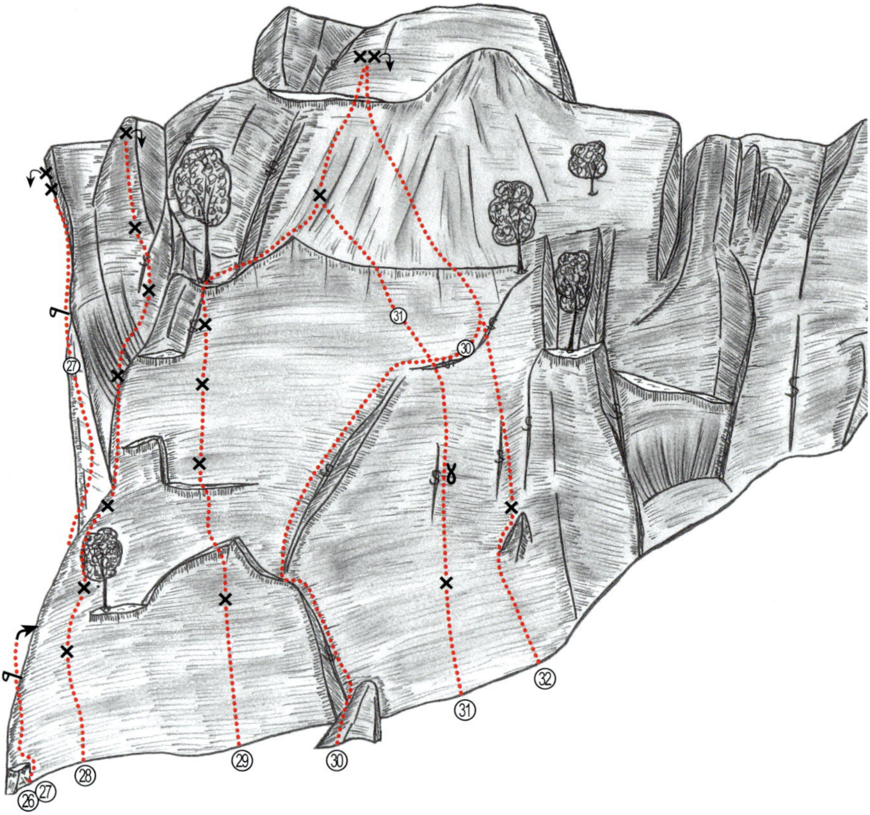

26	Schockverdacht	8-
27	Rechte Kante	5+
28	Schlitzle	5
29	Langsam fett	6-
30	Genussprobe	4+
31	Aus die Maus	7
32	Teststrecke	6+

Ein letztes gequältes Lächeln vor der Schlüsselstelle in der Plattenführe (7) →

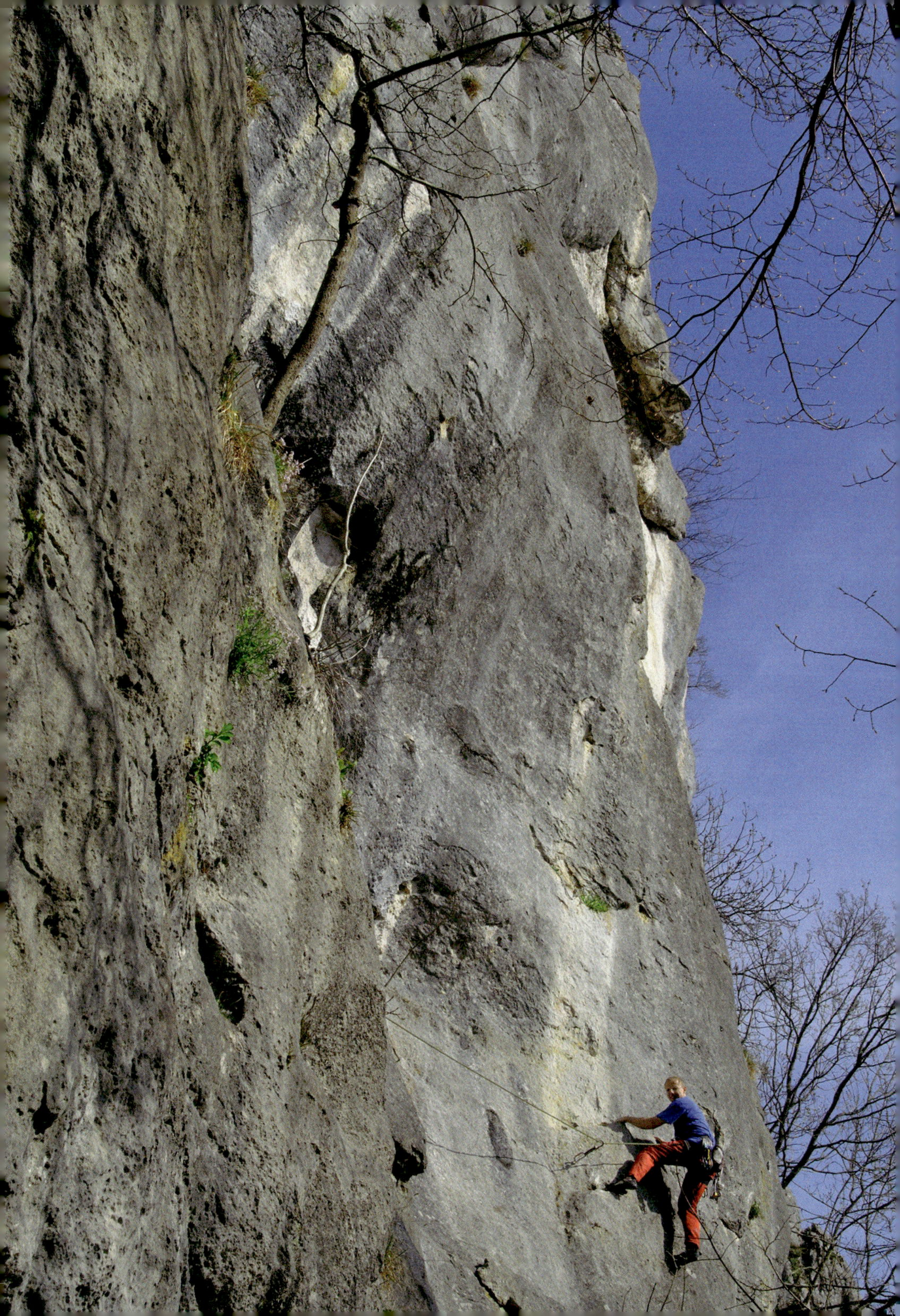

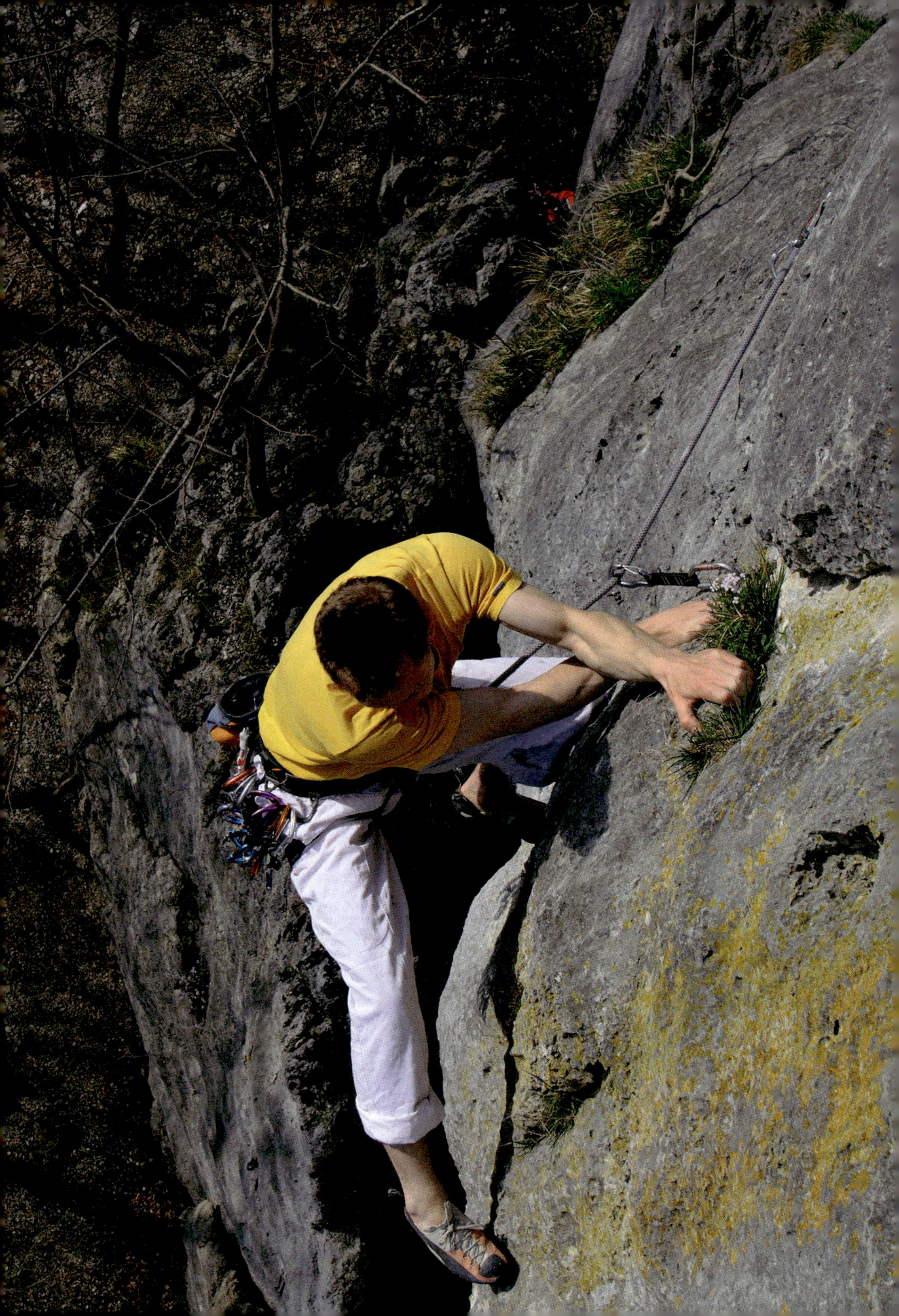

N48°28'13,7" O09°25'15,2"

Eine der größten Wände mit einer großen Anzahl an tollen Kletterrouten, allerdings hat die Wand einen stark alpinen Charakter. Viele ältere Routen sind nur äußerst schwäbisch - soll heißen sparsam - abgesichert und Keile sind hier oft absolute Pflicht. Die schwereren Routen dagegen sind meist ganz ordentlich gesichert, doch diese sind dafür meist nicht so einfach abzuholen. Die Bewertung ist an dieser Wand etwas mit Vorsicht zu genießen. Die meist südlich ausgerichteten Wände erlauben das Klettern auch an etwas kälteren Tagen. Der rechte Wandteil wurde 2009 bei Felssicherungsarbeiten gesprengt. Von einigen Routen (107-118) ist der untere Wandteil noch existent, die Ausstiege wurden gesprengt. Diese Routen sind im Führer grün eingezeichnet und sind eigentlich nicht mehr kletterbar. Die Routen von Nr. 119 bis Nr. 126 wurden komplett weggesprengt, weiter rechts kann man dagegen noch klettern. Bring nuts especially for the easier routes.

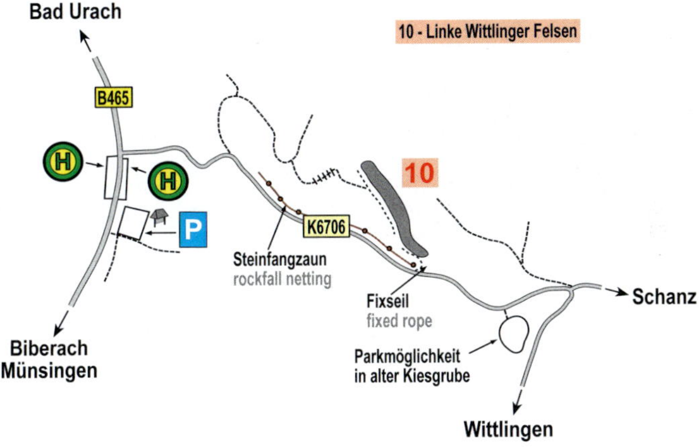

Anfahrt

Von der A 8 an der Ausfahrt Kirchheim Ost abfahren. Auf die B 465 und auf dieser Richtung Lenningen/Owen. In Owen rechts Richtung Beuren abbiegen. Nach einiger Zeit links ab auf die Albhochfläche nach Erkenbrechtsweiler. Weiter über Hülben und hinab ins Tal nach Bad Urach. In Bad Urach geradeaus, bis man an einer T-Kreuzung auf die B 28 trifft. Hier rechts, dann geradeaus, bis man an einer erneuten T-Kreuzung links auf die B 465 Richtung Seeburg/Biberach/Münsingen abbiegt. Bad Urach verlassen und auf der B 465 bis zur Abzweigung (links) nach Wittlingen. Noch etwa 100 m weiter, vorbei an einer Bushaltestelle und direkt danach links auf einen kleinen Wanderparkplatz abbiegen, hier parken.

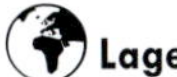

Lage

Am steilen Hang gelegene lange Wandflucht mit meist südwestlicher Ausrichtung. Der Wandfuß liegt vorwiegend in hohem Laubwald, einige Bereiche stehen dabei etwas freier.

Zugang

Zurück zur Abzweigung Wittlingen und rechts der Straße (K 6706) bergauf folgen, bis nach einer Rechts-links-rechts-Kurve links ein breiter Forstweg abzweigt. Diesem einige Zeit bergauf folgen, durch eine langgezogene Rechtskurve, bis man eine scharfe Linkskurve erreicht. Hier zweigt rechts ein schmaler Pfad (Steinmann) ab, der über Stufen direkt zum linken Ende (Blickrichtung Berg) führt. Am Wandfuß führt ein schmaler Pfad zu allen Sektoren bis zum weggesprengten Bereich. **Ganz rechter Sektor:** Vom Abzweig des Forstweges der Straße weiter bergauf bis zum Ende des Steinfangzauns folgen. Hier über ein Fixseil steil bergauf und nach links zur Wand.

Zugangszeit etwa 15 Minuten.

Naturschutz

Aus Vogelschutzgründen sind einige Wandteile im Bereich der langen Felsenwand ab und zu flexibel gesperrt, Anschläge vor Ort beachten. Angelegte Zustiegswege benutzen. Short-term closure possible, watch out for signs. Stay on access pathes.

— Ob er wohl hält ? Harald Röker reizt die Felsreibung in der Plattenführe (7) am Geschlitzten Fels voll aus.

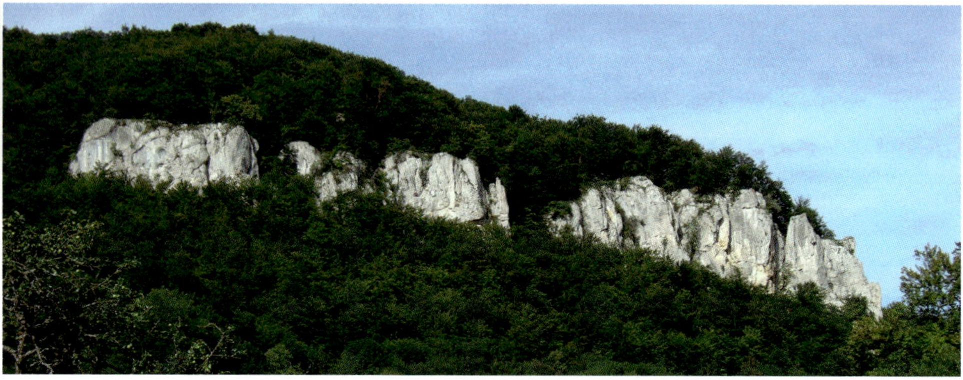

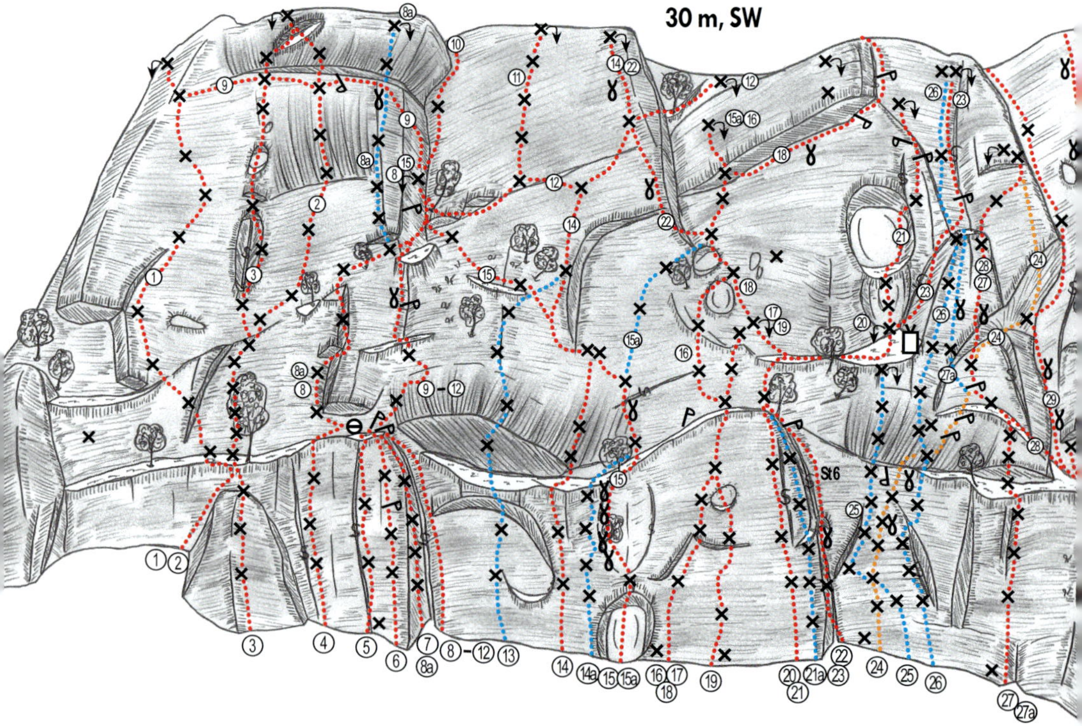

1.10 Linke Wittlinger Felsen

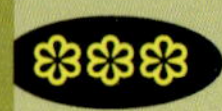

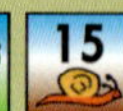

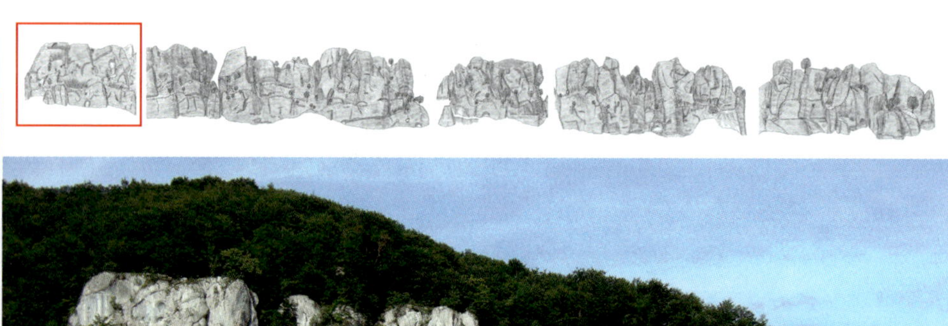

30 m, SW

Nr.	Route	Grad	Beschreibung
1	**Mao Mak Maa**	9+/10-	
2	**Crimpomanie**	10+/11-	
3	**Eternal shame**	9	*Nach Griffausbruch wohl schwerer geworden.*
4	**Tick it**	5	
5	**Risseinstieg**	5	
6	**Schattenwandl**	6+	
7	**Piazeinstieg**	7-	
8	**Neue Wittlinger Variante**	7-	
8a	**Projekt**		
9	**Alte Wittlinger Wand + Luziferquergang**	7	
10	**Alte Wittlinger Wand + Direktausstieg**	8+	
11	**Alte Wittlinger Wand + not for Puffies**	9	
12	**Alte Wittlinger Wand**	7	*1. Seillänge 7-/7 mit einer für kleinere Kletterer unangenehm gesicherten und dazu extrem größenabhängigen Stelle von einem kleinen Band weg. 2. Seillänge mit großem Rechtsquergang.*
13	**Projekt**		
14	**Er trägt Damenunterwäsche**	8+	
14a	**Bin i selber Rasterman**	7-	*Ziemlich reingequetscht, klettert zeitweise fast im Frosch.*
15	**Der mit dem Frosch tanzte**	7+	*Harte Querung, eher brüchig.*
15a	**Der Frosch hat Puls**	8-/8	*Kleingriffig, technisch schwer, Onsight-Killer.*
16	**Am Puls der Zeit vorbei**	7-	*Plattige und schwere Einstiegswand, oben nochmals heftig über das kleine Dach.*
17	**Reingequetscht**	7-	*Start wie (16) aber geradeaus weiter.*
18	**Reingequetscht + Einstand**	8	*Die Rechtsquerung im oberen Wandteil ist sehr anspruchsvoll.*
19	**Impuls**	8+	*Sieht harmlos aus, ist aber hammerhart mit äußerst glatten und flachen Griffen. Der 1. BH ist sehr schwer einzuhängen. Am 2. BH wartet dann noch ein weiter Zug.*
20	**Jonas krabbelt**	7-	*Ganz gute Einstiegsvariante an Riss.*
21	**Jonas krabbelt + Midlife Crisis**	8-/8	*Aus der kleinen Höhle raus muss man ordentlich Gas geben.*
21a	**Felsengertenweg**	7-	*Etwas verzwungene athletische Variante an der Kante der Verschneidung.*
22	**Bergdohlenweg + Sanduhrvar.**	6-	*Klasse Kletterei die sich den einfachsten Weg durch die Wand sucht, nach 1. Sanduhr Stopper Größe 6 legen.*
23	**Bergdohlenweg**	5+	
24	**Wie einst**	8	*Durch die Neutouren links und rechts mehr oder weniger zerstört.*
25	**Klebende Legenden**	7+	*Vor allem unten extrem reingequetscht.*
26	**Lockdown (light)**	7+/8-	*Bis zum Doppelbohrhaken etwa 6+ (light), danach ungeputzt.*
27	**Crash pad dummy**	7-	*Schöne und ganz ordentlich gesicherte Route mit kurzer, harter Passage im überhängenden Bereich vom Band weg.*
27a	**Verbindungsvariante**	7-	

1.10 Linke Wittlinger Felsen

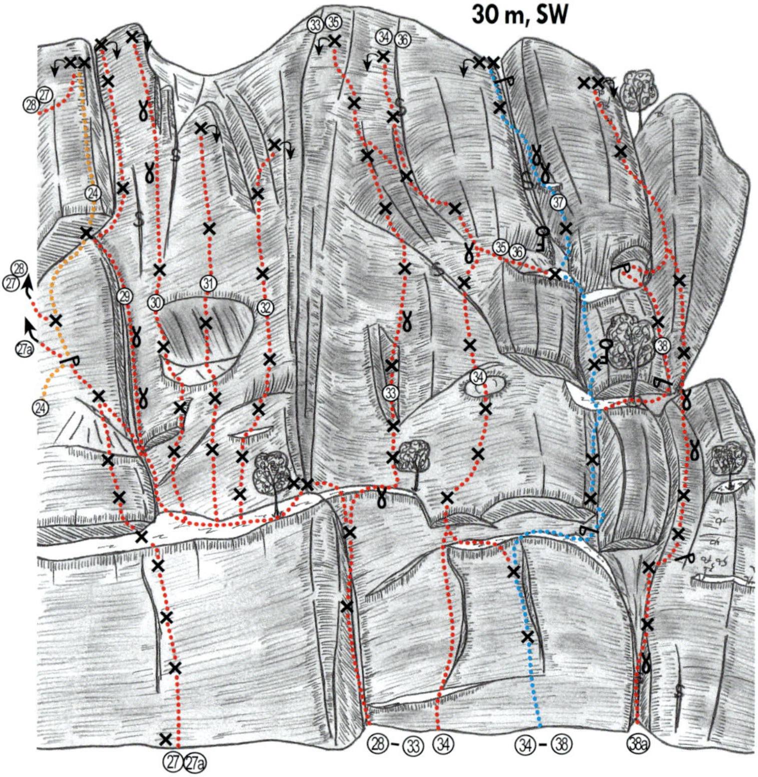

30 m, SW

28	Crashpfeiler	6-	
29	Dorotheekamin	4	
30	Hurra, hurra das Forstamt brennt	7-	
31	Streichholzetiketten am Ohr	9/9+	
32	Nasenringe aus Phosphor	9	
33	Uracher Pfeiler	9-	
34	Kompletter Wahn	8	*2 Einstiegsmöglichkeiten, direkt etwas heikel da ungesichert.*
35	Kombination	8	
36	Täglicher Wahn	8	
37	Golikow	7	

Ein klasse Risssystem für alle Riss- und Kaminliebhaber, für alle anderen der blanke Horror. Saniert aber immer noch spärlich abgesichert mit zwei zwingenden Passagen. Wer glaubt, der Handriss im Mittelteil wäre bereits alles gewesen, der darf sich auf den oberen engen Kamin freuen. Hier muss man erst mal die leichteste Variante finden, sonst wird es gleich viel schwerer. Keile im Mittelteil (Friends 2 ½ bis 3 ½).

38	Gurkenhobel	5+	
38a	Gurkenhobel orig. Einstieg	6-	*Botanisch, stacheliges Grünzeug, im Mittelteil sehr brüchig.*

Klassischer geht fast nimmer; Martin Hafner voll konzentriert im Golikow (7)

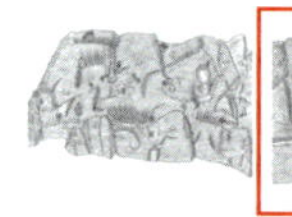
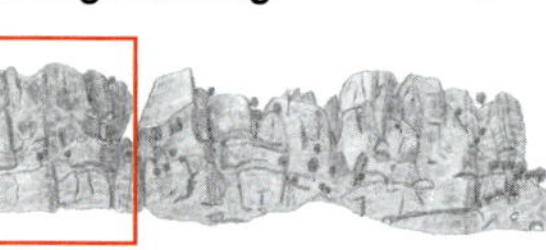
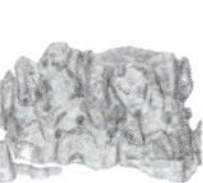
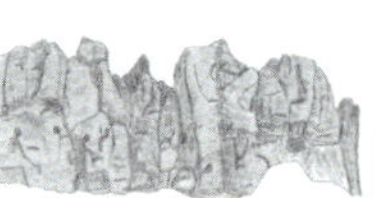
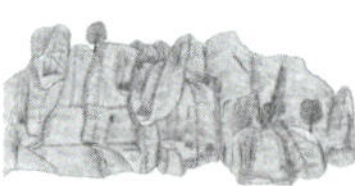

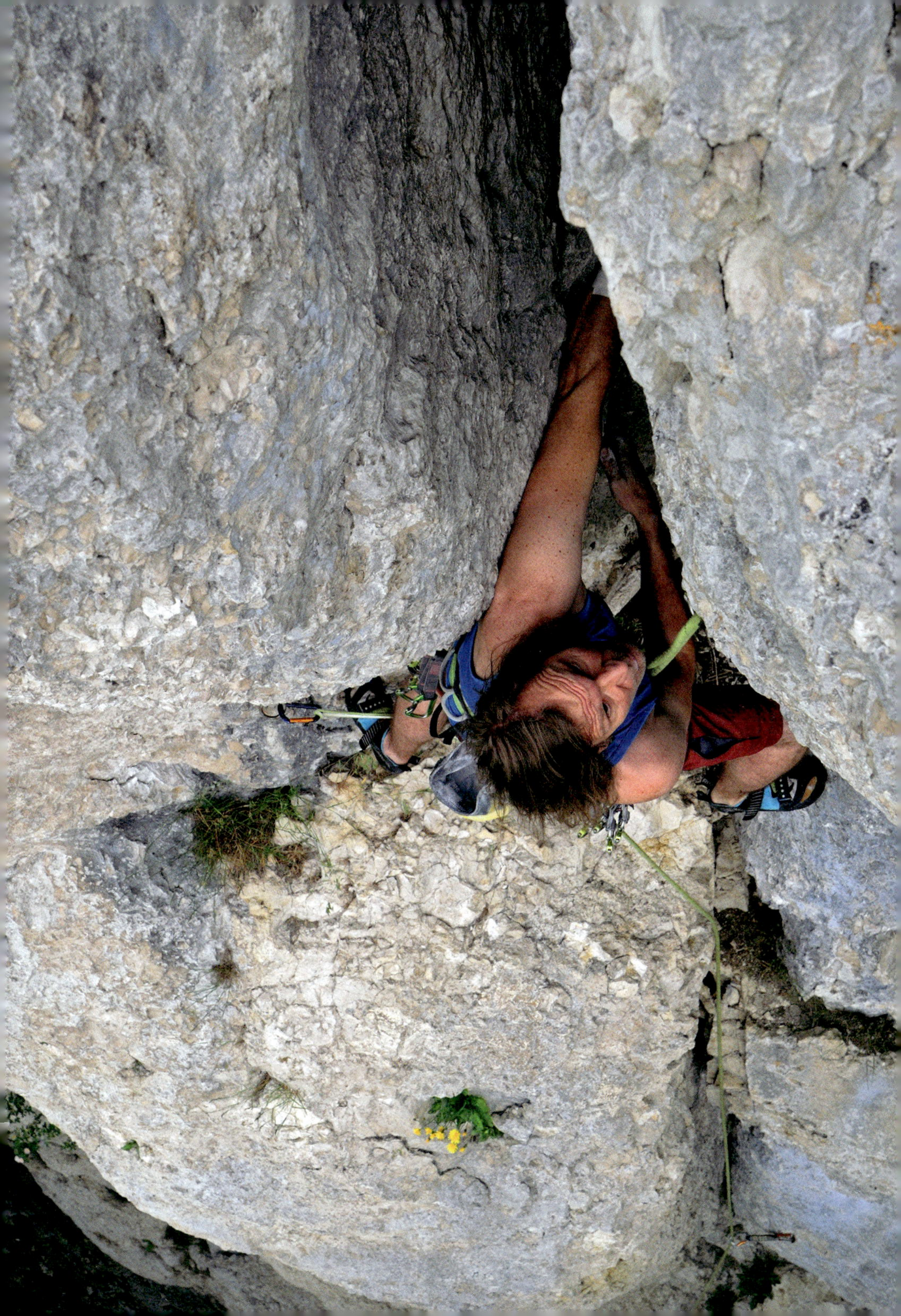

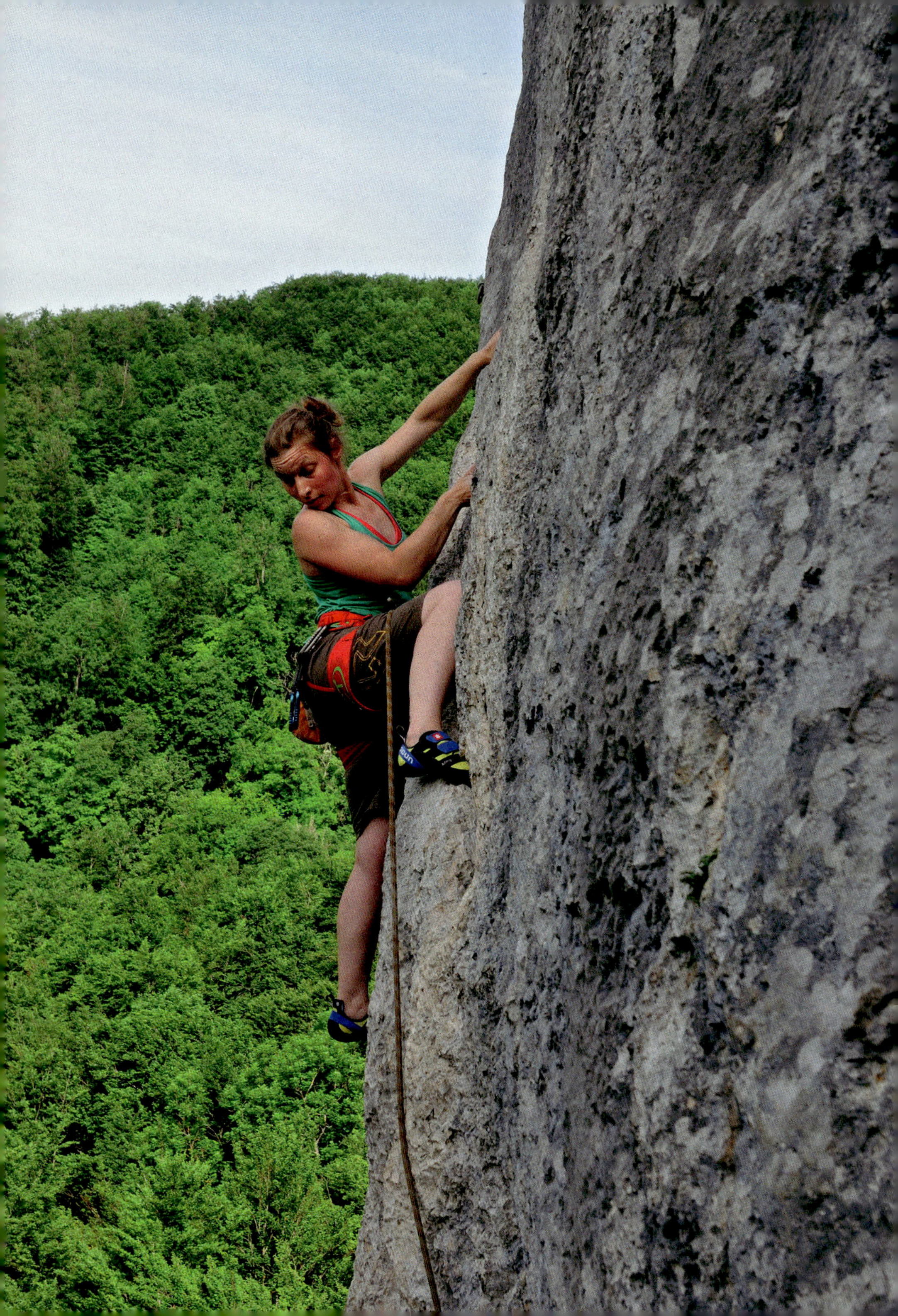

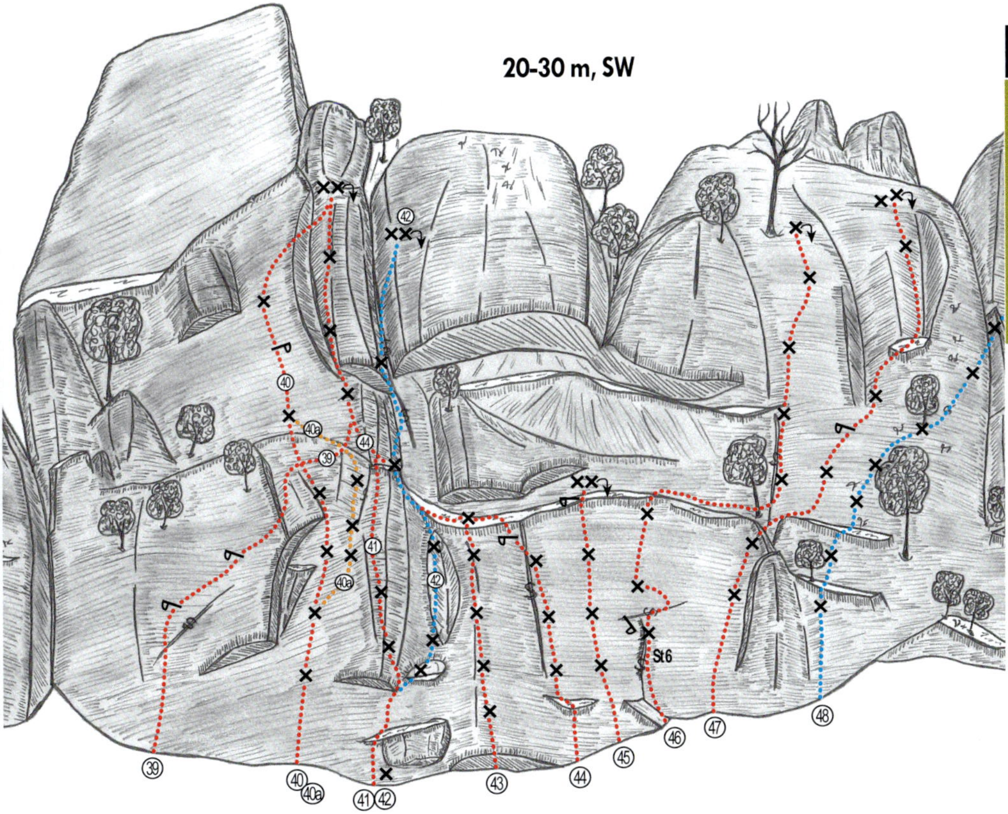

20-30 m, SW

39	**Derivat**	5+	
40	**Hoch drom**	7-	*Durch Nachsicherung 2021 deutlich entschärft.*
40a	**Hoch drom original**	7-/7	*Wurde noch einmal über Hoch drom drüber gebohrt...?*
41	**Künkele haben kurze Beine**	8	
42	**Regenführe**	7-	*Nach dem 2. BH harte Risspassage, nicht überversichert, Keile!*
43	**Hope for the best**	8-	*Athletischer Start, danach technisch.*
44	**Frühlingsweg**	5	
45	**Kurzschluss**	7-	*Schwer vom 2. zum 3. Bohrhaken.*
46	**Zölibat**	6+	*Vom 1.BH in schwerer Kletterei mit Rechtsschleife zum 2. BH.*
47	**Brotlaib**	5+	
48	**z'Urach**	6-	*Unterer Teil schwerer als es aussieht, aber gut gesichert. Zur Umlenkung nochmals nicht einfach.*

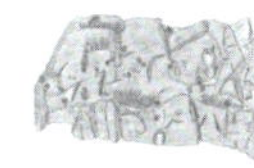
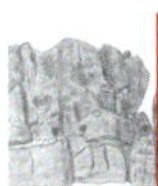
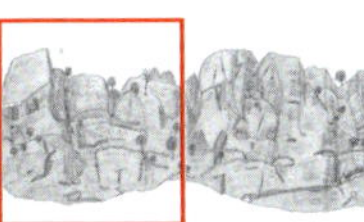
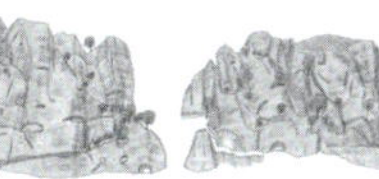
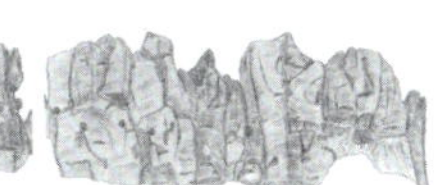
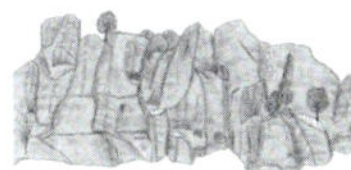

← Huiuiui, ganz schee luffdig! Tabea Mager in Kompletter Wahn (8)

1.10 Linke Wittlinger Felsen

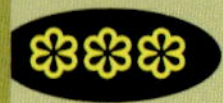

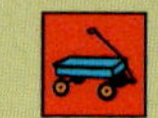

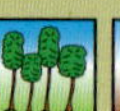

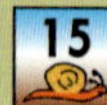

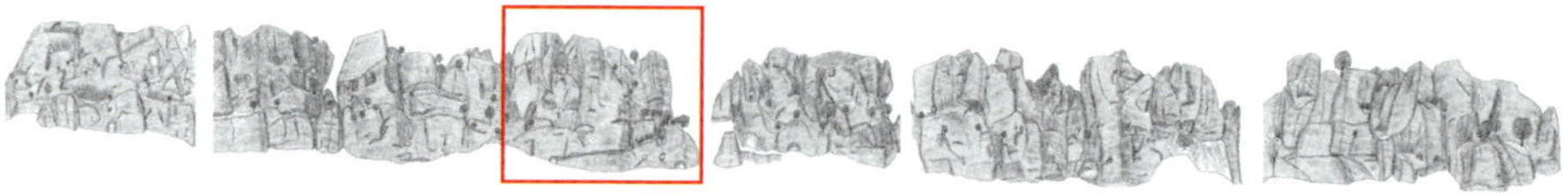

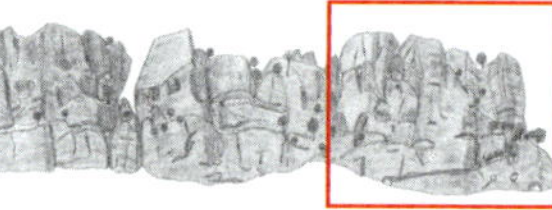

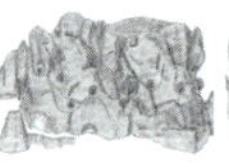

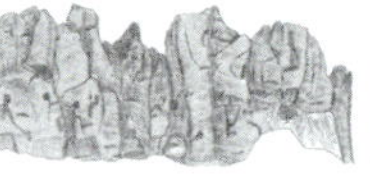

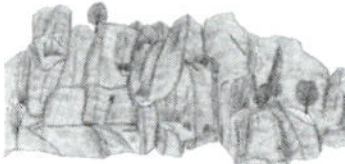

Nr.	Route	Grad	Beschreibung
49	**Windkanal**	**5**	
50	**Inominata**	**8**	
51	**Sanduhrpfeiler**	**7**	*Schöne, weitestgehend feste Route. Einstieg am besten über (54), direkt sehr alpin und brüchig. Der Überhang löst sich leichter als gedacht, dafür muss man bei der großen Sanduhr kräftig zupacken.*
52	**Denzlerspalt**	**6+**	
53	**Plattenvariante**	**7-**	
54	**Ypsilonriss**	**7**	
55	**Bonnie und Clyde**	**6+**	*Schöne und relativ gleichmäßig schwere, lange Route. Oben nochmals rechtshaltend luftig über den Pfeiler, 35 m.*
56	**Ypsilonriss mit Originaleinstieg**	**7**	*Nicht saniert, uralte Rostgurken.*
57	**Ganz Gallien**	**7+**	
58	**Kindskopf**	**6-**	

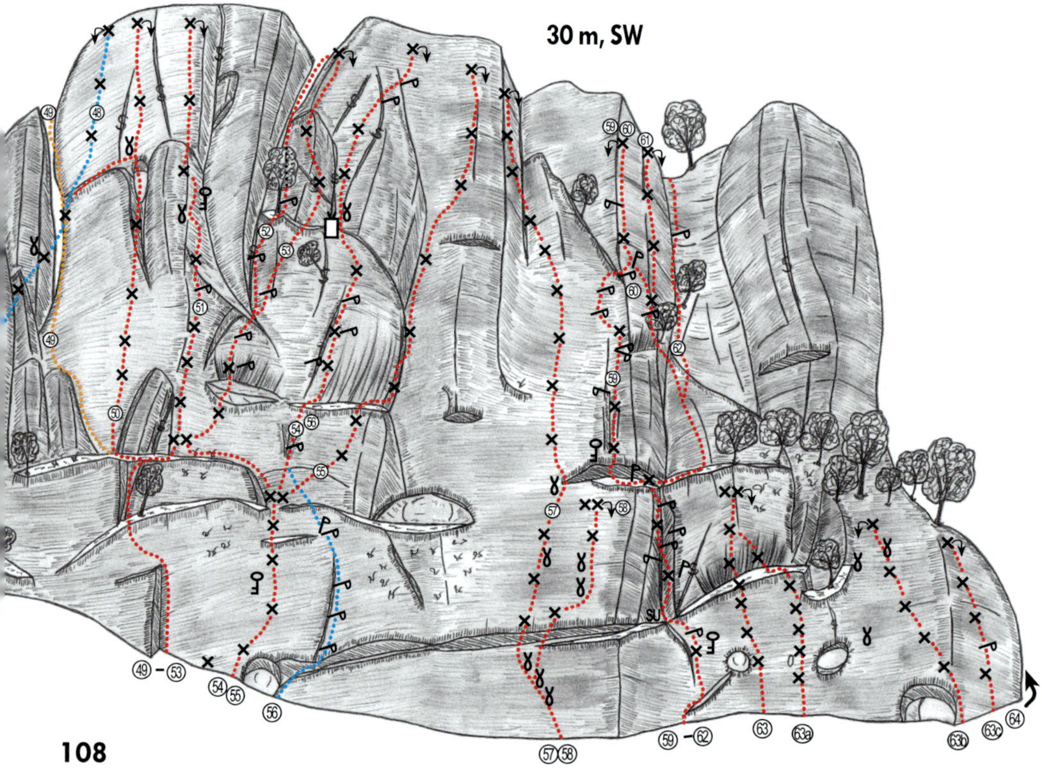

30 m, SW

 59	**Stollweg mit Ausstieg Nasenpfeiler**	**6+/7-**	*Klasse Linie mit einigen schweren Passagen. Ausdauernde Route und zur Umlenkung nochmals richtig knackig, 38 m.*
60	**Nasenpfeiler**	**6+/7-**	*Vom Band weg erst mal nicht so tolle Kletterei.*
61	**Spuren im Stein**	**8**	*Vom Band weg dubios, oben schöne Platte.*
62	**Nachtausstieg**	**6+/7-**	*Vom Band weg ziemliches Gemäuer.*
63	**Bruch und Spiele**	**7-**	*Ausdauernd, am letzten BH Schuppe rechts möglichst meiden, brüchig!*
63a	**Clip and collect**	**7+**	*Einzelstelle, jede Menge Bruch, da Route nicht ausgeräumt wurde.*
63b		**6**	*Schwere Einzelstelle, ziemliches Gemäuer.*
63c		**..6-**	*Die Schwierigkeit hängt sehr davon ab, was man von dem Bruch verwendet.*
64	**Stätte der Götter**	**8+**	

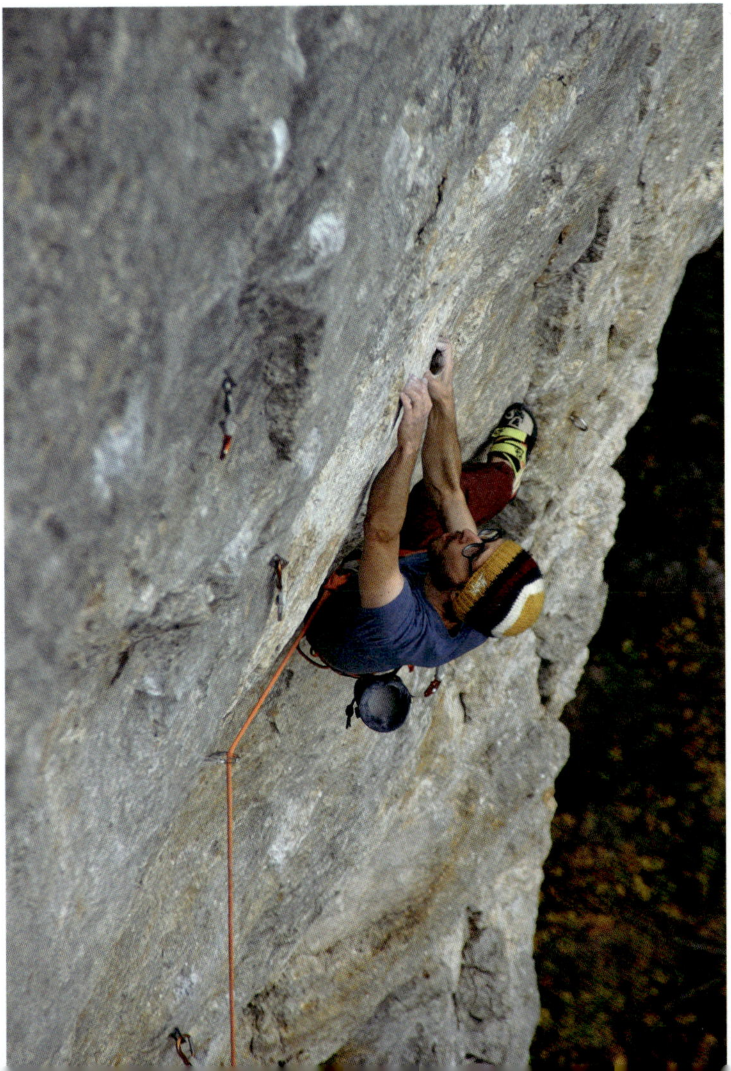

Armin Gufler in Der Falke Horst (9-)

Foto: Martin Hafner

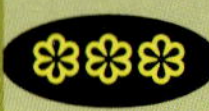

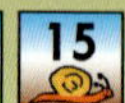

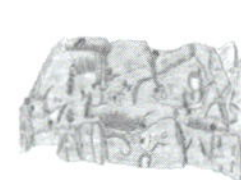

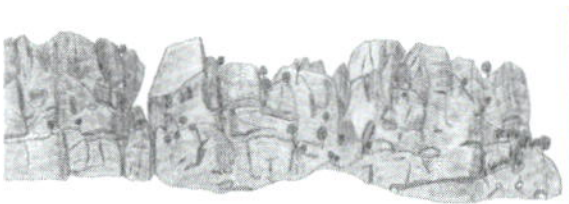

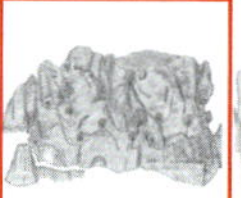

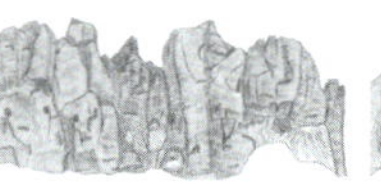

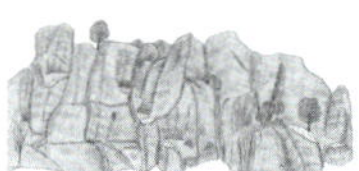

30 m, SW

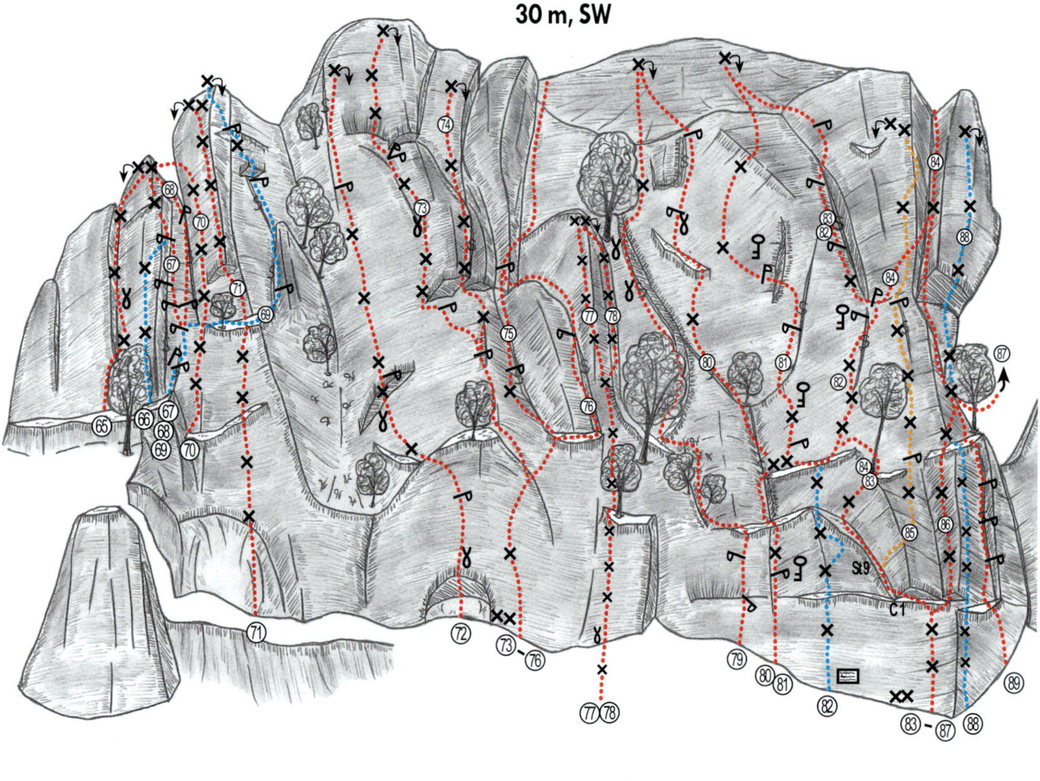

Nr.	Route	Grad	Beschreibung
65	**Kurze Verschneidung**	4	
66	**Mit Paukern & Trompetern**	6+/7-	*Riss-/Kantenkletterei eher schlecht gesichert.*
67	**Zum blauen Bock**	6	
68	**Kantenvariante**	5+	
69	**Giftpfeiler**	6+	
70	**Rechte Verschneidung**	4+	
71	**Flamingostehen**	7+	
72	**Carla Maris**	8-	
73	**Hallelujapfeiler**	8-	
74	**Nähmaschine**	6	
75	**Azubi**	5-	
76	**Kanzelweg original**	4+	
77	**Hello Kitty**	8-	
78	**Käpt'n Bohrbär**	7	
79	**Manne ahoi**	7	
80	**Susi Sunkist**	7-	*Klasse Route, der Einstieg ist aber sehr unangenehm abgesichert. Nach dem Standplatz kommen 15 sehr freie Meter entlang eines Risses, die gut mit Keilen (Stopper) gesichert werden können. Oben raus gut griffiger Riss mit 2 alten betonierten Normalhaken. Der Ausstieg über Caprisonne ist ebenfalls klasse und mit 7- auch nicht schwerer.*
81	**Capri Sonne**	8-	*Vom Zwischenstand weg schwere und größenabhängige Einzelstelle, oben nochmals ein etwas heikler Quergang, gute Route.*
82	**Diagonalriss direkt**	6+/7-	*Ganz ordentlich gesicherte Direktvariante zum Diagonalriss.*
83	**Diagonalriss**	6+/7-	*Der untere Teil muss clean entlang von gut griffigen Rissen bewältigt werden. Vom Stand weg schräg rechts aufwärts anhaltend schwer. Die Rissverschneidung oben ist noch mit uralten Haken abgesichert, Keile legen nur begrenzt möglich, deshalb nur für sichere und nervenstarke Vorsteiger zu empfehlen!*
84	**Quergangsvariante**	6+/7-	
85	**Nur zur Übung**	6+	*Nach den ersten beiden BH Cam 1 und Stopper 9 legen. Zu Beginn entlang von markanten Rissen, später feinere Risslinien, tolle Route.*
86	**Franzlweg**	4+	
87	**Franzlweg + Dezemberweg**	6	
88	**Hunde wollt ihr ewig kleben**	7-	
89	**Sachsenriss**	5+	

1.10 Linke Wittlinger Felsen

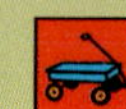
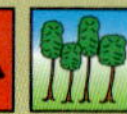
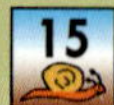

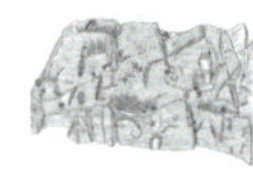
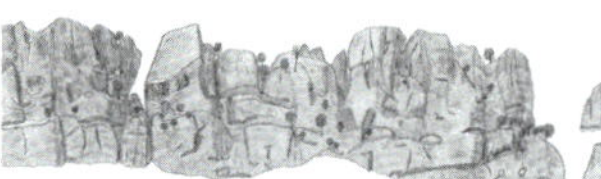
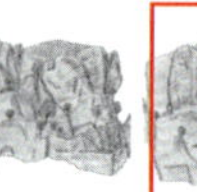
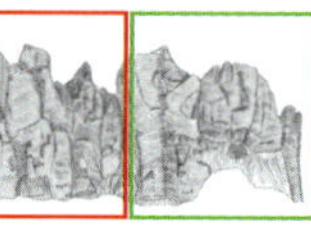
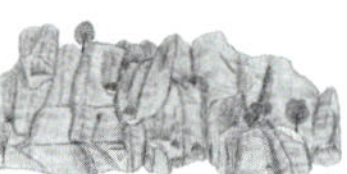

Nr.	Route	Grad
90	**Russisch Roulette**	6-
91	**Himmel-Hilf-Variante**	7-
92	**Spendierhose**	7+
	Unten kompakte Platte, oben athletisch und kurz kleingriffig über Überhang, danach steil aber gut griffig, oberer Teil etwas dubioses Gestein.	
93	**Geizhals**	6+
94	**Karwendelweg mit Originalausstieg**	7
95	**Karwendelweg**	6+
96	**Gelbe Verschneidung**	6+
96a	**Blood on the saddle**	7+
97	**Albmasters Edge**	7+
98	**Blutgericht**	A2
99	**Der Falke Horst**	9-
100	**Lange Felsenwand**	6+
101	**Lange Felsenwand Direkteinstieg**	7-
102	**Lange Felsenwand Direkteinundausstieg**	8
103	**Lange Felsenwand neuer Einstieg**	6+
104	**Morituri te salutant**	8-
105	**BSE**	7
106	**Bunter Hund**	8-

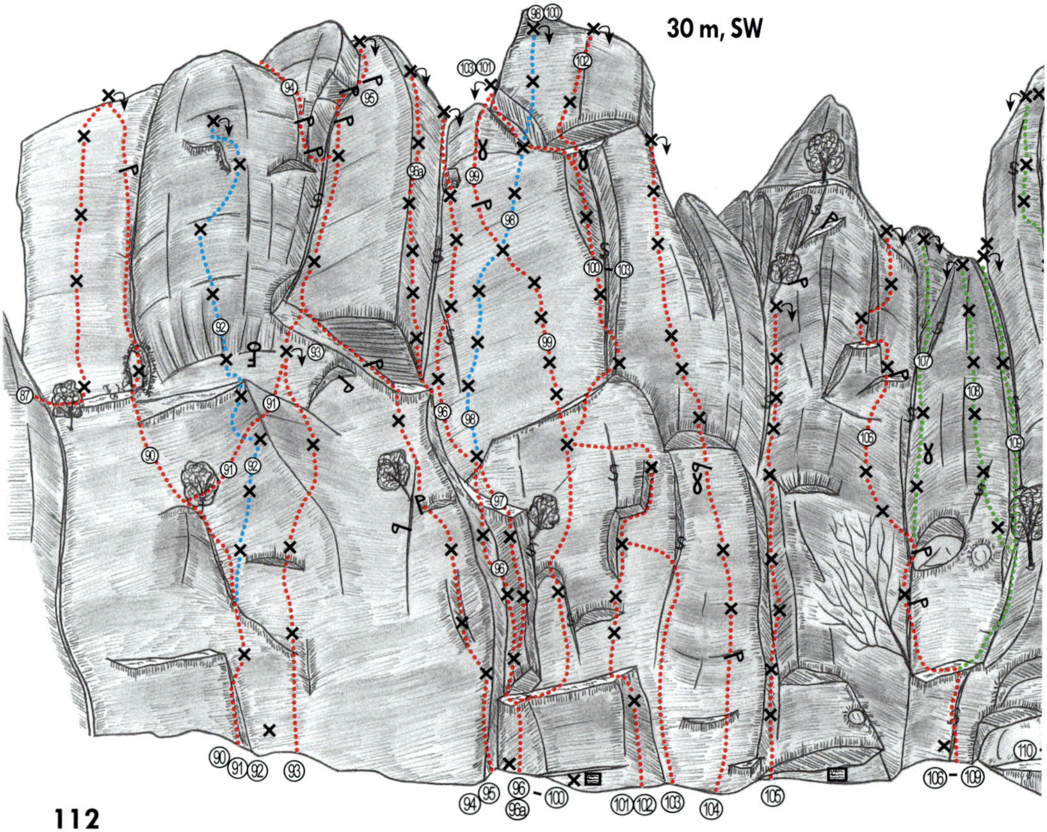

30 m, SW

Ab hier alle Routen nach Sprengung nicht mehr begehbar.

107	Efeuverschneidung	6+
108	Fingerrupferle	7
109	Schülerkamin	4+
110	Schwarzer Riss li. Einstieg	7+
111	Schwarzer Riss	7
112	Inquisition	8+
113	Turmkante	7
114	Urach wie es stinkt und kracht + Dachausstieg	8
115	Vollgas	8
116	Flying Dutchman	7+
117	Schmidtchen Schleicher	7-
118	British Airways	7-

Ab hier Fels komplett weggesprengt.

119	Abstiegskamin	3+
120	Linker Chamonixriss	6-
121	Sonnwendwandl	6+
122	Sommerriss	7+
123	's Grädle	3
124	Ostkante linke Variante	4+

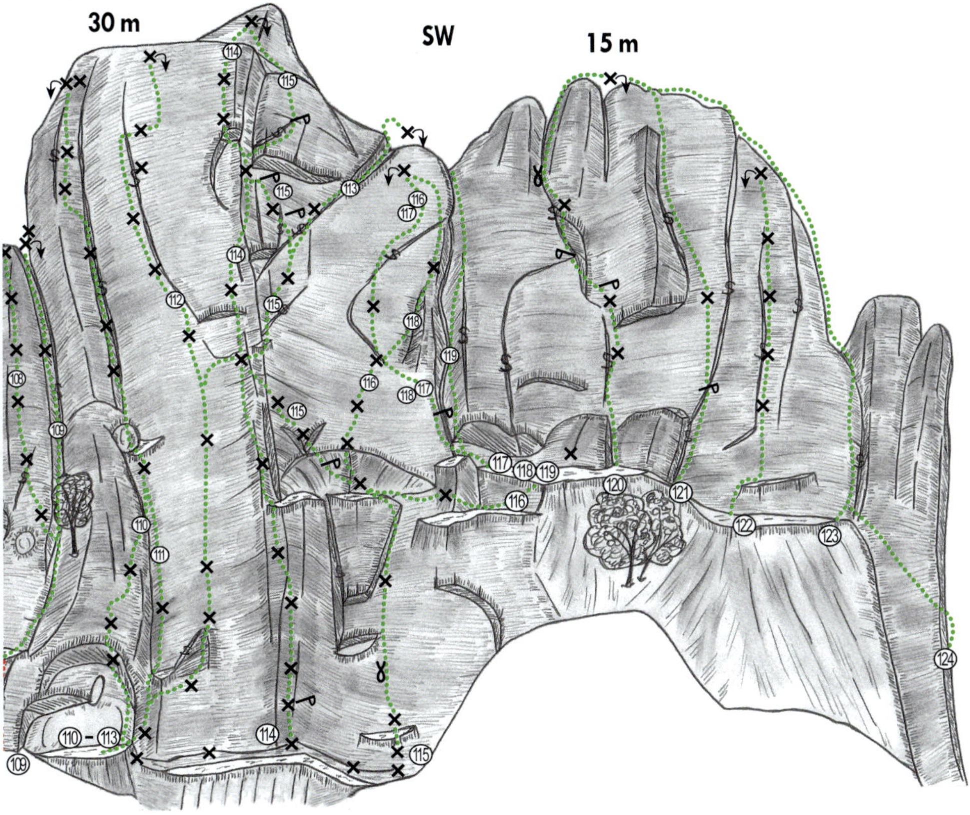

30 m

SW

15 m

1.10 Linke Wittlinger Felsen

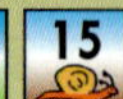

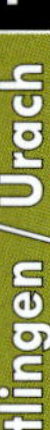

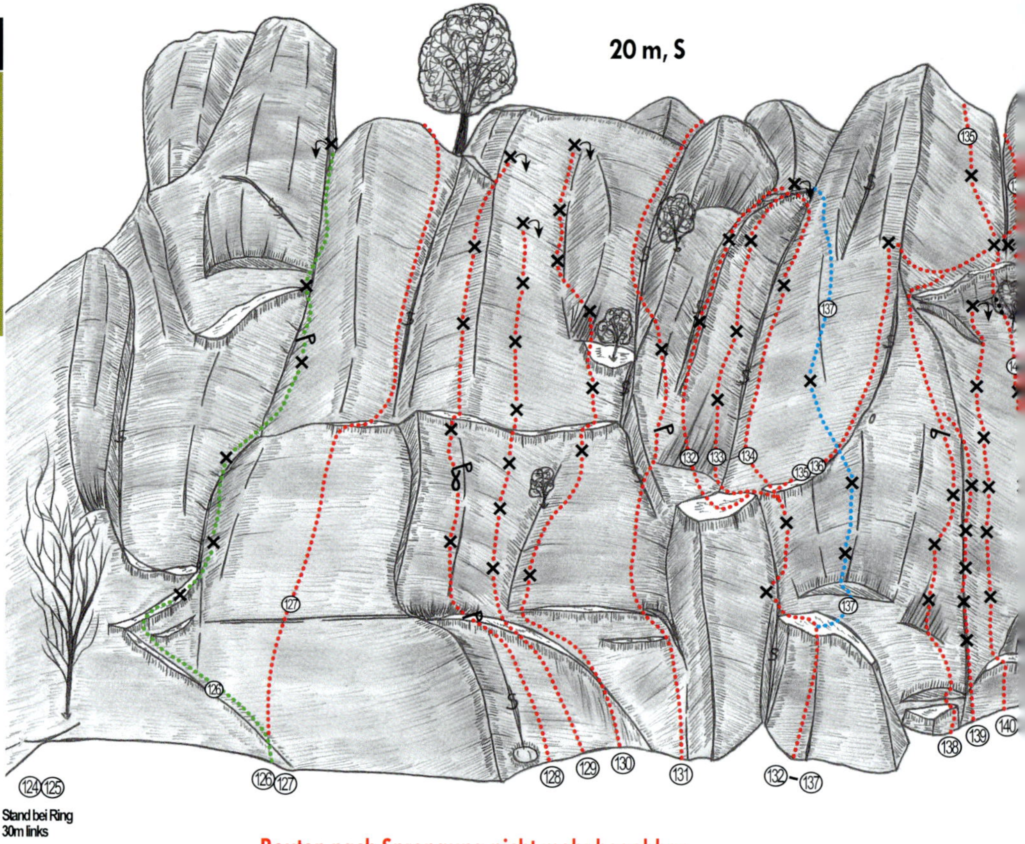

20 m, S

Stand bei Ring
30m links

Routen nach Sprengung nicht mehr begehbar.

124	**Ostkante linke Variante**	**4+**	*Kein Topo.*
125	**Ostkante**	**5-**	*Kein Topo.*
126	**Verschneidung**	**5-**	

Ab hier sind die Routen wieder begehbar.

127	**Via Heike**	**6-**
128	**Der Missionar**	**8-**
129	**Modus**	**9+/10-**
130	**Verlorenes Paradies**	**9-**
131	**Schwoißfuaß**	**7-**
132	**Piazriss**	**7+**
133	**Devils church**	**9-**
134	**Rulaman direkt**	**6+**
135	**Rulamanweg + DÖF**	**7**
136	**Rulamanweg**	**5**
137	**Diva**	**7+**

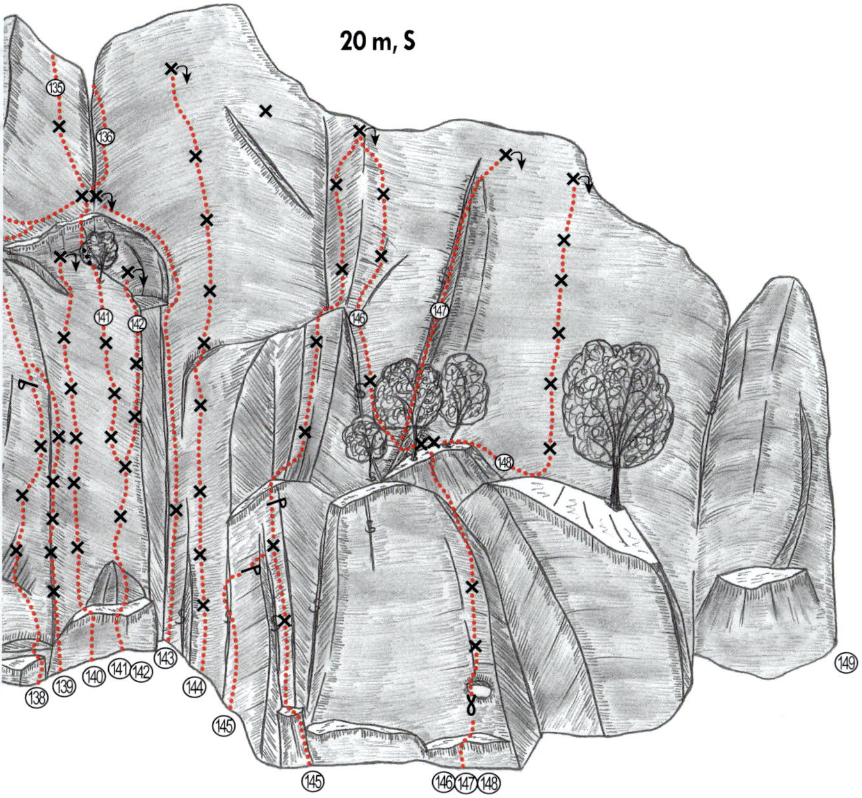

20 m, S

138	Haag Einstieg	8
139	Eyes wide shut	9-
140	Moderne Philosophie	8+
141	Black out, fall out, alles out	9
142	Berührungsangst	8
143	Kamin	4-
144	Der blinde Athlet	8+
145	Leck mi am Arsch	6
146	Fizzcaraldo	8-
147	Projekt	
148	Der Rechtsweg ist ausgeschlossen	9
149	Fugazi	6+

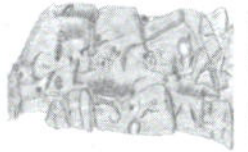
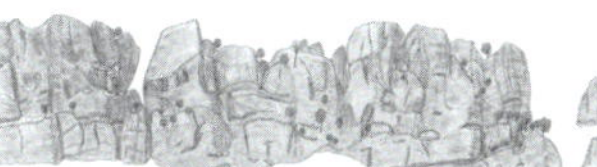
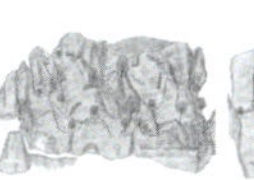
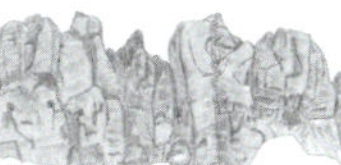
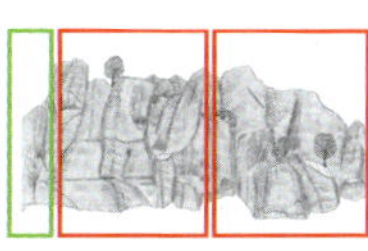

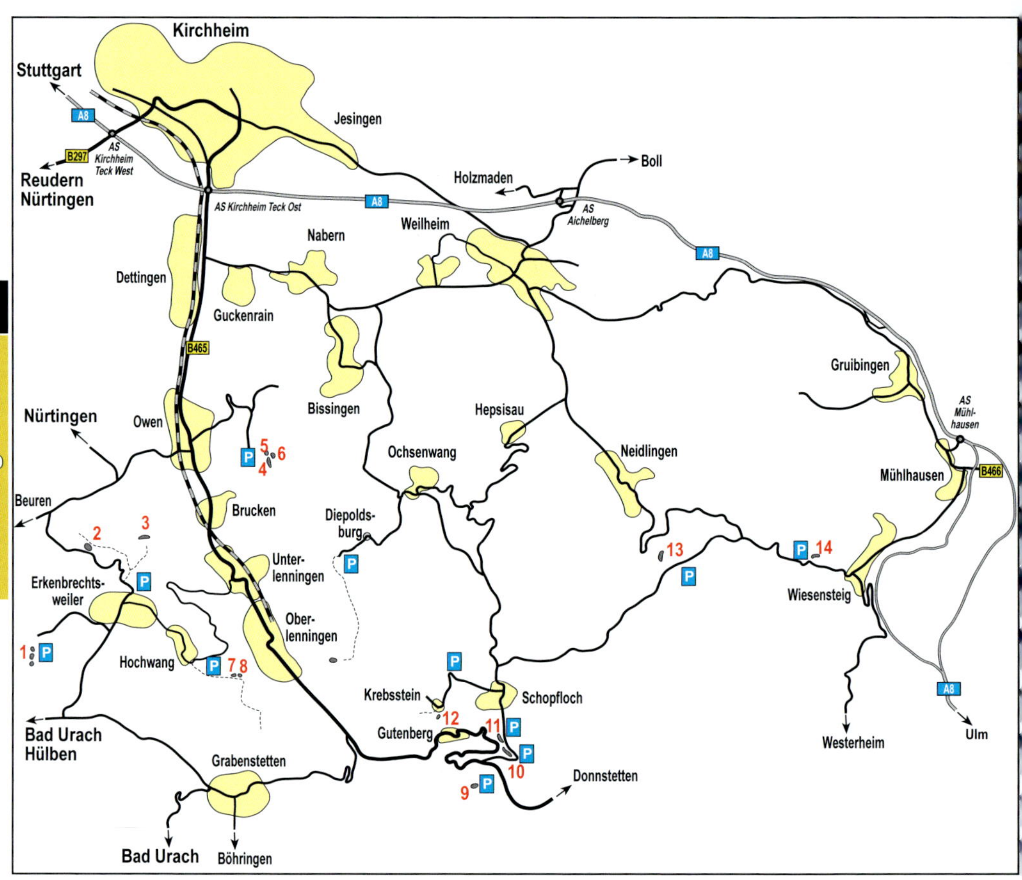
Kirchheim
Stuttgart
A8
B297
AS Kirchheim Teck West
Reudern
Nürtingen
Jesingen
Boll
Holzmaden
AS Kirchheim Teck Ost
A8
AS Aichelberg
Weilheim
Nabern
A8
Dettingen
Guckenrain
B465
Gruibingen
AS Mühlhausen
Nürtingen
Owen
Bissingen
Hepsisau
Neidlingen
5
6
4
Ochsenwang
Mühlhausen
B466
Beuren
Brucken
Diepoldsburg
2
3
13
14
Erkenbrechtsweiler
Unterlenningen
Wiesensteig
Oberlenningen
1
Hochwang
7 8
Krebsstein
Schopfloch
A8
12
11
Gutenberg
10
Bad Urach
Hülben
Westerheim
Ulm
Grabenstetten
Donnstetten
9
Bad Urach
Böhringen

Das Nahziel für alle Stuttgarter Kletterer und somit eines der am stärksten frequentierten Teilgebiete auf der Alb. Die Felsqualität der allermeisten Wände in dieser Ecke ist leider nicht erste Sahne, doch wird dies durch die mittlerweile meist ordentliche Absicherung und die hohe Frequentierung (somit gut ausgeräumt) etwas ausgeglichen. Trotzdem bleibt die Lenninger Alb sicher das insgesamt alpinste Teilgebiet im Führer und Helm tragen ist hier eigentlich Pflicht. Die Routen sind ziemlich abwechslungsreich und mit der Kesselwand gibt es sogar ein richtiges Sportkletterdorado, das auch überhängende, ausdauernde Routen in Hülle und Fülle aufzuweisen hat. Der Blick ins Land ist in dieser Region besonders schön und im Spätherbst, wenn Gebiete wie das Blautal häufig im Nebel versinken, kann am sonnigen Trauf meist noch ausgiebig Sonne getankt werden.

Besuch alleine mit der Steigklemme:
Neuffener Parkplatzfels, Sektor a
Oberer Nebenfels Gelber Fels
Einzelne Routen am Hauptfels Gelber Fels
Stellfels
Schlupffels rechtes Massiv
Einzelne Routen an der Kesselwand im Bereich der Abseilstellen.
Kompost
Reußenstein Mittelfels und Südostfels

Ansonsten darf im Gebiet der Felskopf nicht betreten werden.

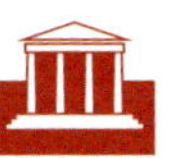 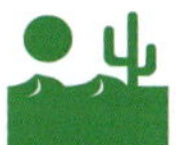

Kultur - Natur

Mit Überresten mittelalterlicher Burgen ist die Region reich gesegnet und so sind Teck, Hohenneuffen und Ruine Rauber nur eine kleine Auswahl an lohnenden Ausflugszielen. Die Burgruine Reußenstein kann sogar in Verbindung mit Klettern am gleichnamigen Fels von unten erstürmt werden. Wer lieber mal unter die Erde will, hat mit Gutenberger Höhle (bei Schopfloch), Schertelshöhle (bei Westerheim), Laichinger Tiefenhöhle (Laichingen) oder Sontheimer Höhle (Heroldstatt) ebenfalls einige interessante Ziele in der Region. Das Urweltmuseum Hauff bei Holzmaden schließlich bietet Infos über die etwas weiter zurückliegende Geschichte der Region.

Anreise mit öffentlichen Verkehrsmitteln

Mit der Bahn auf der Strecke Stuttgart-Kirchheim bis zum Bahnhof Owen bzw. Endstation Brucken. Von dort aus mit dem Fahrrad oder manchmal auch besser zu Fuß die steilen Albanstiege hinaufquälen.

Gastronomie Tipps

Reußenhof, Reußenstein, schöner Biergarten
Gasthof Rössle, Westerheim, Tel.: 0 73 33 / 67 94, Dienstag Ruhetag
Schützenhaus Neidlingen, Tel.: 0 70 23 / 21 62, Küche hat abends lange offen
Harpprechthaus, Schopfloch, Tel.: 0 70 26 / 21 11, nur am Wochenende

Neuffener Parkplatzfels

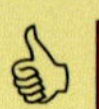
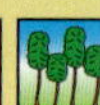
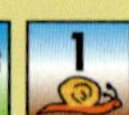
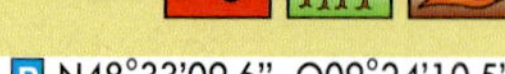

P N48°33'09,6" O09°24'10,5"

Mehrere Sektoren von sehr unterschiedlichem Charakter. Teilweise ziemlich brüchige Passagen, aber durchaus auch recht gute Wandpartien mit interessanten Linien. Das Gestein ist eher abwärts geschichtet, so dass meist runde Reibungsgriffe/Tritte zur Verfügung stehen. Das Gestein ist durch die vielen Begehungen häufig sehr stark abgeschmiert. Die Absicherung ist etwas schwankend und reicht von gut bis gefährlich. Der ein oder andere Keil macht Sinn. Vor allem der ganz rechte Wandbereich (Blickrichtung Tal) ist etwas überfrachtet mit Routen, so dass nicht immer klar ist, welche Griffe bei welcher Variante genutzt werden dürfen/sollen.

Nuts can be useful for some routes.

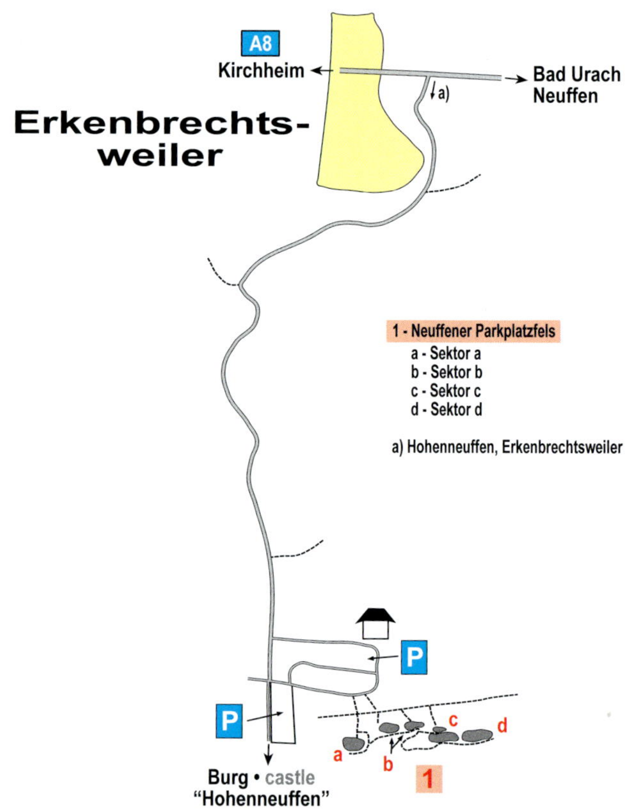

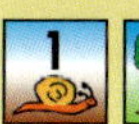
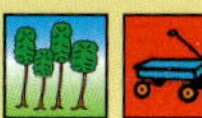
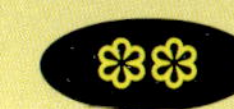

Neuffener Parkplatzfels 2.1

Anfahrt

Von der A 8 an der Ausfahrt Kirchheim Ost abfahren. Auf die B 465 in Richtung Lenningen/Owen. In Owen rechts ab auf die L 1210 Richtung Beuren. Dieser einige Zeit folgen, bis links die Straße nach Erkenbrechtsweiler abzweigt. Hier links und die Steige bergauf nach Erkenbrechtsweiler, durch den Ort hindurch und Erkenbrechtsweiler in Richtung Bad Urach/Neuffen verlassen. Kurz nach Ortsende rechts ab der Ausschilderung Hohenneuffen/Erkenbrechtsweiler folgen. Auf dieser Straße bis zu ihrem Ende bei einem großen Wanderparkplatz. Hier am besten auf den Stellplätzen parken, die sich nach links hinüberziehen.

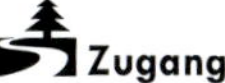

Zugang

Vom Parkplatz je nach Parkposition in wenigen Schritten vor in Richtung Felskopf von Sektor (a). Kurz vor Erreichen des Felskopfes führt links ein angelegter Pfad hinab zur Wand. Am Wandfuß führt ein Pfad nach links zu den Sektoren (b) bis (d).

Zugangszeit etwa 1-3 Minuten.

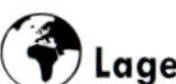

Lage

Auf etwa 700 m gelegen. Laubwald mit mehr oder weniger großem Abstand zur Wand. Im Sektor (d) lediglich etwas Laubgehölz und somit weitestgehend freistehend. Insgesamt sehr sonnige Lage.

Naturschutz

Die Felsköpfe der Sektoren (b) und (c) sind tabu, lediglich an Sektor (a) und (d) kann auch ausgestiegen werden. Am Sektor (a) ist auch Klettern mit der Steigklemme möglich. Der Zustieg zu allen Sektoren beginnt am Felskopf von Sektor (a). Alle anderen Trampelpfade sind tabu.

Keep off the tops of the crags of sector (b) and (c). Use only the access trail which begins at the top of sector (a), all other trails are off limits.

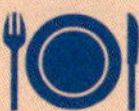

Lenninger Alb Überlebensteller

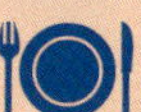

Sorgen nach einem erschöpfenden Klettertag dafür, dass weitere Felsabenteuer folgen können:

Kartoffelschnitz und Spatzen

Zusätzliche Ausrüstung

Zweite Flamme, 1 Topf.

Zutaten

Zutaten Spätzle siehe Basis, kalte gekochte Kartoffeln, Gemüsebrühwürfel, Wasser, Salz, Pfeffer, Maggi.

Zubereitung

Kartoffeln (1 bis 2 Stück mittlerer Größe pro Person) schälen und in Würfel schneiden. Topf Wasser mit Gemüsebrühwürfel zum Kochen bringen. Die Kartoffelstücke zugeben und erhitzen. Mit Pfeffer und Salz kann noch etwas nachgewürzt werden. Frische Spatzen und kräftig Gemüsebrühe mit Kartoffeln darüber, fertig ist das einfache Gericht. Wer möchte, kann mit Maggi noch etwas nachwürzen.

Die schwäbische Vollversion wäre natürlich mit einer Original Fleischbrühe, Schnittlauch und Siedfleisch.

2.1 Neuffener Parkplatzfels 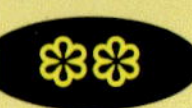

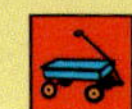 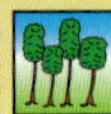 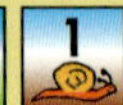

Sektor a **15 m, W**

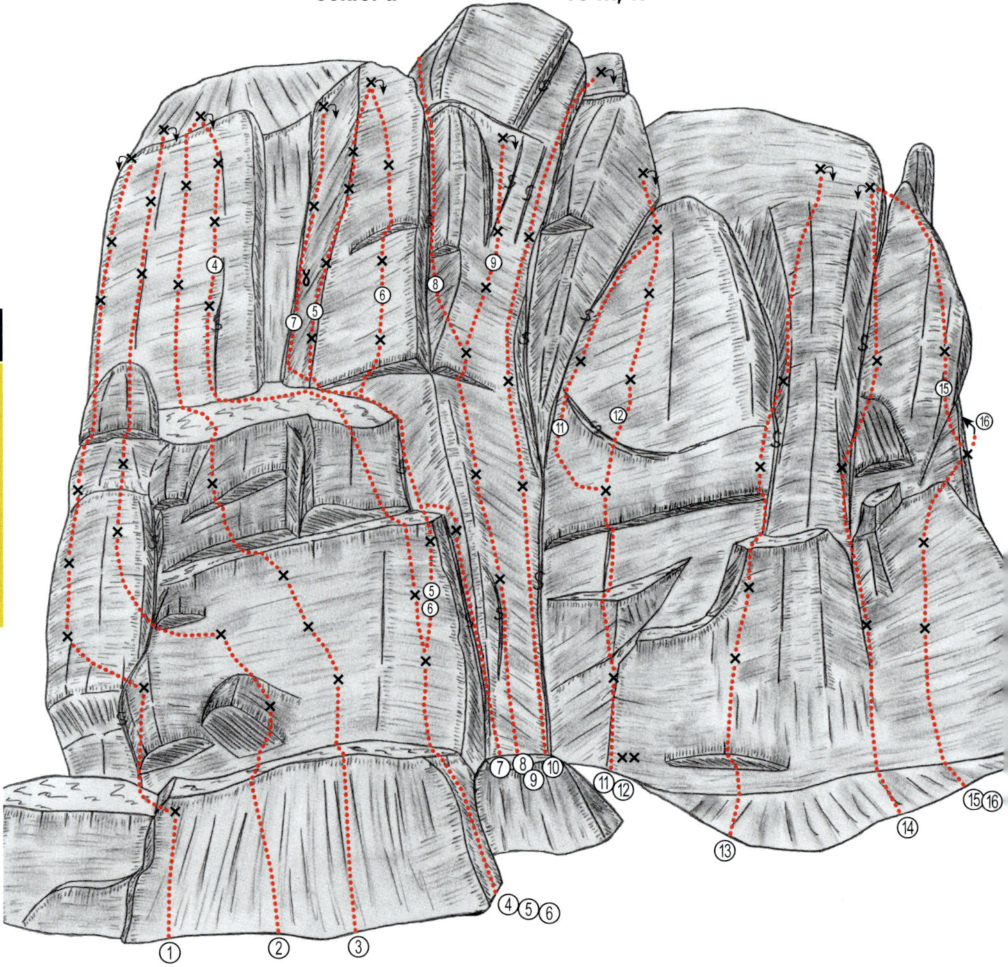

Nr.	Route	Grad	Beschreibung
1	**Richtung Genussgebiet**	**5**	*Der 2. BH ist unangenehm anzuklettern, aber machbar, solange der kleine Baum noch steht. Am 2. BH schwer, danach eher brüchige Route.*
2	**Bastelwastel**	**6-**	*Vom oberen Band weg vom 5. zum 6. BH kleingriffig und schwer.*
3	**Alter Pfeiler mit neuem Ausstieg**	**7**	*Platte unten etwas brüchig. Vom oberen Band weg nicht ganz einfache Platte, kleingriffig und schwer zu stehen.*
4	**Rechte Platte**	**6**	*Vom oberen Band weg nicht einfach.*
5	**Rechte Kaminkante**	**7**	*Oberer Teil ganz nette und kompakte Kantenkletterei.*
6	**Plattenausstieg**	**8-..8+**	*Hier kommt es sehr auf die gewählte Variante an: nimmt man oben den Riss mit, klettert man eine logische 8-. Ohne diesen sehr definiert und deutlich schwieriger.*
7	**Kamin**	**4-**	

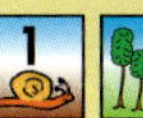
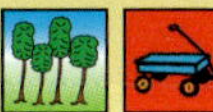
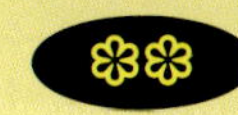

Sektor a **8-10 m, S**

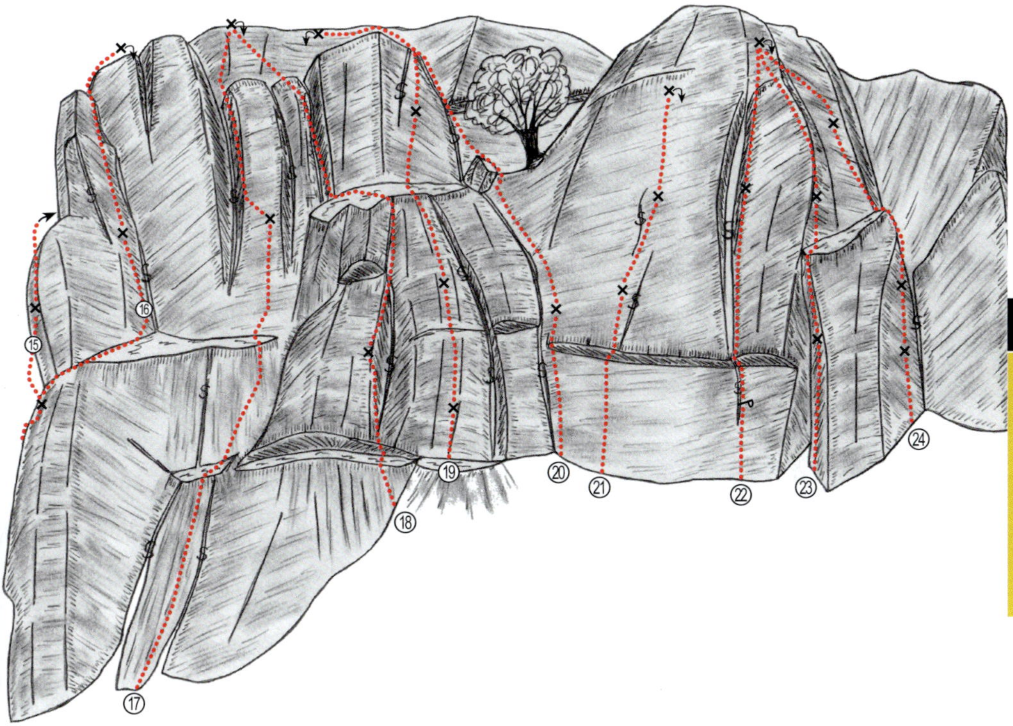

Nr.	Route	Grad	Bemerkung
8	**Katerkiller**	6+	*Im oberen Teil clean.*
9	**Katerkiller direkt**	6+	*Schöner Riss, oben schwere Stelle.*
10	**Verschneidung**	4+	
11	**Vernunft ohne Ende**	5	
12	**Ende der Vernunft**	8+	*Extrem kleingriffige und eher etwas sinnlose, definierte Variante.*
13	**Ad absurdum**	6+	*Einstiegsplatte eher einfach, der Riss ist mittlerweile nahezu glattpoliert.*
14	**Pfeilerriss**	5+	*Ebenfalls mittlerweile sehr polierte Route.*
15	**Südostkante**	6-	*Uaaahh ob das noch allzu lange zusammenhält ?!*
16	**Ammonitenkante**	5	
17	**Linker Nordriss**	4-	
18	**Rechter Nordriss**	4-	
19	**Oine geht no**	5+	
20	**Anfängerrinne**	3	
21	**Platte**	8	
22	**Klemmriss**	6+	
23	**Schulter rein**	5	
24	**R24**	5	

2.1 Neuffener Parkplatzfels 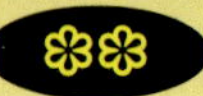

 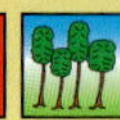 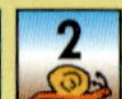

Sektor b **10 m, W**

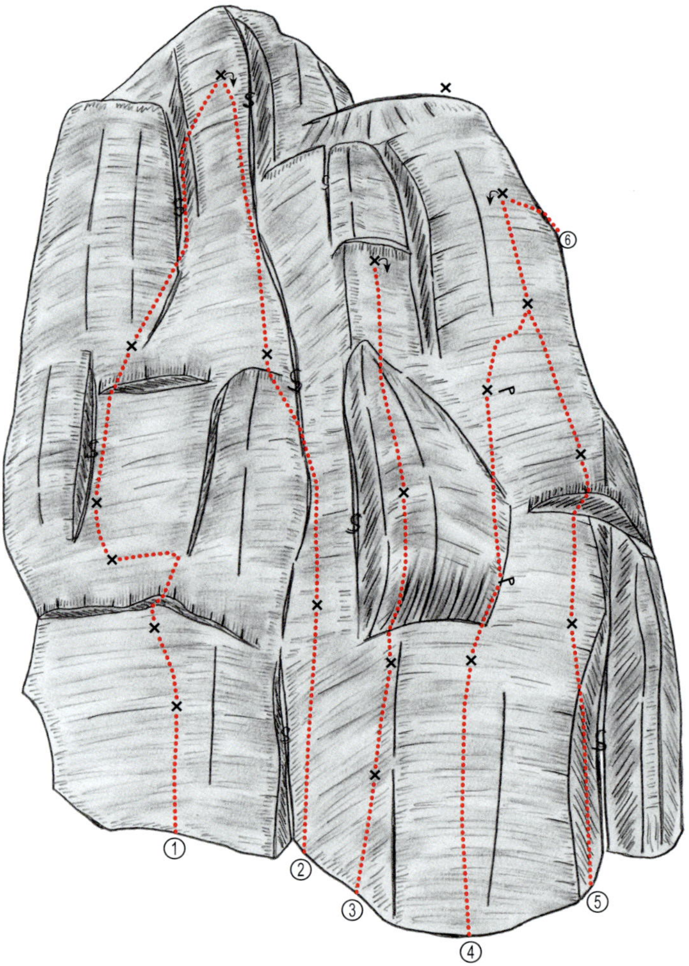

1	**Der Eiskaffee ruft**	**7+**	*Schwerer Start, am 3. BH Reichweite von Vorteil, oberer Teil Bruch!*
2	**Nix wia nuff**	**6-**	*Der extrem abgeschmierte Start ist deutlich am schwersten, vor 1. BH Keile!*
3	**Der Zeckenwald**	**7-**	*Gleich am 1. BH weiter Zug, Tritte stark abgeschmiert.*
4	**Assilein**	**6-**	*Schwer an der kleinen Querung vom 2. zum 3. BH.*
5	**Topropekante**	**6**	*Schwere Passage vom 1. zum 3. BH.*
6	**Im Taumel der Trübe**	**6-**	*Bruchtour, mit der rechten Hand immer an der Schuppe.*

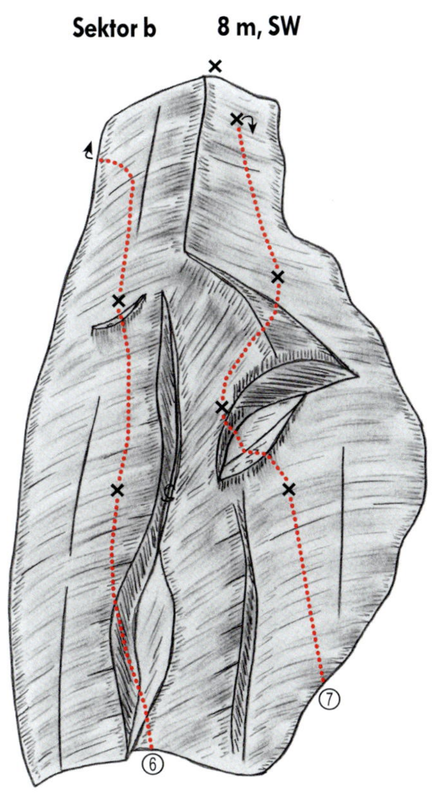

7 **4+** *Schotterroute, wer auf den Felskopf aussteigt, klettert eine 6-.*

 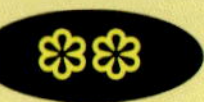  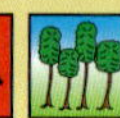 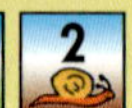

Sektor b **10 m, W**

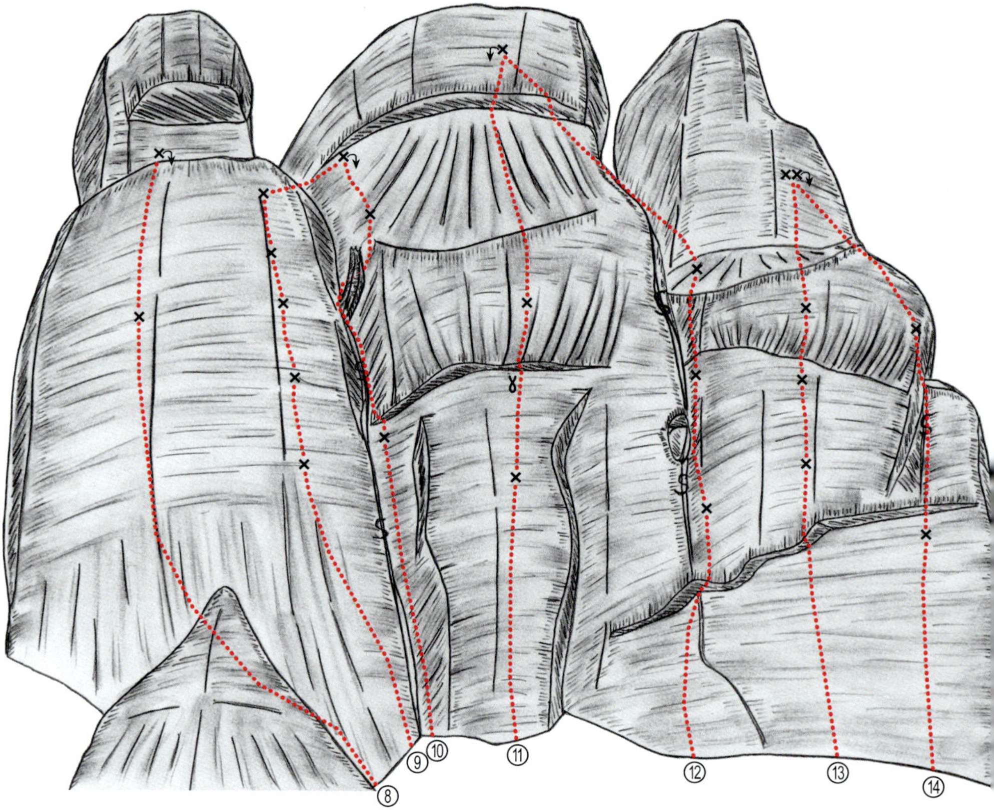

8	**Fritzplatte**	**7+**	*1. BH gefährlich hoch, bis zu diesem ist die Route am schwersten. Extrem kleingriffige und brüchige Route, nahezu ausschließlich Reibungstritte.*
9	**Power is nothing without control**	**7**	*Deutlich einfacher als der linke Nachbar, der Riss zählt nicht dazu. Recht passable Griffe und Tritte.*
10	**Des Kletterers Traum, ein Baum**	**5+**	*Solange der Baumstumpf existiert, passt die Bewertung, Baumkletterei! BH von Nr. 9 mit einhängen.*
11	**Eddies Wampe**	**6/6+**	*Kräftig über den Überhang, brüchig!*
12	**Alter Riss**	**5/5+**	*Nette Risskletterei, gut stehen.*
13	**Nimmersatt**	**7**	*Man klettert besser eher etwas rechts der Haken. Schlechtes Hakenmaterial !!*
14	**Mach nuff**	**6**	*Nach 1. BH Stopper legen.*

Sektor b 10 m, SW

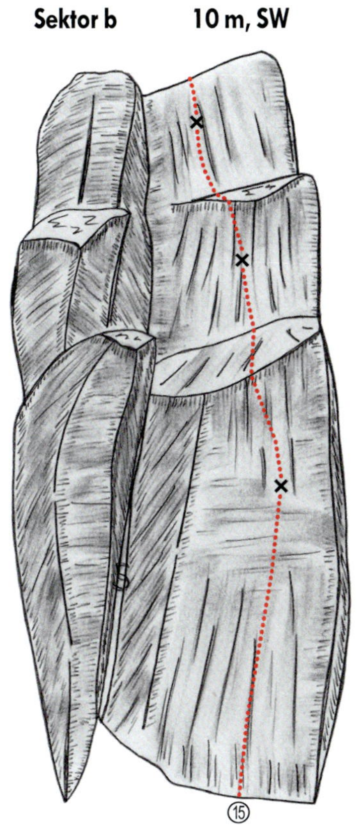

15 Nimms leicht 4-

2.1 Neuffener Parkplatzfels 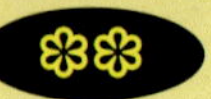

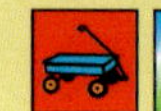
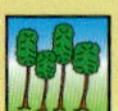
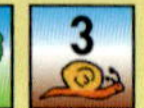

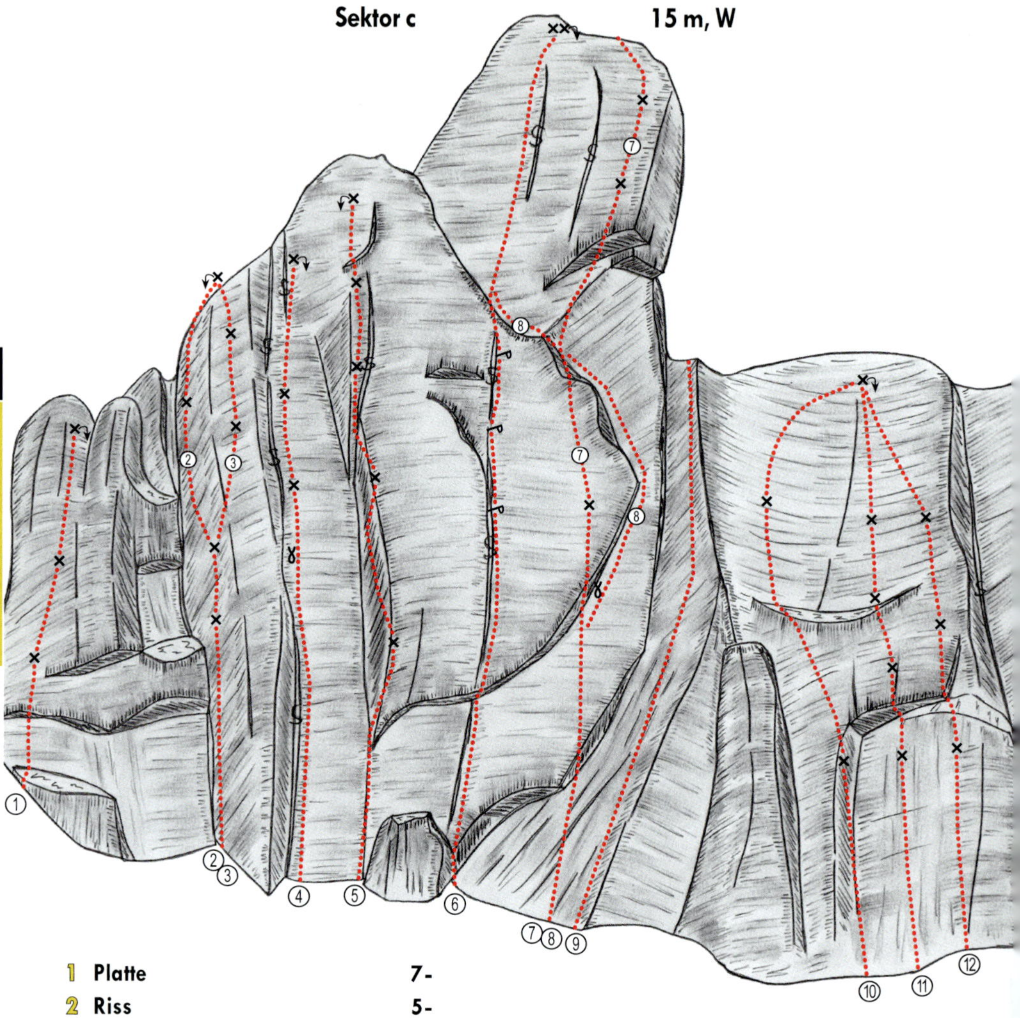

Sektor c **15 m, W**

1	**Platte**	7-	
2	**Riss**	5-	
3	**Kinderfasching**	7-	
4	**Die Pein**	7	*Tolle Route entlang von Riss, unten Keile legen!*
5	**Trugschluss**	7	*Technisch schwierige und schöne Kletterei.*
6	**Bohrhaken nein Danke**	7+	*Uraltes Hakenmaterial, besser Finger weg.*
7	**Neuffener Eck**		
8	**Plattenrampe + Riss**	5+	
9	**Rampe**	4-	
10	**Nutellawandl**	5/5+	
11	**Kleines Marmeladeplättchen**	6-	
12	**Honigkäntchen**	5+	

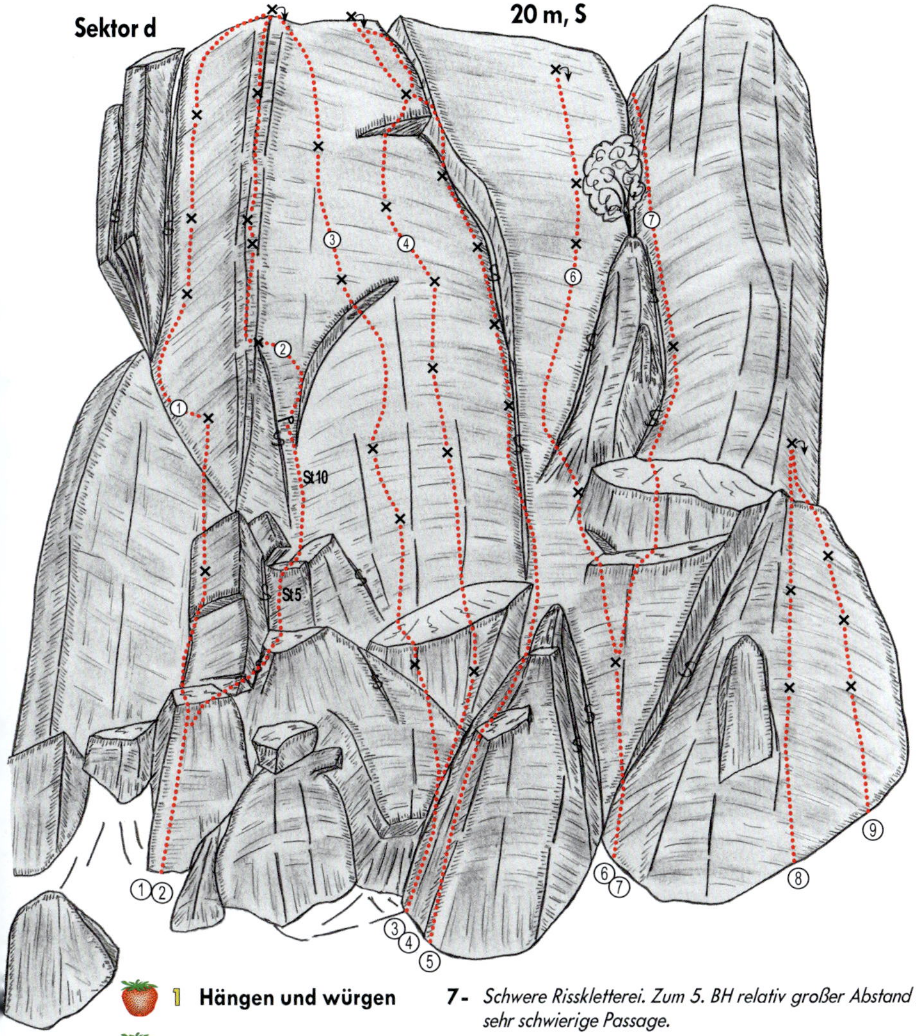

Sektor d

20 m, S

St10

St5

	Route	Grad	Beschreibung
1	**Hängen und würgen**	7-	*Schwere Rissklettterei. Zum 5. BH relativ großer Abstand und dort auch sehr schwierige Passage.*
2	**Ruhig Blut**	8-/8	*Harte kleingriffige Kletterei an der Pfeilerkante. Vor dem NH zwei gute Keilstellen Stopper Größe 5 und Größe 10. Insgesamt sehr anspruchsvoll gesichert. 1. BH sehr ungünstig einzuhängen.*
3	**Jedermann**	6+	*Luftige, kleingriffige Route über den Wulst.*
4	**Razzia**	6-	*Schöne, stark abgegriffene Wandkletterei.*
5	**Pfeilerriss**	4+	*Schöne Rissklettterei, logische Linie.*
6	**Tom und Jerry**	4+	*Ziemlich brüchige Variante mit sehr gesuchter Linienführung. Im Mittelteil am besten die BH von Pfeilerriss mit einhängen.*
7	**Weg durch den Busch**	4	
8	**Tris de vie**	6-	
9	**Razziamo insieme**	7+	

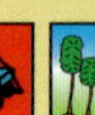
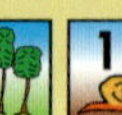
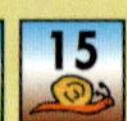

P N48°33'46,8" O09°26'04,2"

An der linken, kompakten und teils leicht überhängenden Wand befinden sich überwiegend schwerere und gut gesicherte Routen. Die rechte Wand bietet dagegen vorwiegend etwas einfachere, aber ebenfalls ordentlich gesicherte Routen, wobei hier nicht immer so klare Linien vorzufinden sind. Hier herrscht teils ein etwas verwirrendes Variantenchaos.

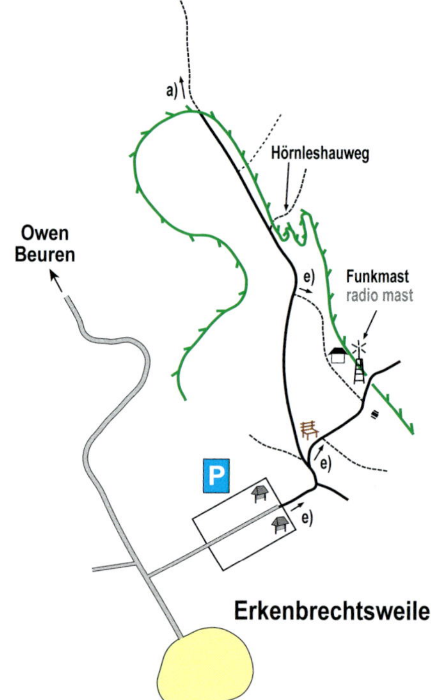

Anfahrt

Von der A 8 an der Ausfahrt Kirchheim Ost abfahren. Auf die B 465 und dort Richtung Lenningen/Owen. In Owen rechts ab auf die L 1210 Richtung Beuren. Dieser einige Zeit folgen, bis links die Straße nach Erkenbrechtsweiler abzweigt. Auf dieser hinauf auf die Albhochfläche und direkt nach Erreichen der Hochfläche kurz vor Erkenbrechtsweiler links ab auf einen großen Wanderparkplatz, hier parken.

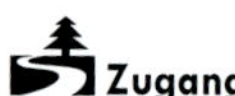

Zugang

Vom Ende des Parkplatzes dem Wirtschaftsweg folgen. An einer ersten Abzweigung (scharfe Kurve) nach links, an der darauffolgenden Gabelung bei einer Bank ebenfalls links (geradeaus) bleiben. Jetzt dem Weg lange Zeit über die Felder bis in den Wald hinein folgen. Dort wird der Weg zum Wanderweg und führt eine Zeitlang leicht bergab. Stets geradeaus auf dem Kamm bleiben, bis der Weg nach einer Senke wieder zu steigen beginnt. Kurz danach befindet sich rechts eine Infotafel, und wenige Meter weiter sieht man auf der linken Wegseite bereits den vorderen Fels. Ein Pfad führt hier links ab direkt zum Wandfuß. Über diese Trittspur erreicht man etwa 100 m weiter auch die zweite Wand. **Zugangszeit etwa 15 Minuten (1,2 km).**

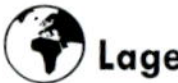

Lage

Die linke der beiden Wände liegt in Laubwald und hat eine südliche bis südwestliche Ausrichtung. Die rechte Wand ist derzeit freistehend und ebenfalls südlich ausgerichtet. Beide Wände befinden sich am Albtrauf. Vor allem an der rechten Wand hat man am Wandfuß oft wenig Platz.

Naturschutz

Am linken Massiv alle Routen umlenken, Ausstiegsverbot. Am rechten Massiv kann und muss meist ausgestiegen werden, da so gut wie keine Umlenkungen vorhanden sind. Die Wände weiter links sind leider mit einem Kletterverbot belegt worden. Der Zugang zu den Felsen darf nur über die beschriebene Wegführung erfolgen.

Use anchors if available, stay on trails.

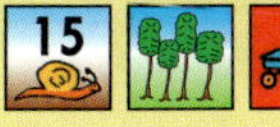

	Route	Grade	Description
1	**Übeldübel**	6	*Plattige, kurze Wand.*
2	**Ringelpitz**	7	*Etwas gesuchte Linie.*
3	**Sultans of swing**	8	*Harte Einzelstelle mit weitem Zug, danach „nur" noch dranbleiben. Schöne Route aber bereits etwas abgegriffen.*
4	**Pfeilerriss**	6+/7-	*Vor allem im unteren Teil anstrengende, überhängende Risskletterei.*
5	**Stand to fall**	8+	*Bereits stark abgegriffen, viele Leisten und Seitleisten, lohnend. Am Start Spannweite kein Nachteil.*
6	**Der Waldgeist**	8+	*Technisch anspruchsvoll mit zwei harten Einzelstellen, gute Route.*
7	**Carbonara**	7-/7	*Knackige Einzelstelle über das kleine Dach, Rechtsschlenker.*
8	**Blame it on the rain**	6+	*Den ersten Bohrhaken lässt man links liegen und umgeht den Überhang gut griffig rechts herum.*
9	**Gatter-Gedächtnis-Weg**	5+	*Von rechts her kommend an brüchigen Henkeln empor.*
10	**Letztes Häppchen**	7-	*Direkt über den kleinen Überhang, ziemlich definiert. Wer zu weit links klettert, hat bestenfalls eine 6 gemacht.*
11	**Kurz**	5-	*Ebenfalls etwas brüchige, kurze Wandkletterei.*

Sektor Sultan of swing

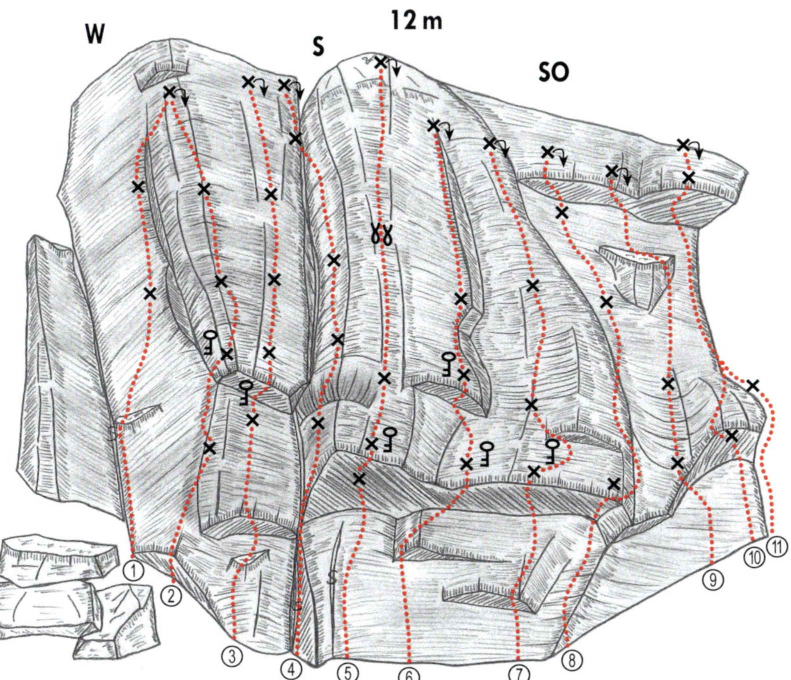

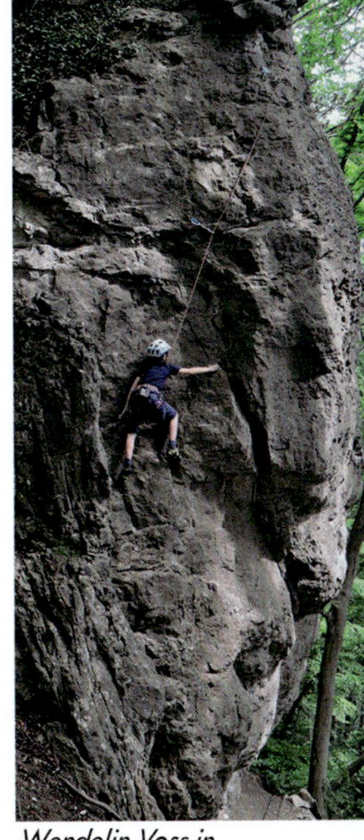

Wendelin Voss in Übeldübel (6)

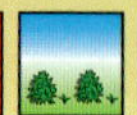
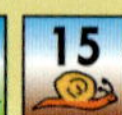

1	**Westverschneidung**	**5-**	*Am steilen Hang, Keile.*
2	**Bröselpfeiler**	**4-**	*Der Name ist Programm.*
3	**Bröselpfeiler original**	**5+**	*Etwas schwererer Start rechts herum.*
4	**Start up**	**3+**	*Einfache gut gesicherte Route.*
5	**Vorletztes Chaos**	**5+**	*Unten kompakte Platte, oben steil, aber gut griffig.*
6	**Chaosplatte**	**5+**	*Unten meist gut griffige Platte, oben Ausstieg wie (4).*
7	**Rechte Chaosplatte**	**6+/7-**	*Unten am 1. Bohrhaken etwas links haltend, oben steil an großen aber teils etwas flachen Griffen. Unten direkt geklettert deutlich schwerer.*
8	**Schnäpperle**	**7-/7**	*Die Platte unten ist 6+/7-, oben raus wie Buschtrommel.*
9	**Buschtrommel**	**7-/7**	*Oben im Überhang heißt's kräftig zupacken, gute Griffe aber anstrengend.*
10	**Der Trommler von Beuren**	**6+/7-**	*Schwere Einzelstelle am 1. Bohrhaken.*
11	**Immer an der Kant lang**	**6+**	*Direkt über den Pfeiler.*
12	**Genusskamin**	**4**	*Schöner, gut griffiger Kamin, der perfekt ausgespreizt werden kann.*
13	**Der Keller klebt**	**5-**	*Sehr gut griffige, oben steile Wandkletterei, Keile!*
14	**Und tschüss Helmut**	**6-**	*Der Überhang ist nicht ganz ohne.*
15	**Flächendeckung**	**5+**	*Etwas schottrig, aber das meiste hält.*
16	**Russisch Roulette**	**6/6+**	*Steil, aber meist gut griffig.*
17	**Vertrauensfrage mit Dachausstieg**	**7-**	*Der Ausstieg ist noch etwas härter wie rechts rum.*
18	**Vertrauensfrage**	**6+/7-**	*Ziemlich athletisch rechts um den Überhang.*
19	**Alter Weg**	**4-**	*Vom Boden weg kurz schwer.*
20	**Vatertag**	**2+**	*Bestens mit Griffen und Tritten versehene und gut gesicherte Einsteigerroute, leider etwas kurz.*

Sektor Chaos **12 m, S**

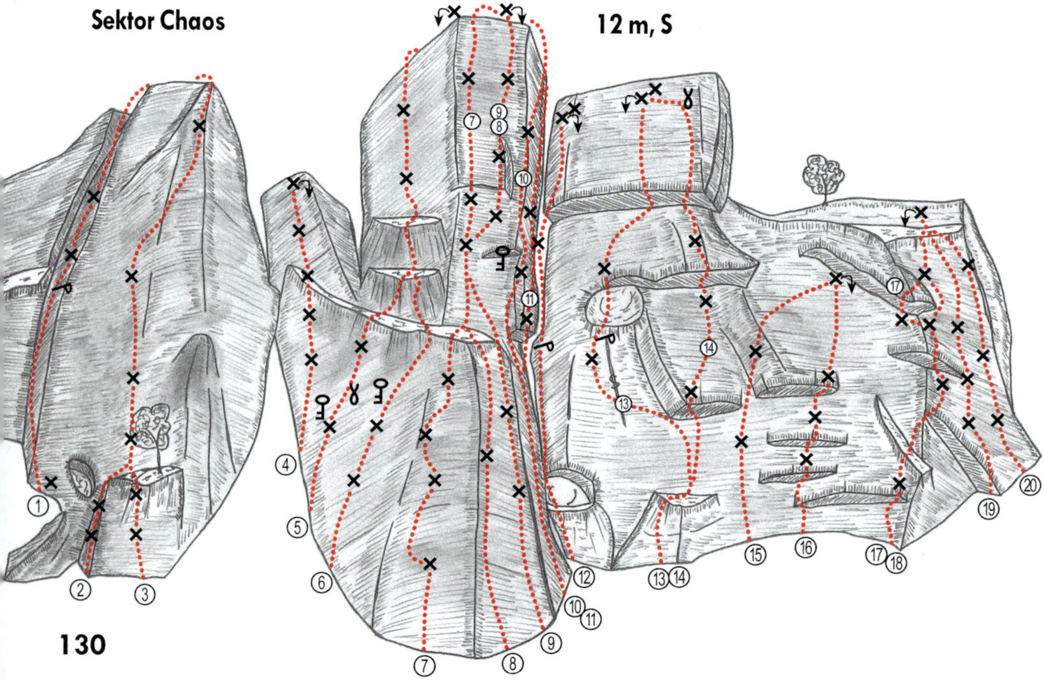

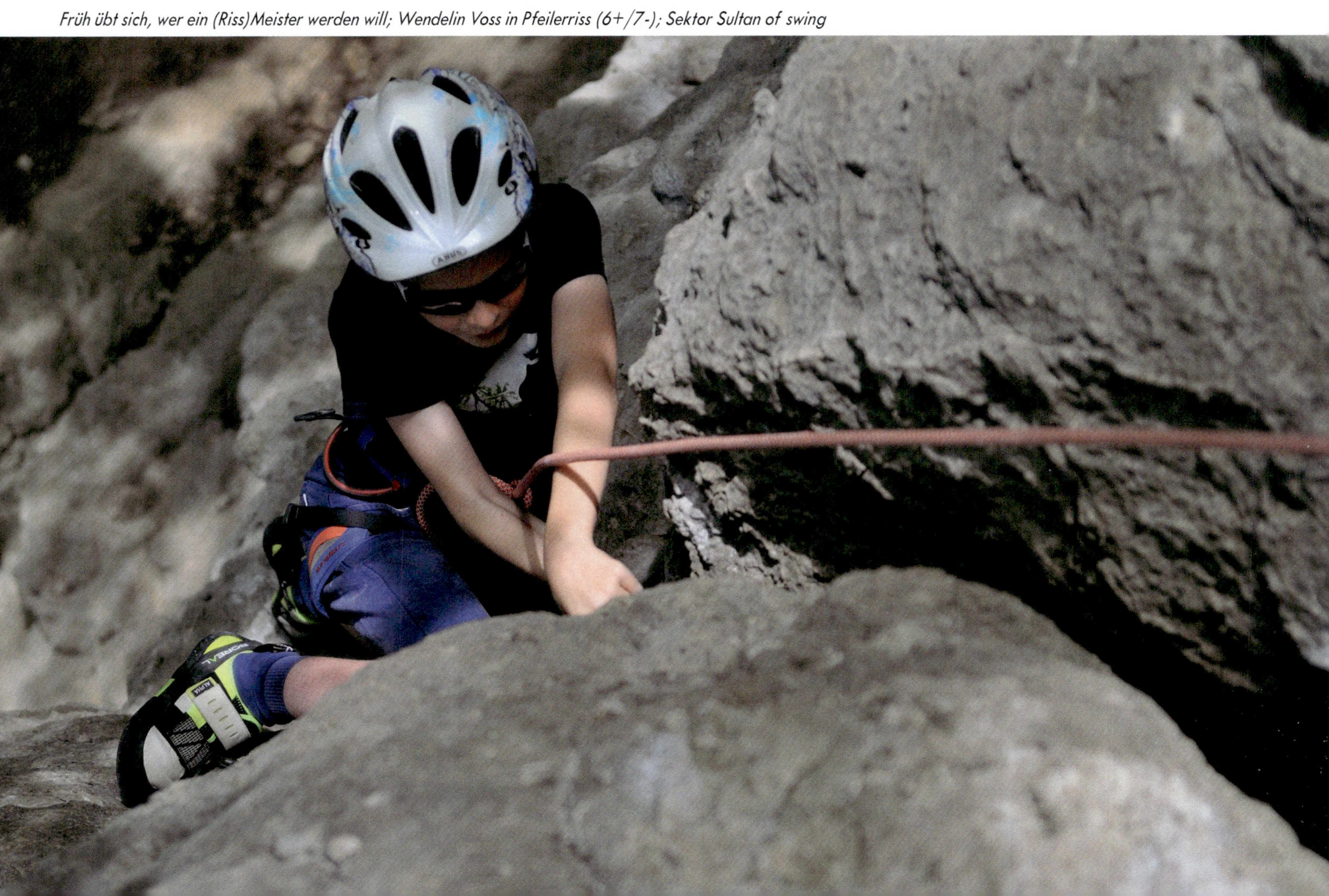

Früh übt sich, wer ein (Riss)Meister werden will; Wendelin Voss in Pfeilerriss (6+/7-); Sektor Sultan of swing

2.3 Friedrichstürme

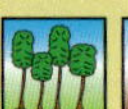

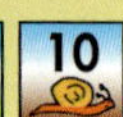

P N48°33'46,8" O09°26'04,2"

Zwei unterschiedliche Bereiche an der langen Wand. Im linken, nicht so hohen Sektor befinden sich vorwiegend etwas einfachere Routen, meist entlang von Rissen oder Verschneidungen. Der rechte Wandteil ist dagegen deutlich höher und bietet einige anspruchsvolle Klettereien in bestem Gestein. Durch die nahezu senkrechte Wandflucht ziehen sich vorwiegend sehr kleingriffige Routen mit glattem Gestein, das eine gute Fußtechnik erfordert. Die Absicherung ist hier sehr unterschiedlich und reicht von gut bis gefährlich, Keile können nicht schaden.

The protection is okay, but some nuts can be useful.

Trauf • rim
d
c
3
AS
b
900m
AS
a
970m
Owen
Beuren
Funkmast
radio mast
Halsenhauweg
800m
Grillstelle
barbecue area
P
a)
a)
0m
a) "Grillstelle am Burgwald"
Erkenbrechtsweiler

3 - Friedrichstürme
a - Sektor Rehazentrum
b - Sektor Tom Tom
c - Sektor Pintoweg
d - Sektor Kanzlersturz
AS - Abseilstelle • abseil station

Zugang

Vom Ende des Parkplatzes dem Wirtschaftsweg folgen. An einer ersten Abzweigung (scharfe Kurve) nach links, an der darauffolgenden Gabelung bei einer Bank rechts halten und geradeaus zum Wald. Dort befindet sich links ein Funkmast, rechts eine Grillstelle. Dem Wanderweg (Halsenhauweg) zuerst geradeaus folgen, bis man eine markante Gabelung erreicht. Hier nach rechts, vorbei an einem Jägerstand (links) bis zu einer Weggabelung an einer scharfen Rechtskurve. Hier scharf links und weiter wie folgt:

Rechter Wandteil (c, d): Alle Abzweigungen ignorieren und geradeaus vor zum Wanderweg, der am Albtrauf entlang führt. Diesen kreuzen und auf deutlicher Trittspur vor zum Felskopf, wo sich eine Abseilstelle (2 BH) befindet.

Linker Wandteil (a, b): An der nächsten Gabelung rechts halten und schräg vor zum Wanderweg, der am Albtrauf entlang führt. Auf diesem kurz nach rechts und nach wenigen Metern links auf Pfadspur absteigen (Fixseil) oder nach links, bis man den Felskopf erreicht. Dort führen Trittspuren direkt zum Felskopf und es kann an einem Baum abgeseilt werden. Zum Sektor (a) kurz vor Ende des Fixseiles den Hang nach rechts traversieren.

Zugangszeit etwa 10 Minuten.

Anfahrt

Von der A 8 an der Ausfahrt Kirchheim Ost abfahren. Auf die B 465 und dort Richtung Lenningen/Owen. In Owen rechts ab auf die L 1210 Richtung Beuren. Dieser einige Zeit folgen, bis links die Straße nach Erkenbrechtsweiler abzweigt. Auf dieser hinauf auf die Albhochfläche und direkt nach Erreichen der Hochfläche kurz vor Erkenbrechtsweiler links ab auf einen großen Wanderparkplatz, hier parken.

Lage

Lange ostseitige Wandflucht am Albtrauf in Laubwald gelegen. Am Wandfuß ist nur wenig Platz vorhanden und es geht sehr steil den Hang hinab.

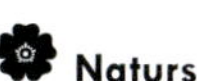

Naturschutz

Alle vorhanden Umlenkungen nutzen und nicht auf die Felsköpfe aussteigen, ausgenommen an den Abseilstellen.
Topping out only allowed at the rappel down stations.

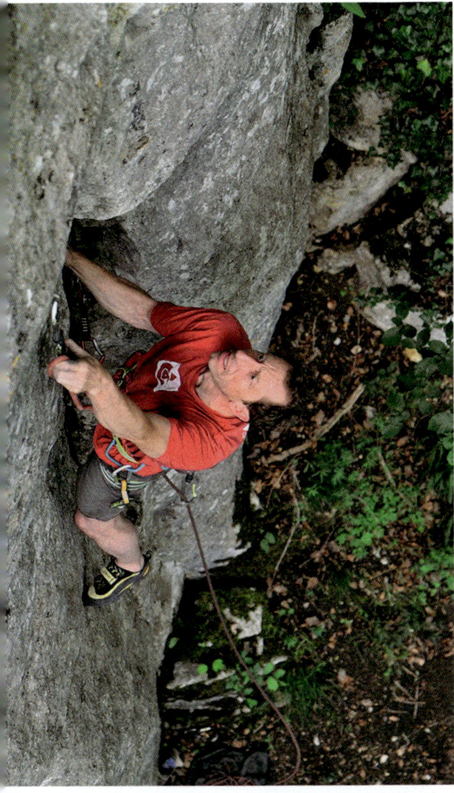

Puh, nix mehr bis zur Umlenkung!? Hoffentlich kommen da ein paar vernünftige Keilstellen! Harald Röker in Bodenkontakt (6)

Sektor Rehazentrum (a) 15 m, O

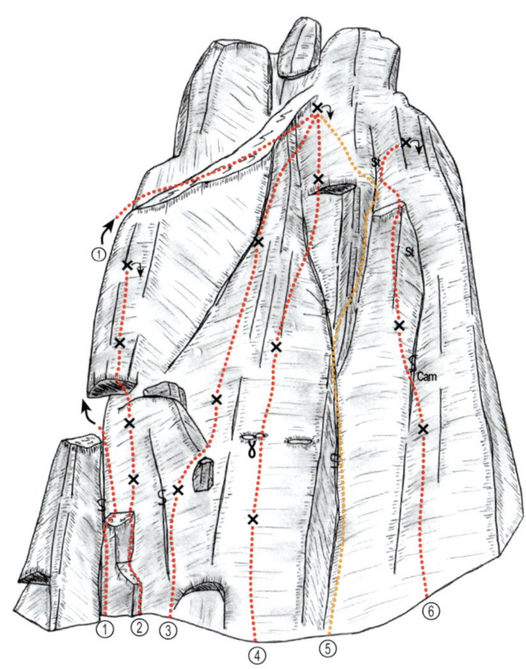

1 **Hinterm Eck geht's weiter** 6- *Grausamer Gemüsetrip.*

2 **Guten Morgen** 7 *Unten ohne ausspreizen.*

3 **Hummelkopf** 7 *Stand 2021 stark verwachsen, sparsam abgesichert.*

4 **Rehazentrum** 7+ *Kniffliger Einstieg, dann weiter Zug und mit erstaunlich wenig Tritten zu uralter Flachband-Schlinge. Luftig gesicherter Mittelteil zu nochmals kräftigem Abschluss über ein kleines Dachl.*

5 **Wer will darf** 6+ *Clean zu kletternder Riss.*

6 **Bodenkontakt** 6 *Mittelgroßer Cam vom 1. zum 2. BH hilfreich. Zur UL ist es mit 2 zusätzlichen Stoppern deutlich entspannter.*

2.3 Friedrichstürme (Tom Tom)

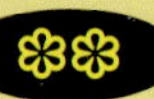  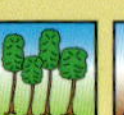

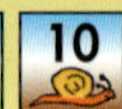

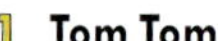

	Nr.	Route	Grad	Beschreibung
	1	**Tom Tom**	5+	*Gut griffige Wandkletterei.*
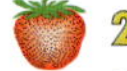	2	**Linker Riss Direkteinstieg**	6+	*Verschneidung bzw. Pfeilereinstieg.*
	3	**Linker Riss**	6	*Einstieg ums Eck, an geschlagenem Haken nach links in Verschneidung, am 2. Bohrhaken Linkstraverse.*
	4	**Linker Riss Direktausstieg**	6+/7-	*Start wie linker Riss, aber oben rechts haltend leicht überhängend raus.*
	5	**Plattenweg**	8	*Direkt über die Platte hoch, am Übergang Steilstufe zu schräger Platte stark größenabhängige Stelle von flachem Aufleger nach rechts zu Henkel.*
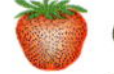	6	**Rechter Riss**	5+/6-	*Verschneidung mit gut griffiger Schuppe.*
	7	**Zwei Finger**	7-	*Erster Bohrhaken sehr hoch, danach Einzelstelle, bei der Reichweite nicht schaden kann.*
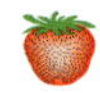	8	**Frieda goes to Afrika**	6+	*Weit zum 1. Bohrhaken (Keile, am besten Stopper). Risseinstieg, der mit zum schwersten Teil der Route gehört.*
	9	**Kontaktanzeige**	6+	*Start wie (8) aber dann rechts haltend. Auch von rechts her möglich, dann etwas einfacher 6.*
	10	**Sauber statt rein**	6-	*Rechts an den Überhängen vorbei, unten gut griffig, am 3. Bohrhaken schwer und eher etwas rechts haltend. Unten evtl. Keil vor dem ersten Bohrhaken.*
	11	**Birni N Konni**	6+	*Saniert, trotzdem Keile.*
	12	**Barbara**	5+	*Saniert trotzdem Keile.*
	13	**Washout**	6	*Saniert trotzdem Keile.*

15 m, O

Sektor Tom Tom (b)

20 m

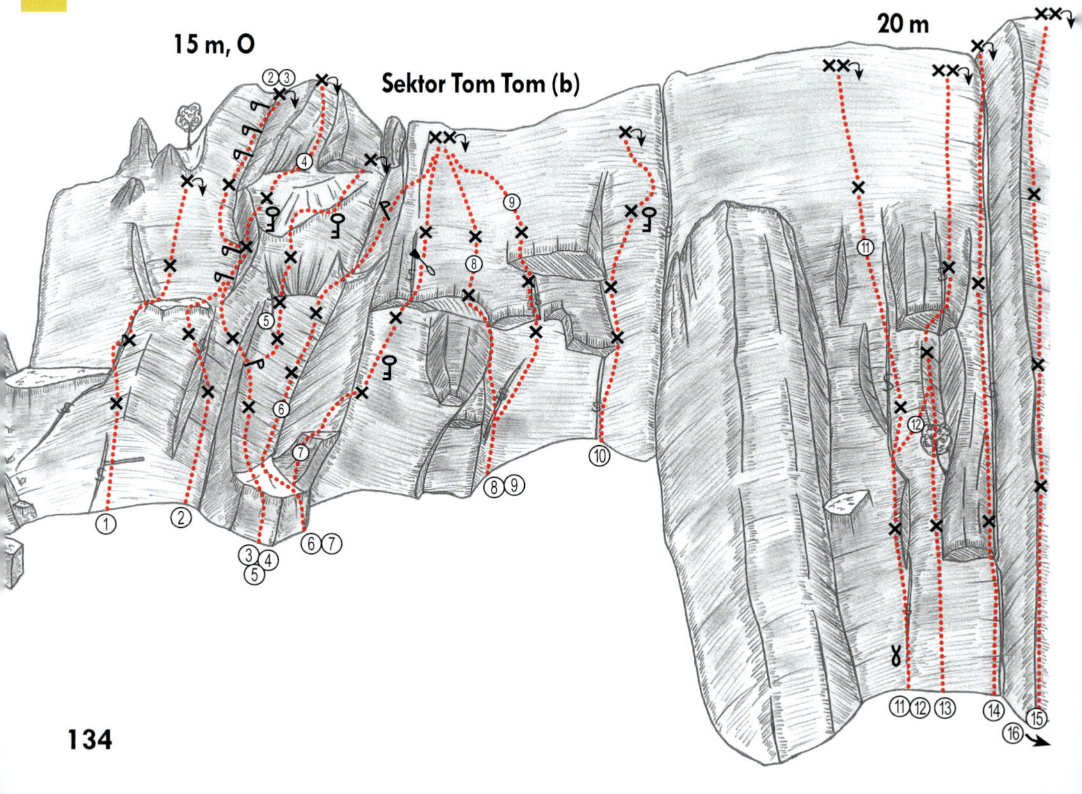

Verflixt, wo sind da bloß die Tritte?
Sabrina Eberl in Bodenkontakt (6); Sektor Rehazentrum

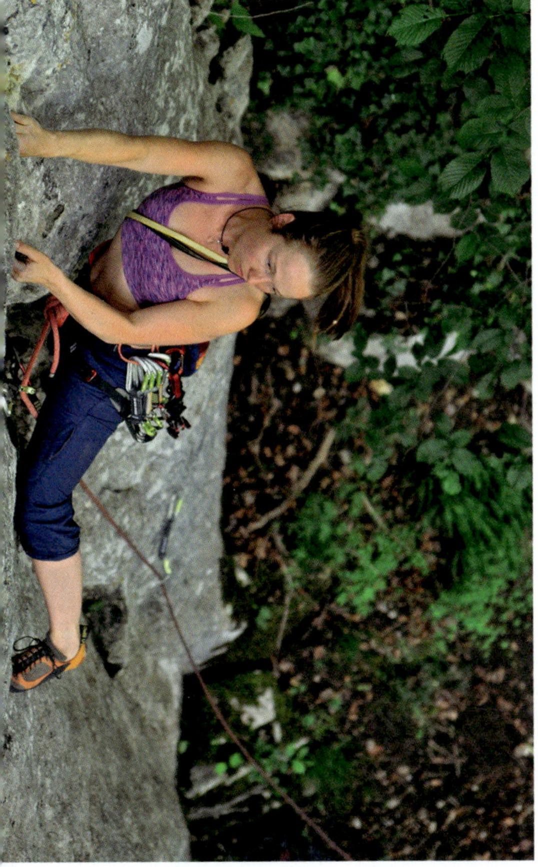

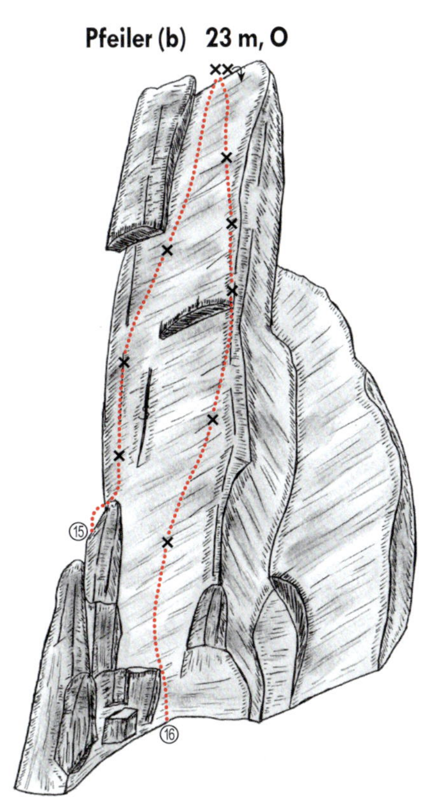

2 Lenninger Alb

14	**Zum Anlehnen**	**5**	*Die Verschneidung hoch, oben Schraubglied zum Umlenken.*
15	**Einmal hin einmal her**	**7/7+**	*Start vom brüchigen Pfeilerkopf aus.*
16	**Neben Pisa**	**6+/7-**	*Kommt von ganz unten, etwas blöder Zugang.*

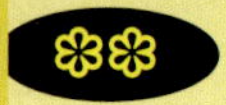

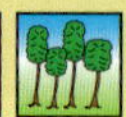

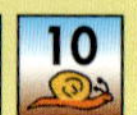

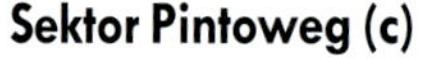

Abseilstelle

35 m, O

SU

① ② ③ ④ ⑤ ⑥ ⑦ ⑧

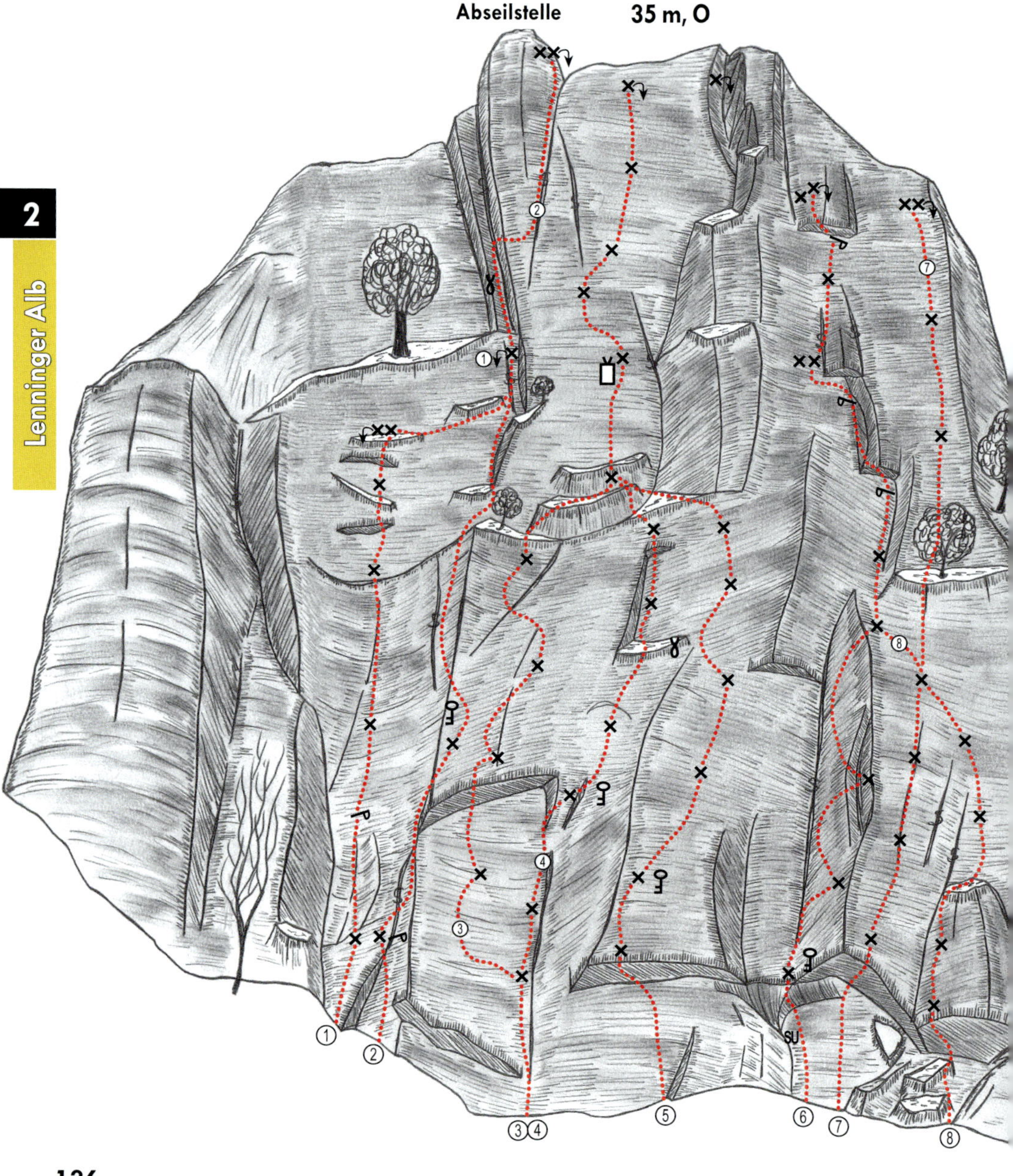

	Nr.	Route	Grad	Beschreibung
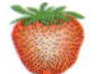	1	**Reinhold M. Ged. Weg**	**6+/7-**	*Unten Plattengeeiere mit vielen flachen Auflegern, mäßig gesichert. Zum Abschluss noch eine Rechtsquerung, besser jedoch vorher umlenken.*
	2	**Warum denn**	**7**	*...kann man sich bei der Absicherung sicher fragen. Auch mit Keilen gefährliche Route. Zum 1. Bohrhaken nicht ganz einfach.*
	3	**Schlappofix**	**9-**	*Runde, weit auseinander liegende Griffe, stehtechnisch anspruchsvoll und eher mager abgesichert. Durchgängig schwer, erst nach dem 4. Bohrhaken wird's dann etwas einfacher.*
	4	**Pintoweg**	**8-**	*Schwerer Beginn mit Piaztechnik, am 3. Bohrhaken leichte Rechtsquerung mit schwerer Einzelstelle. Danach deutlich einfacher, leider schon sehr abgespeckt.*
	5	**Schwäbischer Albtraum**	**8/8+**	*Kleinfuzzelige, runde Leistenkletterei, schwer zwischen 1. und 3. Bohrhaken, danach deutlich einfacher.*
	6	**Binenweg**	**6+**	*Start in Verschneidung, dann meist entlang von Rissen. Nicht alles fest, aber gute Route.*
	7	**Hochzeitstanz**	**7+**	*Etwas brüchige Angelegenheit*
	8	**Zeitgerecht**	**8+**	*Mit Schwung über den kleingriffigen Überhang, oben etwas ungemütliche Plattenkletterei.*

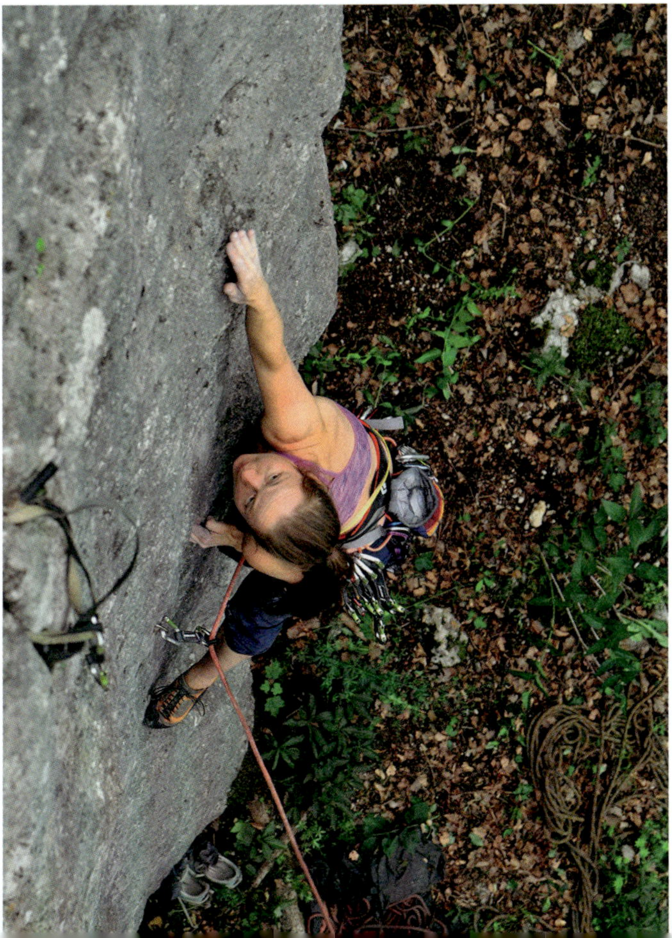

Sabrina Eberl gibt Vollgas in Rehazentrum (7+) im gleichnamigen Sektor

 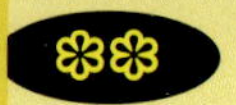 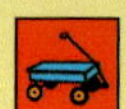 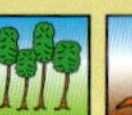 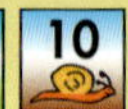

9		8-	*1. BH wurde entfernt, so derzeit nicht mehr kletterbar.*
10	**Fallschirm**	7	
11	**Alte Platte**	7	*Gute, aber etwas ungemütliche Risskletterei, nicht saniert, Keile!*
12	**Kanzlersturz**	8	*Einzelstelle in glatter Platte.*
13	**Handwerker der Berge**	6+	*Gut gesicherte Route am rechten Rand des Massivs.*

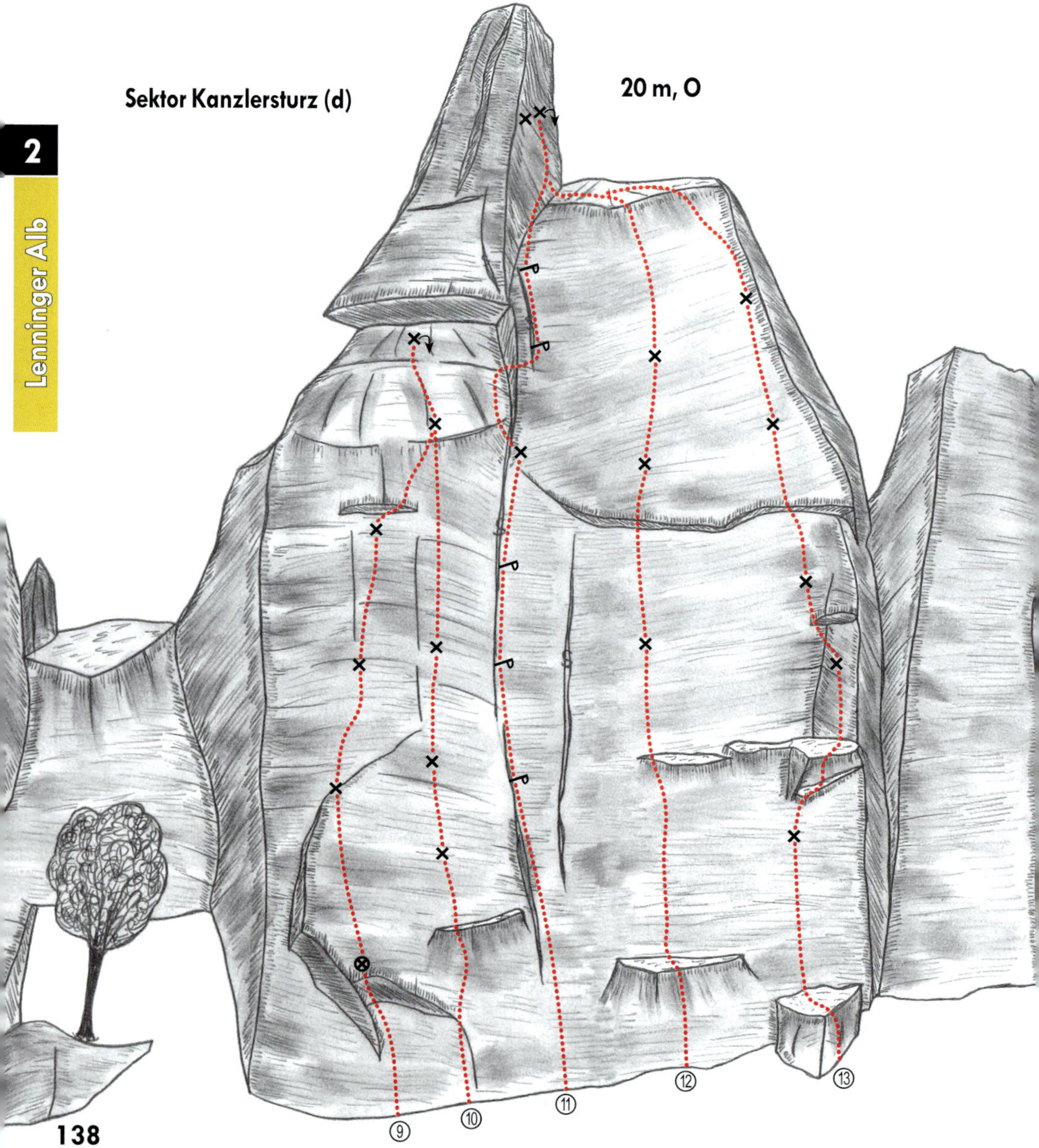

Sektor Kanzlersturz (d)

20 m, O

9 10 11 12 13

N48°35'06,9" O09°27'58,4"

Dreiteiliges Massiv. Der **Untere Nebenfels** ist ein mächtig überhängendes Wändchen, das nach entsprechenden Vorarbeiten jetzt als einigermaßen fest betrachtet werden kann. Oft lange feucht. Hier braucht nur hin, wer wirklich schwer klettern kann. Die einfacheren Routen sind eher Anhängsel. Die Absicherung ist nahezu durchgängig perfekt. Am **Oberen Nebenfels** sind die Routen meist gut gesichert und trotz grundsätzlich etwas splittrigem Gestein recht fest. Die Routen sind viel besucht und somit ganz gut ausgeräumt. Die **Hauptwand** ist ein gewaltiges Stück Fels, das allerdings als ziemlich alpines Gemäuer bezeichnet werden muss. Vor allem im rechten Wandteil des Hauptmassives dröhnt es mächtig und ein Besuch ohne Helm im Gepäck ist hier absolut fahrlässig bis lebensgefährlich. Für Kletteranfänger sind die meisten Routen nicht zu empfehlen, trotzdem gibt es hier einige klasse Kletterlinien, die ihresgleichen suchen. Haken stecken am Massiv nicht übertrieben viele und wenn, dann sind sie aufgrund des morschen Gesteins oft mit Vorsicht zu genießen, ein umfassendes Keil- und Schlingensortiment ist Pflicht. Bring a helmet and all available nuts and slings.

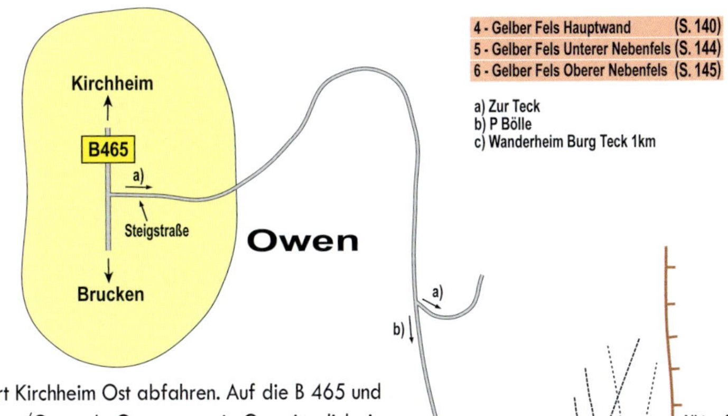

Anfahrt

Von der A 8 an der Ausfahrt Kirchheim Ost abfahren. Auf die B 465 und auf dieser Richtung Lenningen/Owen. In Owen etwa in Ortsmitte links in die Steigstraße abbiegen und der Ausschilderung „zur Teck“ folgen. Die Straße führt steil bergauf und erreicht nach einer scharfen Rechtskehre eine Gabelung. Hier geradeaus Richtung Parkplatz Bölle, den man kurz darauf erreicht, hier parken.

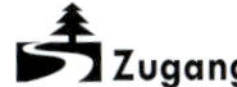

Zugang

Vom Parkplatz führt bei einer Infotafel ein breiter Wanderweg in Kehren bergauf. Nach der vierten Kehre zieht sich der Weg stetig nach links den Berg hinauf. Nach einiger Zeit kreuzt ein schmaler Wanderweg (etwa 100 Höhenmeter unterhalb des Traufs). Hier scharf rechts und auf nahezu gleichbleibender Höhe dem Weg bis zu einer Gabelung folgen. Hier links bergauf direkt zum Wandfuß der **Hauptwand** und des **Unteren Nebenfelsen.** Links am Unteren Nebenfels vorbei hinauf zum **Oberen Nebenfels.**
Zugangszeit etwa 15-22 Minuten.

Lage

Die Felsen sind in hohem Laubwald gelegen, am **Unteren Nebenfels** mit ausreichend Platz am Wandfuß. Am Wandfuß des **Oberen Nebenfelsen** ist wenig Platz und es geht mäßig steil den Berg runter. Im rechten Wandbereich der **Hauptwand** ist der Wald vom Wandfuß etwas zurückgesetzt, deshalb hier mehr Sonne.

Naturschutz

Aus Vogelschutzgründen (Kolkraben am Hauptfels) oft flexibel gesperrt. Entsprechende Hinweisschilder vor Ort unbedingt beachten. Der gesamte Wandbereich am Hauptfels rechts des Knödlerweges ist ganzjährig gesperrt. Short-term closure possible, watch out for signs. The wall right of "Knödlerweg" is closed permanently.

 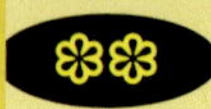

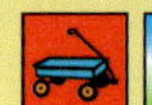 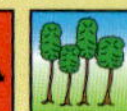 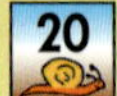

Zugang und allgemeiner Text siehe Seite 139
Access and general description see page 139

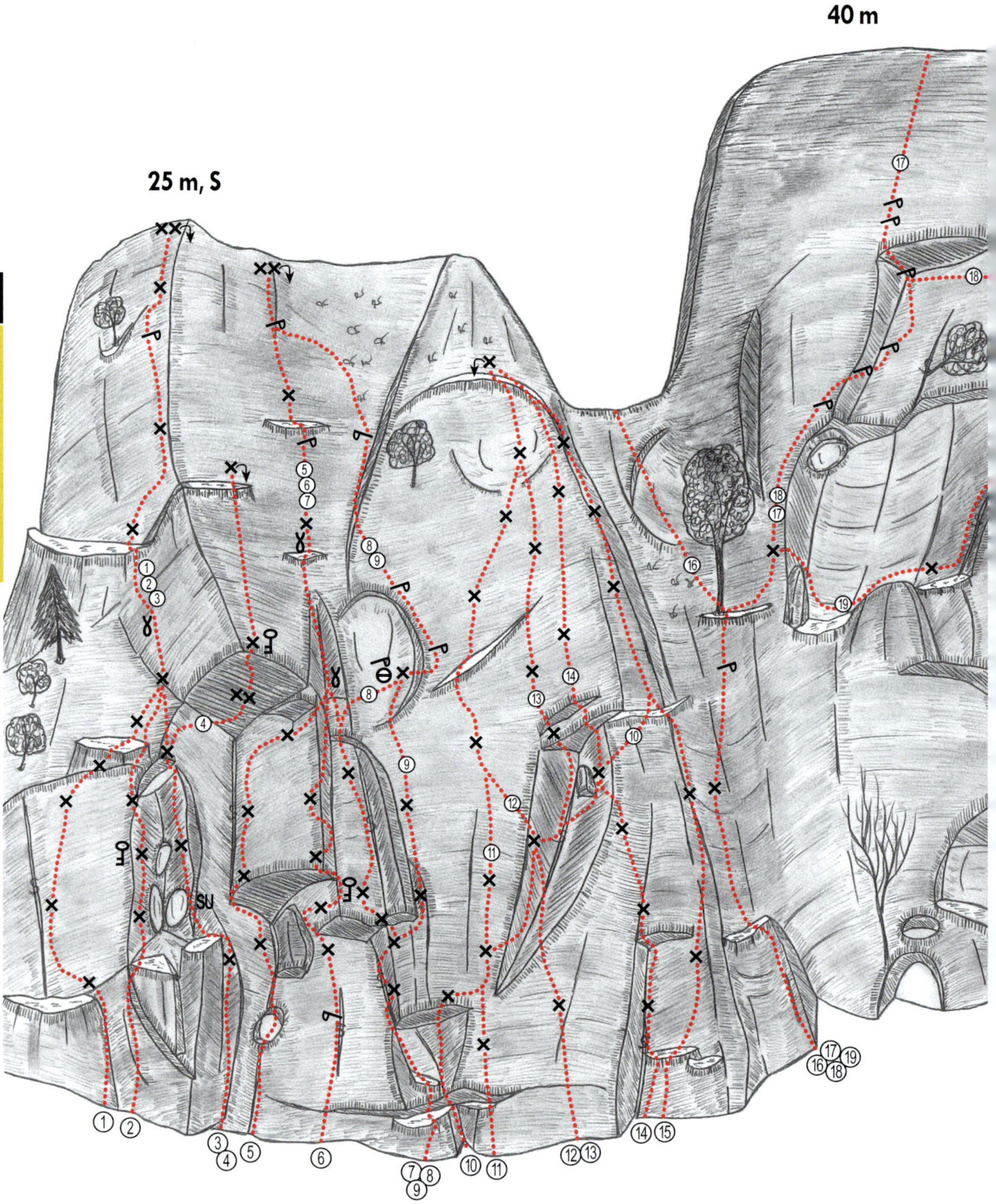

40 m

25 m, S

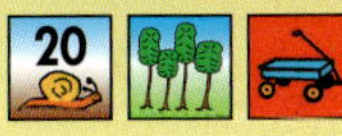

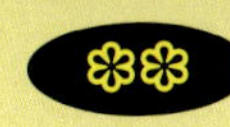

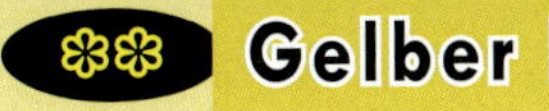

Nr.	Route	Grad	Beschreibung
1	**Ich hab Dich lieb**	5	*Neue Tour am linken Rand wird evtl. oben noch verlängert.*
2	**Suzuki**	7-	*Unten kurze, schwere Passage, der Rest deutlich einfacher.*
3	**Rucki Zucki**	6+	*Unten über löchrige Wand großgriffig hoch und raus wie Suzuki.*
4	**Fix und Foxi**	8-/8	*Einstieg wie Rucki Zucki, aber am Dach direkt drüber. Knackige Stelle, bei der ein gewisses Maß an Beweglichkeit nicht schaden kann.*
5	**Seichriss**	6+/7-	*Klasse Piazriss, überhängend über das erste Dach und unter dem 2. Dach nach rechts ums Eck. Weniger schwierig, aber dafür etwas brüchig zum Ausstieg.*
6	**Altmasters Edge**	7+	*Knackige Stelle durchs erste Dach, hier ist der Fels ziemlich poliert, danach anhaltend steil an der Kante entlang empor. 1. Bohrhaken sehr hoch!*
7	**Entenklemmer**	6+	*Logische Fortführung der Verschneidung.*
8	**SZ-Weg neue Variante**	6+	*Durch die Verschneidung steil, aber gut griffig empor. Technisch nicht ganz einfach, nach rechts zu Stand und über wenige alte, schlechte Haken zum Ausstieg. Vor allem unten und im oberen Teil brüchig, Keile! Alpines Abenteuer.*
9	**Contite negligable**	6+	*Rechtsvar. des SZ-Weges, ziemlich brüchig und etwas komisch zu klettern.*
10	**Schiefe Bahn**	6-	*Traverse nach rechts in die große Verschneidung und weiter nach rechts in die Route Koronarsport. Auch als Einstieg für (11) gut geeignet, da deutlich besser gesichert.*
11	**Grauzone mit neuer Einstiegsvariante**	7+	*Nach erfolgter Nachsicherung nicht mehr ganz so frei aber nach wie vor nicht sehr fest.*
12	**Grauzone**	7+	*In der Rechtsquerung oben glatte Plattenstelle an ziemlich bröseligen Griffen, Einstieg nicht überversichert.*
13	**Wampenvariante**	7	*Etwas bröselige Route mit weiten Zügen.*
14	**Café du sport**	6+/7-	*Steile, großgriffige Wandkletterei, deutlich einfacher, als die Route auf den ersten Blick erscheint. Etwas dubioses Gestein vor allem im Einstiegsbereich.*
15	**Koronarsport**	6	*Oben nahezu identisch mit Café du sport, unten einfacher über den geneigten, gut griffigen Pfeiler. Schlechte Bohrhaken!*
16	**Rees Weg Direktausstieg**	5+	*Keile.*
 17	**?**		*Nur für absolut Lebensmüde und das ist bitte wörtlich zu nehmen!*
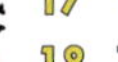 18	**Todesspirale**	6+	*Vom 1. Bohrhaken des Reesweges über uralte und dazu nur halb eingeschlagene Rostgurken in vollkommen marodem Fels hinauf, kein Griff bzw. Tritt ist hier fest. Absolut lebensgefährlich!!! Keine Keilstellen!! Der Autor hat sich oben nach rechts in den Ausstiegsüberhang des Reesweges geflüchtet und zittert quasi heute noch. Russisch Roulette ist sicher weniger gefährlich, bitte Finger weg!!*
19	**Rees Weg**	6	*Unten in relativ einfachem, aber teils brüchigem Gelände hoch zu Bühler oberhalb des Baumes. Hier nach rechts ums Eck (sehr brüchig) und auf breitem Band nach rechts (Bühler). An Rissschuppe gut griffig (Keile) hoch zu Stand. Von hier links haltend hoch und kräftige Stelle über den Überhang hoch zum Ausstieg. Schöne, lange, alpine Felsfahrt.*

2.4 Gelber Fels Hauptwand

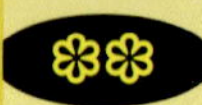

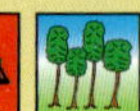

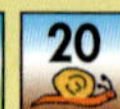

40 m, S

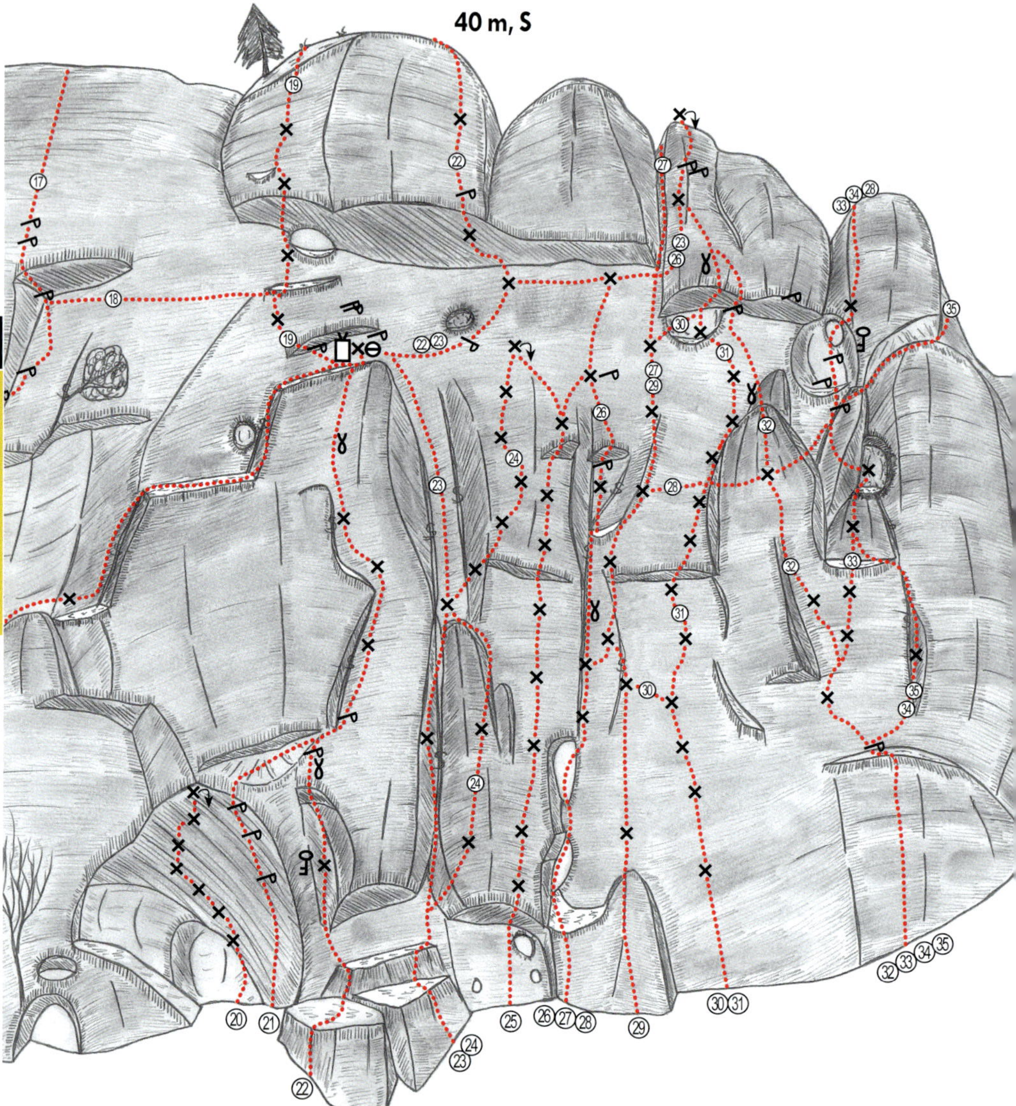

20 Im Abenteuerland — **8+** *Gut gesicherte Überhangskletterei.*

21 Erhard Gedächtnis Weg linker Einstieg — **5,a1**

22 Erhard Gedenk Weg — **6 | 8** *Unten schwerer, überhängender Einstieg, danach an Seitschuppe gut griffig empor zu Stand, schöne Route. Zweite Seillänge überhängend in morschem Gestein zum Ausstieg.*

Nr.	Route	Grad	Beschreibung
23	**Normalweg**	5+	*Anspruchsvolle, alpine Riss- und Wandkletterei, die vor allem in der ersten Seillänge nahezu vollständig selbst abgesichert werden muß. HEX bis Größe 8 und kleinere Friends sind hier ideal. Nicht an allem reißen, was einem in den Weg kommt!*
24	**Das gelbe Rauschen**	7-	*Das sollte sich jeder gut überlegen, denn hier stecken zwar gute Bohrhaken, aber leider in komplett morschem Fels, alpines Unterfangen!*
25	**Goldrausch**	7+	*Umlenken entweder „Gelbes Rauschen" oder „Friederlesweg" raus.*
26	**Friederlesweg direkt**	6	
27	**Friederlesweg Direktausstieg**	7-	*Weite Abstände, schwere Passage um den 4. und 5. BH, brüchig!*
28	**Friederlesweg original**	7	
29	**Spirale der Gewalt**	7-	*Unten mächtiger Abstand, schwere Passage um den 4. BH, brüchig.*
30	**Herr der Dinge**	7-/7	*Ansprechende Kletterei in allerdings morschem Gestein.*
31	**Herr der Dinge Direktvariante**	7-/7	*Ausdauernde Kletterei in hohlem Gestein, recht gut gesichert, aber ob der Untergrund in dem die Haken stecken dauerhaft hält, ist fraglich.*
32	**Variatione Confusio**	6+	*Am 3. Haken nach links zu altem Ring und weiter in brüchige Verschneidung. Der obere direkte Ausstieg über das Dach ist mit maroden Schlingen in ebensolchem Gestein lebensgefährlich! Besser nach links oder rechts in die angrenzenden Routen.*
33	**Variante Confusio/Knödler**	6	*Von beiden Routen die besten Meter.*
34	**Knödlerweg**	5+	*Nach leichtem Vorbau über Risslinie bis zu Doppelriss. Hier links oder rechts herum hoch zu Standbühler in kleiner Grotte. Links raus und über einige Normalhaken in kleine Höhle. Überhängend (deutlich einfacher als es aussieht) gerade raus. Direkt über dem Höhlendach steckt ein Bohrhaken, sehr schöne Route.*
35	**Knödlerweg original**	4+	

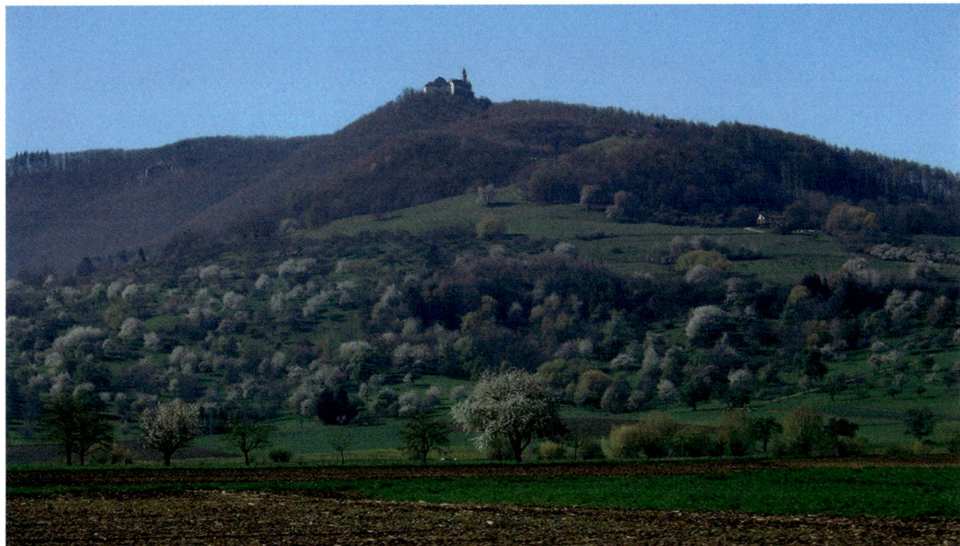

Die Teck, der weithin sichtbare Wächter am Eingang ins Lenninger Tal

2.5 Gelber Fels Unterer Nebenfels

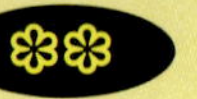

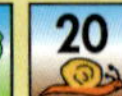
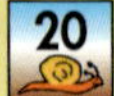

Zugang und allgemeiner Text siehe Seite 139
Access and general description see page 139

1	Linker Riss	7
2	s'Läba isch koi Ponyhof	8+/9-
3	Schwierigkeit bedeutet nichts	9
4	Charisma	10-
5	Das Parfüm	9+/10-
6	Warthog	10-
7	Mephistopheles	10
8	Furia Infernalis	7+
9	Von Angesicht zu Angesicht	8+
10	Plantagenweg	7-

18 m, W

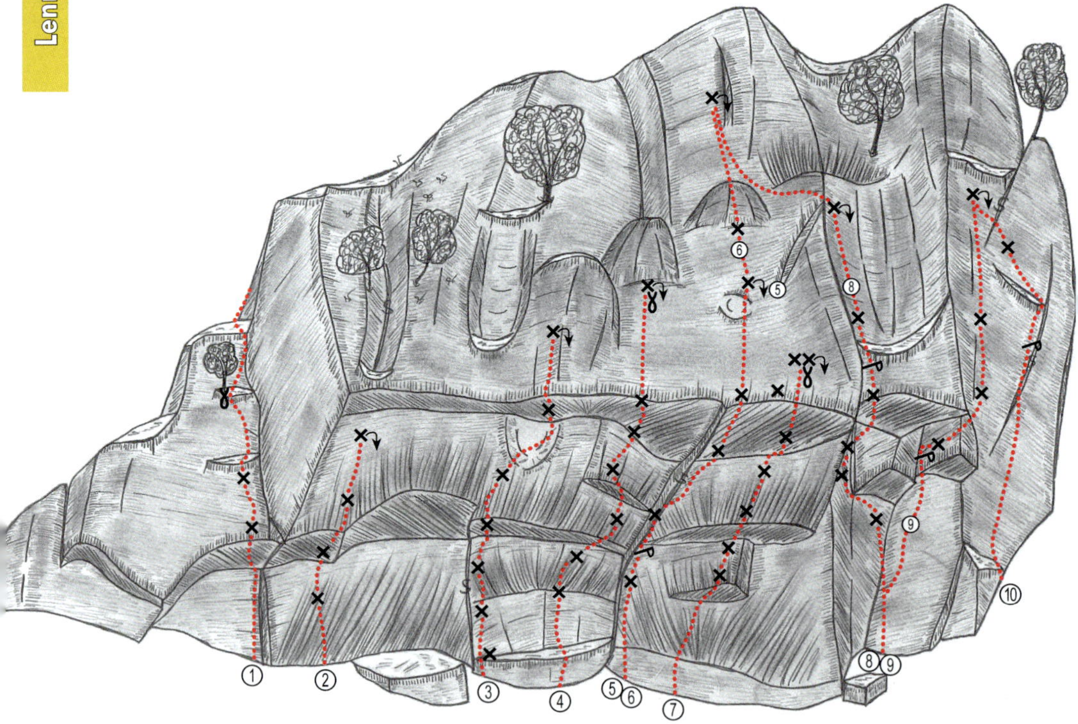

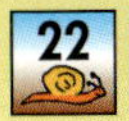
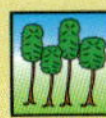
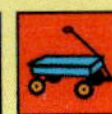
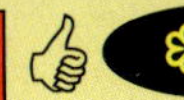
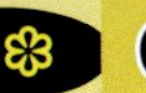

Gelber Fels Oberer Nebenfels 2.6

Zugang und allgemeiner Text siehe Seite 139
Access and general description see page 139

20 m, SW

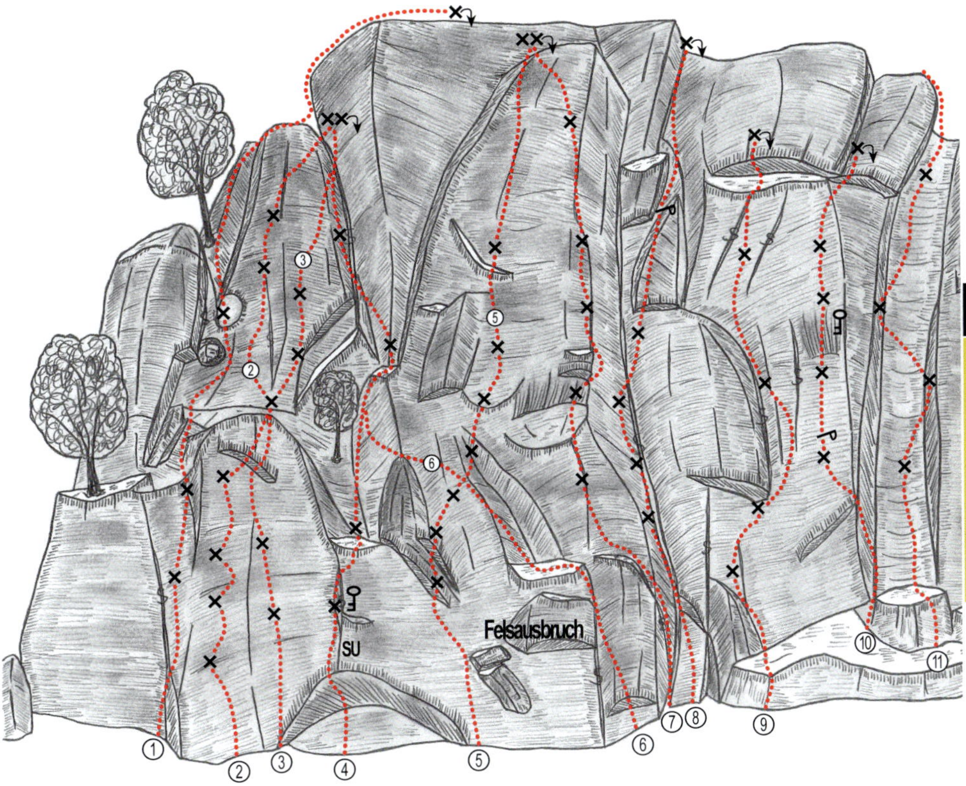

Nr.	Route	Grad	Beschreibung
1		5+	*Unten etwas splittrige Platte, oben Rissverschneidung, die mit ein paar Keilen entschärft werden kann.*
2		7-	*Splittriger, kleingriffiger Pfeiler, der eine gute Fußtechnik verlangt. Ausstieg einfacher über Risssystem.*
3	**Morgenmuffel**	6+/7-	*Kleingriffige, bereits stark abgegriffene Platte, unten etwas dürftig gesichert.*
4	**Bäckweg direkt**	7-/7	*Schwerer Einstieg zum ersten Bohrhaken, danach deutlich leichter. Am Einstieg Sanduhr fädeln!*
5	**Skypilot direkt**	7-/7	*Überhängender, großgriffiger Einstieg, weit zum 1. Bohrhaken, danach schöne Wandkletterei, bereits ziemlich abgegriffen, lohnend.*
6	**Bäckweg**	6-	*Etwas oberhalb des 3. Bohrhakens von Skypilot nach links traversieren. Am Einstieg größerer Felsausbruch (Im Topo vermerkt aber nicht umgezeichnet).*
7	**Kautterkante**	6-	*Tolle Kantenkletterei, vor dem 1. Bohrhaken können größere Keile nicht schaden (Friend 3, 3 ½).*
8	**Verschneidung**	4+	*Rissverschneidung mit für den Grad guter Absicherung, zusätzlich können noch Keile gelegt werden.*
9	**Kompaktschuttrisse**	6-	*Nette Wand-Risskletterei.*

 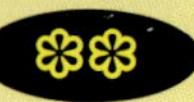 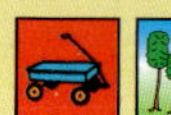 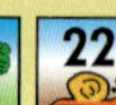 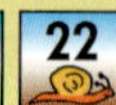

20 m, SW

8 m, SW

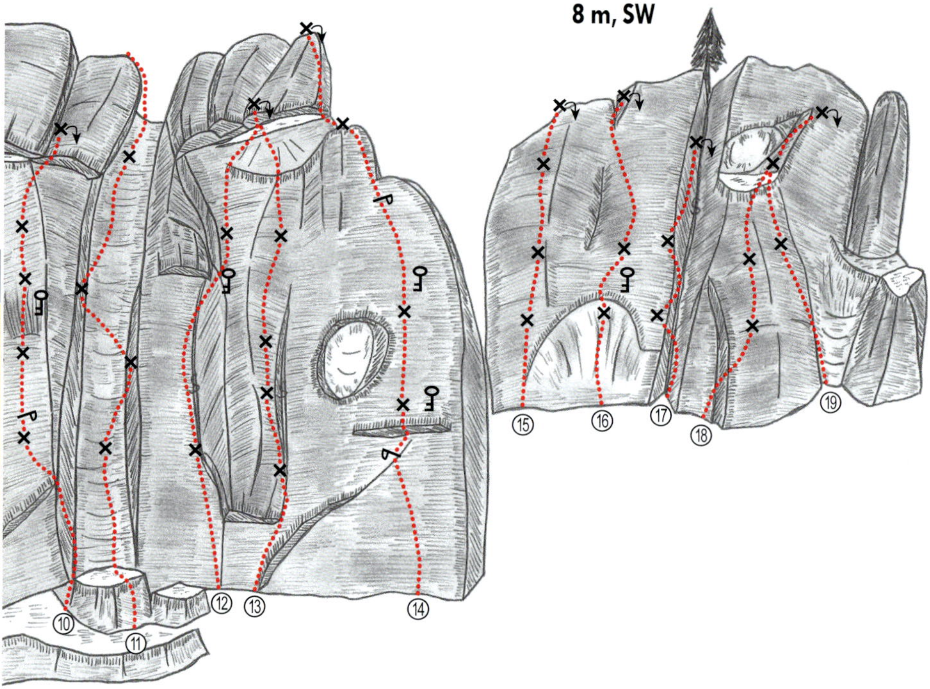

10	**Magic Dream**	**7-**	*Etwas seltsame, aber ganz nette Kletterei, schlechte Trittmöglichkeiten.*
11	**Kamin**	**3+/4-**	*Gut griffige Verschneidungskletterei, Keile legen gut möglich.*
12	**Kaminwand**	**5-**	*Schöne Rissroute an der rechten Begrenzung des großen Kamins.*
13	**Achonta Primavera**	**6+/7-**	*Kompakte, steile Wandkletterei mit zwei knackigen Passagen.*
14	**Erst grau, dann gelb**	**6+**	*Am 2. Bohrhaken ziemlich brüchig, aber ansonsten ganz nett.*
15	**Linse Platte direkt**	**7**	*Die Begradigung, ursprünglicher Einstieg über Bohrwahn.*
16	**Bohrwahn**	**7+**	*Knackige Passage zwischen erstem und zweitem Bohrhaken.*
17	**Verschneidung**	**4**	*Kleine Verschneidung.*
18	**Platte**	**5**	*Nette, kurze Platte, Balanceübung. Man kann sich's hier auch durch kleine Auskneifer leichter machen.*
19		**3-**	*Kurze Übungskletterei für die ersten Schritte am Fels.*

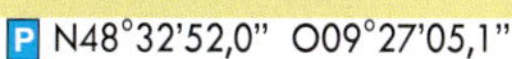

N48°32'52,0" O09°27'05,1"

Vorwiegend schwere, teils sehr kleingriffige, plattige, teils großgriffige, athletische und steile Routen in teils festem, teils etwas dubiosem Fels. Die Absicherung reicht von gut bis miserabel und vor allem die ersten Bohrhaken sind oft zu hoch angebracht, Keile können deshalb manchmal nicht schaden. Trotzdem gibt es hier einige ausnehmend schöne Klettereien, die allerdings meist eine gehörige Portion Kraft verlangen. Nuts can be useful here and there.

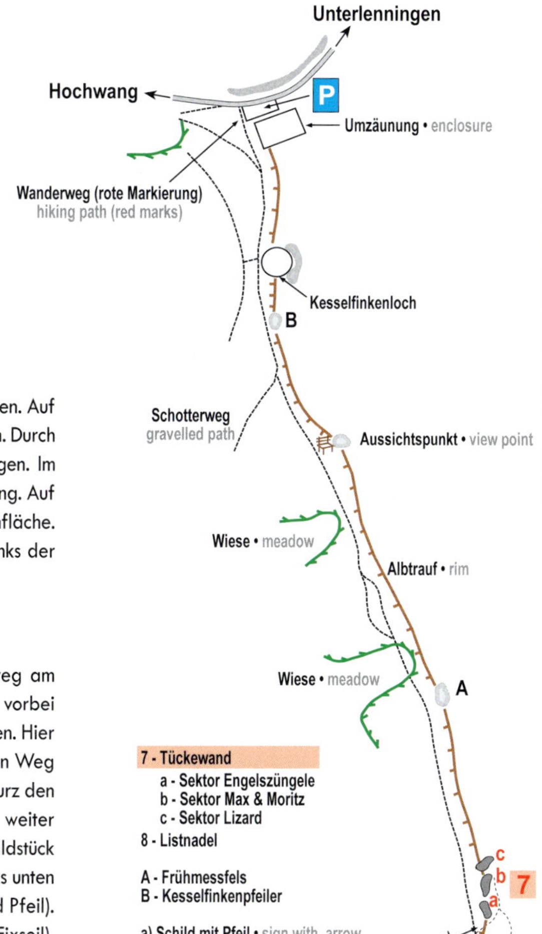

Anfahrt

Von der A 8 an der Ausfahrt Kirchheim Ost abfahren. Auf die B 465 und auf dieser Richtung Lenningen/Owen. Durch Owen und Brucken hindurch bis nach Unterlenningen. Im Ort an einer Linkskurve rechts ab Richtung Hochwang. Auf der gleichnamigen Steige hinauf Richtung Albhochfläche. Kurz vor Erreichen der Hochfläche befindet sich links der Straße eine größere Parkfläche, hier parken.

Zugang

Vom Parkplatz führt ein rot markierter Wanderweg am Albtrauf entlang. Diesem am Kesselfinkenloch vorbei (nicht hineinfallen!) bis zu einer Weggabelung folgen. Hier geradeaus (links) auf dem schwächer ausgeprägten Weg entlang des Traufes bleiben, bis der Wanderweg kurz den Wald verlässt (bis hier etwa 10 Min.). Dem Weg weiter leicht ansteigend folgen. Nach einem Nadelwaldstück führt der Weg wieder leicht abwärts, hier wird links unten am Hang die freistehende Listnadel sichtbar (Schild Pfeil). Trittspuren führen hier links hinab zur Tückewand (Fixseil). **Zugangszeit etwa 15 Minuten (1,41 km)** auf bequemem, nahezu ebenem Wanderweg.

Lage

Am Albtrauf gelegene, zweigeteilte Wand mit südöstlicher Ausrichtung. Am Wandfuß dichter und hoher Laubwald. Am Wandfuß ist nur wenig Platz und es geht teils steil den Hang hinab.

Naturschutz

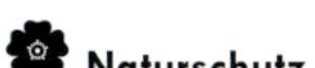

Alle Routen umlenken, Umlenkungen sind eingerichtet. Use anchors.

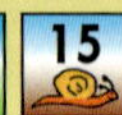

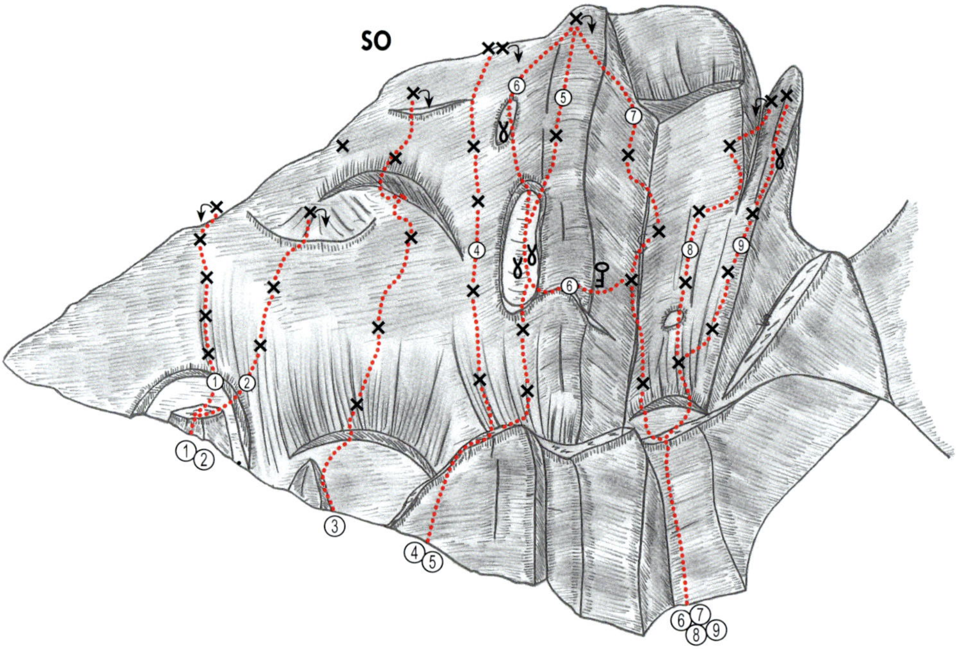

Sektor Engelszüngele

18 m

SO O

1	**Sex on the beach**	8+	*Kurz und knackig, Resterschließung.*
2	**Hummelhiss**	7/7+	*Kräftig zupacken heißt es in der leicht überhängenden Wand, weite Züge.*
3	**Mondfinsternis**	9	*Von Beginn ab kräftigst zupacken, im Mittelteil sehr kleingriffig und nach mäßigem Ruhepunkt nochmals zackig durch den oberen Überhang, hier weit links klettern, direkt viel schwerer.*
4	**Projekt**		
5	**Zwang zur Freiheit**	8+	
6	**Geduld braucht Hoffnung**	7-	*Eigentlich eine klasse Route, aber aufgrund der mehr oder weniger nicht vorhandenen Absicherung nicht im Vorstieg zu empfehlen! Die Querung ist der schwerste Teil, aus der Höhle heraus ist es dann etwas einfacher.*
7	**Nicht auflegen**	7-/7	*Steiler und ausdauernder Riss.*
8	**Engelszüngele**	8-/8	*Ausdauernde, leicht überhängende und tolle Kletterei.*
9	**Alter Spiegel**	8+/9-	*Sehr eng neben dem Engelszüngele gebohrt.*
10	**Swarengriff**	4-	*Gut griffig, aber eher brüchig präsentiert sich die leichteste Route am Massiv, kaum abgesichert.*
11	**Fitzel**	7	*2 weite Einzelzüge, etwas mehr Reichweite schadet in der Route sicher nicht.*

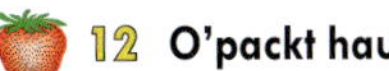

Nr.	Route	Grad	Beschreibung
12	**O'packt hauruck**	8	*Mehrere harte Einzelstellen, oben nochmals besonders knallig, gute Route.*
13	**Rezina**	9-	*Hier muss man die spärlichen und ziemlich kümmerlichen Griffe mächtig zuschrauben, Tritte sind Mangelware. Der 1. BH steckt unangenehm hoch, am besten Bohrhaken von O'packt hauruck mit einhängen.*
14	**Max und Moritz**	9-?	*Start wie Rezina und wenn man deren härteste Moves intus hat, lässt man links die guten Griffe weg und klettert ziemlich grifflos nach oben?*
15	**Steffis 4. Mal**	8	*Schlechte Griffe und vor allem meist schlechte Tritte. Vor dem sehr hohen 1. BH Klemmkeil legen.*
16	**Hure und Mutter**	8/8+	*Klasse athletische Kletterei mit vielen Untergriffen.*
17	**Fluch der Karabiner**	8	*Nach Sanierung wieder gut gesichert.*
18	**Vox Populi**	7	*Schwerer Start mit schlecht abgesichertem Quergangszug (Schlüsselstelle), danach schwer zu kletternder, offener Riss. Insgesamt matt gesichert u. teils brüchig (Keile).*
19	**Ritsch-Ratsch-Klick**	8-	*Direkt über den brüchigen Überhang.*
20	**Der Fels lebt**	5	*Start wie Carpe Diem, aber Quergang am 2. BH nach links und direkt über die Platte raus.*
21	**Carpe Diem**	5	*Gleich zu Beginn wartet der Schlüsselzug ums Eck, danach deutlich einfacher, aber etwas brüchig, nette Route.*
22	**Rechtseinstieg**	4+	*Etwas einfacherer und mit 2 Bohrhaken gut gesicherter alternativer Einstieg.*

Sektor Max & Moritz

18 m, SO

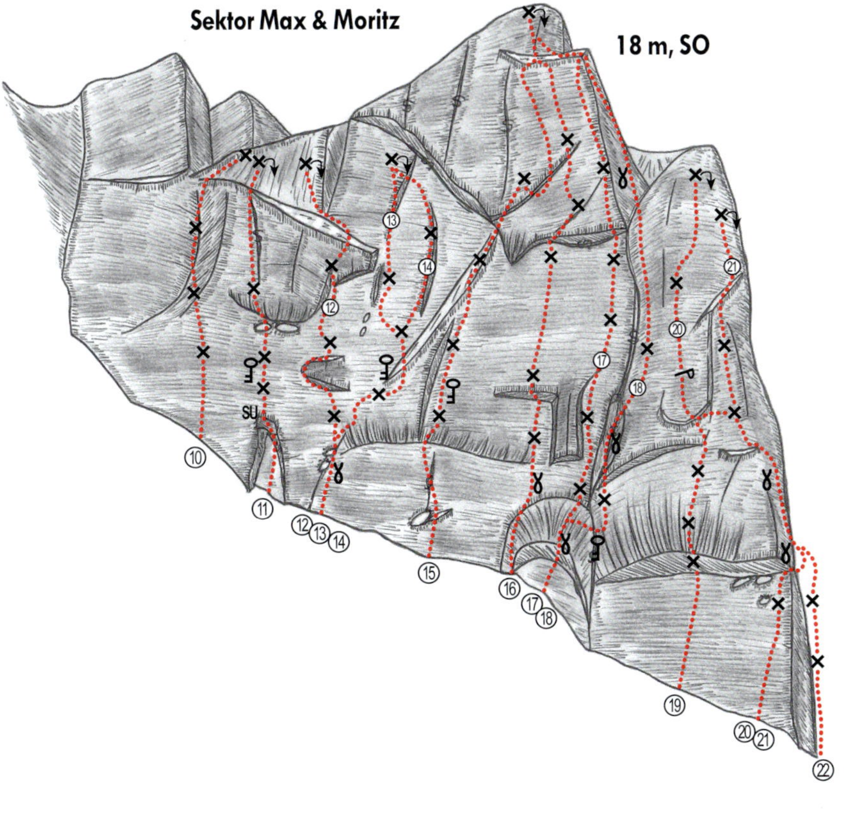

SU

(10) (11) (12) (13) (14) (15) (16) (17) (18) (19) (20) (21) (22)

Sektor Lizard 10-12m,SO

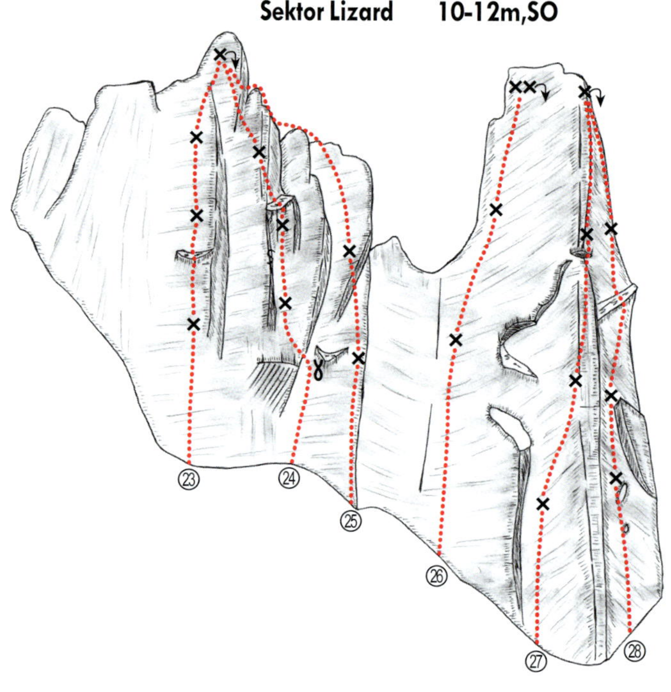

23	Vorhof zur Hölle	5
24	Lizard	5
25	Agua Loca	6-
26	Mikis Zementidis	4
27	Auf Messers Schneide	5+
28	Fellbacher Herbst	5-

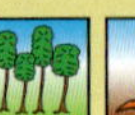

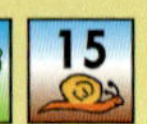

P N48°32'52,0" O09°27'05,1"

Das Gestein ist hier sehr unterschiedlich. Die Nordseite ist eher etwas dubios und man fragt sich unwillkürlich, wie um alles in der Welt das noch zusammenhält (aber es hält), die Südseite ist in dieser Hinsicht wesentlich besser. Die Routen sind trotzdem recht nett und auch einigermaßen brauchbar abgesichert. Am Gipfel befindet sich ein Umlenkpunkt, der aber mit einer sehr langen Bandschlinge (natürlich mit Karabiner!) zum besseren Seilverlauf verlängert werden sollte. Keile sind teilweise sinnvoll, können aber nicht besonders gut gelegt werden.

Nuts are useful in some routes but not easy to place.

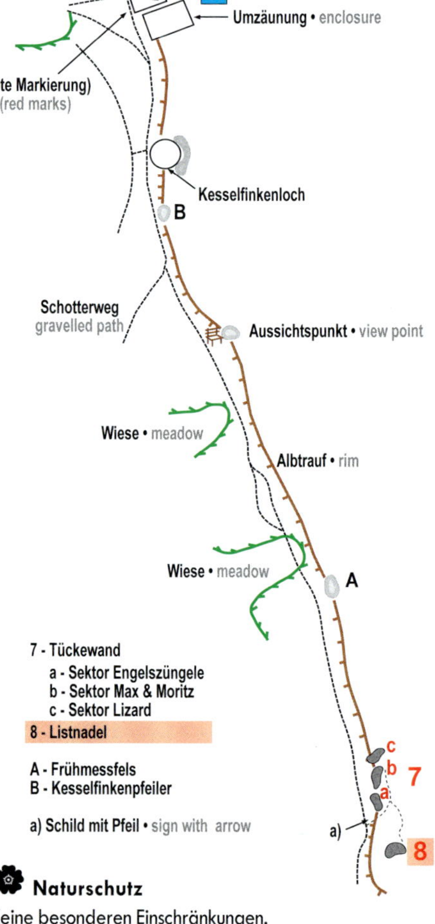

Anfahrt

Von der A 8 an der Ausfahrt Kirchheim Ost abfahren. Auf die B 465 und auf dieser Richtung Lenningen/Owen. Durch Owen und Brucken hindurch bis nach Unterlenningen. Im Ort an einer Linkskurve rechts ab Richtung Hochwang. Auf der gleichnamigen Steige hinauf Richtung Albhochfläche. Kurz vor Erreichen der Hochfläche befindet sich links der Straße eine größere Parkfläche, hier parken.

Zugang

Vom Parkplatz führt ein rot markierter Wanderweg am Albtrauf entlang. Diesem vorbei am Kesselfinkenloch (nicht hineinfallen!) bis zu einer Weggabelung folgen. Hier geradeaus (links) auf dem schwächer ausgeprägten Weg entlang des Traufes bleiben, bis der Wanderweg kurz den Wald verlässt (bis hier etwa 10 Min.). Dem Weg weiter leicht ansteigend folgen. Nach einem Nadelwaldstück führt der Weg wieder leicht abwärts, hier wird links unten am Hang die freistehende Nadel sichtbar (Schild Pfeil). Trittspuren (Fixseil) führen hier links hinab zur Tückewand und kurz davor nach rechts zur Listnadel.

Zugangszeit etwa 15 Minuten (1,41 km) auf bequemem, nahezu ebenem Wanderweg.

Lage

Am steilen Hang gelegener Felsturm in hohem, auf der Südseite lichtem Laubwald. Die Lage am Wandfuß ist etwas ungemütlich, da es fast überall schräg den Hang runtergeht. Auf der Südseite erhält man je nach Jahreszeit auch etwas Sonne, obwohl der Fels nicht über die Baumwipfel hinausragt.

Naturschutz

Keine besonderen Einschränkungen.

15 m, S

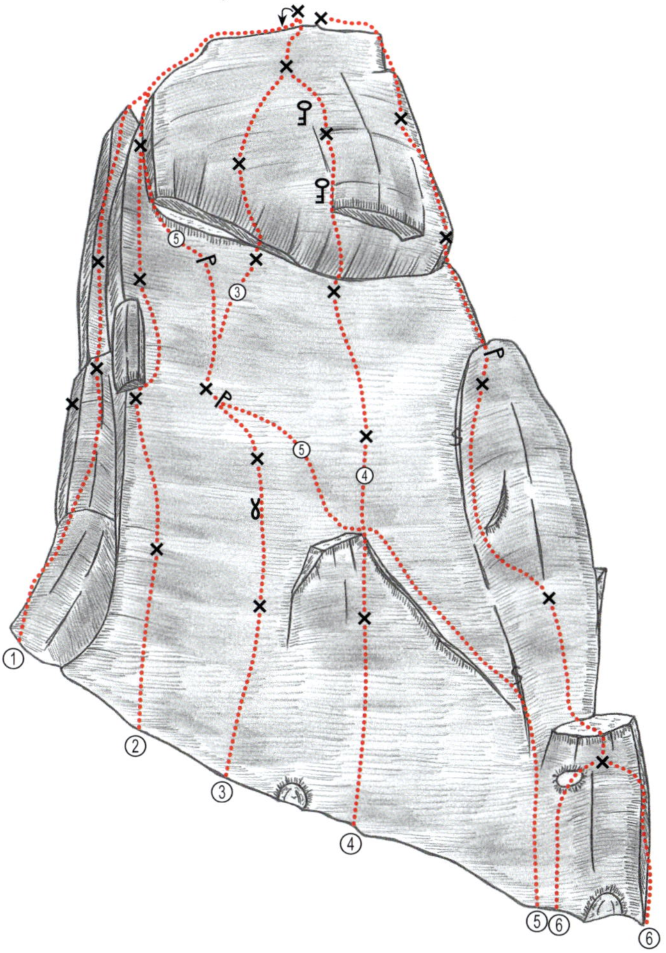

	Route	Grad	Beschreibung
1	**Bergseite**	3	*Steil aber gut griffig, Keile.*
2	**Bergkante**	5-	*Schöne Wandkletterei, der Block nach dem 2. Bohrhaken sollte vorsichtig behandelt werden.*
3	**Direkte Südwand**	6+	*Schöne, feste Wandkletterei mit steilem Abschlussüberhang, in dem nochmals kräftig zugepackt werden muss.*
4	**Rote Nacktschnecke**	7-	*Schöne Route, hart übers Dach, dort auch etwas brüchig.*
5	**Alte Südwand**	4+	*Klasse Wandquerung von rechts unten nach links oben, Keile.*
6	**Piazkante**	4+	*Gut griffige Kantenkletterei, Gestein eher nicht so fest.*

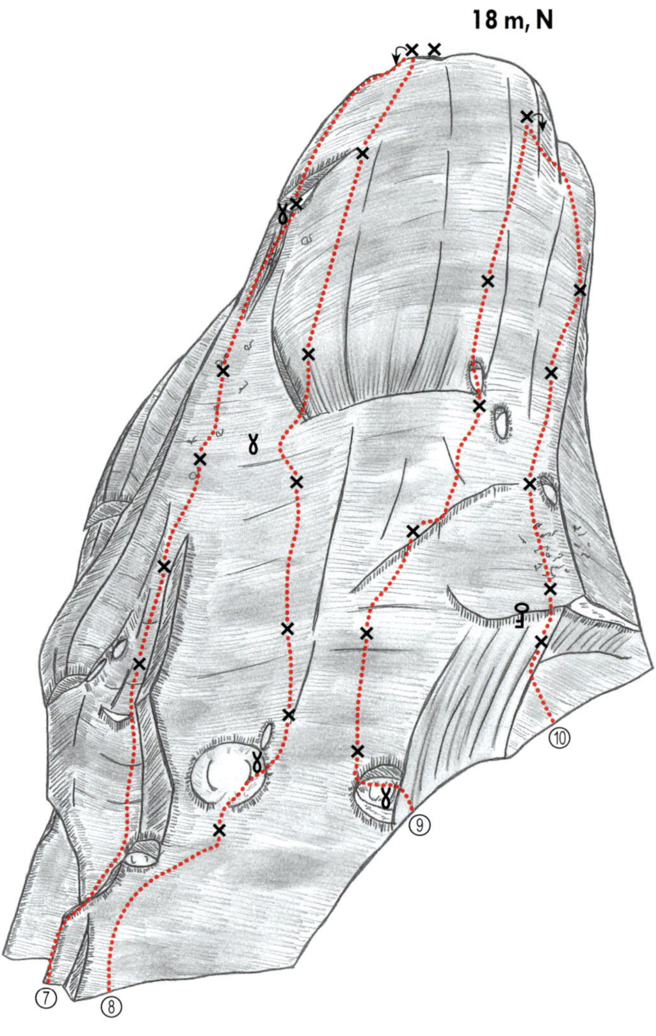

2.8 Listnadel

18 m, N

⑦ ⑧ ⑨ ⑩

7 Alt und Jung — **5-** *Nette Route, Gestein vorsichtig behandeln, nicht übersichert und ziemlich moosig.*

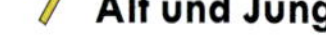

8 Tod des Handlungsreisenden — **7-** *Schöne Wandkletterei und ab dem 2. BH auch recht festes Gestein. Vor allem im oberen Teil heißt es kräftig zupacken.*

9 Irish Moos — **7-** *Steile Wand, im oberen Teil ausdauernd an großen Griffen, die warum auch immer noch ihr Dasein in der Wand fristen, trotzdem gut.*

10 Ohne Moos nix los — **6** *Knackiger, brüchiger Einstieg, danach deutlich einfacher, aber immer noch viel lockeres Gestein.*

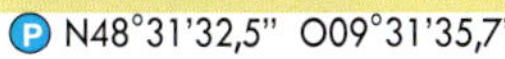

Der wenige Meter vom Albhaus entfernte Übungsfels der Sektion Stuttgart weist sehr glattes Gestein auf. Viele der Routen haben ausgesprochen harte Einzelstellen, die dazu noch ab und zu sehr größenabhängig ausfallen. Breites Routenspektrum, aber nicht immer ganz zuverlässiges Gestein. Die Absicherung ist mäßig und viele der Routen können den einen oder anderen Keil vertragen. Umlenkungen sind nahezu überall vorhanden.

Better bring some nuts for the one or two routes.

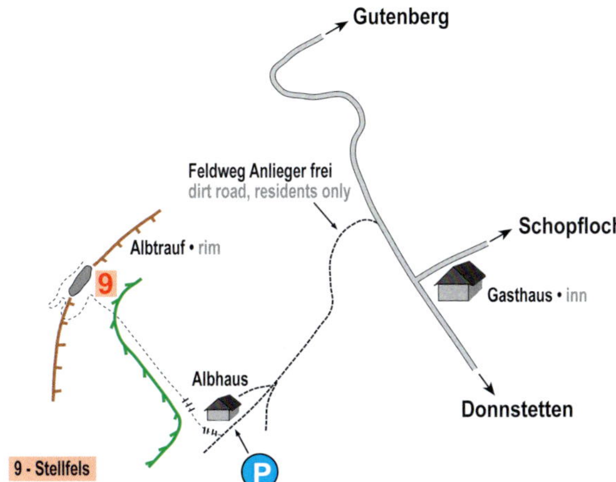

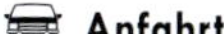

Anfahrt

Von der A 8 an der Ausfahrt Kirchheim Ost abfahren. Auf die B 465 und auf dieser Richtung Lenningen/Owen. Bei Dettingen links ab auf die K 1250 nach Nabern, durch den Ort hindurch und nach einiger Zeit rechts ab Richtung Ochsenwang/Schopfloch. Auf der Ochsenwanger Steige auf die Albhochfläche, durch Ochsenwang hindurch und weiter bis nach Schopfloch. Durch den Ort hindurch und der Straße durch die markante Rechtskurve (Pfulbkurve) bis zu einer Querstraße (links Gasthaus) folgen. Hier rechts talabwärts und kurz danach wieder links auf einen Feldweg (Anlieger frei). Diesem einige Zeit bis zu einer Gabelung folgen, hier rechts halten und nach kurzer Zeit zum Parkplatz oberhalb des Albhauses, hier parken.

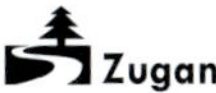

Zugang

Vom Parkplatz hinab zum Albhaus und an diesem vorbei auf Stufen zur großen Wiese. Diese am Waldrand entlang überqueren und auf einem schmalen Pfad vor bis zum Felskopf. Auf der linken Seite (Blickrichtung Tal) führt ein Pfad hinab zum Wandfuß.

Zugangszeit etwa 3 Minuten.

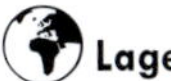

Lage

Am Albtrauf gelegene Südwand mit hohem Laubwald am Wandfuß, trotzdem sehr sonnig. Am Wandfuß findet man ausreichend Platz, aber gleich daneben geht es sehr steil den Berg runter.

Naturschutz

Der Fels liegt im Naturschutzgebiet Oberes Lenninger Tal. Keine besonderen Einschränkungen vorhanden.

2.9 Stellfels

1	**Idefix**	**6+**	*Schwere und bereits extrem abgespeckte Passage in der Platte, oben wesentlich einfacher. 1. BH sitzt für kleinere Kletterer sehr hoch.*
2	**Alpiner Notstand**	**6**	*Am 2. Haken schwere Einzelstelle, danach leichter, neuer eigener Ausstieg links rum.*
3	**Combinazione**	**6-**	*Am 1. BH durch den abgespeckten Fels mittlerweile recht schwer geworden, danach einfacher, auch der Abschlussüberhang löst sich einfach.*
4	**Quergang**	**5+**	
5	**Projekt**		
6	**Stumpi**	**7+/8-**	*Mittlerweile nachgesichert. Der überhängende Ausstiegsriss darf mit aller Macht gepiazt werden.*
7	**Ausgangssperre links rechts**	**8+**	
8	**Schlüsselweg**	**8-/8**	*Wer sich nach hartem Start und kleinfuzzeliger Platte bereits am Ziel seiner Träume wähnt, hat nicht mit dem hammerharten Zug oberhalb des Überhangs gerechnet.*
9	**Apollinaris**	**8-**	*Bereits der Start hat es gewaltig in sich, danach etwas gewusst wie. Am Ausstieg etwas links halten.*
10	**Stacheln und Dornen**	**9-**	*Stark größenabhängige Einzelstelle, wer noch am Band stehen kann und den Henkel rechs außen erreicht, hat gut lachen, alle anderen müssen Leisten pressen bei gleichzeitig miserablen Tritten. Der Ausstieg ist ebenfalls nicht geschenkt.*
11	**Danska Vodka**	**9+/10-**	*Boulderartige Route. Ohne den rechten Henkel schwerer (~10-/10).*

15 m, SW

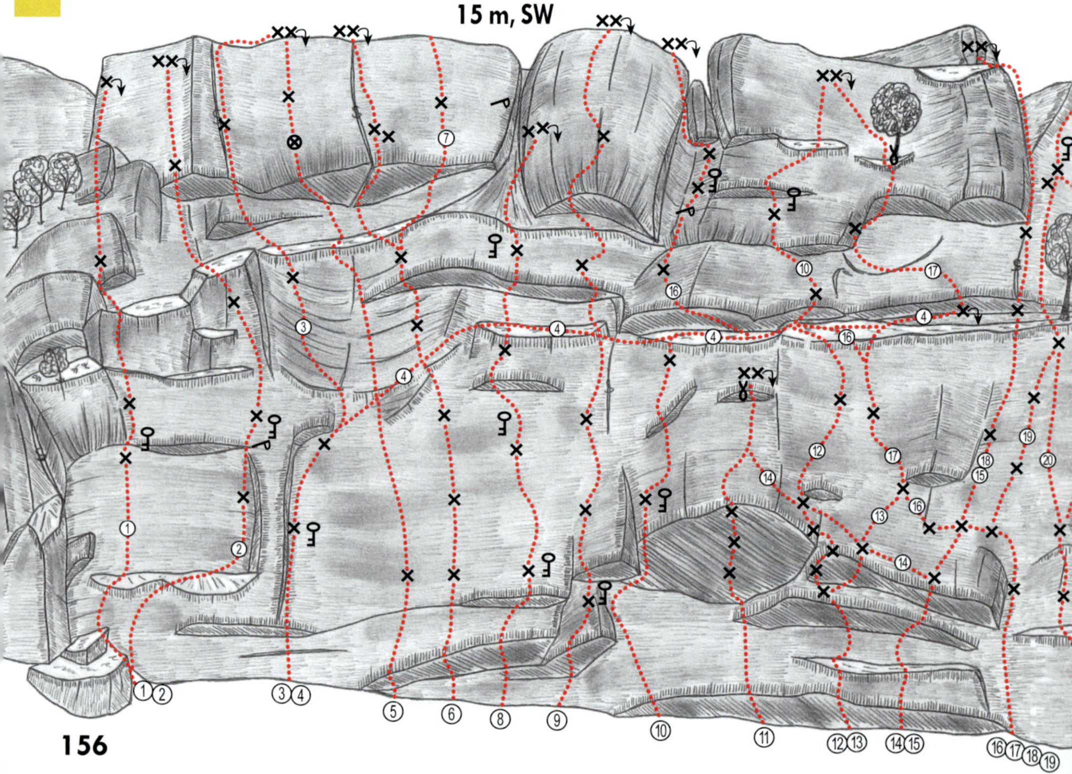

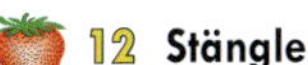

12	**Stängle Dach**	**9-**	*Mächtig überhängend und nicht übertrieben henkelig.*
13	**Schleicher**	**9-**	
14	**Volltrauf**	**9-/9**	
15	**Prozessionsweg dir. Einstieg**	**8+**	
16	**Prozessionsweg**	**7+**	*Bis zum Standplatz in der kleinen Höhle 6-. Nach links queren und athletischer Ausstieg an überhängender Rissspur.*
17	**Prozessionsweg+re. Ausstieg**	**6+/7-**	*Wer sich am Baum hochzieht, hat es am Ausstieg natürlich leichter.*
18	**Prozessionsweg+ dir. Ausstieg**	**7-/7**	*Am 3. BH des Prozessionsweges gerade hoch, etwas brüchig, auch in Verbindung mit Prozessionsweg Direkteinstieg möglich.*
19	**Variante**	**5+**	
20	**Direkte**	**5**	*Ziemlich frei zu kletternde Route, Keile! Am Bäumchen links oder rechts vorbei und am besten die Haken der Nebenrouten mit einhängen. Direkter Ausstieg 6.*
21	**Variante**		
22	**Rinne**	**3+**	*Durch die selbige teils etwas schmoddrig empor, vor allem im oberen Teil in der Verschneidung Keile ratsam.*
23	**Bohrkurspfeiler**	**4+**	*Gleich zu Beginn kommt die schwerste Stelle, oben deutlich einfacher.*
24	**Efeuriss**	**4+**	*Die Erwachsenenvariante.*
25	**Efeuriss Kindereinstieg**	**3+**	*Super gesicherte Route. Achtung die Bewertung gilt eher für große Kinder, die ganz Kleinen müssen sich da aber SOOO WAS VON LANG machen!*
26	**Frühlingserwachen**	**6-**	*Mittlerweile saniert.*

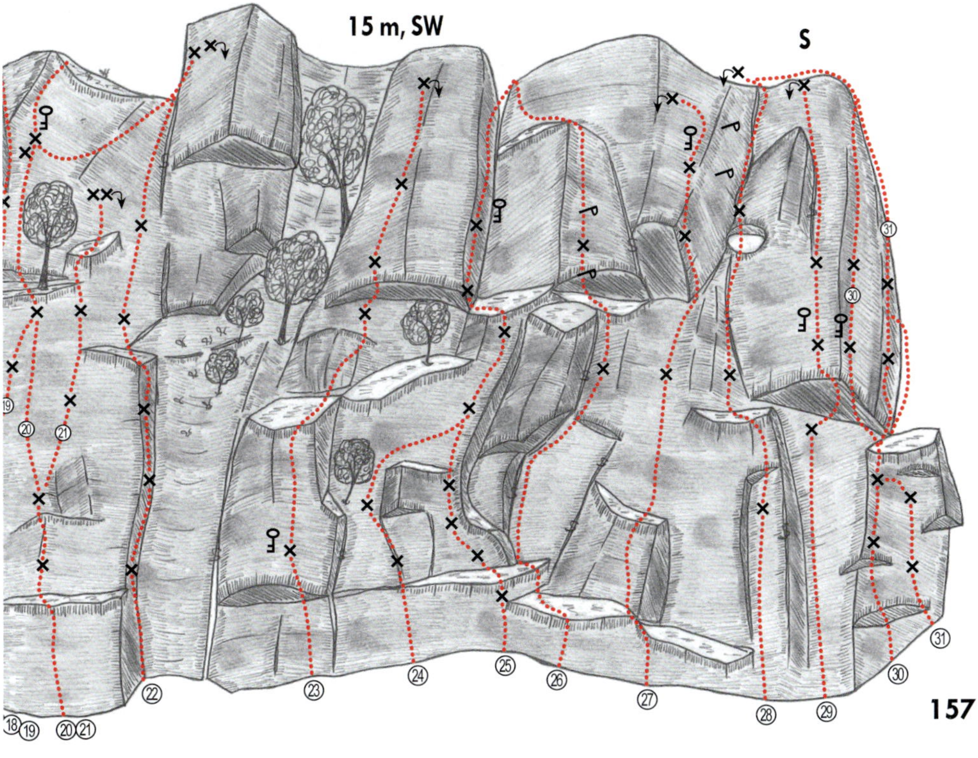

15 m, SW

S

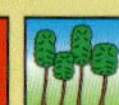
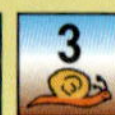

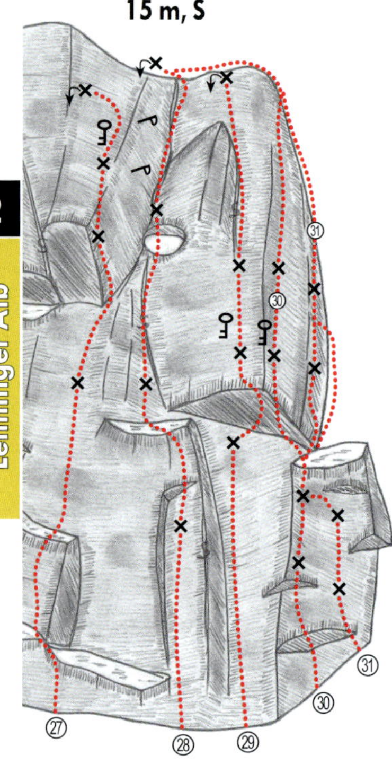

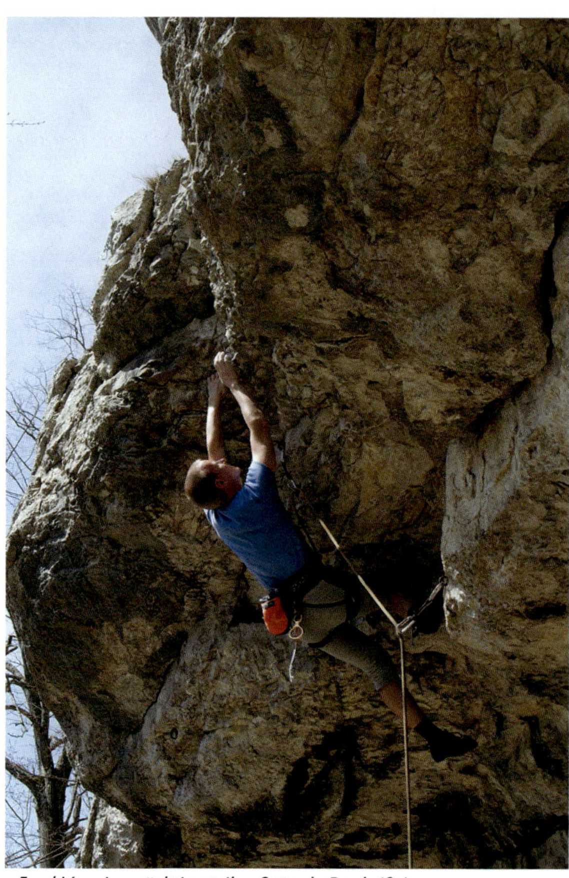

Fred Voss im mächtig steilen Stängle Dach (9-)

27	**Drücks weg**	**8**	*Vom letzten BH kurz etwas rechts haltend, definiert direkt geklettert schwerer.*
28	**Verlobungsriss**	**6**	*Großgriffig, aber extrem abgespeckt im Risssystem überhängend raus.*
29	**Altherrenweg**	**7+**	*Start in Verschneidung (Keile), über den Überhang muss man die kleinen Leisten mächtig zuschrauben.*
30	**Too low for zero**	**8/8+**	*1. BH etwas ungemütlich hoch, da der Fels hier nicht so richtig fest ist. Schwere Passage über den Überhang und weiter Zug von flachem Aufleger.*
31	**Felix ist da**	**6+/7-**	*Vom oberen Absatz am 3. BH weiter Rechtsschwenk. Direkt über den Ring mittels extrem flacher Aufleger etwa 9.*

P1 P N48°31'59,3" O09°31'58,5" **P2** P N48°31'53,9" O09°32'02,7" **P3** P N48°31'48,3" O09°32'10,6"

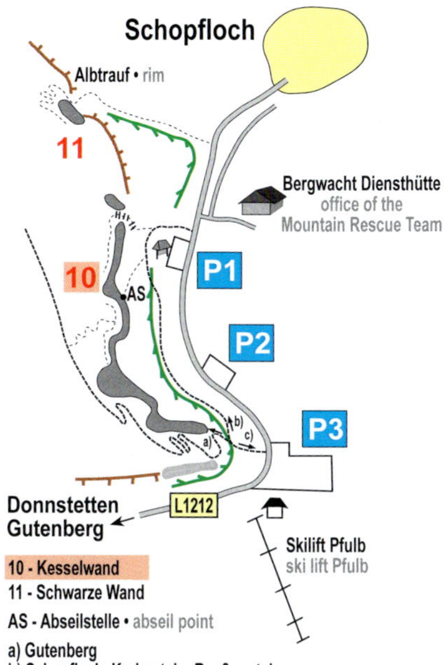

Größtes Massiv auf der Lenninger Alb mit einer enormen Anzahl meist gut gesicherter Routen. Das Gestein ist allerdings in vielen Bereichen von seiner Grundsubstanz her nicht besonders toll. Durch die vielen Begehungen sind die meisten Routen allerdings gut abgeklettert, jedoch sollte vor allem im Frühjahr besondere Vorsicht an den Tag gelegt werden. Ein Helm ist dringend anzuraten, da hier auch meist viele Kletterer unterwegs sind. Im Bereich der Arena und im Bereich des Kessels finden sich zudem jede Menge athletische, ausdauernde und überhängende Routen, die in dieser Form üblicherweise nicht Standard auf der Schwäbischen Alb sind. Bring a helmet!

Anfahrt

Von der A 8 an der Ausfahrt Kirchheim Ost abfahren. Auf die B 465 und auf dieser Richtung Lenningen/Owen. Bei Dettingen links ab auf die K 1250 nach Nabern, durch den Ort hindurch und nach einiger Zeit rechts ab Richtung Ochsenwang/Schopfloch. Auf der Ochsenwanger Steige auf die Albhochfläche, durch Ochsenwang hindurch und weiter bis nach Schopfloch. Durch den Ort hindurch. Kurz nach Schopfloch befindet sich rechts der Straße ein kleiner Parkplatz mit einer Infotafel (P1). Hier für die rechten Sektoren (Blickrichtung Tal) Sylphenwand bis Zwielicht parken. Der Straße noch etwa 300 m folgen, bis man in der sogenannten „Pfulbkurve" links einen größeren Wanderparkplatz erreicht (P3). Hier für die linken Sektoren (Blickrichtung Tal) Pfulb bis Kessel parken.

Lage

Am Albtrauf gelegene mächtige Wandflucht mit einer westlichen bis südwestlichen Ausrichtung. Teils in dichtem Laubwald gelegen, teils freistehend mit derzeit nur sehr niederem, nachwachsendem Laubwald. Je nach Sektor hat man zu jeder Tageszeit Sonne. Im Bereich Pfulb hat man die größte Aussicht auf ganztägigen Schatten.

Zugang

Sektoren Sylphenwand bis Zwielicht: Vom Parkplatz P1 auf einem Weg direkt vor zum Trauf. Dort führt rechtshaltend ein Weg - der sogenannte Charly Lorch Steig - zuerst sanft, später steil, dann senkrecht hinab zum Wandfuß. Um das Ganze etwas zu erleichtern, wurden hier durch die Sektion Stuttgart des DAV Aluminiumleitern angebracht. Allen Beteiligten sei ewiger Dank, denn der Abstieg war grausam und überstieg die Kletterschwierigkeiten bei Weitem.

Sektoren Pfulb bis Kessel: Vom Parkplatz P3 zuerst kurz wieder Richtung Schopfloch, dann die Straße queren und auf einem Feldweg über die Wiese Richtung Albtrauf/Waldrand. Dort führt ein schmaler Wanderweg in einer engen Schlucht steil den Berg hinab. Nach kurzer Zeit erreicht man hier die ersten Ausläufer und Sektoren der Kesselwand direkt neben dem Wanderweg (Sektor Pfulb). In Kehren führt der Weg teils seilversichert steil bergab. Nachdem er wieder sanfter und mehr geradeaus verläuft (die Felswand zieht hier nach rechts oben), kommt man nach einiger Zeit an eine Abzweigung rechts des Weges (leicht zu übersehen). Hier führt der Zugangspfad zu den Sektoren Kessel und Gulliver über Stufen steil nach oben.Vom rechten Ende des Sektors Kessel führt ein seilversicherter Steig erst abwärts, später mit Stahlseilen versehen aufwärts zu einem breiten Felsband. Dort befinden sich die Einstiege der Routen des Sektors Gulliver.

Zugangszeiten etwa 3-13 Minuten.

Naturschutz

Bei den meisten Routen muss zwingend umgelenkt werden, nur bei den Routen Alte Kesselwand, ATP, Knödlerausstieg, Briefkästle, Teddyplatte, Gipserriss und Land in Sicht darf ausgestiegen werden. Teilweise (Kessel, Gulliver) Sperrung (Vogelbrut) möglich, Beschilderung beachten! Topping out only allowed in the routes "Alte Kesselwand", "ATP", "Knödlerausstieg", "Briefkästle", "Teddyplatte", "Gipserriss" and "Land in Sicht". Partial (Kessel, Gulliver) closure possible (breeding birds), respect the signs!

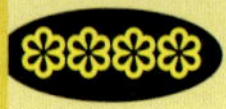

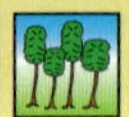

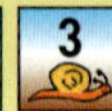

12 m, SO

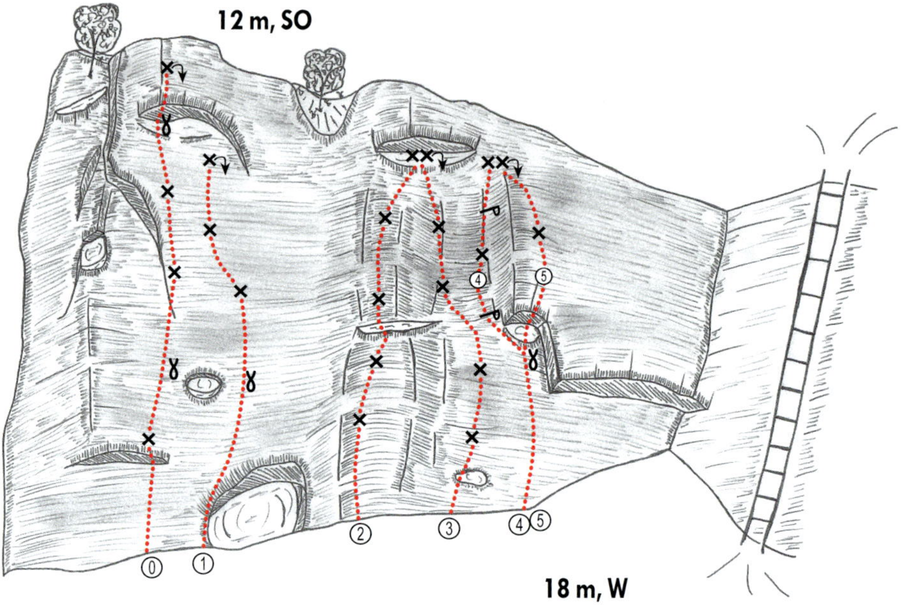

① ② ③ ④ ⑤ ⓪

18 m, W

⑥ ⑦ ⑧ ⑨ ⑩

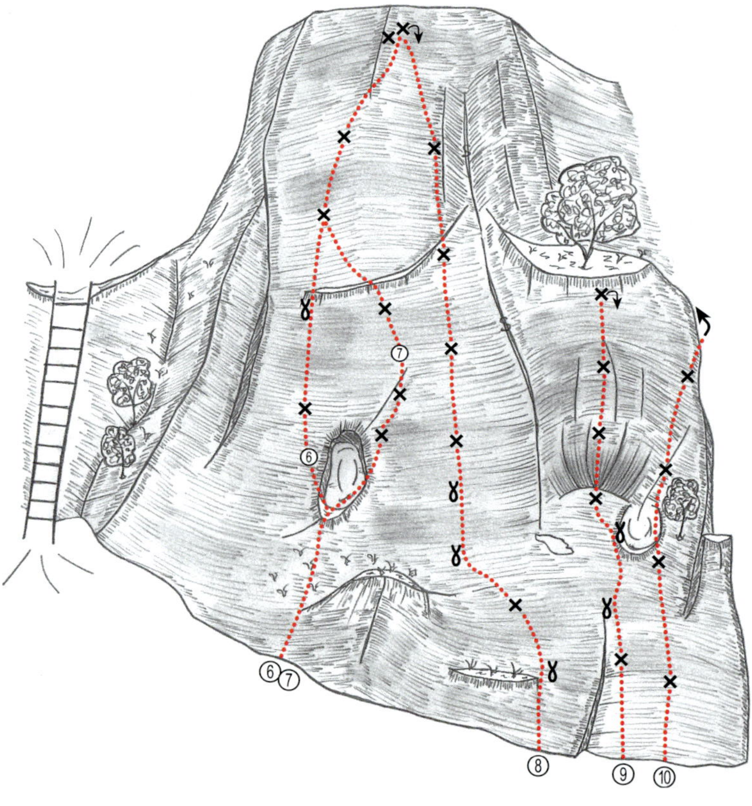

0	**Rue de Croissant**	6	
1	**Miss Martle**	6	
2	**Gatter-Ged. Weg**	7	
3	**Sweet Princess**	6+	
4	**Herbstprolog**	6	
5	**Epilog**	6	
6	**Expedition ins Tierreich**	8-	*Einzelstelle am 1. Bohrhaken, danach einfacher.*
7	**Heia Safari**	6	
8	**Sterns Stunde**	6	*Nach mäßigem Start schöne, gleichmäßig schwere Wandkletterei.*
9	**Fluch des Wissens**	7-	*Knackige Passage über den Überhang.*
10	**Animal Liberation Front**	6-	*Gleichmäßige, meist gut griffige Wandkletterei. Der 4. BH steckt in nicht ganz festem Gestein!*

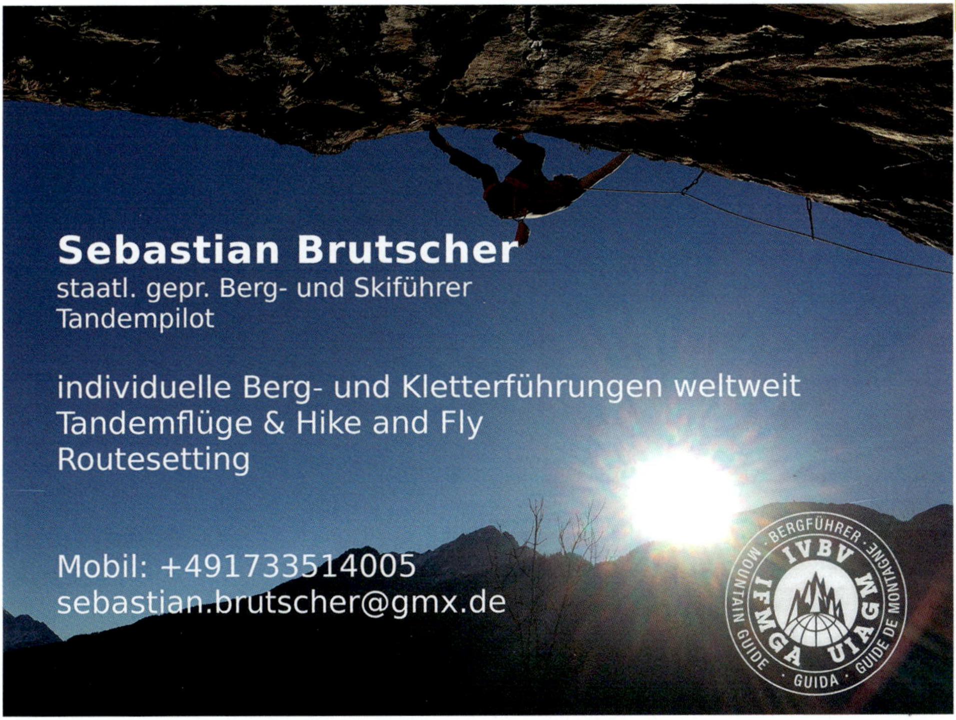

2.10 Kesselwand (Sylphenwand)

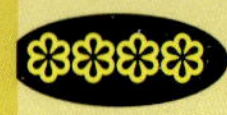

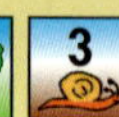

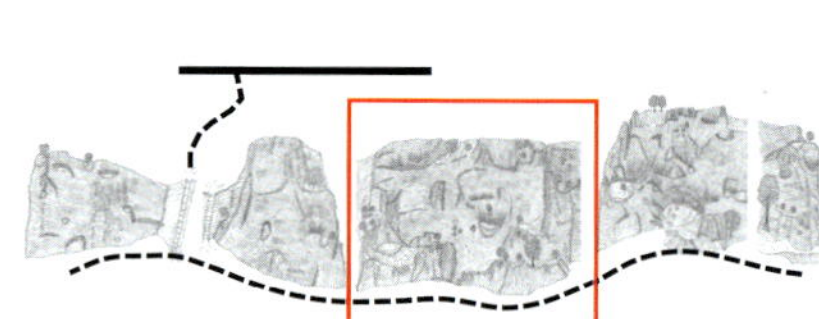
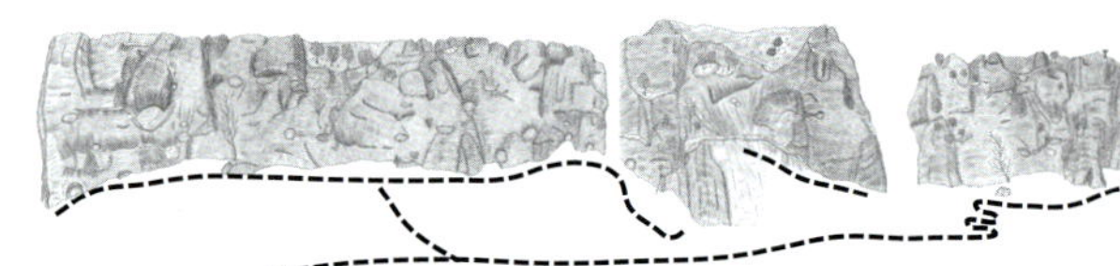

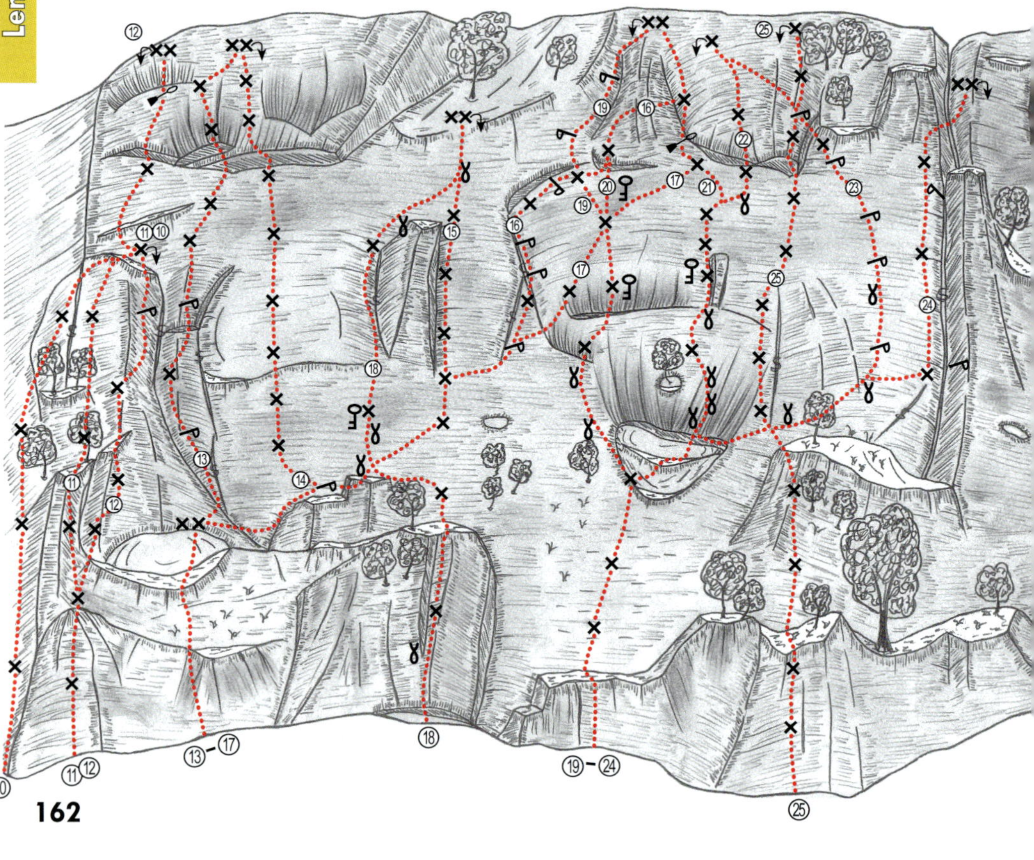

30 m, SW

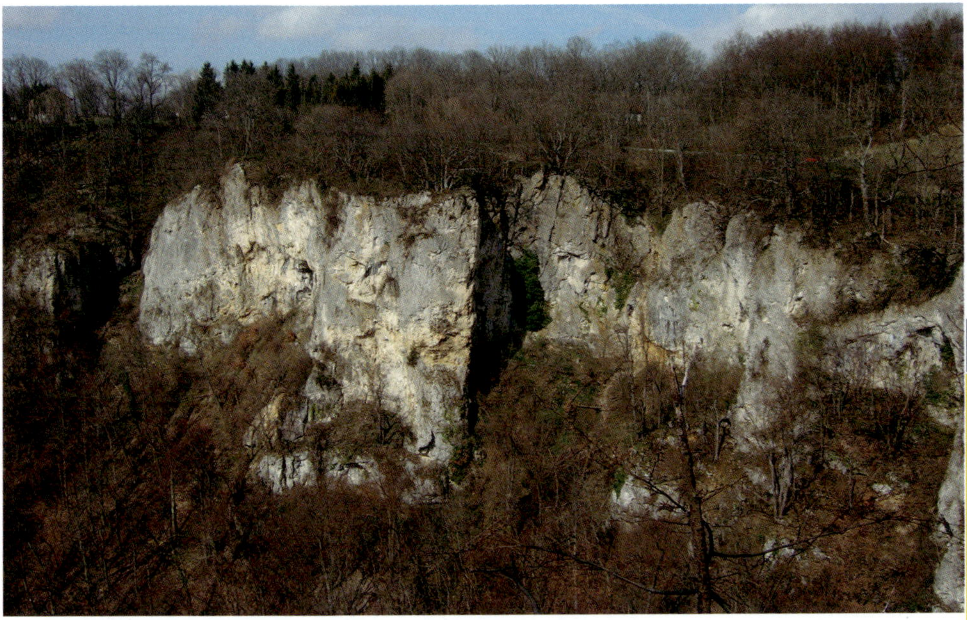

Gesamtansicht von Sylphenwand, Arena, Sektor Zwielicht und Kessel

Nr.	Route	Grad	Beschreibung
11	**Linksalternative**	6/6+	
12	**Sylphensatans**	6	*Nette, einfachere und lange Route, im oberen Teil nicht übersichert, etwas brüchig.*
13	**Neue Sylphenwand**	7-	
14	**Hypnose**	7+/8-	*Kleingriffige Platte.*
15	**Plattenvariante**	7-	*Kompakte Wandkletterei in direkter Verlängerung des Einstiegs der Konsequenz, schöne Route.*
16	**Sylphenwand**	6+	*Tolle, großzügige Querung durch die halbe Wand, Einstieg auch und besser über die Konsequenz.*
17	**Putzteufel**	6+	
18	**Konsequenz**	7-	*Heikle Plattenkletterei, bei der der 3. Bohrhaken in der Platte schwer angeklettert werden muss, schlecht abgesichert!*
19	**Zugabe**	7-	*Klasse Route mit etwas brüchigem Start, aber anschließend toller Plattenkletterei.*
20	**Zugabe direkt**	7	*Variante mit schwerer, kleingriffiger Einzelstelle, stehtechnisch anspruchsvoll, teils recht freie Passagen.*
21	**Rattenfänger**	7-/7	*Schöne Route mit schwerer Stelle im steilen Teil, danach geneigte, aber schlecht griffige Platte.*
22	**Oberrattenfänger**	7	*Wie Rattenfänger, aber oben geradeaus über den brüchigen Überhang, nicht so toll.*
23	**Wilder Stachelbär**	6+	
24	**Sylphenriss**	5+	*Ziemlich alpine Querung, die Verschneidung ist ganz nett. Am Pfeilerkopf brüchig nach rechts, evtl. Keile.*
25	**Denn sie wissen nicht was wir tun**	7-	

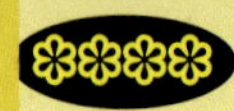

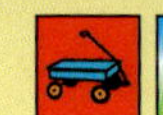

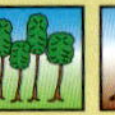

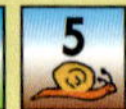

33 m, SW

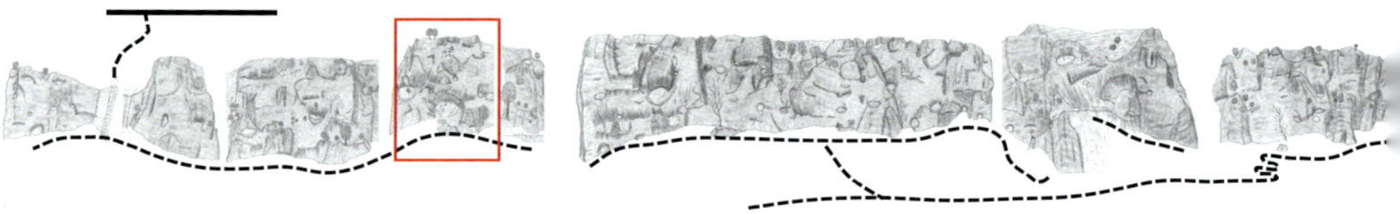

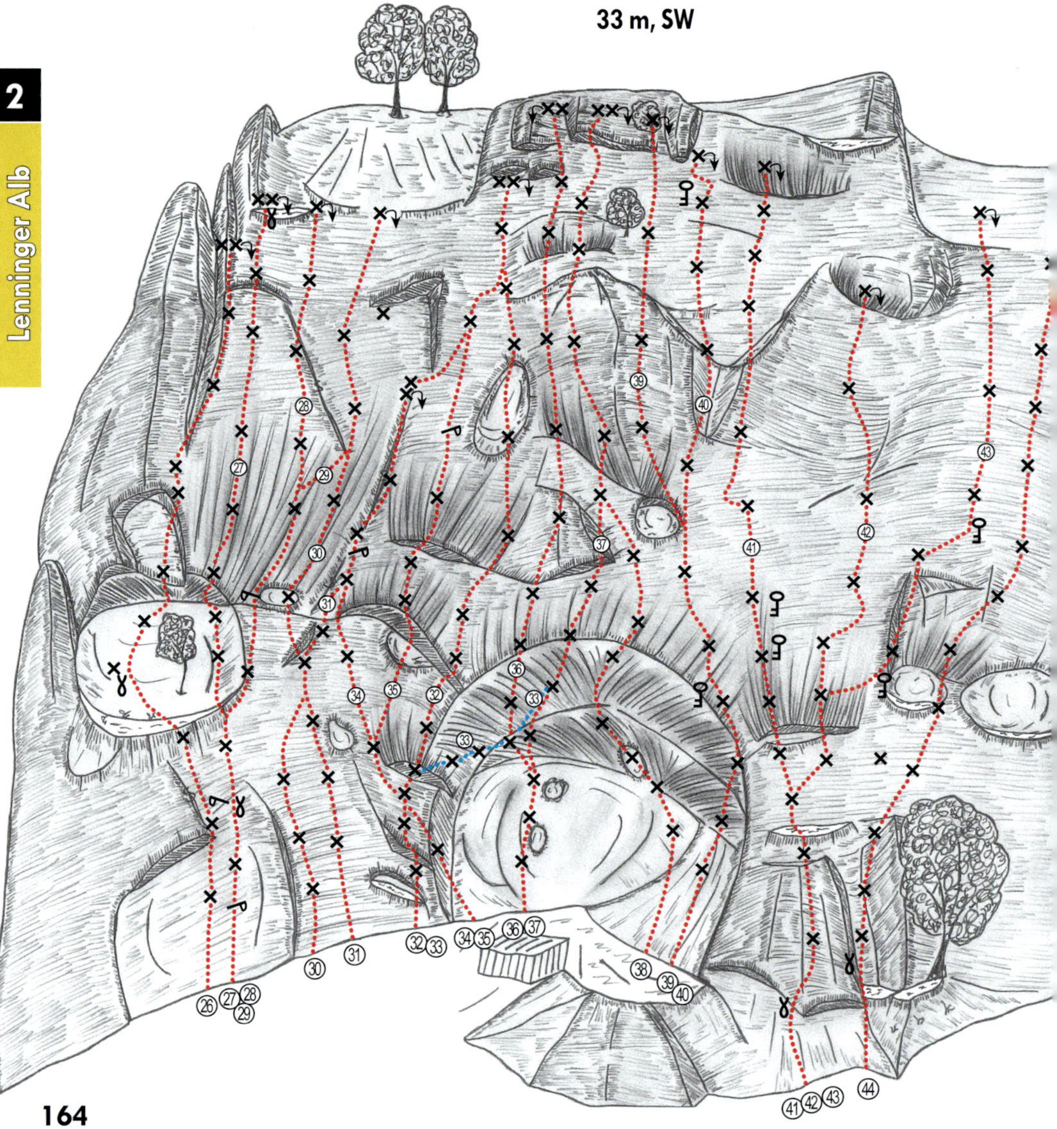

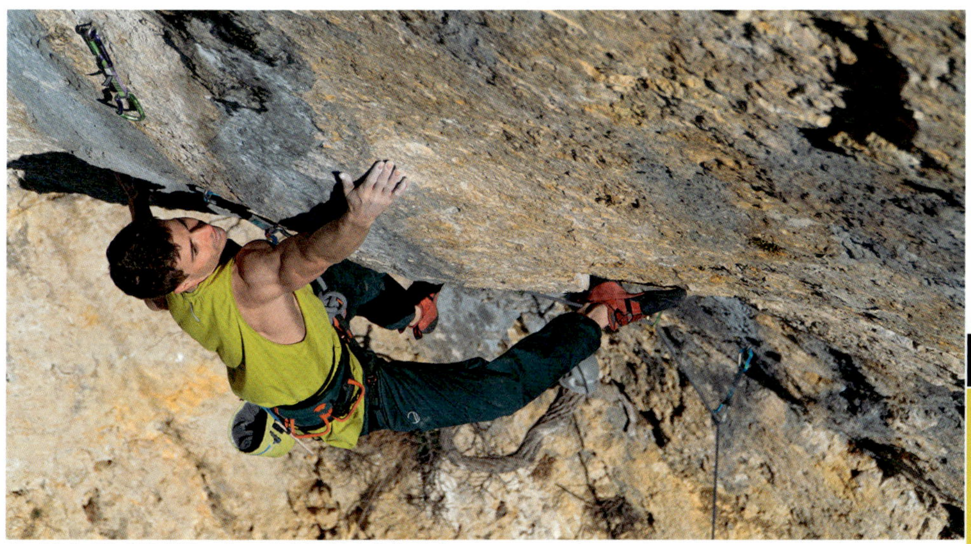

Paul Schall in WPW Syndrom (10-); Foto: Felix Bub

26	**Pilier Bachner**	**8+**	*Noch in regelmäßiger Veränderung begriffen.*
27	**WPW Syndrom**	**10-**	*Nach Ausbruch von Tritten schwerer geworden.*
28	**Tanz der Lulli-Meister**	**10-**	*Genialer Kreuzzug und danach noch dranbleiben bis ganz oben.*
29	**Supersonic**	**10-/10**	
30	**Morbid Angel**	**10**	*Luftige Angelegenheit.*
31	**Vergessene Wand**	**9-**	*Überhängend, ausdauernd, leider häufig und lange nass. Bis zum ersten Stand 8+.*
32	**Das Schweigen der Hämmer**	**9+**	
33	**Matrix**	**10+**	
34	**1. Stupne**	**8+**	
35	**Scherbengericht**	**9**	
36	**Goldgräber**	**10-**	
37	**Glücksbringer**	**10-**	
38	**Lustmolch in der Grotte**	**9+**	*Die steilste Route am Fels.*
39	**Der Bär trägt Mantel**	**9**	
40	**Dreckbär**	**8+/9-**	*Ausdauerhammer mit 2 schweren Passagen vom 4. zum 5. Bohrhaken und am letzten Zwischenhaken, klasse Route.*
41	**Franz Dampf**	**8/8+**	*Klasse Ausdauerroute mit schwerer Passage zwischen 5. und 7. Bohrhaken, danach etwas einfacher. Zur Umlenkung legt die Route nochmals einen Zahn zu, sehr ausdauernd.*
42	**Xälsbär**	**9-/9**	*Äußerst kleingriffige und durchgängig schwere Kletterei, bei höheren Temperaturen nicht zu empfehlen.*
43	**Mad Max**	**8**	*Ausdauernd und mit schwerer Passage im oberen Quergang.*
44	**Sacramento**	**7+**	*Gut gesichert, sehr ausdauernd aber teils auch sehr zweifelhafte Gesteinsqualität.*

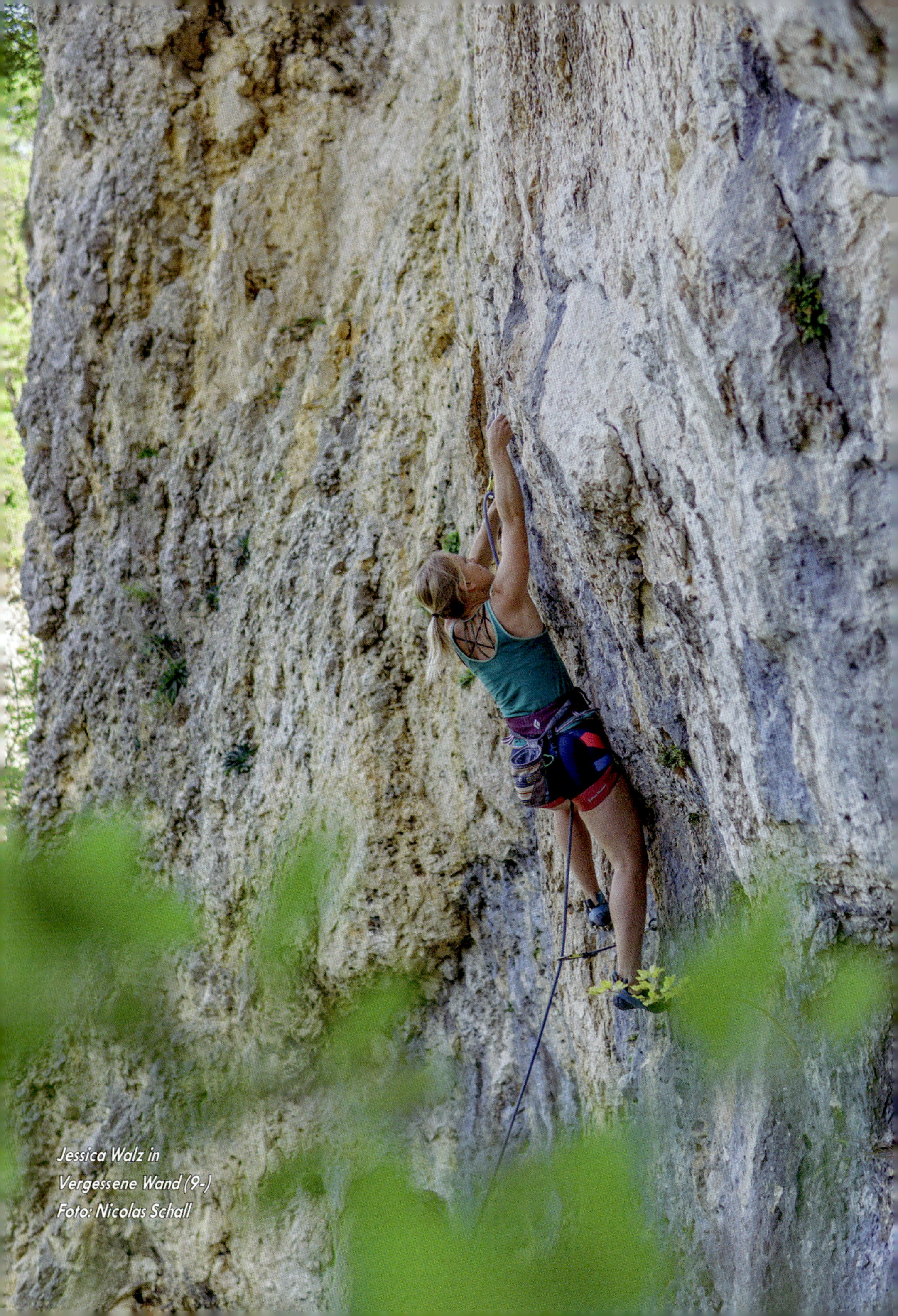

Jessica Walz in
Vergessene Wand (9-)
Foto: Nicolas Schall

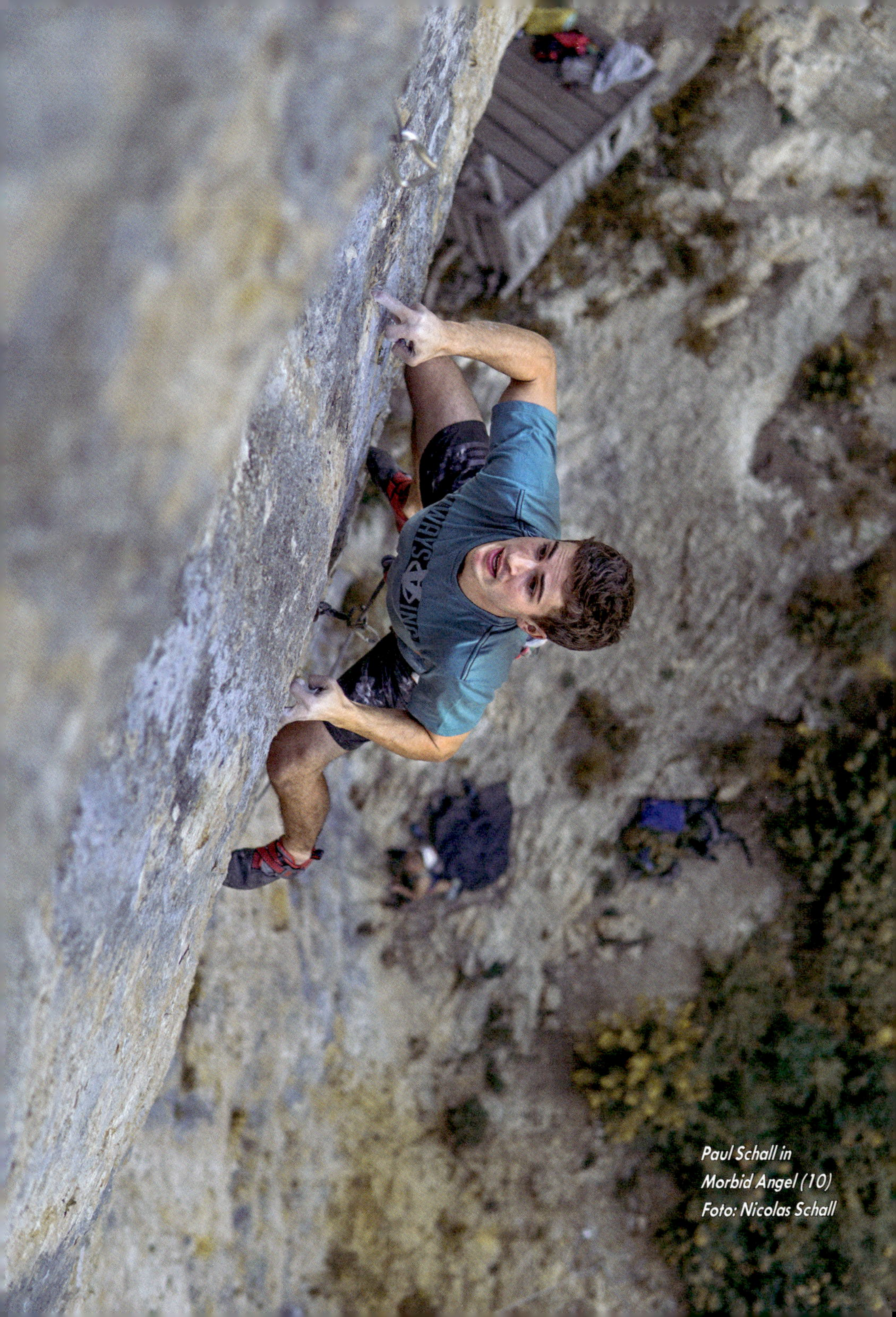

Paul Schall in
Morbid Angel (10)
Foto: Nicolas Schall

2.10 Kesselwand (Zwielicht)

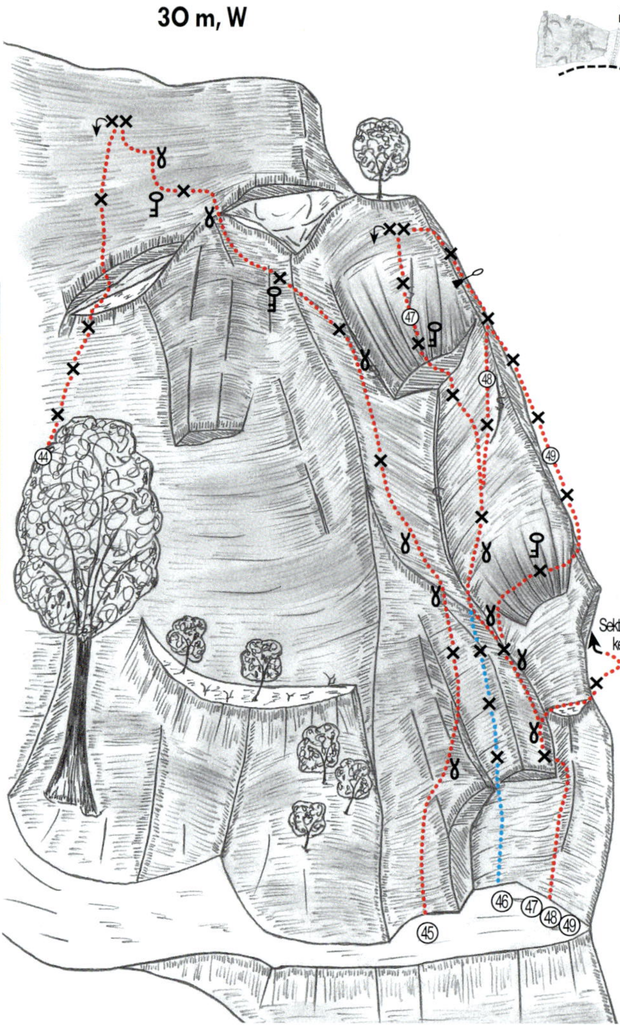

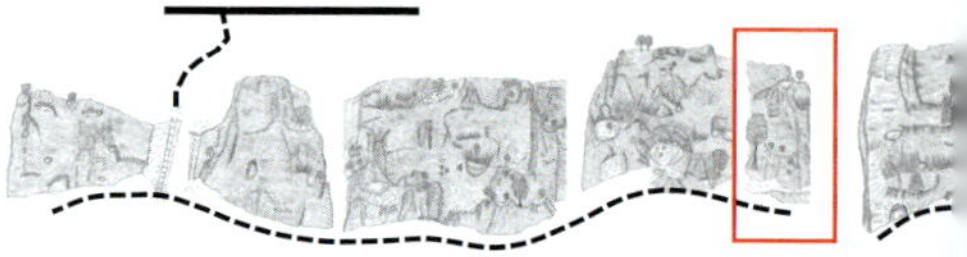

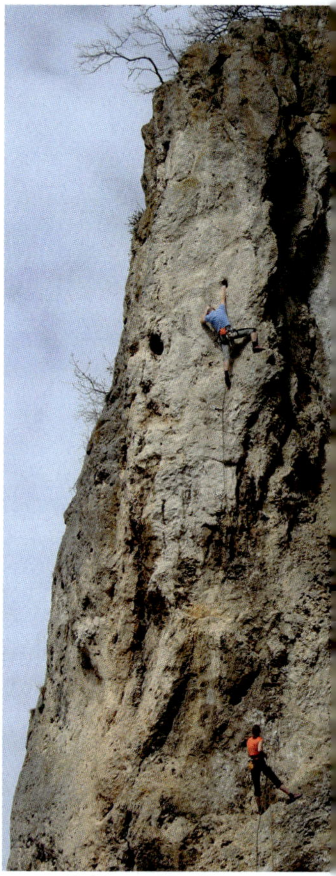

30 m, W

Sektor Zwielicht kein Topo

Sabine und Fred Voss in Stein des Anstoß (7+), Sektor Kessel

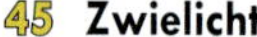

	Route	Grad	Beschreibung
45	**Zwielicht**	**6/6+**	*Lange Route, teils etwas bröselig und sparsam gesichert. Aufgrund des querenden Verlaufs muss die Route nachgestiegen werden.*
46	**Einstiegsvariante**		
47	**Touch me tiger**	**8-**	*Schwere Passage übers Dach. In die Platte rein nochmals schwer.*
48	**Easy lover**	**6**	*Schöne und vor allem im oberen Teil steile Wand-/Verschneidungskletterei.*
49	**Wenn Männer zu sehr lieben**	**6+/7-**	*Klasse Route über den Pfeiler. Die schwere Passage beginnt am 1. Bohrhaken mit der Querung nach rechts. Vom Pfeilerkopf nochmals kurz etwas kleingriffig zur Umlenkung.*

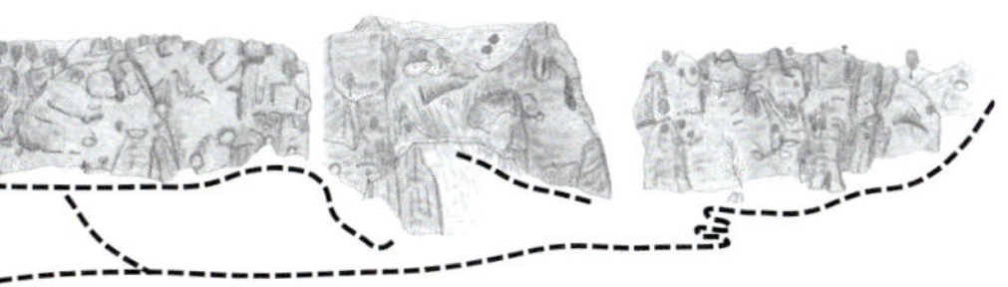

SEKTOR ZWIELICHT OHNE TOPO

Von den folgenden Routen ist kein Topo vorhanden, da kein vernünftiger Zugang möglich ist, außer abzuseilen.

1	**Der scharfe Blick**	**6**	*Einstieg noch über Easy lover und Traverse nach rechts zu altem Standring möglich.*
2	**Frühlingsvariante**	**6**	
3	**Verbindungsvariante**	**5+**	
4	**Frühlingsweg**	**8-**	
5	**Alte Führe**	**7**	
6	**Captain Link**	**6+**	
7	**Tai Ginseng**	**7**	
8	**Die Kraft der zwei Herzen**	**7+**	
9	**Dr. Rogoll**	**6+**	
10	**Variante Forte**	**6+**	
11	**Die Hausmeister**	**7-**	

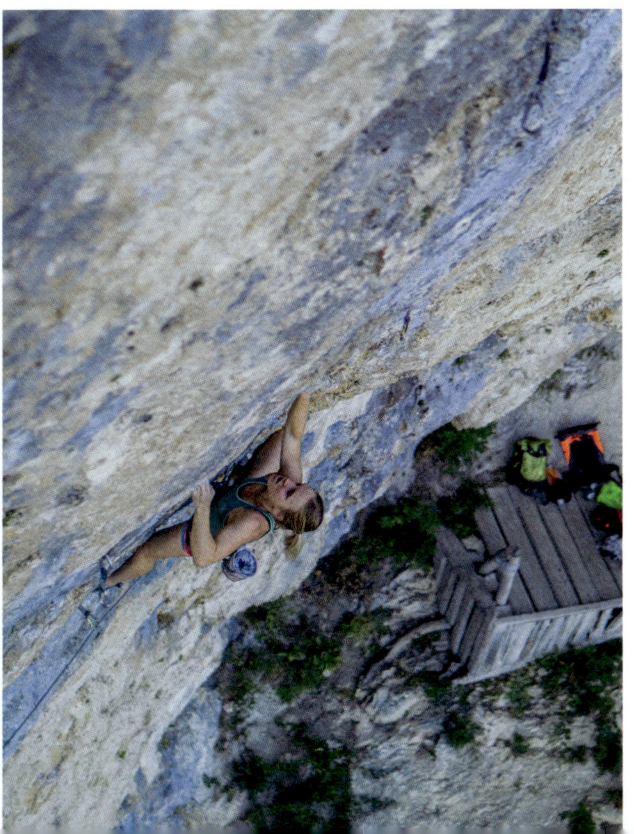

Jessica Walz in Vergessene Wand (9-) Foto: Nicolas Schall

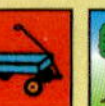
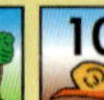
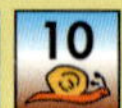

35 m, O

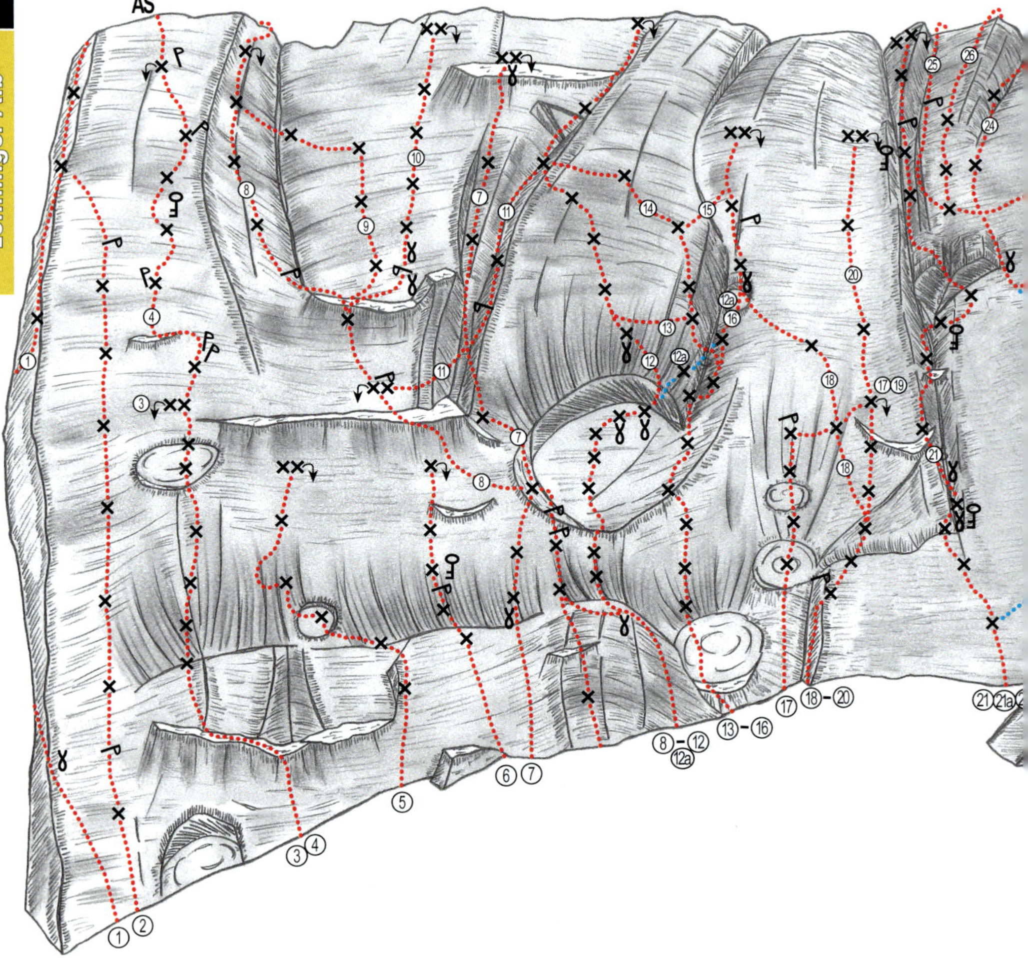

AS

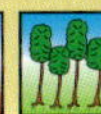

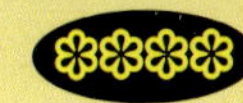

(Kessel) Kesselwand 2.10

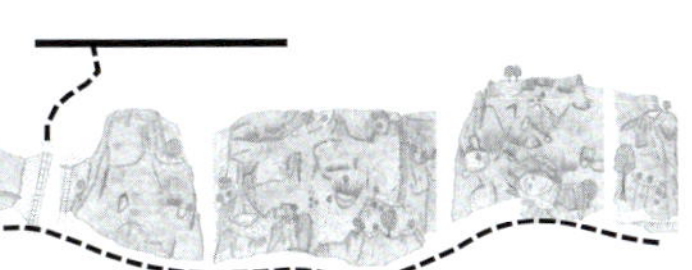
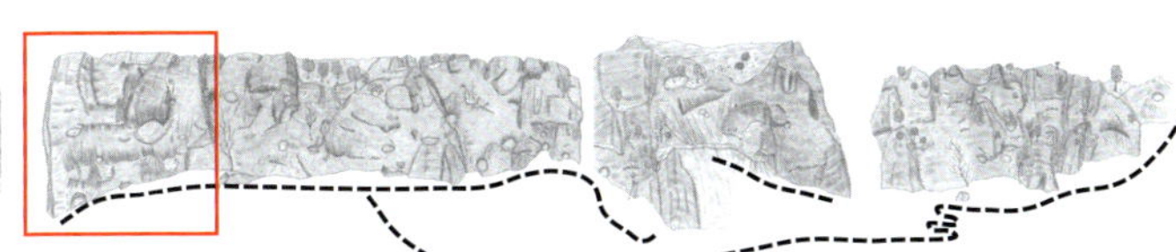

Nr.	Route	Grad	Beschreibung
1	**Kesselkante**	7-	*Brüchig, 1. BH sehr hoch.*
2	**Albgold**	7-	*Neue Hakenreihe durch üblen Bruch.*
3	**Hasenfußvariante**	6+/7-	*Überhängende Henkelkletterei bis zum Zwischenstand. Bis zum 2. BH ziemlich dubioses Gestein.*
4	**Stein des Anstoß**	7+	*Klasse Route mit harter Einzelstelle, insgesamt sehr ausdauernd.*
5	**ANKH**	8	*Ausdauernd, überhängend an meist guten Griffen. Am 4. Ring noch ein Stück weiter nach links.*
6	**Rechter Direkter**	8	*Überhängend, großgriffig mit einem sehr weiten Untergriffzug am 2. Ring.*
7	**Das Lot**	7+	
8	**Alte Kesselwand**	6+	*Am 1. Bohrhaken ziemlich athletisch, danach deutlich einfacher. Erst am Ausstieg muss man nochmals kräftig zupacken, ziemlich polierte Route.*
9	**White Crack**	8	
10	**ATP**	8-	
11	**Alte Kesselwand mit Knödler Ausstieg**	6+	
12	**Galgenfrist**	8+/9-	*Schwerer Start, dann einfacher bis unters Dach. Übers Dach raus müssen einige weite Züge aneinandergereiht werden.*
12a	**Kesselflicker**	9-	*Kombi aus Galgenfrist und Vom Himmel hoch.*
13	**Galgenhoch**	9-	
14	**Streck dich Ägypter**	10	
15	**Igor der Schreckliche**	9	
16	**Vom Himmel hoch**	9-/9	*Harte und etwas größenabhängige Einzelstelle am Start, dann kommt die Ruhe vor dem Sturm, der über eine kleinfuzzelige Einzelstelle eingeläutet wird. Danach heißt es in überhängender Risskletterei dranbleiben, sehr ausdauernd.*
17	**Wir haben Euch nie ein Verdon versprochen**	9	
18	**Der sichere Hieb**	9-	
19	**Pattaputt**	8	
20	**Napster**	9+	
21	**Intensivstation light**	8-	*Die Route beginnt nicht so lecker in ziemlich mürbem Gestein. Nach oben zu immer besser und die abschließende a...glatte Platte darf mittels einer zum Glück gut griffigen Kante gepiazt werden.*

2.10 Kesselwand (Kessel) 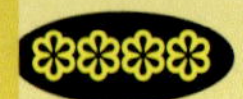

 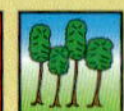 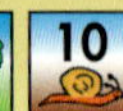

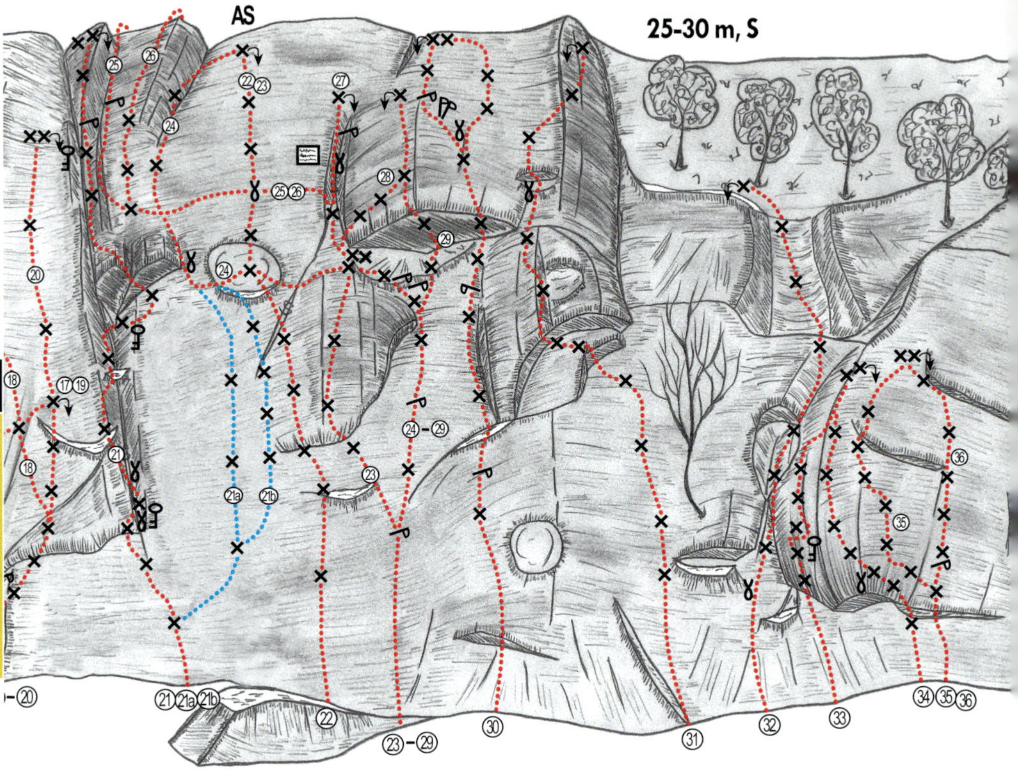

AS

25-30 m, S

Nr.	Route	Grad	Beschreibung
21a	Projekt	~7	*Efeu weg, neuer Bruchklassiker entdeckt.*
21b	Der letzte Malocher	~9-	*Projekt*
22	Teddy für Matti	7+/8-	*Neuer Direkteinstieg zur Teddyplatte.*
23	Teddyplatte	7	*Der Klassiker am Fels, unten ziemlich knackige und steile Kletterei, im oberen Teil ist dann eher der Plattenkünstler gefragt, tolle Route.*
24	Piazriss	6	
25	Briefkästle	6+	*Noch so ein Klassiker, der in seiner originalen Routenführung aber selten geklettert wird.*
26	Spitalo Fatalo	7	
27	Briefkästle gerader Ausstieg	6+	*Die übliche und sehr schöne Variante dieses Klassikers.*
28	Göppinger Quergang	7	
29	Saubär	8+	
30	Organmandat	7-	*Teils jämmerlich brüchig, auch die Bohrhaken sind teils in sehr zweifelhaftem Gestein versenkt, sonst ganz nett.*
31	Vorhang auf	7-	
32	Stuttgart alpin	5+	*Route der Marke „Bruch und Schutt macht Spaß kaputt"!*
33	Alles macht weiter	8+/9-	*Am 2. Bohrhaken braucht man eine sehr solide Fingerkraft, der Rest der Route ist deutlich einfacher, unten dezent klettern!*
34	Monster Magnet	?	*Soll 8+ sein, kann aber dann nach der Querung nur über (33) geklettert werden, direkt über die Haken deutlichst schwerer und ca. 9.*
35	Bananarama	8+/9-	
36	Maniac Kompression	9	

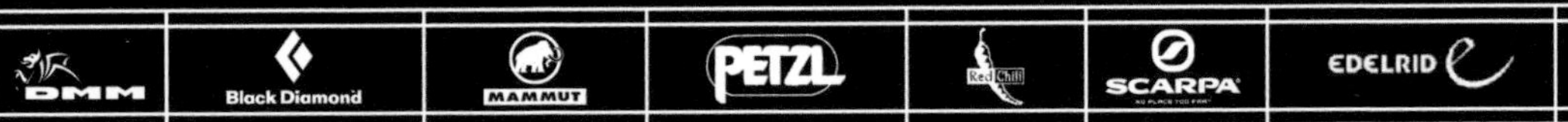
DMM
Black Diamond
MAMMUT
PETZL
Red Chili
SCARPA
EDELRID

 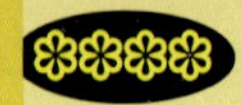  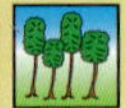 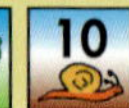

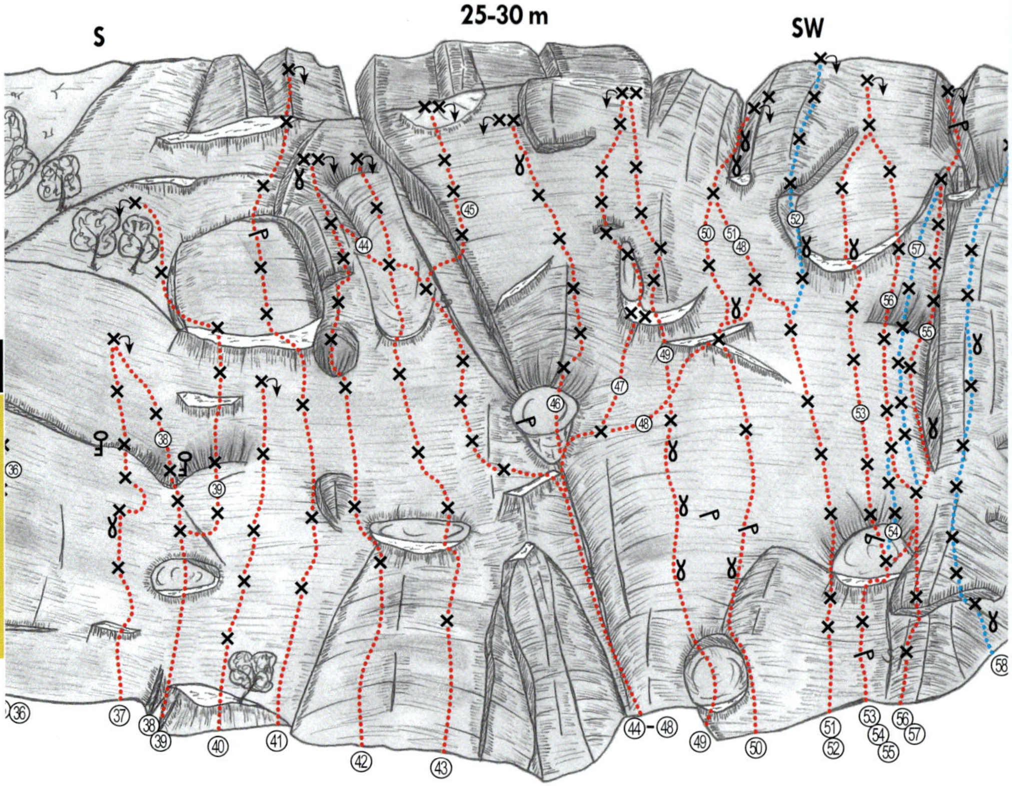

S

25-30 m

SW

	Nr.	Route	Grad	Beschreibung
	37	**Back to nature**	8	*Ausdauernde Route, vom 2. zum 3. Ring Rechtsschleife klettern. Am 4. Ring muss Mann/Frau sich sehr lang machen. Der 1. Bohrhaken ist für kleinere Kletterer unangenehm einzuhängen.*
	38	**Captain Dietz**	7+/8-	*Großgriffig geht's zur Schlüsselstelle am und über den kleinen Überhang.*
	39	**Generation blind**	7+	
	40	**Sergeant Rehm**	5+	
	41	**Buchenmikado**	7-	
	42	**Direktes Stadium**	7	*Glatte, technisch anspruchsvolle Plattenkletterei.*
	43	**Endstadium**	7+	
	44	**Müngersdorfer Stadium**	7+	
	45	**Komplettes Stadium**	8	
	46	**Kesseltreiben**	8-/8	*Harte, leicht abdrängende Wandkletterei, der kleine Startüberhang wird rechts umgangen.*
	47	**Dampfkessel**	7-	
	48	**Brockengespenst**	6+	
	49	**Perlen vor die Säue**	7-	
	50	**Brockengespenst direkt**	6+	
	51	**Bröckelgespenst**	6	

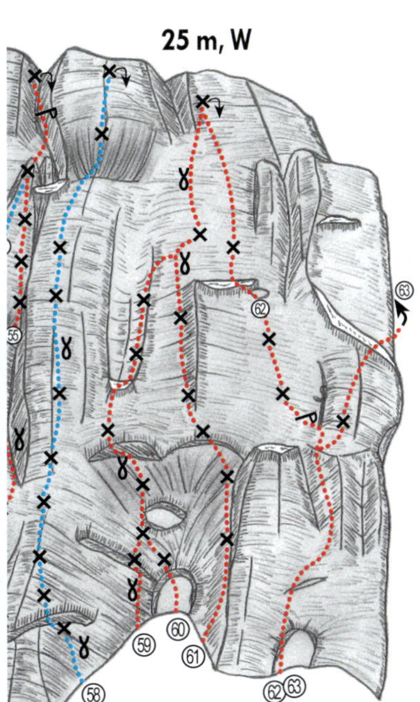

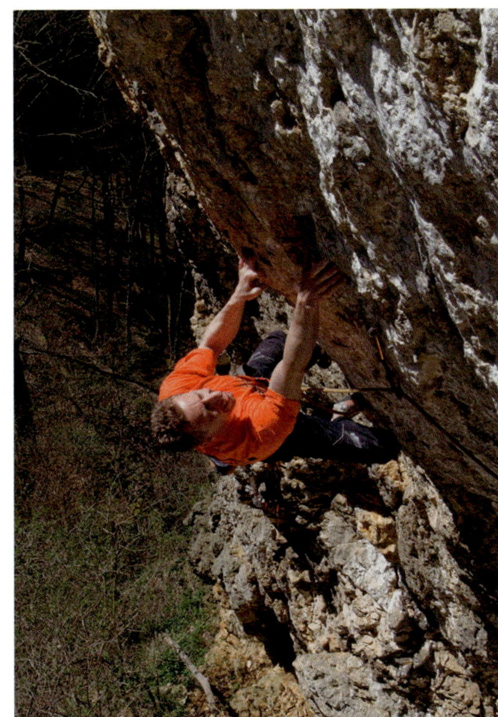
Löchrig, steil, athletisch - Harald Röker in ANKH (8)

Nr.	Route	Grad	Beschreibung
52	**Bröckelgespenst extended**	7-/7	
53	**Ghostbusters**	7-	
54	**Zehntausend Schneekristalle**	7	*Variante, macht die Orientierung in diesem Wandteil nicht einfacher.*
55	**Gipserriss**	6+/7-	*Noch so ein Klassiker am Massiv, vor allem im unteren Teil nicht überversichert.*
56	**Tausend Schneekristalle**	7	
57	**Jenseits von Jedem**	8-	*Ziemlich reingequetscht.*
58	**B50 too**	7-	*Gruseliger Ausstieg.*
59	**Thüringer Rostbratvariante**	7	
60	**Ton Steine Scherben**	7	
61	**B 52 you**	7-	*War diese Tour wirklich notwendig? Da ist absolut gar nichts fest, die solide aussehenden Haken stecken in morschem Fels, gefährlich!*
62	**Marmor Stein und Eisen**	6+	
63	**Gefährlicher Weg**	6+	

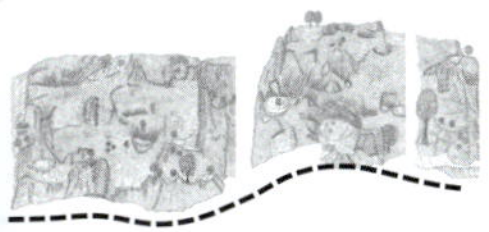
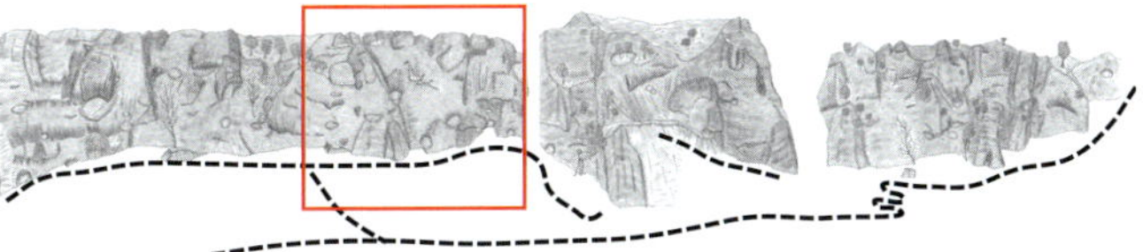

2.10 Kesselwand (Gulliver) 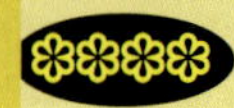

 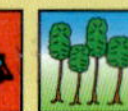 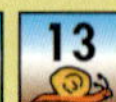

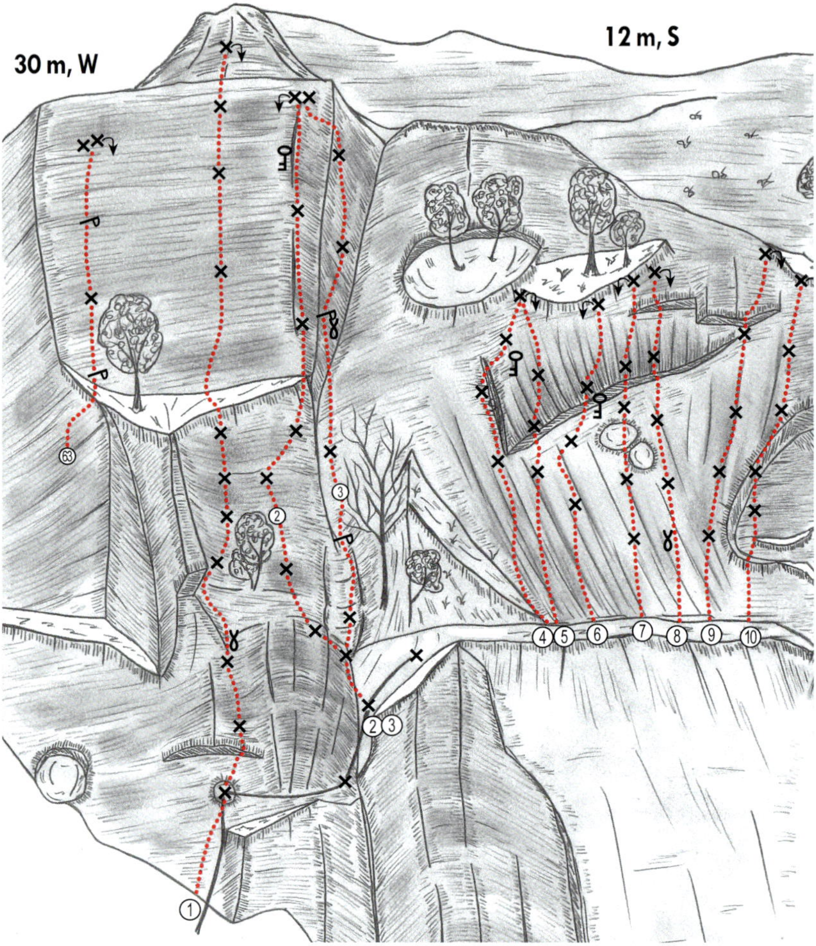

30 m, W

12 m, S

	Route	Grad	Beschreibung
1	**Trudel Wulle Weg**	6	*Lange, großzügige Felsfahrt mit einigen brüchigen Passagen.*
2	**Gullivers Reisen**	7-	*Wer glaubt, am letzten Zwischenhaken hätte er bereits eine einfache Route abgeknipst, der sei gewarnt. Den Umlenker muss man erst mal onsight klinken!*
3	**Der Fliegenfischer**	6+	*Bröselige Route, halb im Efeu zu klettern und dazu noch sehr schwäbisch sparsam gesichert.*
4	**Die kleine Welle**	7+	*Netter, gut griffiger Piaz an überhängender Rissspur, dann aber Hallo! Schwere Stelle am 3. Bohrhaken.*
5	**Wellenkneifer**	8-	*Sehr weiter Zug am 3. Bohrhaken.*
6	**Nipptide**	8+	*Lochkletterei mit mehreren harten Einzelstellen. Am Dach ist ein blöder Untergriffumsetzer zu meistern. 1. BH hoch und nicht einfach anzuklettern.*
7	**Cinema Paradiso**	9-	*Anhaltend schwere Kletterei.*
8	**Wellenbrecher**	8+	*Unten kleingriffige, abdrängende Wand, Dach schwer u. ziemlich brüchiger Griff.*
9	**Tsunami**	9/9+	
10	**Die göttliche Komödie (Sikastrolche)**	9+	

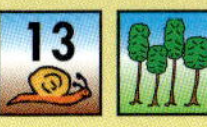

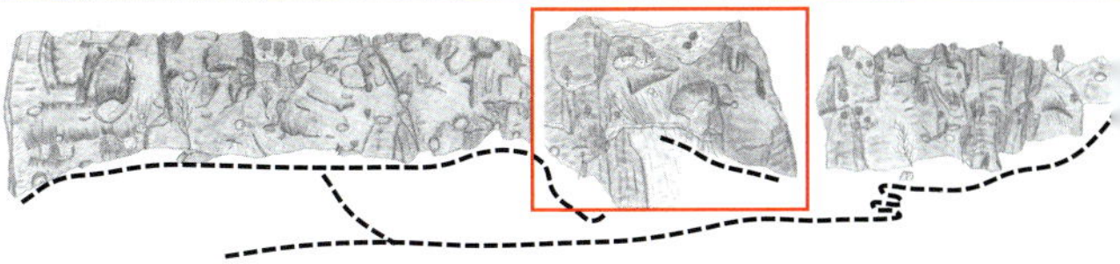

(Gulliver) Kesselwand 2.10

20 m, S

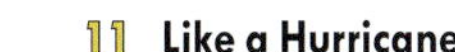

Nr.	Route	Grad	Beschreibung
11	**Like a Hurricane**	9	
12	**Out of the blue**	9-	*Schwer zur Dachkante, dann gute Griffe, aber sehr athletisch, mehr oder weniger frei hängend über das Dach. Oben nochmals schwer an einer hohl klingenden Schuppe.*
13	**Gort**	9	
14	**I'm sexy and I know it**	8-	*Weite Züge, schwer aus dem Überhang raus, teils brüchig.*
15	**Hinter Gittern**	6+/7-	*Schöne und vor allem meist feste, steile Lochkletterei, die leichte Linksquerung hat es in sich.*
16	**Der Dieb von Bagdad**	6	*Start wie Hinter Gittern, aber Rechtsquerung, teils brüchig. Keile, Schlingen!*
17	**Direktvariante**	6	*Schwerer Startüberhang, im oberen Teil geradeaus über den kleinen Überhang. Keile und Schlingen mitnehmen! Teils ziemlich brüchig!*
18	**Kleiner Ganove**	6	*Start wie Direktvariante, aber am Überhang eher etwas rechts über alte Schlingen. Keile und Schlingen mitnehmen.*

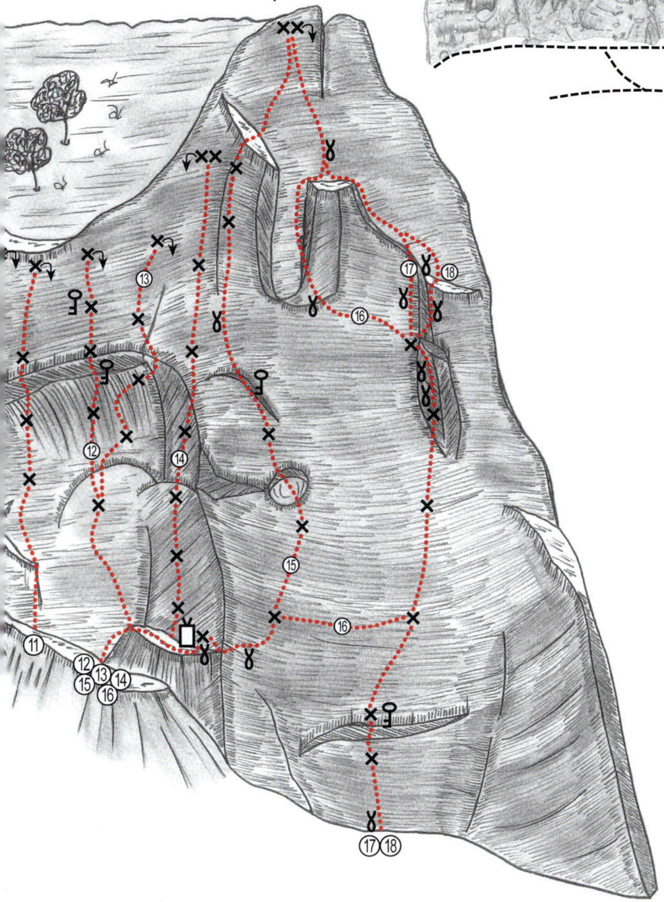

2.10 Kesselwand (Pfulb) 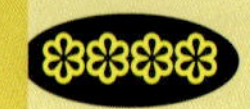

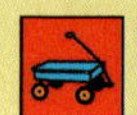
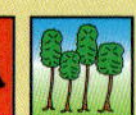
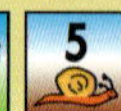

30 m, SW

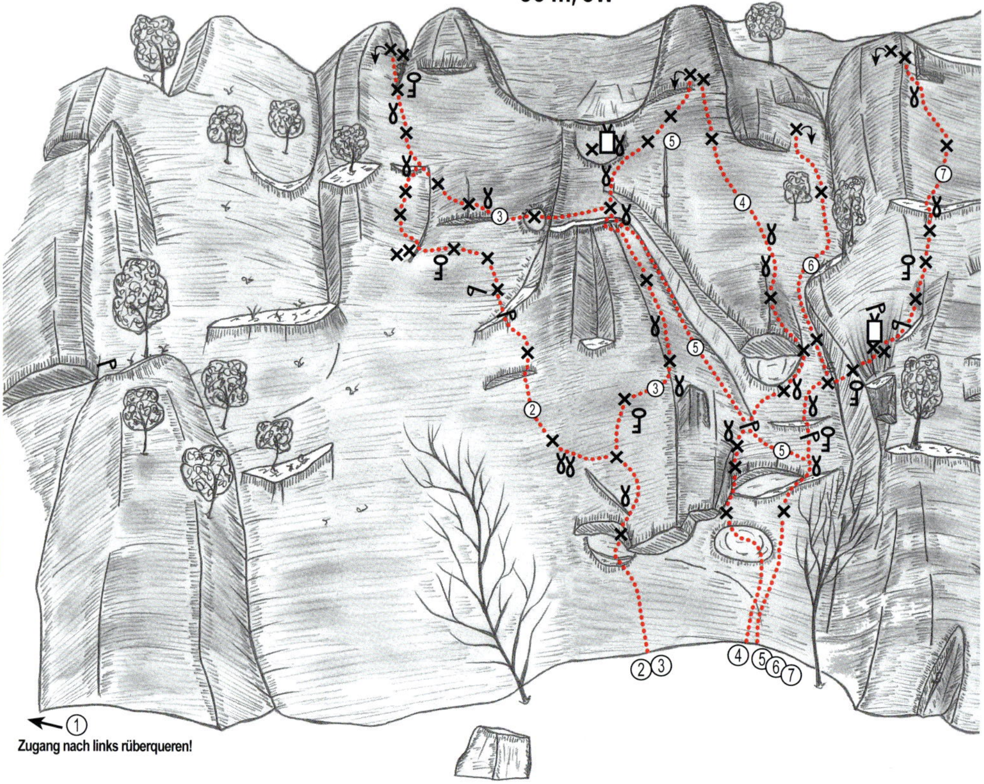

Zugang nach links rüberqueren!

	Route	Grad	Beschreibung
1	**Land in Sicht**	7+	*Kein Topo, dubioser Zugang.*
2	**Neue Pfulbwand**	6+/7-	*Extrem brüchige erste Seillänge mit schwerer Passage in der oberen Querung, zum Stand tief bleiben. Die 2. Seillänge ist etwas besser. Wäre die Tour fest, wäre sie klasse, so besser Hände weg. Als Einseillängentour geklettert übler Seilzug!*
3	**Keine Gnade**	7-	*Brüchiger Start wie Neue Pfulbwand, dann aber geradeaus und fester. Vom Stand am Band quert man über mehrere Bohrhaken nach links und erreicht die letzten Ausstiegsmeter der 2. Seillänge von Neue Pfulbwand.*
4	**Hägamark**	7-	*Start wie Verborgene Wand, aber dann links in die Verschneidung und gerade hoch. Oben wieder in einer Verschneidung zum Stand.*
5	**Verborgene Wand**	6-	*Einstieg in dubiosem Gestein mit anschließendem Quergang über das brüchige Band zum Stand von Keine Gnade. Hier gerade hoch, nun fester und meist gut griffig. Oben schräg nach rechts zum Stand von Hägamark, etwas botanisch.*
6	**Laubfrosch**	7	
7	**Volle Deckung**	7	*Vor allem die untere Länge macht ihrem Namen Ehre und ist mit sehr altem Material schlecht gesichert. Ab Beginn der Querung dann perfekt abgesichert, insgesamt lohnende Route.*

30 m, SW

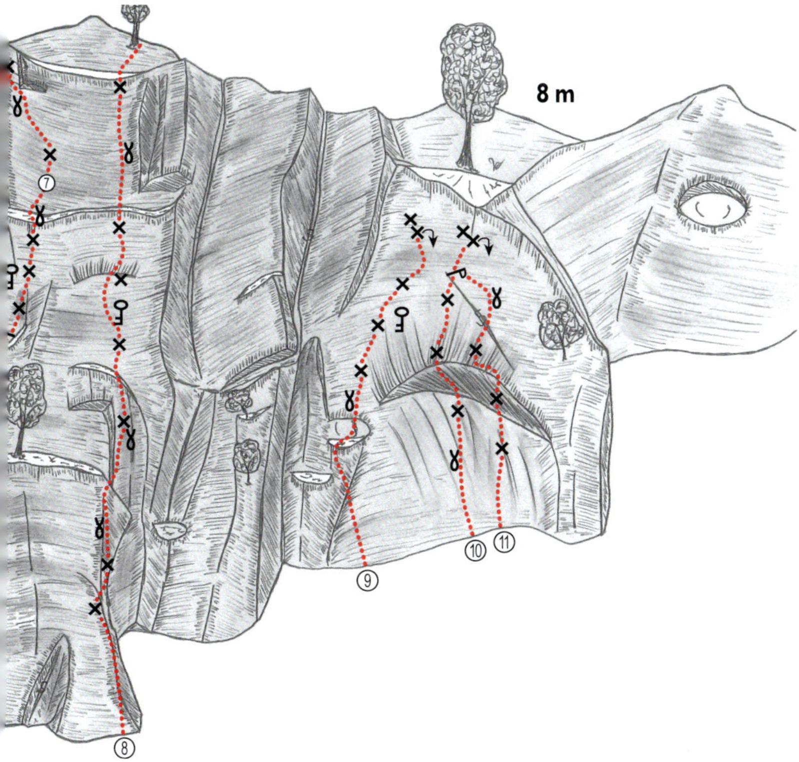

8 m

8	**Werner Buck Gedenk Weg**	7	*Vor allem im unteren Teil extrem brüchig, der 5. Bohrhaken wird linkshaltend umklettert, keine Umlenkung vorhanden! Achtet wegen der Steinschlaggefahr auf Wanderer!*
9	**Smörebröd**	7	*Schwere, etwas größenabhängige Einzelstelle.*
10	**Rosa Hosa**	7+	*Großgriffig, aber mächtig überhängend, athletisch.*
11	**Erster Schnee**	7+/8-	*Anstrengend über den Überhang. Gute, aber teils weit auseinander liegende Griffe, oben kleingriffiger.*

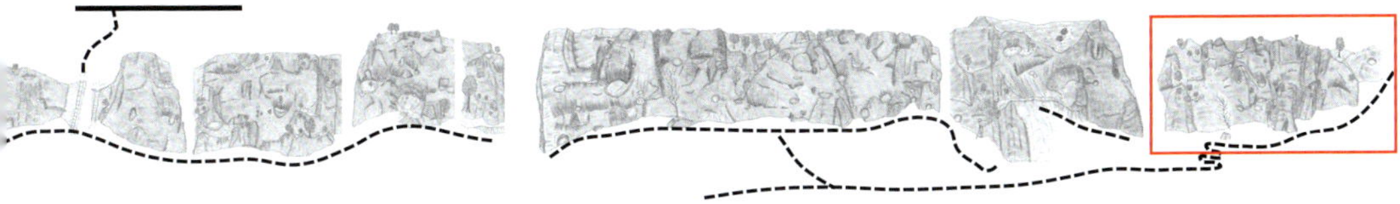

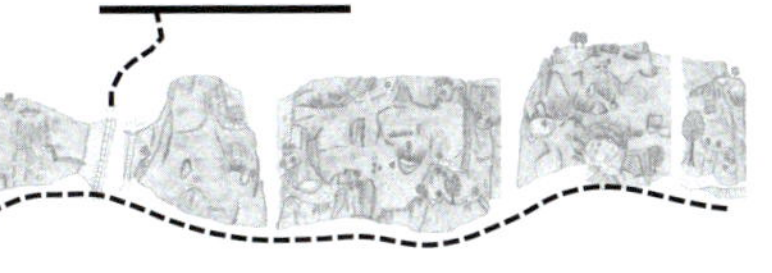
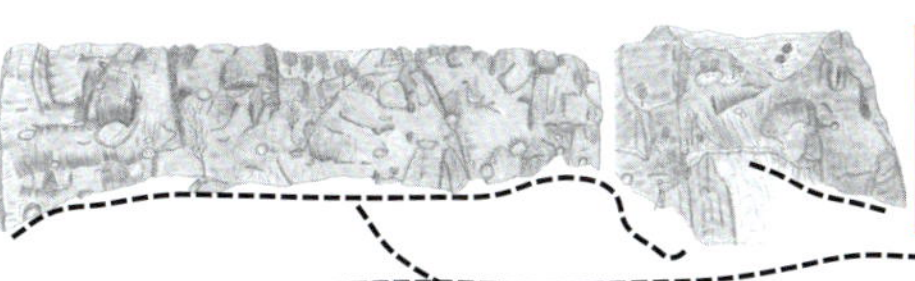

2.11 Schwarze Wand

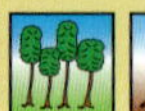
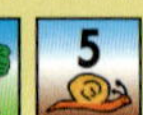

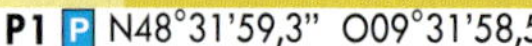

P1 P N48°31'59,3" O09°31'58,5" **P2** P N48°31'53,9" O09°32'02,7" **P3** P N48°31'48,3" O09°32'10,6"

Für Lenninger Alb Verhältnisse ziemlich kompaktes Gestein, im rechten Wandteil mischt sich auch der eine oder andere lockere Brocken darunter. Teils tolle Klettereien entlang logischer Linien. Von der kleinfuzzeligen Platte bis zum Dachausstieg ist hier fast alles geboten. Die Absicherung ist nahezu durchgängig gut und Keile werden nur selten benötigt.
The protection is quite good; nuts are necessary only for some routes.

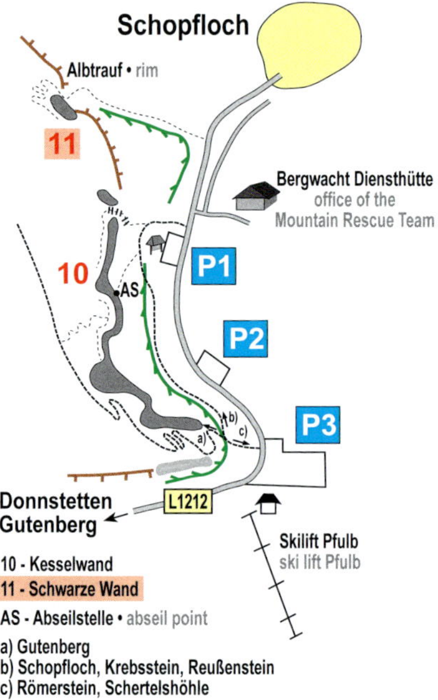

Anfahrt

Von der A 8 an der Ausfahrt Kirchheim Ost abfahren. Auf die B 465 und auf dieser Richtung Lenningen/Owen. Bei Dettingen links ab auf die K 1250 nach Nabern, durch den Ort hindurch und nach einiger Zeit rechts ab Richtung Ochsenwang/Schopfloch. Auf der Ochsenwanger Steige auf die Albhochfläche, durch Ochsenwang hindurch und weiter bis nach Schopfloch. Durch den Ort hindurch. Kurz nach dem Ort befindet sich rechts der Straße ein kleiner Parkplatz (P1) mit einer Infotafel, hier parken.

Zugang

Vom Parkplatz wieder etwa 50 m zurück Richtung Schopfloch und links ab. Am Waldrand/Albtrauf entlang auf schmaler Pfadspur am Rand der Wiese 70 m geradeaus. Jetzt knickt der Pfad scharf links ab und führt den Hang hinab vor zum Felskopf der Schwarzen Wand. Kurz vor dem Felskopf führt der Pfad rechts absteigend in Kehren hinab zum Wandfuß.

Zugangszeit etwa 5 Minuten.

Lage

Am Albtrauf gelegene mächtige Wand, südwestliche Ausrichtung. Der Wandfuß steht frei und bekommt deshalb kaum Schatten durch weiter entfernt stehende Bäume.

Naturschutz

Alle Routen müssen umgelenkt werden, Ausstiegsverbot. Zustiegswege einhalten.
Use lower-offs and don't top out. Stay on trails.

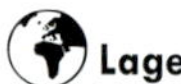
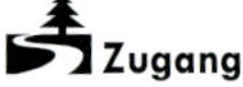
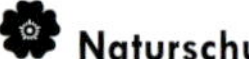

Michael Kuderna freut sich über die tollen Henkel in Direkte Schwarze Wand (6) →

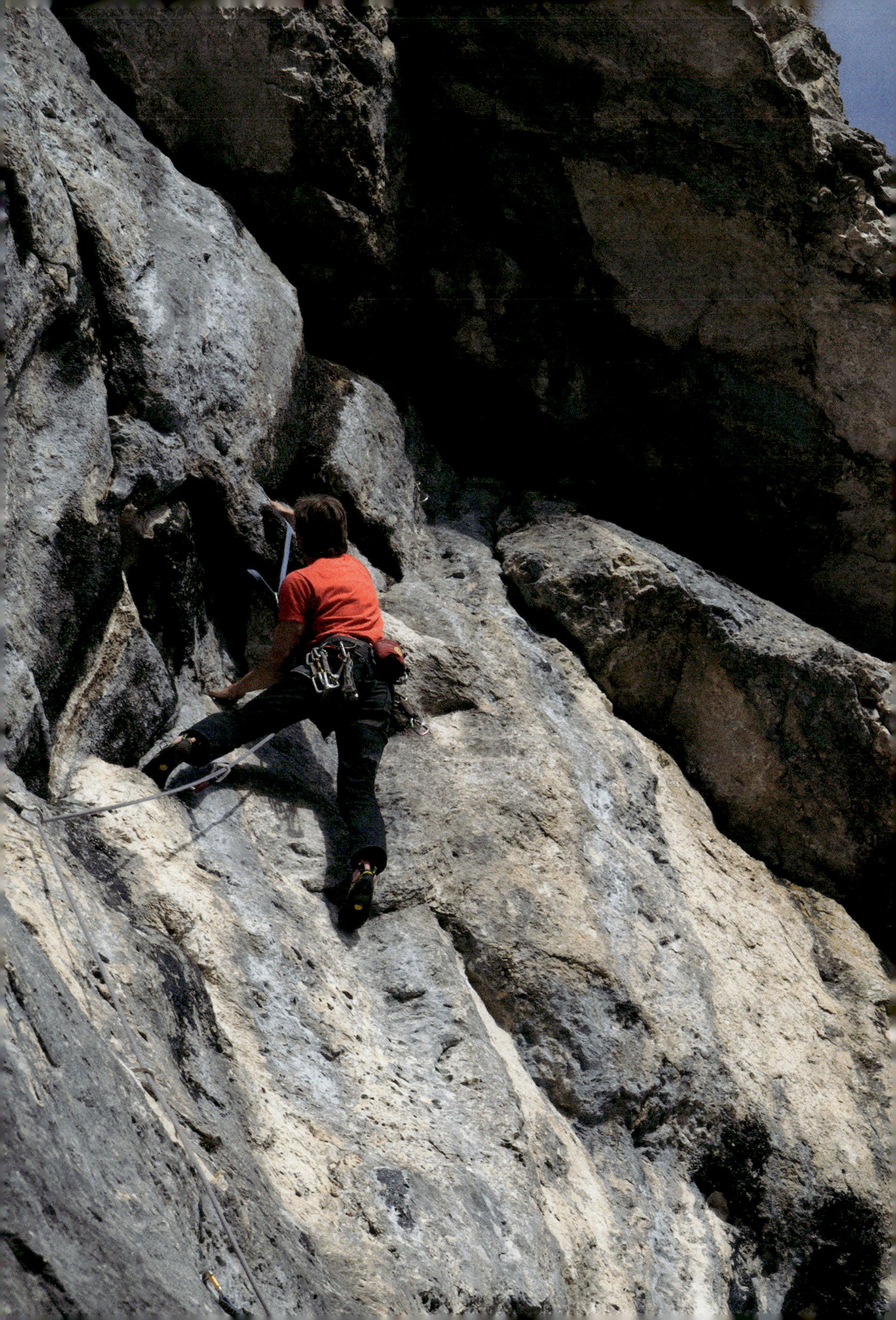

 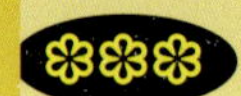

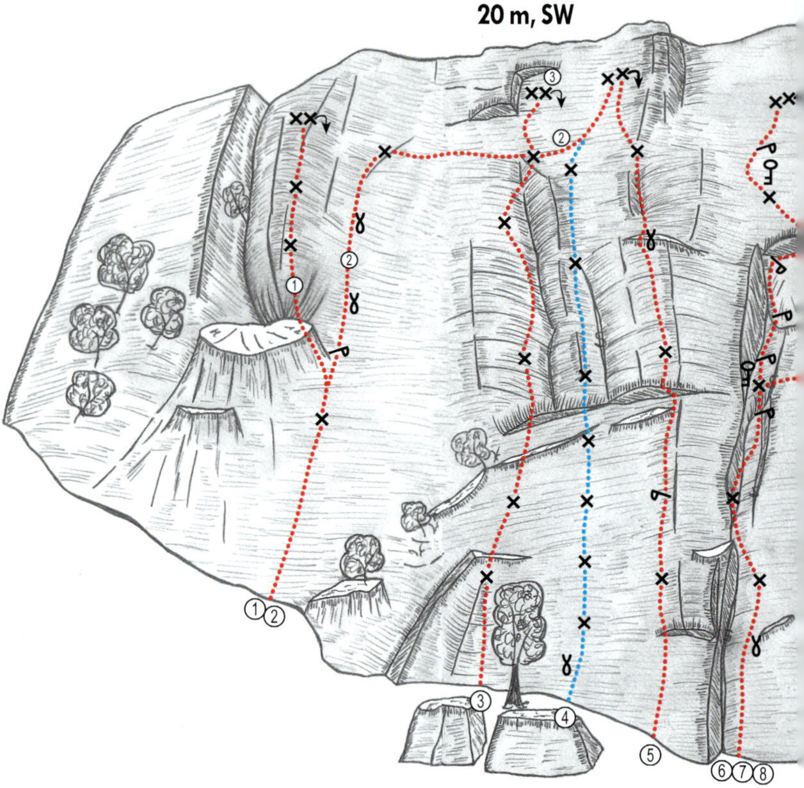

	Route	Grad	Beschreibung
1	**Eiermann**	**7+**	*Nicht so tolles Gestein.*
2	**Kältewelle**	**6-**	
3	**Entweder oder**	**6+**	*1. BH hoch, aber nicht allzu schwer anzuklettern, im Mittelteil brüchig.*
4	**Mord am Möglichen**	**6+/7-**	*Ausdauernd, abwechslungsreich.*
5	**Kokresepten**	**7-**	*1. BH sehr hoch, 2. BH zu hoch gesetzt, über den 3. BH nochmals weit und schwer.*
6	**Schw. Wand Direktausstieg**	**7/7+**	*Tolle, aber schwere Kletterei entlang des Verschneidungs-/Risssystems. Der Ausstieg ist nochmals ganz schön heftig, bereits ziemlich abgegriffen.*
7	**Aus die Maus**	**7+**	
8	**Schwarze Wand**	**7+ | 8+**	*Die Schwierigkeit 8+ kommt durch den Dachausstieg zustande, der in anstrengender und athletischer Kletterei bewältigt werden muss. Auch und besser in Verbindung mit Direkte Schwarze Wand.*
9	**Herr der Ringe**	**8**	*Glatte und schon ziemlich abgeschmierte Plattenkletterei.*
10	**Tagediebe**	**8+/9-**	*Kleinfuzzelige Plattenkletterei.*
11	**Doktor Seltsam**	**8+/9-**	
12	**Vertrauensprobe**	**8**	
13	**Direkte Schwarze Wand**	**6**	*Klasse Route entlang des Verschneidungssystems, in Verbindung mit dem Dachausstieg des Quergangs 8+.*

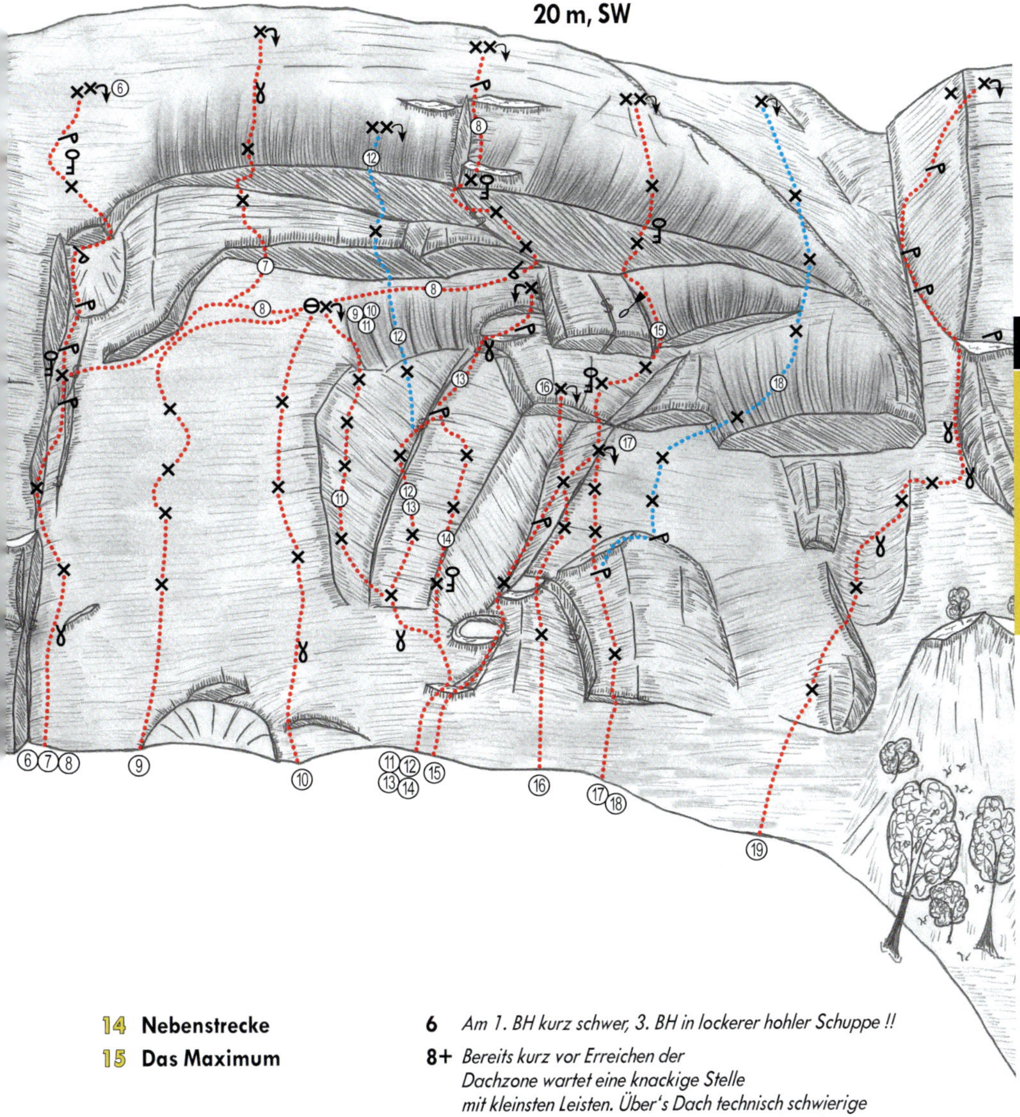

20 m, SW

14	**Nebenstrecke**	6	*Am 1. BH kurz schwer, 3. BH in lockerer hohler Schuppe !!*
15	**Das Maximum**	8+	*Bereits kurz vor Erreichen der Dachzone wartet eine knackige Stelle mit kleinsten Leisten. Über's Dach technisch schwierige und harte Passage, der Ausstieg ist etwas bröselig.*
16	**Rauchschwarte**	5+/6-	*Ziemliche brüchige und unnötige neue Variante.*
17	**Schwarzer Grauser**	7-	
18	**Übel & Gefährlich**	8/8+	
19	**Knusperfrösche**	6+	*Ziemlich alpine Angelegenheit, vor allem die Querung findet in sehr mürbem Gestein statt. Für den oberen Teil ist ein Satz Stopper zwingend, die Haken sind uralt.*

 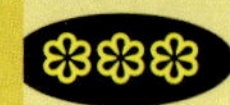  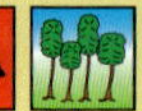 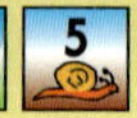

33 m, SW

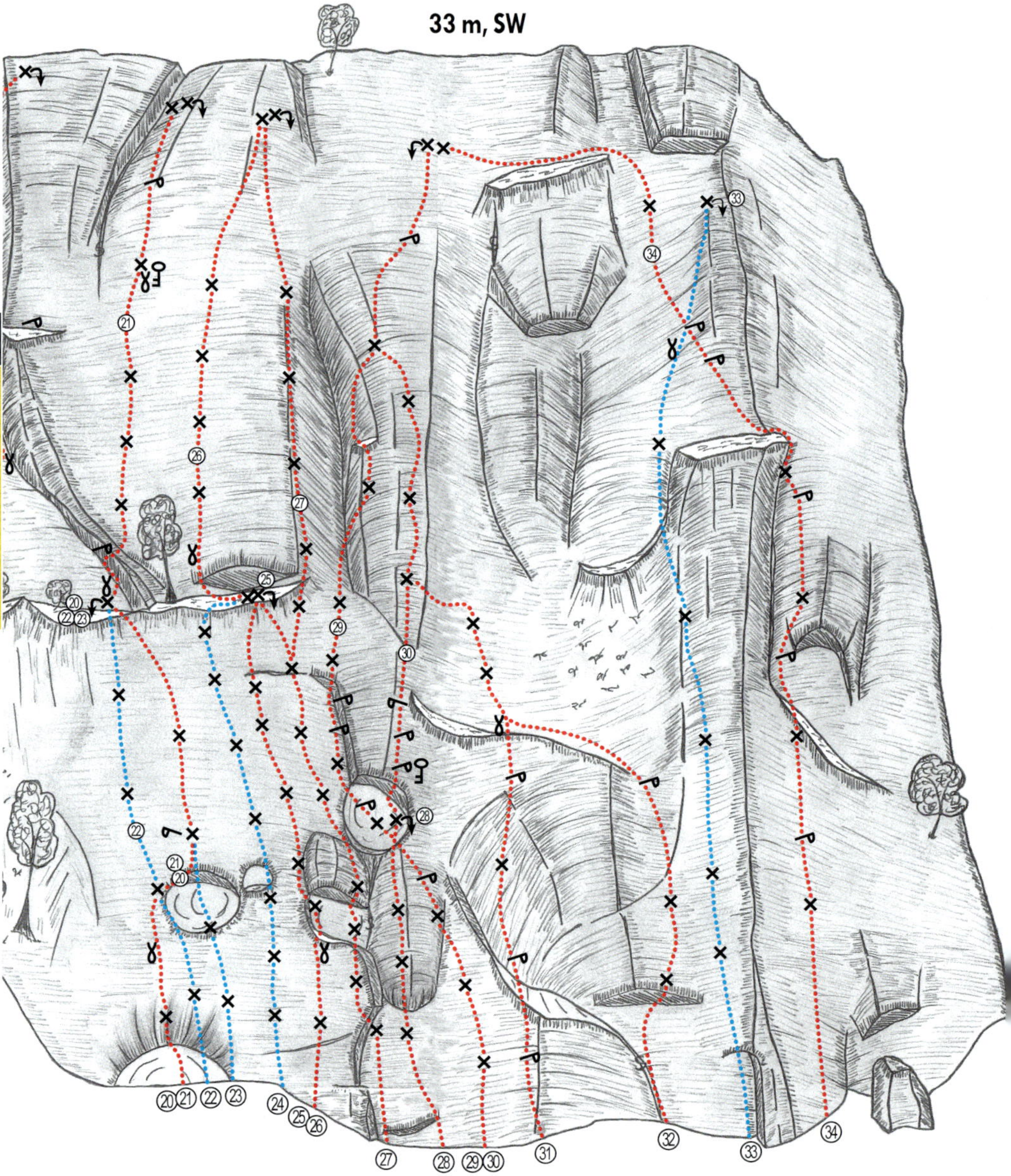

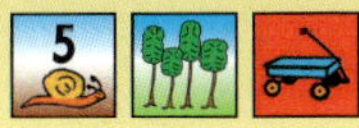
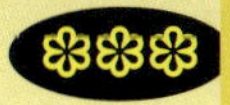

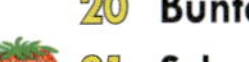

Nr.	Route	Grad	Beschreibung
20	**Bunte Trümmer**	6+	*Bis zum Standplatz am Band, teils etwas brüchig.*
21	**Schwäbischer Fleiß**	7	*Obere Länge kompakt, zuerst steil athletisch, dann kleingriffig plattig, tolle Route. Originaleinstieg über den Jockel Kittner Ged.-Weg.*
22	**Bunte Trümmer reloaded**	6	*Einstieg knackig, danach brüchig, botanisch. 3. BH in hohler Schuppe!!*
23	**United colours**	6	*Nette aber seltsam gesicherte Einstiegsvariante zu „Bunte Trümmer".*
24	**Leningrad**	6	*Gut griffige Route, ab dem vorletzten Bohrhaken extrem brüchig!*
25	**Hopfen und Malz**	6+	
26	**Ohne Fleiß kein Preis**	8+	
27	**Brüten verboten**	7-|8	
28	**Einstürzende Neubauten**	7-	
29	**Jockel Kittner Ged.-Weg**	7	*Klasse Route, zuerst in steiler Wand, dann entlang der seichten Rissverschneidung, sehr ausdauernd. Einstieg sehr lohnend auch über Einstürzende Neubauten.*
30	**Direkter J. Kittner**	7-	*Vom Standplatz weg knackige Passage, dann etwas einfacher über den teils brüchigen Pfeiler.*
31	**Ratetenweg**	7	
32	**Avanti Dilettanti**	7-	
33	**Look to the stars**	7-	*1. BH steckt sehr hoch, 2021 Standort eines Bienennestes.*
34	**Südkante**	6-	*Sieht jämmerlich brüchig aus, ist aber gar nicht so schlimm und eigentlich eine recht gute Tour.*

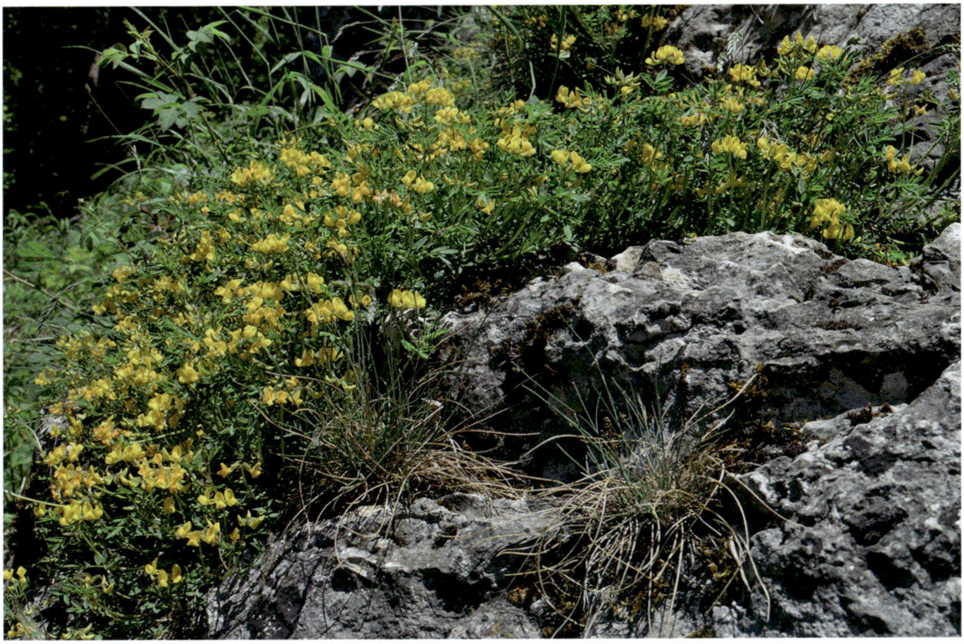

Frühling am Wandfuß der Schwarzen Wand

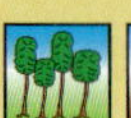
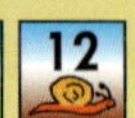

P N48°32'41,9" O09°31'08,5"

Überschaubares, aber ziemlich hohes Massiv mit vielen guten Routen im mittleren Schwierigkeitsgrad. Das Gestein ist überwiegend fest oder zumindest gut abgeklettert, die Absicherung ist passabel bis gut. Einige Routen benötigen Keile zur Unterstützung. Um das Routenwirrwarr etwas zu entzerren, wurden zur Absicherung meist unterschiedliche Sorten Bohrhaken für die verschiedenen Routen verwendet. Im Sommer gibt es manchmal viele Stechmücken.

For some routes nuts can be helpful. Sometimes there are many mosquitos in summer.

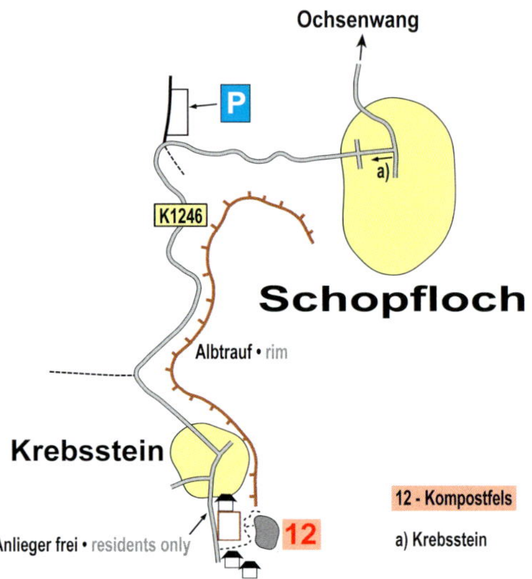

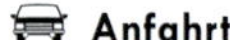

Anfahrt

Von der A 8 an der Ausfahrt Kirchheim Ost abfahren, dann auf die B 465 Richtung Lenningen/Owen. Bei Dettingen links ab auf die K 1250 nach Nabern, durch den Ort hindurch und nach einiger Zeit rechts ab Richtung Ochsenwang/Schopfloch. Auf der Ochsenwanger Steige auf die Albhochfläche. Durch Ochsenwang hindurch und weiter bis nach Schopfloch. Dort kurz nach Ortsanfang rechts ab Richtung Krebsstein. Der schmalen Straße etwa 1,3 km folgen, bis man in einem kleinen Waldstück an einer scharf abknickenden Kurve einen Wanderparkplatz erreicht, hier parken.

Zugang

Der Straße etwa 700 m bis nach Krebsstein folgen. Im Ort an einer T-Kreuzung rechts und an der nächsten Straßengabelung links (geradeaus) haltend den kleinen Weiler wieder verlassen. Kurz danach passiert man linker Hand eine kleine Hütte und eine Pferdekoppel. Am Ende der Pferdekoppel vor einer weiteren Hütte auf Pfadspur nach links. Hinter der Koppel am Albtrauf erneut nach links und zwischen Pferdekoppel und Albtrauf zurück zum Felskopf. Entweder abseilen oder links über einen steilen, teilweise seilversicherten Pfad zum Wandfuß absteigen. Zum Zeitpunkt der Recherche war die Seilversicherung aufgrund eines umgestürzten Baumes (Befestigungspunkt des Stahlseiles) etwas in Unordnung geraten.

Zugangszeit etwa 12 Minuten (1,15 km).

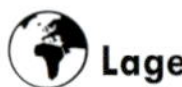

Lage

Gleich hinter Krebsstein am Albtrauf gelegene hohe Ostwand. Der Wandfuß befindet sich im Laubwald und die Standflächen vor allem im rechten Wandbereich sind nicht allzu üppig.

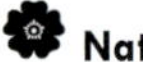

Naturschutz

Der Fels befindet sich im Naturschutzgebiet Oberes Lenninger Tal, hat aber keine besonderen Einschränkungen aufzuweisen.

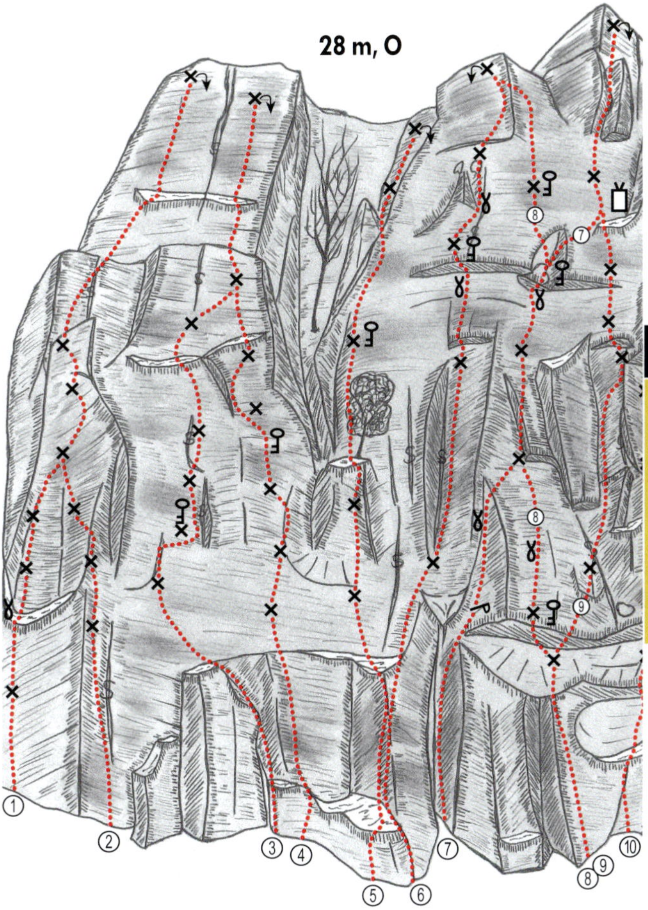

28 m, O

	Route	Grad	Beschreibung
1	**Einstiegsvariante**	5-	*Gemüsetrip hart an der Grenze zum Efeu.*
2	**Fußnote**	5+	*Die Linksaußen des Massivs ist nicht die Schlechteste. Schöne, meist kompakte Wandkletterei, gut gesichert (Petzl-Ösen).*
3	**Waldiweg**	7-	*Anspruchsvolle Route, da bereits ziemlich glatt poliert. Am 2. BH tief queren, dann anstrengend raus (Edelstahlösen).*
4	**Reifeprüfung**	7-/7	*Kurze, knackige Einzelstelle, schlechte Tritte, bereits ziemlich poliert (kleine Bühler).*
5	**Citron Presse**	5+	*Unten Verschneidung, oben Wandkletterei, harte Einzelstelle am 3. BH, Keile sinnvoll (Ringe).*
6	**Kompost Mitte**	6+/7-	*1. BH sehr hoch (Keile). Der Zug in die Verschneidung ist gar nicht so leicht, danach einfacher, bis am 3. BH eine harte Einzelstelle wartet. Am letzten BH rechts rum, Reichweite kein Nachteil (Edelstahlösen). Achtung: alte Schlingen können aus dem Klettern heraus nicht ersetzt werden!*
7	**Berglandführe**	6	*Nicht saniert, Keile! An Rissspur nach rechts in Thermokomposter, diesen an der Schlinge zum Wandbuch nach rechts verlassen und raus wie Yogaführe.*

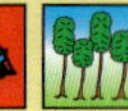

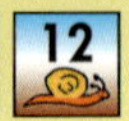

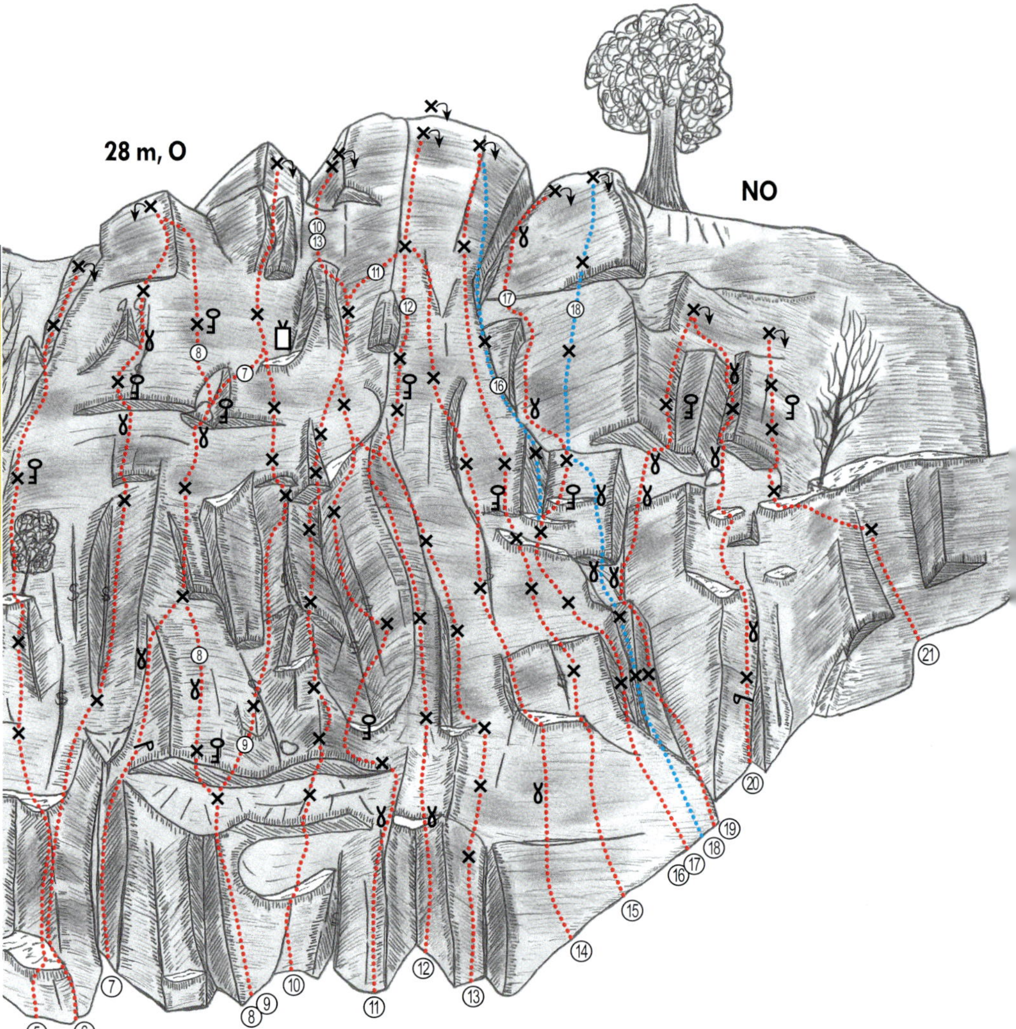

28 m, O

NO

5 **Citron Presse**	5+	*Unten Verschneidung, oben Wandkletterei, harte Einzelstelle am 3. BH, Keile sinnvoll (Ringe).*
6 **Kompost Mitte**	6+/7-	*1. BH sehr hoch (Keile). Der Zug in die Verschneidung ist gar nicht so leicht, danach einfacher, bis am 3. BH eine harte Einzelstelle wartet. Am letzten BH rechts rum, Reichweite kein Nachteil (Edelstahlösen). Achtung: alte Schlingen können aus dem Klettern heraus nicht ersetzt werden!*
7 **Berglandführe**	6	*Nicht saniert, Keile! An Rissspur nach rechts in Thermokomposter, diesen an der Schlinge zum Wandbuch nach rechts verlassen und raus wie Yogaführe.*
8 **Thermokomposter**	6+/7-	*Start wie Yogaführe, aber links raus, gleich am 1. BH schwer über den Überhang, oben bei Schlinge ungemütlich über flache Löcher, dann nochmals schwere Einzelstelle am letzten Zwischenhaken (Plättchen).*
9 **Yogaführe**	6	*Kräftiger Start gefolgt von einfacherem Mittelteil (Keile) und einem nochmals etwas schwereren Abschluss (kleine Bühler).*
10 **Moskito**	7-	*Gleich zu Beginn knackig, insgesamt aber gesuchte Linie, oben weiß man dann gar nicht mehr, was zur Route dazu gehört und was nicht (Plättchen).*
11 **Normalweg**	5+	*Am ersten BH kleine Linksquerung und kräftiger Zug hoch in die große Verschneidung. An deren Ende kurz rechts auf Pfeilerkopf und am 5. BH gut griffig nach rechts zum Ausstieg (Keile).*
12 **Frühling in Paris**	6	*Start in Verschneidung, dann über Pfeiler und am Pfeilerkopf rechts haltend. Der Pfeiler direkt geklettert ist schwerer, aber die Versuchung auszukneifen ist dann einfach zu groß (große schwarze Bühler).*
13 **Normalweg re. Einstieg**	5	*Steile Wandkletterei, vom Pfeilerkopf weiter wie Normalweg, aber oben gerade raus (kleine schwarze Bühler).*
14 **Freykante**	6-	*Ziemlich freie Angelegenheit, aber klasse Route erst durch die Platte und oben entlang des Risssystems, Keile, am besten Stopper (Ringe).*
15 **Ringswandl**	6+	*Schöne Wandkletterei mit harter Stelle über den Überhang (messingfarbene Gerüstösen).*
16 **Da fängt das Leben an**	4+	
17 **Verschneidung**	4	*Einstieg an Schuppe und ab in die markante obere Verschneidung. Lohnend, aber Keile ratsam, mittlerweile nachgesichert.*
18 **Ist noch lang noch nicht Schluss**	5	*Ziemlich reingequetscht.*
19 **Kompost der Liebe**	7-	*Einstieg in großer Verschneidung, im oberen Teil kommt eine knallige Einzelstelle.*
20 **NO-Verschneidung**	5+	*Einstieg in Rissverschneidung, im Mittelteil brüchig, oben dann der schwerste Abschnitt (Block rechts nicht besonders fest).*
21 **Weit draußen**	6+/7-	*Schrofiger Einstieg, oben wird es kompakt und zunehmend schwerer, gutes Spreizvermögen hilfreich, ansonsten schwerer.*

2.13 Reußenstein

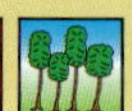
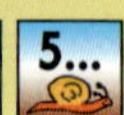

P N48°33'36,8" O09°34'25,0"

Das Massiv hat eine Riesenauswahl an Routen in unterschiedlichstem Schwierigkeitsniveau. Der Schwerpunkt liegt allerdings klar im Bereich 5-7. Helm, Keile und Schlingen sind auch hier ein wichtiger Bestandteil der Kletterausrüstung. Die Felsqualität ist sehr unterschiedlich und reicht von fest bis zu totalem Bruch. Die Routen sind meist lang und so kann man am Burgfels sogar Mehr-Seillängen Routen absolvieren. Der Südostfels weist sehr gewöhnungsbedürftige, runde Griffformen auf. Die meisten Routen sind leider schon sehr abgegriffen.

In einer letzten Nacherschließungswelle wurde vor allem am Burgfels nochmals eine ganze Reihe von Neutouren eingerichtet. Diese sind nahezu durchweg extremst brüchig, Stand Herbst 2014 nicht ausgeräumt und deshalb auch enorm gefährlich für alle Personen am Wandfuß. Wir weisen bei den jeweiligen Routen im Text nochmals gesondert darauf hin.

Bring a helmet, nuts and slings!

Albtrauf • rim
Burgruine
castle ruin
a
b
c
13
Albtrauf • rim
b)
Wiesensteig
a)
P
P
P
Schopfloch
Skilift • ski lift

13 - Reußenstein
a - Burgfels
b - Mittelfels
c - Südostfels

a) P Reußenstein
b) Schwäbischer Alb Nordrand Weg

Die Routen an der Talseite des Burgfelsen sind seit einiger Zeit nicht zugänglich, da der Wanderweg gesperrt ist. Der Grund sind schon lange ausstehende Felssicherungsarbeiten, deren Ausführung aber auf sich warten lässt.

The routes at the valley side of the Burgfels are not accessible since a longer time as the hiking path is closed. The reason is rock consolidation work which should have started long ago but its execution seems to be a long time coming.

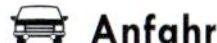

Anfahrt

Von der A 8 an der Ausfahrt Kirchheim Ost abfahren. Weiter auf die B 465 Richtung Lenningen/Owen. Bei Dettingen links ab auf die K 1250 nach Nabern, durch den Ort hindurch und nach einiger Zeit rechts ab Richtung Ochsenwang/Schopfloch. Auf der Ochsenwanger Steige auf die Albhochfläche. Durch Ochsenwang hindurch und weiter bis kurz vor Schopfloch. Hier links ab Richtung Wiesensteig/Reußenstein Parkplätze. Der Straße stets geradeaus bis zu einer markanten Senke folgen. Danach beginnt die Straße deutlich zu steigen und erreicht kurz nach Verlassen des Waldes erneut die Hochfläche. Kurz danach erreicht man rechts der Straße einen großen Parkplatz (P Reußenstein), hier parken.

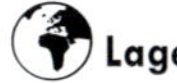

Lage

Am Albtrauf gelegenes, dreigeteiltes Massiv mit vorwiegend südlicher und westlicher Ausrichtung, Am Burgfels finden sich allerdings auch südwestliche, am Mittelfels auch nordwestliche Ausrichtungen. Der Wandfuß befindet sich in Laubwald von unterschiedlicher Höhe. Mittel- und Südostfels sind allerdings ziemlich freistehend. Insgesamt geht es am Wandfuß meist eher etwas beengt zu.

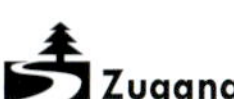

Zugang

Gegenüber des Parkplatzes führt ein breiter Wanderweg vor zum Albtrauf und zur Ruine Reußenstein, diesem bis zu den Felsköpfen folgen. Der Zustieg zu den einzelnen Wänden kann aus der Skizze entnommen werden.

Zugangszeit etwa 5-10 Minuten.

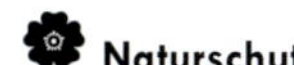

Naturschutz

Durch die seilversicherte Rinne zwischen Burgfels und Mittelfels nicht ganz hinab bis zum Wanderweg absteigen, sondern nur bis zum Mittelfels.

Innerhalb der Burgruine ist das Klettern verboten.

Don't walk down the gully between Burgfels and Mittelfels down to the hiking-path. Climbing inside the ruin is prohibited.

2 Lenninger Alb

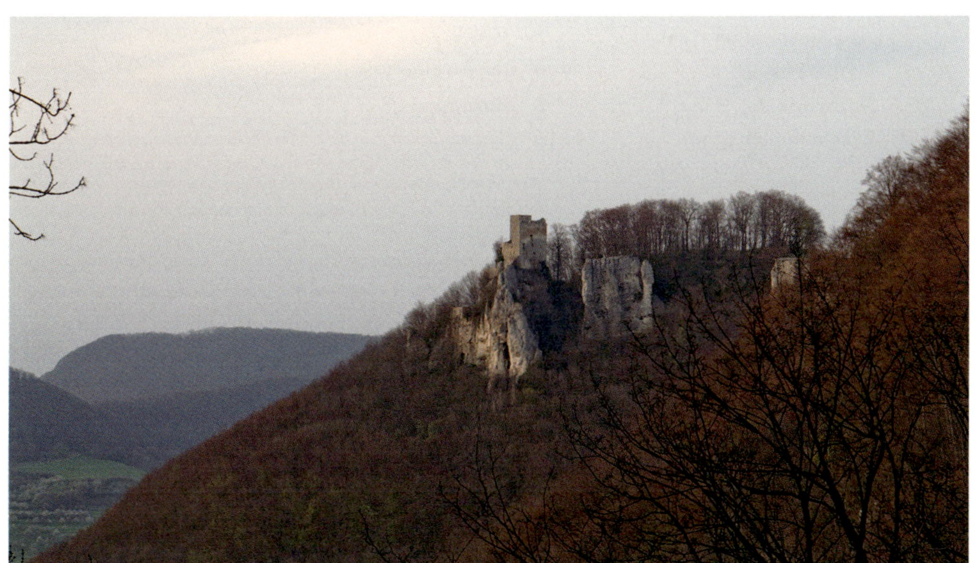

Die Burgruine Reußenstein thront majestätisch auf dem Reußenstein Burgfels

2.13 Reußenstein (Burgfels) 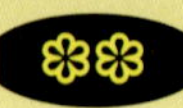

 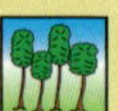 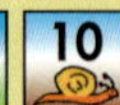

Die Routen sind wegen Felssicherungsarbeiten vorübergehend (aber längere Zeit) nicht zugänglich.
The routes are temporary (but for any length of time) not accessible because of rock consolidation work.

Nr.	Route	Grad	Beschreibung
1	**Gelber Riss**	**6+**	*Clean, brüchig, alpines Unterfangen, besser Finger weg!*
2	**Bauerführe**	**6,a1**	*Clean, brüchig, alpines Unterfangen, besser Finger weg!*
3	**Falkenriss linker Ausstieg**	**4+**	*Einfachere, aber etwas botanische Ausstiegsvariante.*
4	**Falkenriss**	**5+**	*Klasse Linie entlang der Rissverschneidung (Friends). Die knackige und ziemlich trittarme Schlüsselstelle wartet am vorletzten BH.*
5	**Falkenriss Wandvariante**	**7-**	
6	**Dicker Hahn in fetter Henne**	**7-**	
7	**Oktoberriss**	**7**	
8	**Agamemnons Abschied**	**8-**	
9	**Direkter Impotenzweg**	**6+/7-**	*Anspruchsvolle Wandkletterei, zum 1. BH extrem weit und sehr brüchig! Danach deutlich besser aber immer noch alpin. Stopper sind für den oberen Teil empfehlenswert, gute Route.*
10	**Impotenzweg**	**6+/7- | 6**	*Zwischenstand in der kleinen Höhle.*
11	**Überholspur**	**6-**	*1. SL Einstiegsvariante. Nicht ganz feste Wandkletterei, aber ideal um den Stand in der großen Höhle zu vermeiden.*
12	**Chicken Mc. Nugget**	**7**	*2. SL.*
13	**Schnapsidee**	**8-**	*Variante in der 3. SL aus der kleinen Höhle raus.*
14	**Climb Clux Clan Verschneidung**	**6+**	
15	**Linke Höhlenwand**	**4+ | 6/6+ | 5 | 3 +**	*Einer der großen Klassiker am Massiv aber leider schon entsprechend glatt poliert. Die Schlüsselstelle am Ende der langen Linksquerung ist mittlerweile marmorähnlich. Aus der kleinen Höhle raus nochmals sehr luftig und nicht ganz einfach.* *Länge 1+2 können auch in einem Stück geklettert werden, dann aber am Block links der großen Höhle gerade hoch.*
16	**Furz im Sturzflug**	**7+**	*Variante in der 2. SL.*
17	**Mental Pitstop**	**9-/9**	*Variante in der 2. SL.*
18	**Dachvariante**	**8**	*Variante in der 2. SL.*
19	**Rechte Höhlenwand**	**4+ | 6**	*Die erste Seillänge in die große Höhle ist brüchig, speckig und clean zu klettern. Vom Stand weg rechts raus spektakulär am Höhlenrand relativ einfach empor. Deutlich leichter, wie man von unten vermuten würde. Eine echte Pflichtroute auf der Alb, Keile für den oberen Teil sinnvoll.*
20	**Made in Germany**	**6-**	*1. SL Einstiegsvariante in die große Höhle. Am Einstieg ist ein gutes Spreizvermögen hilfreich, nach dem Dach wird es deutlich einfacher.*
21	**Full tilt boogie**	**8+/9-**	
22	**La Paz Kante**	**7+ | 9-**	
23	**El Paso**	**7+ | 8-**	
24	**Schräger Riss**	**7-/7 | 6-**	*Sehr weit zum ersten BH, Stopper legen! Die Traverse nach rechts ist ziemlich happig, danach wird es etwas einfacher. Die zweite Seillänge entlang des Risses ist klasse, trotz des teils lockeren Gesteins.*
25	**Südkante**	**7-/7 | 7-**	*Erste Länge wie Schräger Riss, vom Stand weg nach rechts in die steile, kompakte Platte. Ohne Zwischenstand wird der Seilzug enorm.*

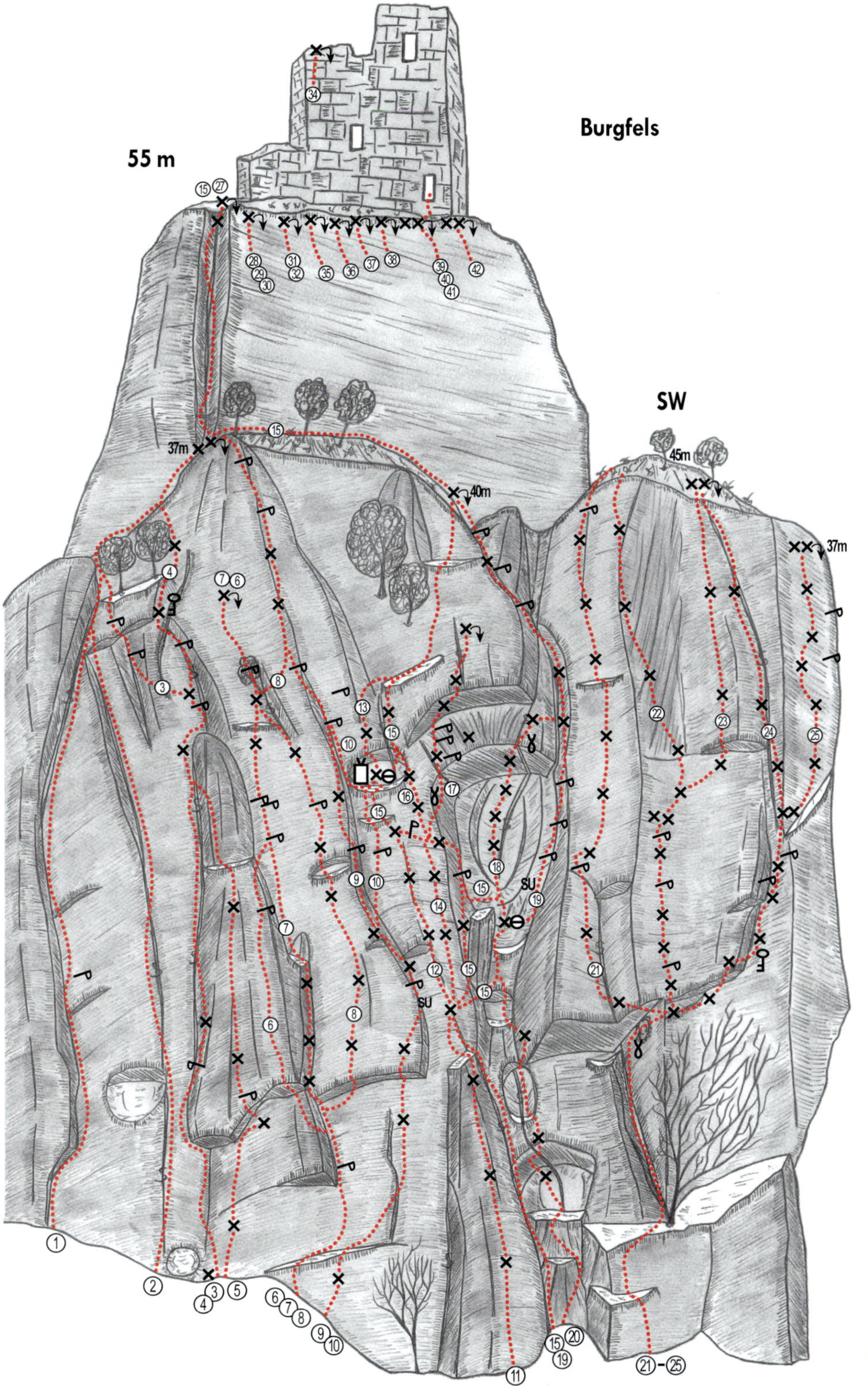
Burgfels
55 m
SW
37m
40m
45m
37m

 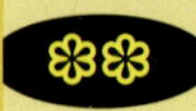 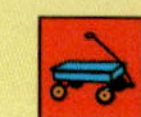 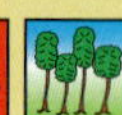 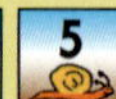

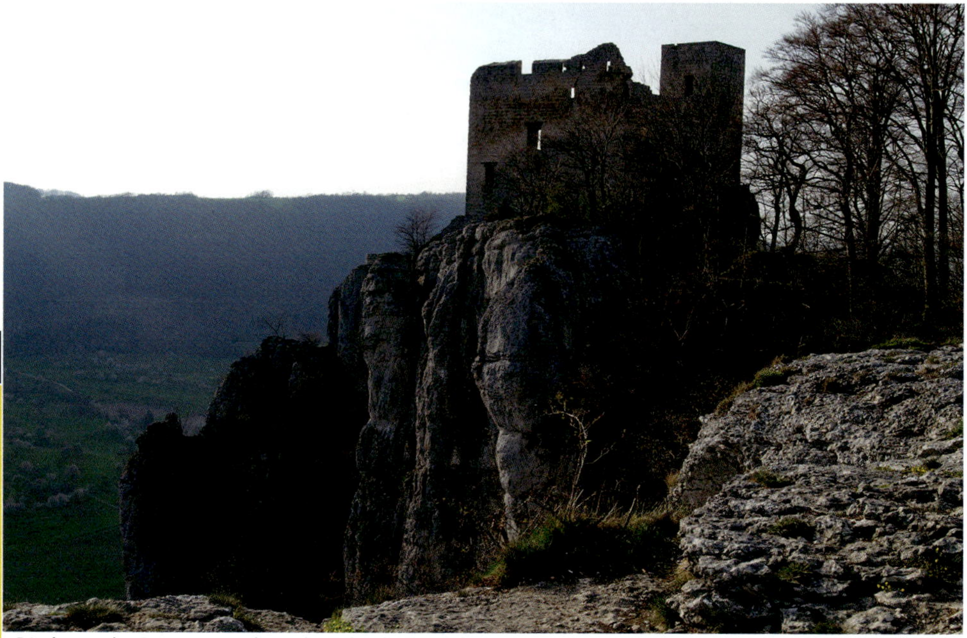

Direkt vor den Burgmauern der gähnende Abgrund. Angreifer hatten es nicht einfach!

Nr.	Route	Grad	Beschreibung
26	**Steinepilz und Hackefleisch**	**6**	
27	**Taubenschiss**	**4-**	*Ziemlich alpine Angelegenheit, Keile gehören hier an den Gurt! Der Ausstiegsriss ist clean zu klettern.*
27a	**Long road to ruin**	**5-**	
28	**Bergführerausstieg**	**7**	*Nicht überversichert!*
29	**See me feel me touch me drill me**	**7+**	*Klasse Plattenkletterei mit schwerer Einzelpassage. Im oberen Teil sehr eng am direkten Petticoatweg.*
30	**Dir. Petticoatweg**	**7**	*Großgriffig über das Dach, danach schöne Plattenkletterei an meist guten Griffen, ausdauernd und schön.*
31	**Petticoatweg**	**7**	*Mittlerweile ziemlich uneigenständige Linie, die kreuz und quer zwischen den benachbarten Routen verläuft.*
32	**Bässlerweg**	**7-**	*Schöne Risskletterei, teils etwas brüchig. Zum Schluss nochmals kräftig zupacken.*
33	**Schimpf und Schande**	**6**	*Kurz vor der Burgmauer nicht nach rechts zum Stand, sondern hoch zur Burgmauer und erst dort nach rechts in die Burgmauer queren.*
34	**Rapunzel**	**7-**	*2. SL an der Burgmauer hoch.*
35	**Sommer, Sonne, Kaktus**	**6+/7-**	*Im Mittelteil sehr brüchige, schwere Passage.*
36	**Verstärker**	**7+**	*Harte Passage am 3. BH, extremer Bruch, nicht ausgeräumt!*
37	**Hitparade**	**8-**	*Unten schwere Platte, am 3. BH etwas größenabhängig, oberer Überhang athletisch an passablen Griffen, am Band Bruch!*
38	**Monarchie & Alltag**	**7**	*Schwerer Start, der Pfeiler oben ist ebenfalls schwer, übel brüchig!*
39	**Ruinenweg**	**5+**	*Seichte, bereits stark abgegriffene Verschneidung. Oben Sturmangriff durch die Schießscharte. Nach Sanierung der Burg schwerer.*

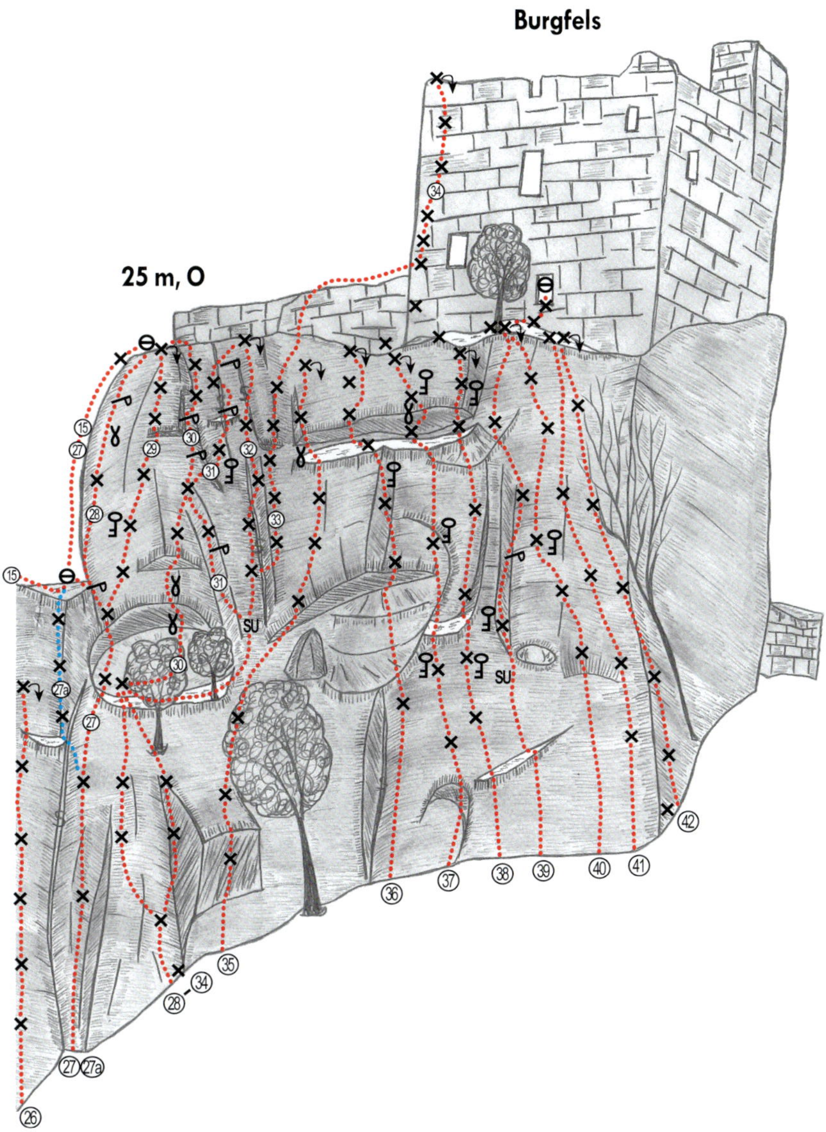

Burgfels

25 m, O

40	**Rechter Ruinenweg**	**6**	*Kräftige Einzelstelle am 3. Bohrhaken, bereits stark abgegriffen. Besserer Weg bei Verteidigung mit kochendem Öl.*
41	**Auferstanden aus Ruinen**	**6-/6**	*Plattige, ziemlich reingequetschte Route.*
42	**Reußenkante**	**3**	*Gut griffiger leichter Weg, lohnend.*

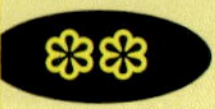

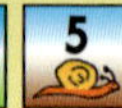

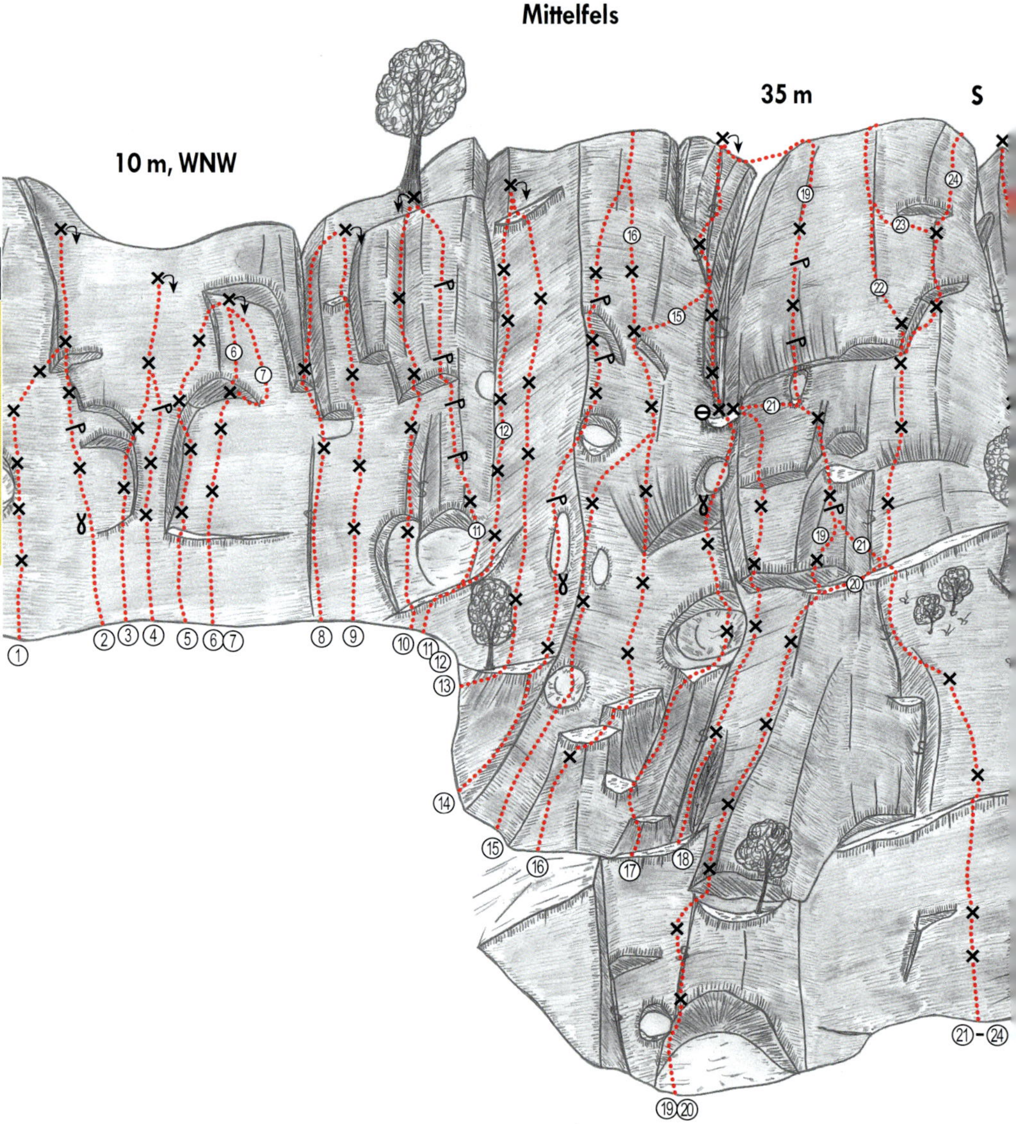

Mittelfels

10 m, WNW

35 m

S

1 2 3 4 5 6 7 8 9 10 11 12 13 14 15 16 17 18 19 20 21 22 23 24

21-24

1	**Quax der Bruchpilot**	**7+**	
2	**Foo fighter**	**8-**	
3	**Welt am Draht**	**7-**	*Technisch nicht schlecht, oben eher brüchig.*
4	**Kurzer Draht**	**6+**	*Brüchige Route, wenig eigenständig.*
5	**Die kleine Micheluzzi**	**6+**	
6	**Schlitz im Kleid direkt**	**8**	
7	**Schlitz im Kleid**	**7+**	
8	**Geländerweg**	**6**	
9	**Neuer Geländerweg**	**6+**	
10	**A bissle alpin**	**6+**	
11	**Liebe Glaube Hoffnung**	**6+**	
12	**Blähsier**	**4-**	
13	**Cobra Verde**	**6-**	
14	**Güntnerführe**	**6-**	
15	**Variante D**	**6-**	
16	**Dequadrat**	**7-**	
17	**Innere Kante**	**6**	
18	**Variante Akebono**	**7-**	
19	**Gastronomenkante**	**8**	*Der erste BH ist sehr ungemütlich einzuhängen, danach eigentlich ganz gute Route, schwer ist erst die obere Ausstiegsplatte. In Verbindung mit der Inneren Kante schöne, lange, teils etwas bröselige Route im Bereich 6+.*
20	**Vom Gastronomen zur Äußeren**	**6**	*Am ersten Band quert man nach rechts weg.*
21	**Von der Äußeren zur Inneren**	**6**	*Schöne, lange, ausgesetzte Route. Ausstieg im Risssystem der Inneren Kante.*
22	**Untere Direktvariante**	**7**	
23	**Äußere Kante**	**6+**	
24	**Obere Direktvariante**	**7-**	

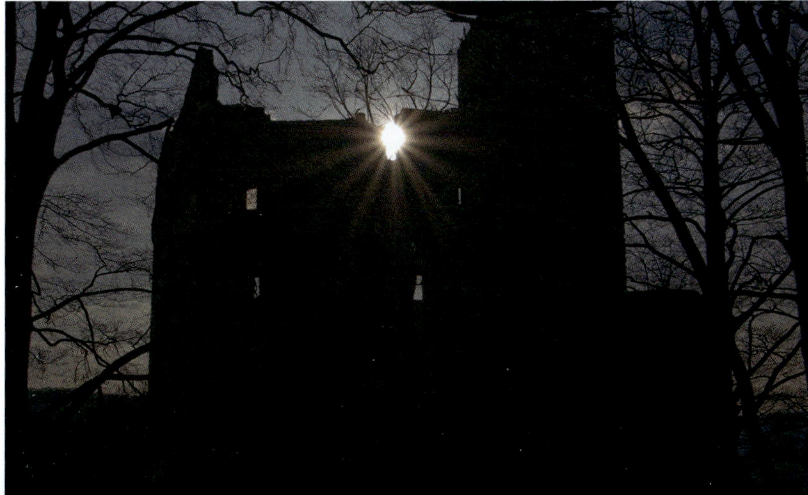

2.13 Reußenstein (Mittelfels)

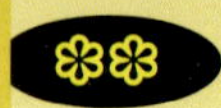 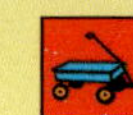 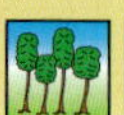 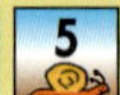

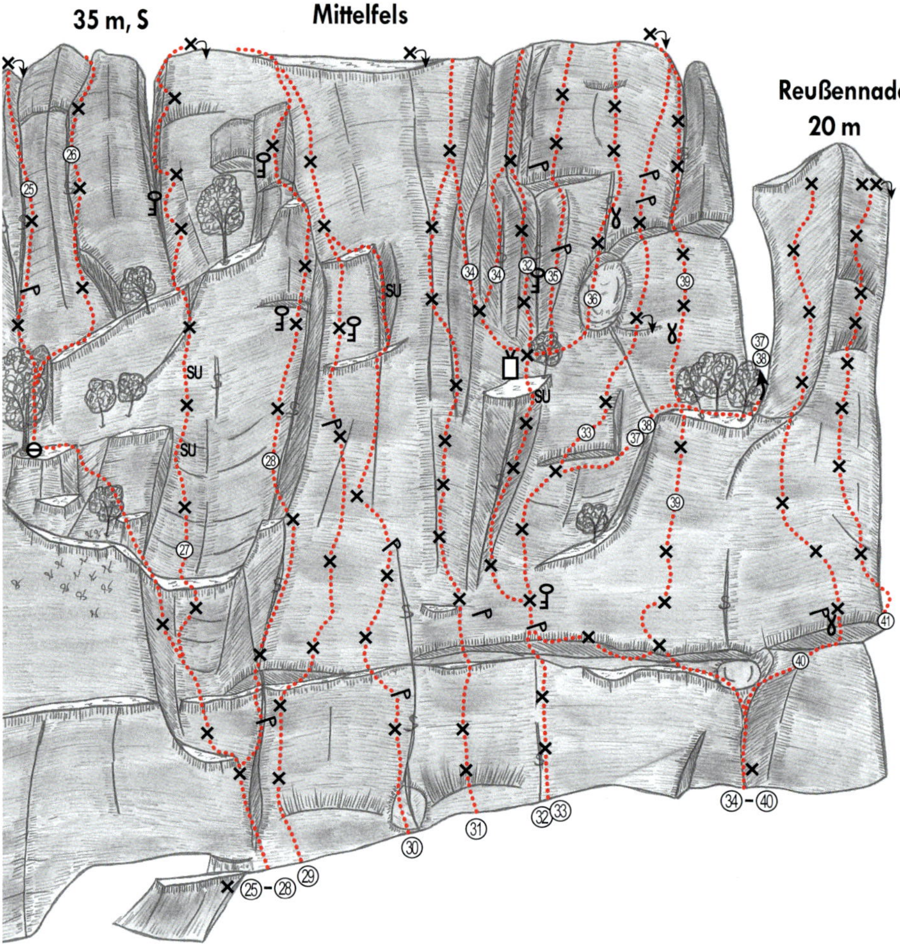

35 m, S

Mittelfels

Reußennadel
20 m

	Route	Grade	Description
25	**Agrarweg**	4	*Rissverschneidung, gleichmäßig schwer. Immer schön hochspreizen, große Keile! Stark abgegriffen.*
26	**Agrarweg rechter Ausstieg**	5	*Gut griffige Variante rechts vom Agrarweg. Zuerst Wand-, zum Schluss Risskletterei. Keile und Schlingen mitnehmen!*
27	**Kirchh. DAV Express Weg**	6+/7-	*Sieht bis zum oberen Riss brüchig aus, ist aber erstaunlich fest. Der Rissausstieg hat es in sich. Schlingen für mehrere Sanduhren mitnehmen. Oben kann man unter Umgehung des Risses einen weiten Rechtsschlenker klettern, deutlich einfacher.*
28	**Muskelkater**	6	*Schöne Linie entlang eines Risses, Keile! Oben links über überhängende Platte oder einfacher rechts herum, ziemlich abgespeckt.*
29		6/6+	*Schöne, meist gut griffige Wandkletterei, ausdauernd. Schwere Passage vom Band weg, ziemlich abgegriffen.*
30	**Söflinger Pfeiler**	6/6+	*Steile Wandkletterei mit anhaltend schwerer Passage, sehr abgegriffen. Keile und Sanduhrschlingen mitnehmen.*

31	**Sipak light**	6	*Steile Wandkletterei, gleichmäßig schwer.*
32	**Direkter Hauserweg**	6	*Schwerer und sehr abgegriffener Start, danach bis zum Stand deutlich einfacher. Vom Stand weg anstrengende, steile Kletterei mit weiten Zügen. Im Riss wieder einfacher. Gute, aber sehr abgeschmierte Kletterei.*
33	**Gaisburger Marsch**	6-|6	
34	**Hauserweg**	4+/5-	*Der Schlüssel wartet nach der Querung, danach im Riss deutlich einfacher. Vom Stand weg 2 Ausstiegsvarianten, die rechte im Riss ist mit 5+ schwerer und muss mit Keilen selbst abgesichert werden.*
35	**Kampf der Magier**	8	
36	**Rechter Ausstieg**	8-	
37	**Schartenweg**	5|4	
38	**Schartenaufstieg rechts**	5|5	
39	**Schätzle**	7-	*Extrem brüchige gefährliche Route!*
40	**Nadel Talseite**	7	*Dubioser Einstieg über den brüchigen Überhang.*

41	**Älle Affa glodzad**	8
42	**Oben David...**	8-
43	**Nadel Südwand**	6
44	**Nadel Bergseite**	5+

Die filigrane Reußennadel

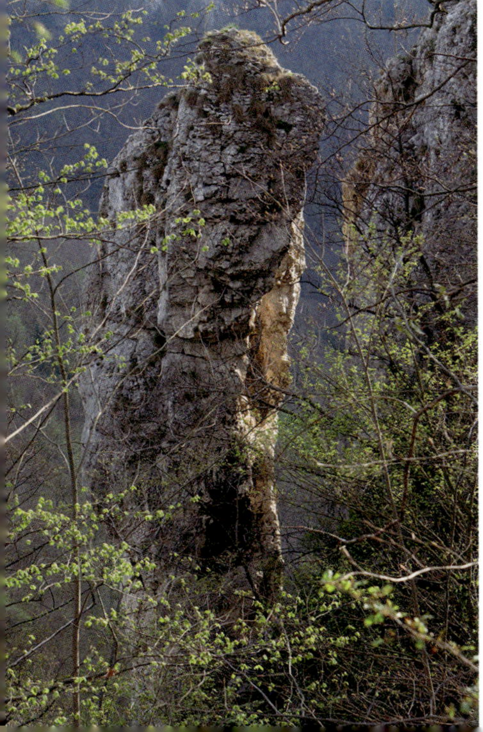

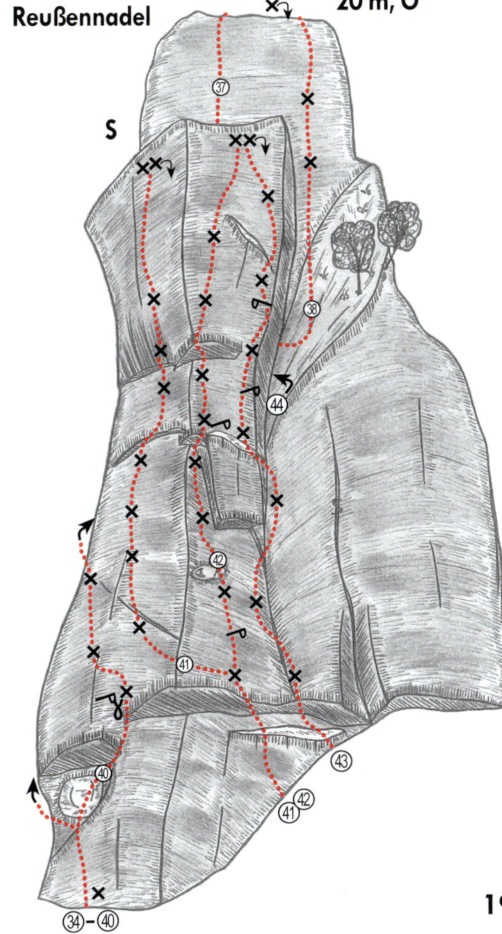

2

Lenninger Alb

2.13 Reußenstein (Südostfels) 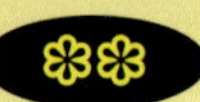  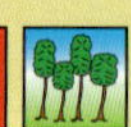 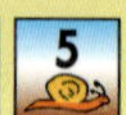

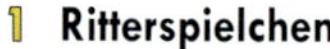

Nr.	Route	Grad	Beschreibung
1	**Ritterspielchen**	**7-**	*Einstieg wie Post Scriptum, dann am Überhang links rum, äußerst brüchig! Wer alles verwendet, was sich in der Wand im labilen Gleichgewicht hält, klettert (wenn's hält) evtl. auch nur eine 6+/7-.*
2	**Post Scriptum**	**7-**	*Der Riss am Start ist ca. 6-, oben wird es plattig mit flachen, teils kleinen Griffen, spreizen. Je höher man kommt, desto schwerer.*
3	**Direkter Fuffzger**	**6/6+**	*Am Einstieg nicht zu direkt, sondern von links einqueren. Danach Wandkletterei an flachen, total speckigen Griffen.*
4	**Damenpartie**	**7+**	*Schwerer und speckiger Einstieg (lockerer Tritt!), im Mittelteil deutlich einfacher. Oben geht es nochmals zur Sache, am besten als Links-rechts-Schleife klettern.*
5	**Direktissima**	**8-**	*Nach dem knackigen Einstieg wird es deutlich einfacher. Ab der Abzweigung vom 50 Pf. Quergang geht es dann an flachen, runden Auflegern und versteckten, kleinen Leisten zur Sache, dranbleiben.*
6	**Falscher Fuffzger**	**5-**	*Einfachere Variante ohne den Quergang.*
7	**Fuffzig Pfennig Quergang**	**6-**	*Hier kann man das Thema Seilzug voll ausreizen. Interessante Route, die auch dem Nachsteiger einiges abverlangt. Besonders knackig gleich zu Beginn der langen Rechtsquerung.*
8	**Der Osten ist grau**	**8-/8**	*Einstieg wie 50 Pf. Quergang, dann aber schwer geradeaus über eine kurze, überhängende Passage und den 50 Pf. Quergang kreuzen. Nach dem Band geht es an den runden, zunehmend kleiner werdenden Auflegern zur Sache. Stark abgegriffene Route, am besten in den schattigen Morgenstunden klettern.*
9	**Schleichende Inflation direkt**	**8-**	*Nach der speckigen Traverse geradeaus hoch über den Überhang, harte Einzelstelle mit sehr weitem Zug. Insgesamt ziemlich ausdauernd, nach dem Band einfacher.*
10	**Schleichende Inflation**	**7/7+**	*Der 1. Bohrhaken steckt sehr hoch, dann extrem abgeschmierte Rechtstraverse, danach einfacher.*
11	**Mamba**	**7-**	*Überhängend, großgriffig mit schwerer Überraschung am Überhangsende. Der Rest ist deutlich einfacher.*
12	**Schwarzer Frust**	**9-**	
13	**Linke Südwestkante**	**7+**	*Einstieg etwas trickreich über den kleinen Wulst, dann einige Zeit deutlich einfacher. Im oberen Teil überhängend an meist großen, aber runden Griffen ausdauernd hoch zum Band. Nach dem Band wird es nochmals kleingriffig, knackig. Etwas gewusst wo und wie.*
14	**Seniorenweg**	**5**	*Bis auf das obere Band immer im Verschneidungssystem. Ausstieg im Riss wie der 50 Pf. Quergang.*
15	**Direkte Südwestkante**	**6**	*Start wie Seniorenweg, dann aber am 1. Bohrhaken geradeaus über den Pfeiler (je nach Variante bis 6+/7-). Danach wie Seniorenweg, bis man an einem Block kurz nach rechts quert. Jetzt überhängend über den Block hoch bis zum Beginn des Pfeilers. An diesem gerade hoch und nach dem Band links über die Platte, etwas gesuchte Linie.*
16	**Stuttgarter Weg**	**6-**	*Keile!*
17	**Stuttgarter Weg direkt**	**6+**	
18	**Trottwar Schrott war**	**8-**	
19	**Charly Klepperle**	**8-**	
20	**Stuttgarter Quergang**	**7-**	

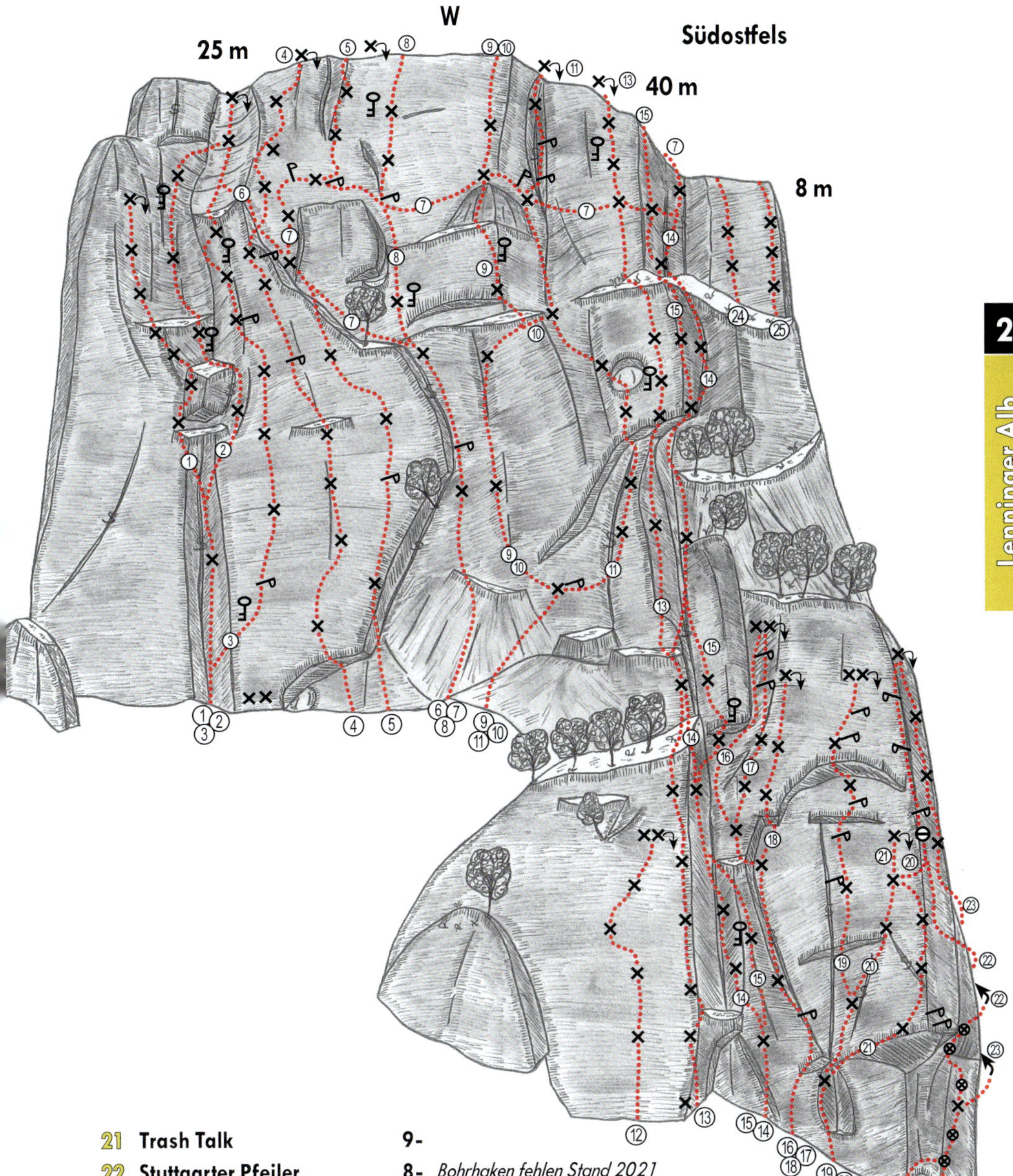

W

Südostfels

25 m

40 m

8 m

21	**Trash Talk**	9-	
22	**Stuttgarter Pfeiler**	8-	*Bohrhaken fehlen Stand 2021*
23	**Neuer Stuttgarter Pfeiler**	7+	*Bohrhaken fehlen Stand 2021*
24	**Studenten Albtraum**	8+	*Kurze, steile Wandkletterei vom oberen Band weg.*
25	**La Fortuna**	7+	*Kurze, steile Wandkletterei vom oberen Band weg.*

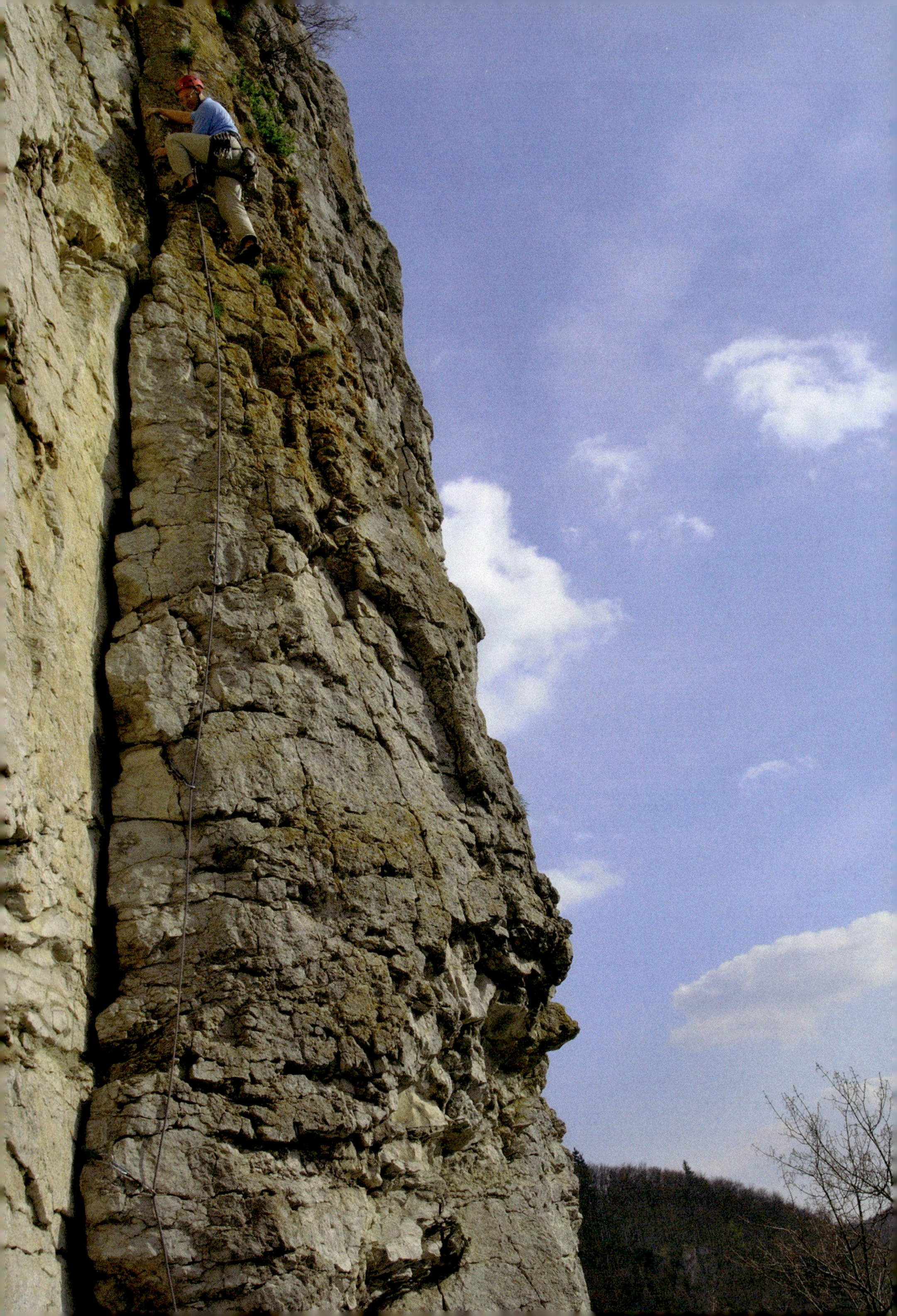

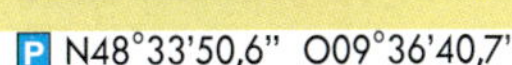

P N48°33'50,6" O09°36'40,7"

Fels mit eher klassischem Charakter, sowohl was die Routen, als auch was die Absicherung angeht. Die Felsqualität sieht auf den ersten Blick schauerlich aus, ist aber insgesamt gar nicht so übel. Obwohl in den letzten Jahren doch etliche Bohrhaken erneuert wurden, gibt es immer noch das ein oder andere ältere Modell, dem nicht das allerletzte Vertrauen geschenkt werden sollte. Bei der ein oder anderen Route sind zusätzliche Keile deshalb nach wie vor ratsam bis zwingend.

Mix of new and old material, nuts useful for some routes.

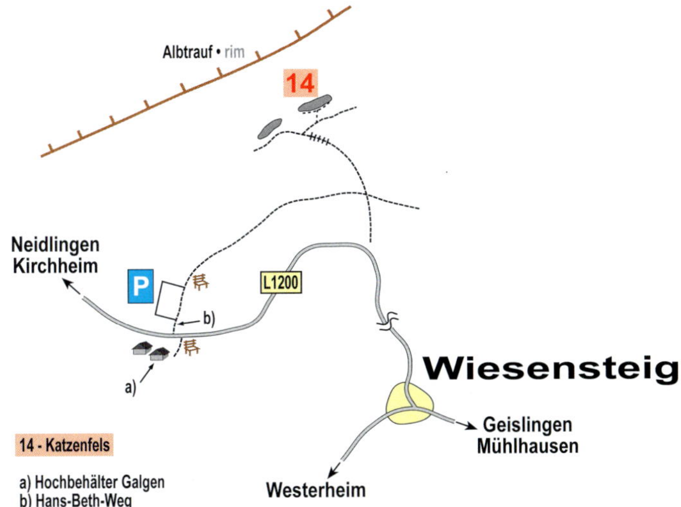

Anfahrt

Auf der A 8 bis zur Ausfahrt Mühlhausen, hier abfahren und auf die B 466 Richtung Bad Ditzenbach/Geislingen. In Mühlhausen rechts ab und weiter nach Wiesensteig. In Wiesensteig an einer Straßengabelung rechts ab Richtung Neidlingen/Kirchheim. Der Straße (L 1200) von der Abzweigung aus 1,2 km bergauf folgen, dann rechts ab auf eine größere Parkmöglichkeit, hier parken. Gegenüber befindet sich ein Wasserreservoir (Hochbehälter Galgen).

Lage

Auch diese Südwand befindet sich an einem steilen Hang und zwischen Wandfuß und einem kleinen, vorgelagerten Felsriegel hat man leider nur sehr wenig Platz, um sich auszubreiten. Im rechten Wandteil gibt es zwar keinen Vorbau, doch sind die Einstiege hier mit Gestrüpp etwas zugewuchert. Ansonsten steht die Wand frei und man erhält Sonne satt.

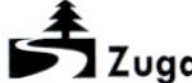

Zugang

Vom Parkplatz führt ein Forstweg auf gleichbleibender Höhe in den Wald. Diesem bis zu einem kreuzenden Wanderweg nach etwa 200 m folgen. Hier links steil dem Wanderweg bergauf folgen, der nach einigen Treppenstufen unterhalb der Wand vorbeiführt. Kurz nach rechts und gleich wieder links über Steigspuren hoch auf den Felsvorbau.

Zugangszeit etwa 5 Minuten.

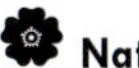

Naturschutz

Alle Routen müssen (sofern möglich) umgelenkt werden, es besteht ein Ausstiegsverbot. Manchmal ist die Wand aus Vogelschutzgründen flexibel gesperrt. Hinweisschilder vor Ort beachten.

Lower off all routes if anchors are available. Short-term closures possible (signs at place).

← *Eine Traumlinie mit alpinem Touch, Ulrich Röker im Falkenriss (5+); Reußenstein Burgfels*

2.14 Katzenfels

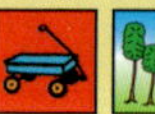
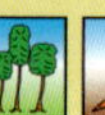
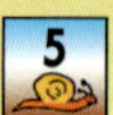

18 m, SSW

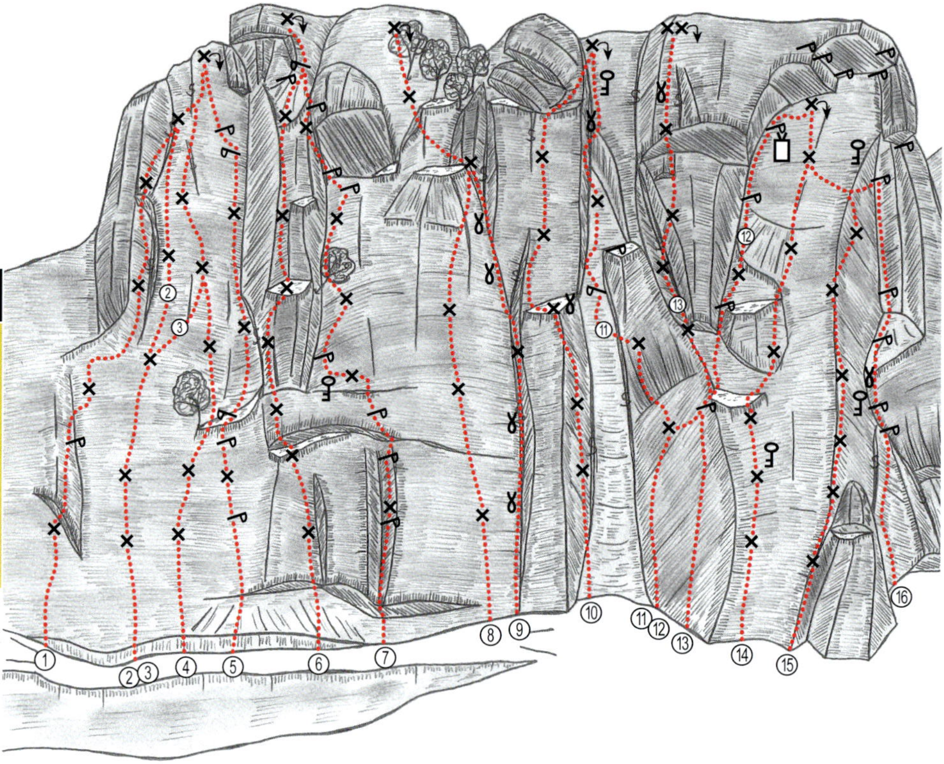

Nr.	Route	Grad	Beschreibung
1	**Linker Riss**	**7+**	*Kurz durch Platte, dann anstrengender, überhängender Riss. Vom 1. zum 2. BH Bodensturz möglich!*
2	**Siedepunkt**	**9-**	*Unten kleingriffige Wand, oben extrem definiert über den Pfeiler.*
3	**Variante**	**8**	
4	**Drag and Drop**	**9**	*Unten extrem griffarm, oben äußerst definierte Kletterei, da die Route sehr eng an die Verschneidung gebohrt ist.*
5	**Triebel Verschneidung**	**7+**	*Schwere Passage um den geschlagenen Haken, oben schöne Verschneidung und deutlich einfacher.*
6	**Wildkatze**	**8+**	*Durch den splittrigen Pfeiler.*
7	**Rechte Verschneidung**	**8-**	*Teils splittrige, aber interessante Kletterei. Die reichweitenabhängige Schlüsselstelle befindet sich am 2. BH, danach ab in den stacheligen Hagebuttenbusch! Größtenteils sehr altes Material, Keile!*
8		**8-/8**	*Kleinsplittrige Wand.*
9	**Gelber Riss**	**6**	*Ein etwas alpines Abenteuer, teils brüchig. Frisch saniert, Keile können trotzdem nicht schaden.*
10	**Karawane der verlorenen Seelen**	**9-**	
11	**Heckenrose**	**6**	*Rissverschneidung, spreizen und piazen ist angesagt. Gute Route, zur Umlenkung nochmals kräftig. Oben Friend (2...2½).*

12 m, SSW

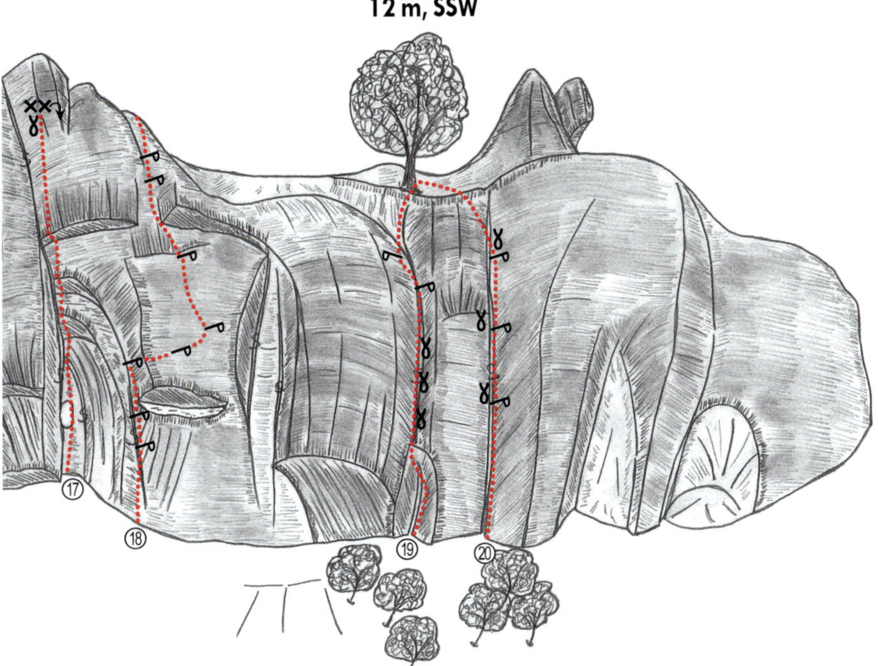

Nr.	Route	Grad	Beschreibung
12	**Katzenfelsdach**	6	*Einstieg wie Heckenrose, dann Querung nach rechts zur Kante und durch Verschneidung zu Stand mit Wandbuch. Das eigentliche Dach sollte man sich sparen, nur uralte Haken und keine weitere Umlenkung.*
13	**Katzeklo**	7-	*Direkter Einstieg über Wand, dann oben über den Pfeiler.*
14	**Blauer Kater**	8/8+	*Sehr harte Einzelstelle am 1. BH, danach deutlich einfacher, aber ausdauernd an flachen Griffen, schöne Route.*
15	**Kimikaatze**	8-	*Klettert fast gleich wie die Gelbe Verschneidung, am letzten BH schräg links, sehr wenig eigenständige Route.*
16	**Gelbe Verschneidung**	6+	*Alpines Abenteuer, unten brüchig nach oben zu immer besser, leider noch nicht saniert. Oben nicht wie ursprünglich gerade raus, sondern Querung nach links zu Stand (happig).*
17	**Angst machen Hose voll**	6/a1	*Brüchiger und clean zu kletternder Überhang.*
18	**Brüchige Wand**	6-/a1	*Uaahh, Finger weg!*
19	**Steiler Riss**	7+	*Überhängende Rissverschneidung, erst spreizen, dann stemmen, klemmen, wursteln... Ein Schmankerl für Liebhaber besonderer Risse. Uraltes fixes Material (Holzkeile), große Friends (3...4½). Umlenkung an Baum.*
20	**Rechter Riss**	6+	*Schöne Rissverschneidung mit äußerst schlechten Trittmöglichkeiten. Absicherung noch einigermaßen brauchbar, aber zusätzlich Keile sind sinnvoll. Umlenkung an Baum.*

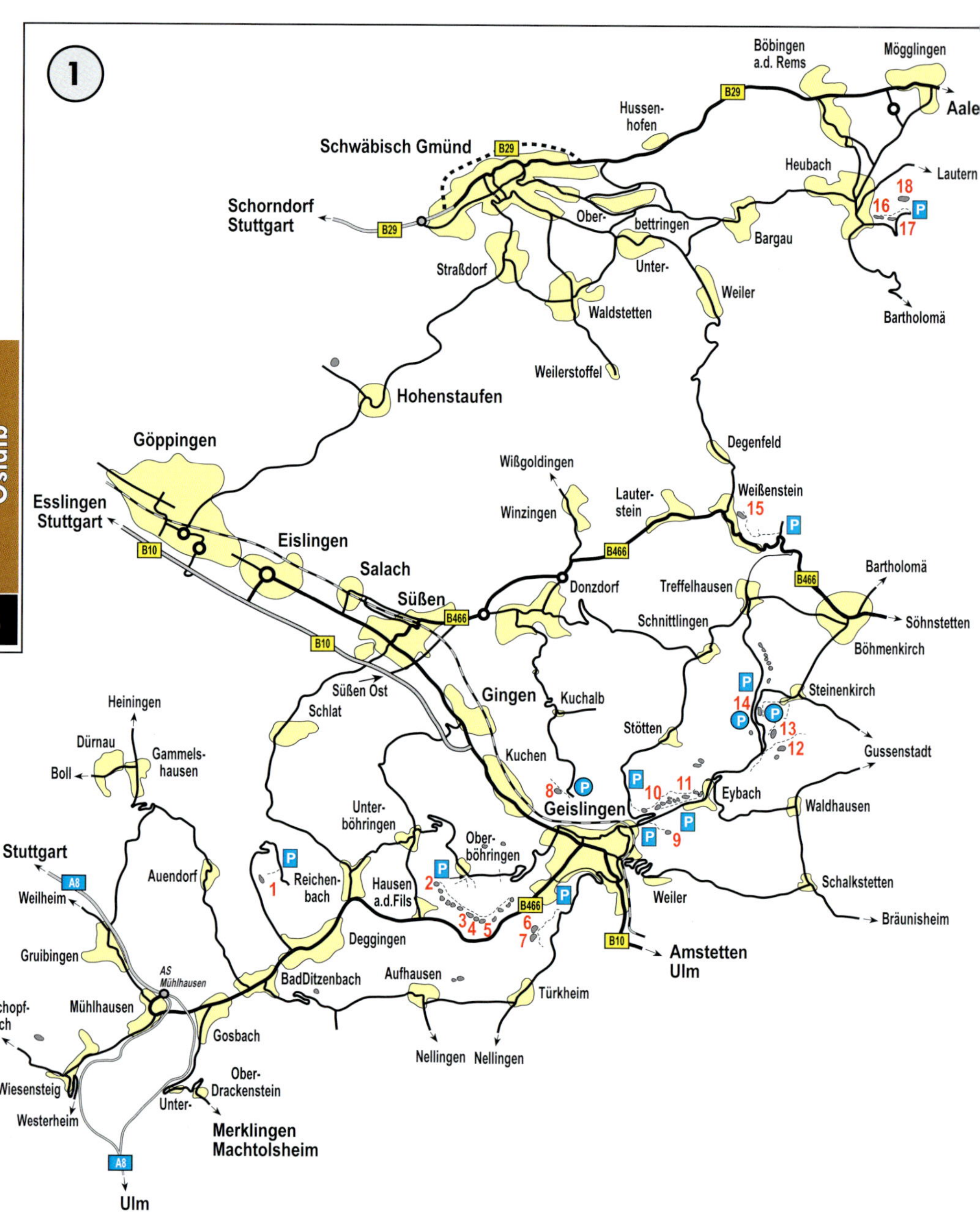
1
Böbingen a.d. Rems
Mögglingen
B29
Aale
Hussen-hofen
Schwäbisch Gmünd
B29
Heubach
Lautern
18
16
17
Schorndorf Stuttgart
B29
Ober-
bettringen
Bargau
Unter-
Straßdorf
Weiler
Waldstetten
Bartholomä
Weilerstoffel
Hohenstaufen
Göppingen
Degenfeld
Wißgoldingen
Esslingen Stuttgart
Lauter-stein
Weißenstein
15
Winzingen
B10
Eislingen
B466
Salach
Bartholomä
Donzdorf
Treffelhausen
B466
Süßen
Söhnstetten
B466
Schnittlingen
Böhmenkirch
B10
Süßen Ost
Gingen
Kuchalb
Steinenkirch
Schlat
14
Heiningen
Stötten
13
12
Dürnau
Gussenstadt
Gammels-hausen
Kuchen
Boll
8
10
11
Eybach
Geislingen
Waldhausen
Unter-böhringen
9
Stuttgart
Ober-böhringen
Reichen-bach
Auendorf
A8
1
Hausen a.d.Fils
2
Schalkstetten
Weilheim
Weiler
B466
3
4
5
6
Bräunisheim
7
Deggingen
B10
Amstetten Ulm
Gruibingen
AS Mühlhausen
BadDitzenbach
Aufhausen
Türkheim
Schopf-loch
Mühlhausen
Gosbach
Nellingen
Nellingen
Ober-
Wiesensteig
Drackenstein
Unter-
Westerheim
Merklingen Machtolsheim
A8
Ulm

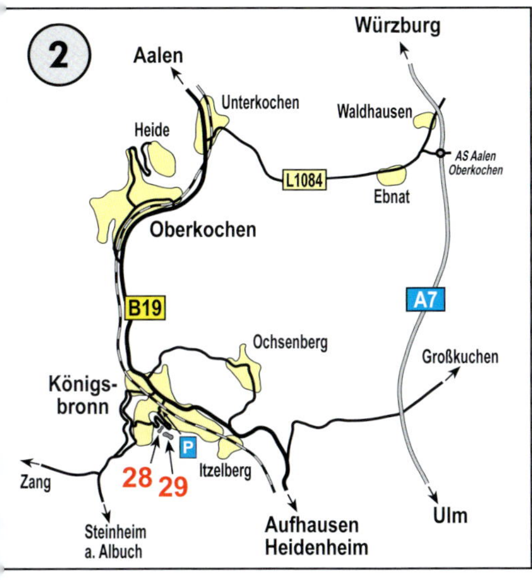
2
Aalen
Würzburg
Unterkochen
Waldhausen
Heide
AS Aalen Oberkochen
L1084
Ebnat
Oberkochen
B19
A7
Ochsenberg
Königs-bronn
Großkuchen
Zang
P
28
29
Itzelberg
Steinheim a. Albuch
Aufhausen Heidenheim
Ulm

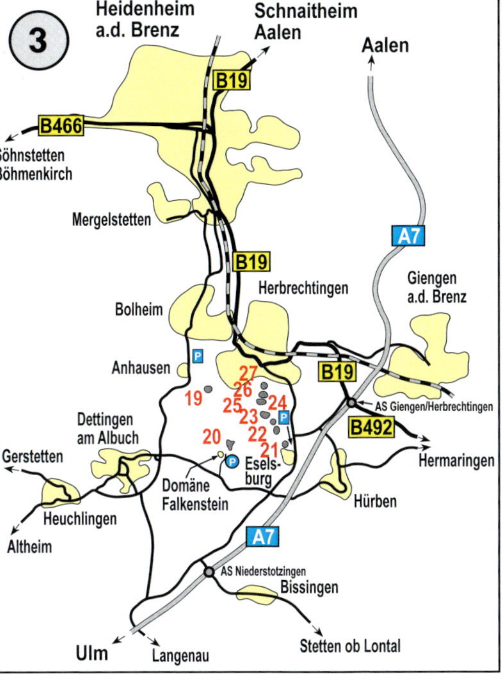
3
Heidenheim a.d. Brenz
Schnaitheim Aalen
Aalen
B19
B466
Söhnstetten Böhmenkirch
Mergelstetten
A7
B19
Herbrechtingen
Giengen a.d. Brenz
Bolheim
P
Anhausen
27
26
19
25
24
23
P
B19
AS Giengen/Herbrechtingen
Dettingen am Albuch
20
22
21
B492
Hermaringen
Gerstetten
P
Esels-burg
Domäne Falkenstein
Hürben
Heuchlingen
Altheim
A7
AS Niederstotzingen
Bissingen
Ulm
Langenau
Stetten ob Lontal

Räumlich gesehen das ausgedehnteste Gebiet der vier Teilbereiche, da hier die Felsen etwas vereinzelter stehen, als in den anderen drei Hauptgebieten. Die Klettereien sind in dieser Region ebenfalls sehr vielfältig und so sind von perfekter Lochkletterei wie am Rosenstein oder Kuchfels über eher leistenbetonte, etwas bröselige Kletterei wie im Geislinger Tal bis zu relativ glattem, aber bombenfestem, überhängendem Kalk wie am Großen Herwartstein oder auch am Falkenstein nahezu alle Spielformen des Steilwandsports anzutreffen. In diesem Teilgebiet wurde in der Vergangenheit viel saniert, so dass Keile heutzutage nicht mehr so zwingend sind, wie noch vor einigen Jahren. Im Einzelfall haben wir wie immer darauf hingewiesen.

Besuch alleine mit der Steigklemme: Einige Routen am Jungfraufels
Einige Routen am Rosenstein Westfels
Einige Routen am Rosenstein Ostfels
Einige Routen an der Mittleren Wand

Ansonsten darf im Gebiet der Felskopf nicht betreten werden.

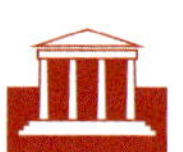
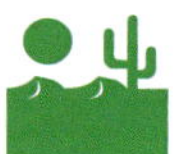

Kultur - Natur

Auch auf der Ostalb finden sich einige Zeugnisse der mittelalterlichen Vergangenheit und mit den Überresten der Burgen Hohenstaufen, Rechberg, Rosenstein, Scharfenberg oder Helfenstein gibt es einiges zu betrachten. In Heidenheim kann Schloss Hellenstein, bei Wäschenbeuren das Wäscherschlössle besichtigt werden. In Lorch gibt es eine interessante Klosterkirche oder auch Überreste des römischen Limes zu bestaunen.
Unter der Erde bringen die Falkenhöhle bei Bartholomä, die Kahlensteinhöhle am gleichnamigen hier beschriebenen Fels, die Charlottenhöhle oder die Vogelherdhöhle, beide im Lonetal (A 7 Ausfahrt Niederstotzingen), Abwechslung ins Programm.
In Steinheim an der Brenz lockt das Meteorkrater Museum, in Heidenheim der Freizeitpark Schloss Hellenstein. Die Liste ließe sich nahezu beliebig verlängern, für Abwechslung ist jedenfalls gesorgt.

Anreise mit öffentlichen Verkehrsmitteln

Die Felsen um Geislingen können mit der Bahn in Verbindung mit Fahrrad oder Bus erreicht werden. In Geislingen befindet sich ein Bahnhof der wichtigen Strecke Ulm-Stuttgart. Am Parkplatz Kahlenstein gibt es eine Bushaltestelle (Verbindung von Geislingen).
Der Rosenstein kann vom Bahnhof Böbingen (Strecke Stuttgart-Aalen) aus mit dem Fahrrad angepeilt werden.
Der Falkenstein ist vom Bahnhof Herbrechtingen (Strecke Aalen-Ulm) ebenfalls mit dem Fahrrad zu erreichen.
Kleiner und großer Herwartstein sind vom Bahnhof in Königsbronn (Strecke Aalen-Ulm) locker zu Fuß erreichbar.

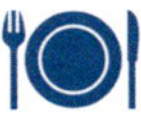

Gastronomie Tipps

Obere Roggenmühle, (www.obereroggenmühle.de) Tel.: 0 73 31/6 19 45
Kuchalber Stuben Hof, Tel.: 0 71 62/9 40 94-0, auf der Kuchalb
Gaststätte zur Mutter Franzl, Tel.: 0 71 62/2 94 31, auf der Kuchalb
Die Spitze in Geislingen , Tel.: 0 73 31/98 43 60
Gaststätte Hirsch in Oberböhringen, Tel.: 0 73 34/43 34
Landgasthof Grünenberg zwischen Unterböhringen und Gingen, Tel.: 0 71 62/72 24, Ruhetage Mo.+Di.

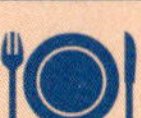

Ostalb Fitnessteller

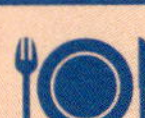

Der Klassiker, rasch zubereitet und macht garantiert satt:

Linsen Spätzle und Saitenwürschdle.

Zusätzliche Ausrüstung

Zweite Kochflamme, 1 Topf.

Erforderliche Zutaten

Zutaten Spätzle siehe Basis, Saitenwürste, vorgekochter Linsentopf aus der Dose.

Parallel zu den Spätzle werden im zweiten Topf die vorgekochten Linsen erhitzt und die Saitenwürschdle zugegeben.

Je nach verwendeten Linsentöpfen muss manchmal noch etwas nachgewürzt werden.

Degginger Nordalb

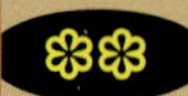

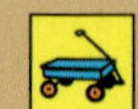

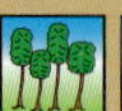

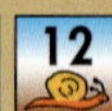

P N48°37'03,3" O09°42'30,1"

Abseits gelegenes Massiv mit meist plattigem, festem, teils auch etwas splittrigem Fels. Dies und die vorwiegend schwereren Routen verhindern einen hohen Andrang, obwohl es sich um durchaus ansprechende Klettereien handelt. Allerdings sollte man eher ein Freund von technisch anspruchsvollen Plattenrouten sein, der Überhangsfanatiker kommt leider nicht auf seine Kosten. Die Absicherung wurde in den letzten Jahren zum Teil erneuert doch gibt es immer noch einige ältere Bohrhaken Marke Eigenbau, an denen Abbauen nur schwer möglich ist. Als Umlenker gibt es Sauschwänze. Teilweise werden auch Keile benötigt. The protection is quite good though nuts can be helpful sometimes.

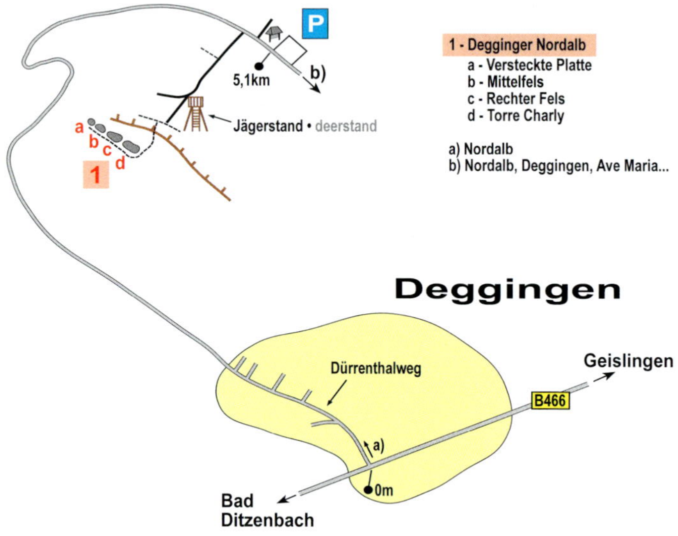

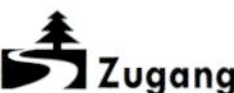

Anfahrt

Auf der A 7 an der Ausfahrt Mühlhausen abfahren und auf der B 466 über Mühlhausen, Gosbach, Bad Ditzenbach nach Deggingen. In Deggingen links ab Richtung Nordalb in den Dürrenthalweg. Diesem aus dem Ort heraus folgen. Die schmale, asphaltierte Straße führt zuerst weit in das Seitental, dann in einem großen Bogen auf die Albhochfläche. Dort, wo der Weg für die Weiterfahrt gesperrt ist, befindet sich linker Hand ein kleiner Wanderparkplatz mit einer Informationstafel, hier parken (5,1 km ab der Abzweigung von der B 466 in Deggingen).

Zugang

Auf der Straße zurück und an der ersten Möglichkeit links auf einen geschotterten Forstweg. Diesem einige Zeit bis zu einer Weggabelung folgen. Hier nach links (Grasweg) und vorbei an einem Hochsitz vor Richtung Albtrauf. Kurz davor kreuzt ein ziemlich verwachsener Forstweg, auf diesem nach rechts und nach etwa 100 m links (Steinmann) auf schmalem Pfad zum Trauf und rechts haltend hinab zum Wandfuß, nicht ganz einfach zu finden.

Zugangszeit etwa 10-15 Minuten.

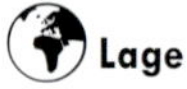

Lage

Die Felsgruppe befindet sich im relativ dichten Wald am Hang. Der Zugang ist sehr verwachsen und zur Zeit nur schwer zu finden. Am Wandfuß der vorwiegend westlich ausgerichteten Felsgruppe verhindert der hohe Mischwald ein gemütliches Sonnenbad, so dass die volle Konzentration der Sicherungsarbeit gewidmet werden kann.

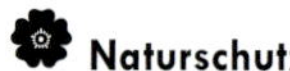

Naturschutz

Die Routen müssen alle umgelenkt werden, Ausstiegsverbot. Zustiegswege einhalten.

Use lower-offs and don't top out. Stay on trails.

12 m, W

Versteckte Platte

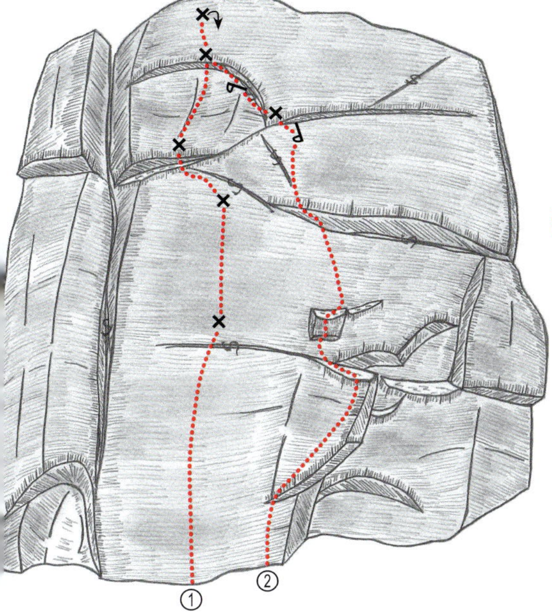

1 Direkteinstieg versteckte Platte 8-
2 Versteckte Platte 6+
3 Nordalbriesen 8/8+
4 Meisterschüler 6
5 Kraftmeier 6/6+
6 Nordälbler 9-
7 Graviton 9-
8 Glatt wie Kinderarsch 9-/9
9 Unsichtbare Berührung 9-
10 Backofenverschneidung 7-
10a Dampfgarer 7+
11 Mir wissad nix 7+

15 m, W

Mittelfels

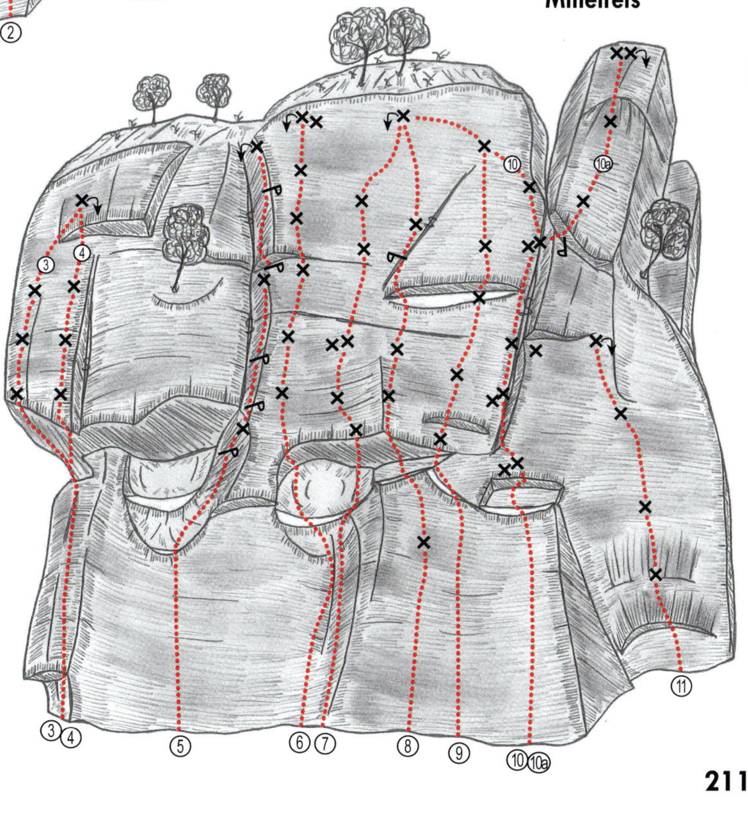

 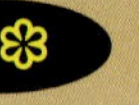

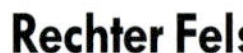

Rechter Fels

10 m, W

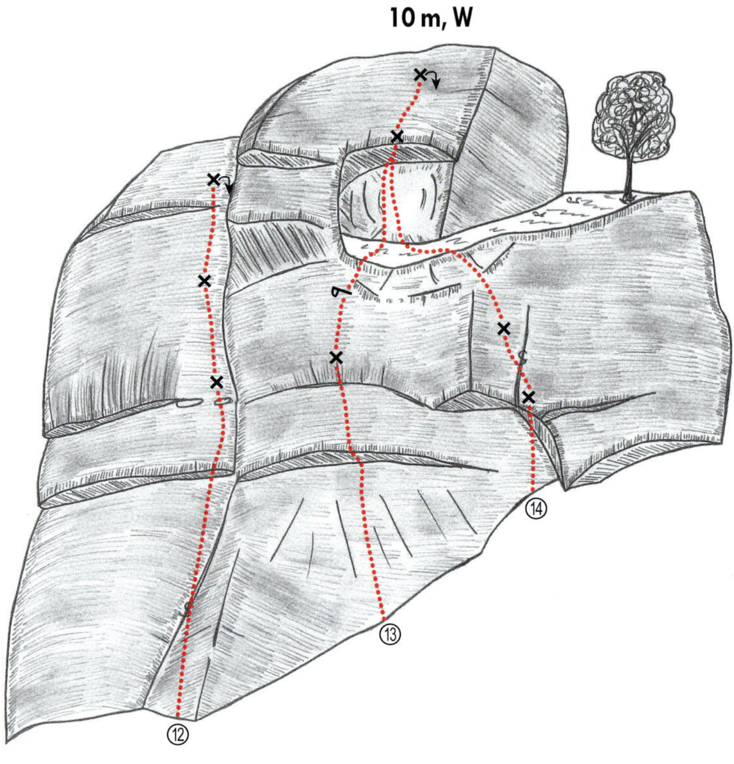

12	**Mosaikhangel**	**7+**
13	**Mir sagad nix**	**7+**
14	**Mir gebbad nix**	**7-**

Torre Charly

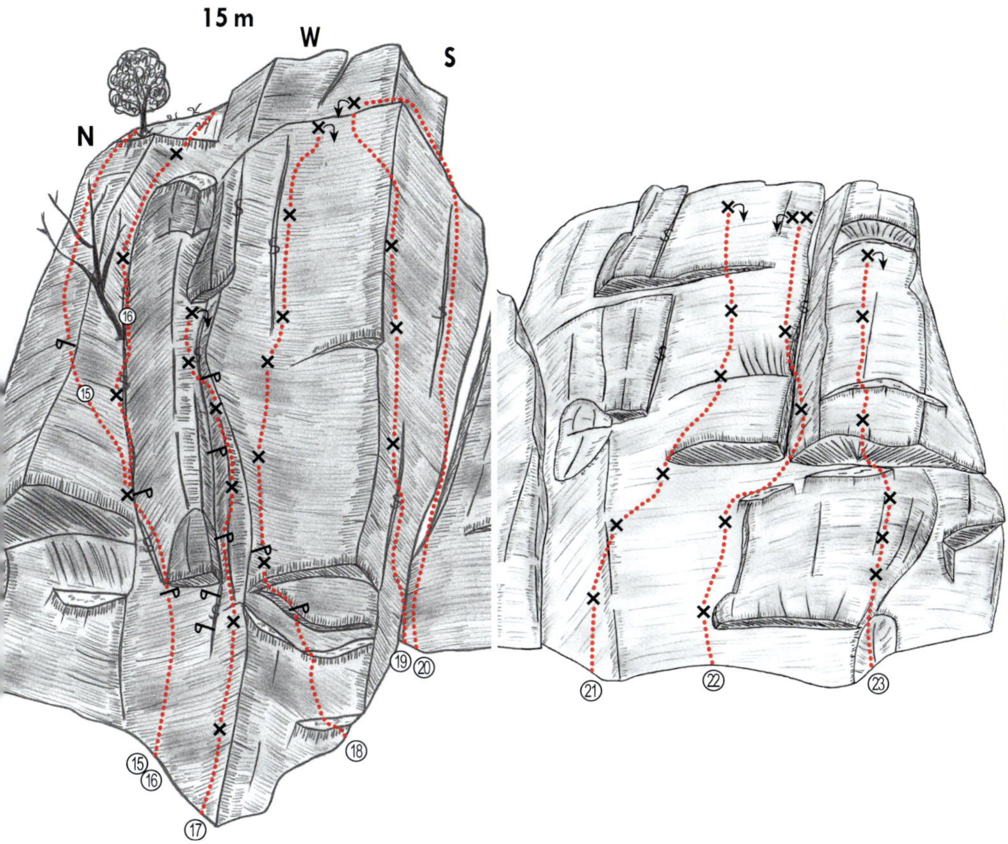

15 Westkante	**5+,a1**	*Alte Rostgurken, nicht saniert, Keile.*
16 Traumriss	**6**	
17 Via Brutale	**7-**	
18 Reine Nervensache	**7+**	
19 Ostkante	**8-**	
20 Schwarzer Riss	**6+**	*Keile zwingend.*
21 Schreibtischflucht	**7+**	*Schwerer Start, oben harte Platte, gut stehen.*
22 Schäfchentraum	**6+**	
23 Bankerpfeiler	**8-**	*Unten weite Züge an Henkeln, oben raus eher kleingrifige Plattenkletterei.*

3.2 Kleine Hausener Wand

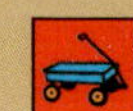
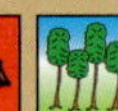
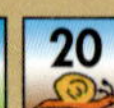

P N48°36'57,6" O09°46'56,2"

Ziemlich brüchige bis sehr brüchige Bereiche wechseln sich mit richtig kompakten Wandbereichen ab. Vieles ist bereits stark abgeschmiert. Das meiste ist saniert, aber häufig gibt es große Hakenabstände. Zum Teil sind diese gefährlich weit. Keile und Schlingen mitzunehmen, ist an dieser Wand in den meisten Routen zwingend. Stopper und Cams/Friends leisten gute Dienste. Einige Sanduhren können ebenfalls gefädelt werden.

Bring nuts, cams and slings for the thread pockets!

Unterböhringen
Oberböhringen
Stromtrasse • power line
Albtrauf • rim
Geislingen

2 - Kleine Hausener Wand

a) Oberböhringen
b) Schild • sign: "Naturschutzgebiet"
c) Hausener Felsen/ Bad Überkingen/ Jungfraufels/ Hausen a.d. Fils
d) Wanderparkplatz Kuchfels/ Wasserberghaus/ Ramsfels
e) Strommast Nr. 6 • pylon no. 6
f) Zustieg nur für Kletterrouten

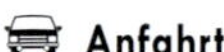

Anfahrt

Von der A 8 an der Ausfahrt Mühlhausen abfahren und auf der B 466 über Mühlhausen, Gosbach, Bad Ditzenbach, Deggingen bis zur Abzweigung nach Reichenbach. In Reichenbach rechts ab über Unterböhringen nach Oberböhringen. Durch den Ort hindurch und kurz nach dem Ortsende an einer Linkskurve rechts ab auf einen Wanderparkplatz, hier parken. Alternativ:

Auf der B 10 von Göppingen bis nach Geislingen. In Geislingen an der ersten größeren Ampelkreuzung (nach einer Tankstelle rechts) rechts ab in die Oberböhringer Straße in Richtung Oberböhringen. Geislingen verlassen und auf der Oberböhringer Steige hinauf auf die Albhochfläche. Etwa 50 m vor Oberböhringen an einer scharfen Rechtskurve links ab auf einen größeren Wanderparkplatz, hier parken.

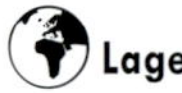

Lage

Laubwald mit gutem Abstand zur Wand, deshalb sehr sonnig. Ausreichend Platz am Wandfuß, der auch einigermaßen eben ist. Aber nicht geeignet mit Kindern, da der Zustieg sehr steil ist.

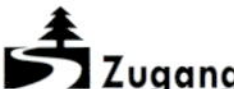

Zugang

An der Weggabelung am hinteren Ende des Parkplatzes geradeaus dem asphaltierten Wirtschaftsweg in Verlängerung des Parkplatzes folgen. Nach 2 Abzweigungen (1 x rechts, 1 x links) erreicht man schließlich eine Wegkreuzung. Hier geradeaus weiter (der Weg ist ab hier nicht mehr asphaltiert), bis man kurz vor dem Albtrauf auf einen quer verlaufenden Weg trifft. Hier nach links und nach wenigen Metern zu einer weiteren Wegkreuzung am Albtrauf. An dieser Stelle rechts bleiben und dem Weg entlang des Traufs Richtung Ramsfels in einem langgezogenen Rechtsbogen folgen. Dort, wo der Wirtschaftsweg in den Wald führt, zweigt links ein schmaler Pfad ab, der gut ausgebaut über Treppen und Leitern steil hinab zum Wandfuß führt. **Zugangszeit etwa 20 Minuten.**

Naturschutz

Die Wand befindet sich im Naturschutzgebiet. Ansonsten keine besonderen Einschränkungen.

Links 20-25 m, W

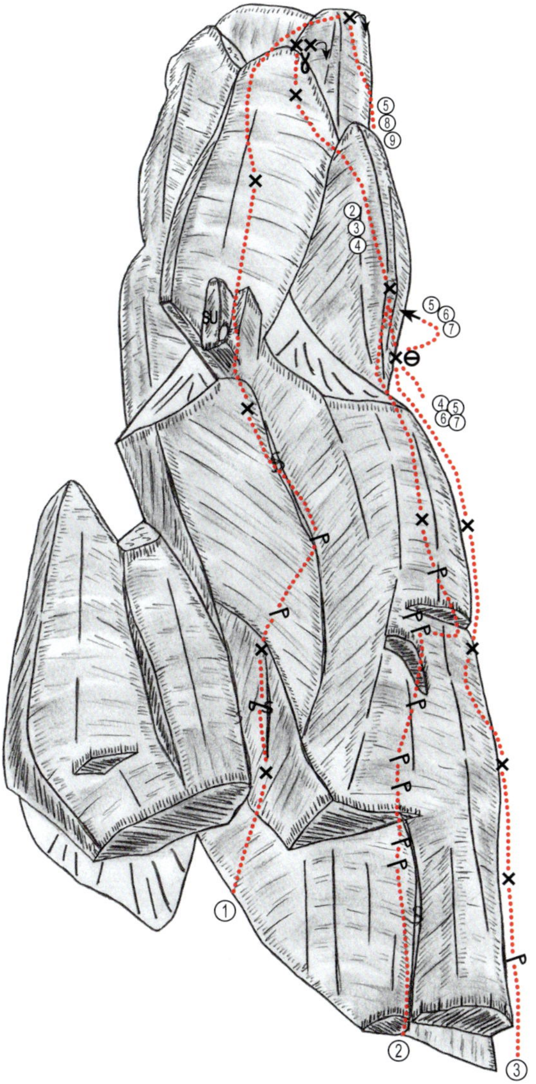

1	**Westwand**	7	*Schwere Stelle am 2. BH, oben Sanduhr fädeln.*
2	**Westriss**	7-	*Alpines Abenteuer, im schweren Teil mit uralten Normalhaken abgesichert, brüchig, nichts für Neulinge.*
3	**Direkter Westgrat**	6+	*Im unteren Teil anspruchsvolle Pfeilerkletterei, ausdauernd. Oben raus deutlich einfacher.*

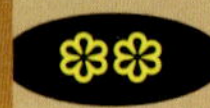

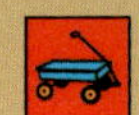

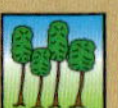

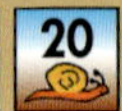

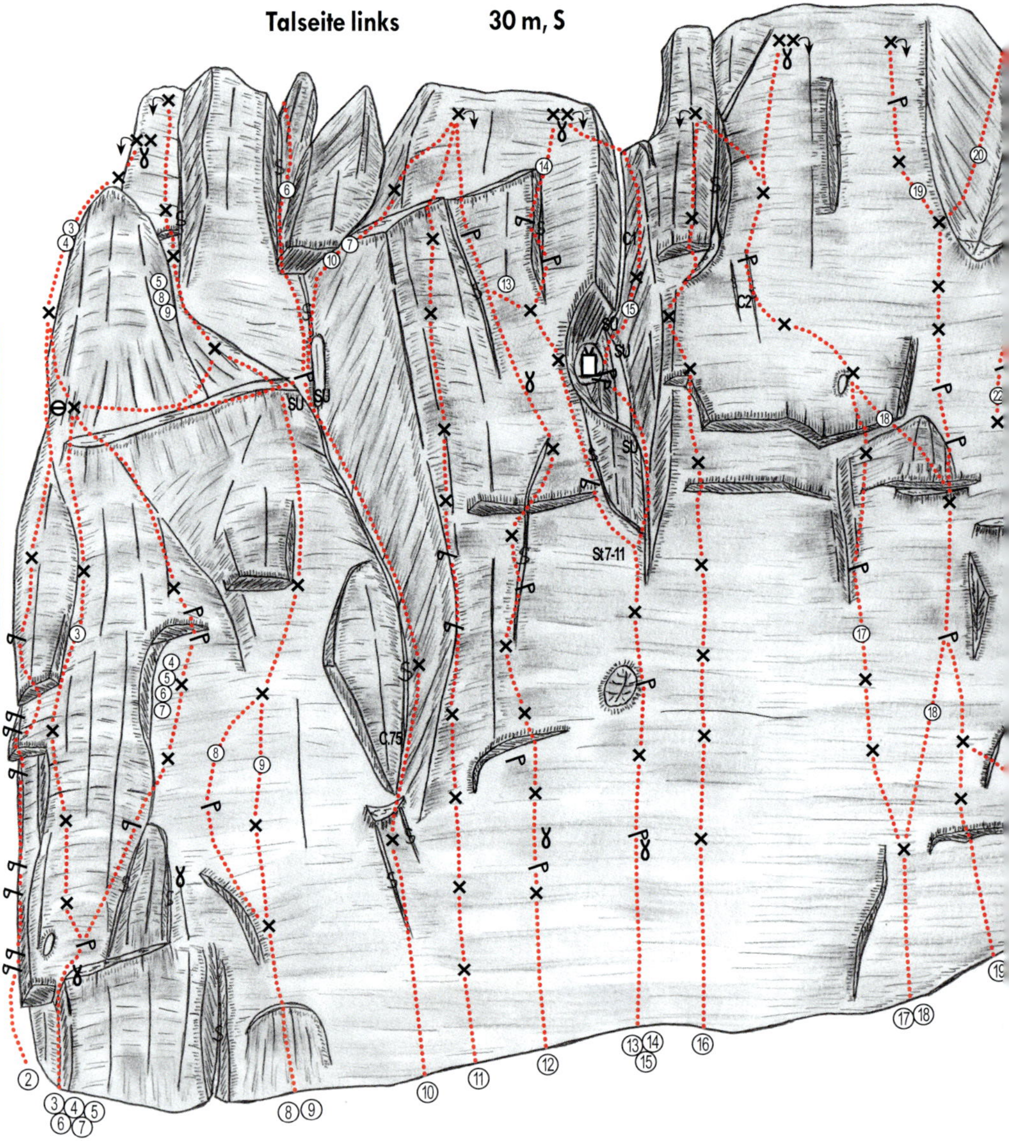

Talseite links **30 m, S**

4	**Westgrat Grataussstieg**	**6-**	*Oben links raus über den Pfeiler nicht mehr so schwierig.*
5	**Westgrat mittlerer Ausstieg**	**6-**	*Nochmals knackig über den kleinen Überhang.*
6	**Westgrat Verschneidungsausstieg**	**6-**	*Ziemlich brüchige Ausstiegsvariante, Keile!*
7	**Westgrat**	**6-**	*Gut griffige Risslinie, Keile können zusätzlich gelegt werden. Nach Querung Sanduhr fädeln, teils brüchig, aber recht gut abgeklettert.*
8	**Müsliweg**	**6**	*Die schwere Passage von Bagno wird hier links umgangen.*
9	**Bagno**	**7**	*Sehr schwere Plattenstelle am 1.BH, gut gesichert, oben Sanduhr fädeln.*
10	**Linker Schurrweg**	**6**	*1. BH sehr hoch, ziemlich brüchige Route, Keile sinnvoll: Stopper und/oder kleinere Cams bis Größe .75. Oben Sanduhr fädeln.*
11	**Glühwürmchen**	**8-**	*Bis zum 5. BH happig. Technisch anspruchsvoll, flache Seitpatscher zwischen 3. und 4. BH, oben großgriffiger, aber immer noch mächtig steil. Sehr schöne Route.*
12	**Schurrweg**	**7**	*Brüchige erste 2/3 aber recht gut abgeklettert, oberer Teil besser. Gut griffig, aber sehr ausdauernd. Schwere Stelle über kleinen Überhang.*
13	**Mitte**	**7-**	*Der Originalausstieg ist etwas einfacher als der Rissausstieg.*
14	**Mitte mit Rissausstieg**	**7-**	*Schwere Einzelstelle am 1. BH (7-), oberer Riss auch nicht ohne. Insgesamt schöne Route, im Mittelteil brüchig. Ansonsten gut griffig, aber poliert, Keile! Oben Rissausstieg Stopper und/oder Friends (Größe 1½ bis 2).*
15	**Mitte mit originalem Kaminausstieg**	**7-**	*Interessante, aber ziemlich beengte, überhängende Kaminkletterei. Drei Sanduhren können gefädelt werden. Unten Stopper 11, oben Cam 1 legen.*
16	**Chicco**	**7+**	*Schwere Passage bis nach dem 4. BH, teils weite Hakenabstände, oben deutlich einfacher.*
17	**Bienenwand**	**6+/7-**	*Schöne, aber bereits ziemlich polierte Wandkletterei, anhaltend schwer. Ab der Hälfte der Route ziemlich brüchig. In der Querung nicht so tolles Trittangebot. Der eigentliche Stand steckt in einer lockeren Platte, Lebensgefahr!! Stand links oder rechts davon nutzen.*
18	**Bierbrauerweg**	**6+**	*Variante, Start wie Bienenwand, dann in Bierbrauerweg, danach wieder zurück in Bienenwand. Extrem heikel gesichert.*
19	**Ameisenweg**	**7**	*Schwere Stelle gleich am 1. BH, danach ausdauernd hoch. Umlenkung gar nicht einfach zu klippen.*

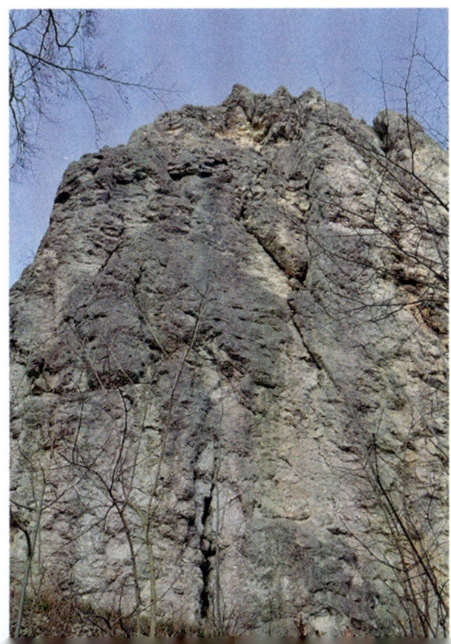

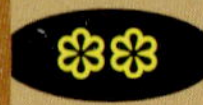

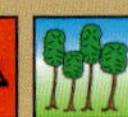

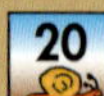

Talseite rechts

30 m, S

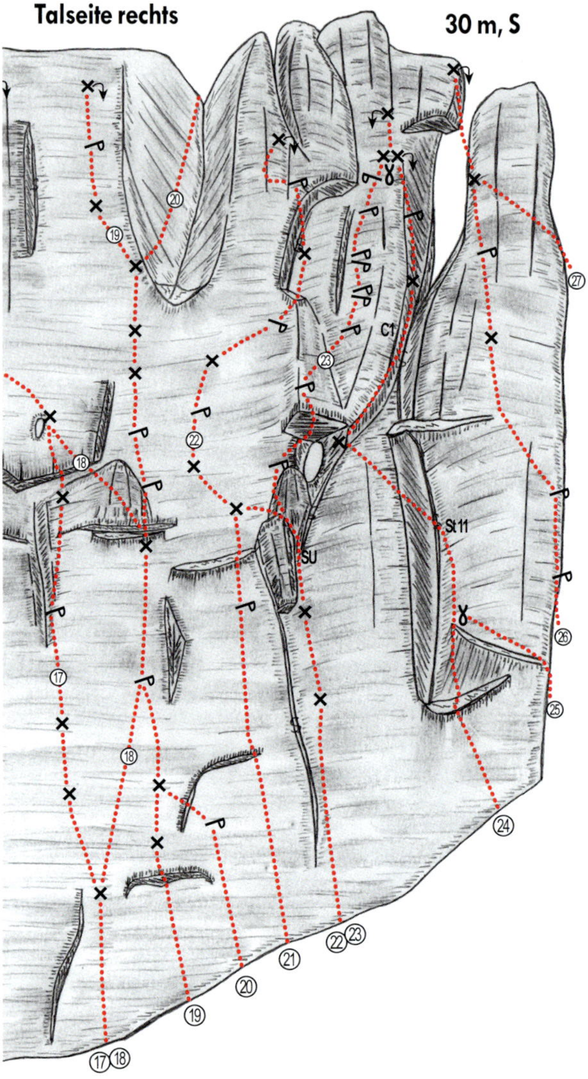

20	**Ameise original**	**7-**	*Durch den Schlund raus.*
21	**Grewis Führe**	**7**	*Einstieg original kriminell, da sehr brüchig und so gut wie nicht gesichert. Besser über Direkteinstieg Güntner Führe einsteigen. Nach 2. BH Sanduhr fädeln. Schwere Einzelstelle am 4. BH, danach ausdauernd aber gut griffig hoch. Oberer Teil brüchig, zur Umlenkung Linksschlenker.*
22	**Rechtseinstieg Grewis Führe**	**7**	*Nach 2. BH Sanduhr fädeln. Deutlich angenehmere Einstiegsvariante.*
23	**Güntner Führe**	**7**	*Nach 2. BH Sanduhr fädeln. Danach sehr brüchige, mit Normalhaken gesicherte Route. Vor allem um den 5. Normalhaken herum extrem splittrig. Zur Umlenkung hin schwer. Originaleinstieg von rechts her.*

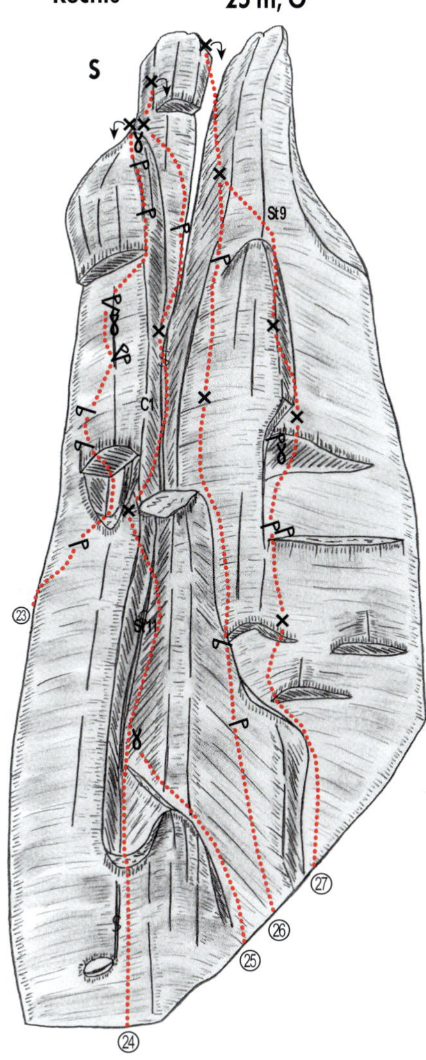

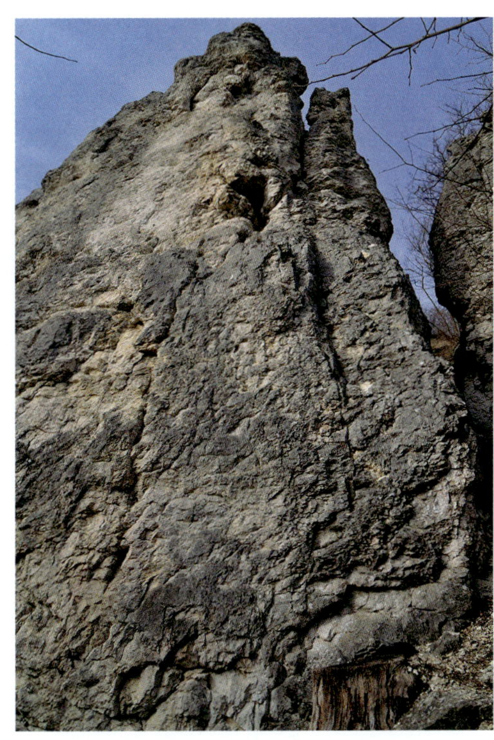

24	**Rissle direkt**	**6-**	*Der direkte und deutlich schwierigere Einstieg.*
25	**Rissle**	**4+/5-**	*Verschneidung nicht ganz einfach, Stopper und Cams! Der originale Einstieg von rechts her.*
26	**Bässlerführe**	**5+/6-**	*Ziemlich bröselige Variante. Vom Band weg nicht ganz einfach.*
27	**Karle Absturz Weg**	**6-**	*1. BH schwer einzuhängen, da es hier sehr brüchig ist. Dann kurz etwas fester. Nach 3. BH besser Stopper Größe 9 legen, da es anschließend wieder sehr brüchig wird.*

Der **Amazonenfels** ist eine mächtige Wand mit zum Teil klasse Klettereien, sofern man sich nicht durch den manchmal etwas lockeren Fels stören lässt. Die Absicherung ist teils gut, teils mäßig und ein paar Routen fallen unter die schwäbische Rubrik saumäßig! Keile sollten jedenfalls am Gurt nicht fehlen und der Helm gehört hier auf den Kopf. Insgesamt hat die Wand sicher einen etwas alpinen Touch. Alpine character of the wall, bring a helmet and nuts.

Die ausgesetzten Routen im Bereich **Frühstücksturm** sind teilweise vor allem stehtechnisch sehr anspruchsvoll, Henkel sucht man hier meist vergebens. Der eine oder andere Keil kann ebenfalls nichts schaden. Weitere Routen befinden sich am tiefer liegenden, vorgelagerten eigentlichen Turm. Nuts can be useful.

Beim **Jungfraufels** handelt es sich um eine Wand mit vielen leichteren Routen. Die Absicherung ist etwas spärlich, so dass der eine oder andere zusätzliche Keil nicht schaden kann. Vor allem die ersten Haken sitzen oft sehr hoch. Die Gesteinsqualität ist wechselnd, aber trotzdem ganz ordentlich, wobei mit lockeren Griffen/Tritten gerechnet werden muss. Ein Helm gehört hier wie immer auf den Kopf. Bring a helmet and nuts.

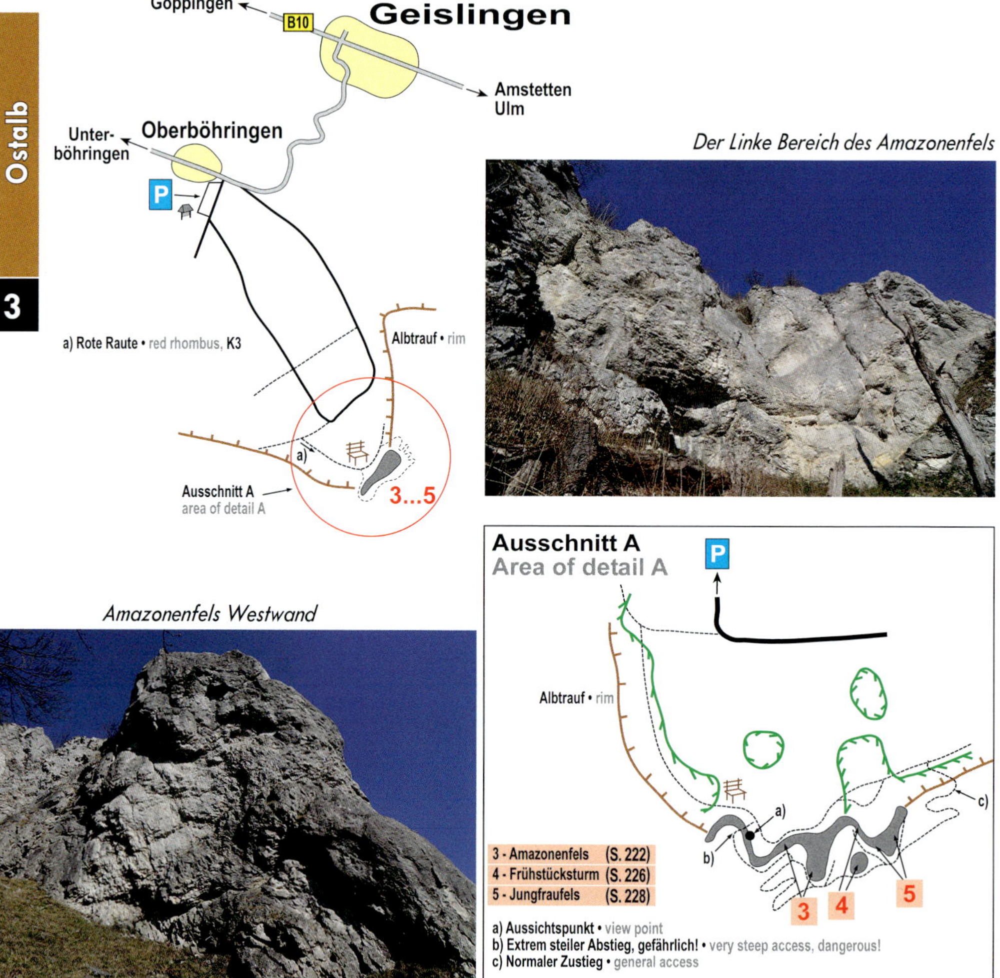

Der Linke Bereich des Amazonenfels

Amazonenfels Westwand

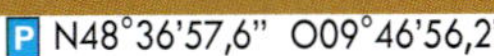
N48°36'57,6" O09°46'56,2"

Anfahrt

Von der A 8 an der Ausfahrt Mühlhausen abfahren und auf der B 466 über Mühlhausen, Gosbach, Bad Ditzenbach, Deggingen bis zur Abzweigung nach Reichenbach. In Reichenbach rechts ab über Unterböhringen nach Oberböhringen. Durch den Ort hindurch und kurz nach dem Ortsende an einer Linkskurve rechts ab auf einen Wanderparkplatz, hier parken.

Alternativ:

Auf der B 10 von Göppingen nach Geislingen. In Geislingen an der ersten größeren Ampelkreuzung rechts ab in die Oberböhringer Straße in Richtung Oberböhringen. Geislingen verlassen und auf der Oberböhringer Steige hinauf auf die Albhochfläche. Kurz vor Oberböhringen an einer Rechtskurve links ab auf einen Wanderparkplatz, hier parken.

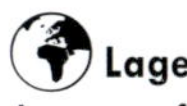

Lage

Amazonenfels

Am Albtrauf gelegenes, weit ins Tal vorspringendes Felsenriff. Die Wand liegt an einem steilen Hang, und vor allem die auf der Westseite gelegenen Routen sind am Wandfuß etwas ungemütlich. Ansonsten hat man an der freistehenden und sonnigen Wand ausreichend Platz, um sich auszubreiten.

Frühstücksturm

Der Turm liegt zwischen Jungfraufels und Amazonenfels. Zu den Einstiegen muss man bereits die Hände zu Hilfe nehmen, denn die meisten Routen starten in luftiger Höhe von einem Felskopf aus. Viel Platz hat man hier nicht und man sollte sich zum Sichern am vorhandenen Standring fixieren. Die Rucksäcke lässt man sinnvollerweise eine Etage tiefer zurück. Am tiefer liegenden, vorgelagerten Turm ist ausreichend Platz am Wandfuß, doch hat man hier dank hohem Laubwald außer während der laubfreien Monate kaum Sonne.

Jungfraufels

Die Einstiege an dieser Wand sind am Hang gelegen, doch finden sich meist ausreichende Standflächen, um bequem sichern zu können. Nach Regen dauert es jedoch meist ein, zwei Tage, bis die Wand wieder einigermaßen abgetrocknet ist und dies, obwohl der Fels durch den so gut wie nicht mehr vorhandenen Laubwald viel Sonne erhält.

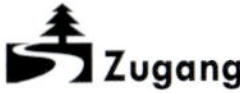

Zugang

Am hinteren Ende des Parkplatzes beginnen zwei asphaltierte Wirtschaftswege. Dem Weg nach links stets geradeaus über die Felder folgen, bis er kurz vor Erreichen des Albtraufs einen scharfen Linksknick macht. Hier nach rechts auf einen unbefestigten Forstweg. Nach etwa 50 m links einem Pfad in den Wald folgen. Dieser führt am Trauf entlang bis zu einer Bank.

Zugang A (sehr steil und nicht ungefährlich)
Von der Bank in wenigen Schritten vor zur Traufkante (Aussichtspunkt). Rechts führt ein schmaler Pfad sehr steil bergab. Dies ist der kürzeste Zustieg zum Amazonenfels (Westwand), aber Achtung, es besteht Absturzgefahr.

Zugang B (bequemer und bei feuchten Bodenverhältnissen dringend anzuraten!!)
Dem teils etwas undeutlichen Wanderweg am Trauf entlang weiter folgen, bis kurz nach Durchqueren eines kleinen Waldstückes rechts der mit Stufen versehene, gut angelegte Pfad zum Wandfuß hinabführt (Augen auf, die Abzweigung kann man leicht übersehen). Zuerst erreicht man von hier aus den Jungfraufelsen, danach den Frühstücksturm und gleich anschließend den Amazonenfels.

Zugangszeit etwa 15 Minuten.

Naturschutz

Amazonenfels

Zwischen Amazonenfels und Frühstücksturm befindet sich eine Rinne, die nicht betreten werden darf.

The gully between Amazonenfels and Frühstücksturm is protected.

Frühstücksturm

Zustiegswege einhalten, Routen umlenken.

Use lower-offs and stay on trails.

Jungfraufels

Umlenkungen benutzen. Die angelegten Zustiegswege einhalten. Ausstieg nur über den Kaiserweg und die Ulrich Führe zulässig.

Use lower-offs and stay on trails. Topping out is only allowed in the routes "Kaiserweg" and "Ulrich Führe".

3.3 Amazonenfels

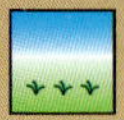

Zugang und allgemeiner Text siehe Seite 220

Access and general description see page 220

15 m, SW

1a	**Kleines Späßchen**	**7-**	
1	**Testosaurus Rex**	**9+**	
2	**Hallo Erde**	**9**	*Bröseliger Überhang.*
3	**Z-Riss**	**7-/7**	*Kräftiger Quergangshangel in ziemlich morschem Fels. Vom 1. zum 2. Bohrhaken besser nicht stürzen, der alte Rosthaken dazwischen ist nicht so lecker.*
4	**Hägamark**	**7**	*Nicht vom Einstieg abschrecken lassen, danach wird die Tour viel besser, zwei schwere Passagen.*
5	**Bauer Quergang**	**7**	*Verbindungsvariante.*
6	**Bohrsucht**	**8**	
7	**Steiler Riss**	**6+**	*Sehr ungemütlich zum 1. Haken, der zudem schon bessere Zeiten gesehen hat, überhängender Riss.*
8	**Grewis**	**6**	*Wer den 1. Haken lebend erreicht, kann die nachfolgenden, viel besseren Klettermeter durchaus genießen.*
9	**Westwand**	**6+/7-**	*Der 1. Bohrhaken steckt extrem hoch, zumal es sich auch um kein leichtes Gelände bis zu diesem handelt. Die Route sollte den Kennern vorbehalten bleiben, nach der großen Verschneidung nach links zum Stand von Grewis.*
10	**Kongo**	**7**	*Wie bei der Westwand, so ist auch hier der 1. Bohrhaken unangenehm hoch. Eher brüchig im unteren Teil, Ausstieg wie Via Elegante.*
11	**Via Elegante mit Direktausstieg**	**7+**	*Am Namen können angesichts des Brucheinstieges erhebliche Zweifel aufkommen. Am besten auf dem Band erst nach rechts queren und danach schräg links hoch, hier ist der Fels etwas besser. Die Route ist dann tatsächlich ziemlich elegant. Der Direktausstieg ist knackig mit einem ziemlichen Runout, eher leicht linkshaltend klettern.*

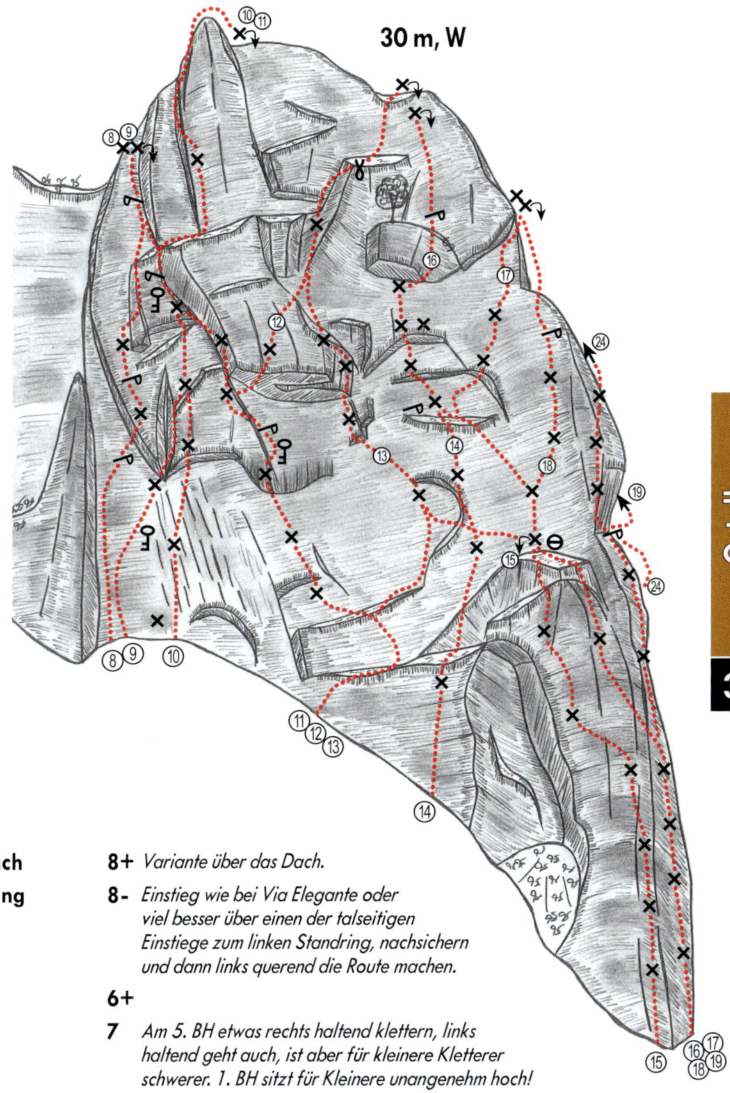

30 m, W

12	**Orientalisches Dach**	**8+**	*Variante über das Dach.*
13	**Westwandüberhang**	**8-**	*Einstieg wie bei Via Elegante oder viel besser über einen der talseitigen Einstiege zum linken Standring, nachsichern und dann links querend die Route machen.*
14	**Direkteinstieg**	**6+**	
15	**Entenklemmer**	**7**	*Am 5. BH etwas rechts haltend klettern, links haltend geht auch, ist aber für kleinere Kletterer schwerer. 1. BH sitzt für Kleinere unangenehm hoch!*
16	**Brandauer Westwand**	**6+**	*Genialste Route an der gesamten Wand, gut griffig führt die Linie durch steilsten Fels. Die Gesteinsqualität im oberen Teil sucht ihresgleichen.*
17	**Normalweg Dir.-Ausstieg**	**7+/8-**	*Ab dem Überhang geht es zur Sache.*
18	**Normalweg**	**6+ | 7**	*1. Länge schöne, steile Wandkletterei. Am 4. BH nach links und über Bühler hoch zu Standring, etwas brüchig. 2. Länge steile, exponierte Kletterei mit anhaltend schwerer Passage, empfehlenswerte Route.*

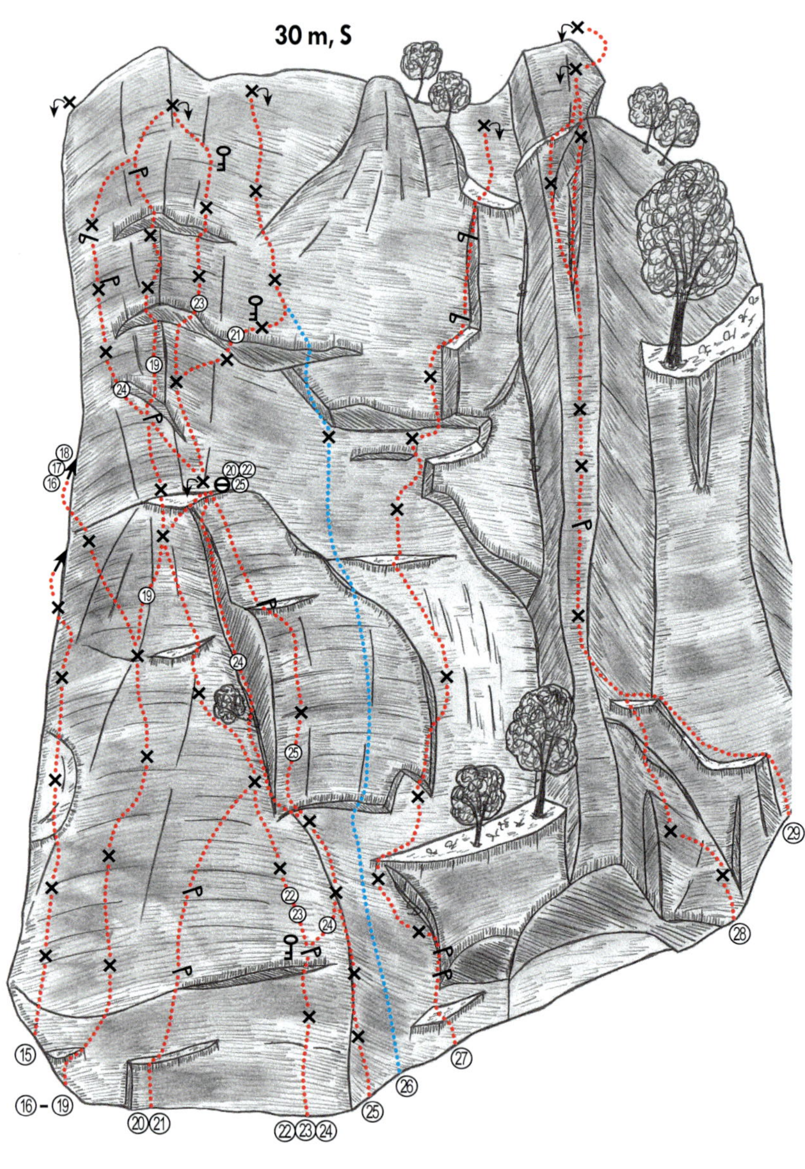
30 m, S
15
16 - 19
20 21
22 23 24
25
26
27
28
29

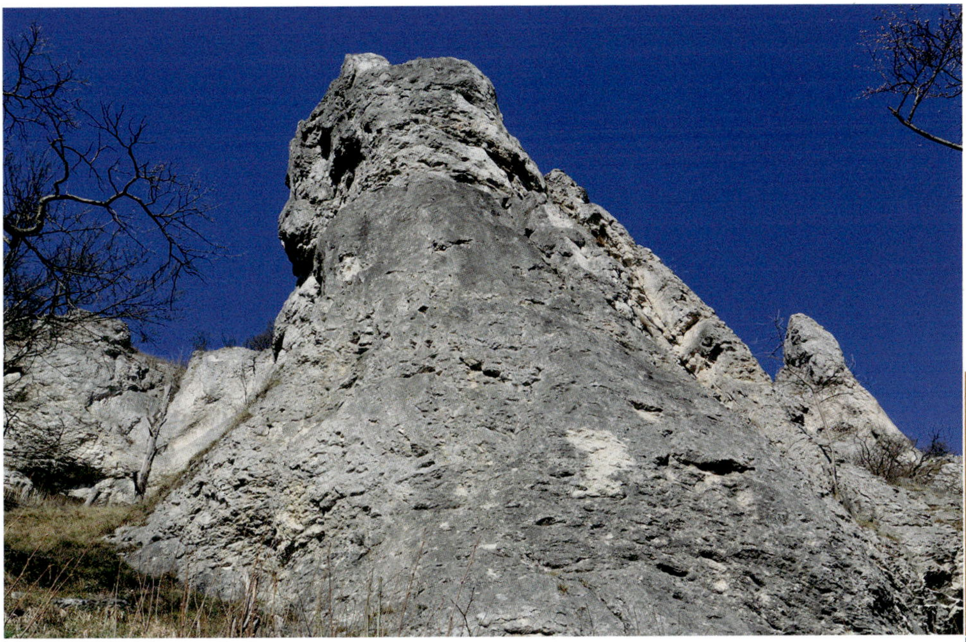

	Route	Grad	Beschreibung
19	**Ab durch die Mitte**	8	*Klasse Route mit schwerer Passage durch den überhängenden Teil. Die Griffe sind äußerst gut versteckt, Onsight ist hart.*
20	**Braunführe**	6+	*Direkteinstieg zum Luggaleskäs über die schöne Platte. In Verbindung mit Super Ambros tolle, aber anspruchsvolle Route.*
21	**Super Ambros**	6+/7-	*Am Bühler unter dem Dach übers Dach und sofort rechts queren. Rechts der kleinen Verschneidung kommen ganz ordentliche Griffe.*
22	**Luggaleskäs**	6+	*Einstieg wie Fichtelführe, am Beginn der Verschneidung nach links und durch die schöne Platte zur Umlenkung.*
23	**Phentesilea**	8	*Äußerst schwer zu findende, kleine Leisten, teils ziemlich brüchig.*
24	**Fichtelführe**	7	*Unten schöne, geneigte Platte mit knackiger Stelle gleich zu Beginn, danach herrliche Risskletterei (Keile!) bis zum Standring. Von hier links haltend über zementierten Normalhaken zu Plättchen und in steiler, schwerer Kletterei oben rechts haltend zur Umlenkung. Klasse Route.*
25	**Junggesellenpfeiler**	7-	*Harte Einzelstelle vom 1. zum 2. Bohrhaken, schöne Route bis zum Standring.*
26	**Gailtalerin**	7+	*Keile!!*
27	**Adios Amigos**	6	*Großzügige, lange und sehr alpine Route. Wen Bruch nicht schreckt, der ist hier richtig, alle anderen Finger weg!*
28	**Cassinpfeiler direkt**	6-	*Schöner, teils brüchiger und bereits ziemlich abgegriffener Pfeiler. Für den Riss Friends Größe 2 ½ ... 3 ½. Wer es direkt mag, kann oben links an der Kante, oder einfacher rechts im Riss weiter. Nach dem letzten sichtbaren Bühler kommt oben etwa 8 m weiter noch eine Umlenkung.*
29	**Cassinpfeiler**	6-	*Originaleinstieg von rechts her kommend, ändert nichts an der Gesamtschwierigkeit.*

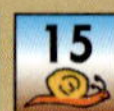

Zugang und allgemeiner Text siehe Seite 220
Access and general description see page 220

Vorturm

15 m, S

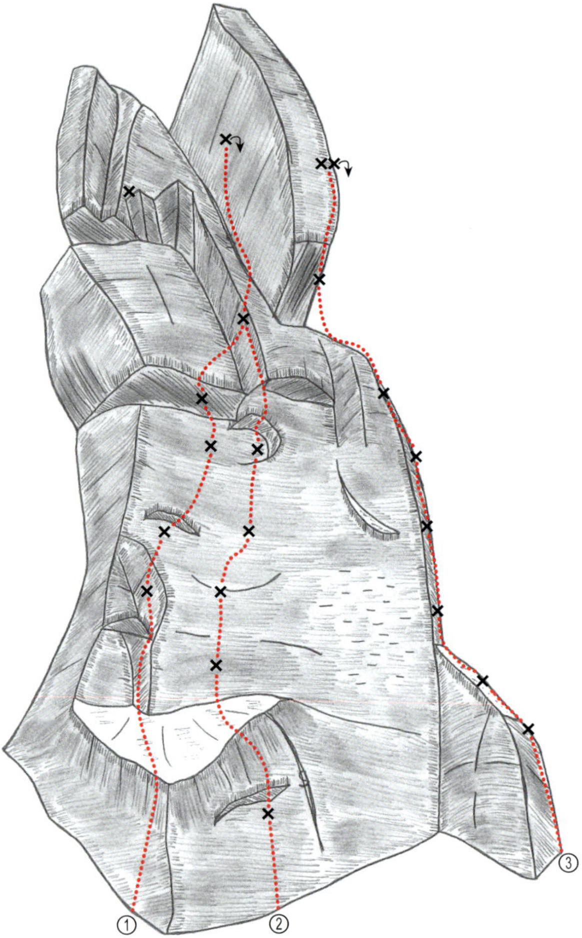

1 Vergessene Welt 6-
2 Blood, sweat and beers 6
3 Die eukalyptischen Reiter 5

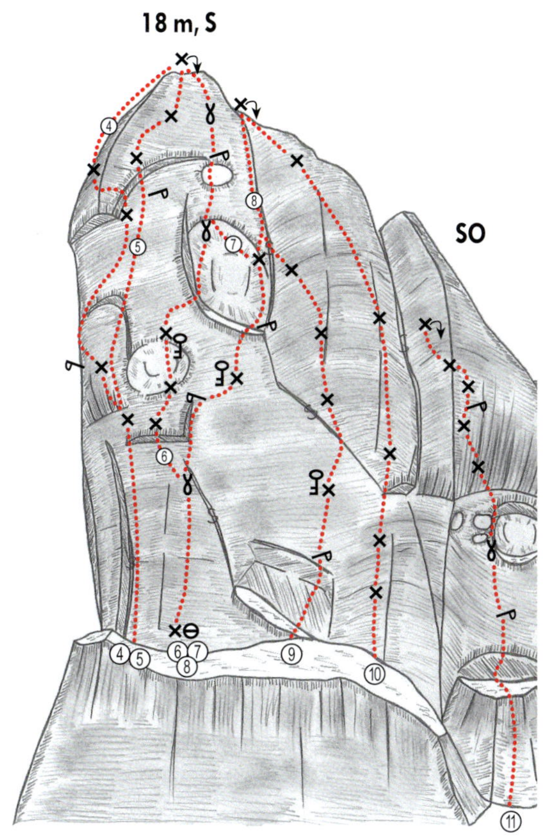

4	**Frühstücksturm links**	**7-**	*Unten brüchig, oben guter Fels, ausdauernde und schöne Route.*
5	**Kugelfuhr**	**7**	*Die Anfangspassage klettert man am besten wie Frühstücksturm links oben direkt geradeaus weiter, ganz nett.*
6	**Dupfaneger**	**7+/8-**	*Splittrige Route, die kaum Tritte aufweist. Am 3. Bohrhaken etwas rechts halten. Oben sehr schöne Route in gutem Fels.*
7	**Frühstücksturm rechts, linker Ausstieg**	**6+/7-**	*Schöne und etwas schwerere Ausstiegsvariante.*
8	**Frühstücksturm rechts**	**6+/7-**	*Am ersten Bohrhaken äußerst griffarme Passage, oben schöne und einfachere Kletterei.*
9	**Nesquick**	**7/7+**	*Äußerst kleingriffige Kletterei, wobei die Griffe bereits ziemlich abgeschmiert sind, insgesamt schöne Route.*
10	**Frühstücksei**	**7**	
11	**Rossi**	**8+**	

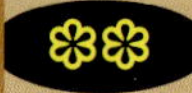

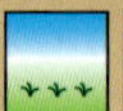

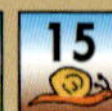

Zugang und allgemeiner Text siehe Seite 220

Access and general description see page 220

30 m, W

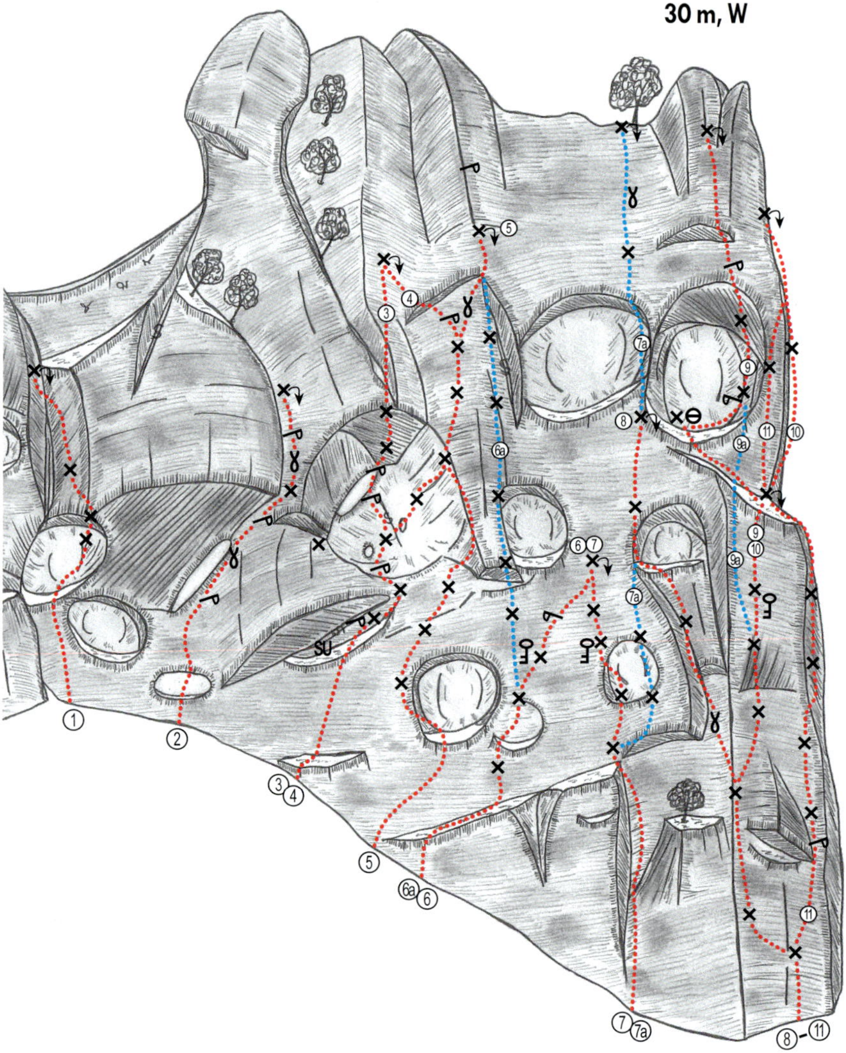

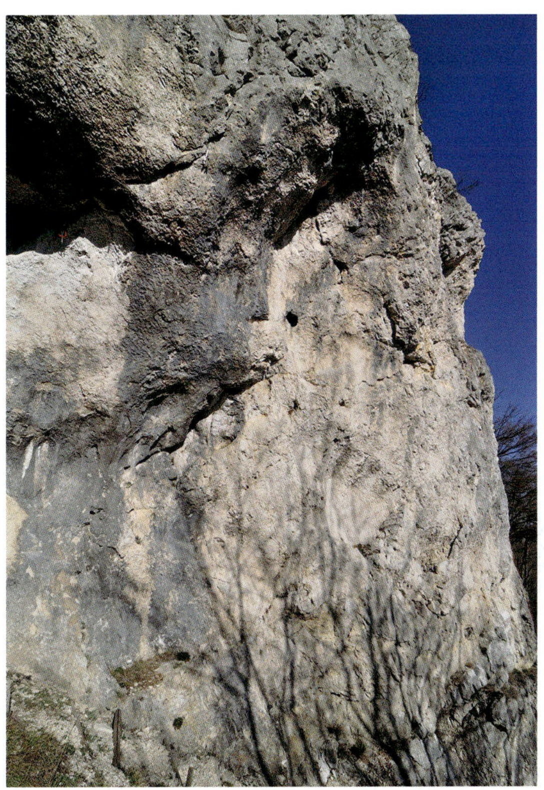

Nr.	Route	Grad	Beschreibung
1	**Harakiri Riss**	**6/a1**	*Überhängende Rissverschneidung.*
2	**Holzkeilüberhang**	**9-**	*Äußerst dubiose Sicherungssituation mit vorwiegend uraltem Gerümpel.*
3	**Tom Dooley**	**8+/9-**	
4	**Frühstückswand**	**7+**	*Löchrige, absolut geniale Route.*
5	**Sei vertikal**	**8**	
6	**Sigge**	**7+**	*Sehr kleingriffig und extrem splittriges Gestein.*
6a	**Where the wild things are**	**8-**	
7	**Morgenmuffel**	**8-**	*Am 3. Bohrhaken knallharter weiter Zug, insgesamt ganz nett.*
7a	**Madonna**	**9-**	*Oben gruselig.*
8	**Fissimadenda**	**6-**	*Vor allem im Mittelteil ist das Gestein etwas mit Vorsicht zu genießen, aber insgesamt schöne Route.*
9	**Comici + Klassischer Ausstieg**	**6+ | A0**	*Etwas gruseliger Technoausstieg.*
9a	**Die Imparität**	**8-**	*Ist mehr oder weniger der klassische Ausstieg der Comici frei geklettert.*
10	**Comici**	**6+**	*Der Überhang vor der ersten Umlenkung hat es in sich.*
11	**Wampenkante**	**7+**	*Harte Passage vom 4. zum 5. Bohrhaken mit schlechten Seitgriffen und äußerst schlechten Tritten, ungünstig geschichtetes Gestein. Oben nochmals ein paar wirklich lohnende Meter.*

15

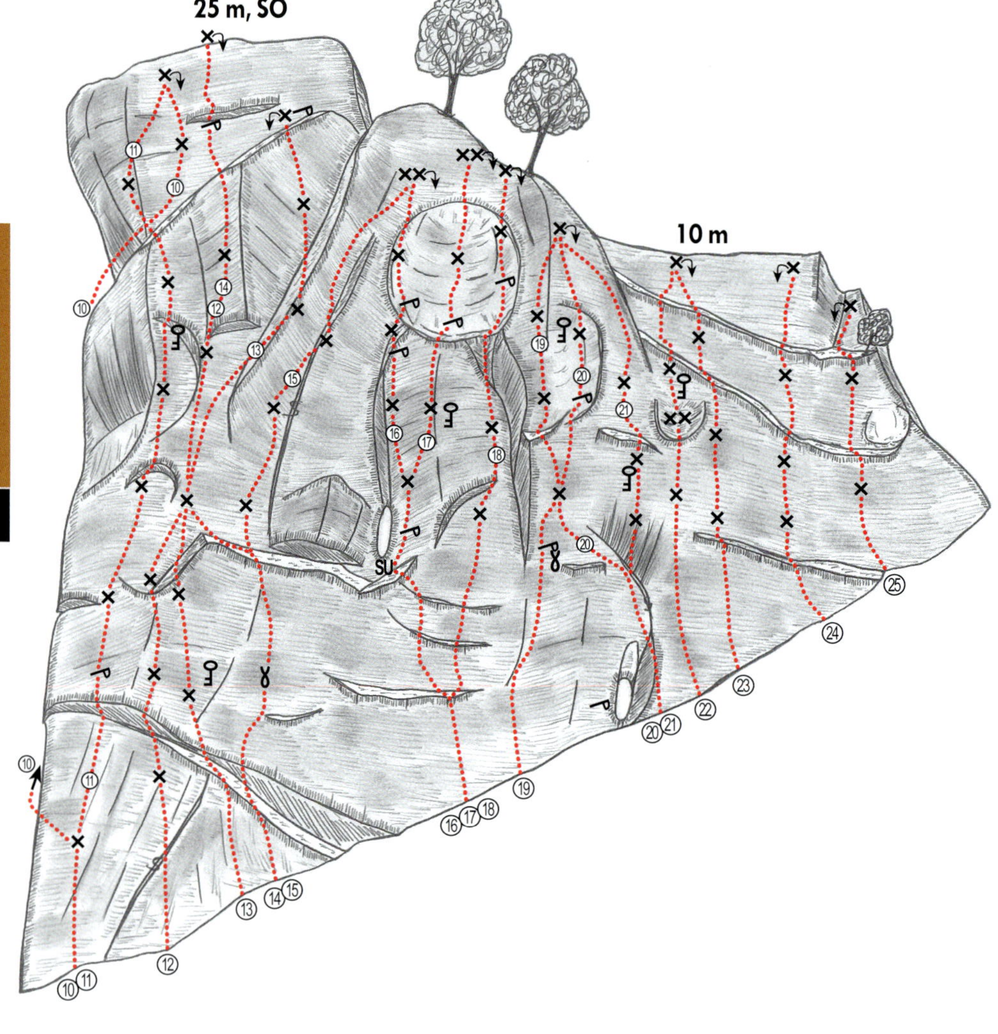

10 **Comici**	**6+**	*Der Überhang vor der ersten Umlenkung hat es in sich.*
11 **Wampenkante**	**7+**	*Harte Passage vom 4. zum 5. Bohrhaken mit schlechten Seitgriffen und äußerst schlechten Tritten, ungünstig geschichtetes Gestein. Oben nochmals ein paar wirklich lohnende Meter.*
12 **Neuer Einstieg**	**6-**	*Neuer direkter Einstieg zur Ulrich Führe.*
13 **Kaiserweg**	**5**	*Unten heftig poliertes Gestein mit schwerer Einzelstelle. Trotzdem eine schöne, lange Route.*
14 **Ulrich Führe**	**6**	*Vor allem im oberen Teil schöne Route mit teils etwas versteckten Griffen.*
15 **Ulmer Weg**	**6-**	*Schöne, lange Route mit Seitgriff/Piazkletterei. Zur ersten Schlinge ziemlich ungemütlich.*
16 **Schurr Führe**	**5+**	*Schöne, gut griffige Route, bereits ziemlich abgegriffen.*
17 **Umschwung**	**7**	*Nur sehr kurze schwere Passage, wenig eigenständig.*
18 **Fabrikler**	**5+**	*Gut griffige Kletterei.*
19 **Alpine Rentner**	**6/6+**	*Sieht äußerst brüchig aus, hält aber dann doch zusammen, mager abgesichert.*
20 **Fleißaufgabe**	**6+**	*Unten von rechts her kommend gut griffig zum sehr hoch sitzenden 1. BH. Am 2. BH schwere Passage bis zum Felsköpfl.*
21 **Sascha**	**7+/8-**	*Sehr weiter Zug zwischen 1. und 2. Bohrhaken, bei dem etwas Spannweite nicht schaden kann.*
22 **Ha No**	**6+/7-**	*Harte Einzelstelle, bei deren Bewältigung dem Schwaben der Routenname automatisch in den Sinn kommt.*
23 **Pfeilgrad**	**6-**	*Direkt oder eher etwas links herum, es schenkt sich nichts.*
24 **Aspirantenweg**	**4**	*Für Einsteiger gut geeignet, aber auch diese Route ist nicht übertrieben gesichert.*
25 **Kater Fridolin**	**3+**	*Für Einsteiger gut geeignet, aber auch diese Route ist nicht übertrieben gesichert.*

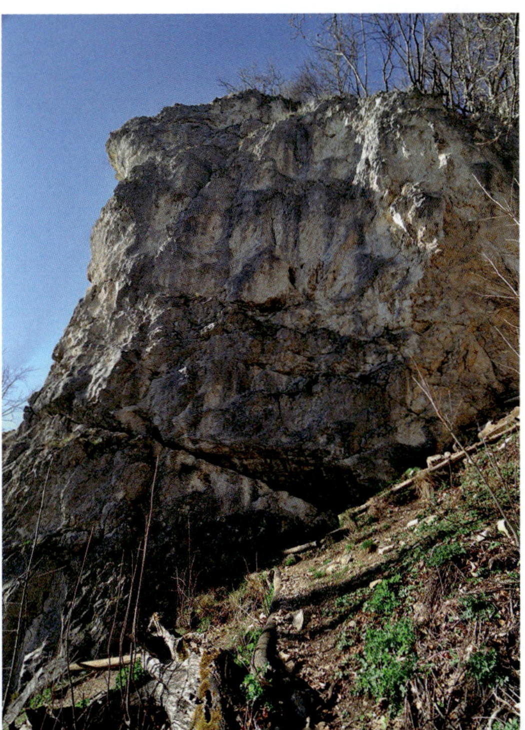

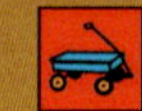
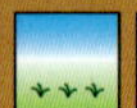
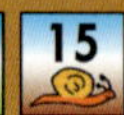

P N48°36'23,9" O09°49'07,1"

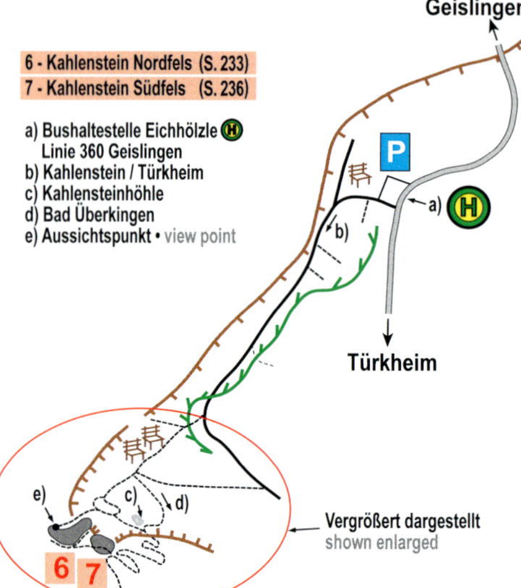

Anfahrt

Auf der A 8 an der Ausfahrt Mühlhausen abfahren und auf der B 466 über Mühlhausen, Gosbach nach Bad Ditzenbach. Hier rechts ab, auf die Albhochfläche hinauf und über Aufhausen, Türkheim, Richtung Geislingen. Kurz bevor die Straße wieder von der Hochfläche hinabführt, befindet sich an einer markanten Rechts-links-Kurve auf der linken Straßenseite ein Wanderparkplatz (Bushaltestelle Eichhölzle), hier parken.

Lage

Beide Wände befindet sich am Albtrauf. Der Wandfuß des **Nordfelsen** ist nur über einen schmalen Streifen zugänglich, der sich oberhalb eines etwa 10 m hohen Wandvorbaus befindet. Deshalb ist hier nicht viel Platz, um sich auszubreiten und beim Sichern sollte auf eine Selbstsicherung nicht verzichtet werden. Bäume hindern hier kaum das Sonnenlicht, da der Laubwald erst unterhalb des Wandvorbaus das Regiment übernimmt.

Der **Südfels** ist eine schön gelegene Wand mit mächtiger Höhle, durch die man zum Nordfels gelangt. Die Einstiege befinden sich teils am schrägen Hang, teils auf einem höher gelegenen Felsband, das man durch die Höhle erreicht. Insgesamt hat man aber genügend Platz, um sich am Wandfuß auszubreiten. Der lichte Laubwald reduziert nur mäßig die Sonneneinstrahlung.

Der **Nordfels** ist deutlich alpiner als der Südfels. Dies betrifft Gestein, Absicherung und Charakter der Routen. Trotzdem gibt es auch hier einige sehr schöne Wege. Keile und Schlingen zur zusätzlichen Absicherung sind hier dringend anzuraten.

Quite alpine character, bring nuts and slings.

Vor allem in den etwas gemäßigteren Graden gibt es am **Südfels** klasse Routen. Keile können zur besseren Absicherung nicht schaden. Die Gesteinsqualität ist etwas wechselhaft und mit lockeren Brocken muss gerechnet werden, insgesamt aber ganz passabel.

The rock quality is varying, watch out for some loose holds. Bring nuts.

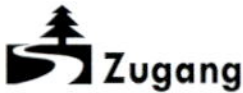

Zugang

Vom Wanderparkplatz führt ein geschotterter Forstweg vor zum Trauf. Dort nach links und stets geradeaus am Trauf entlang, bis der Weg den Wald verlässt. Hier macht der Weg nach einer Gabelung eine Linkskurve. An der Gabelung auf einem Pfad nach rechts vor zum Albtrauf (Bänke). Von den Bänken aus dem Wanderweg Richtung Bad Überkingen hangabwärts bis zu einem Höhlenvorplatz folgen (Kahlensteinhöhle, nur mit Schlüssel zugänglich). Links führt der Pfad in mehreren Kehren bergab und kommt direkt am Wandfuß des Südfelsens vorbei. Durch die Höhle des Südfelsens gelangt man auf ein Band. An dessen Ende geht es über 2 Eisenklammern (locker!) kurz steil bergab. Danach führt ein Pfad hinüber zum Nordfels.

Zugangszeit etwa 15 Minuten.

Naturschutz

Ausstiegsverbot, alle Routen umlenken. Nur den beschriebenen Zustiegsweg benutzen. Der Direktabstieg vom Gipfel des Nordfelsens ist nicht mehr zulässig.

Lower-off all routes and don't top out. Use only the described access path. The direct descent from the top of the Nordfels is not allowed any more.

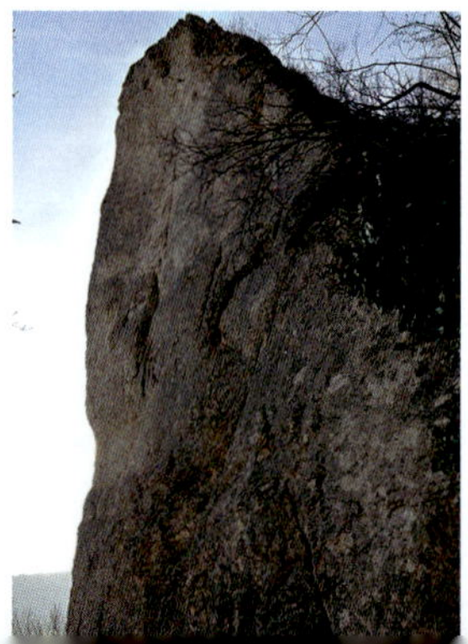

20 m, W

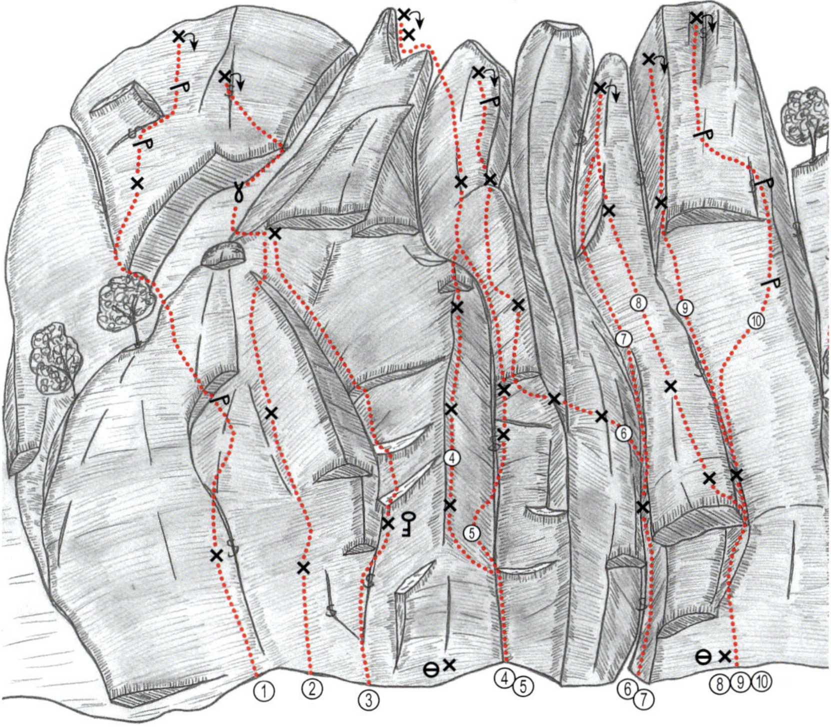

1	**Walter Führe**	6	*Am ersten Bohrhaken schwere Stelle, der Rest deutlich einfacher, im Mittelteil botanisch. Nach dem ersten Bohrhaken 2er Friend brauchbar.*
2	**Nobody**	7-/7	*Schwere Wandstelle im unteren Bereich, etwas reingequetscht.*
3	**Namenlos**	6+/7-	*Schwer auf das Band, dann einfache Verschneidung, oben etwas brüchig, Ausstieg wie Nobody.*
4	**Höckerführe**	7	*Wäre eine klasse Route, wenn nicht die gelbe Verschneidung gar so locken würde. Immer direkt an der Kante, erst vor dem brüchigen Abschlussüberhang nach rechts.*
5	**Gelbe Verschneidung**	6	*Geniale Route und DIE Tour am Fels. Perfekte Verschneidung mit Risslinie, ein paar Keile zusätzlich können nicht schaden.*
6	**Filstaleck**	7-	*Start im brüchigen Schmalen Kamin, dann Quergang nach links durch die Platte zur Kante. Sinnvoll nach links in Gelbe Verscheidung, in dieser empor und oben rechts ums Eck. Wer Schwierigkeiten sucht, kann deutlich schwerer direkt entlang der brüchigen Kante klettern (etwa 8-/8).*
7	**Schmaler Kamin**	4+	*Unten sehr eng! Achtung viel Bruch, Keile!*
8		7-	*Der 1. BH ist heikel anzuklettern.*
9	**Plattfuß**	5+	*1. BH blöd einzuhängen, da in diesem Bereich alle Griffe nicht richtig fest sind. Danach weiter im Riss, oben wieder ziemlicher Bruch, Keile!*
10	**PK-Weg**	7-	*Wenn überhaupt, dann besser nur Toprope, kompletter Bruchhaufen, der sich warum auch immer noch in der Schwebe hält, Sicherungsmann volle Deckung!*

3.6 Kahlenstein Nordfels

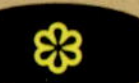

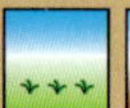

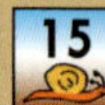

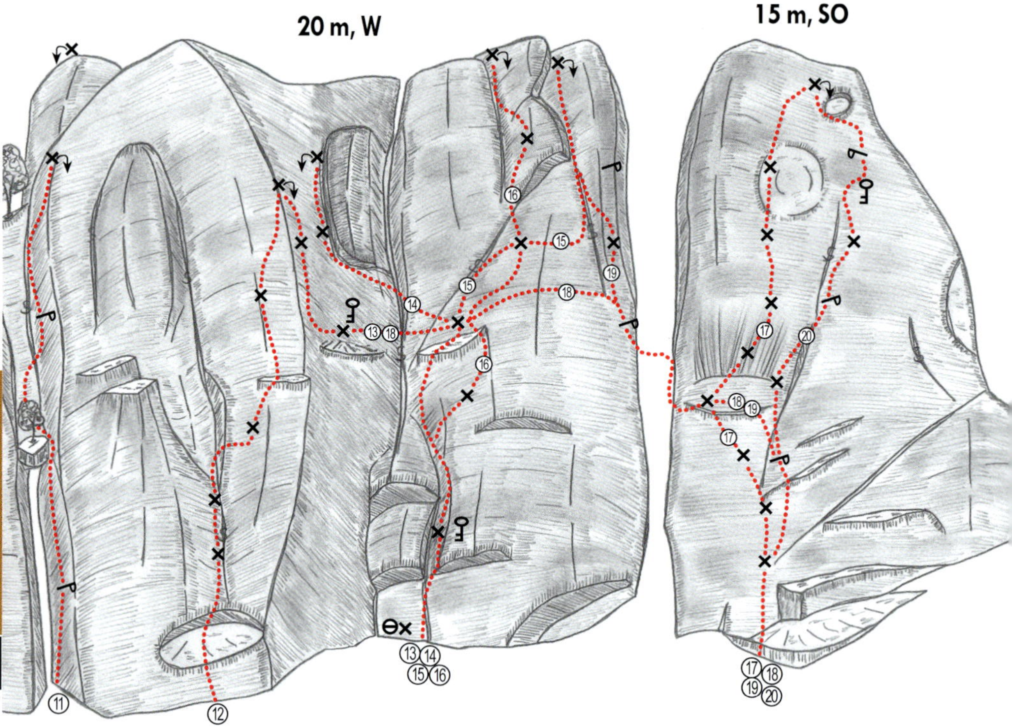

20 m, W

15 m, SO

Nr.	Route	Grad	Beschreibung
11	**Breiter Kamin**	4	*Spreizkamin, oben ziemlich weit. Zu kurze Beine machen die Sache deutlich schwerer, Keile (Stopper 4, 5...).*
12	**Lord Nelson**	6+	*Steiler, schwerer Einstieg, dem Bruch links weicht man nach rechts in den Pfeiler aus, nette Route.*
13	**Cochise**	7-	*Einstieg wie Wulst, dann Quergang nach links, extrem schlechte Tritte.*
14	**Wulst**	6	*Knackiger Einstieg, nach dem 2. Ring im linken der beiden Risse raus.*
15	**Var. Wulst re. Ausstieg**	6	*Einstieg wie Wulst, dann der logischen Linie nach rechts folgen und Ausstieg im Riss des Kleinen Quergangs.*
16	**Montezumas Rache**	6	*Einstieg wie Wulst, dann etwas gequält durch die Platte und oben brüchiger Ausstieg.*
17	**Wendenfieber**	7+	
18	**Großer Quergang**	7-	*Start wie Kl. Quergang, aber weiter nach links und Ausstieg über Cochise.*
19	**Kleiner Quergang**	6-	*Am Einstieg etwas ungemütlich gesichert, Querung am Bühler zuerst eher etwas absteigend, gute Route.*
20	**Glattes Wändle**	7+	*Klasse Route, meist gute Seitgriffe, aber rechts der Risslinie nur Reibungstritte. Oben knifflige Einzelstelle.*

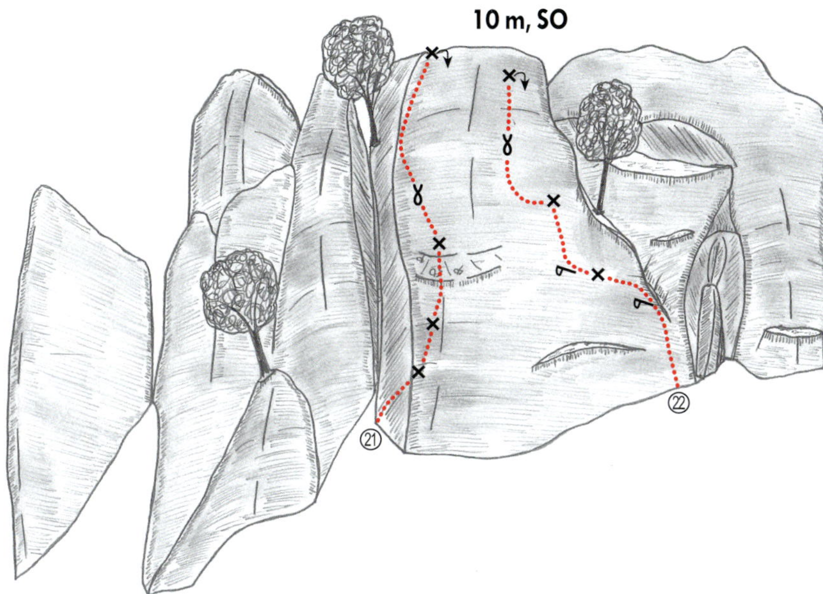

21	**Max**	**4+**	*Gut griffige und gut abgesicherte kurze Wandkletterei.*
22	**Moritz**	**3+**	*Oben links ist 5-, eher rechts geklettert 3+, aber etwas brüchig.*

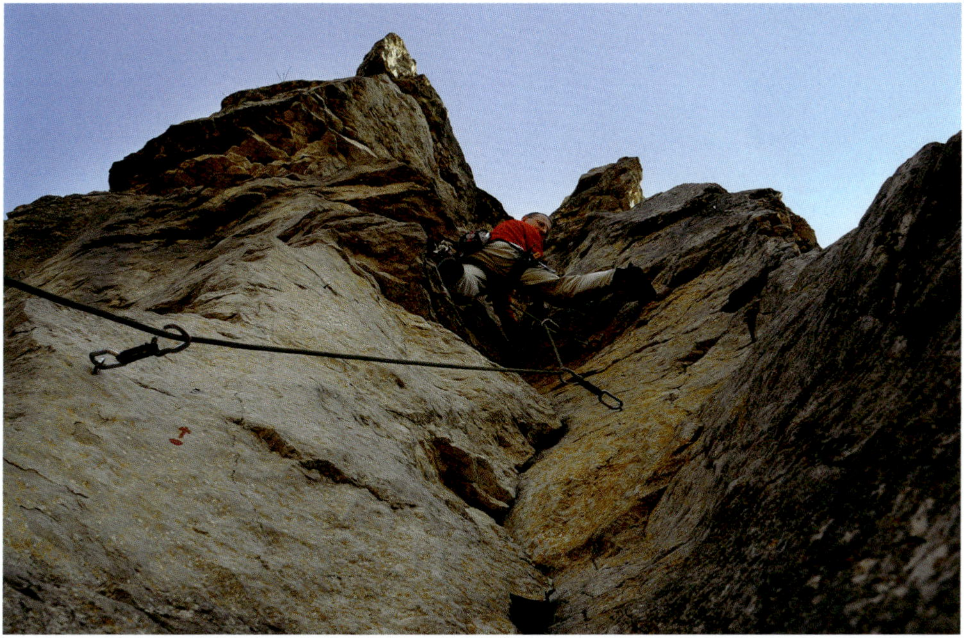

Eine klasse Linie - der Autor in der Gelben Verschneidung (6)

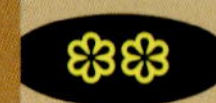

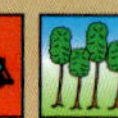

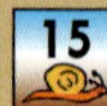

Zugang und allgemeiner Text siehe Seite 232

Access and general description see page 232

15 m, W

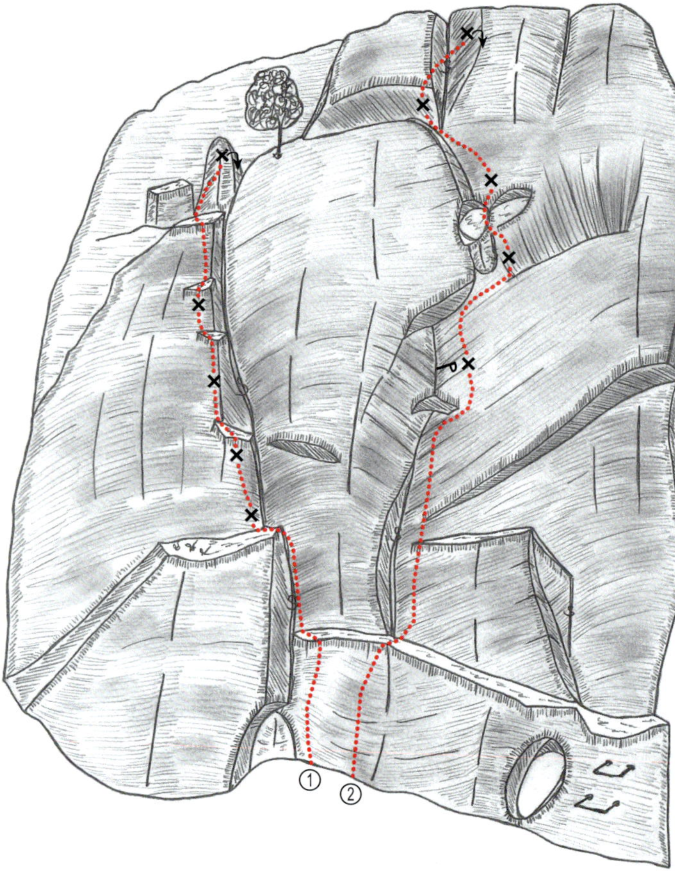

① ②

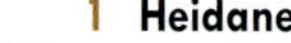

	Nr.	Route	Grad	Beschreibung
	1	**Heidanei**	**4**	*Einfache, gestufte Wandkletterei.*
	2	**Nosferatu**	**7/7+**	*Stark überhängende Verschneidung, gute Griffe, aber sehr athletisch. 1. Bohrhaken steckt sehr hoch.*

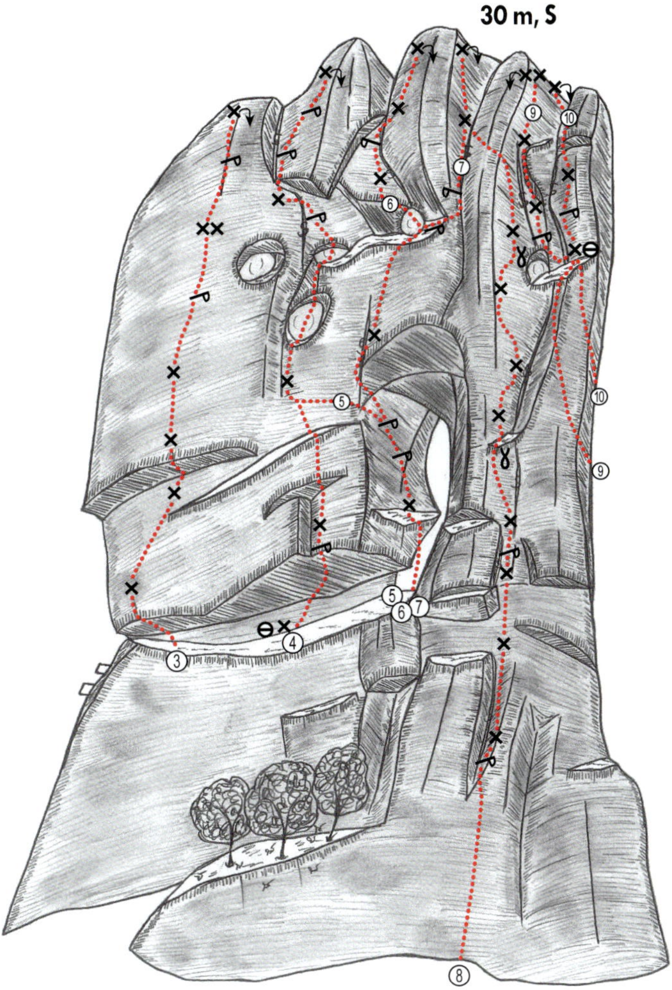

30 m, S

	Route	Grad	Beschreibung
3	**Antianalyse**	8-	
4	**Direkte Spreizführe**	7+	*Überhängender, schwerer und brüchiger Einstieg, weniger lohnend.*
5	**Spreizführe**	6+	*Klasse Route. Den 1. Bohrhaken auf dem Band und den 2. Normalhaken an der Ecke am besten mit Bandschlingen verlängern, ansonsten erhält man einen jämmerlichen Seilzug.*
6	**Schnuddelpferdchen**	7-	*Schwere Stelle in überhängender Wand, wo sich die Route von der Spreizführe trennt. Im oberen Teil vom Band weg sehr athletisch, gute Route.*
7	**Schnuddelpferdchen Rechtsausstieg**	6+/7-	*Von der oberen Grotte nach rechts in die Ausstiegsverschneidung der Großmannführe.*
8	**Großmannführe**	6+	*Schöne Route mit zwei schweren Passagen. Teils etwas brüchig, vor allem im unteren Teil können Keile nicht schaden.*

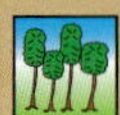

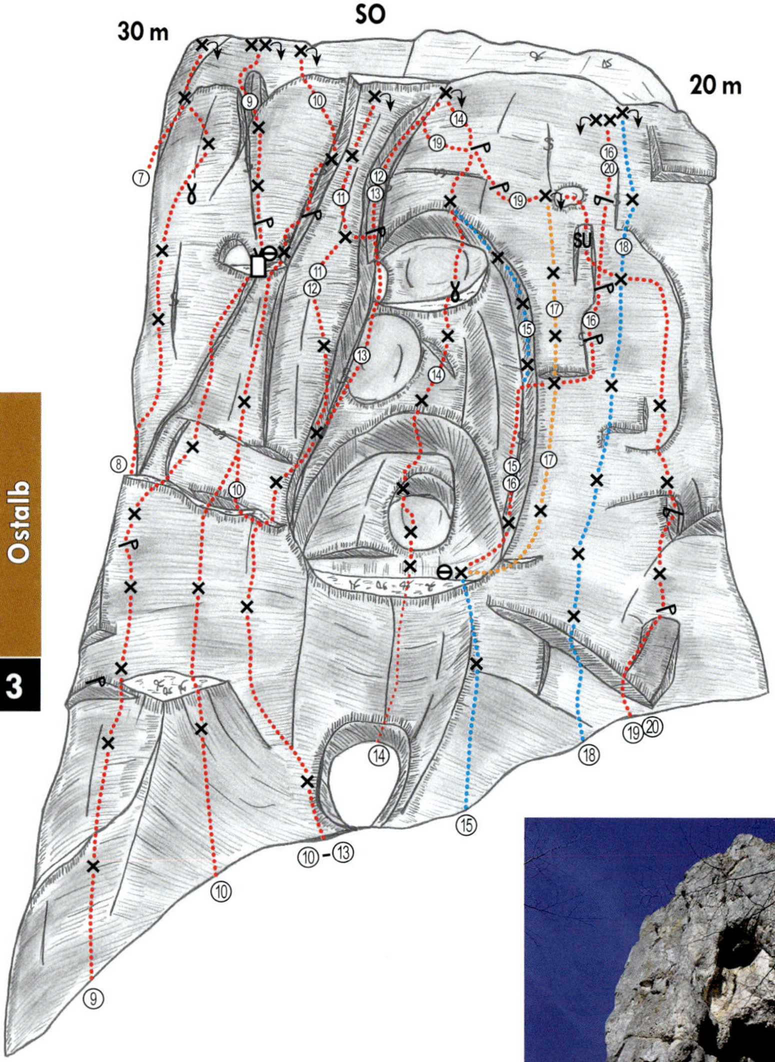

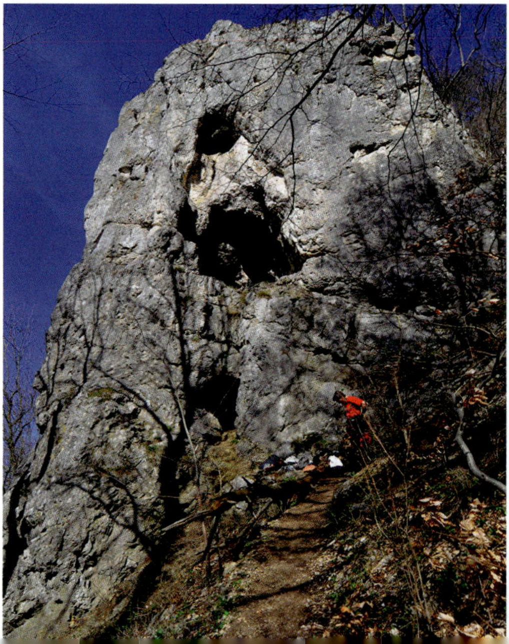

SO

30 m

20 m

Der Kahlenstein Südfels, löchrig wie ein Schweizer Käse

	Nr.	Route	Grad	Beschreibung
	9	**Weizenbierkante**	6	*Lange Route über schönen Pfeiler. Nach dem Standplatz wird es nochmals knackig. Über den Riss hoch zum Stand. Oben Keile, 33 m!*
	10	**Normalweg**	5	*Zwei Einstiegsvarianten. Vor allem die 1. Seillänge ist nur sehr mäßig gesichert. Nach dem Stand können im Riss größere Keile gelegt werden (Friend 2 ½ und größer).*
	11	**Lochpfeiler dir. Ausstieg**	7-	*Oben nochmals geradeaus über den kleingriffigen Pfeiler.*
	12	**Lochpfeiler**	6	*Schöne Route, am 5. Bohrhaken nach rechts queren und in der Rissverschneidung raus.*
	13	**Sanduhrvariante**	6+	*Nicht ganz einfach aus der oberen Höhle überhängend ums Eck und Ausstieg wie Lochpfeiler, Keile!*
	14	**Müne**	8+	*Startet in der großen Höhle und zieht über die Dächer nach oben. Der 1. Bohrhaken steckt sehr hoch.*
	15	**Schepser Weg**	7	
	16	**Nostradamus**	7+	*Keile!*
	17	**Schniedelwutz**	8	*Extrem definiert.*
	18	**Dornröschen**	7/7+	*Tolle Plattenkletterei mit schwerer Passage zwischen 2. u. 3. BH.*
	19	**Ärschle+Quergangsvar.**	7	*Von der Abzweigung Ärschle nochmals schwer zur Umlenkung von Schniedelwutz, danach einfacher nach links traversieren zum Umlenker des Lochpfeilers.*
	20	**Ärschle**	7	*Am 1. Bohrhaken knifflige Stehstelle, sehr große Kletterer haben's hier etwas leichter. Am 3. Bohrhaken harte Passage, danach anhaltend, aber etwas einfacher empor.*

Ostalb

3

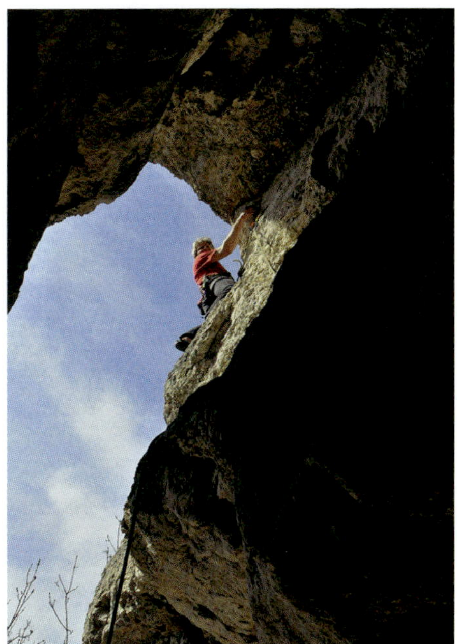

Die Spreizführe (6+) ist eine luftige Angelegenheit! Michael Kuderna kann ein Liedchen davon singen

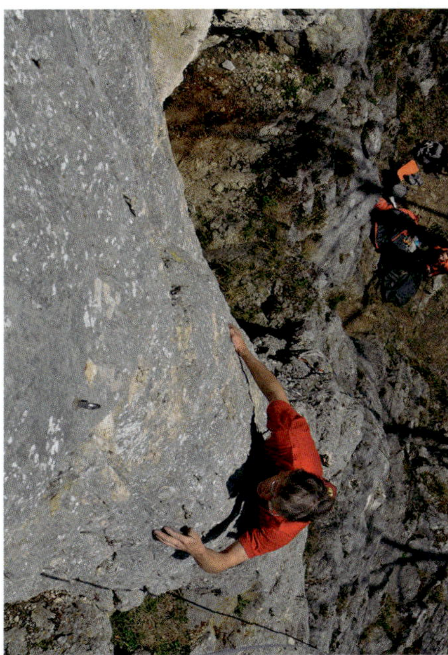

Hmm... wo sind denn die ganzen Löcher? Michael Kuderna in Lochpfeiler (6)

3.8 Kuhfels (Kuchfels)

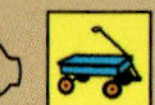
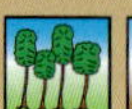
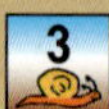

P N48°38'19,6" O09°49'17,0"

Schöne, ausgesprochen löchrige Wand mit meist festem Fels. Lediglich im Einstiegsbereich muss bei einigen Routen mit etwas Bedacht zu Werke gegangen werden. Die Absicherung ist gut und Keile werden nur selten benötigt.
Nuts are rarely necessary.

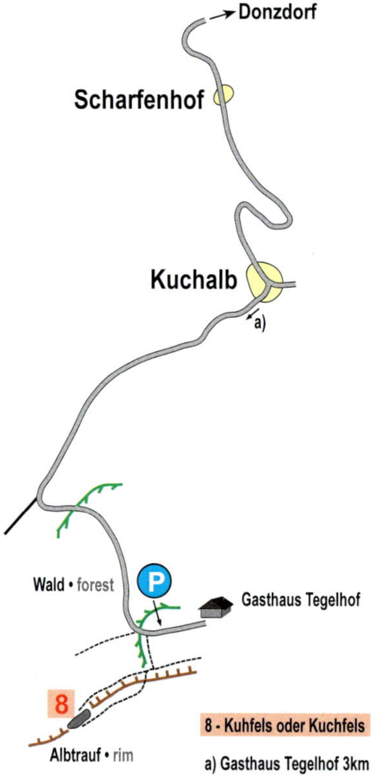

Anfahrt

Auf der B 10 über Göppingen, Eislingen nach Süßen. Hier links ab auf die B 466 nach Donzdorf (nicht die neue Umgehungsstraße benutzen). In Donzdorf rechts ab (kleines grünes Schild) in Richtung Kuchalber Hof in die Wagnerstraße. Am folgenden Kreisverkehr geradeaus und weiter bis zu einer T-Kreuzung. Hier nach links in die Marrenstraße. Dieser folgen und später in den Kuchalberweg. Ab jetzt immer der Ausschilderung Kuchalb (weiße Schilder) folgen. Über Scharfenhof nach Kuchalb, hier nach rechts Richtung Gasthaus Tegelhof. Die Straße führt zuerst über Felder, später dann in den Wald. Kurz nachdem die Straße den Wald wieder verlässt (nach einer Linkskurve) auf Schotterfläche parken. Zum Gasthof sind es von hier aus noch etwa 200 m.

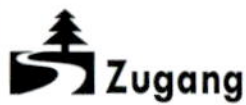

Zugang

Vom Parkplatz über die Wiese am Waldrand entlang vor zum Albtrauf. Hier trifft man auf einen schmalen Wanderweg, der am Trauf entlang führt. Auf diesem nach rechts und bereits nach wenigen Metern links auf einem Pfad hinab zum Wandfuß. **Zugangszeit etwa 3 Minuten.**

Lage

Am Albtrauf gelegene, südwestlich ausgerichtete Wand an steilem Hang. Am Wandfuß hat man nicht allzu viel, aber ausreichend Platz, um sich auszubreiten, der Hang ist mit Laubwald bestanden, der genügend Abstand zur Wand einhält, um die Sonne ungehindert durchzulassen.

Naturschutz

Alle Routen müssen umgelenkt werden, Ausstiegsverbot. Zugangswege einhalten. Flexibel gesperrt.
Lower off all routes and don't top out. Stay on trails, flexible protection during nesting period.

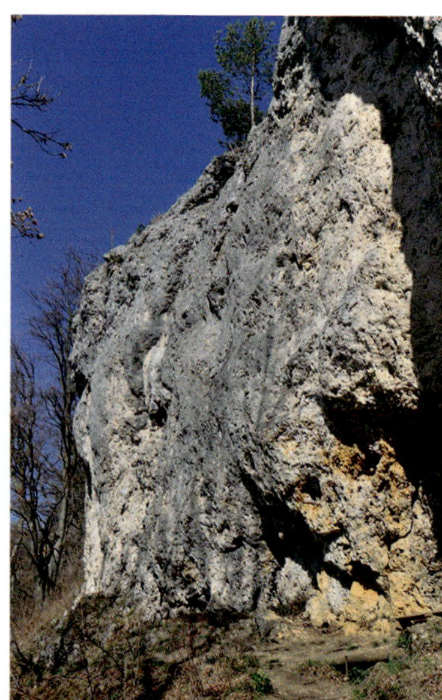

1	**Hörbe**	**6-**	
2	**Donnerdarm**	**7-**	*Im oberen Teil anstrengende, überhängende Rechtsquerung zur Umlenkung, schöne Route.*
3	**Quergang**	**6-**	
4	**Gecko**	**7+**	*Ausdauernd, oben klasse Überhang.*

Nr.	Route	Grad	Beschreibung
5	**Überdosis**	7+/8-	*Der 1. Bohrhaken steckt ziemlich hoch, oben knackiger Überhang.*
6	**Schorle Morle**	7-	*Überhängend, großgriffig, ausdauernd, gut.*
7	**Nachtschicht**	7	
8	**Espenlaub**	7	*Ziemlich schwere Passage zwischen 2. und 3. Bohrhaken.*
9	**Beglückende Illusion**	8	*Interessante Route zumeist an Seit- oder Untergriffen.*
10	**Schiefer Riss**	6	*Klasse Riss mit schwerem Ausstieg über steiles Wandstück.*
11	**Pfiffs letzte Nummer**	7-	*Sehr glatte Wandstelle am 2. BH, gute Stehtechnik ist hier gefordert. Der Haken ist ziemlich blöd einzuhängen, da keine Griffe vorhanden sind.*
12	**Widdis**	6-	*Gut griffig, nett.*
13	**Normalweg**	3	*Leichtester Weg zum Gipfel, Keile!*
14	**Direkter Normalweg**	6-	*Gut griffige, aber steile Einstiegswand, oben nicht so toll.*
15	**Dickbauchfrosch**	7	*Der 1. BH ist sehr ungünstig einzuhängen, mit das Schwerste an der Route. Am 2. BH etwas links haltend, sehr eng an Dampfhans gebohrt.*
16	**Dampfhans**	7-	*Schöne, anhaltend schwere Kletterei.*
17	**Schwäbische Kooperation**	7-	
18	**Kuchwada**	7+	*Einstieg etwas bröselig, Richtung Umlenker wird es dann immer schwerer. Den Umlenker klippen ist dann der Schlüssel, trotzdem ganz gute Route.*
19	**Wilder Riss**	6+	*Ziemlicher Bruch und vorwiegend clean zu klettern, nicht sehr empfehlenswert.*
20		6+	
21	**Mäckpfeiler**	6+	*Ziemlich trittlos durch die Wanne, gute Route aber nicht ganz ungefährlich.*
22	**Schwarze Wolke**	6+	*Schöne Route über den Pfeiler.*
23	**Äömpf**	7-	*Am 2. BH etwas rechts des Hakens, relativ weit zum Umlenker, audauernd.*
24	**Die Alte**	5	*Gut griffig am rechten Rand empor.*
25	**Novembereis**	4	*Gut griffig am rechten Rand empor.*

10-15 m, SW

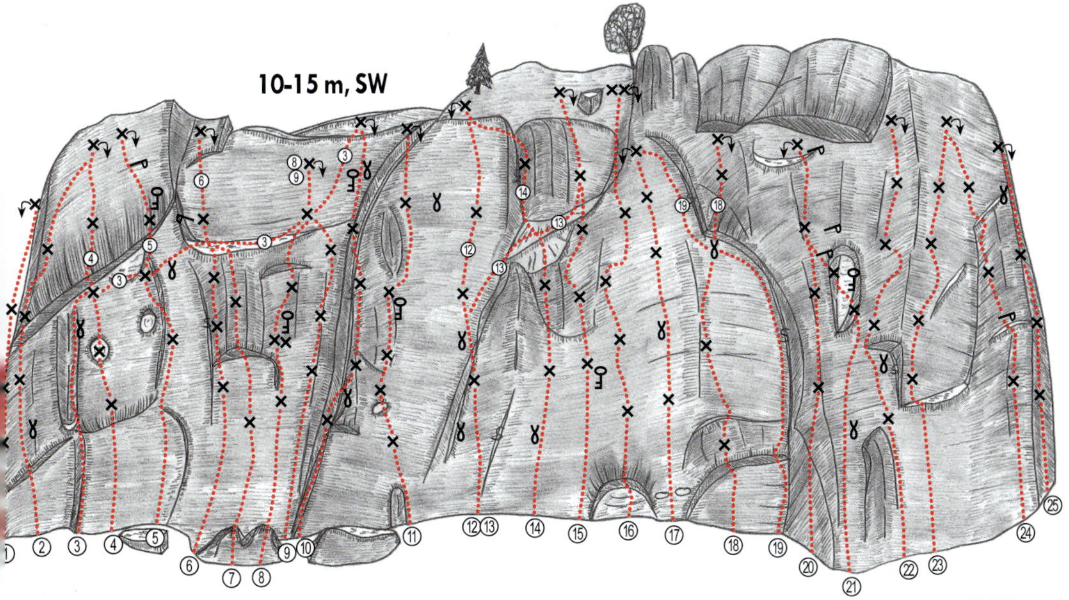

3.9 Löwin

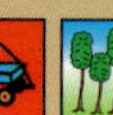
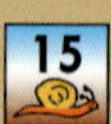

P N48°37'47,9" O09°51'00,6"

Mächtiger Felsturm, der rundum beklettert werden kann. Einige interessante Linien. Die Felsqualität ist ordentlich, die Qualität des Sicherungsmaterials ist nach erfolgter Sanierung weitestgehend in Ordnung. Da aber auch hier nicht immer alles steckt, was zur Sicherheit nötig wäre, gehören Klemmkeile und Schlingen an den Gurt.

A rack of nuts and some slings can be useful.

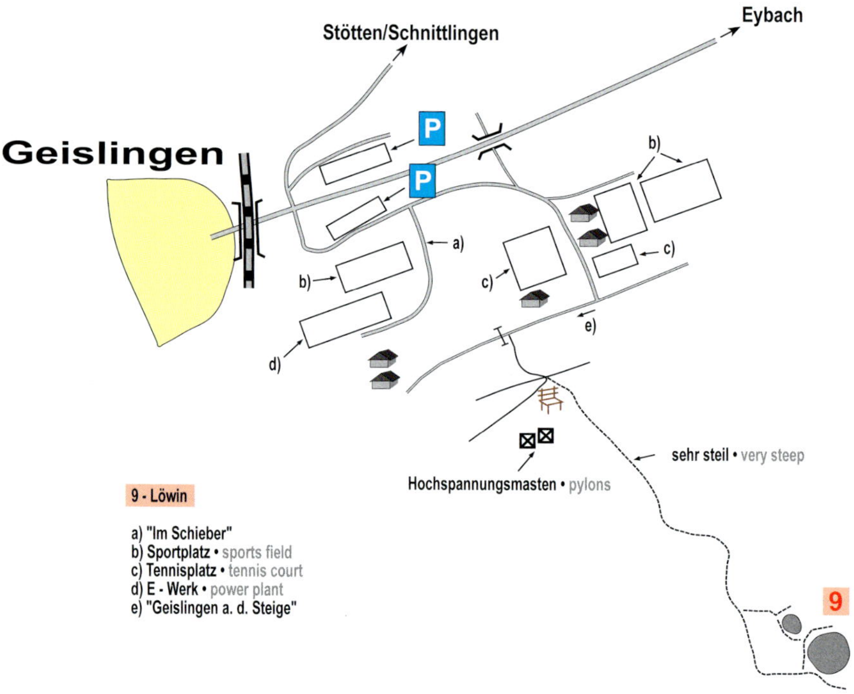

Eybach
Stötten/Schnittlingen
Geislingen
P
P
a)
b)
b)
c)
c)
d)
e)
sehr steil • very steep
Hochspannungsmasten • pylons
9

9 - Löwin

a) "Im Schieber"
b) Sportplatz • sports field
c) Tennisplatz • tennis court
d) E - Werk • power plant
e) "Geislingen a. d. Steige"

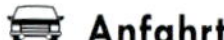

Anfahrt

Auf der B 10 von Göppingen bis nach Geislingen. In Geislingen an der ersten größeren Ampelkreuzung (nach einer Tankstelle rechts) links ab und der Straße bis Ortsende Geislingen in Richtung Eybach folgen. Am Ortsende fährt man unter einer Eisenbahnbrücke hindurch. Direkt danach zweigt links die Straße nach Stötten/Schnittlingen ab. Genau gegenüber auf der rechten Straßenseite zweigt eine Straße zu den Sportplätzen von Geislingen ab. Hier nach rechts und kurz danach auf der linken Seite an den dortigen Parkplätzen parken.

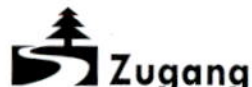

Zugang

Vom Parkplatz folgt man der Straße geradeaus, vorbei an einer ersten Abzweigung rechts (Im Schieber), bis zum Vereinsheim der dortigen Tennisplätze. Hier an einer Gabelung scharf rechts und zwischen den Tennisplätzen geradeaus bis zu einer quer verlaufenden Straße. Hier nach rechts („Geislingen an der Steige") und etliche Meter geradeaus, bis links ein breiter Weg abzweigt, der steil bergauf führt (etwas oberhalb in Falllinie befinden sich 2 Hochspannungsmasten).

Hier links und hoch zu einem quer verlaufenden breiten Weg. Hier kreuzen sich bei einer Bank mehrere Wege. Man folgt einem schmalen Pfad, der etwas linkshaltend zuerst mäßig steil, später sehr steil bergauf führt. Der Wanderweg führt direkt an der Löwin vorbei.

Zugangszeit etwa 15 Minuten.

Lage

In lichtem Laubwald an steilem Hang gelegener großer Felsturm. Viel Sonne, da die Bäume Abstand zur Wand halten.

Naturschutz

Flexible Sperrungen aufgrund von Vogelschutz.

Flexible closures due to bird protection.

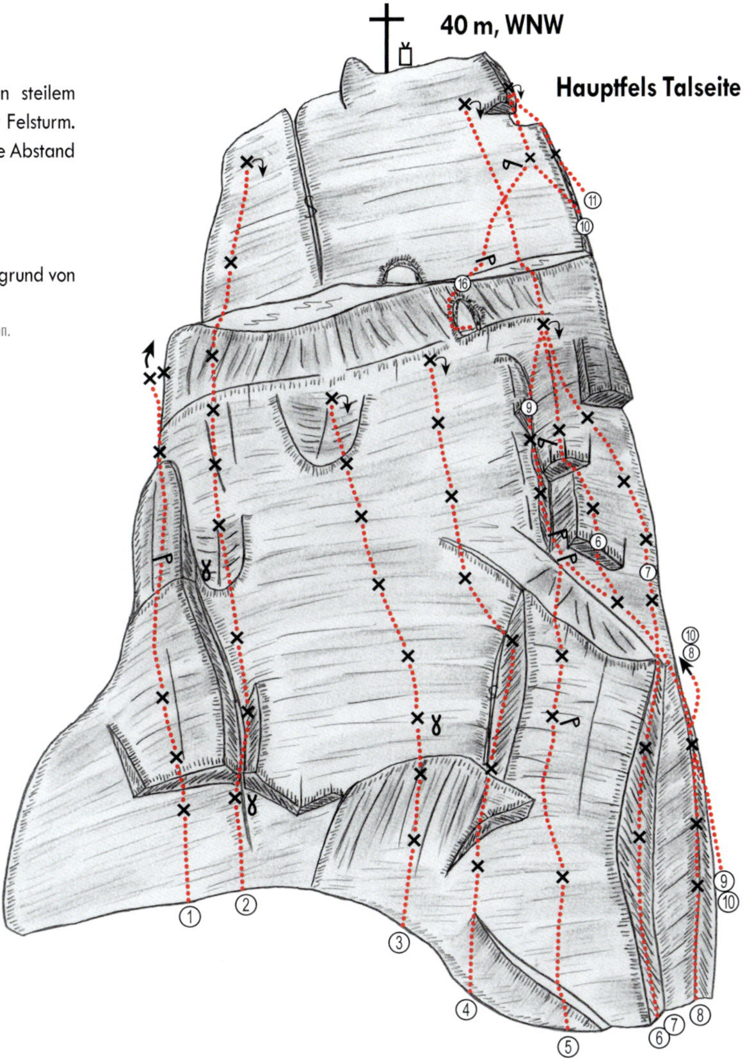

40 m, WNW

Hauptfels Talseite

	Route	Grad	Bemerkung
1	**Löchriger Pfeiler Direktvariante**	7	*Wer den 3. BH in einem weiten Linksschlenker umklettert, macht mit der Originallinie eine Route im 6. Grad*
2	**Brandauer Weg**	6	
3	**Know How**	7	
4	**Zwischen Tier und Gott**	8-	
5	**Westwand direkt**	6+	
6	**Amoral**	8	
7	**Mesolimbus**	7-	*1. BH sehr hoch, brüchige Verschneidung. Der 6. BH steckt zu hoch, insgesamt nicht übersichert.*
 8	**SW-Kante Direkt**	7-/7	*Lohnender Direkteinstieg*

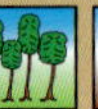
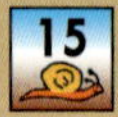
15

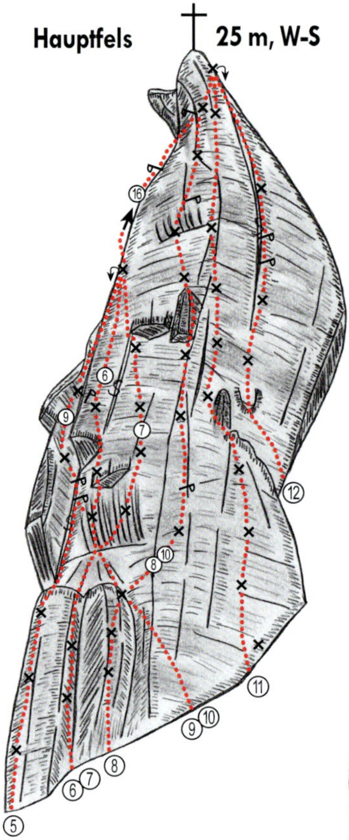

Hauptfels
25 m, W-S
16
6
9
7
12
8
10
11
9
10
5
6
7
8

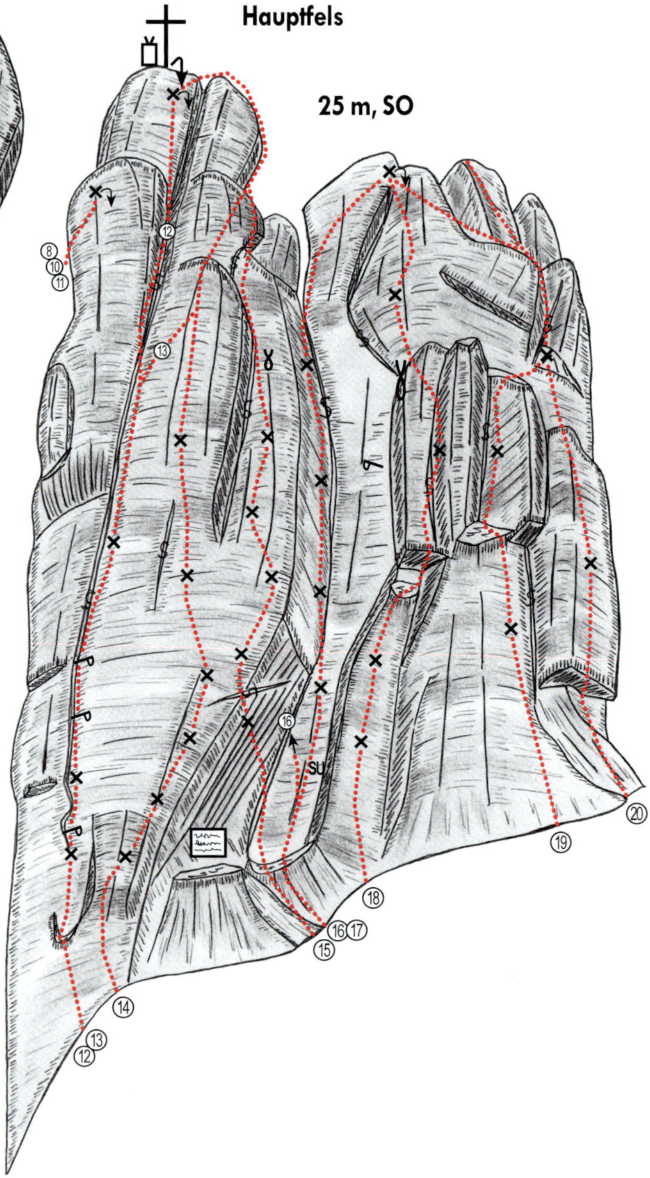

Hauptfels
25 m, SO
8
10
11
12
13
16
SU
14
12
13
15
16
17
18
19
20

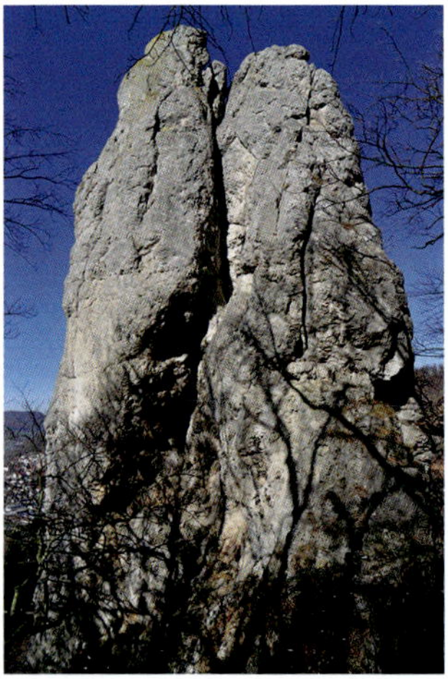

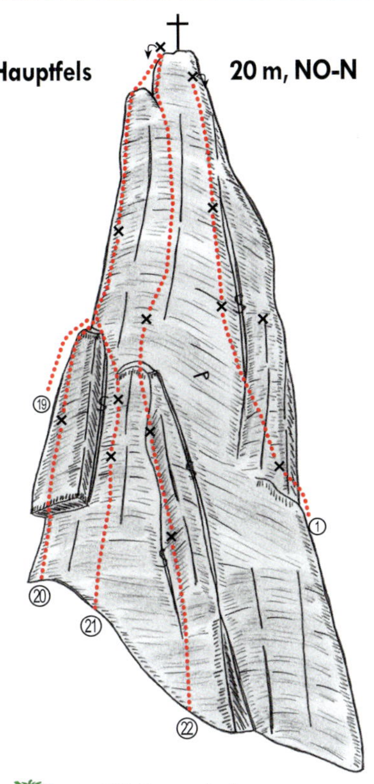

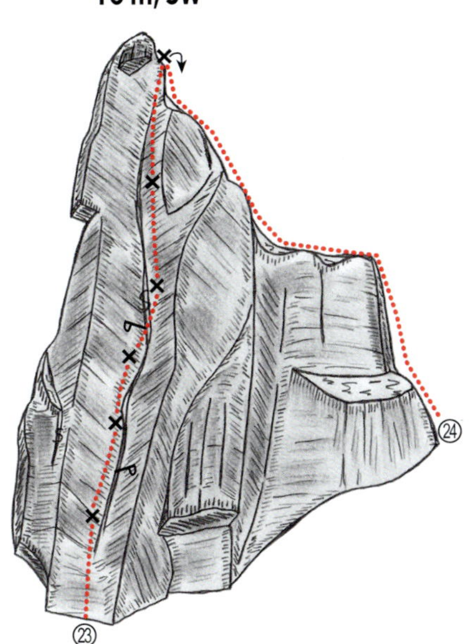

8	**SW-Kante direkt**	7-/7	*Lohnender Direkteinstieg*
9	**Westwand**	6	
10	**Südwestkante**	7-/7	*Sehr ausdauernde Kletterei, teils etwas brüchig, blöder Seilzug.*
11	**Blühende Fantasie**	7-	*Nette Kante mit Einzelstelle vom 5. zum 6. BH, nicht alles fest.*
12	**Südriss**	7+	
13	**Verbindungsvariante**	7+	
14	**Kein Schweigen der Hämmer**	8/8+	
15	**Astralfalle**	8/8+	
16	**Durch's Loch**	4-	*Extrem beengtes und kurioses Gewurstel, etwas stämmigere Kletterer sollten hier besser die Finger weglassen. Unten Stopper 11 legen, schwierig in die Waagerechte zu gelangen.*
17	**Kamin**	5	*Schöne und recht gut gesicherte Kaminkletterei.*
18	**Hand Eck Wand**	6	*Schwer vom 1. zum 2. BH, sehr brüchig, nicht sonderlich lohnend.*
19	**Bergseite**	4+	
20	**Direkter Platteneinstieg**	6+	
21	**Ostriss**	5-	
22	**Nordwand**	6	
23	**Verschneidung Kleine Löwin**	6	
24	**Normalweg Kleine Löwin**	2	*Einfachster, gut griffiger Weg auf das kleine Raubtier.*

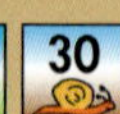

P N48°38'07,5" O09°51'58,8"

Doppelturm mit einigen sehr guten, langen Routen. Vor allem die Nordostseite sticht hierbei besonders hervor. Die Absicherung ist gut bis sehr gut und Keile werden kaum benötigt. In der Ost- und Südseite hält das Gestein nicht immer das Niveau der Nordostseite.

Nuts are rarely necessary.

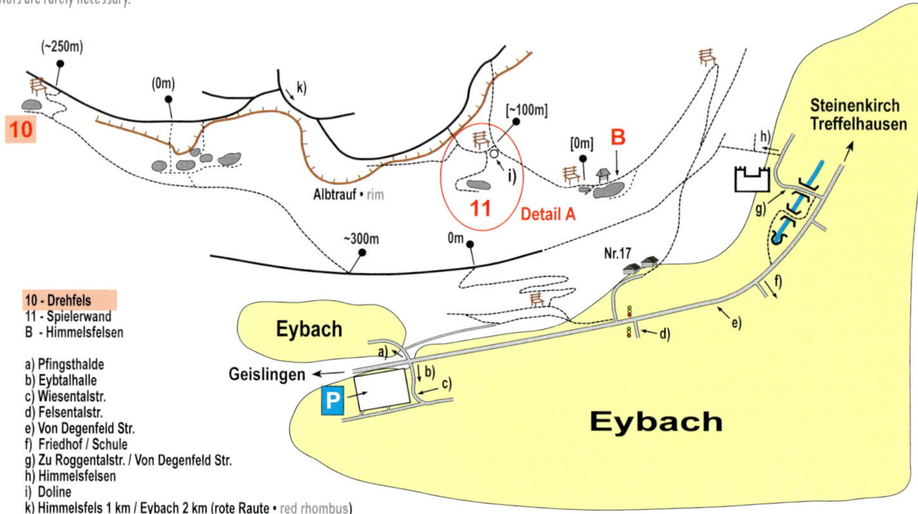

Anfahrt

Auf der B 10 von Göppingen bis nach Geislingen. In Geislingen an der ersten größeren Ampelkreuzung (nach einer Tankstelle rechts) links ab und der Straße bis Ortsende Geislingen Richtung Eybach folgen. Am Ortsende von Geislingen fährt man unter einer Eisenbahnbrücke hindurch. Vorbei an der Abzweigung Stötten/Schnittlingen und weiter geradeaus bis zum Ortseingang Eybach. Dort, noch vor den ersten Häusern, an einer Kreuzung rechts in die Wiesentalstraße Richtung Eybtalhalle. Gleich wieder 2x rechts auf einen großen Parkplatz, hier parken.

Zugang

Vom Parkplatz zurück zur Hauptstraße und diese an einer Verkehrsinsel überqueren. Kurz nach links, dann an einer Kreuzung rechts ab in die Pfingsthalde und sofort wieder rechts in eine schmale asphaltierte Straße, die parallel zur Hauptstraße in Richtung Ortsmitte verläuft. Nach einiger Zeit wird die Straße zum Fußweg und zieht dann hinab zur Hauptstraße. Kurz bevor der Fußweg die Hauptstraße erreicht, mündet links ein breiter Weg, der oberhalb des Fußwegs wieder zurück in Richtung des Anmarschweges verläuft. Hier kurz nach links und noch vor einer Bank rechts ab auf einen schmalen Wanderweg („Drehfels"), der in Kehren steil bergauf führt. Nach der 4. Kehre erreicht man einen breiten Forstweg. Hier nach links und dem Weg etwa 300 m sanft ansteigend folgen. Hier zweigt rechts ein schmaler Wanderweg ab („Drehfels"), der leicht zu übersehen ist. Hier rechts und dem Wanderweg bergauf, vorbei an den Drehfels Nebenfelsen, folgen. Dort wo der Wanderweg in Kehren endgültig zum Albtrauf hochführt, links ab und nach 30 m zur Wand. Alternativer Zugang vorbei am Himmelsfels siehe Skizze.

Zugangszeit etwa 30 Minuten.

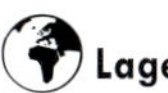

Lage

Nordost bis Süd, hier kann nahezu nach allen Himmelsrichtungen orientiert geklettert werden. Das wild wuchernde Gestrüpp in der Südseite wurde etwas ausgelichtet, so dass auch dort der Zugang derzeit wieder gut möglich ist. Nicht eben, aber ausreichender Platz am Wandfuß und ganz gut freigestellt, so dass Licht und Luft die Wand erreichen können.

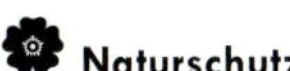

Naturschutz

Der Fels befindet sich im Naturschutzgebiet. Das Betreten der Felsköpfe ist verboten, alle Routen müssen umgelenkt werden, Ausstiegsverbot. Zugangswege einhalten.

Lower off all routes and don't top out. Stay on trails.

15 m, S

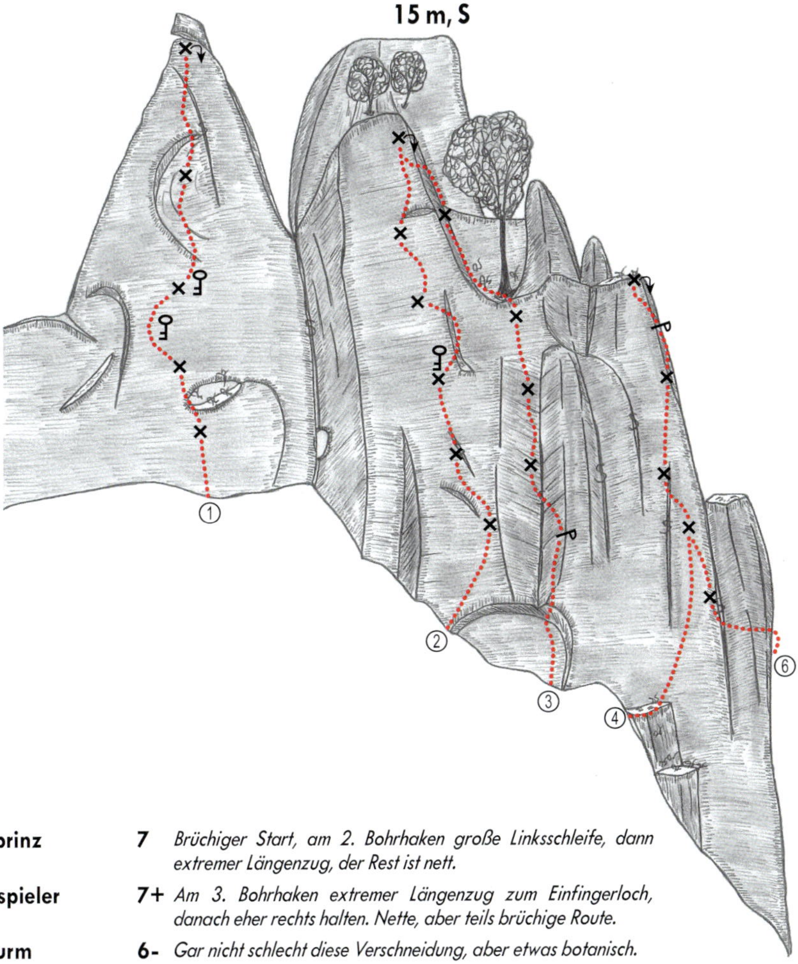

1 **Mauseprinz** 7 *Brüchiger Start, am 2. Bohrhaken große Linksschleife, dann extremer Längenzug, der Rest ist nett.*

2 **Plattenspieler** 7+ *Am 3. Bohrhaken extremer Längenzug zum Einfingerloch, danach eher rechts halten. Nette, aber teils brüchige Route.*

3 **Drehwurm** 6- *Gar nicht schlecht diese Verschneidung, aber etwas botanisch.*

4 **Zwischeneinstieg** 6-

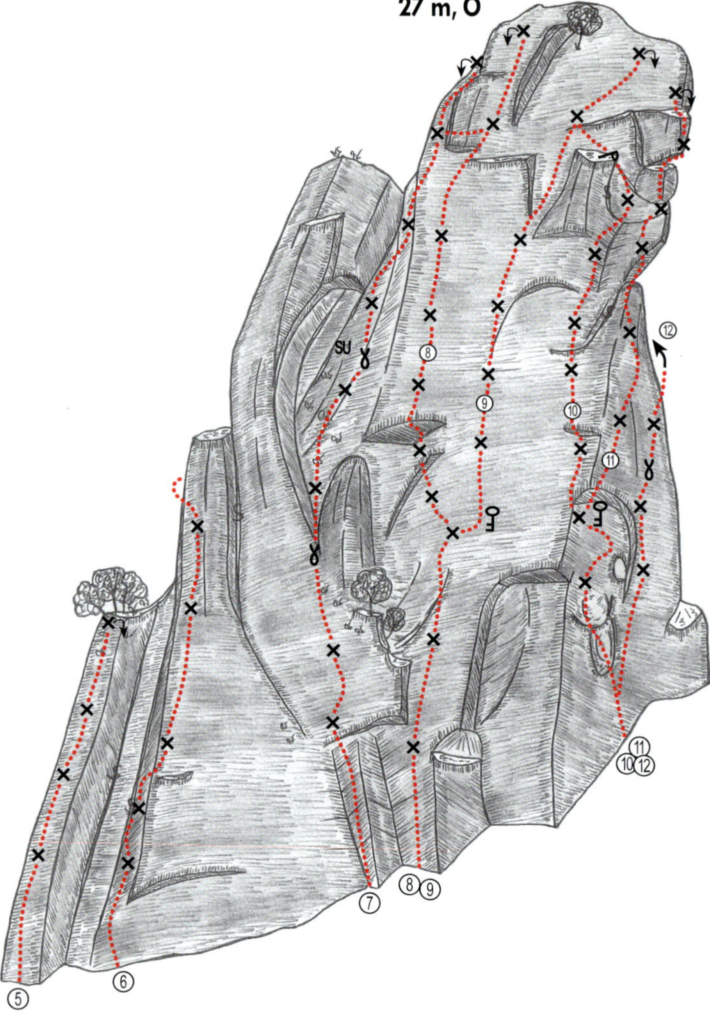

5	**Grüne Mamba**	7	*Die Route wurde nach Dornröschenschlaf 2021 reaktiviert und neu gesichert.*
6	**Goldener Oktober**	6+	*Kantenkletterei, dann Riss und zum Schluss wieder Kante. Schöne Linie, teils aber sehr brüchig.*
7	**Misses Schl.**	5+	*Im unteren Teil ganz nett, nach oben hin ziemlich brüchig, neuer Ausstieg links.*
8	**Endlich Frühling**	6/6+	*Direktvariante zum alten Ausstieg von „Misses Schl.".*
9	**Get up stand up**	7-	*Lange Route mit kniffliger Stelle am 3. Bohrhaken, 25 m.*
10	**Wolfgang Amadeus**	6+	*Tolle, abwechslungsreiche Kletterei mit interessanter Querung am 1. Bohrhaken.*
11	**Mindestlohn**	7	*Nette Kantenkletterei, aber eng auf die beiden benachbarten Routen gebohrt.*
12	**Gonzo**	7+	*Klasse, abwechslungsreiche Tour, zur Umlenkung zunehmend härter u. ausdauernder.*
13	**Midnight mover**	7/7+	*Schöne und interessante Kletterei, der obere Rechtsquergang hat es in sich.*

20 m, NO

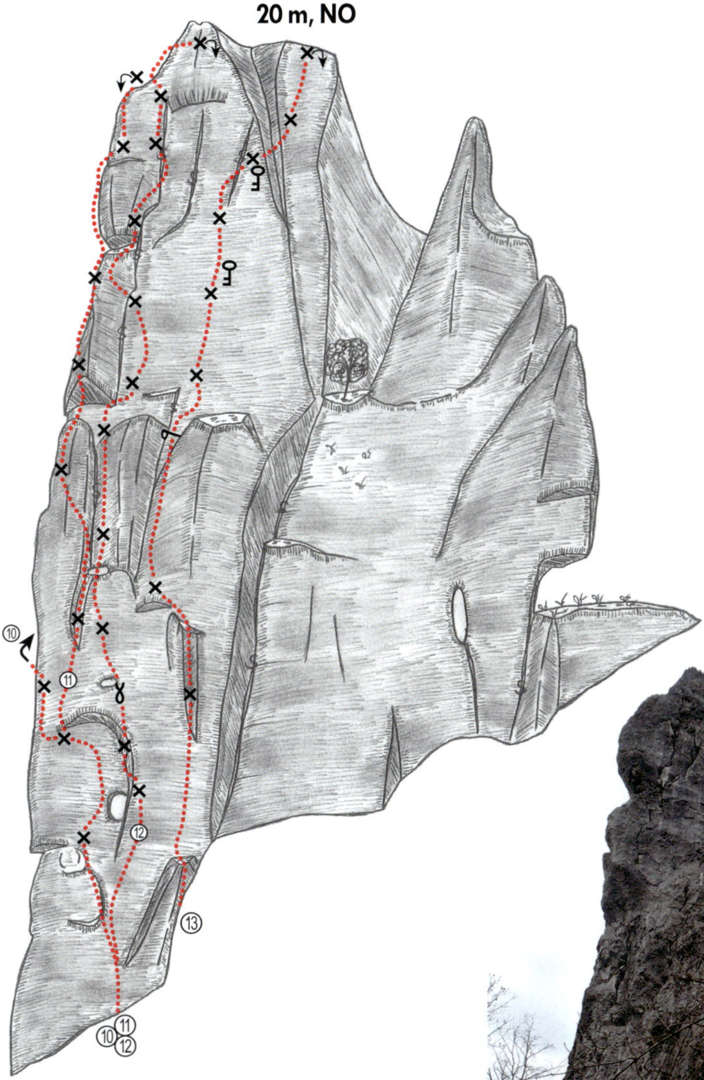

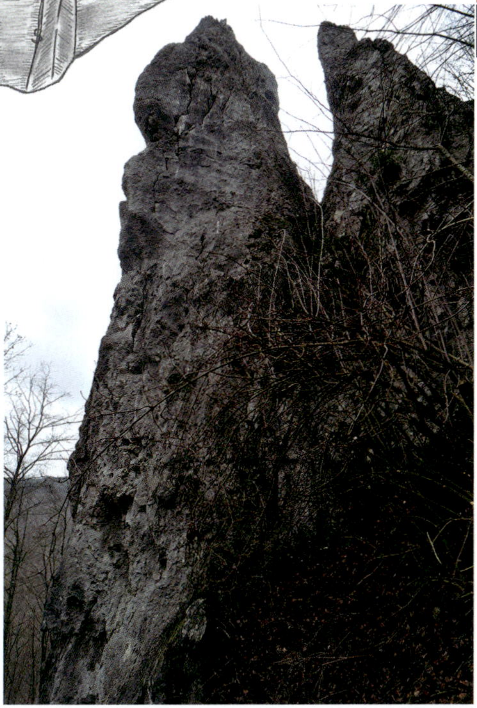

⑩ ⑪ ⑫ ⑬

3.11 Spielerwand

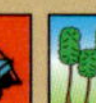
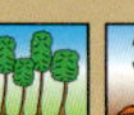
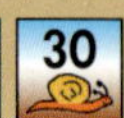

P N48°38'07,5" O09°51'58,8"

Abseits der Kletterströme gelegene mächtige Wand. Die plattigen und sehr kompakten Routen bieten dem Kletteeinsteiger genau Null Komma Null Betätigungspotenzial. Dafür finden Könner, die auch vor Platten nicht zurückschrecken, ein reiches Betätigungsfeld. Die meisten Routen sind recht ordentlich gesichert, doch müssen manchmal ziemlich ansehnliche Hakenabstände in Kauf genommen werden, Keile kann man in der kompakten Wand kaum legen. Die Bewertung am Fels wurde nicht überarbeitet und dürfte in der Kategorie hart bis hammerhart anzusiedeln sein.

Mostly hard slab or wall climbs, sometimes quite runout but hard to place additional protection. We did not check the grading here, it is supposed to be really hard!

(~250m)
(0m)
k)
[~100m]
[0m]
B
10
Albtrauf • rim
i)
11
Detail A
~300m
0m
Nr.17
Steinenkirch
Treffelhausen
h)
g)
f)
e)
d)
a)
b)
c)
Eybach
Geislingen
P
Eybach

10 - Drehfels
11 - Spielerwand
B - Himmelsfelsen

a) Pfingsthalde
b) Eybtalhalle
c) Wiesentalstr.
d) Felsentalstr.
e) Von Degenfeld Str.
f) Friedhof / Schule
g) Zu Roggentalstr. / Von Degenfeld Str.
h) Himmelsfelsen
i) Doline
k) Himmelsfels 1 km / Eybach 2 km (rote Raute • red rhombus)

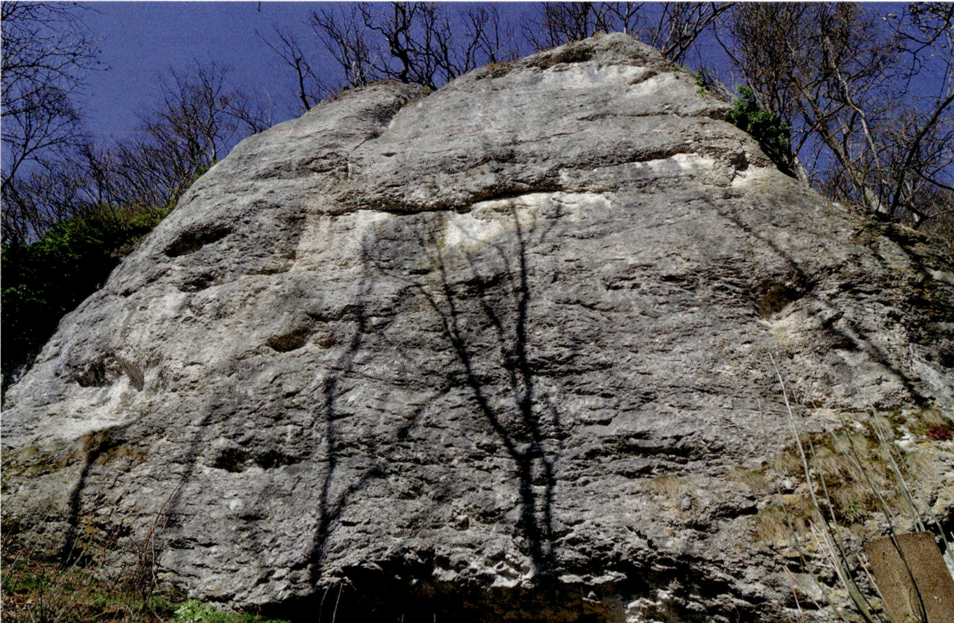

Anfahrt

Auf der B 10 von Göppingen bis nach Geislingen. In Geislingen an der ersten größeren Ampelkreuzung (nach einer Tankstelle rechts) links ab und der Straße bis Ortsende Geislingen Richtung Eybach folgen. Am Ortsende von Geislingen fährt man unter einer Eisenbahnbrücke hindurch. Vorbei an der Abzweigung Stötten/Schnittlingen und weiter geradeaus bis zum Ortseingang Eybach. Dort, noch vor den ersten Häusern, an einer Kreuzung rechts in die Wiesentalstraße Richtung Eybtalhalle. Gleich wieder 2x rechts auf einen großen Parkplatz, hier parken.

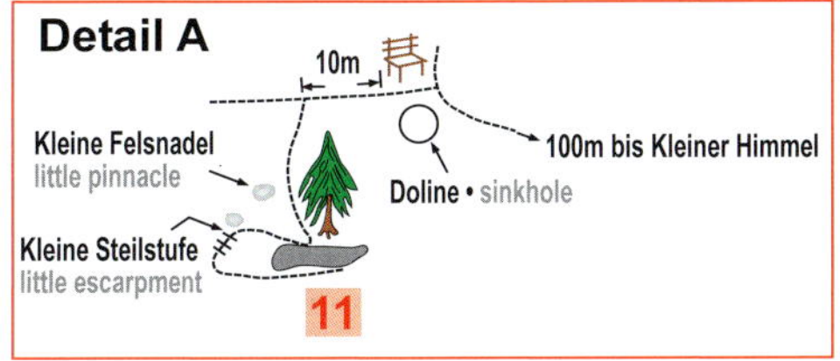

Zugang

Vom Parkplatz zurück zur Hauptstraße und diese an einer Verkehrsinsel überqueren. Kurz nach links, dann an einer Kreuzung rechts ab in die Pfingsthalde und sofort wieder rechts in eine schmale asphaltierte Straße, die parallel zur Hauptstraße in Richtung Ortsmitte verläuft. Nach einiger Zeit wird die Straße zum Fußweg und zieht dann hinab zur Hauptstraße. Kurz bevor der Fußweg die Hauptstraße erreicht, mündet links ein breiter Weg, der oberhalb des Fußwegs wieder zurück in Richtung des Anmarschweges verläuft. Hier kurz nach links und noch vor einer Bank rechts ab auf einen schmalen Wanderweg („Drehfels"), der in Kehren steil bergauf führt. Nach der 4. Kehre erreicht man einen breiten Forstweg. Hier nach rechts. Der breite Weg wird kurze Zeit später zum schmalen Pfad, bis er nach einiger Zeit erneut auf einen breiten, kreuzenden Weg trifft. Hier nach links und an der folgenden Weggabelung ebenfalls links bleiben (rote Raute). Steil bergauf, nach einer Spitzkehre immer geradeaus steil bergauf, bis der Weg direkt hinter dem Gipfel des Himmelsfelsen vorbei führt (Informationstafel). Von hier dem Wanderweg noch gut 100 m folgen. Nun zweigt links bei einer Doline (Bank) ein Pfad ab. Hier links und nach 10 m sofort wieder links ab auf schwacher Pfadspur steil bergab zum Felskopf der Spielerwand. Rechts herum (Blickrichtung Tal) auf Trittspuren in einem großen Bogen zum Wandfuß absteigen.
Zugangszeit etwa 30 Minuten.

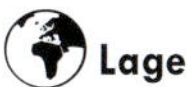

Lage

Sonnige, hoch oben am Hang und in hohem Laubwald gelegene Wand. Am Wandfuß hat man ausreichend Platz, bevor der Hang steil ins Tal abfällt.

Naturschutz

Die Wand befindet sich im Naturschutzgebiet, Ausstiegsverbot. Die angegebene Wegführung beachten.
Lower off all routes and don't top out. Stay on trails.

3.11 Spielerwand

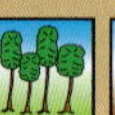

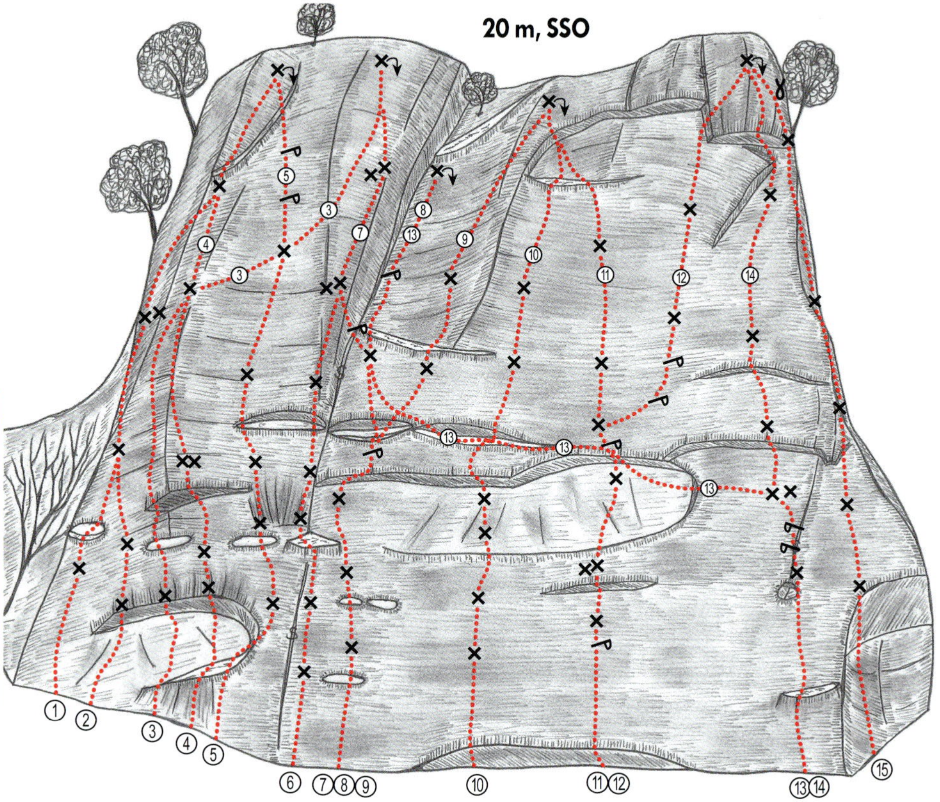

20 m, SSO

1	**Das Original**	**7+**	
2	**Fremdkörper**	**8+**	
3	**Karma Police**	**9-/9**	*Haken der Nebenrouten mitbenutzen.*
4	**Gruselkabinett**	**8**	
5	**Black Jack**	**8+**	
6	**Heinz hat...**	**8-**	
7	**Keine Hand frei**	**9-**	
8	**Direkte alte Spielerwand**	**7+**	
9	**Flügel im Kopf**	**8+/9-**	
10	**Magic line**	**9-/9**	
11	**Henderschevier linker Ausstieg**	**9-**	
12	**Henderschevier**	**8+**	
13	**Alte Spielerwand**	**8**	
14	**Fingerspiel**	**8+**	
15	**Lockdown**	**8-**	

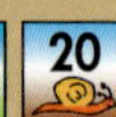

P N48°39'06,6" O09°53'51,4"

Ein etwas alpin angehauchter Fels mit teils etwas unzuverlässigem Gestein. Die Absicherung ist schwankend zwischen ordentlich und gefährlich, kann aber häufig durch Keile verbessert werden. Die beiden Seillängen des Roggenpfeilers sind mit über 70 m Gesamtlänge eigentlich ein Muss. Zum Abseilen in einem Rutsch vom Gipfel benötigt man mindestens ein 55 m Doppelseil! Es kann aber auch auf zweimal abgebaut werden. Die Routen an der Nadel gehören ebenfalls zu den interessanteren Touren am Massiv.

Wall with an alpine touch, bring nuts and a helmet!

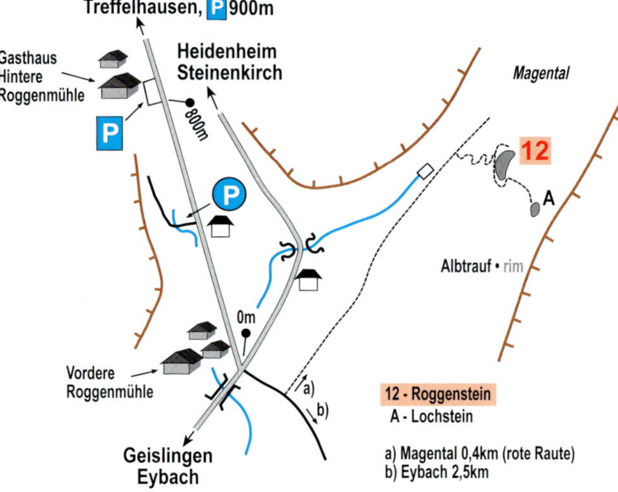

Anfahrt

Auf der B 10 von Göppingen nach Geislingen. An der ersten größeren Ampelkreuzung in Geislingen links ab und der Hauptstraße aus Geislingen heraus folgen. Weiter geradeaus, auf der L 1221 über Eybach bis zur vorderen Roggenmühle. Kleinere Parkmöglichkeiten findet man, wenn man an der dortigen Straßengabelung links ab Richtung Treffelhausen fährt. Nach etwa 800 m kommt bei der Gaststätte „Hintere Roggenmühle" links ein größerer Gästeparkplatz. 900 m nach der Gaststätte befindet sich im Tal noch ein großer Wanderparkplatz. Insgesamt sind nahegelegene Parkmöglichkeiten hier leider sehr eingeschränkt vorhanden.

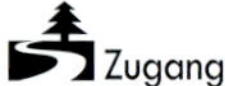

Zugang

Gegenüber der Straßengabelung an der Vorderen Roggenmühle führt ein Wirtschaftsweg in den Wald. Gleich an seinem Beginn, am Rande der Wiese, links ab Richtung Magental. Diesem Wanderweg einige hundert Meter folgen, bis rechts ein deutlicher Pfad zur bereits von unten sichtbaren Wand hinaufführt.

Zugangszeit je nach Parkplatz zwischen 10 und 30 Minuten.

Lage

Die Hauptwand ist westlich bis nordwestlich orientiert, die Routen an der Nadel südwestlich bis südöstlich. Die Wand befindet sich in hohem Mischwald am steilen Hang. Durch die talnahe Lage braucht die Sonne vor allem im Herbst lange, bis sie über die Hügelkuppe hinweg die Wand erreicht.

Naturschutz

Abseil- und Umlenkstellen nutzen, Ausstiegsverbot. Die angelegten Wege benutzen! Der Fels liegt im Naturschutzgebiet.

Lower off all routes and don't top out. Stay on trails.

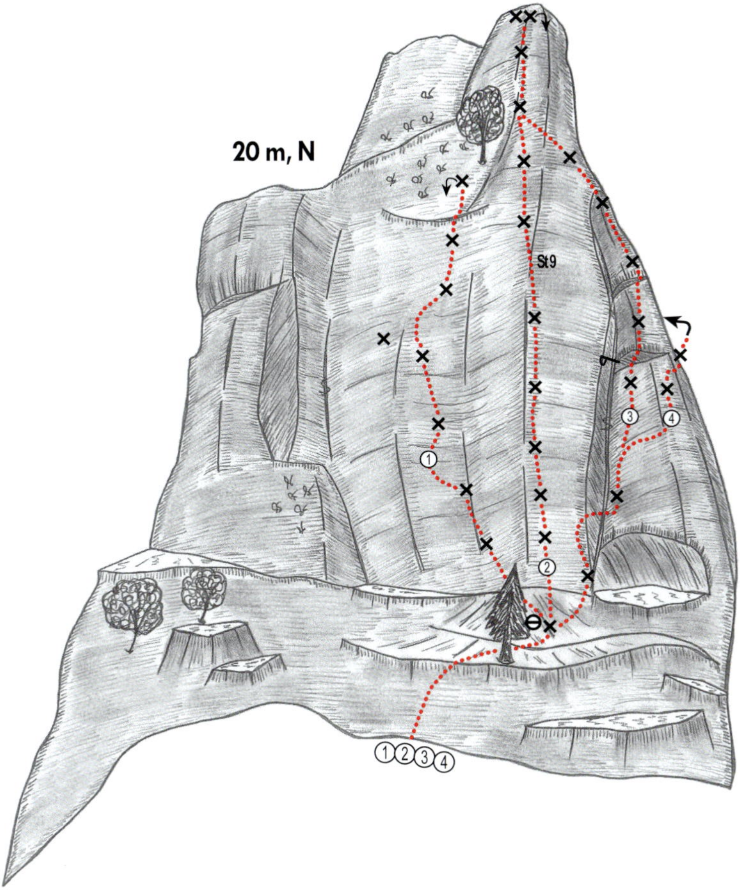

20 m, N

St9

	Route	Grade	Description
1	**Im wilden Westen**	**6+**	*Geneigte Platte mit eher runden Leisten, nicht einfach zu stehen.*
2	**Chalkball wizzard**	**7-**	*Gefährlich brüchig und nicht übersichert. Vor allem der 1. BH steckt sehr hoch.*
3	**Occupy**	**7+**	*Ebenfalls nicht die beste Felsqualität.*
4	**Roggenpfeiler**	**6-|7-**	*1. Seillänge sehr frei abgesichert. Nach der Kante und dem kleinen Überhang leider etwas brüchiger, ein sicherer Vorsteiger ist Pflicht, 50 m.* *2. Seillänge startet mit einer knackigen Rechtsquerung (2 Bohrhaken). Dann im Riss hoch (Bohrhaken), nach rechts auf Absatz (Ring) und auf Bändern erst links, dann rechts zu kleinem Überhang (Ring). Über diesen und in Riss durch die Abschlusswand. Oben Keile (Friends 1½ oder Stopper), 25 m. Sicherer Nachsteiger nötig, vor allem im Quergang. Klasse alpine Felsfahrt.* *Abseilen ist offiziell Pflicht, allerdings laut AKN Göppingen aufgrund von Steinschlaggefahr für unten Stehende nicht anzuraten.*

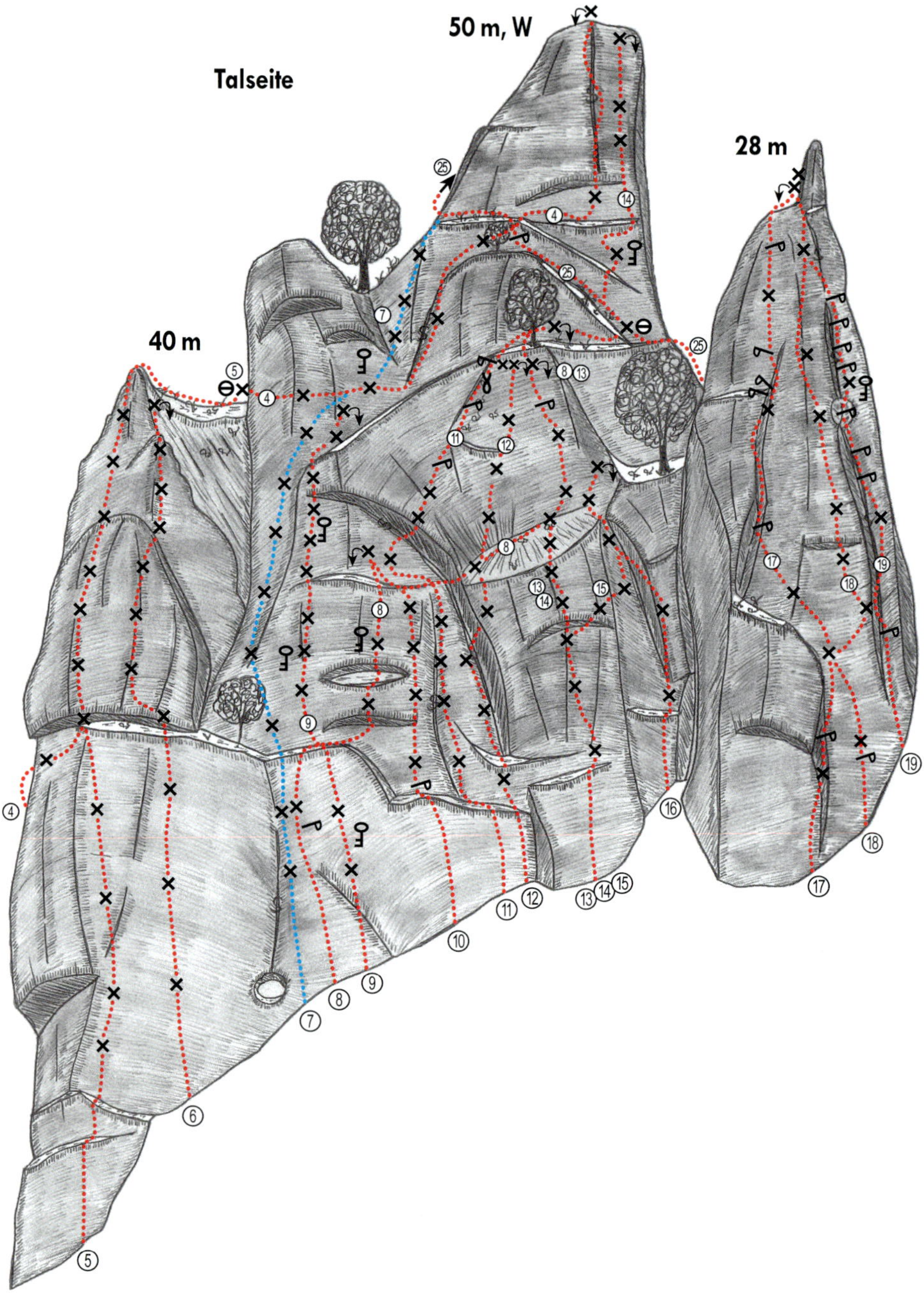

Roggenstein

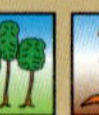

Talseite

50 m, W

28 m

40 m

Nr.	Route	Grad	Beschreibung
5	**Namenlose Kante**	**6+/7-**	*Steiler und brösliger Direkteinstieg, 1. Bohrhaken sehr hoch!*
6	**Barney Geröllheimer**	**7-/7**	*Abwechslungsreich, mäßig brüchig, teils gefährlich gesichert.*
7	**Plattentanz in den Mai**	**7+**	*Bruchhaufen, nicht ausgeräumt, besser Finger weglassen.*
8	**Dadada**	**7-**	*1. Seillänge spärlich gesichert und knackig am letzten Zwischenhaken. 2. Seillänge: Vom Stand Rechtsquergang und rauf zu Band. (Besser am letzten Bohrhaken vor dem Band umlenken, dann etwa 6-).*
9	**Jürgen Führe**	**8-**	*Kleingriffige Kletterei mit 3 schweren Passagen. Die oberste und schwerste hat extrem schlechte Tritte und ist sehr bröselig.*
10	**Kehraus**	**7-**	*Kleingriffige, geneigte Platte, gut stehen, oben etwas rechts der Haken klettern.*
11	**Ele Führe**	**7+**	*Bis Stand 6+ in geneigter Platte, oben raus brüchiger Überhang, besser in Verbindung mit 2. Seillänge von Dadada.*
12	**Frühlings-Haft**	**7-**	
13	**Einstiegsvariante Dadada**	**7**	*Ziemlich brüchige, steile Wand, oberer Teil wie Dadada.*
14	**Rechte Kante**	**7+**	*Ideal in Verbindung mit Dadada. Vom Umlenkbühler Dadada über Rampe hoch zu Bühler und über diesen leicht rechts haltend über schwere Stelle (große, runde Griffe, überhängend), oben einfacher, luftige Angelegenheit.*
15	**s'Sonjäle**	**7**	*Verbindungsvariante zwischen Einstiegsvariante Dadada und Spagato. Kurz und knackig.*
16	**Spagato**	**5**	*Tiefe Rissverschneidung, ganz nett.*
17	**Bässler Führe**	**6+**	*Schöne, lange und sehr frei zu kletternde Route, Keile!*
18	**Onegin**	**7**	*Unten miserabel gesichert, Keile legen nicht möglich! Oben schöne, ausdauernde Wandkletterei, teils etwas brüchig.*
19	**Nadel Talseite**	**7**	*Die Linie an der Nadel. Markante Risslinie, die sich nahezu durch die gesamte Nadel zieht. Schwere Passage im oberen Teil. Zum ersten Haken weit, Keile!*

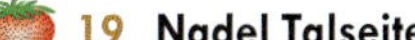

 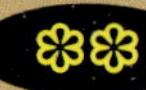

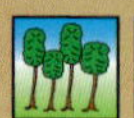
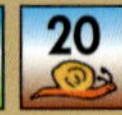

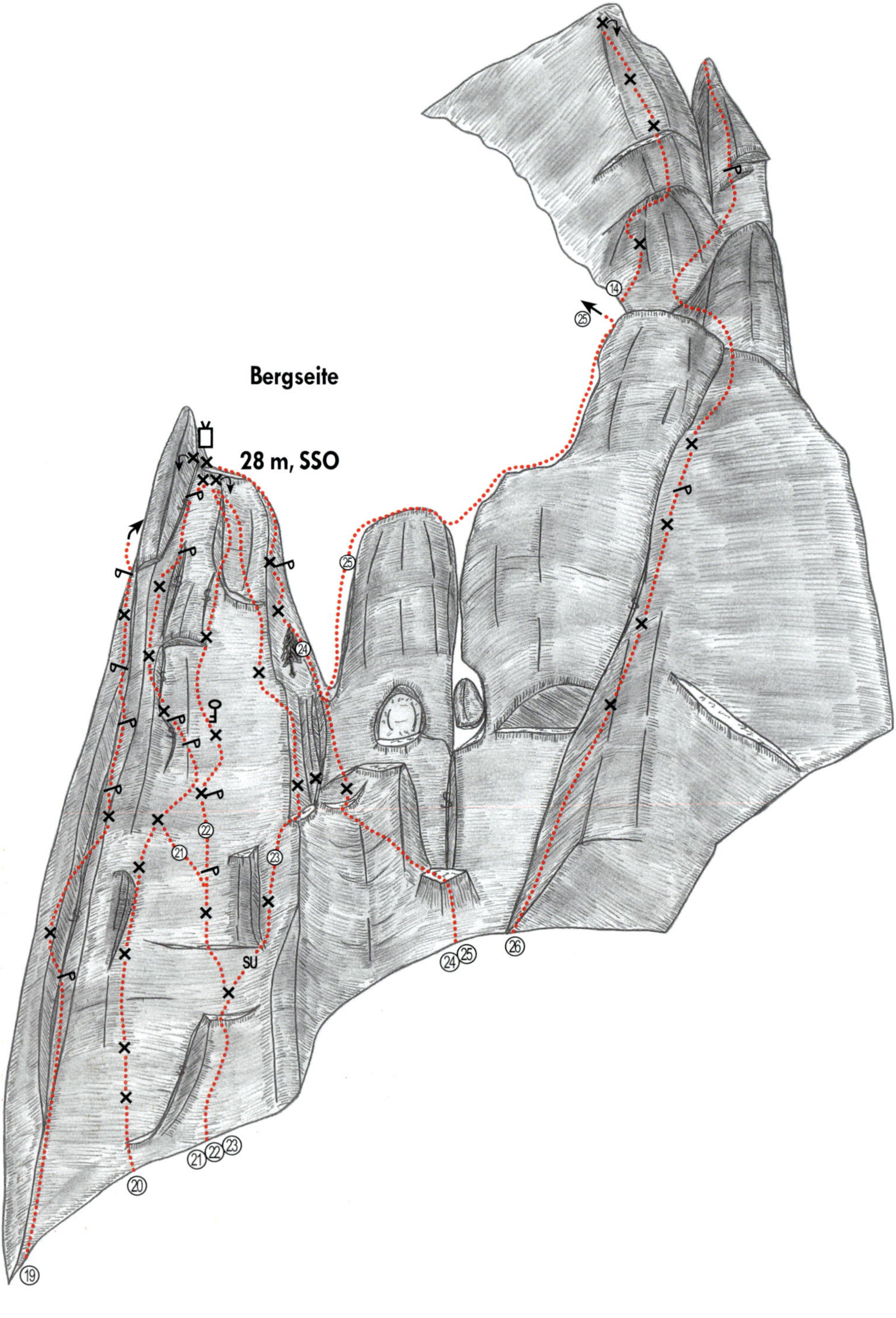

Bergseite

28 m, SSO

	Nr.	Route	Grad	Beschreibung
	20	**Direkte Gammelwand**	**8-**	*Super Route stets entlang der Kante, oben Risse, ausdauernd.*
	21	**Gammelwand original**	**7+/8-**	*Etwas einfacherer Einstieg.*
	22	**Formel 1**	**8+**	*Glatte Platte, weit auseinander liegende Griffe und Tritte, etwas definiert.*
	23	**SW-Kante**	**6-**	*Steile Wandkletterei an guten Griffen.*
	24	**Roggenpfeiler Bergseite**	**4-**	*Schöne, steile Wand mit guten Griffen.*
	25	**Überschreitung**	**3**	*Lange, grasige und sehr freie Durchsteigung der Wand. Start wie Roggenpfeiler Bergseite, dann ausgesetzter Felsgrat. Im Anschluss über grasige, steile Felsbänder Richtung Gipfel.*
	26	**Südpfeiler**	**6-**	*Unten Verschneidung, oben raus unübersichtlich, eher etwas brüchig.*

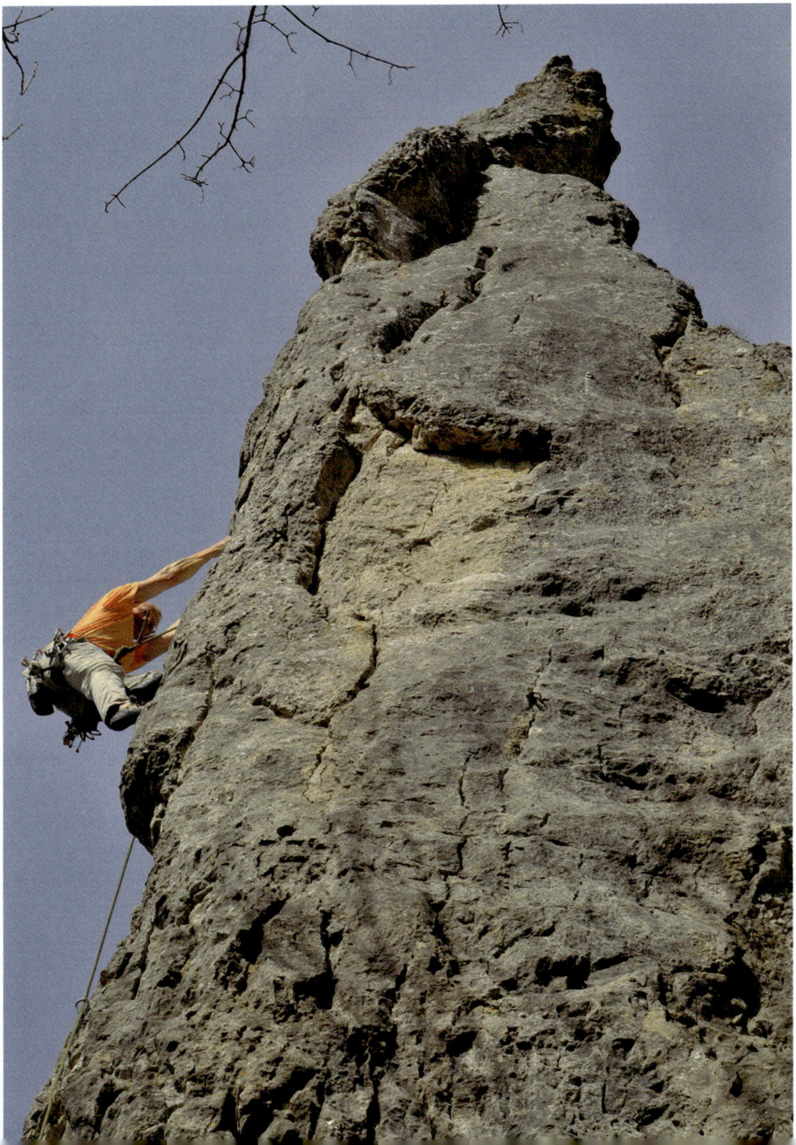

Piaz, piaz an der Wand... Der Autor holt sich dicke Arme in der Nadel Talseite (7) an der Roggennadel

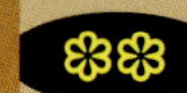  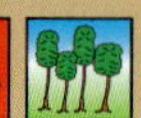 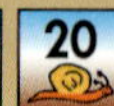

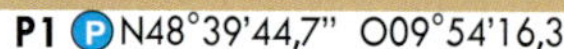

P2 N48°39'17,8" O09°54'08,2"

Hohe, freistehende und recht kompakte Wand, die vorwiegend schwerere Routen bietet. Die Absicherungssituation ist ordentlich (teils aber älteres Material) jedoch können in der einen oder anderen Route Keile trotzdem nicht schaden.

Nuts can be helpful in some routes.

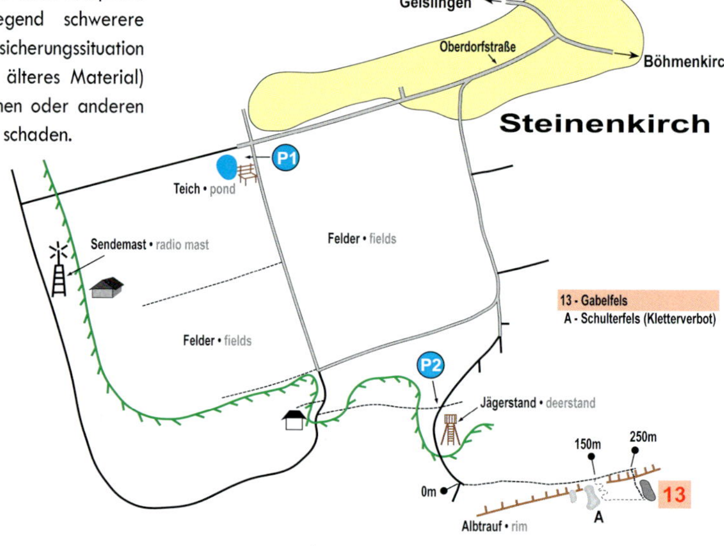

Anfahrt

Auf der B 10 von Göppingen nach Geislingen. An der ersten größeren Ampelkreuzung in Geislingen links ab und der Hauptstraße aus Geislingen heraus folgen. Weiter geradeaus, auf der L 1221 über Eybach bis zur Straßengabelung bei der vorderen Roggenmühle. Hier geradeaus hinauf auf die Albhochfläche nach Steinenkirch. Im Ort an der ersten Möglichkeit scharf rechts in die Oberdorfstraße abbiegen. Auf dieser stets geradeaus bis zum Ortsende (ab hier Durchfahrtsverbot), hier neben einem kleinen Teich am Straßenrand geeignet parken (P1).

Alternativ in Steinenkirch von der Oberdorfstraße an der ersten Möglichkeit links ab und der asphaltierten Straße stets geradeaus folgen, bis diese als geschotterter Feldweg rechts haltend zum Waldrand hinüberzieht. Am Waldrand geeignet parken (P2).

Lage

Felsturm, dessen Nordwand an einem steilen Hang gelegen ist. Am unteren Ende hat man jedoch genügend ebene Fläche, um sich auszubreiten. Zum Sichern findet man ebenfalls ausreichend Standfläche und da sich die Wand nach Fällarbeiten in einem stark ausgedünnten Laubwald befindet, kann man bei entsprechender Wetterlage sogar die Sonne genießen.

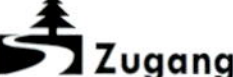

Zugang

Von (P1) dem Wirtschaftsweg nach links (bezüglich Anfahrtsrichtung) über die Felder folgen, bis der asphaltierte Weg nach einiger Zeit an einer Kreuzung scharf links abbiegt. Hier geradeaus auf einen Schotterweg, bis dieser in den Wald führt. Hier nach links auf einen Forstweg, der zuerst am Waldrand entlang, später durch den Wald bis zu einem weiteren Schotterweg führt. Auf diesem nach rechts (P2) und dem Weg vor bis zum Trauf folgen. Er führt hier an einer Gabelung nach links und verliert sich zusehends, bis er nur noch als Pfadspur am Albtrauf entlang führt. Nach einiger Zeit erreicht man das mächtige Massiv des Schulterfelsen (fürs Klettern mittlerweile gesperrt). Vorbei am alten Zustiegsweg und ca. 100 m weiter rechts ab und zum Wandfuß absteigen.

Zugangszeit von (P1) 20 Minuten, von (P2) 6 Minuten.

Naturschutz

Alle Routen umlenken, Ausstiegsverbot. Die Wand befindet sich im Naturschutzgebiet. Zustiegswege einhalten.

Lower off all routes and don't top out. Stay on trails.

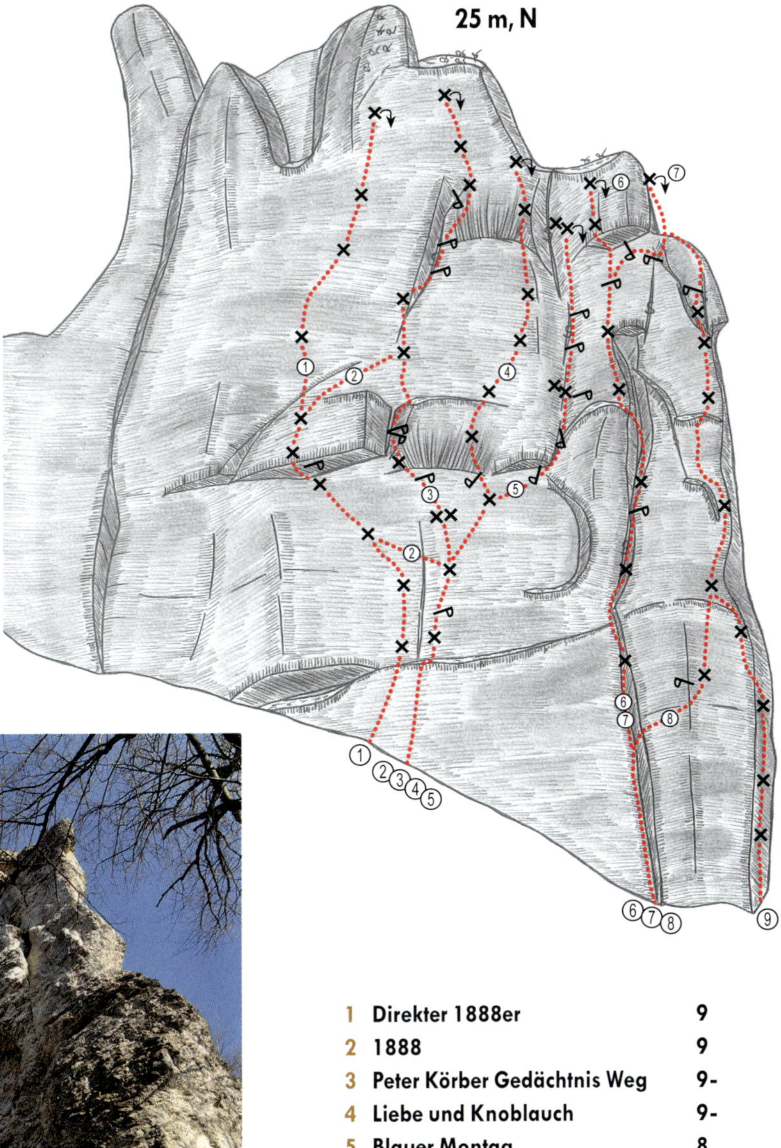

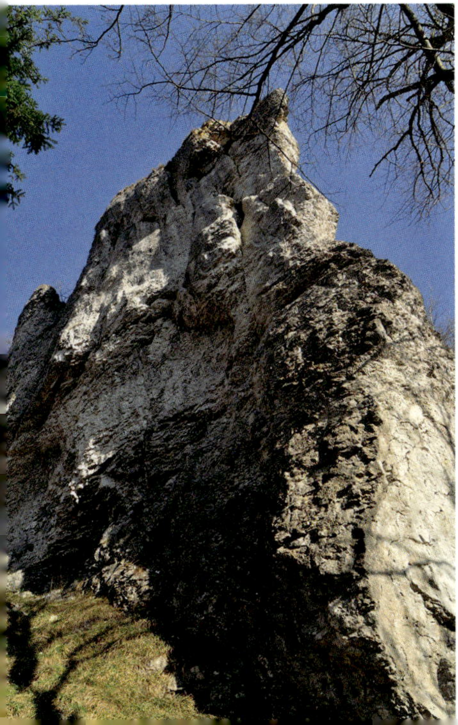

25 m, N

1	Direkter 1888er	9
2	1888	9
3	Peter Körber Gedächtnis Weg	9-
4	Liebe und Knoblauch	9-
5	Blauer Montag	8
6	Gabelano	9
7	Gabel Nord	7
8	Gabelkante	8-
9	Gabelkante rechter Einstieg	8-

10

N48°39'44,7" O09°5

Kleine Felsgruppe am hinteren Ende des Roggentals. Die Felsqualität ist für die Region sehr gut und trotz fehlender Wandhöhe kann man hier einige ansprechende Routen genießen. Teilweise sind Klemmkeile ratsam.

Nuts can be useful in some routes.

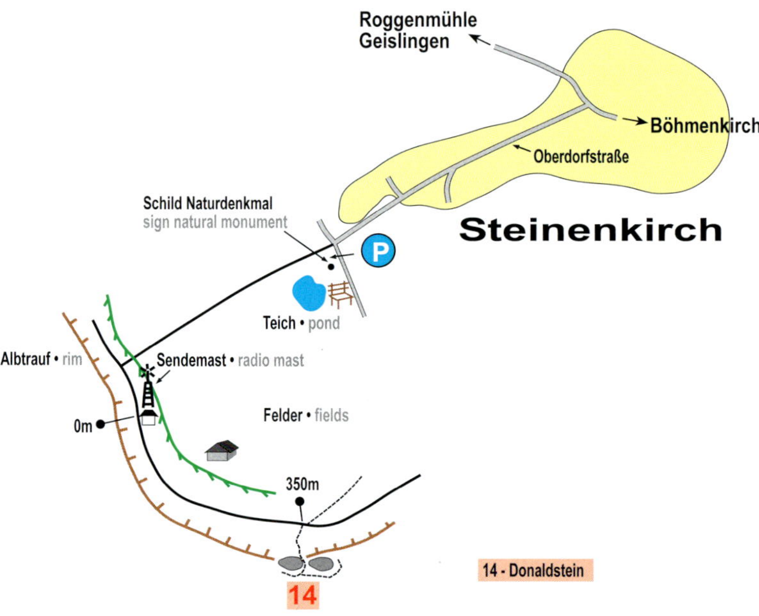

Anfahrt

Auf der B 10 von Göppingen nach Geislingen. An der ersten größeren Ampelkreuzung in Geislingen links ab und der Hauptstraße aus Geislingen heraus folgen. Weiter geradeaus, auf der L 1221 über Eybach bis zur Straßengabelung bei der vorderen Roggenmühle. Hier geradeaus hinauf auf die Albhochfläche nach Steinenkirch. Im Ort an der ersten Möglichkeit scharf rechts in die Oberdorfstraße abbiegen. Auf dieser stets geradeaus bis zum Ortsende (ab hier Durchfahrtsverbot), hier neben einem kleinen Teich am Straßenrand geeignet parken.

Zugang

Dem Feldweg, der in gerader Verlängerung über die Felder Richtung Wald führt, bis zu selbigem folgen. Im Wald trifft man auf einen quer verlaufenden Forstweg. Hier nach links und etwa 350 m nach einem Funkmast rechts auf einer schwachen Pfadspur (gegenüber zweigt ein etwas breiterer Forstweg ab) den mäßig geneigten Hang hinab zu der kleinen, derzeit bereits sichtbaren Felsgruppe. Zwischen den beiden Wänden in einer kleinen Schlucht absteigen. **Zugangszeit etwa 10 Minuten.**

Lage

Am Hang gelegene Felsgruppe mit meist südwestlicher Ausrichtung. Am Wandfuß geht es teils etwas eng zu, da der Hang sofort, im linken Wandbereich sogar steil abfällt. Die Felsen befinden sich nach Baumfällarbeiten in sehr lichtem Laubwald, der die Sonnenstrahlen nur noch geringfügig abhält.

Naturschutz

Wegen Vogelschutz vom 01.01.-31.07. gesperrt. Alle Routen umlenken, Ausstiegsverbot. Zugangswege einhalten.

Climbing prohibited from 01.01.-31.07. Lower off all routes and don't top out. Stay on trails.

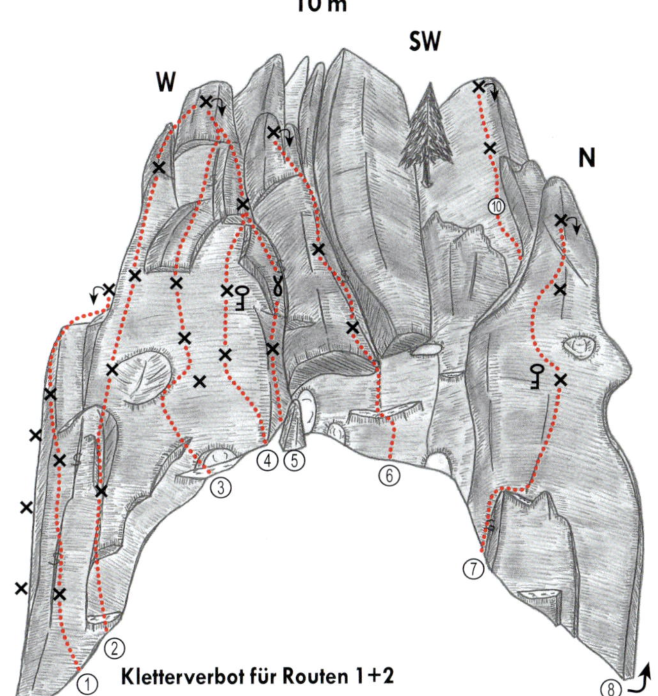

	Route	Grad	Beschreibung
1	**Nordkante**	**5-**	*Kletterverbot.*
2	**Lost order**	**6**	*Kletterverbot.*
3	**Mittwochsinvasion**	**8-**	*Äußerst glatte Untergriff-/Seitgriffkletterei, nahezu nur Reibungstritte.*
4	**Optische Täuschung**	**6+/7-**	*Glatte Platte.*
5	**Heggadone**	**5+**	*Seichte, gut griffige Verschneidung.*
6	**Fäustle & Co**	**7**	*Was für ein Riss, Spezialisten werden jubeln, jede Menge Faust- und Handklemmer, miserable Tritte.*
7	**Mäusefieber**	**6+**	*Kleine Felsnase mit trickreicher Stelle am 1. Bohrhaken.*
8	**?**	**7+**	

3.14 Donaldstein

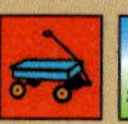
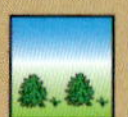
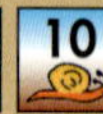

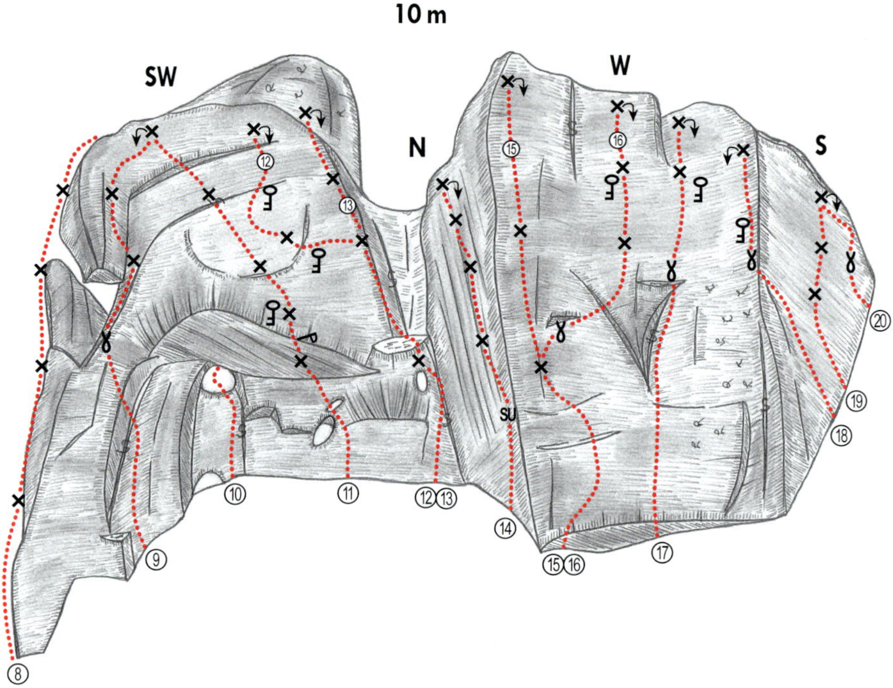

10 m

SW N W S

Nr.	Route	Grad	Beschreibung
8	?	7+	
9	**Classica**	6	*Interessante, steile Wand- und Risskletterei, Keile!*
10	**Schlot**	6	*Interessante, ungewöhnliche Kletterei durch das Loch in der Höhle. Im Schlund Köpflschlingen und/oder Keile legen. Oben kommt noch ein Bohrhaken und eine Umlenkung.*
11	**Heiße Träume**	9-/9	*Dach mit harter Stelle im Übergang zur Platte.*
12	**Fred's Phantasie**	7+	*Schwere Plattenquerung, ein gutes Spreizvermögen und entsprechend lange Beine sind Pflicht. Am 3. Bohrhaken noch ein kurzer Linksschlenker.*
13	**Plattenwegle**	6-	*Bereits der Einstieg ist nicht ohne, oben schöne Platte mit weit auseinander liegenden Griffen.*
14	**Schattenwand**	8	*Leicht überhängende Wand.*
15	**Eberos**	9	*Glatter, überhängender Pfeiler, schlecht gesichert.*
16	**Neujahrswünsche**	7	*Steile Plattenkletterei, die nach oben hin zunehmend schwerer wird.*
17	**Mitte**	5+	*Bis zur 1. Sicherung recht weit, Keile! An der Schlüsselstelle schlechte Tritte.*
18	**Berglandplatte**	5-	*Einzelstelle, Keile!*
19	**Abstiegswandl**	6+	*Weite Züge an guten Griffen.*
20	**Direktvariante**	7-	*Kurz und knackig, mager gesichert.*

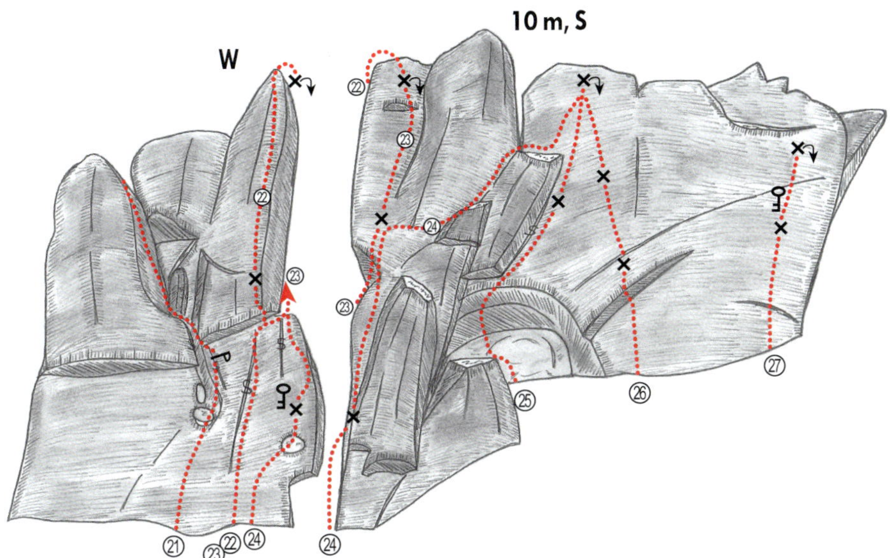

21	**Kamin**	3	*Keine Umlenkung, Keile!*
22	**Kante links**	6	*Unten Keile! Oben direkt über den Bohrhaken an der Kante.*
23	**Schaftrieb direkt**	6-	*Start wie Kante links, dann ums Eck und über gut griffige Platte raus, unten Keile!*
24	**Bierhenkel**	6+/7-	*Harte Passage über den 1. Bohrhaken.*
25	**Rissüberhang**	7-/7	*Kräftig zupacken im überhängenden Riss. Der 1. Bohrhaken sitzt sehr hoch und Keile sind schwer zu legen.*
26	**Briefkästle**	6+/7-	*Einfacher als es aussieht. Große, jedoch ungünstig geschichtete Griffe.*
27	**V-Profil**	7	*Knackige Einzelstelle.*

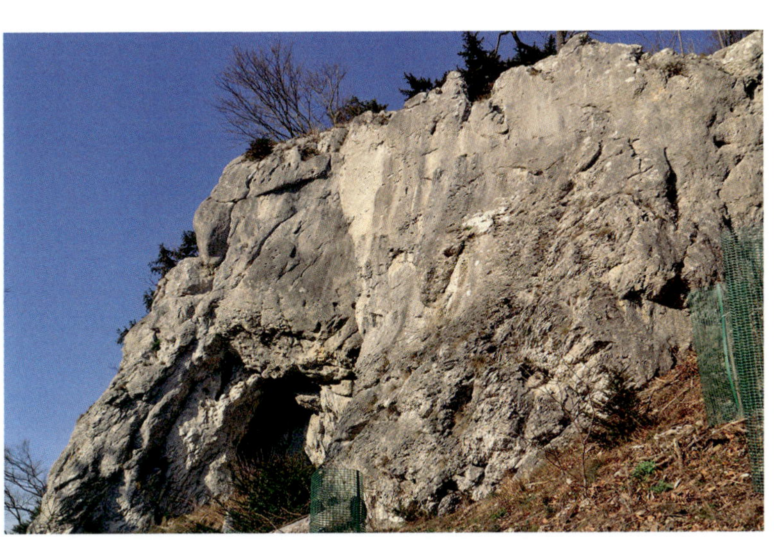

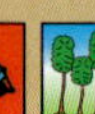
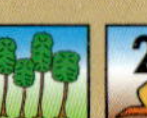
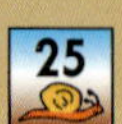

P N48°42'22,5" O09°54'17,9"

Schöner, etwas abseits gelegener Felsturm mit einigen klasse Routen in löchrigem und meist festem Fels. Gute Absicherungssituation, Keile sind kaum erforderlich.

In general nuts are not necessary.

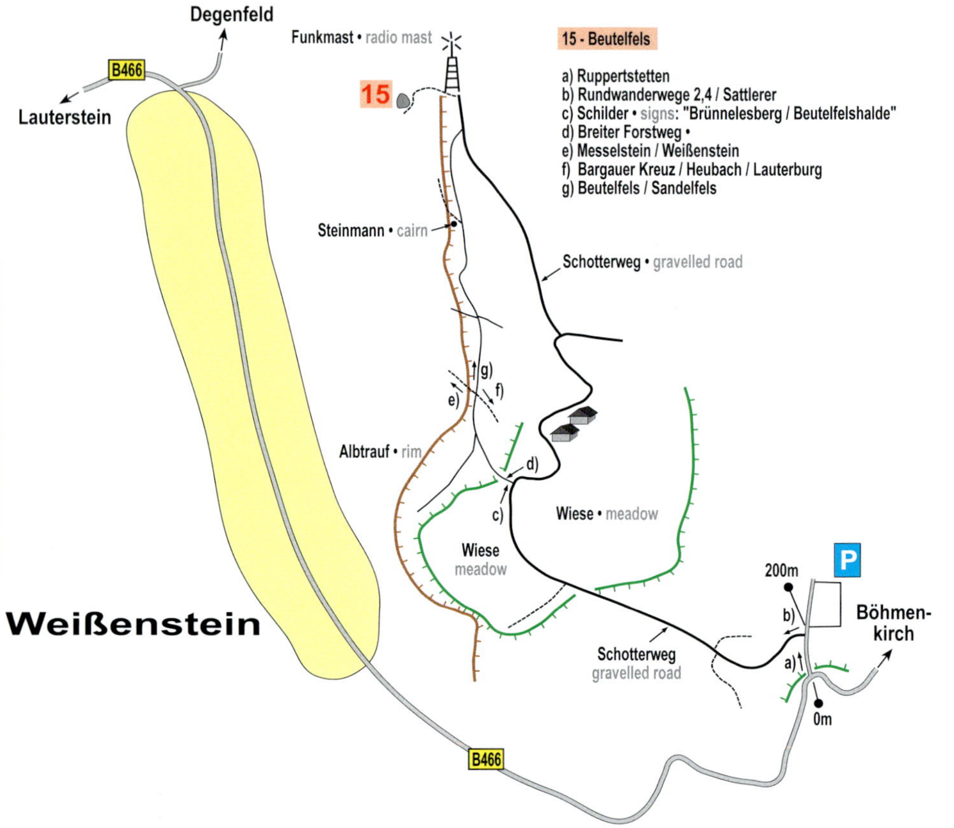

Degenfeld
Funkmast • radio mast
15 - Beutelfels
a) Ruppertstetten
b) Rundwanderwege 2,4 / Sattlerer
c) Schilder • signs: "Brünnelesberg / Beutelfelshalde"
d) Breiter Forstweg •
e) Messelstein / Weißenstein
f) Bargauer Kreuz / Heubach / Lauterburg
g) Beutelfels / Sandelfels
B466
Lauterstein
15
Steinmann • cairn
Schotterweg • gravelled road
Albtrauf • rim
Wiese • meadow
Wiese
meadow
200m
P
Böhmen-
kirch
Weißenstein
Schotterweg
gravelled road
0m
B466

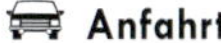

Anfahrt

Auf der B 10 über Plochingen, Göppingen, Eislingen nach Süßen. Hier links ab auf die B 466. Über Donzdorf, Lauterstein nach Weißenstein und weiter Richtung Böhmenkirch. Die Straße führt nach Weißenstein bergauf Richtung Albhochfläche. Nach einiger Zeit erreicht man in einer scharfen Rechtskehre eine Abzweigung. Hier links ab Richtung Ruppertstetten und nach 200 m auf einen großen Wanderparkplatz, hier parken.

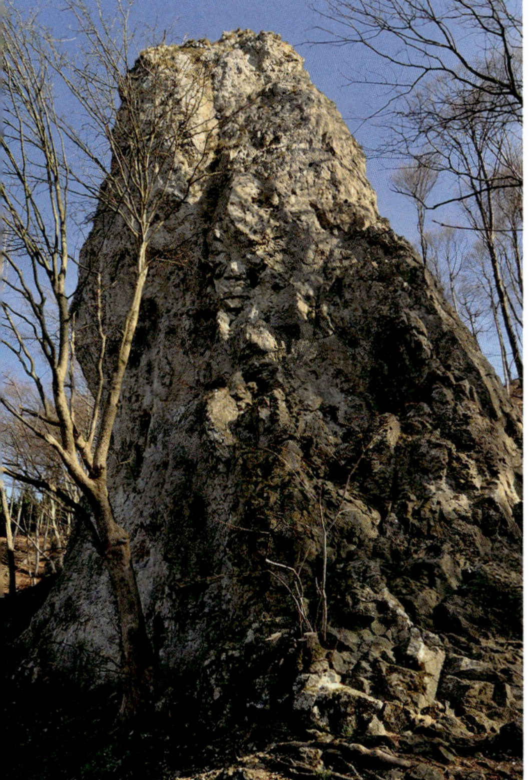

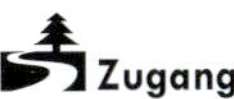

Zugang

Gegenüber dem unteren Ende des Parkplatzes führt ein breiter, geschotterter Forstweg bergauf (Rundwanderweg 2/Steinbruch, Rundwanderweg 4/Ahorn-Steinbruch). Diesem einige Zeit folgen, bis man bei einer scharfen Rechts-links-Kurve mehrere Gebäude sieht. Hier links ab auf einem Weg in den Wald. An einer Abzweigung geradeaus bleiben und dem Weg stets entlang des Albtraufs folgen bis er schließlich auf einen breiten Schotterweg mündet. Auf diesem nach links bis zu einem bereits sichtbaren Funkmast. Beim Funkmast führt ein Pfad hinab zum bereits sichtbaren Felsturm, Abstieg bitte nur auf der linken Seite des Felsturms (Blickrichtung Tal).

Zugangszeit etwa 25 Minuten.

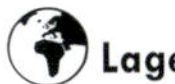

Lage

An einem mäßig geneigten Hang gelegener Felsturm. Der Fels befindet sich inmitten von hohem, nach Baumfällarbeiten sehr lichtem Laubwald. Am Wandfuß hat man meist ausreichend Platz, an der Talseite fällt allerdings der Hang steil ab. Die Ausrichtung der Routen ist südlich, östlich und nordöstlich.

Naturschutz

Zeitweise Kletterverbot, aktualisierte Informationen unter www.alpenverein-bw.de

Naturdenkmal und auf gräflichem Privatbesitz. Nur den angegebenen Abstiegsweg nutzen und am Wandfuß nicht weiter nach links gehen, wie bis zum Einstieg der Route Nr. 1.

Short-term closure possible (see www.alpenverein-bw.de). Stay on trails. Don't go further left from route no. 1.

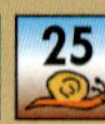

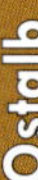

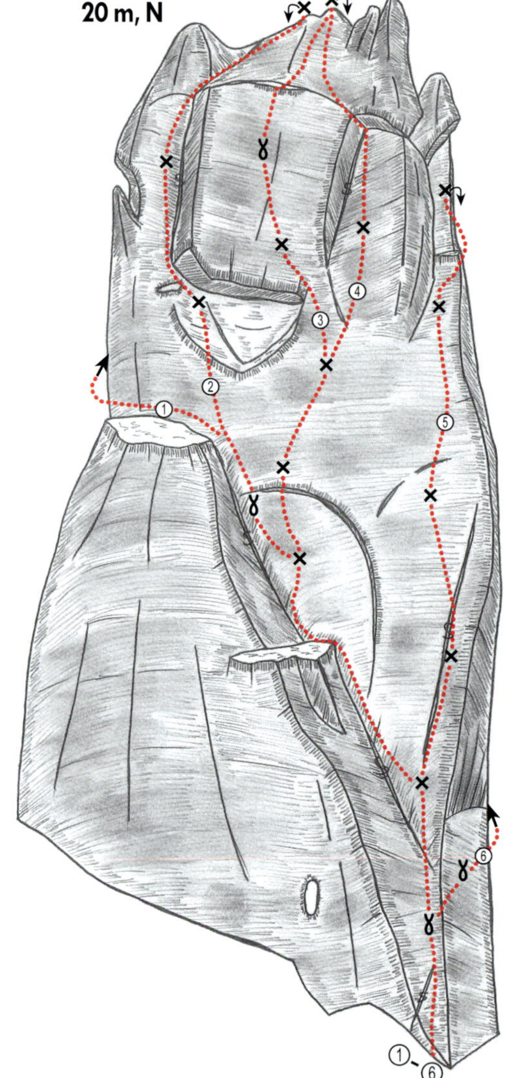

	Route	Grad	Beschreibung
1	**Soichbögle**	4-	*Die große, schräge Verschneidung hoch und ums Eck in den Normalweg.*
2	**Dulcinea linke Variante**	4	*Die große Verschneidung hoch und über den linken Riss durch den oberen steilen Wandteil.*
3	**Dulcinea Mitte**	5	*Einstieg wie (2), aber mittig durch die steile Wand.*
4	**Dulcinea rechte Variante**	5	*Ausstieg durch den rechten Riss.*
5	**Hummelflug**	6	*Tolle Rissroute knapp neben der Kante.*
6	**Alte Talseite**	7	*Athletische, überhängende und tolle Route.*

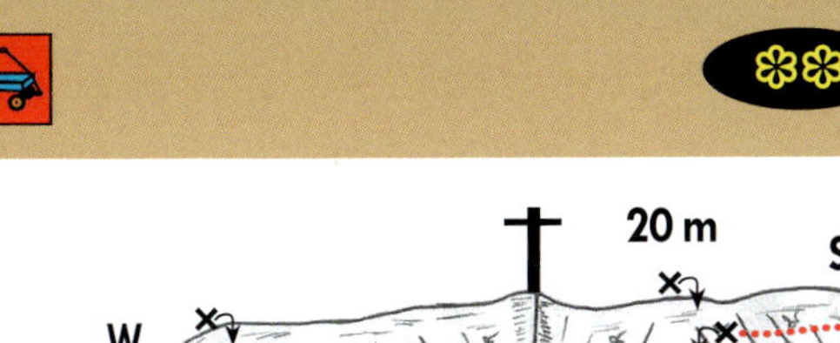

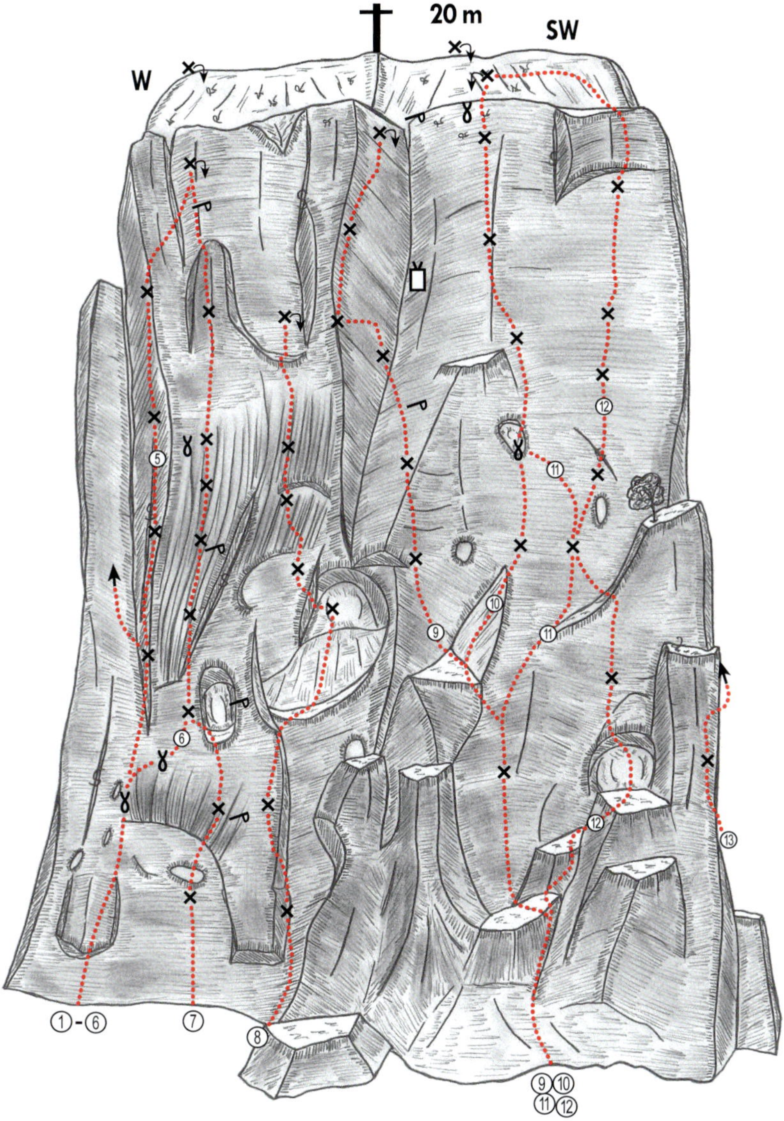

7	**Alte Talseite direkt**	7	*Neue harte Einstiegsvariante über das große Loch, splittriger Start.*
8	**Rohkost**	8-/8	*Harte Passage durch die überhängende Wand, viele Seitgriffe, technisch anspruchsvoll.*
9	**Beutelgrabscher**	6-	*Vom 2. zum 3. BH schwere Stelle. Am 4. BH Linksquerung und hoch.*
10	**Peep show direkt**	6	*Knackige Einzelstelle.*
11	**Peep show**	4+	*Schöne Route, auf der leichtesten Möglichkeit durch die Talwand.*
12	**Rotschopferl**	6	*Schöne, anhaltende Wandkletterei.*

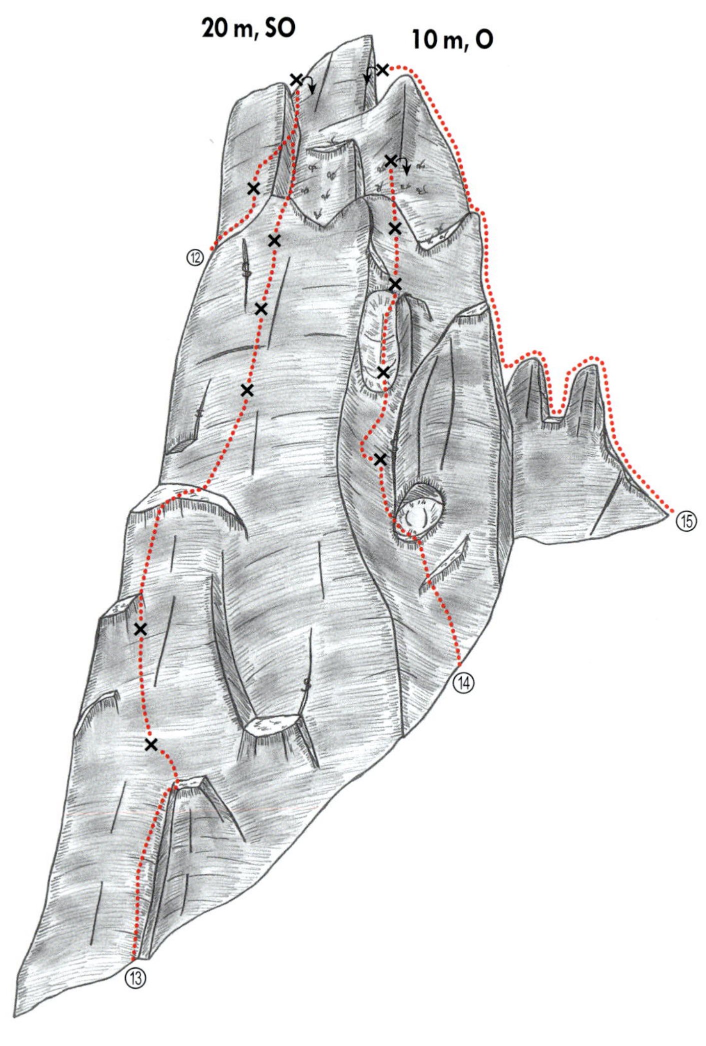

13	**Putzfemml**	**5-**	*Ebenfalls recht ansprechende Route.*
14	**Semblfranza**	**4-**	*Steil und teils etwas lockeres Gestein.*
15	**Normalweg**	**3**	*Clean und steil, der leichteste Weg zum und vom Gipfel.*

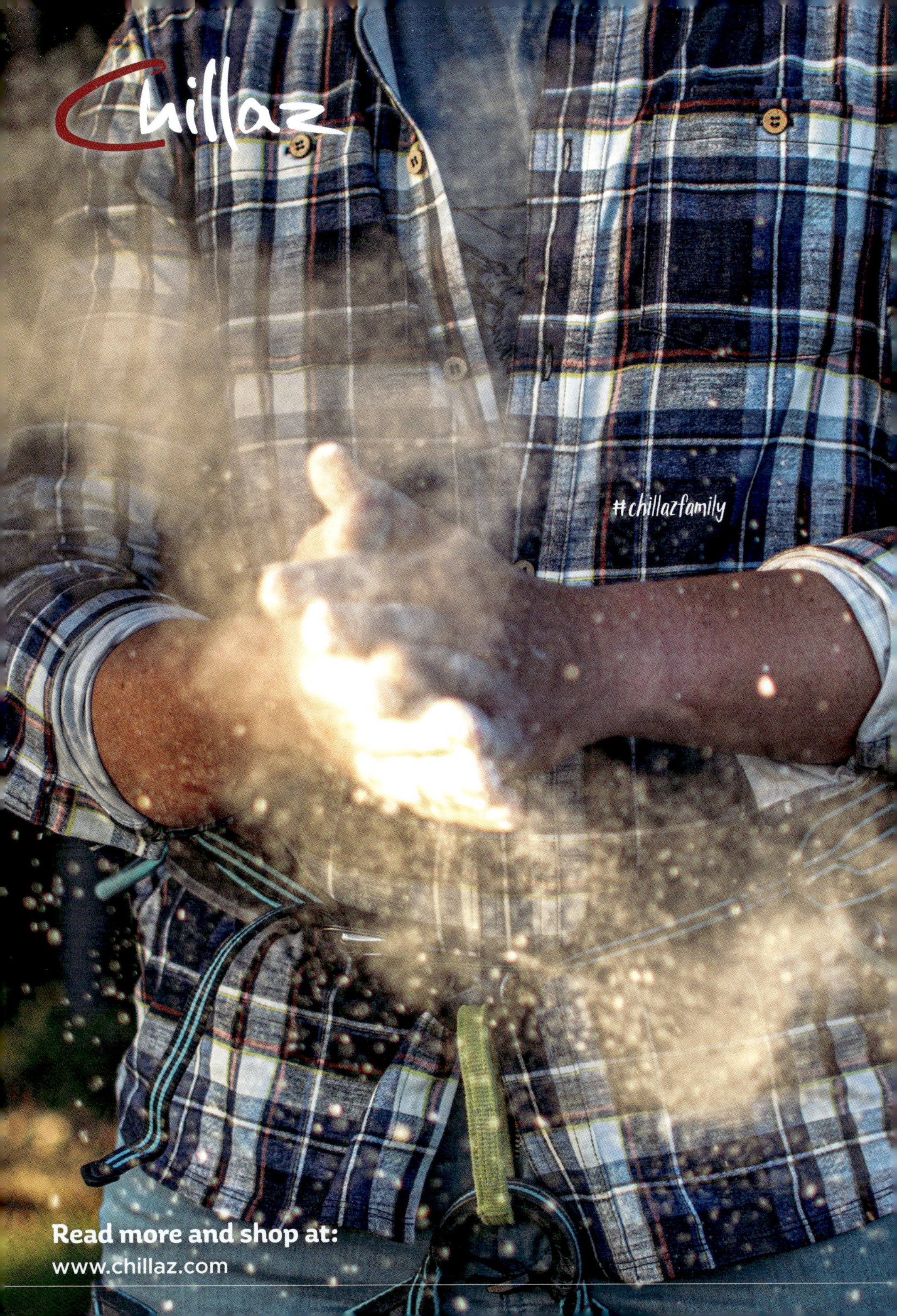

3.16 Rosenstein Westfels 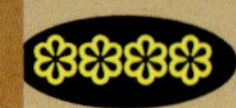

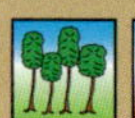

P N48°47'20,8" O09°57'24,4"

Ein absolutes Highlight schwäbischer Felsen! Löchrig, kompakt und senkrecht bis leicht überhängend steilt sich die mächtige Wand vor einem auf. Nahezu durchgängig gut abgesichert, kann man sich hier ganz nach südfranzösischer Art voll auf die Routenschwierigkeiten konzentrieren. Lediglich vor den ersten Haken ist ein Keil manchmal sinnvoll. Eine anspruchsvolle Linie zieht sich hier neben der nächsten empor und so sollte hier jeder ein ausreichendes Quantum an Fels genießen können. Wem das nicht reicht, der Quergang durch die gesamte Wand steht meines Wissens nach noch aus. An Wochenenden kann es auch hier zu Massenandrang kommen und so sind einige Routen mittlerweile schon ziemlich abgegriffen.

Steep, pocketed rock of an excellent quality. The protection is good, nuts are necessary only in some cases before the first bolt.

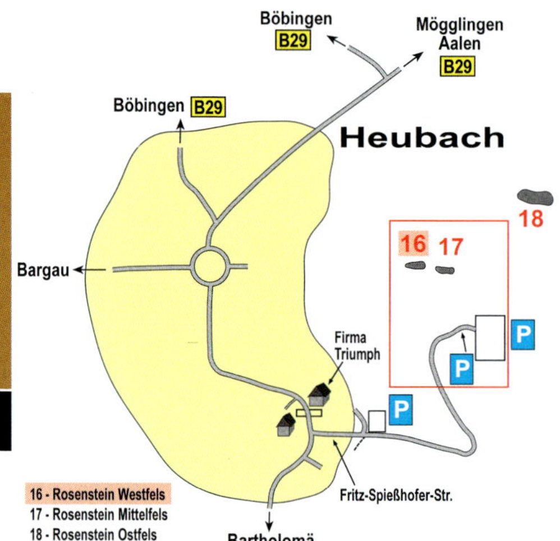

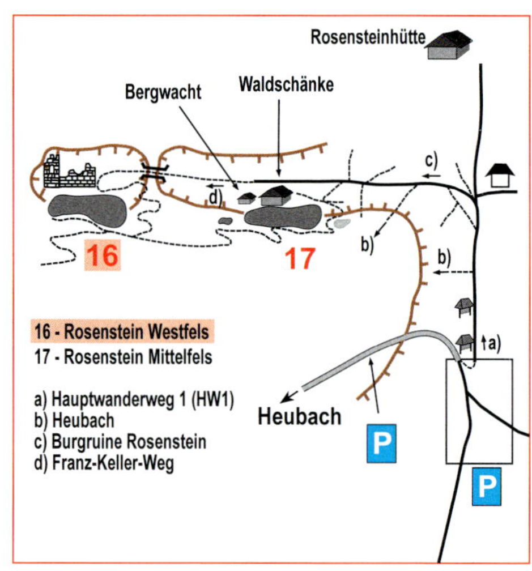

Anfahrt

Von Stuttgart kommend auf der B 29 über Schorndorf nach Schwäbisch Gmünd und weiter Richtung Aalen bis Böbingen. Hier rechts ab und weiter nach Heubach. Im Ort auf der L 1162 weiter Richtung Bartholomä. Nach einem Kreisverkehr macht die Straße nach einiger Zeit einen markanten Linksknick, um etwas später unter einem Fabrikgebäude (Firma Triumph) hindurchzuführen. Kurz danach in einer Rechtskurve links abbiegen (Fritz-Spießhofer-Str.) und geradeaus bergauf bis zum Waldrand. Hier führt bei einem größeren Parkplatz rechtshaltend eine Straße steil bergauf in den Wald. Dieser auf die Hochfläche folgen, bis sie direkt auf einen großen Wanderparkplatz mündet, hier parken.

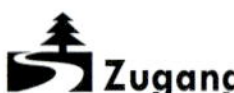 Zugang

Vom Parkplatz folgt man scharf nach links einem breiten, geschotterten Wanderweg mit der Ausschilderung „Hauptwanderweg 1, Schwäb. Alb Nordrandweg" (Schranke). An einer Gabelung bei einer Linkskurve dem Weg nach links folgen, bis er nach einiger Zeit bei einer Waldschänke mit Kinderspielplatz mündet. Diese befindet sich oberhalb des Mittelfelsens. Vorbei an der Waldschänke und dem Weg über eine Brücke weiter bis zur Burgruine auf dem Felskopf des Westfelsens folgen. Von dort führt links (Blickrichtung Tal) ein Wanderweg über Stufen bergab zum Wandfuß und zu den Einstiegen.

Zugangszeit etwa 15 Minuten.

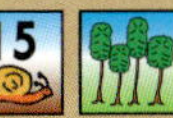

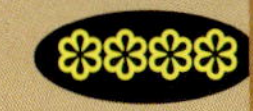

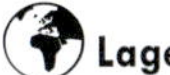

Lage

Westlich und südlich ausgerichtete Wand mit klasse Ausblick auf Heubach und Umgebung. Der Wandfuß ist meist eben und ehe der Hang steil abfällt, hat man genügend Platz, um sich auszubreiten. Der hohe Laubwald hält ausreichend Abstand zur Wand, so dass es für Sonnenanbeter kaum hinderlichen Schatten gibt. Die exponierte und oft windige Lage der Wand sorgt meist für trockenen Fels, dafür kann es im späten Herbst bei Wind rasch auch ziemlich ungemütlich werden.

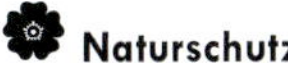

Naturschutz

Alle Routen müssen umgelenkt werden, Neutourenverbot. Am Wandfuß - speziell im linken Wandbereich - liegen Unmengen von zertrümmerten Glasflaschen, die vmtl. von Feste feiernden Zeitgenossen achtlos vom Burgfelsen hinabgeworfen wurden.

Dies bedeutet nicht, dass hier bedenkenlos Müll entsorgt werden kann. Im Gegenteil, wenn bei jedem Besuch ein paar weniger Scherben zurückbleiben würden, wäre das Problem sicher bald deutlich kleiner. Abgesehen von der Optik ist das Scherbengrab auch ein echtes Problem für Seile. Leider fallen solche Probleme erfahrungsgemäß immer wieder auch auf uns Kletterer zurück, selbst wenn wir überhaupt nichts mit deren Verursachung zu tun haben.

Lower off all routes, don't open new routes here.

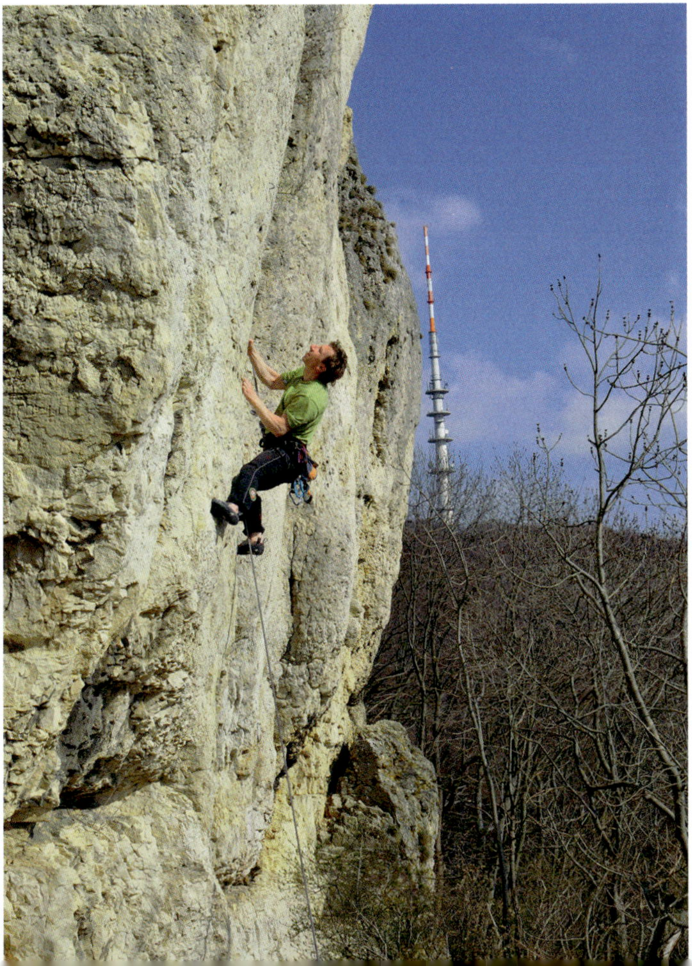

Wer will da schon nach Südfrankreich bei dem Felspotenzial! Harald Röker in Don't step left (9-/9)

 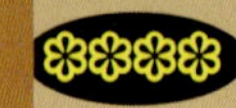 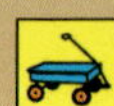 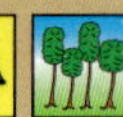 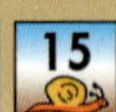

1	**Schräger Riss**	**5**	*Großgriffige Kletterei entlang einer schrägen Rissverschneidung mit einem kleinen, ebenfalls gut griffigen Abschlussüberhang.*
2	**Johnny B good**	**6-**	*Schöne, meist gut griffige Wandkletterei mit einer etwas schwereren Stelle am Bohrhaken.*
3	**Brillantfelsenwerk**	**6-**	*Am Start rechts der Lochreihe dann in die Lochreihe, oben nach links.*
4	**Westwand**	**6+**	*Schöne Plattenkletterei mit einem athletischen Abschlussüberhang.*
5	**Anal im Bücken**	**7**	*Wie Seven up, aber links raus über das Dach wie Westwand.*
6	**Seven-up**	**7**	*Schwerer Start, dann einfacher. Am 3. Bohrhaken rechts herum klettern, sonst deutlichst schwerer. Der Ausstieg ist dann nur noch Formsache.*
7	**Omboganer Drägghond**	**6+/7-**	*Der untere Teil ist der deutlich einfachere Part der Route, oben steiler, aber meist gut griffig. Das kleine Dach zum Abschluss löst sich links herum sehr einfach.*
8	**Verschneidung**	**6+**	*Ziemlich verwilderte, nicht sanierte Rissverschneidung mit Linkstraverse in der Mitte.*
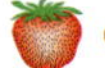 9	**Breiter Riss**	**6**	*Schöner, aber nicht ganz einfach zu kletternder Riss in unangenehmer, sehr knapper Körperbreite.*
10	**Fassanfremder**	**8-/8**	*Schwere Passage mit weiten Zügen im überhängenden Teil vom Band weg, danach deutlich einfacher aber immer noch dranbleiben, ziemlich größenabhängig.*
11	**Corona(r)sport**	**8-**	*Schwere, unübersichtliche Passage vom 3. zum 5. BH.*
12	**Dittwand mit li. Ausstieg**	**7**	*Etwas schwerere Ausstiegsvariante als das Original, dafür aber auch schöner.*
13	**Graue Haare im Aufwind**	**8-**	*Vom Stand der Dittwand durch die Wanne etwas seltsam hocheiern. Am oberen Ende wartet mit dem kleinen Überhang vor allem für kleinere Kletterer ein echtes Brett.*
14	**Dittwand**	**7**	*Nach leichterem Vorbau muss in der Platte kräftig zugelangt werden, abgespeckt und ziemlich größenabhängig. Vom Stand weg rechts raus in schöner, einfacherer Kletterei zum Ausstieg.*
15	**Ziel ohne Ende**	**8-**	*Steile Wandkletterei mit schwerer Einzelstelle am 3. Bohrhaken, dann „nur" noch dranbleiben.*

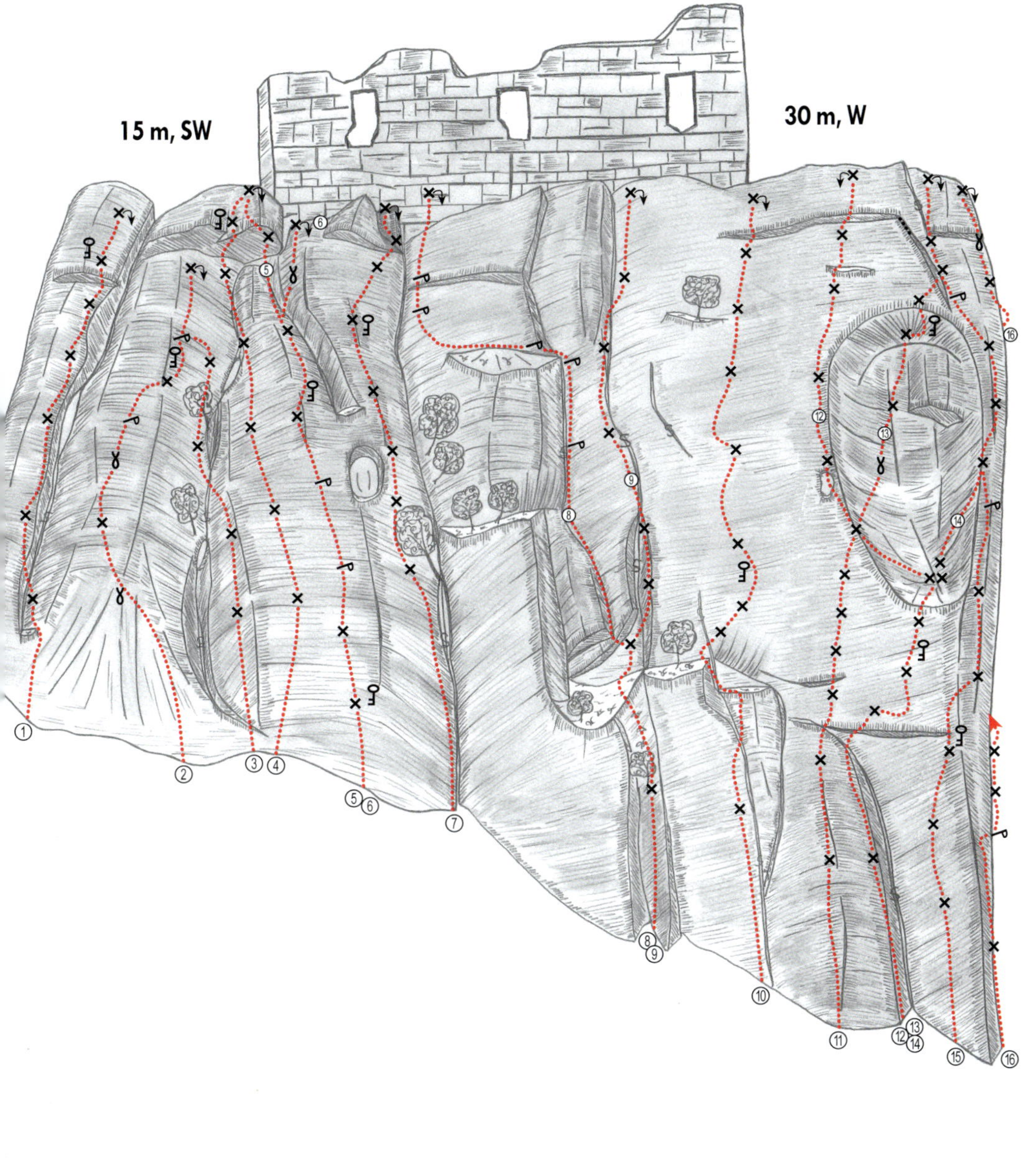

15 m, SW

30 m, W

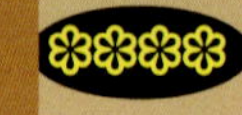

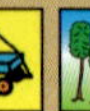

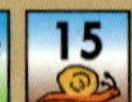

30-35 m, SSW

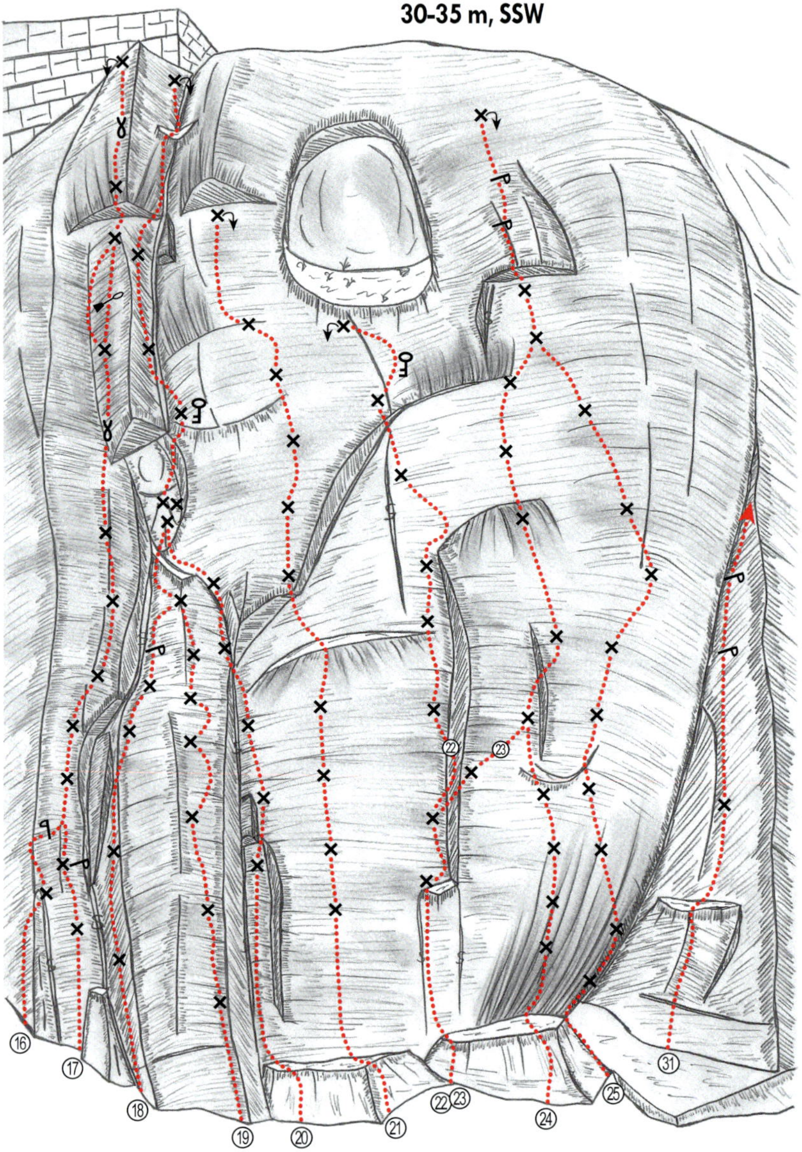

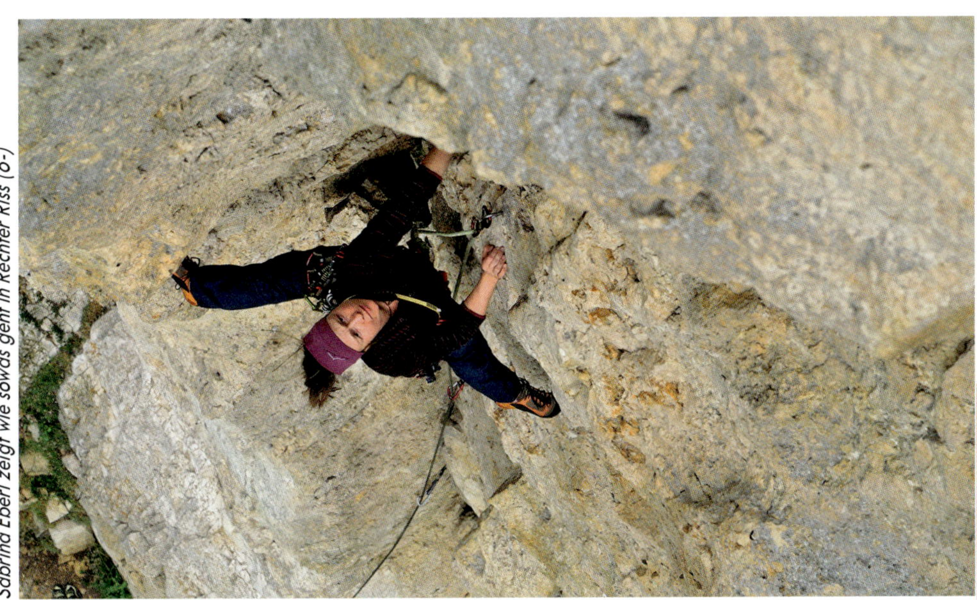

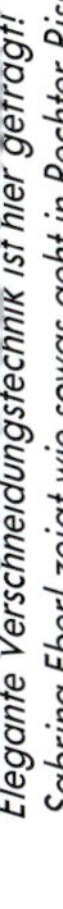
Elegante Verschneidungstechnik ist hier gefragt! Sabrina Eberl zeigt wie sowas geht in Rechter Riss (6-)

	Nr.	Route	Grad	Beschreibung
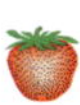	16	**Rosenkäntle**	**8**	*Ausdauerbrett der Extraklasse. Nur im Mittelteil etwas zahmer, selbst der Ausstieg kann mit fetten Unterarmen nochmals ungemütlich werden.*
	17	**Rosenkäntle direkt**	**8**	*Direkte Einstiegsvariante, oben rechts rum über den Fixkeil (etwas schwerer wie links).*
	18	**Linker Riss**	**6**	*Steiler, großblockiger, anhaltend schwieriger Riss mit ungemütlich hohl klingendem Gestein.*
	19	**Sahel Zone**	**8-**	*Steile, bereits ziemlich abgegriffene Wand-/Kantenkletterei, die ein gehöriges Maß an Ausdauer abverlangt.*
	20	**Rechter Riss**	**6-**	*Klasse Rissverschneidung, deutlich einfacher, als es den Anschein hat. Teils bereits etwas glatt. Vom Stand weg schwerer Rissklemmer. Am Einstieg kann ein Stopper 11 nicht schaden, 35 m!*
	21	**No Mercy**	**8-/8**	*Steile, ausdauernde Wandkletterei mit knackiger Einzelstelle.*
	22	**Weg der Jugend**	**7+/8-**	*Schöne, ausdauernde Kletterei entlang der Rissverschneidung. Im oberen Teil steil, aber erst mal gut griffig. Am letzten Bohrhaken Rechtsschlenker und über dem Überhang in den von unten unsichtbaren Riesenhenkel. Schwerer, ungemütlicher Abschluss, der einen echten Onsight-Killer darstellt.*
	23	**Weg der Senioren**	**8/8+**	*Ausdauernd mit schwerer Einzelstelle, wenn die Unterarme schon spannen.*
	24	**Direkter Weg der Senioren**	**9-/9**	*Kleingriffige, technisch schwere Einstiegsvariante und danach noch ordentlich dranbleiben, denn auch der Weg der Senioren hat oben nochmals eine knackige Einzelstelle aufzuweisen.*
	25	**Attitude**	**10/10+**	
	31	**Rechte Höhlenwand**	**7-**	*Der erste Bohrhaken steckt sehr hoch und der Einstieg ist mittlerweile spiegelblank poliert. Achtung, erhebliche Abrutschgefahr! Danach folgt schöne Wand- im oberen Teil Risskletterei, oben Keile sinnvoll.*

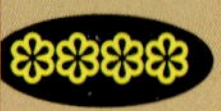

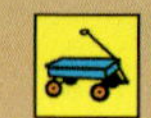

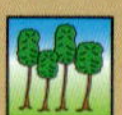

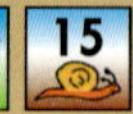

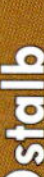

30-35 m, SSW

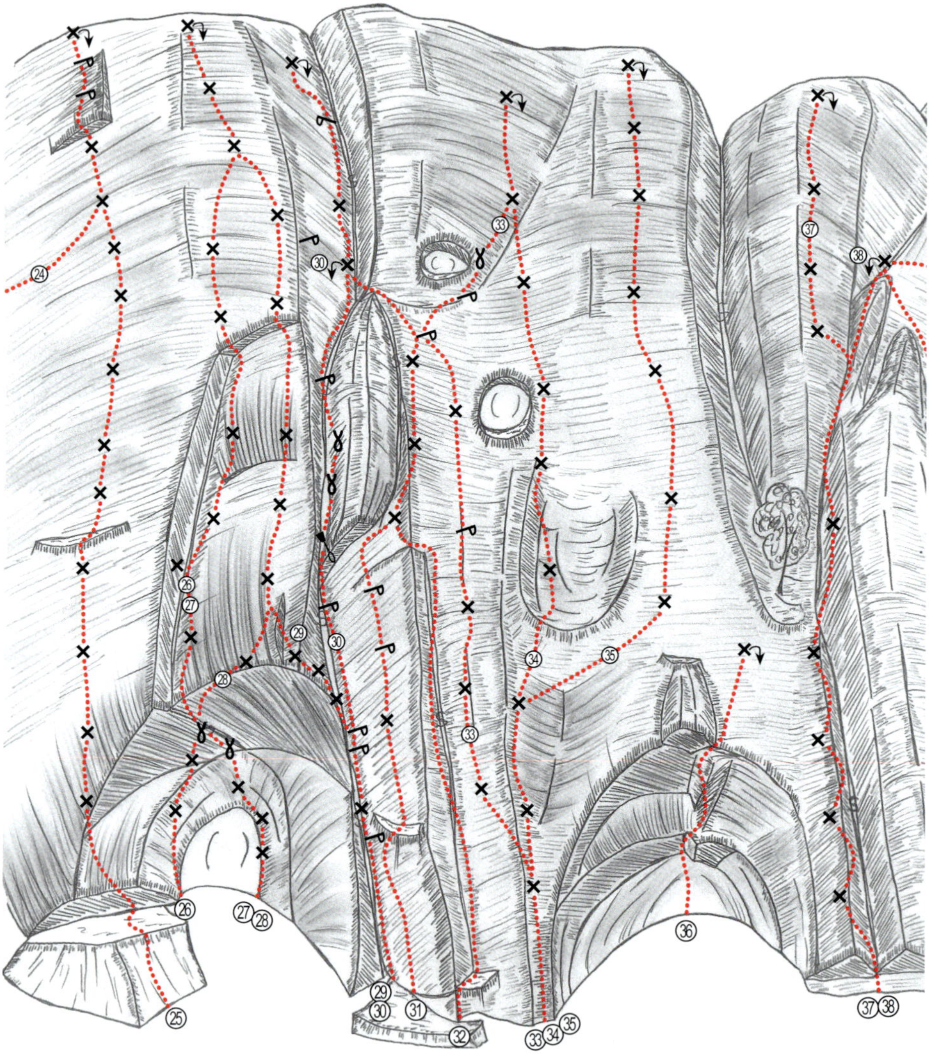

Nr.	Route	Grad	Beschreibung
25	**Attitude**	10/10+	
26	**Todesverschneidung direkt**	9-	
27	**Todesverschneidung**	9-	
28	**Slow Motion**	9+/10-	
29	**Ekstase**	9+/10-	*Sehr schön auch mit Einstieg über Todesverschneidung direkt.*
30	**Ali-Variante**	7+	
31	**Rechte Höhlenwand**	7-	*Der erste Bohrhaken steckt sehr hoch und der Einstieg ist mittlerweile spiegelblank poliert. Achtung, erhebliche Abrutschgefahr! Danach folgt schöne Wand- im oberen Teil Risskletterei, oben Keile sinnvoll.*
32	**Eridanus**	7/7+	*Clean, da sollte man sowohl den Grad, als auch das Keile legen beherrschen.*
33	**Don't step left**	9-/9	
34	**Sehnenkiller**	9-	
35	**Naked lunch**	9	
36	**Holzkeilüberhang**	8/8+	*Toproperoute, brüchig!*
37	**One size fits all**	7	*Ziemlich brüchige Ausstiegswand mit Glocke am Umlenker, einige Griffe mussten anbetoniert werden, trotzdem heikel!*
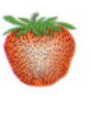 38	**Kurtlesriss**	7	*Toller, aber heftig anstrengender Klemmriss mit sehr schlechten Trittmöglichkeiten.*

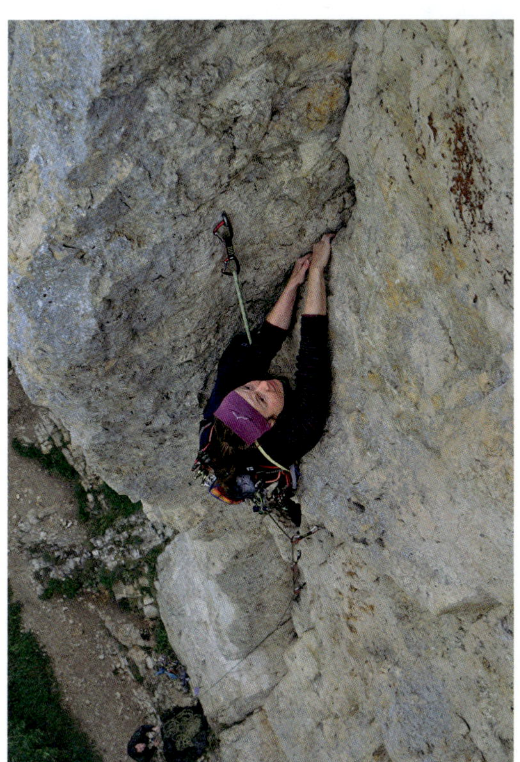

Über den Überhang heißts kräftig anziehen!

Sabrina Eberl in Rechter Riss (6-)

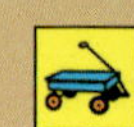
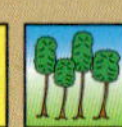
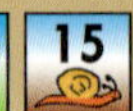

Nr.	Route	Grad	Beschreibung
36	**Holzkeilüberhang**	8/8+	*Toproperoute, brüchig!*
37	**One size fits all**	7	*Ziemlich brüchige Ausstiegswand mit Glocke am Umlenker, einige Griffe mussten anbetoniert werden, trotzdem heikel!*
38	**Kurtlesriss**	7	*Toller, aber heftig anstrengender Klemmriss mit sehr schlechten Trittmöglichkeiten.*
39	**Täfelesriss**	8-/8	*Extrem abgespeckter und schwerer Einstieg, der Riss ist äußerst ausdauernd und weist sehr schwierige Klemmpositionen auf.*
40	**Mostpresse**	8-	*Start wie Täfelesriss, dann aber vom Podest über die steile Wand an vielen versteckten Fingerlöchern empor. Oben 2 Varianten: links oder ungemütlicher rechts herum, schenkt sich in der Schwierigkeit nichts.*
41	**Zitronenpresse**	8-/8	*Wer nach dem Mosten noch Power hat, kann noch über den Überhang pressen.*
42	**Skywalk**	7/7+	*Einstieg ziemlich brüchig, weite Züge, Mittelteil einfacher, oben raus pumpig, deutlich besser als sie aussieht. Oben rechts rum:* ***Überhangmandat (8-).***
43	**Sattler direkt**	8-	*Kurzer, knackiger Überhang.*
44	**Sattlerrinne**	6+	*Schwierige, leicht überhängende Rissverschneidung zu Beginn, dann einfache Linkstraverse und mäßig schwierig, teils etwas brüchig in der linken Rissverschneidung zum Umlenker, gute Route.*

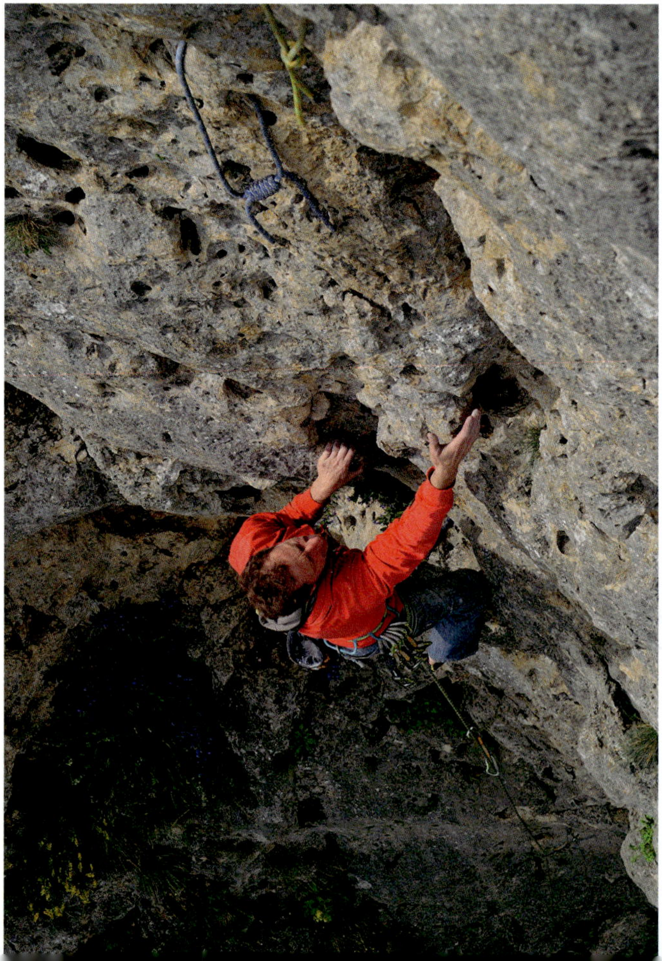

Was für eine Henkelparade, Löcher und Sanduhren wohin der Blick fällt! Harald Röker in Schuppe (5)

Rosenstein Mittelfels

30-35 m, SSW

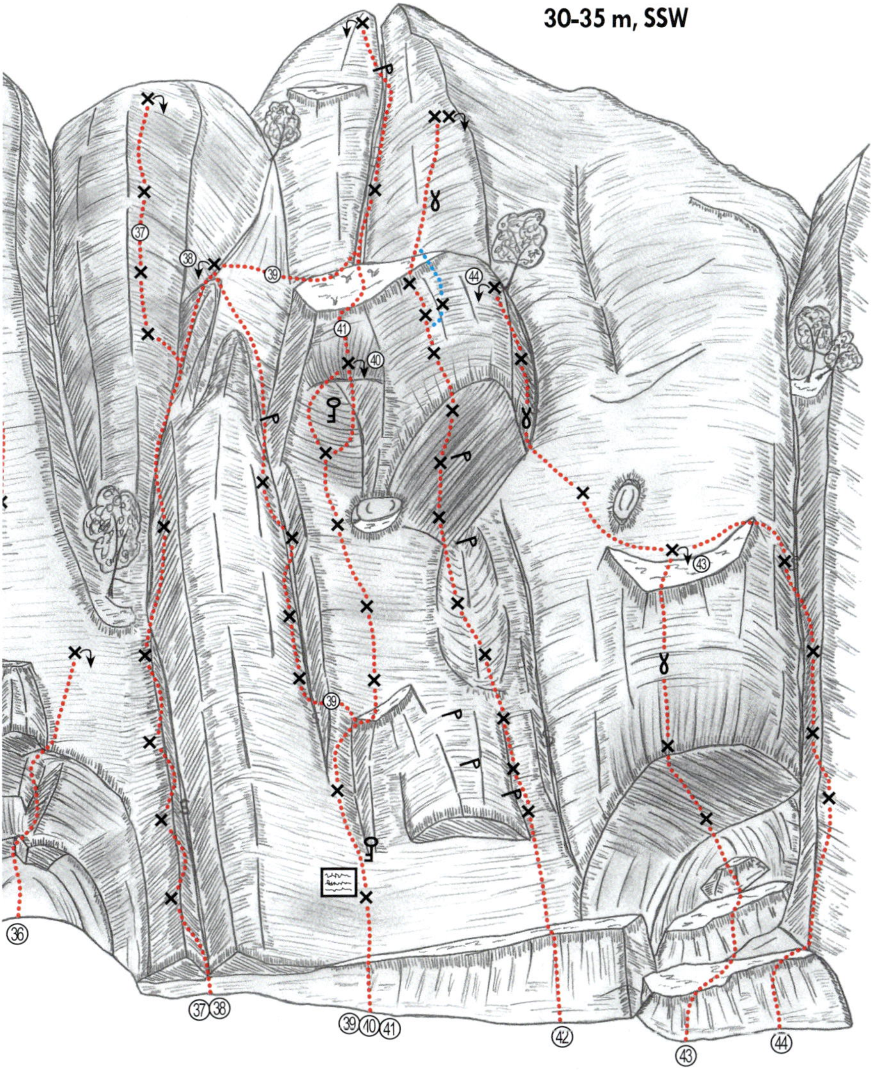

37 38 39 41 40 44 43 36 37 38 39 40 41 42 43 44

 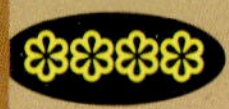  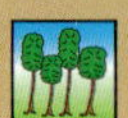

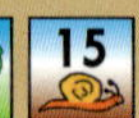

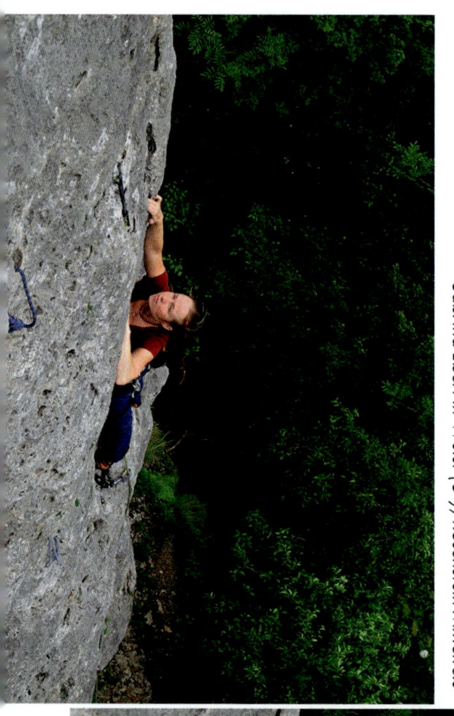

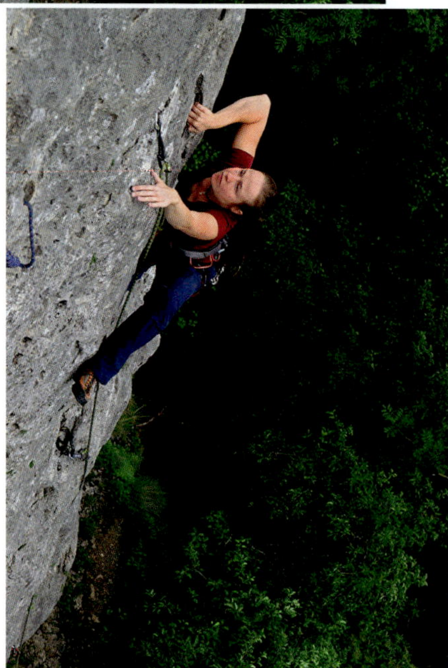

Sabrina Eberl in Wulst (6-); Rosenstein Mittelfels

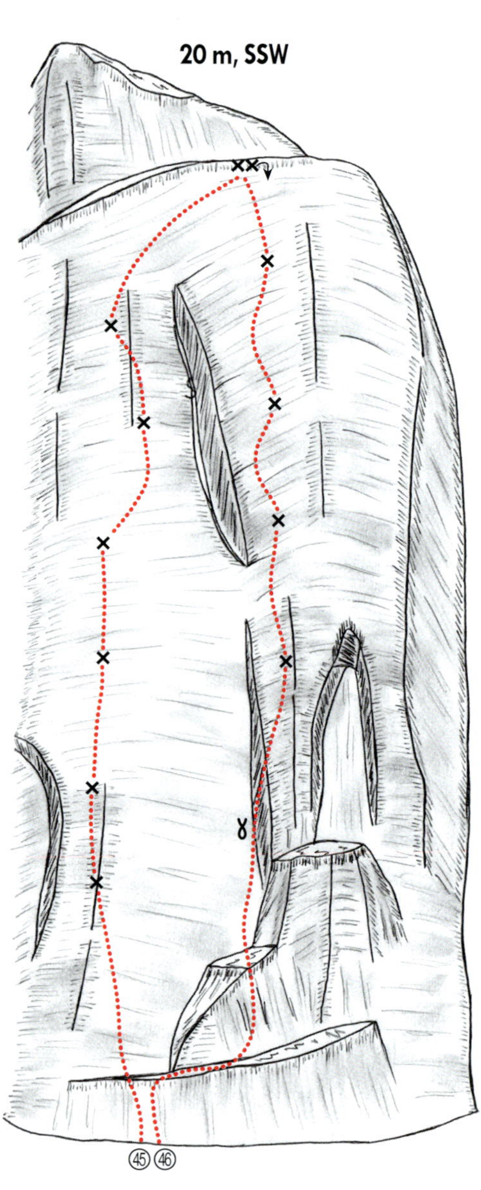

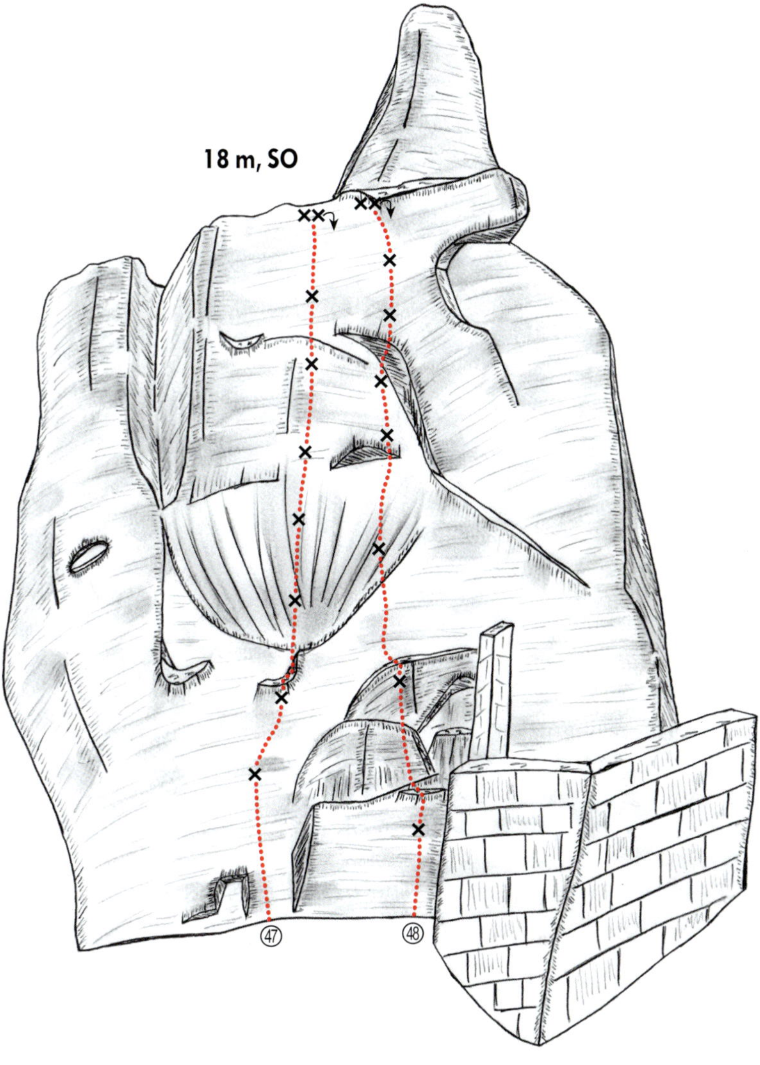

18 m, SO

47 48

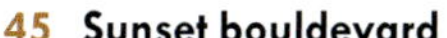

45	**Sunset bouldevard**	**7-**	*Sinnvollerweise klettert man eher rechts der Haken, komplett hohler Pfeiler!*
46	**Mondpfeiler**	**6+/7-**	*Sinnvollerweise bleibt man eher links der Haken, daher fast identisch mit Sunset boulevard, auch hier gilt: alle Bohrhaken stecken in hohlem Fels!*
47	**Kaderschmiede**	**7**	*Gutgriffig, ausdauernd, etwas unübersichtlich.*
48	**Äll boot kleddra**	**6**	*Im steilen Bereich großgriffig, oben etwas schwerer.*

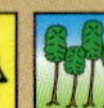

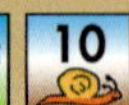

P N48°47'20,8" O09°57'24,4"

Beliebte Wand mit äußerst löchrigem und meist auch sehr kompaktem Gestein. An Wochenenden vor allem im Frühjahr oder Herbst kann es schon mal sehr voll werden, denn die vielen, mittlerweile ganz ordentlich gesicherten einfacheren Klettereien haben viele Liebhaber gefunden. Einige Schlingen sollte man trotzdem mitnehmen, denn die fix installierten Schlingen werden nicht immer rechtzeitig ausgetauscht. Die zugehörigen Sanduhren sind jedoch meist solide und können aus dem Klettern heraus gut gefädelt werden. Wegen des großen Besucherandrangs sind bereits viele Routen ziemlich abgegriffen. Bring tape slings for the countless thread-pockets.

Wer ab und zu gern unter die Erde kriecht, hat hier mit der Dreieingangshöhle einen weiteren Anziehungspunkt (Lampe erforderlich). Im Winter ist der Zugang allerdings mit Rücksicht auf Fledermäuse nicht gestattet. In winter season keep off the cave.

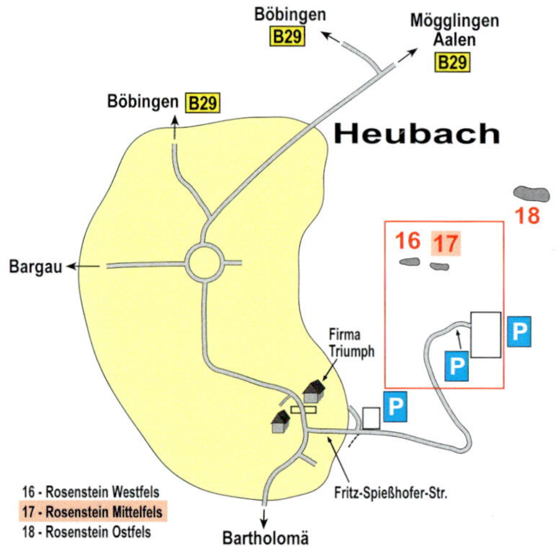

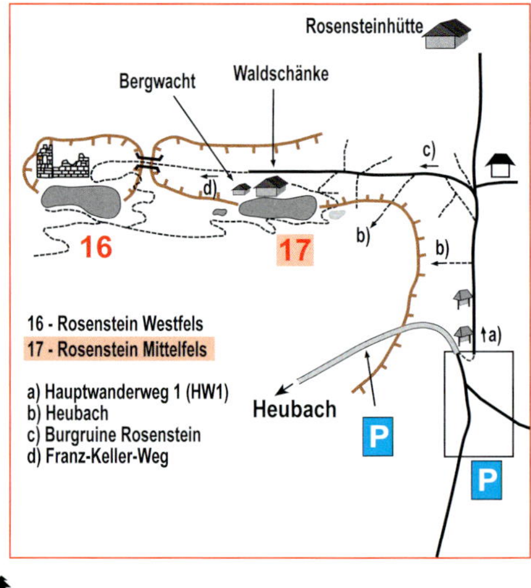

Anfahrt

Von Stuttgart kommend auf der B 29 über Schorndorf nach Schwäbisch Gmünd und weiter Richtung Aalen bis Böbingen. Hier rechts ab und weiter nach Heubach. Im Ort auf der L 1162 weiter Richtung Bartholomä. Nach einem Kreisverkehr macht die Straße nach einiger Zeit einen markanten Linksknick, um etwas später unter einem Fabrikgebäude (Firma Triumph) hindurchzuführen. Kurz danach in einer Rechtskurve links abbiegen (Fritz-Spießhofer-Str.) und geradeaus bergauf bis zum Waldrand. Hier führt bei einem größeren Parkplatz rechtshaltend eine Straße steil bergauf in den Wald. Dieser auf die Hochfläche folgen, bis sie direkt auf einen großen Wanderparkplatz mündet, hier parken.

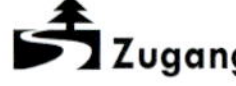

Zugang

Vom Parkplatz folgt man scharf nach links einem breiten, geschotterten Wanderweg mit der Ausschilderung „Hauptwanderweg 1, Schwäb. Alb Nordrandweg" (Schranke). An einer Gabelung bei einer Linkskurve dem Weg nach links folgen, bis er nach einiger Zeit bei einer Waldschänke mit Kinderspielplatz mündet. Diese befindet sich oberhalb des Mittelfelsens. Links (Blickrichtung Tal) führt ein Pfad hinab zu den Einstiegen.

Zugangszeit etwa 10 Minuten.

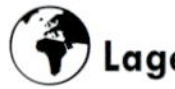

Lage

Am Albtrauf gelegene Südwand mit herrlichem Ausblick. Der Wandfuß bietet ausreichend Platz und ist meist eben. Der lichte Laubwald hindert auch im Sommer die Sonne nicht daran, den Wandfuß zu erhellen.

Naturschutz

Alle Routen müssen zwingend umgelenkt werden, Ausstiegsverbot. Zustiegswege einhalten.

Lower off all routes and don't top out. Stay on trails.

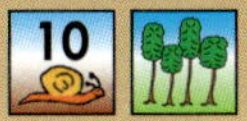
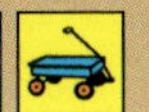
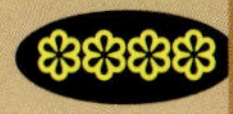
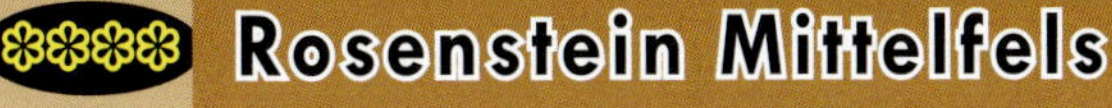

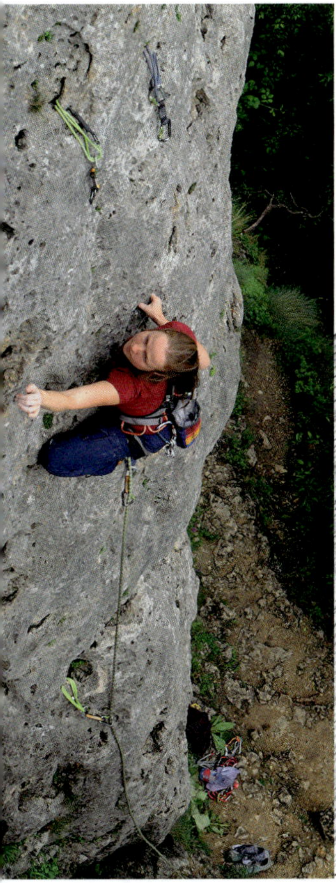

Rosenstein Mittelfels 3.17

25 m, S

DIE Sanduhren-Route des Rosensteins

Sabrina Eberl in Löchriger Pfeiler links (5)

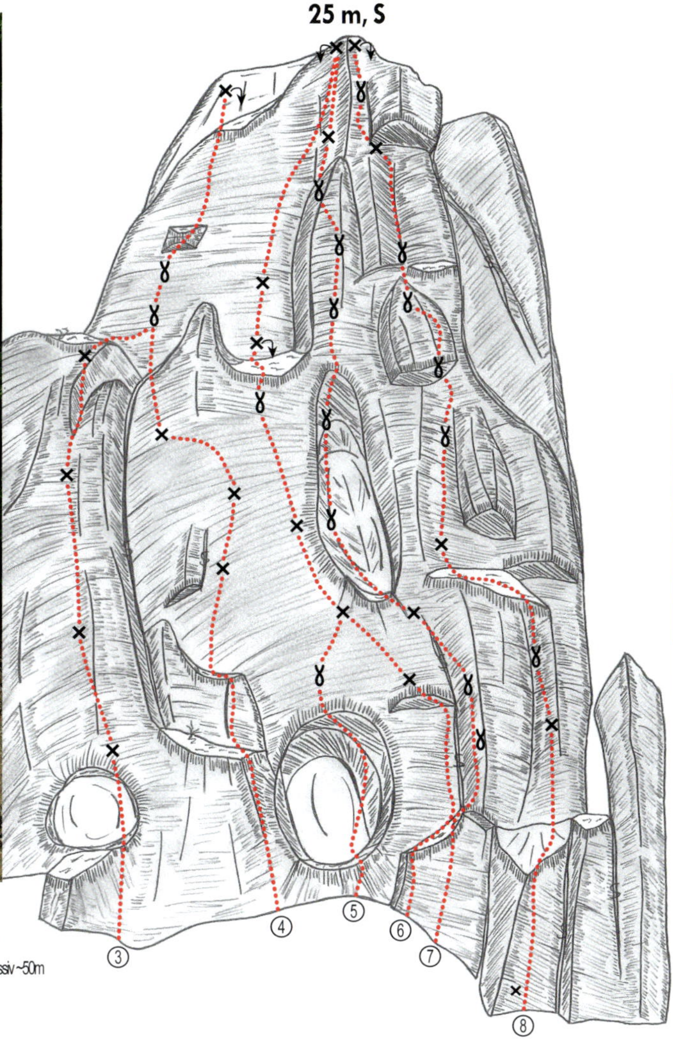

①② Nebenmassiv ~50m

Nr.	Route	Grad	Beschreibung
1	**Dolch**	5	*Kein Topo (Nebenfels).*
2	**Beauty Pfeiler**	4+	*Kein Topo (Nebenfels).*
3	**Hühnerleiter**	4+	*Unten schwer, Bandschlinge mitnehmen.*
4	**Schlinglestour**	6	*Etwas seltsame Linienführung.*
5	**Einstiegsvariante**		
6	**Hannahle**	7-	*Knackige, kleingriffige Passage.*
7	**Ostalb Traum**	5+	*Ein Henkelspaß, Ersatzschlingen mitnehmen.*
8	**Braunsche**	4+	*Schöne, lange Route, aber Vorsicht, hier ist nicht alles fest.*

Ostalb

3

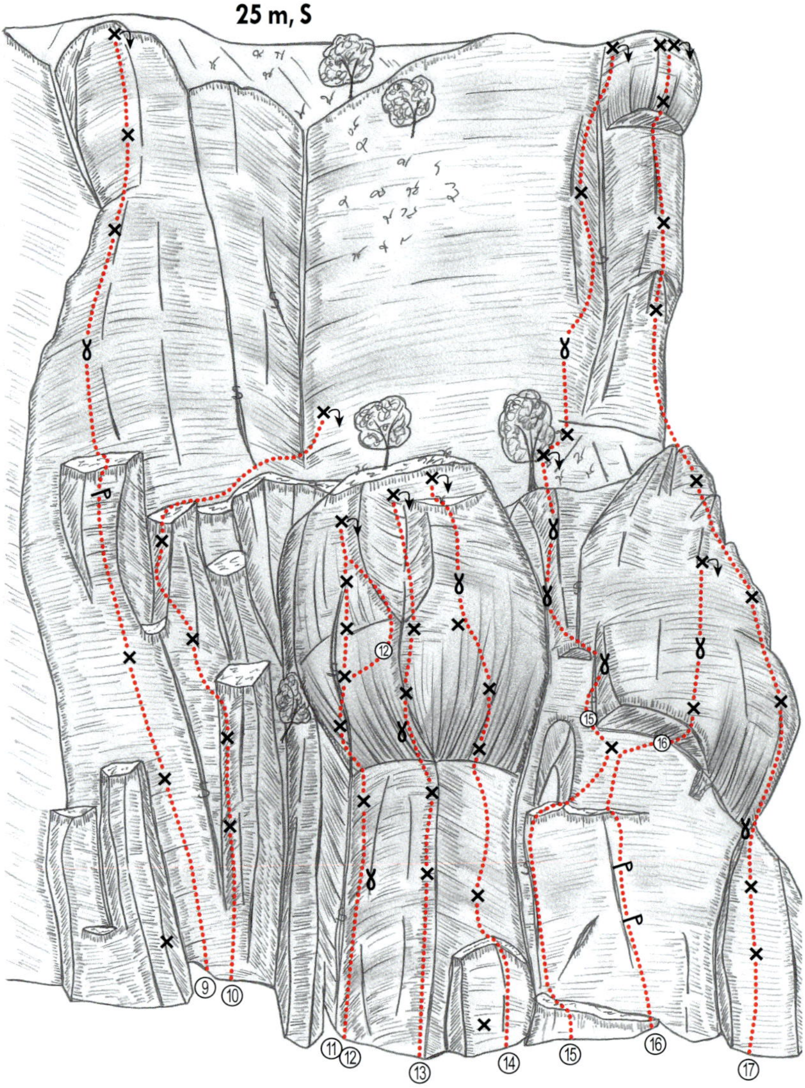

3.17 Rosenstein Mittelfels 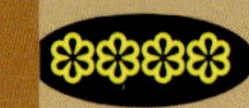

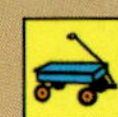 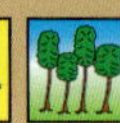 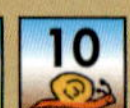

25 m, S

9	**Brauner Hai**	**5**	*Gute Route über den Pfeiler.*
10	**Highway**	**3+**	*Für erste Schritte am Fels ganz nett.*
11	**Busenüberhang direkt**	**8-/8**	*Direkt über die Haken geklettert, schwere Einzelstelle.*
12	**Busenüberhang**	**7+/8-**	*Macht einen deutlichen Rechtsschlenker.*
13	**Bückware**	**7+**	*Kräftig über den Überhang.*
14	**Schneeflittchen**	**7+/8-**	*Ausdauernd und teils ausgesprochen schmerzhafte Griffe.*
15	**Verschneidung**	**4+**	*Ein Klassiker, gut griffig und nach dem oberen Band nochmals ganz schön zackig, Keile.*

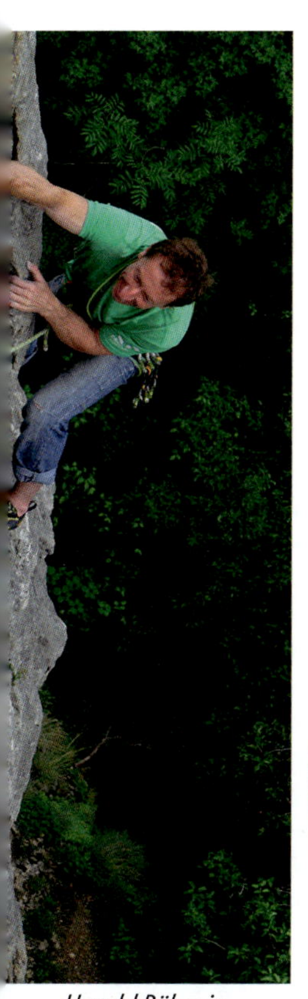

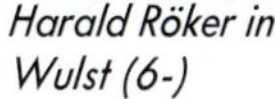

Harald Röker in Wulst (6-)

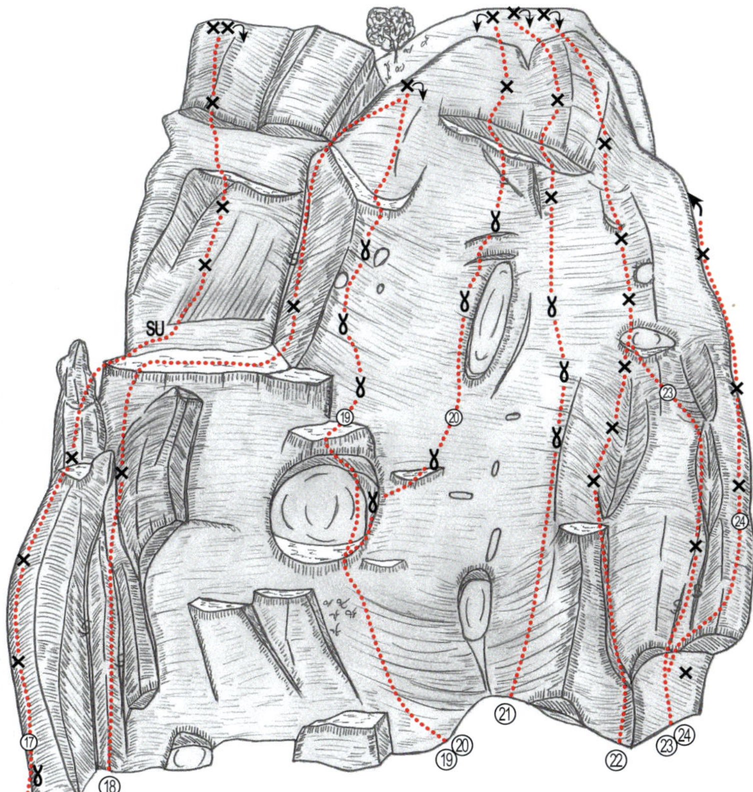

16 Sung Dschu	**7-/7**	*Harte und ziemlich polierte Einzelstelle an kleinen Fingerlöchern.*
17 Take the long way home	**6+/7-**	*Schwere Stelle am Wulst.*
18 Schwartenweg	**4**	*Die Verschneidung im oberen Teil ist gar nicht so einfach.*
19 Löcherwand	**4+**	*Macht ihrem Namen Ehre, mit Hauruck über den Überhang, Schlingen mitnehmen.*
20 Schuppe	**5**	*Klasse Route mit schwerer Stelle an dem oberen kleinen Überhang, Ersatzschlingen mitnehmen.*
21 Löchriger Pfeiler links	**5**	*Ein Henkel kommt selten allein, Ersatzschlingen mitnehmen, nicht blind den Fixschlingen trauen.*
22 Wulst	**6-**	*Oben kommt mal eine knackige Einzelstelle.*
23 Direkteinstieg	**7-**	*Knackige Einzelstelle am ersten Haken.*
24 Neurotransmitter	**8-**	*Äußerst kleingriffige ehemalige Einstiegsvariante, jetzt mit verlängerter direkter Linienführung. Bereits vor dem 1. Haken richtig schwer, daher gefährlich.*

3.17 Rosenstein Mittelfels

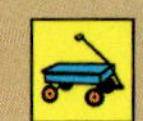 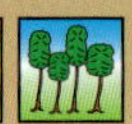 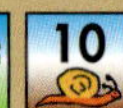

	Nr.	Route	Grad	Beschreibung
	25	**Löchriger Pfeiler rechts**	**6-**	*Mit die beste Route in diesem Grad.*
	26	**Hopfensmoothie**	**6**	*Einzelstelle.*
	27	**Rissle**	**3+**	
	28	**Climbing hall residents**	**5+**	*Oben brüchig.*
	29	**Bergwachtweg**	**4+**	*Schöne, gut griffige Route.*
	30	**Friedl**	**6+**	*Die Platte ist bereits gar nicht so einfach, aber der Überhang ist und bleibt der Knackpunkt.*
	31	**Bäumle direkt**	**8-/8**	*Großer Block ausgebrochen, 1. BH mittlerweile sehr schwer einzuhängen.*
	32	**Stinkefinger**	**7**	*Kleingriffige und abgespeckte Platte.*
	33	**Bäumle**	**7-**	*Das namensgebende Bäumle gibt's schon lange nicht mehr, wird kaum mehr gemacht.*
	34	**Achterplatte**	**8-/8**	*Kleingriffig und bereits ziemlich abgegriffen.*
	35	**Notimbiss**	**7-**	
	36	**Verschneidung**	**6+**	*Ein Klassiker, aber immer noch richtig gut.*
	37	**Direkte Verschneidung**	**7-**	*Einzelstelle gleich am ersten Haken.*
	38	**Macho Killer**	**8+**	*Mächtig überhängender und heutzutage ungesicherter Einstieg (früher gab's wenigstens eine Schlinge).*
	39	**Waldschenke direkt**	**8+/9-**	*Mächtiger Einstiegsüberhang.*
	40	**Waldschenke**	**8-**	*Athletischer Hangel mit schwerer Stelle am Ende des Wulstes, danach dran bleiben, sehr ausdauernd.*

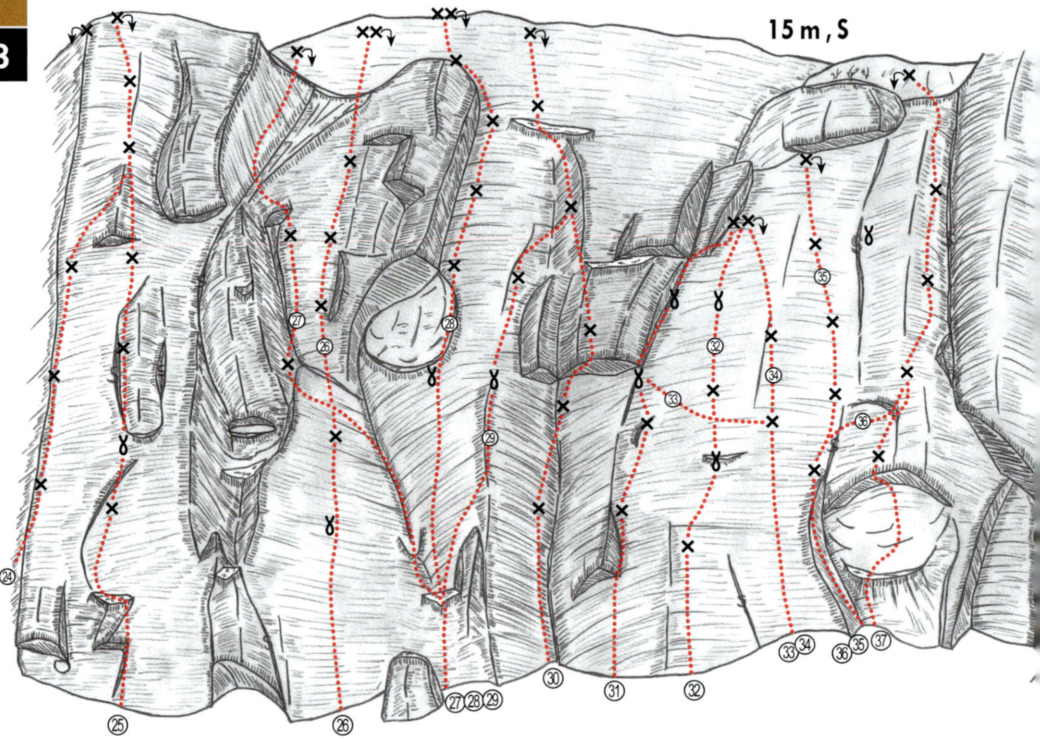

15 m, S

41	**Längenmove**	**8-/8**	*Mächtig steil und ausdauernd, sehr athletisch.*
42	**Rechter Höhlenüberhang**	**7+/8-**	*Das Original mit athletischem Einstieg über die Grotte, dann nach rechts an die Kante und schräg links hoch, ausdauernd.*
43	**Hagabuddabüschle**	**8-/8**	*Das dornige Büschle ist längst weg, dafür muss man hier am Einstieg ordentlich Gas geben.*
44	**Grasgrünes Fischle**	**6+**	*Klasse, gut griffige, steile Wand. Vor allem der Einstieg bereits sehr poliert.*
45	**Dächle**	**6+**	*Start wie Grasgrünes Fischle aber dann kniffelig nach rechts und hoch zum Dächle, welches es nochmals in sich hat. Luftig zur Umlenkung!*
46	**Dächle direkt**	**7-**	*Kleine Löcher zum Greifen und Treten, ein knackiger Start.*
47	**Via Schrofika**	**6+**	*War mal ultrabrüchig, seit der Sanierung aber etwas abgeklettert, trotzdem Vorsicht! Schwer über den Überhang.*
48	**Etzerle hemmers**	**7+/8-**	*Unten sehr gesucht, Überhang schwer, viel Bruch.*
49	**2 Haken Tour**	**5**	*Gar nicht so übel mit einer schweren Passage aus der oberen Höhle raus.*
50	**Duo fatale**	**7-**	*Platte oben schwer.*
51	**2 Haken Tour direkt**		
52	**Trio Infernale**	**7/7+**	*Harte Plattenkletterei, die, wie alles andere am Fels, auch nicht rauer geworden ist.*
53	**Kurzer Pfeiler**	**6**	*Meist gut griffig, vermeidet dieser Klassiker den schweren, unteren Teil der Kante.*
54	**Pfeiler direkt**	**6+**	*Schöne Kantenkletterei.*

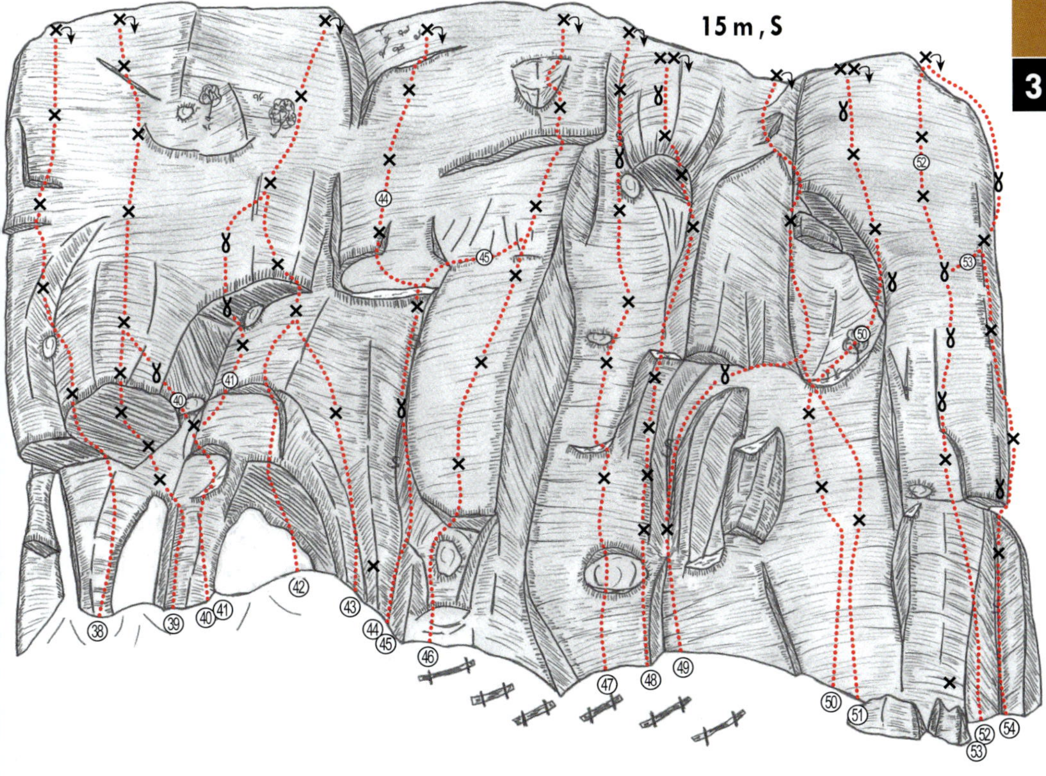

15 m, S

38 39 40 41 42 43 44 45 46 47 48 49 50 51 52 53 54

3.17 Rosenstein Mittelfels

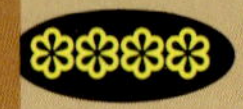  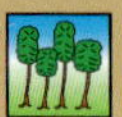 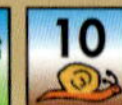

55	**Lisa**	**8**	*Nur zwei, drei weite kleingriffige Züge, aber die haben's in sich.*
56	**Fête de nerfs**	**7/7+**	*Keile, brüchig!!*
57	**Peanuts**	**7**	*Knifflige Route mit ein, zwei schweren Stellen.*
58	**Riss**	**5-**	
59	**Welcome to the machine**	**7-**	*Unterer Part nicht einfach und schlecht gesichert.*
60	**Feel me**	**8-**	*Direkt links der Kante.*
61	**Käntle**	**7+**	*Schwere und etwas seltsam abgesicherte Kantenkletterei.*
62	**Harakiri Riss**	**7**	*Clean zu klettern, macht selten jemand.*
63	**Mauer**	**5+**	*Links herum wird eine 7- daraus.*

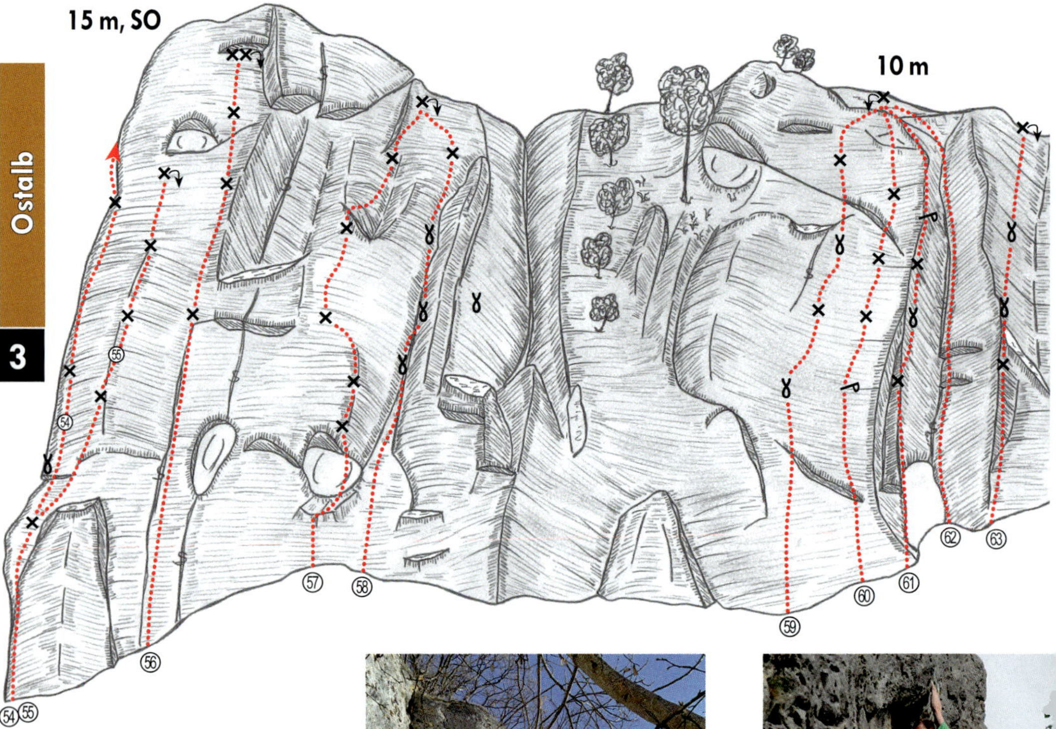

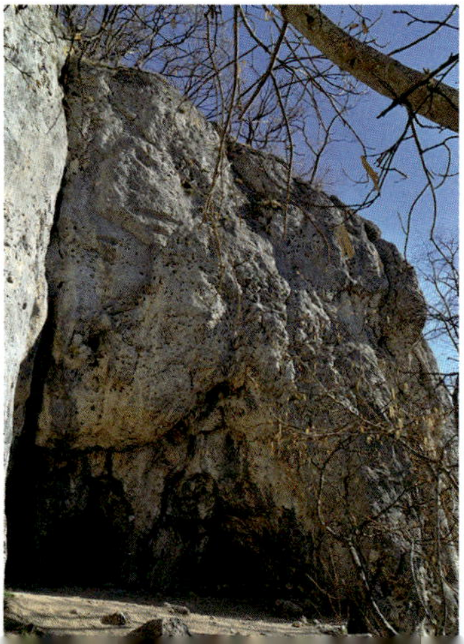

15 m, SO

10 m

Die Dreieingangshöhle, Schauplatz für die Routen Waldschenke, Höhlenüberhang & Co.

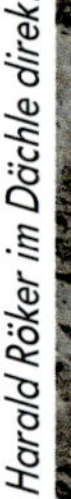

Harald Röker im Dächle direkt (7-)

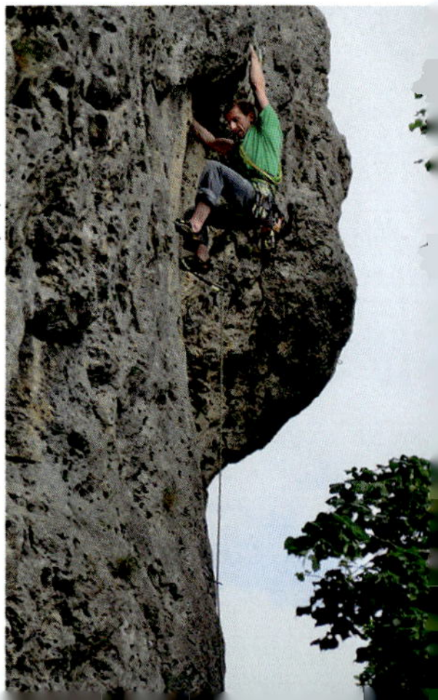

P N48°47'20,8" O09°57'24,4"

Mächtige Wand mit eher alpinen, aber oft tollen und abwechslungsreichen Klettereien. Die Felsqualität ist passabel, aber deutlich schlechter, als am Mittel- oder Westfels. Die Absicherung ist trotz erfolgter Sanierung immer noch sehr spärlich, was zur Folge hat, dass teils erhebliche Anforderungen an die Vorstiegsmoral gestellt werden. Die Routenfindung ist aufgrund der Größe der Wand und der wenigen Haken manchmal nicht einfach. Ein Satz Stopper und Schlingen gehören an den Gurt, ein Helm unbedingt auf den Kopf! Alpine ambience, bring nuts, slings and a helmet!

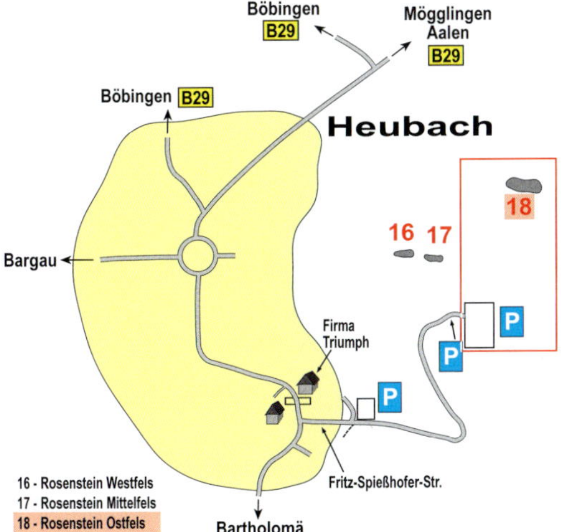

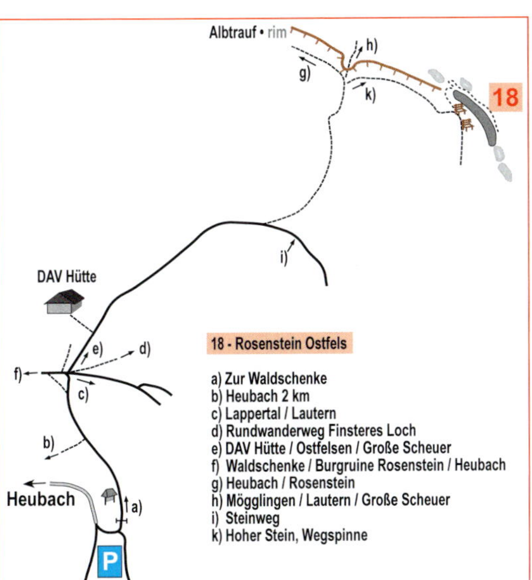

Anfahrt

Von Stuttgart kommend auf der B 29 über Schorndorf, Schwäbisch Gmünd weiter Richtung Aalen bis nach Böbingen. Hier rechts ab und der Ausschilderung nach Heubach folgen. Im Ort auf der L 1162 in Richtung Bartholomä. Nach einem Kreisverkehr macht die Straße nach einiger Zeit einen markanten Linksknick, um etwas später unter einem Fabrikgebäude (Firma Triumph) hindurchzuführen. Kurz danach in einer Rechtskurve links abbiegen (Fritz-Spießhofer-Straße) und geradeaus bergauf bis zum Waldrand. Hier führt bei einem größeren Parkplatz leicht rechtshaltend eine Straße steil bergauf in den Wald. Dieser auf die Hochfläche hinauf folgen bis sie direkt auf einen großen Wanderparkplatz führt, hier parken.

Zugang

Vom Parkplatz folgt man scharf nach links einem breiten, geschotterten Wanderweg mit der Ausschilderung „Hauptwanderweg 1, Schwäb. Alb Nordrandweg" bzw. Richtung „Waldschenke" (Schranke). An einer Wegkreuzung folgt man halbrechts dem breiten Weg Richtung „Ostfelsen/ Große Scheuer". Vorbei an der DAV Hütte führt der Weg sanft bergauf, bis man eine erneute Gabelung erreicht. Hier links bleiben und dem Weg bis zum Albtrauf folgen. Am hier kreuzenden Weg rechts und dem Wanderweg entlang des Albtraufs bis zum Felskopf des Ostfelsen folgen. Den Wandfuß erreicht man am besten über eine eingerichtete Abseilstelle. Hierzu einige Meter nach rechts (Blickrichtung Tal), dort führen Pfadspuren einige Meter bergab zur Abseilstelle. Achtung Absturzgefahr! Am linken Wandende (Blickrichtung Tal) gibt es auch eine Abstiegsspur, die allerdings etwas schwierig zu entdecken ist.

Zugangszeit etwa 15 Minuten.

Lage

Laubwald, am Wandfuß in großen Bereichen nur niederes Gebüsch.

Naturschutz

Gesperrt 01.02.-15.07. Routen 1-8 und Nr. 10 Ausstieg gesperrt bis 31.07. eines jeden Jahres.

Climbing prohibited 01.02.-15.07. The topout of the routes no. 1-8 and 10 is prohibited until 31.07.

3.18 Rosenstein Ostfels 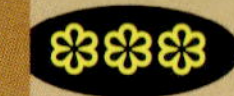

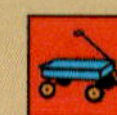 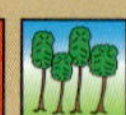 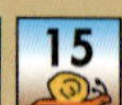

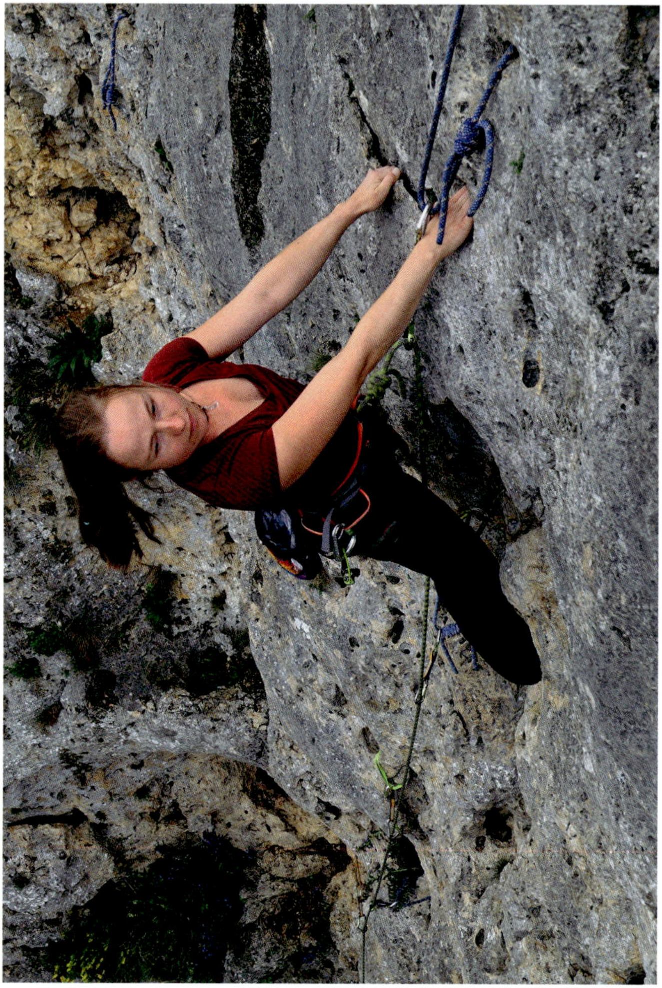

Oh, was für tolle Henkel! Sabrina Eberl in Schuppe (5); Rosenstein Mittelfels

Nr.	Route	Grad	Beschreibung
1	**Direkte Mitte straight**	**8**	
2	**Direkteinstieg + Originale Mitte**	**7**	
3	**Falkenwand mit Direkteinstieg**	**7- | 7+**	
4	**Falkendach**	**8**	
5	**Falkenwand**	**7+**	*Vom 1. Stand weg luftige Querung, auch für den Nachsteiger nicht ohne! Vom 2. Stand weg schwere Passage zum und über den nächsten BH, tolle Route.*
6	**Vagabundenweg**	**8**	
7	**Neue Ostwand**	**6+**	*Großzügige, ausgesetzte und gut griffige Kletterei.*
8	**Warten auf Alisa**	**8-**	

45 m, OSO

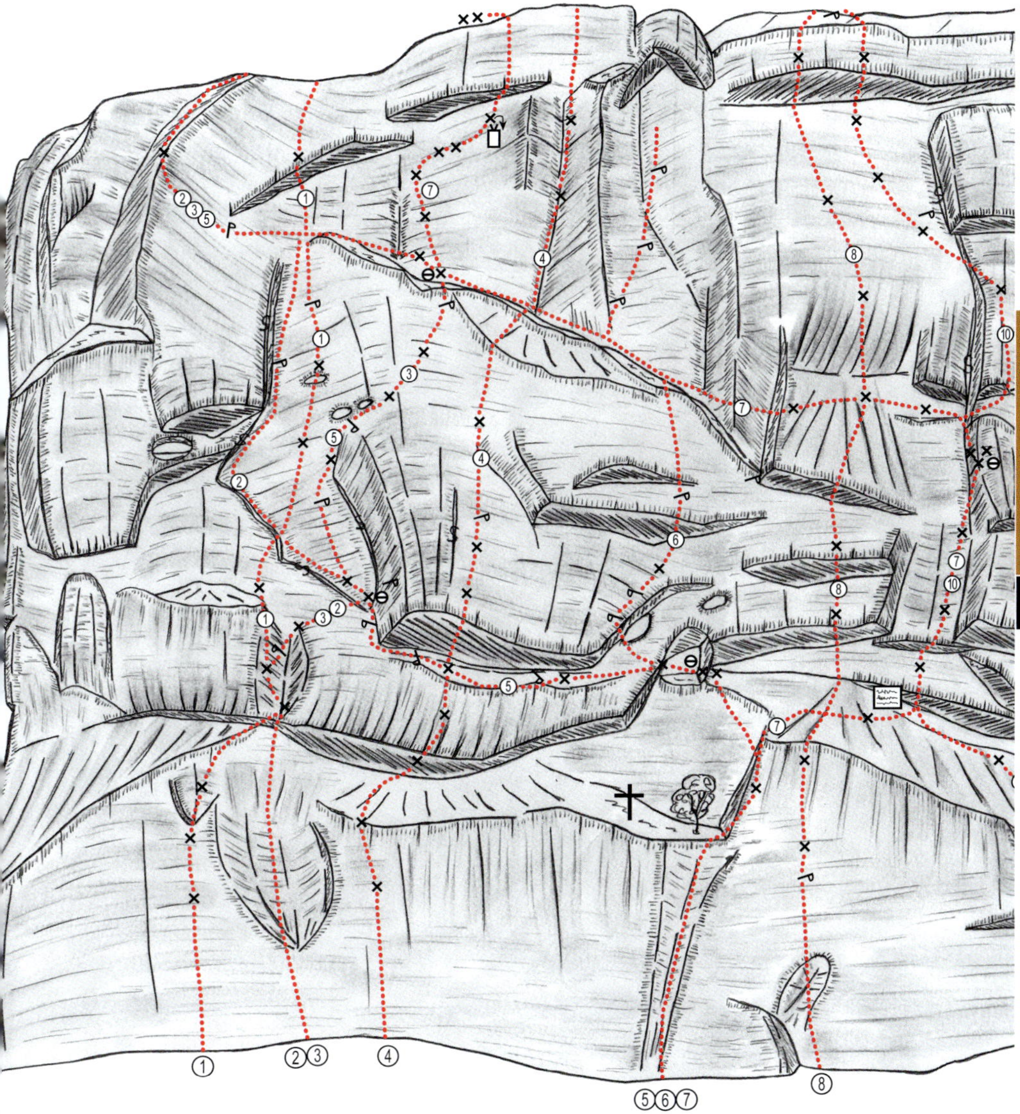

 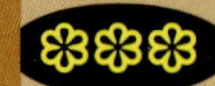  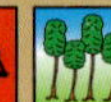 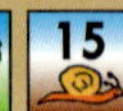

45 m, OSO

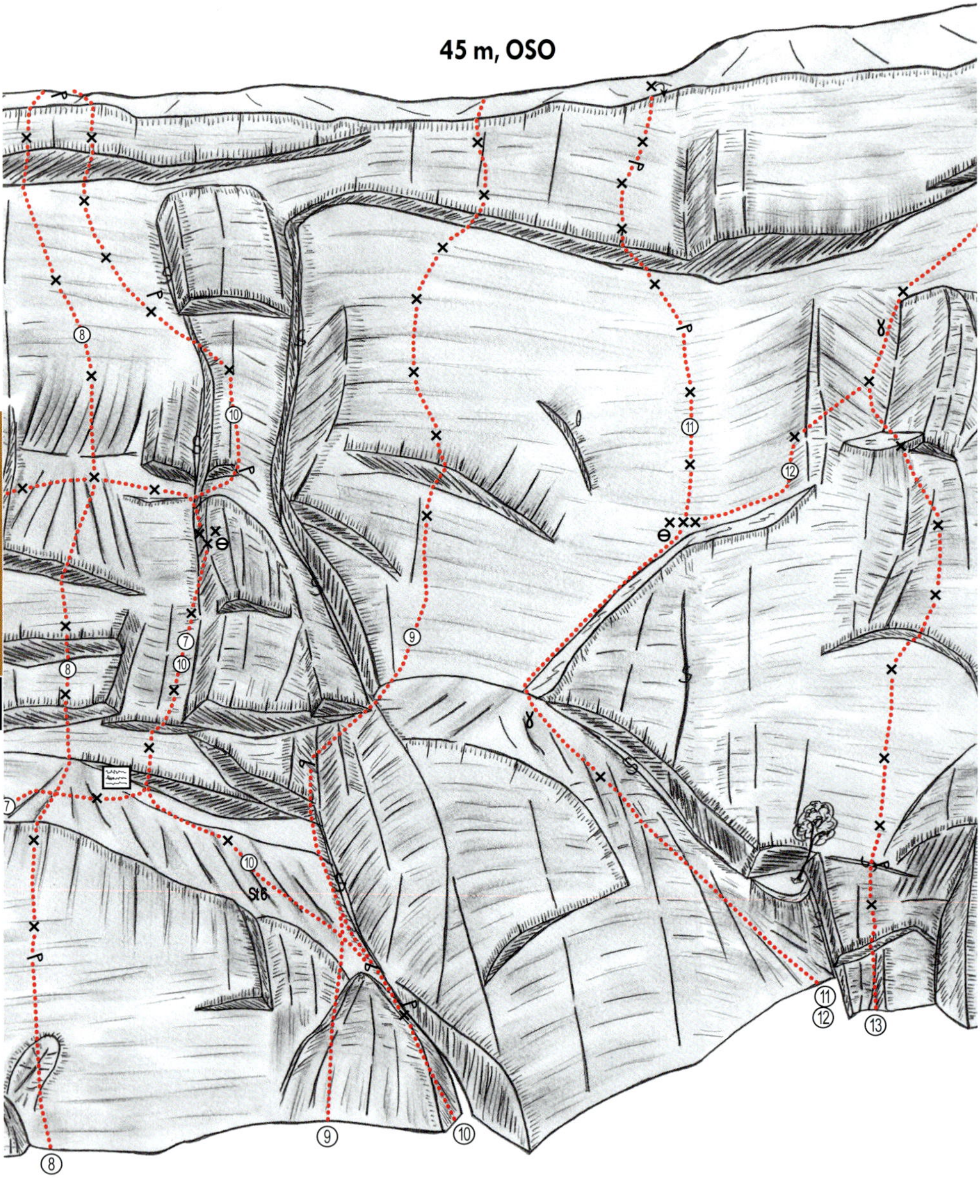

9	Krieg der Knöpfe	7+/8-	
10	S-Weg	6 | 7-	*1. SL interessante Querung, Stopper 6 legen, dann gut griffig hinauf zum Stand. 2. SL in luftiger, schöner Kletterei zu etwas brüchigem, kleinen Überhang und raus.*
11	Ostwand direkt	8-	*Oben kleine Linksquerung.*
12	Alte Ostwand	5	*Schöne, einfache Kletterei, sehr luftig. Sanduhrschlingen mitnehmen.*
13	Rauher Osten	7+	*Schwere Passage zum 3. BH, Griffe sehr schwer zu sehen, am besten etwas rechtsherum klettern, der Rest ist deutlich einfacher.*

45 m, OSO

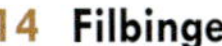
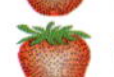
14 **Filbinger** 7-/7 *Schwere, kleingriffige Kletterei bis zum 3 . BH, danach großzügige Kletterei.*

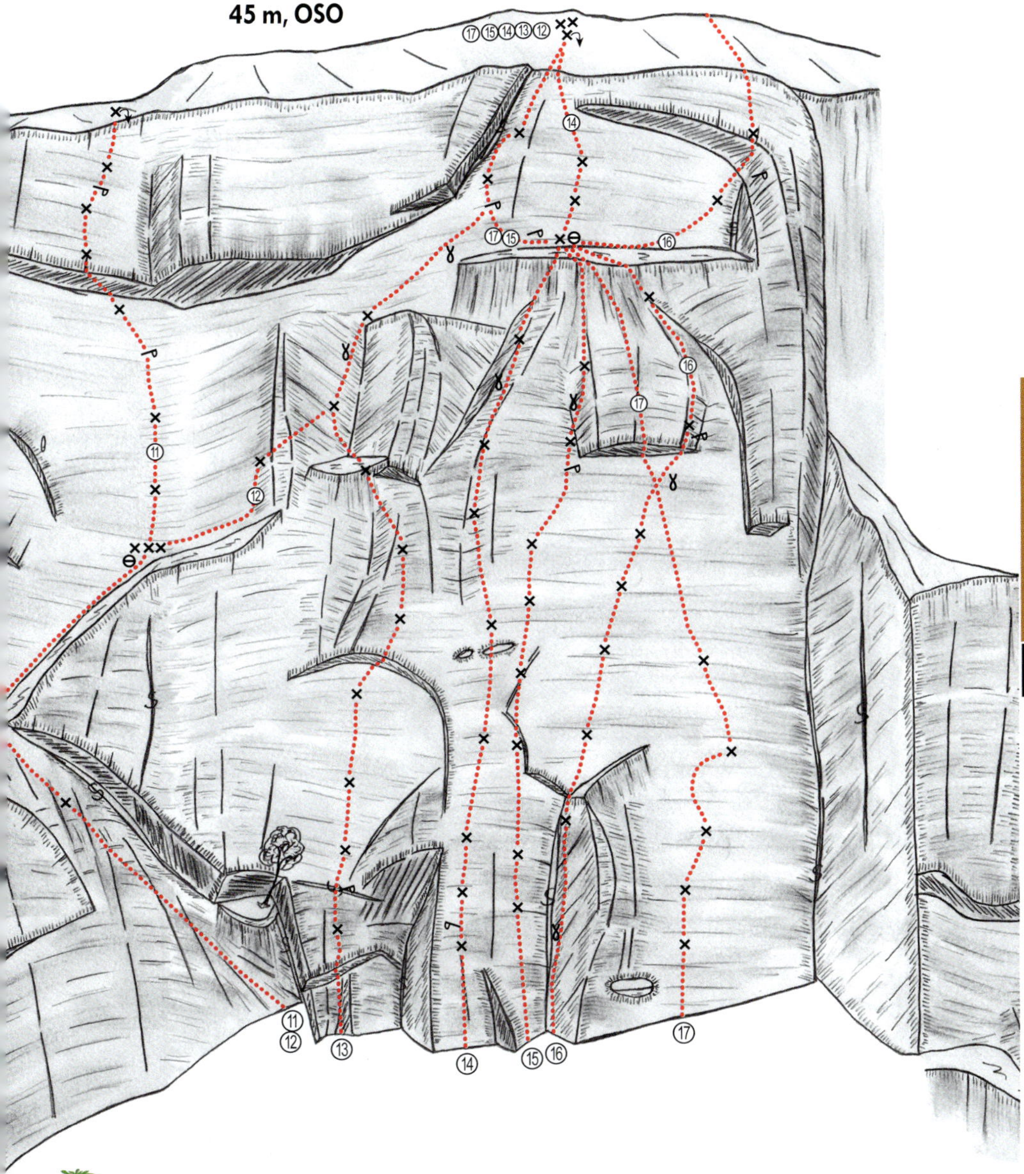

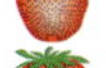
15 **Tilmann** 6+/7- *Schwerer Start, danach schöne, großzügige Kletterei.*

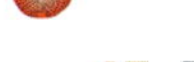
16 **Spionenweg** 6- *Schöne, recht ordentlich gesicherte Route, Schlüsselstelle am oberen Überhang, dort eher brüchig.*

17 **Fidel Castro** 7 *Vom 3. zum 4. BH leichter Linksschlenker, direkt deutlich schwerer, Längenzug!*

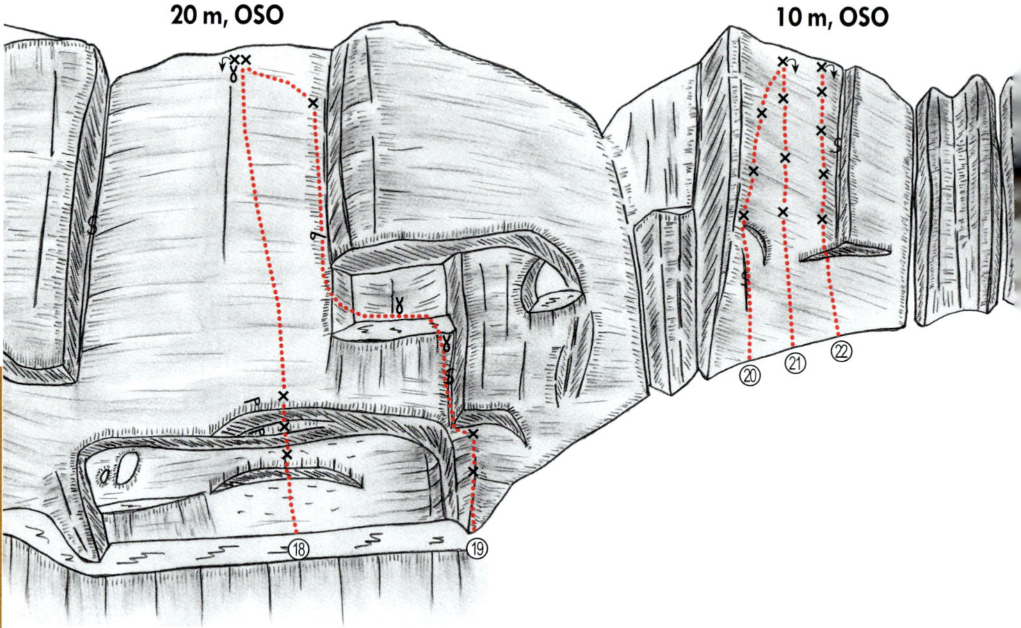

3.18 Rosenstein Ostfels 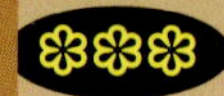

 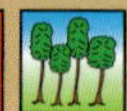 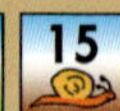

20 m, OSO

10 m, OSO

18	**Sachsenstreich**	**8-**	*Extrem brüchiger Einstieg. Start von schmalem Band weg: zum 1. BH weit mit Absturzgefahr für die gesamte Seilschaft, da es nochmals 10 m senkrecht runter geht. Oben riesen Runout!!*
19	**Henry**	**7+**	
20	**Hekata**	**6**	*Gleichmäßig schwere Kletterei.*
21	**Diana**	**6+/7-**	*Schwere Passage um den 3. BH.*
22	**Selene**	**6+**	*Schwerer Start, oben flache Griffe.*

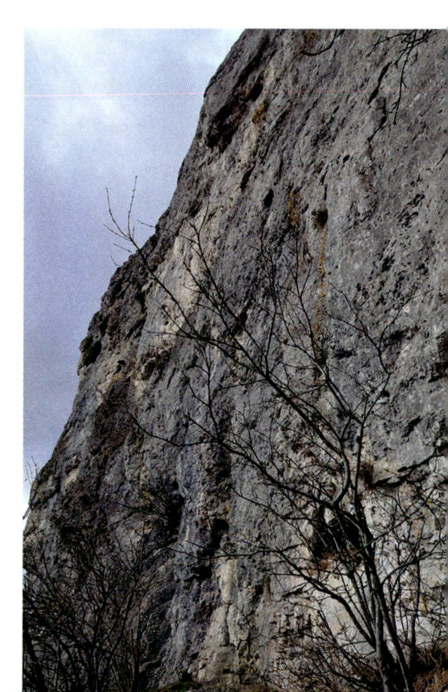

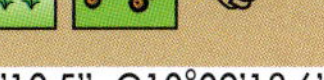

N48°37'10,5" O10°09'18,6"

Mächtiger Felsturm mit einer ganzen Reihe super Kletterlinien. Die Absicherung ist nicht übertrieben und Keile (Cams und Stopper), sowie einige Bandschlingen sollte man auch hier zwingend mitführen. Das sehr kompakte Gestein ist von Natur aus eher glatt und verlangt eine gute Fußtechnik. Viele Routen sind an dieser Wand stark größenabhängig, so dass eine einheitliche Bewertung schwierig ist. Wir haben diesem Umstand Rechnung getragen, indem wir bei einzelnen-Routen von..bis Bewertungen verwenden. Bring nuts, cams and slings.

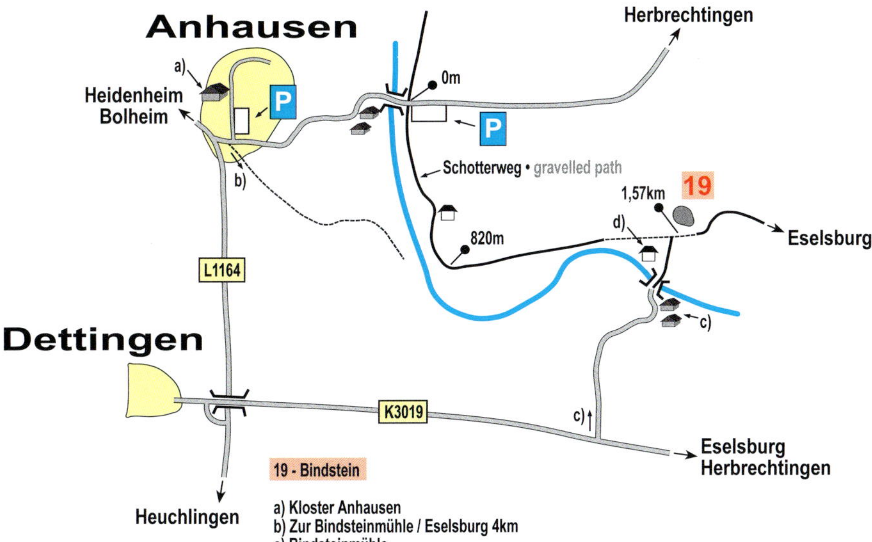

Anfahrt

Die A 7 an der Ausfahrt Giengen/Herbrechtingen verlassen und auf die L 1079 Richtung Dettingen/Nerenstetten/Niederstotzingen. An der T-Kreuzung links und der Straße vorbei an Eselsburg bis zu einer Kreuzung folgen. Hier rechts ab auf die K 3019 Richtung Dettingen. Kurz vor Dettingen nach einer Brücke links ab und sofort wieder links auf die L 1164. Unter der Brücke hindurch hinab ins Eselsburger Tal nach Anhausen. Am Ortsanfang an einer scharfen Linkskurve rechts ab und vorbei an einem ersten Wanderparkplatz geradeaus weiter Richtung Herbrechtingen, bis die Straße den Bach überquert. Direkt danach befindet sich rechter Hand ein weiterer Wanderparkplatz, hier parken.

Zugang

Vom Parkplatz einem geschotterten Wirtschaftsweg auf der orographisch linken Seite flussabwärts folgen. Nach 1,57 km erreicht man den Bindstein, der sich direkt neben dem Wanderweg befindet.

Zugangszeit etwa 20 Minuten.

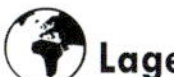

Lage

Im Talgrund gelegener freistehender Felsturm. Mit etwas Abstand zum Wandfuß gibt es etwas Laubgehölz. Es ist jede Menge Platz vorhanden, um sich auszubreiten, ideal auch mit Kindern.

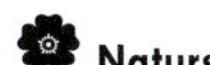

Naturschutz

Das Betreten des Waldes ist untersagt. Größere Vorkommen der streng geschützten Pfingstnelke, in diesen Bereichen mit besonderer Sorgfalt klettern.

Keep of the forest! Sensitive cheddar pinks grow here, climb respectfully in these areas!

25 m, NW

	Nr.	Route	Grad	Beschreibung
	1	**Kante**		*Route wurde rückgebaut aufgrund von Pfingstnelkenvorkommen.*
	2	**Aperitif**	5-	*Gut griffige Route, aber zum Teil etwas brüchig. Neuer eigener Ausstieg. Von den Pfingstnelken entlang der Route unbedingt fernhalten!*
	3	**R3**	7-	*Weit und nicht einfach zum 1. BH. Die BH von Route 4 besser mit einhängen. Am offiziell 2. BH schwere Stelle, oben nicht zu direkt klettern.*
	4	**Heinertour**	6+	*1. BH sehr hoch, Stopper Größe 8 legen. Tolle, gut griffige Route.*
	5	**Ängstle**	7	*Sparsam abgesichert, 1. BH sehr hoch und zum 2. ist es ebenfalls sehr weit und schwer. Kleine Leisten und technisch nicht ohne.*
	6	**Karl Gatter Weg**	7+	*Bis zum 1. BH noch einfach, aber dann wird es hart. Extrem kleine Leisten zum Treten und Halten.*
	7	**Karl Gatter Weg Direktausstieg**	7+	*Man klettert eigentlich immer deutlich rechts der Haken. In der Platte so gut wie keine Strukturen vorhanden. Für große Kletterer gibt es eine dynamische Lösung (7+/8-).*
	8	**Karl Gatter Weg Rechtseinstieg**	6+	*Schöne Kletterei, zu Beginn relativ einfach, der folgende Riss ist athletisch und ausdauernd mit meist guten Griffen, aber eher schlechten Trittmöglichkeiten. Vom 1. zum 2. BH weiter Abstand, Köpflschlinge legen.*
	9	**Nordriss**	6+	*Vom Band weg nicht einfach, da der Kamin hier sehr glatt ist. Am 5. BH besser raus aus dem Riss und etwas rechts haltend klettern.*
	10	**Digestif**	7+	*3 schwere Passagen, alle ziemlich größenabhängig. Vor allem vom Absatz weg sehr schwer. Zumindest kleinere Kletterer bleiben hier etwas links des Bohrhakens.*

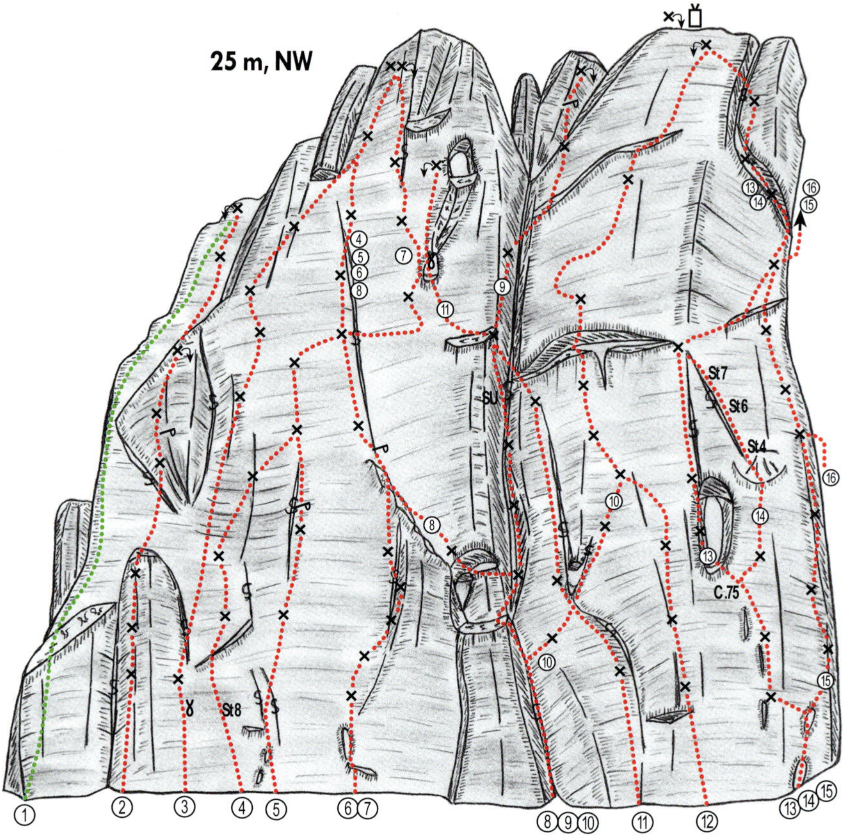

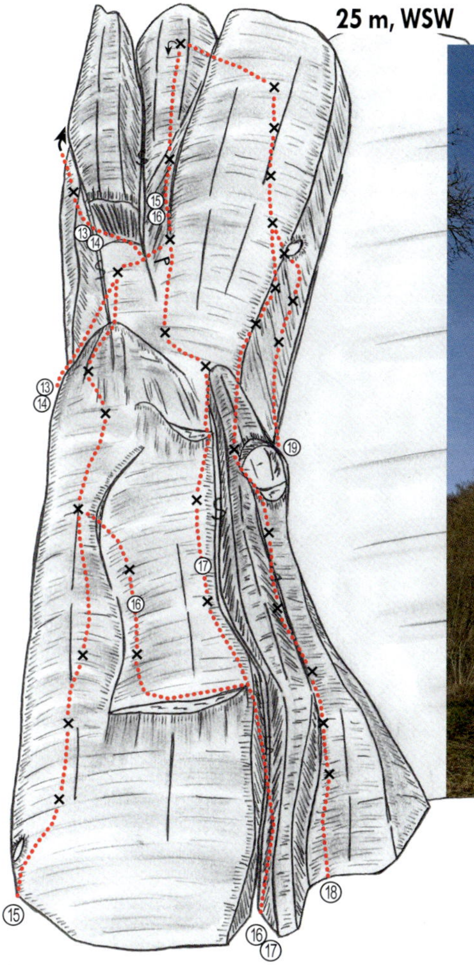

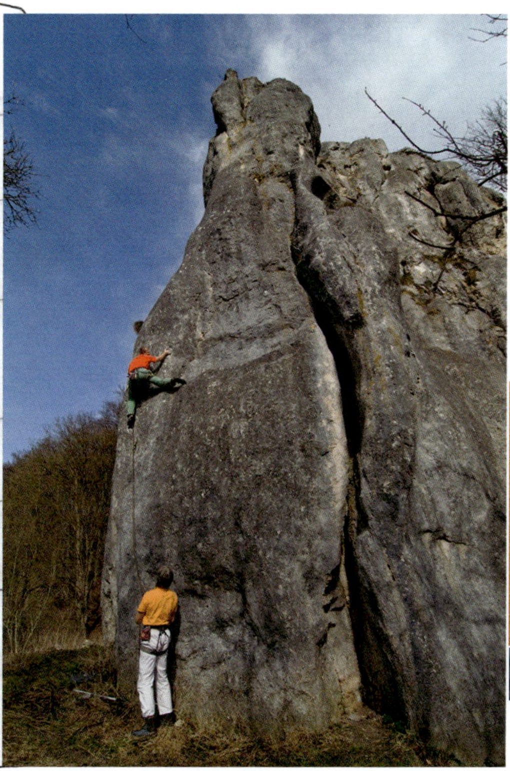

25 m, WSW

Ulrich Röker in Drialor + Gammelwand (9-)

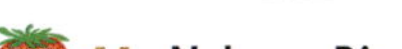

11	**Neborm Riss**	**6-**	*Zum 1. BH am schwersten. In der Route ist zwar nicht alles fest, trotzdem gut. Große Hakenabstände, Keile legen ist nicht besonders gut möglich. Vor dem 4. BH SU fädeln. Nach der Linksquerung sehr schön und gut griffig.*
12	**Schnabulator**	**8**	
13	**Nordwest-Kante**	**7+**	*Brutaler Einstiegsboulder über das große Loch von rechts her. 2. BH sitzt für kleinere Kletterer zu hoch. Vom großen Loch weg etwas einfacher als Jraduss. Auch hier können ein paar Keile (Stopper) nicht schaden.*
14	**Jraduss**	**7+**	*Brutaler Einstiegsboulder über das große Loch von rechts her. 2. und 3. BH sitzen für kleinere Kletterer zu hoch. Zwischen 2. und 3. BH Cam Größe .75. Nach dem 3. BH Keile!! (Stopper 4, 6 und 7) Vom 4. BH luftige Rechtsquerung , danach nochmals schwere Passage, tolle Route.*
15	**Drialor + Gammelwand**	**9-**	
16	**Gammelwand**	**8+/9-**	
17	**Schinder**	**7**	*Der Name ist Programm. Schlecht abgesichert!*
18	**Südwest-Wand**	**9-/9**	

30 m, SSW

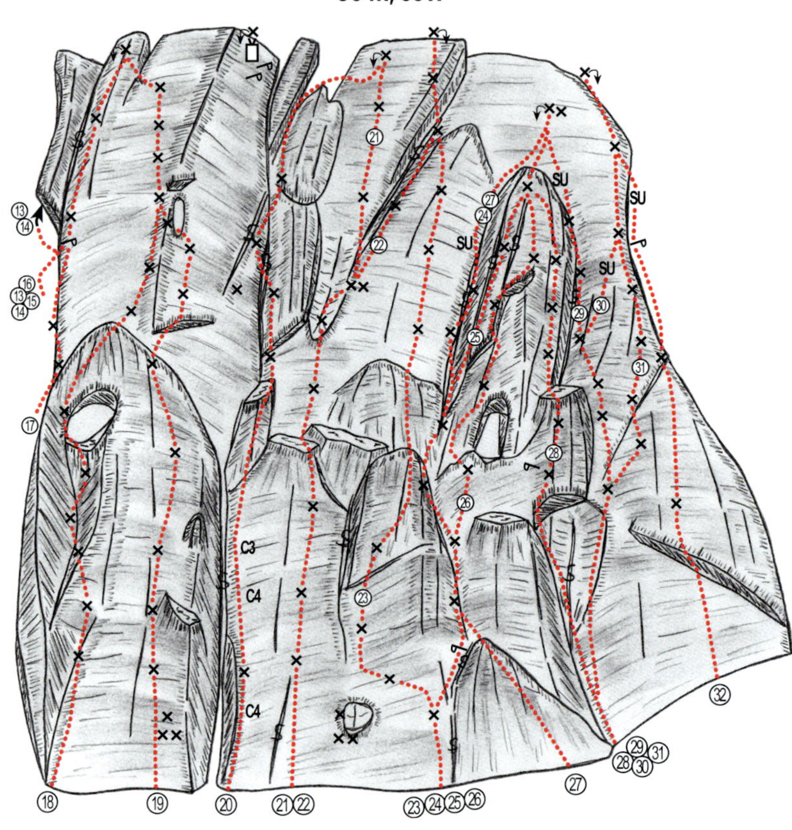

19	**Monique Royal**	**8+**	
20	**Südriss**	**6+**	*Extreme Schinderei! Risskletterei der besonderen Art. Vor und vor allem nach dem 1. BH große Cams (3+4) legen. Die Route ist im unteren Teil gefährlich abgesichert. Oben raus nochmals steil und schwer. Neuer Ausstieg nach rechts.*
21	**Grüne S-Wand mit Direktausstieg**	**8-..8+..**	*1. BH für kleinere Kletterer bereits schwer anzuklettern. Stopper legen in Loch links außen. Vom 1. zum 2. BH brutale Passage, extrem längenabhängig. Bei 1,72 m Körpergröße etwa 8+. Schwer zu stehen, Absicherung gefährlich. Der Ausstieg ist ebenfalls nochmals nicht ganz einfach.*
22	**Grüne S-Wand mit neuem Ausstieg**	**8-..8+..**	*1. BH für kleinere Kletterer bereits schwer anzuklettern. Stopper legen in Loch links außen. Vom 1. zum 2. BH brutale Passage extrem längenabhängig. Bei 1,72 m Körpergröße etwa 8+. Schwer zu stehen, Absicherung gefährlich.*
23	**Zuversicht**	**8..**	*Die Route ist für kleinere Kletterer fast nicht kletterbar, da es in erreichbarer Nähe überhaupt keine Griffe gibt. Für sehr große Kletterer machbar und erstaunlicherweise wohl gar nicht so extrem schwer.*

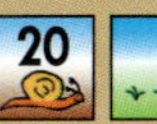
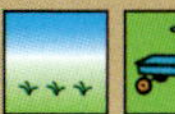

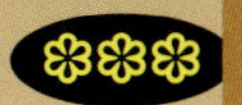

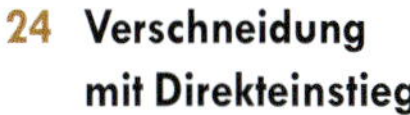

Nr.	Route	Grad	Beschreibung
24	**Verschneidung mit Direkteinstieg**	7-	*Schwerer Start mit schlechten Trittmöglichkeiten.*
25	**Direkteinstieg + Pfeiler links**	7-	*Schwerer Start mit schlechten Trittmöglichkeiten, oben raus über den sehr gut griffigen Riss.*
26	**Lichtgestalt**	7	*Schwerer Start mit schlechten Trittmöglichkeiten. Der Pfeiler selbst ist steil und athletisch mit teils weiten Zügen.*
27	**Verschneidung**	6-	*Relativ glatte Einstiegswand, die Verschneidung oben ist ziemlich happig.*
28	**Gufel direkt**	7-/7	*Sehr schwere Einzelstelle am 2. BH.*
29	**Gufel**	7-	*Tolle Tour, schwere Stelle an 2-Fingerlöchern am 2. BH.*
30	**Gufel Sanduhr Variante**	7-	*Nach schwerem Start an 2-Fingerlöchern klettert man vom Band weg rechtshaltend zu großer Sanduhr (Schlinge fädeln), schöne Route.*
31 	**Gufelpfeiler**	6+/7-	*Tolle Route, anhaltend schwere Kletterei über Pfeiler.*
32	**Bärbel-Hans-Weg**	5	*Schöne, gut griffige Kletterei am rechten Rand. Für die obere große Sanduhr lange Bandschlinge mitnehmen.*

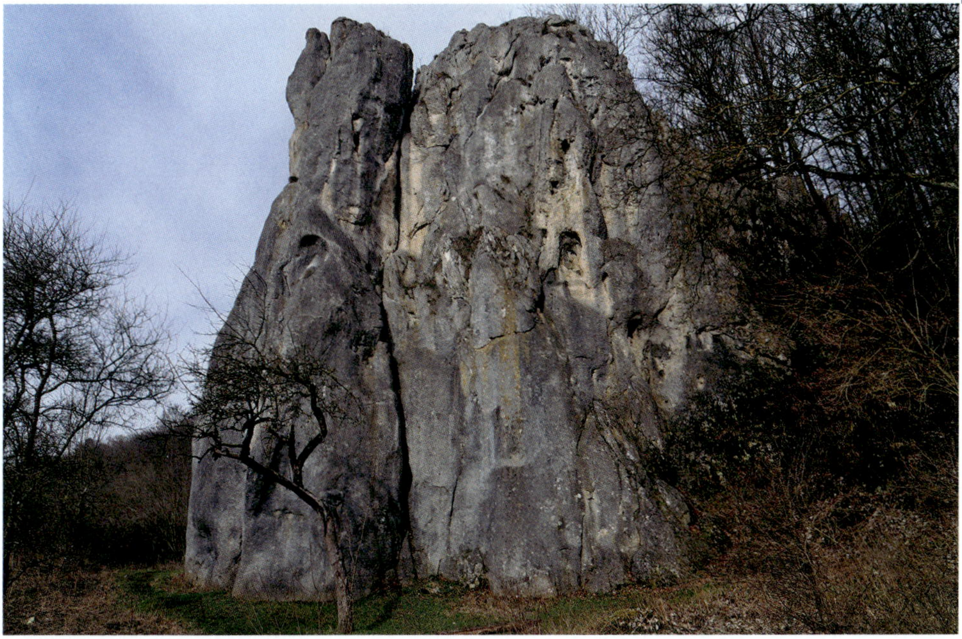

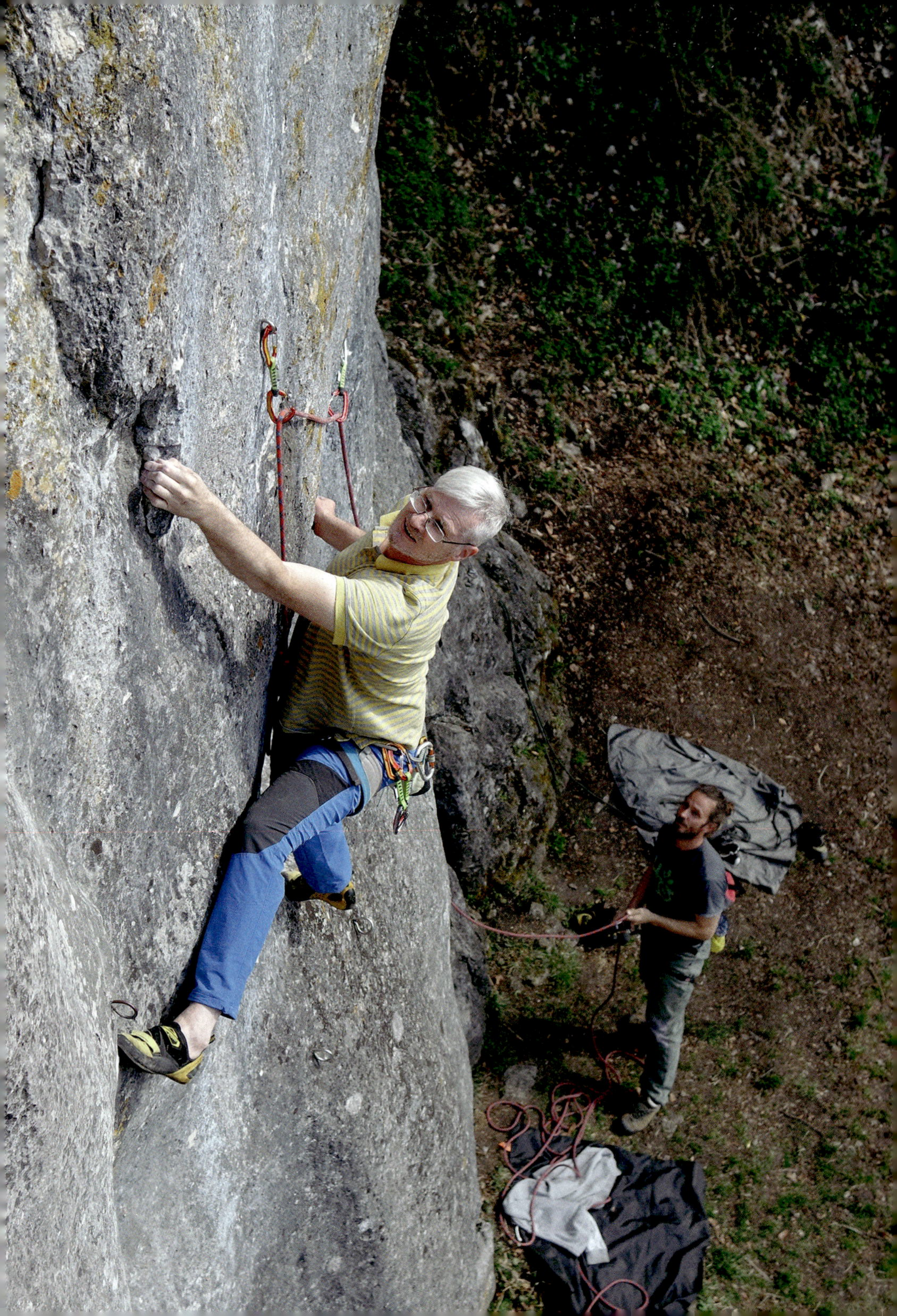

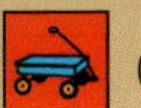
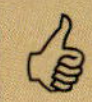

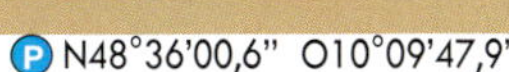

N48°36'00,6" O10°09'47,9"

Hohe Wand der Marke Extraklasse mit meist gut gesicherten, oft hervorragenden Routen. Rissliebhaber werden hier ein paar richtige Leckerbissen vorfinden. Das Gestein ist auf der Nordseite vorwiegend fest und etwas gewöhnungsbedürftig glatt, auf der Ostseite ist es nicht ganz so fest und eher löchrig. Die meisten Routen sind bereits saniert und die noch Ausstehenden werden hoffentlich bald folgen. Bis es soweit ist, benötigt man für diese gute Nerven und ein paar Keile und/oder Schlingen. Ein 70 m langes Seil ist ratsam.

Excellent wall, mostly well-protected. Some routes are not re-bolted yet, for these bring nuts. A 70 m rope can be useful.

Aussichtspunkt • view point

20

b)

c)

Domäne Falkenstein

d)

20 - Falkenstein

a) Domäne Falkenstein
b) Zur Aussicht
c) Falkenstein
d) Charlottenhöhle

Dettingen

a)

K3019

Eselsburg
Hürben
Herbrechtingen

Anfahrt

Die A 7 an der Ausfahrt Giengen/Herbrechtingen verlassen und auf die L 1079 Richtung Dettingen/Nerenstetten/Niederstotzingen. An der T-Kreuzung links und der Straße vorbei an Eselsburg bis zu einer Kreuzung folgen. Hier rechts ab auf die K 3019 Richtung Dettingen und auf der Landstraße bis zur ausgeschilderten Abzweigung „Domäne Falkenstein" (rechts). Dem asphaltierten Wirtschaftsweg bis zum Gutshof folgen. Gegenüber den Ställen führt ein Forstweg in den Wald. Am besten hier geeignet parken, auf keinen Fall irgend welche Zufahrtswege blockieren!

Zugang

Von der Parkposition aus auf dem Forstweg etliche Meter bis zu einer Weggabelung. Hier links der Forststraße in den Talgrund hinab folgen. Dort führt der Weg direkt unterhalb der Wand vorbei. Auf Trittspuren links hoch zur Wand.

Zugangszeit etwa 5 Minuten.

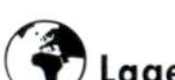

Lage

Am Hang des Eselsburger Tals gelegene Wand mit einer östlich und einer nördlich ausgerichteten Wandflucht. Nach Baumfällarbeiten steht die Wand komplett frei. Vor allem auf der Ostseite ist der Hang steil und zudem gibt es hier noch einen alten Tiefbrunnen der darüber liegenden Burgruine, in den man tunlichst nicht hineinstürzen sollte (Moosheimer direkt A6+). Dank fleißiger Heinzelmännchen wurde mittlerweile hier eine größere ebene Fläche zur Rucksackablage geschaffen und neue Stufen am Wandfuß erleichtern den Zugang erheblich. An der Nordseite hat man dagegen meist ausreichend Platz, um sich auszubreiten. Die Wand wird bei leichtem Regen kaum nass und trocknet mittlerweile Dank der Freistellung auch recht schnell wieder ab.

Naturschutz

Die Wand befindet sich im Naturschutzgebiet Eselsburger Tal und ist aus Vogelschutzgründen vom 01.03. bis 14.07. gesperrt. Alle Routen umlenken oder abseilen. Der Wald abseits der Wege darf nicht betreten werden.

Climbing prohibited from 01.03.-14.07. Lower off all routes and don't top out. Stay on trails.

Jürgen Reichardt präsentiert seine Hausmeisterqualitäten in der Route Zuversicht (8) am Bindstein
Foto: Archiv Reichardt

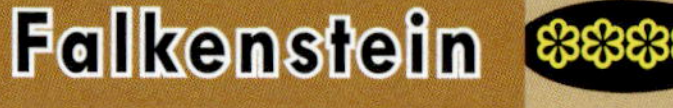

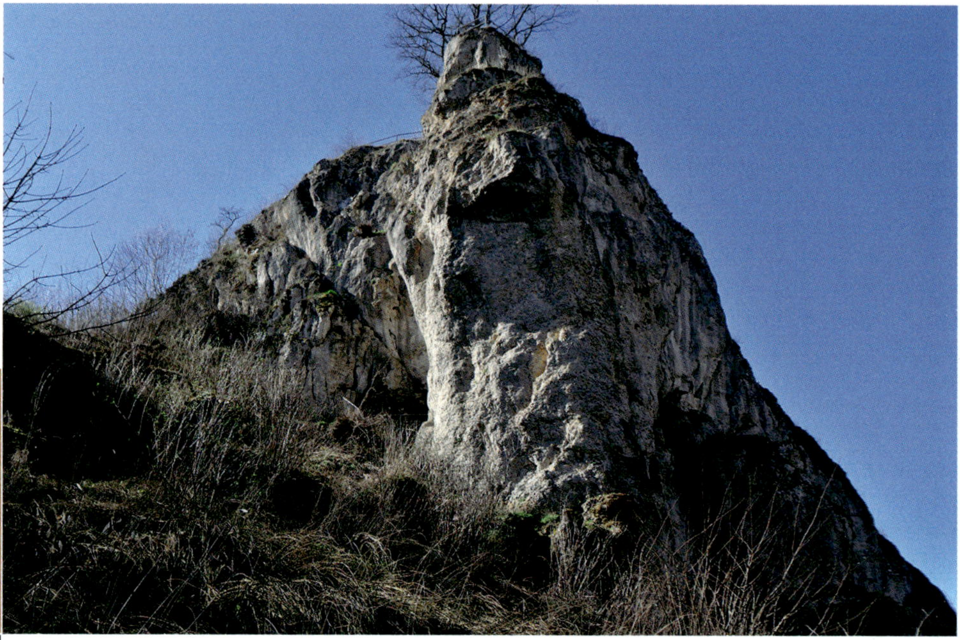

1	**Max**	**7-**	
2	**Moritz**	**6+**	*Unten Klemmkeile, oben die Haken von Max mitnutzen.*
3	**Froschkönig**	**6+**	*Wand mit knackiger Einzelstelle und beeindruckendem Tiefblick in den alten, sehr tiefen Brunnenschacht, oben noch weit nach links rüber.*
4	**Burggeist**	**7-**	*Nette Verschneidung/Stemmkamin. Oben Traverse nach rechts zum Stand auf dem großen Band. Für kurze Arm- und Beinbesitzer zunehmend schwerer.*
5	**Brunnenblick**	**7-/7**	*Unten löchrige Wand, dann ab ins Risssystem. Oben nochmals stramm vom Bohrhaken wegklettern, aber es ist nicht so schlimm, wie es aussieht. Keile legen ist gut möglich.*
6	**Zum Burgfräulein**	**7-/7**	*Abwechslungsreiche Loch-/Risskletterei. Nach dem Stand kommt nochmals eine kräftige, überhängende Einzelstelle.*
7	**Samtpfötchen**	**8+/9-**	*Die ersten Griffe sind tatsächlich so gut, wie sie aussehen, aber die tolle Route wartet noch mit einem kippeligen, schweren Zug an der Schuppe auf.*
8	**Rumpelstilzchen**	**7+**	*Am 2. Bohrhaken eher etwas rechts, der Rest ist dann etwas einfacher, aber nicht geschenkt. Vor dem ersten Haken ist ein 2 ½ Friend von großem Nutzen. Wer absolut direkt klettert macht eher eine 8 (eng gebohrt).*
9	**Aalener Pfeiler**	**7+**	*Steile, löchrige Wand hoch zur Schuppe, an dieser empor in leichteres Gelände. Oben braucht man eine Sanduhrschlinge.*
10	**Schnaps und fette Weiber**	**8**	*Einstiegspassage etwas brüchig, dann kleingriffige, leicht abdrängende Lochkletterei. Zum Abschluss noch ein kleines Dach mit guten, aber sehr weit auseinander liegenden Griffen, tolle Tour.*
11	**Dornröschen**	**8-**	*Unten brüchig, oben harte Piazkletterei über das kleine Dach, schlechte Reibungstritte.*

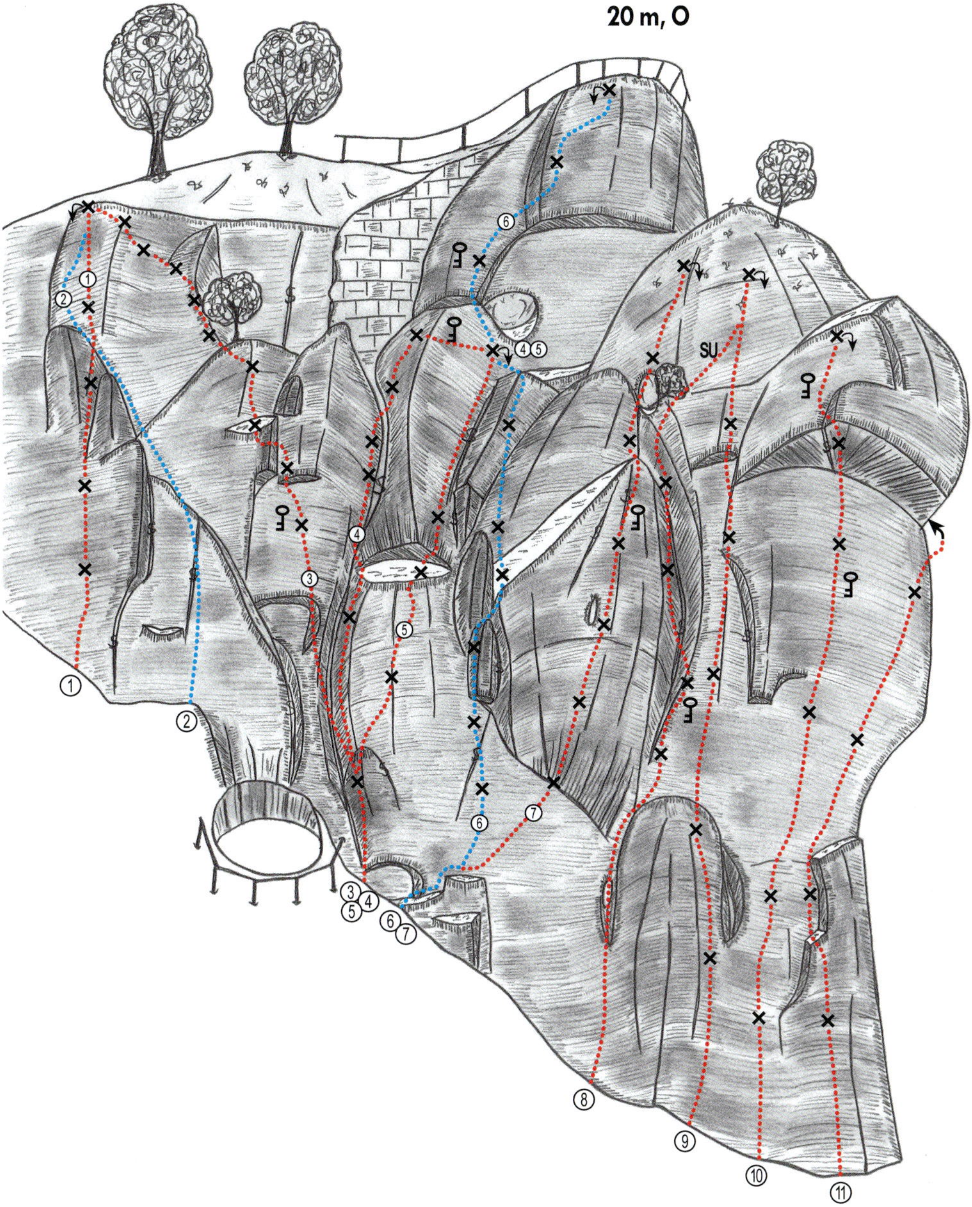
20 m, O
SU
1
2
3
4
5
6
7
8
9
10
11

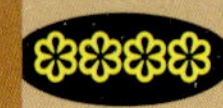

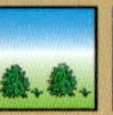

30 m, N

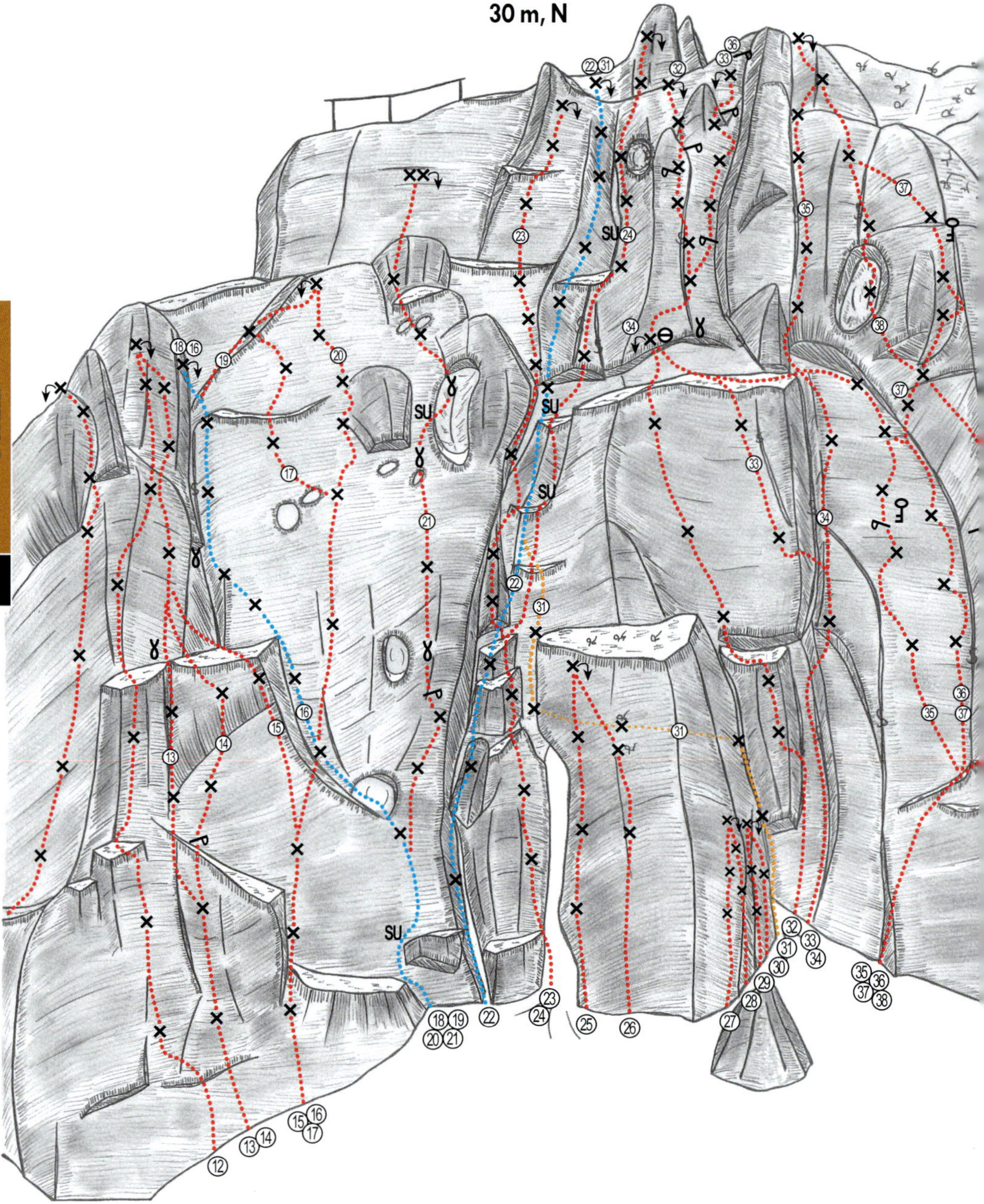

	Nr.	Route	Grad	Beschreibung
	12	**Ostpfeiler**	6	*Schöne, meist gut griffige Route entlang des Pfeilers.*
	13	**Variante Hitzestau**	6	
	14	**Hitzestau**	7-	*Steile Wandkletterei, der neue jetzt eigenständige Ausstieg ist nicht einfach und zur UL hin brüchig.*
	15	**Variante**	7-	
	16	**Einstiegsvar. Söflinger**	5+	
	17	**Zur Pfingstnelke**	8..8+	*Einzelstelle mit extrem weitem Zug, stark größenabhängig.*
	18	**Söflinger Weg**	5+	*Etwas splittrig, aber trotzdem nette Route.*
	19	**Ausstiegsvar. Söflinger**	5+	
	20	**Master of Desaster**	8-/8	*Einstieg wie Söflinger Weg, aber dann geradeaus mit schwerer Einzelstelle im steilsten Teil. Zur Umlenkung ziemlich botanisch.*
	21	**Gerstetter Pfeiler**	6+/7-	*Klasse Route über den steilen, aber sehr gut griffigen Pfeiler. Weitere Sanduhrschlingen können gefädelt werden.*
	22	**Drachenritt**	6	*Lange großzüge Route oben tief in der großen Verschneidung.*
	23	**Gingener Pfeiler**	6+	*Tolle, abwechslungsreiche, sehr lange Route. Unten Kamin, dann löchriger, überhängender Pfeiler, dann Risse. Kurzum, von allem etwas, 30 m.*
	24	**Goldberg Variation**	6+	*Einstieg wie Gingener Pfeiler, aber am 3. Bohrhaken nach rechts in kleine Grotte und überhängend an Riss empor in Verschneidung. Am Falkenhorst links vorbei zur Umlenkung. Tolle, lange Route.*
	25	**König Drosselbart**	6+	*Startet direkt am Durchschlupf geht auf den Vorblock.*
	26	**Rotkäppchen**	5+	
	27	**Hänsel**	6	*Kommt von ganz unten, links ums Eck, derzeit verwachsen.*
	28	**Gretel**	7	*Kurz aber knackig.*
	29	**Scheeweißchen**	6+	*Kurze knackige Übungskletterei.*
	30	**Rosenrot**	6-	
	31	**Durchblick**	5	*Startet am Vorblock, quert zwischen Vorblock und Massiv durch den Durchgang und führt auf der anderen Seite in den Drachenritt.*
	32	**Rübezahl + Falkenriss**	7	*Unten etwas trickreich über die Blockverschneidung, dann elegant mittels Rissspur durch die glatte Platte. Oben athletische, tolle Risskletterei (Falkenriss), klasse Linie.*
	33	**Megaplatte + Falkensteinverschneidung**	7+	*Die untere Platte löst sich recht gut und die Falkensteinverschneidung nach dem Stand ist echt der Hammer, piazen was das Zeug hält, mal links rum, mal rechts rum.*
	34	**Variante Megaplatte**	6	*Bis zum Stand.*
	35	**Platte + Megariss**	8-	*Unten Platte mit glatter, stark größenabhängiger Einzelstelle. Der im oberen Teil folgende überhängende und sehr athletische Klemmriss ist vom Allerfeinsten. Sicher einer der besten Risse der Schwäbischen Alb.*
	36	**Falkensteinverschneidung**	7+	*Der originale Einstieg entlang der geschwungenen Verschneidung, oben Ausstieg wie (33), klasse Route. Die untere Länge ist etwa 6-.*

Nr.	Route	Grad	Beschreibung
32	**Rübezahl + Falkenriss**	7	*Unten etwas trickreich über die Blockverschneidung, dann elegant mittels Rissspur durch die glatte Platte. Oben athletische, tolle Risskletterei (Falkenriss), klasse Linie.*
33	**Megaplatte + Falkensteinverschneidung**	7+	*Die untere Platte löst sich recht gut und die Falkensteinverschneidung nach dem Stand ist echt der Hammer, piazen was das Zeug hält, mal links rum, mal rechts rum.*
34	**Variante Megaplatte**	6	*Bis zum Stand.*
35	**Platte + Megariss**	8-	*Unten Platte mit glatter, stark größenabhängiger Einzelstelle. Der im oberen Teil folgende überhängende und sehr athletische Klemmriss ist vom Allerfeinsten. Sicher einer der besten Risse der Schwäbischen Alb.*
36	**Falkensteinverschneidung**	7+	*Der originale Einstieg entlang der geschwungenen Verschneidung, oben Ausstieg wie (33), klasse Route. Die untere Länge ist etwa 6-.*
37	**Im Frühtau zu Berge**	8-	*Einstieg wie Falkensteinverschneidung, am 4. Bohrhaken aber nach rechts in die Wand queren. Es löst sich deutlich einfacher, als es aussieht. Oben etwas botanisch aber sehr lohnend.*
38	**Ilias**	9-	*Miserabel gesichert.*
39	**Wildschweinvariante**	7+	*Einstieg ziemlich schmerzhaft und der erste Bohrhaken lässt sich für kleinere Kletterer nur schwer einhängen.*
40	**Ali fährt nach Bali**	7+	*Schöne, gut griffige Kletterei, oben vermehrt Seitgriffe. Am letzten Zwischenhaken kann etwas Reichweite nicht schaden.*
41	**Morgensonne**	7-	*Schöne, steile Wandkletterei an meist guten Griffen. Im unteren Teil große Hakenabstände, die sich allerdings gut klettern lassen. Am Einstieg von links her einqueren.*
42	**Frühsport**	7-	*Einstieg wie Morgensonne, aber oben den rechten Ausstieg, der etwas einfacher ist.*
43	**Cavemans backyard**	8-/8	*Schwere, überhängende Seitgriffkletterei, oben nicht ganz einfacher Körperriss. Im Mittelteil sehr botanisch. Zum 1. Bohrhaken nicht einfach.*
44	**Rapunzel**	8+	*Unten ein harter Riss im Bereich 8-, im oberen Teil eine äußerst kleingriffige Platte mit Fingerlöchern und kleinen Leisten.*
45	**Schneewittchen**	6+	*Verschneidung, die sich als überraschend schwer entpuppt.*
46	**Rechtsbogen**	6	*Einstieg wie Schneewittchen, danach aber eine nette Rechtsschleife und zurück in den Ausstieg von Schneewittchen.*
47	**Sterntaler**	7	*Schwerer Start, vor hohem 1. BH Stopper 6 legen. Am 1. BH leichter Linksschlenker. Oben raus sehr botanisch. In glatter Platte nochmals heikle Reibungsstelle, bei der Größe kein Nachteil ist.*

30 m, N

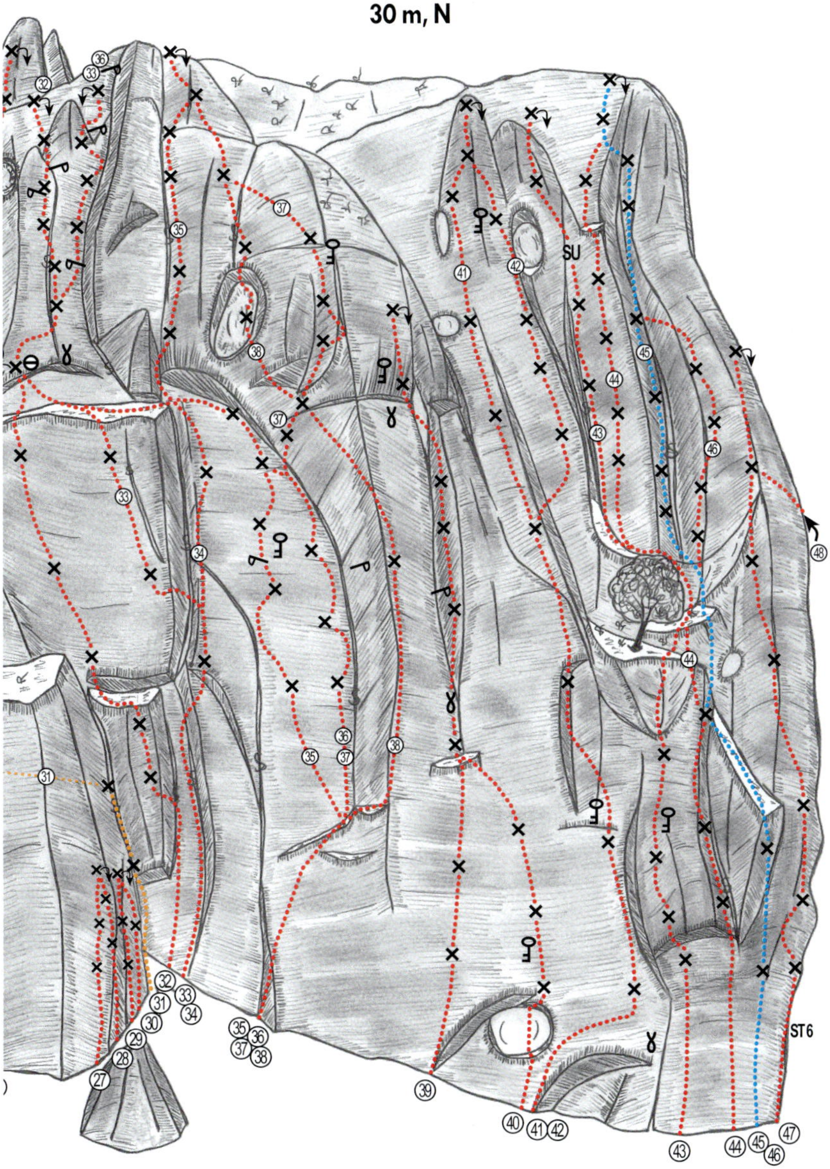

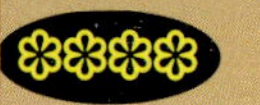

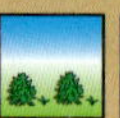
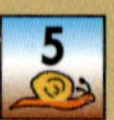

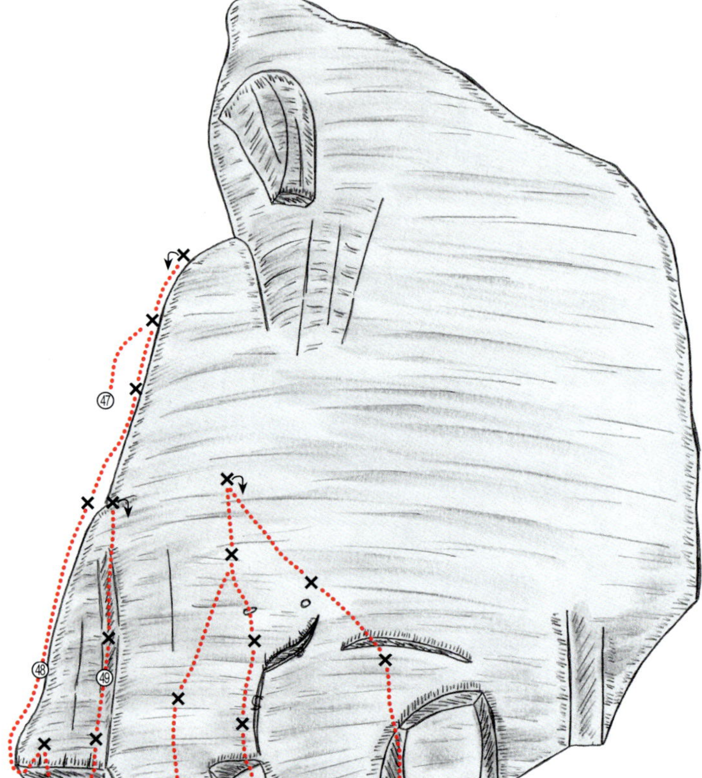

48	**Gratwanderung**	**7**	*Nach dem Überhang deutlich einfacher.*
49	**Horst Koch Ged. Weg**	**8+**	
50	**?**	**7+**	*Spärlich gesichert.*
51	**Scheiß die Wand an**	**6-**	
52	**?**		*Spärlich gesichert.*

Michael Kuderna hat mächtig Spaß in der originellen Route Ziegenkämpfer (6+/7-) am Burgfels →

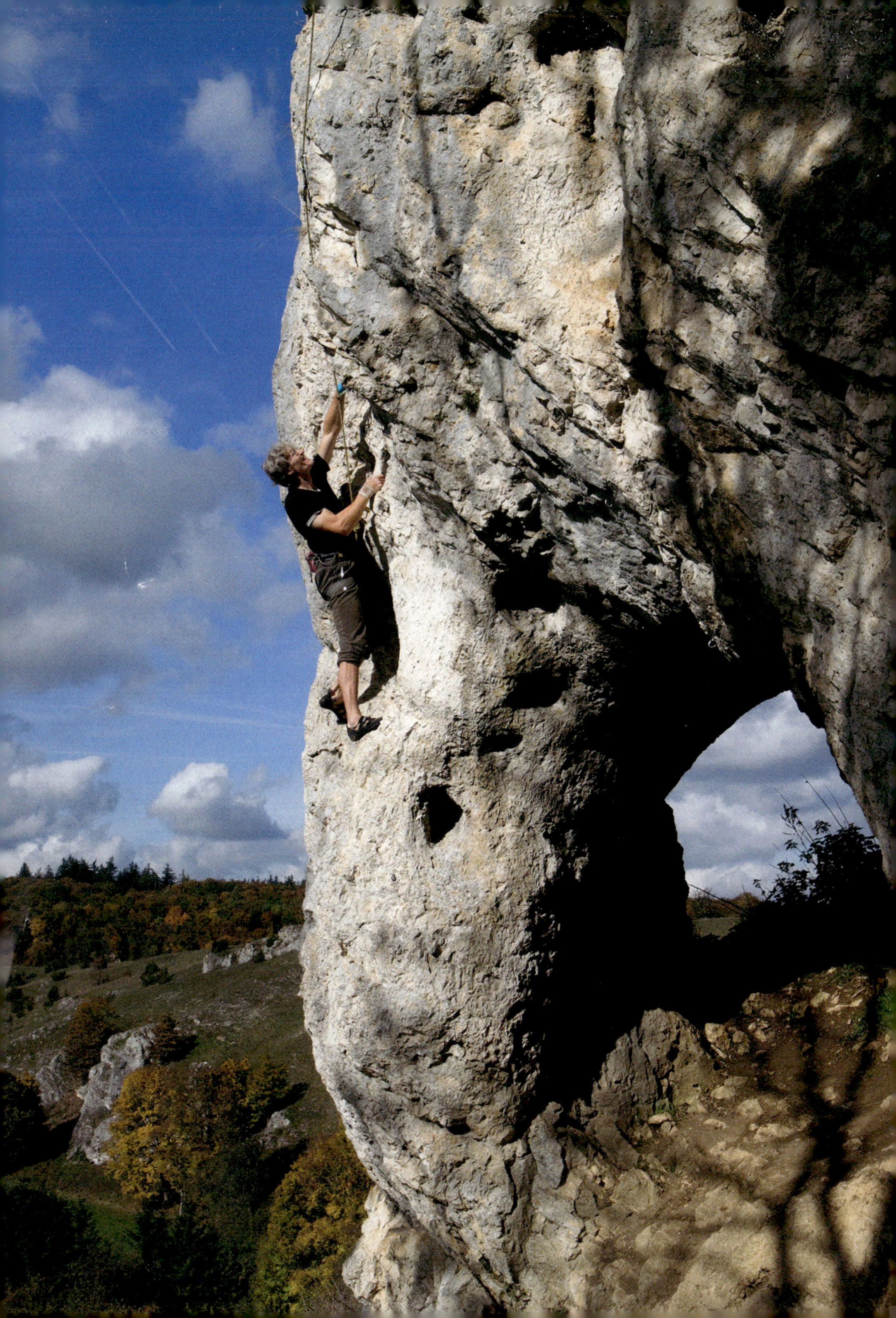

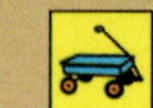
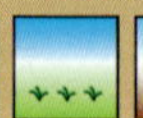
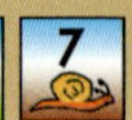

P N48°36'05,2" O10°11'13,8"

Kompakte Wand mit vielen schönen, eher steilen Routen. Es gibt an diesem Fels eine ganze Reihe von Routen, die sehr stark größenabhängig sind. Deshalb wurden mehrmals Bewertungen von..bis angegeben. Ab und an ist auch der ein oder andere Griff locker. Die Absicherung ist im großen und ganzen in Ordnung. Bei einigen wenigen Routen ist jedoch etwas Vorsicht geboten, da diese leider ziemlich verbohrt wurden. Im Sommer durch die freistehende Lage häufig zu heiß zum Klettern, im Herbst dagegen ideal. Viele Routen sind schon sehr stark abgegriffen. Some routes are very morpho (grade from..to).

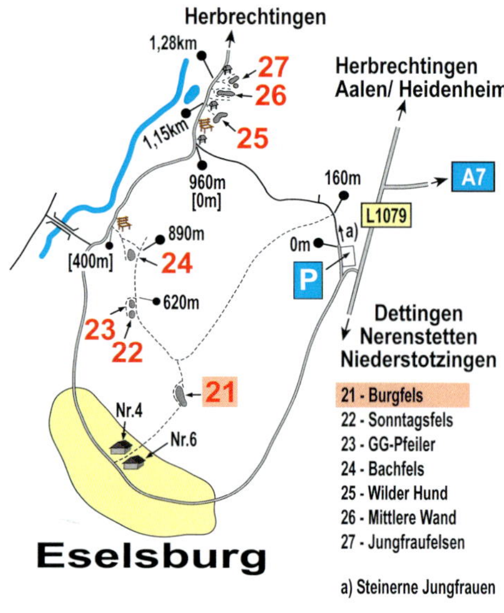

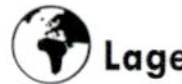

Anfahrt

Die A 7 an der Ausfahrt Giengen/Herbrechtingen verlassen und auf die L 1079 Richtung Dettingen/Nerenstetten/ Niederstotzingen. An der T-Kreuzung links und der Straße folgen, bis rechts eine schmale Straße nach Eselsburg abzweigt. Hier rechts und sofort wieder rechts auf einen großen Wanderparkplatz.

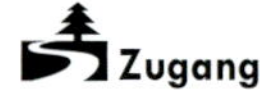

Zugang

Vom Parkplatz hinab in den Ort Eselsburg und der Hauptstraße stets bergab folgen, bis diese wieder flacher wird. Hier zwischen Haus Nr. 4 und Haus Nr. 6 rechts ab auf einen schmalen Pfad und bergauf zur sichtbaren Wand. **Zugangszeit etwa 7 Minuten.**

Lage

Freistehende Wand mit vorwiegend südlicher Ausrichtung. Am Wandfuß ausreichend Platz.

Naturschutz

Flexible Sperrung wegen Vogelschutz. Normalerweise 01.03-15.07. Climbing prohibited flexible timewise due to bird protection. Usually closed 01.03.-15.07.

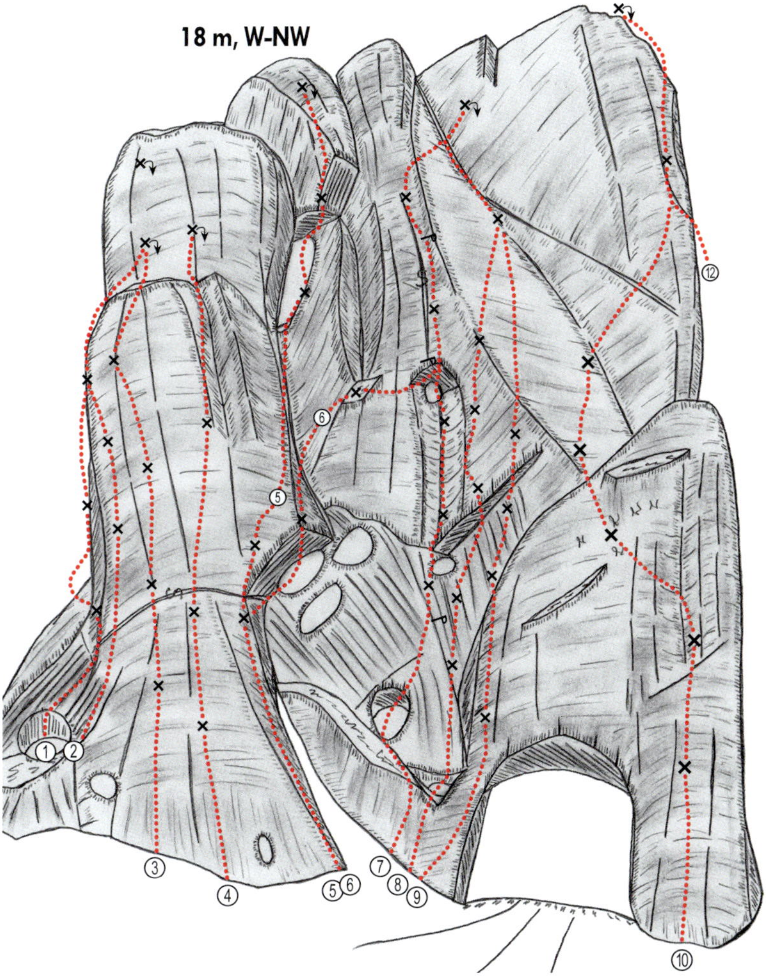

18 m, W-NW

	Route	Grad	Beschreibung
1	**Inshallah**	**6+/7-**	*Schwerer Start nach links hoch.*
2	**Antiaging**	**6+**	*Im leicht abdrängenden Teil nicht einfach.*
3	**Schönes Leben**	**6-**	*Nach dem 3. BH ziemlich brüchig.*
4	**Linker Pfeiler**	**5+/6-**	*Gut griffige Pfeilerkletterei.*
5	**Naseweis**	**6**	*Nicht ganz einfach über den kleinen Überhang. Dort rechtshaltend, oben durch den Schlund und zum Abschluss noch überhängend. Etwas brüchig im oberen Teil, aber tolle Kletterei.*
6	**Ikarus**	**7+..8**	*Schwer und stark größenabhängig über den Überhang. Am 3. BH nach rechts queren. Interessante Route.*
7	**Hans Klein Ged.-Weg**	**7+**	*Zu Beginn steil aber gut griffig. Oben direkt über den Überhang mit weiten Zügen, aber guten Griffen hoch, schöne Tour.*
8	**Killerkondom**	**8**	*Startpassage deutlich einfacher, als sie aussieht. Über dem kleinen Überhang schwere Passage mit leichtem Linksschlenker.*
9		**7+**	*Am 2. BH recht kleingriffig. Nicht nach links in das große Loch auskneifen.*
10	**Grasweg**	**4**	*Geht oben in den Ziegenkämpfer.*

 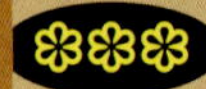

 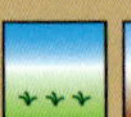 

20 m, SSW

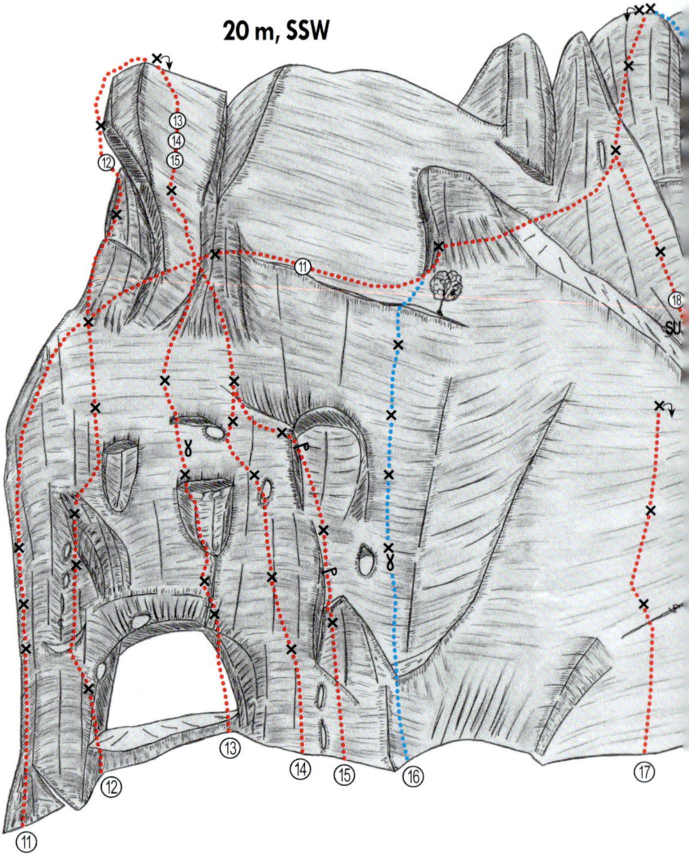

	Nr.	Route	Grad	Beschreibung
	11	**Gilgingo**	**6+/7-**	*Start an teils etwas brüchigem Pfeiler, dann etwas verwilderte Querung. Ausstieg nochmals nicht ganz einfach.*
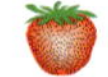	12	**Ziegenkämpfer**	**6+/7-**	*Schwer zwischen dem 2. und 3. BH, nicht alles ganz fest.*
	13	**Baby Miller**	**7-..7/7+**	*Vom 1. zum 2. BH sehr größenabhängige Route. Steil und sehr weite Züge.*
	14	**Freigeist**	**7**	*Startpassage weite Züge, gute Griffe. Am 4. BH sehr unübersichtliches und kleingriffiges Gelände .*
	15	**SW-Wand**	**7**	*Sehr glattes Gestein. Vor allem zum 2. BH ist es eine ziemlich wackelige Angelegenheit. Querung am schwersten.*
	16			*Projekt ?*
	17	**Troja**	**8**	*1. BH sehr hoch, steckt zudem äußerst ungünstig und ist kaum zu klippen. Sehr weite Züge an zum Teil extrem scharfkantigen Fingerlöchern. Reichweite ist kein Nachteil. Die an sich gute Route wurde so gebohrt, dass möglichst keiner einsteigt.*
	18	**Variante**	**7-**	*Einstieg am schwersten, dann gut griffig bis zum 2. BH, evtl. dazwischen Keil legen. Zwischen 2. und 3. BH gute SU fädeln. Oben raus nochmals schwer. Schöne Var.*
	19	**Variante**	**7-**	*Einstieg am schwersten. Nach dem NH gute Keilstelle (Stopper Größe 8). Am Beginn der leicht überhängenden Passage auch nicht ganz einfach. Danach etwas brüchig. Insgesamt schöne, abwechslungsreiche Route.*
	20	**Variante**	**7**	*Schöne Ausstiegsvariante der Toten Hose.*
	21	**Tote Hose**	**7**	*Klasse Plattenkletterei, schwerer Start, dann etwas einfacher, Platte wieder schwer. Auch schöner Ausstieg über die Nummer (20) möglich.*

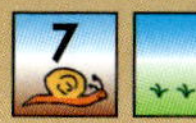

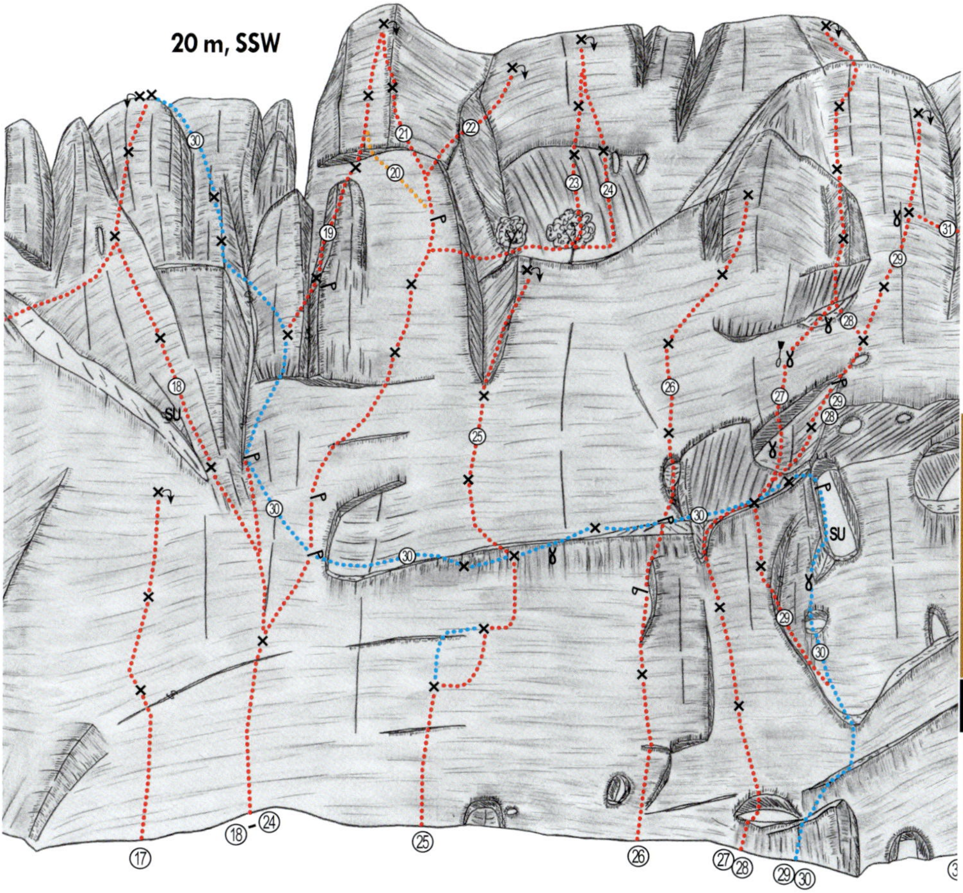

20 m, SSW

22	**Tote Hose Originalausstieg**	**7**	*Etwas verwilderter, heute unüblicher Originalausstieg.*
23	**Tote Hose Abenteuerausstieg**	**7**	
24	**Tote Hose Abenteuerausst. Var.**	**7**	
25	**Und immer locker bleiben**	**8+..9-**	

1. BH sehr schwer zu klippen. Schwer gerade über Untergriff hoch zu schmalem Band, hier nach rechts zum 2. BH queren. Noch etwas weiter nach rechts queren und über kleinste Kratzergriffe auf miserabelsten Reibungstritten hochstehen, bis man ein gutes, aber scharfkantiges 2-Fingerloch erreicht, von wo aus man den 3. BH einhängen kann. Der obere Teil ist dann zum Glück etwas einfacher. Extreme Steherei. Original vom 1. zum 2. BH rechts rum.

26	**Kassandra**	**9**	
27	**Direktvar. Traumtänzer**		*Nur mit Schlingen und einem Fixkeil abgesicherte Variante.*
28	**Traumtänzer**	**8/8+..8+/9-**	*Startpassage bereits nicht einfach. Im oberen Teil nach der Querung schwere Passage mit weiten Zügen und nicht einfach zu treten, tolle Tour.*
29	**Joe Muff**	**9-**	
30	**Quergang**	**7-/7**	*Klasse Kletterei mit 2 schweren Passagen am Beginn und am Ende des Quergangs. Vor dem 1. NH kann man noch eine gute SU fädeln. Ziemliche Seilreibung. 70 m Seil sinnvoll.*

Ostalb 3

20 m, SW

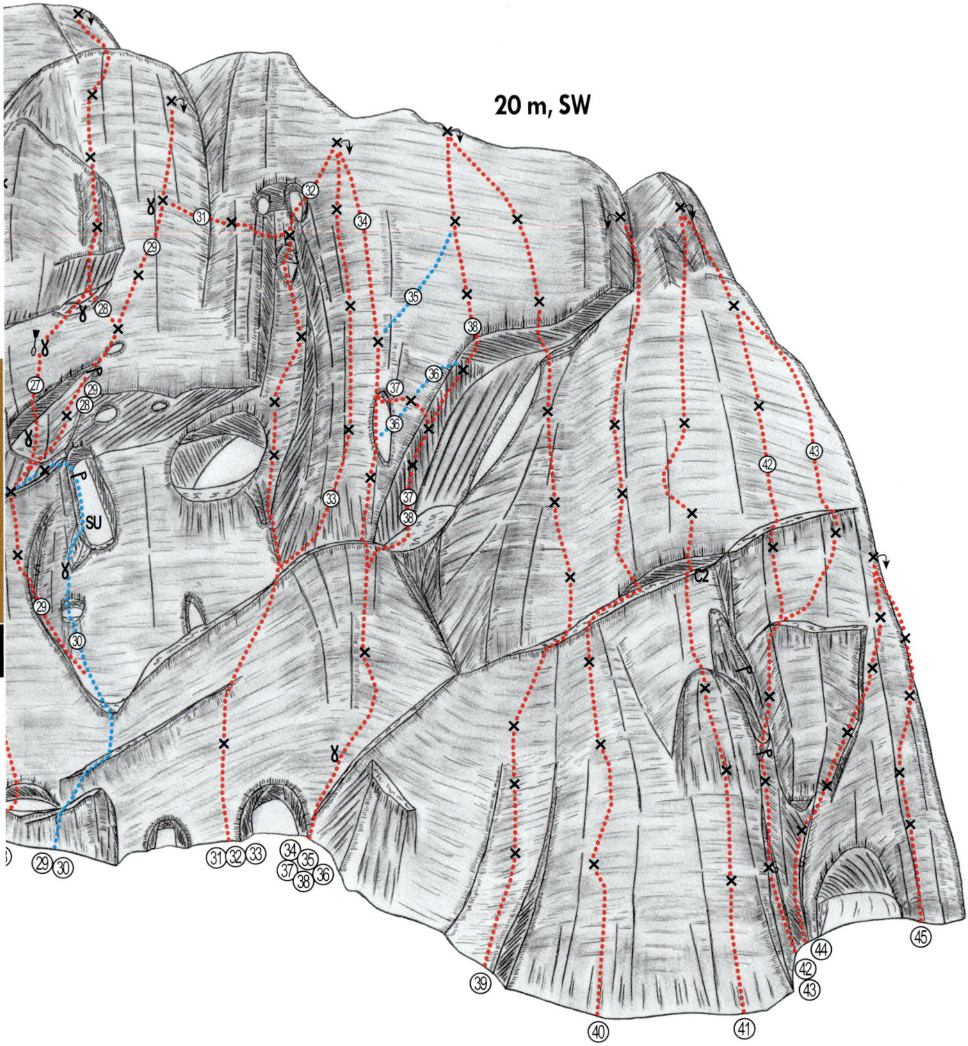

31	**Muffiger re. Pfeiler**	7+	
32	**Rechter Pfeiler**	6	*Ziemlich glatt polierter Schlund, spreizen ist angesagt.*
33	**Flickwerk**	7-	*Pfeilerkletterei, bei der gutes Stehen der Schlüssel zum Erfolg ist. Etwas gesucht, denn man sollte nicht nach links oder rechts ausbüxen, aber trotzdem ganz nett. Der 2. BH steckt sehr hoch, evtl. von links her vorhängen.*
34		7..7+	*Schwere Einzelstelle vom Band weg. Am 2. BH von Fingerloch zu Leiste und hoch ins große Loch. Oben weiter Runout.*

35	**Obere Querung**	**7..7+**	*Die Querung selbst ist mit ca. 5 nicht schwer aber eine nette Variante.*
36	**Dachkantenquerung**	**7+**	
37	**linker Ausstieg**	**8-**	*Überhängender, athletischer Start über gute Griffe, dann links raus über Seitgriff zu flachem Patscher, schwerer Einhänger. Danach weiter nach links in großes Loch und raus wie Nr. 34.*
38	**Lochüberhang**	**8-**	*Athletisch und relativ großgriffig aber kraftraubend durch Überhang. Aus dem Überhang raus schwere Stelle, von schmaler Leiste weiter Zug auf flachen Patscher.*
39	**Ritter zum Esel**	**6..8+**	*Unten Plattenkletterei. Vom Band weg extrem längenabhängige Einzelstelle. Sehr große Kletterer erreichen bereits den Henkel, kleine müssen entweder springen (nicht zu bewerten) oder eine Minileiste zuschrauben, was in etwa 8+ sein dürfte.*
40	**Willkommen in Geriatringen**	**6**	*Am Band Cam 2 legen. Hier nicht ganz einfach zum nächsten BH. Zur Umlenkung hin etwas brüchig.*
41	**Vagabundenweg**	**6+/7-**	*Zum 1. hohen BH nicht einfach, am Band Cam 2 legen. Vom Band weg nochmals etwas schwerer.*
42	**Rechterer Pfeiler direkt**	**6**	
43	**Rechterer Pfeiler rechts**	**5+**	
44	**Krümelmonster**	**8**	*Schwerer Riss im unteren Teil mit miesen Tritten und schlechten Griffen. Die Querung ist mit Untergriffen und Seitgriffen schwer und mit einem etwas größeren Hakenabstand etwas ungemütlich. Die Route ist zwar eher brüchig, aber trotzdem wirklich gut, sehr pumpig.*
45	**Jürgens Bastelaufgabe**	**8+**	*So gut wie keine Griffe vorhanden, Tritte ausschließlich schlechte Reibungstritte. Haken einhängen mit am schwierigsten, sehr splittrig!*

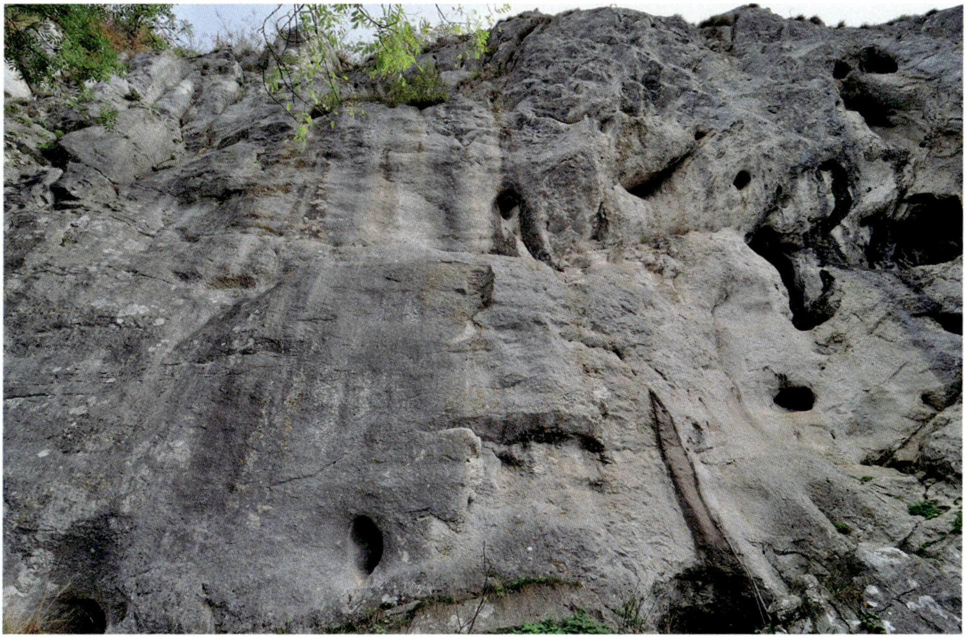

 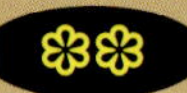

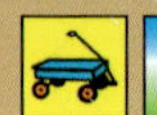 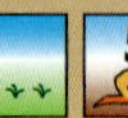 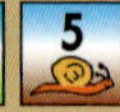

P N48°36'05,2" O10°11'13,8"

Teils großzügige Linien in gutem, ziemlich rauem Gestein. Die Absicherung ist passabel, Keile sind nur vereinzelt erforderlich. Da hier nur halbjährig geklettert werden darf, ist mit Bewuchs und mehr Staub als gewöhnlich zu rechnen.

The protection is reasonable, nuts are necessary only here and there.

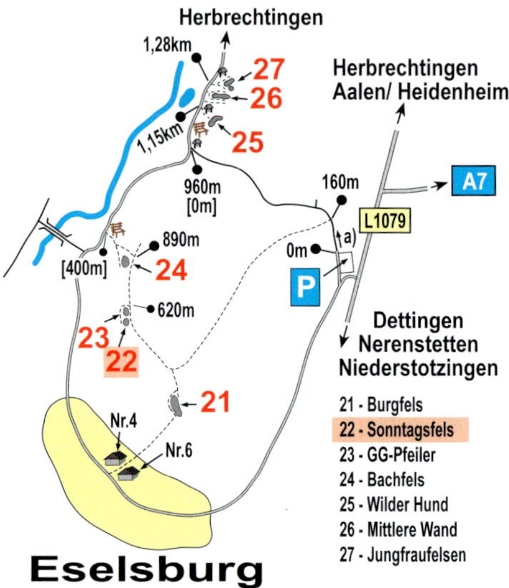

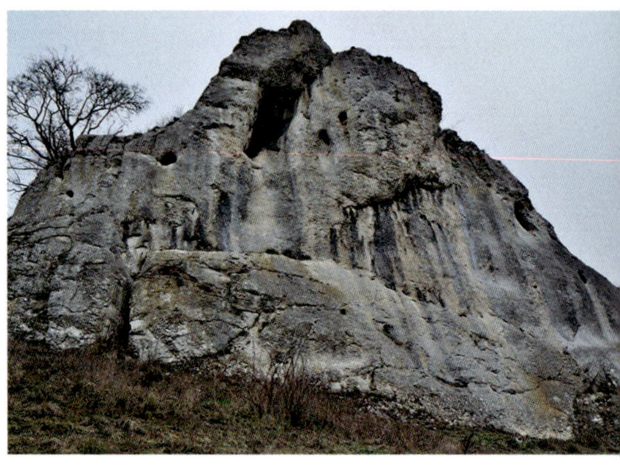

Anfahrt

Die A 7 an der Ausfahrt Giengen/Herbrechtingen verlassen und auf die L 1079 Richtung Dettingen/Nerenstetten/Niederstotzingen. An der T-Kreuzung links und der Straße folgen, bis rechts eine schmale Straße nach Eselsburg abzweigt. Hier rechts und sofort wieder rechts auf einen großen Wanderparkplatz.

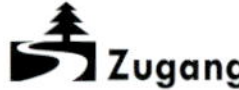

Zugang

Vom Wanderparkplatz folgt man dem geschotterten Wirtschaftsweg hinab in Richtung Talgrund. Nach 160 m links ab auf einen Pfad über die Wiesenflächen. Nach einiger Zeit macht der Pfad einen scharfen Rechtsknick und führt nach 470 m (von der Abzweigung Schotterweg) zum Felskopf von „Sonntagsfels“ und „GG Pfeiler“. Eine Pfadspur führt hinab zum Wandfuß der beiden direkt nebeneinander liegenden Felsen.

620 m vom Parkplatz.

Zugangszeit: 5 Minuten

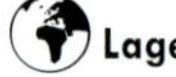

Lage

Komplett freistehende Wand ganz oben am steilen Hang.

Naturschutz

Vom 01.03.-15.07. aus Vogelschutzgründen gesperrt, ansonsten keine besonderen Einschränkungen.

Climbing prohibited 01.03.-15.07. due to bird protection.

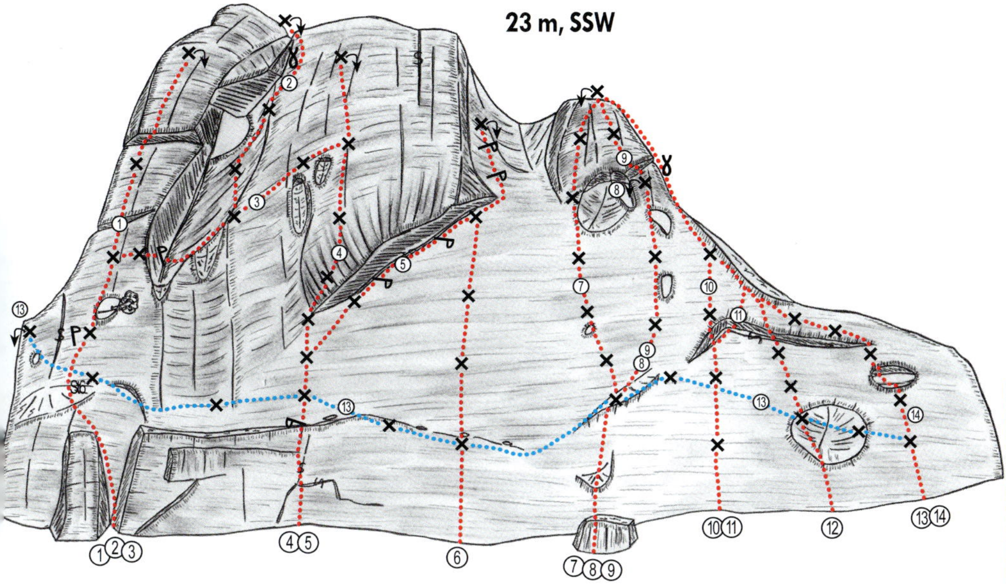

23 m, SSW

	Nr.	Route	Grad	Beschreibung
	1	**Aufwind**	7-	*Vor dem hohen 1. BH evtl. Stopper Größe 6 legen.*
	2	**Sonntagspfeiler**	7	*Vor dem hohen 1. BH evtl. Stopper Größe 6 legen. Die Querung hat es mächtig in sich.*
	3	**Sonntagsausflug**	7	*Vor dem hohen 1. BH evtl. Stopper Größe 6 legen. Der erste Teil der Querung ist kleingriffig und schwer. Im zweiten Teil wird es großgriffig aber leicht überhängend und athletisch. Die Umlenkung muss ordentlich angeklettert werden, super Tour.*
	4	**Sonntagsbraten**	9	*Nach geneigter Einstiegsplatte überhängend, athletisch mit teils weiten Zügen an miesen bis passablen Griffen.*
	5	**Sonntagsriss**	9/9+	*Eher unangenehme, da schlecht gesicherte Querung.*
	6	**Jumping Jack Flash**	9-	
	7	**Sargnagel**	9+	
	8	**Ein schöner Platz zum Sterben**	8	
	9	**Ein Schöner Platz zum Sterben verlängert**	8	
	10	**Sonntagsfahrer auf der Überholspur**	8/8+	*Sehr gesuchte und definierte Variante, bei der man die guten Griffe rechts weglässt und direkt über die aalglatte Platte klettert.*
	11	**Sonntagsfahrer**	6	*Die logische und ganz gute Variante. Den 3. BH von der Überholspurvariante hängt man mit ein, ehe man etwas nach rechts zu den Henkeln klettert. Oben raus einfacher.*
	12	**Top oder Flop**	8-	*Kleingriffige Platte.*
	13	**Langer Sonntag**	7	*Für Nachsteiger teils unangenehm gesichert.*
	14	**Spielplatz**	5+	

GG-Pfeiler

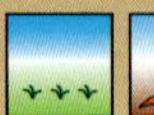

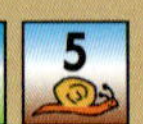

P N48°36'05,2" O10°11'13,8"

Zumeist eher etwas unspektakuläre Routen in teilweise etwas brüchigem aber noch sehr rauem Gestein. Die eine oder andere Linie ist ziemlich gesucht.

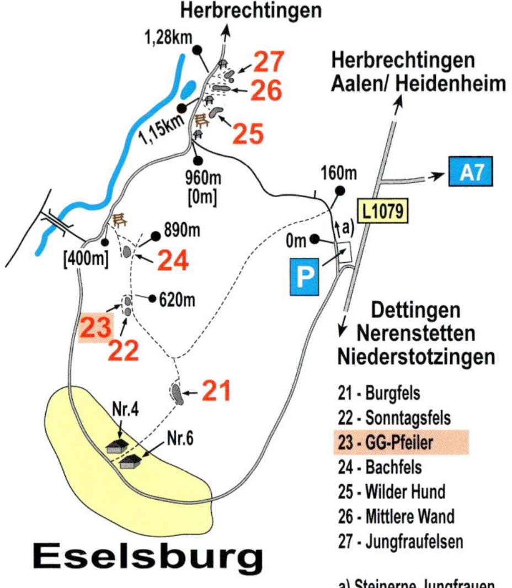

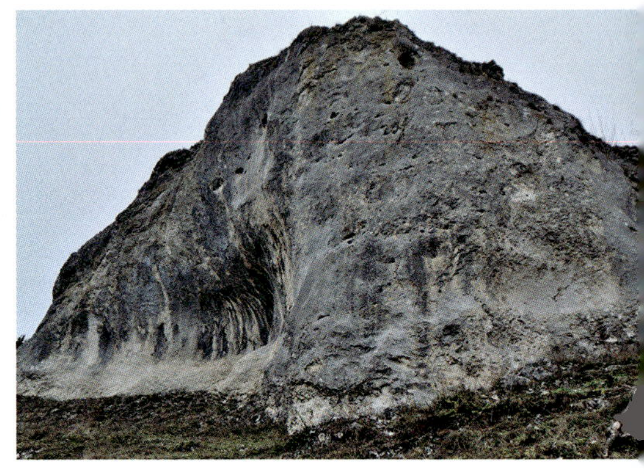

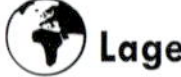

Anfahrt

Die A 7 an der Ausfahrt Giengen/Herbrechtingen verlassen und auf die L 1079 Richtung Dettingen/Nerenstetten/Niederstotzingen. An der T-Kreuzung links und der Straße folgen, bis rechts eine schmale Straße nach Eselsburg abzweigt. Hier rechts und sofort wieder rechts auf einen großen Wanderparkplatz.

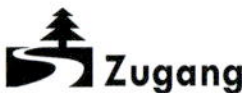

Zugang

Vom Wanderparkplatz folgt man dem geschotterten Wirtschaftsweg hinab in Richtung Talgrund. Nach 160 m links ab auf einen Pfad über die Wiesenflächen. Nach einiger Zeit macht der Pfad einen scharfen Rechtsknick und führt nach 470 m (von der Abzweigung Schotterweg) zum Felskopf von „Sonntagsfels" und „GG Pfeiler". Eine Pfadspur führt hinab zum Wandfuß der beiden direkt nebeneinander liegenden Felsen.

620 m vom Parkplatz.

Zugangszeit: 5 Minuten

Lage

Komplett freistehende Wand ganz oben am steilen Hang

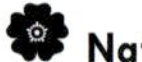

Naturschutz

Gesperrt von 01.03.-15.07.

Climbing prohibited 01.03.-15.07.

15 m, WSW

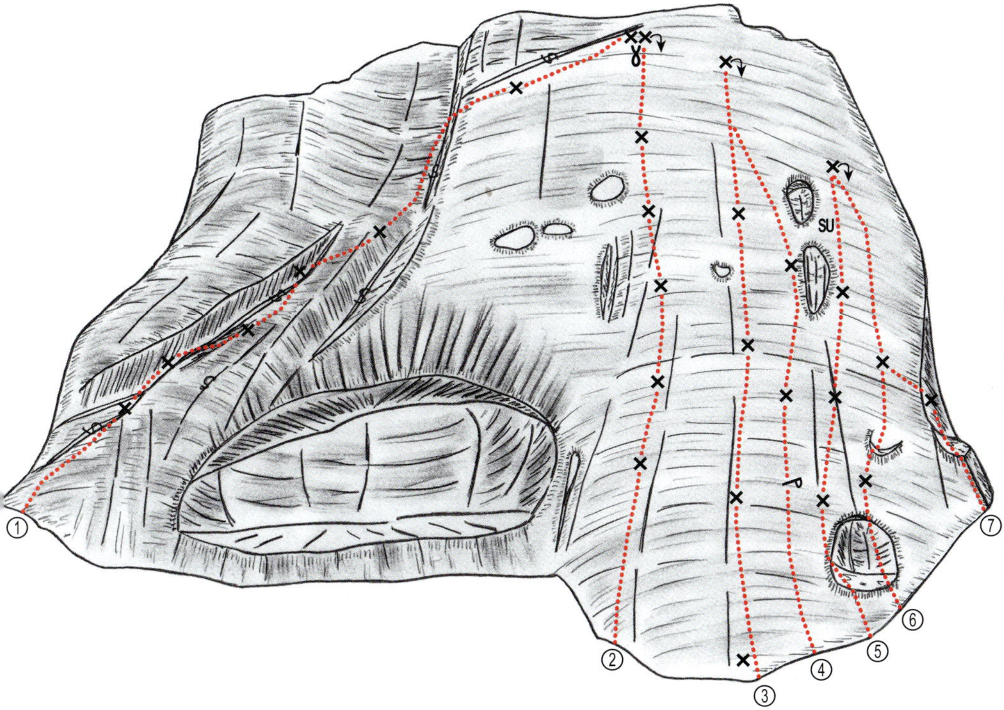

SU

1	**Regenbogen**	6+/7-	*Etwas seltsame, eher brüchige Querung. Am schwersten zur Umlenkung hin. Wer konsequent unterhalb der Haken bleibt, klettert eine deutlich schwerere Variante (7).*
2	**Mantrayana**	10-	*Bis zum großen Loch mäßig schwierig, dort folgt dann aber eine happige, äußerst kleingriffige Passage.*
3	**Guru Guru**	7-/7	*Schwerer, kleingriffiger Reibungsstart. Dann weite Züge an guten Griffen, tolle Tour.*
4	**Gustav Gustav**	6	*Gut griffige, unten steile Wandkletterei. Der Start ist am schwersten.*
5	**Natimuk**	7-/7	*Einzelstelle, im unteren Teil eng an „Reiner Unsinn".*
6	**Reiner Unsinn**	6+	*Schwerer Start, ungemütlich weit zum 2. BH.*
7	**Go Go**	6-	*Leichtere Einstiegsvariante zu „Reiner Unsinn".*

 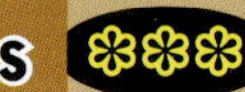

 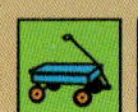 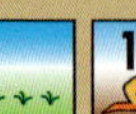 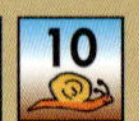

P N48°36'05,2" O10°11'13,8"

Schöne Klettereien an steilem Fels in gemütlichem Ambiente. Teilweise sind die Routen ziemlich größenabhängig, so dass der angegebene Schwierigkeitsgrad sicher sehr unterschiedlich empfunden wird. Die Absicherung am Fels ist passabel, doch stecken hier auch noch Bohrhaken der 1. Generation, welche teils mit etwas Vorsicht zu genießen sind. Ab und zu sollte auch der ein oder andere Keil gelegt werden, Sanduhrschlingen am Gurt können ebenfalls nicht schaden. Some routes are very morpho. Some of the bolts are old models. Nuts and slings can be helpful.

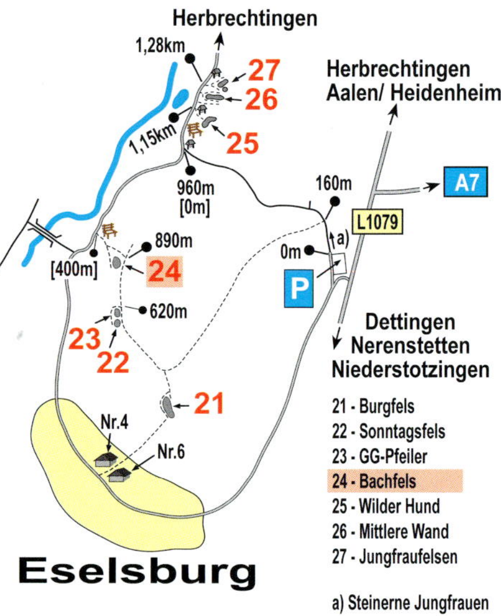

Anfahrt

Die A 7 an der Ausfahrt Giengen/Herbrechtingen verlassen und auf die L 1079 Richtung Dettingen/Nerenstetten/Niederstotzingen. An der T-Kreuzung links und der Straße folgen, bis rechts eine schmale Straße nach Eselsburg abzweigt. Hier rechts und sofort wieder rechts auf einen großen Wanderparkplatz.

Zugang

Vom Wanderparkplatz folgt man dem geschotterten Wirtschaftsweg hinab in Richtung Talgrund. Nach 160 m links ab auf einen Pfad über die Wiesenflächen. Nach einiger Zeit macht der Pfad einen scharfen Rechtsknick und führt nach 470 m (von der Abzweigung Schotterweg) am Felskopf von Sonntagsfels und GG Pfeiler vorbei. Nach weiteren 270 m erreicht man den Felskopf des Bachfelsen. Eine Pfadspur führt hinab zum Wandfuß, Wegstrecke etwa 900 m.

Alternativ kann man auch dem geschotterten Wirtschaftsweg ins Tal folgen und dort auf der Straße 400 m nach links. Bei einer Bank führt links eine Pfadspur direkt zum Wandfuß.

Zugangszeit etwa 10 Minuten.

Lage

Mächtige Wand im Talgrund. Direkt an die Felder angrenzend mit etwas Laubgehölz am Wandfuß.

Naturschutz

Im Bereich der Routen 20-23 wachsen am Wandfuß vom Aussterben bedrohte Pflanzen. Hier die Beschilderung vor Ort beachten, Wandfuß hier zeitweise gesperrt. Ansonsten keine besonderen Einschränkungen. At the base of the routes 20-23 rare, protected plants are growing. Respect the signs, temporary closure of the crag base possible in this area.

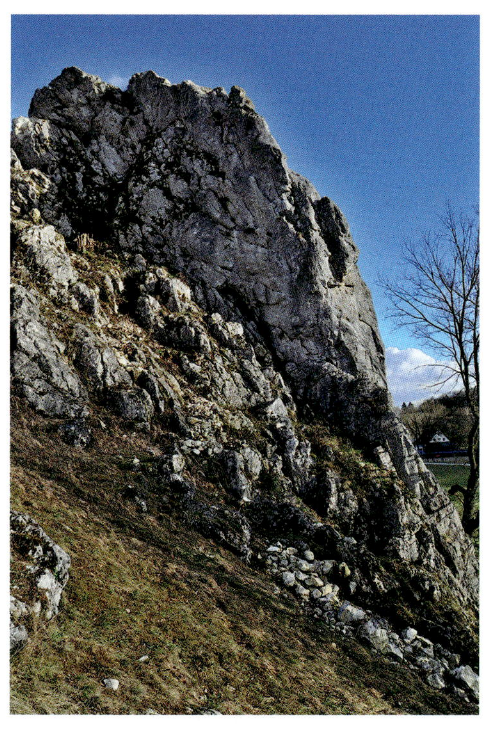

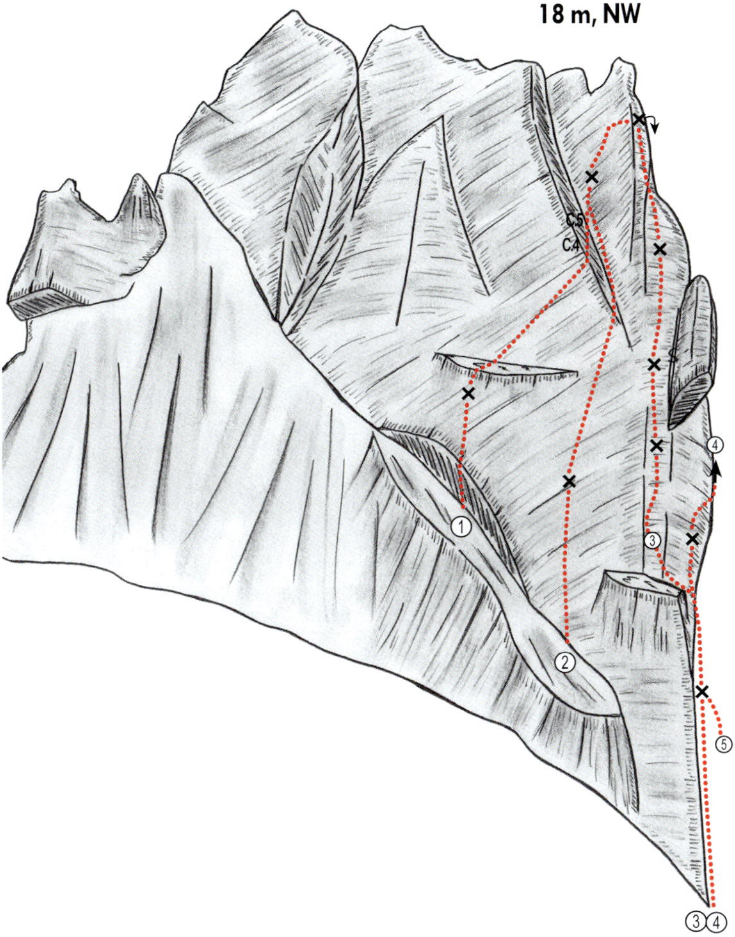

18 m, NW

C.5
C.4

1	**Sunset**	**5+**	*Weiter Zug zu Beginn, dann großgriffig, oben Cam .4 und/oder Cam .5 legen.*
2	**Jüma**	**6-**	*Kein einfacher Start, oben gut griffige Risslinie, Cam .4 und/oder Cam .5 legen.*
3	**Normalweg**	**6-**	*Schwere Stelle am 1. BH. Große, aber stark abgeschmierte Griffe, schlechte Tritte.*
4	**Linker Pfeiler**	**6**	*Schwere Querung oben gemeinsam mit der Verlängerung von Marihuana.*

3.24 Bachfels

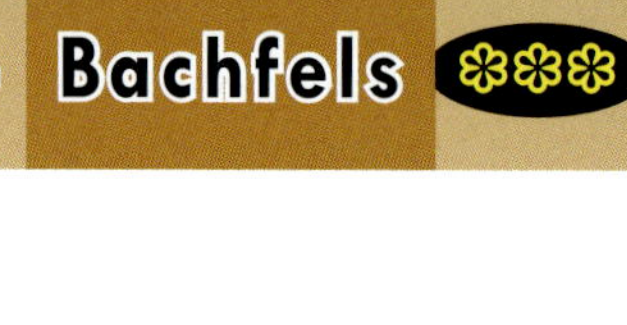

23 m, SSW

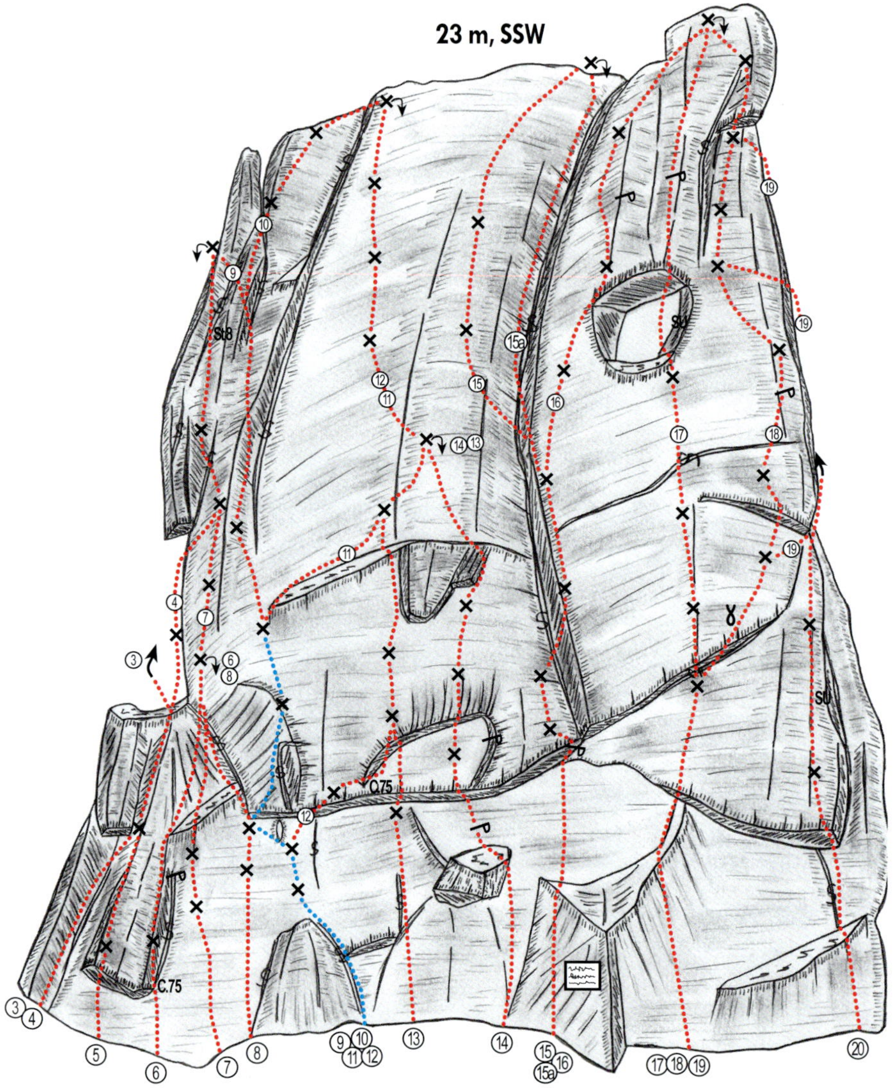

5 Einstiegsvariante **5+**

6 Morphin **8-** *Vor 1. BH Cam .75 legen, schwere Stelle am BH, original über den NH geklettert. Vom 1. BH eher linkshaltend ohne den NH geklettert 7+.*

7 Marihuana **7/7+** *Harte Passage an teils sehr glatten Seitgriffen, am 2. BH sehr weiter Zug. Nach der 1. UL ebenfalls nochmals nicht ganz einfach.*

8 Mescalin **6+** *Kurz und hart.*

9 Sinnestäuschung original **7-** *Im unteren Teil klettert man sehr ähnlich wie Mescalin, dann wird die Sache überhängend und nochmals richtig schwer. Oberer Teil deutlich einfacher, Keile legen oder besser über eine der benachbarten Routen aussteigen.*

	Nr.	Route	Grad	Beschreibung
	10	**Ausstiegsvariante**	7-	
	11	**Sinnestäuschung neu**	7-	
	12	**Variante Mittlere Tour**	8	*Die Querung ist aufgrund der sehr schlechten Tritte nicht einfach, Cam Größe .75 legen.*
	13	**Mittlere Tour**	8-/8	*Vor sehr hohem 1. BH Keile legen. Athletische weite Züge an recht ordentlichen Griffen, schöne Route.*
	14	**Zum Schnittlauchgarten**	8..8+/9-	*Sehr größenabhängige Einzelstelle. Wer von den großen Tritten mit dem schmerzhaften Fingerloch links hochgreifen kann, klettert die 8. Ansonsten bleibt nur die Rechtsvariante, die wesentlich schwerer ist.*
	15	**Holzkeilriss links**	7	*Linke Ausstiegsvariante oben mittlerweile sehr verwachsen.*
	15a	**Holzkeilriss original**	7	*Schwere Risskletterei. Der überhängende Riss hat eine sehr unangenehme Breite und ist sehr glatt. Das Trittangebot ist ebenfalls sehr bescheiden. Der obere Teil wird kaum noch geklettert und ist entsprechend verwildert.*
	16	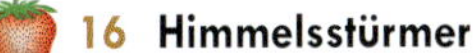 **Himmelsstürmer**	7	*Nachdem der schwere Teil des Holzkeilrisses absolviert ist, geht es rechts ab über den Pfeiler, ab hier nicht mehr so schwierig.*
	17	**Rechter Pfeiler**	9-	*Schwere Passage zwischen 2. und 3. BH. Der 1. BH war zum Recherchezeitpunkt locker !!*
	18	**Voodoo Vision**	8-	*Schwere Kantenkletterei mit Seitgriffen und eher schlechtem Trittangebot. Der 1. BH ist locker !!*
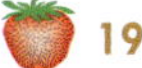	19	**Südriss**	6+	*Gut griffig, teils etwas brüchig, die Querung hat es in sich, insgesamt sehr schöne Linie. Der 1. BH ist locker !! Oben zwei Varianten.*
	20	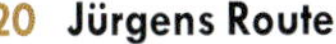 **Jürgens Route**	7..	*Nach 1. BH kann man eine gute SU fädeln. Nach dem letzten Zwischenhaken folgt eine stark größenabhängige Einzelstelle.*

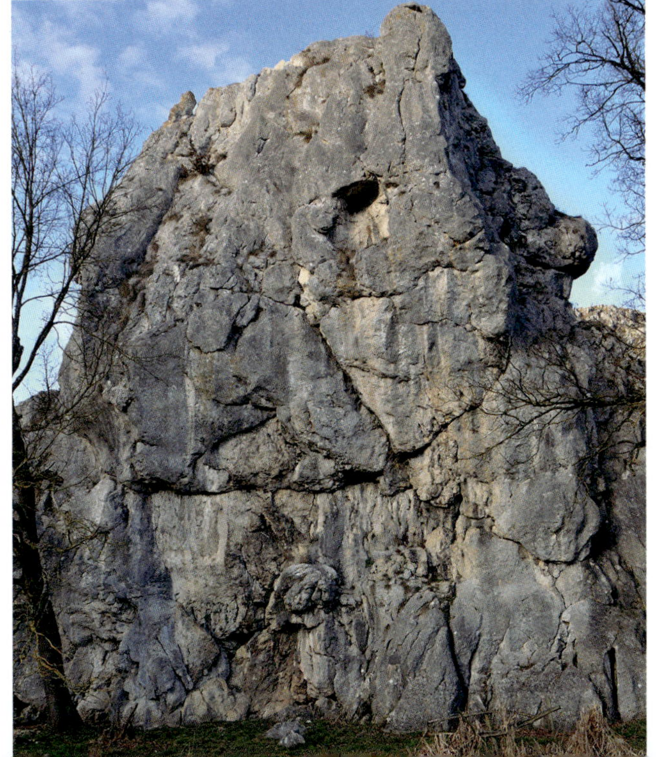

3.24 Bachfels 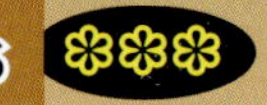

10

Ostalb

3

23 m, O

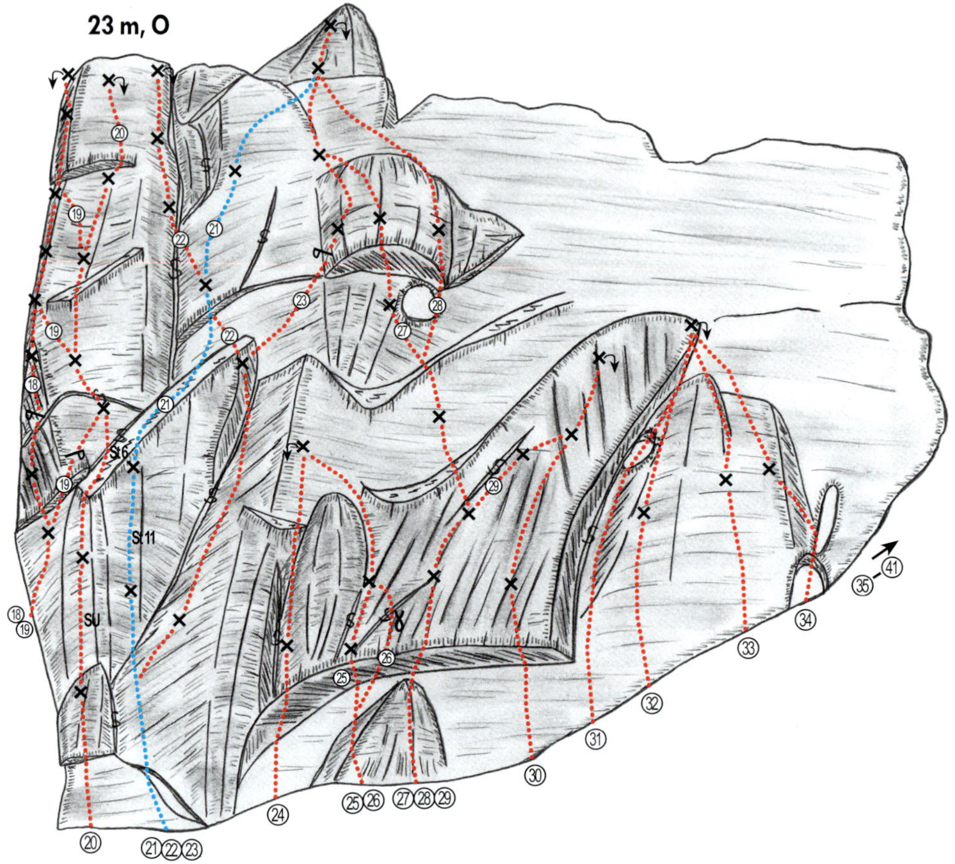

	Nr.	Route	Grad	Beschreibung
	21	**Flow Variante**	4-	*Nach 1. BH Stopper Größe 11 legen, schöne, gut griffige Variante.*
	22	**Flow**	4+	*Unten einfache Platte, der Riss oben fordert deutlich mehr.*
	23	**Flow rechte Variante**	4	*Am kleinen Überhang rechts rum klettern.*
	24	**Acuna Matata**	7+	*Schwer zum und über den 1. BH.*
🍓	25	**Magic Line**	7+/8-	*Sehr athletisch an überhängender Risslinie, gute Route.*
	26	**Weißwurstpower**	8-/8	*Am 1. BH von Magic Line nicht ganz einfach nach rechts queren und von guter Sanduhr weiter Zug wieder zurück nach links, Spannweite kein Nachteil.*
	27	**Schlangenäuglein**	7	
	28	**Schlangenäuglein rechts**	6+	
🍓	29	**Nachtarbeit**	7-/7	*Schöne, überhängende und großgriffige Traverse mit weiten Zügen.*
	30	**De Luxe**	8-	*Sehr schwere Passage um den 1. BH.*
	31	**Rinne**	3-	*Geneigte Rampe.*
	32	**Ausbruch**	6-	*Weiter Zug nach links in Henkel.*
	33	**Quickie**	6+	*Schwere Passage am 1. BH.*
	34	**Bonsai**	4	*Gut griffige Kletterei am rechten Rand.*

Rechter Sektor 5-10 m, O

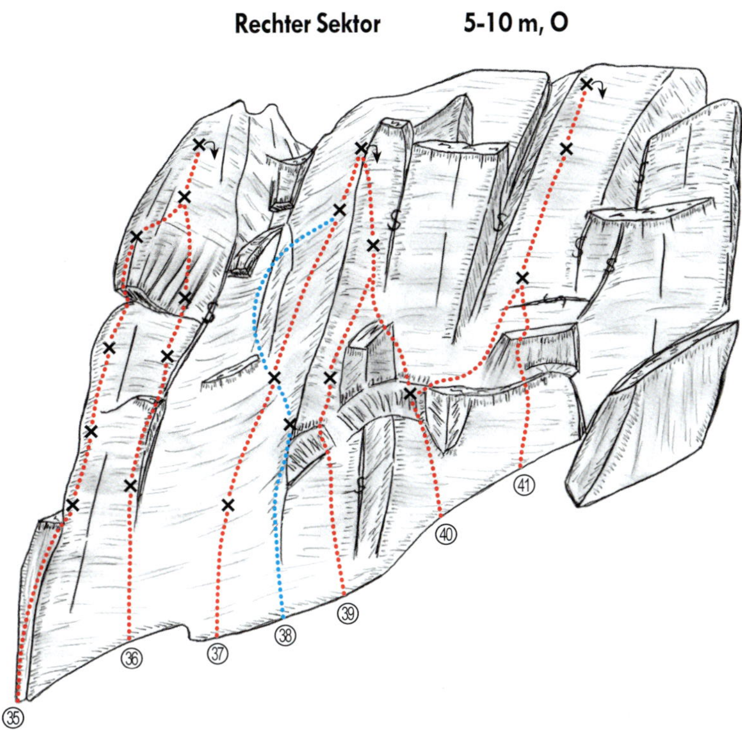

 35	**Kantenhangler**	5+	*Die längste und schönste Route hier, startet ganz links unten.*
36	**Zauberwelt**	6	
37	**Senkrechtstarter**	6+	*Direkt über die Platte*
38	**Semsagräbsler**	4+	*Kreuzt den Senkrechtstarter, mehr in der Verschneidung.*
39	**Bewegungsgenuss**	5+	
40	**Biohof**	3+	*Kurze Übungskletterei, entweder links oder rechts rum aussteigen.*
41	**Kurzes Glück**	3-	*Rekordverdächtig kurze Route.*

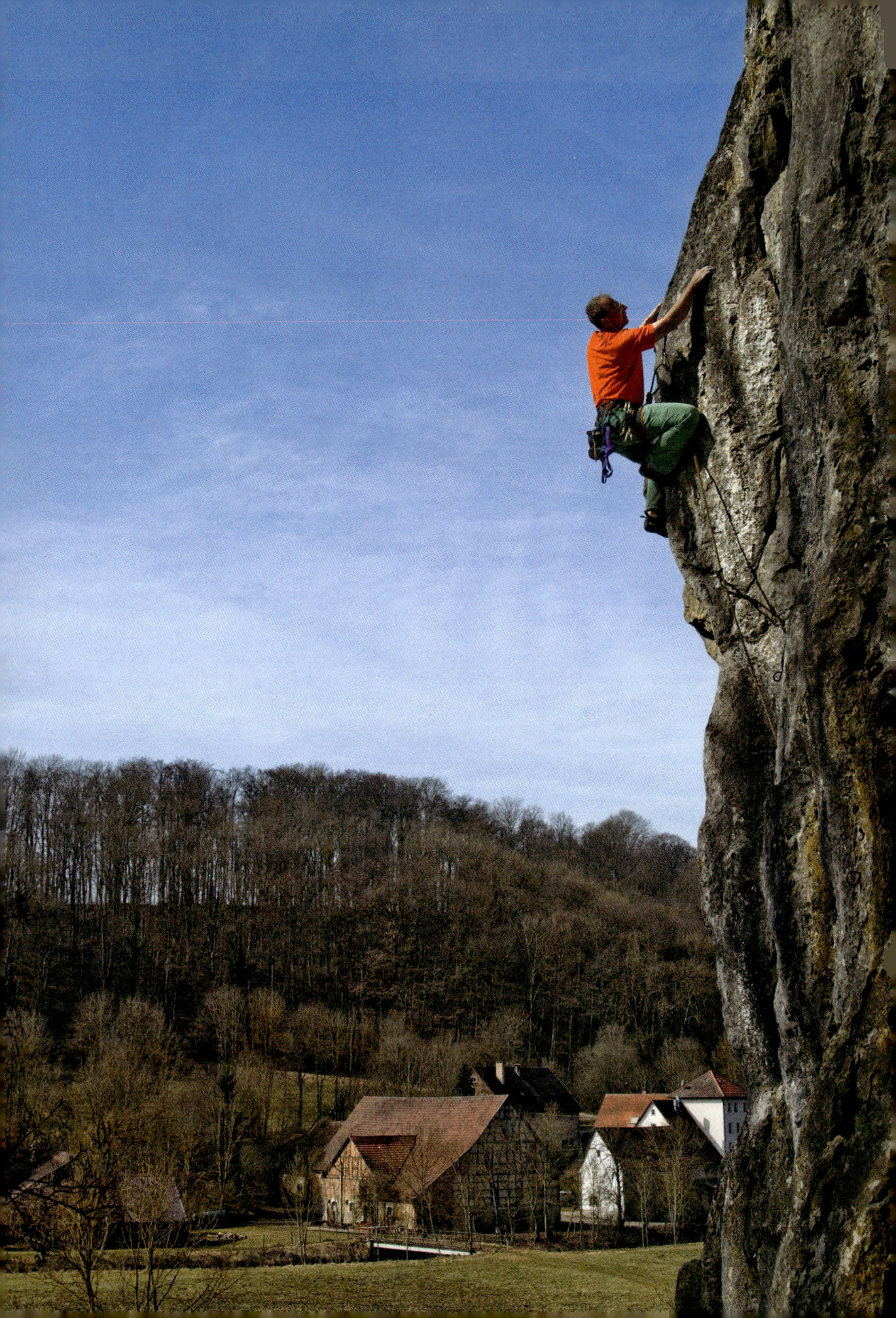

P N48°36'05,2" O10°11'13,8"

Der **Wilde Hund** ist eine kompakte und steile Platte mit teilweise tollen Routen. Die Absicherung ist meist in Ordnung, aber keinesfalls übertrieben. Auch hier können Zusatzkeile nicht schaden. Wie an der benachbarten Mittleren Wand so ist auch hier durch die zahlreichen Begehungen der Fels oft mächtig poliert. Nuts can be helpful.

An der **Mittleren Wand** gibt es viele recht nette, vorwiegend plattige Klettereien, häufig auch entlang von Rissen oder Verschneidungen. Sehr beliebt und aufgrund dessen sind viele Routen bereits sehr abgegriffen. Die Absicherung ist passabel, doch können auch hier der ein oder andere Keil oder ein paar Bandschlingen, um Sanduhren zu fädeln, nicht schaden. Leider sind die Routen häufig etwas kurz, oder die Schwierigkeiten konzentrieren sich auf einzelne Stellen, wobei der Rest dann deutlich einfacher ist. Bring nuts and slings for the thread pockets.

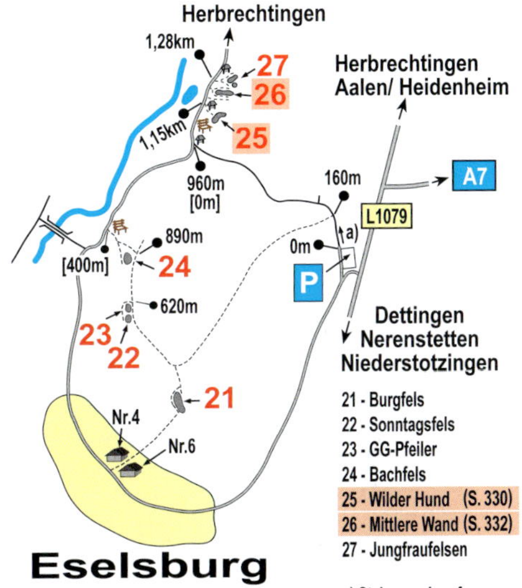

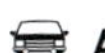

Anfahrt

Die A 7 an der Ausfahrt Giengen/Herbrechtingen verlassen und auf die L 1079 Richtung Dettingen/Nerenstetten/ Niederstotzingen. An der T-Kreuzung links und der Straße folgen, bis rechts eine schmale Straße nach Eselsburg abzweigt. Hier rechts und sofort wieder rechts auf einen großen Wanderparkplatz.

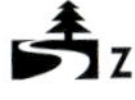

Zugang

Vom Wanderparkplatz folgt man dem geschotterten Wirtschaftsweg hinab ins Tal. Nach 960 m erreicht man im Talgrund eine Straße. Hier nach rechts und nach weiteren 190 m zum **Wilden Hund** (vom Parkplatz aus 1,15 km).
Zur **Mittleren Wand** der Straße nochmals 50 m folgen und dann rechts hoch (1,2 km vom Parkplatz).
Zugangszeit etwa 12 Minuten.

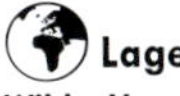

Lage

Wilder Hund

Komplett freistehende Lage im Talgrund direkt angrenzend an ein Obstbaumgrundstück.

Mittlere Wand

Komplett freistehende Wand. Auf der Nordseite eher steiler, auf der Südseite deutlich flacherer Grashang.

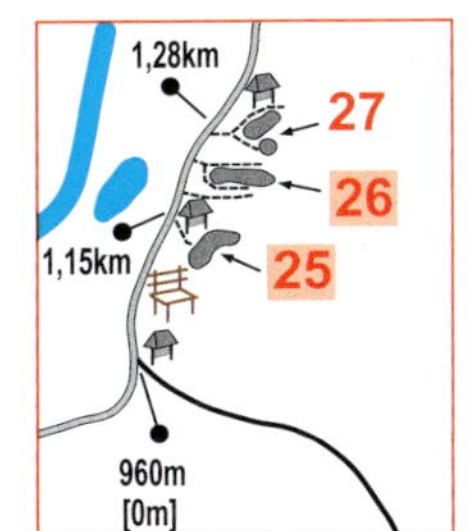

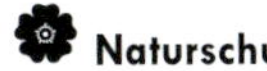

Naturschutz

Keine besonderen Einschränkungen.

Ulrich Röker in Gufel direkt (7-/7) am Bindstein

3.25 Wilder Hund

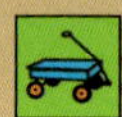
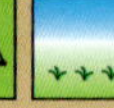
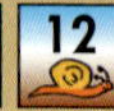

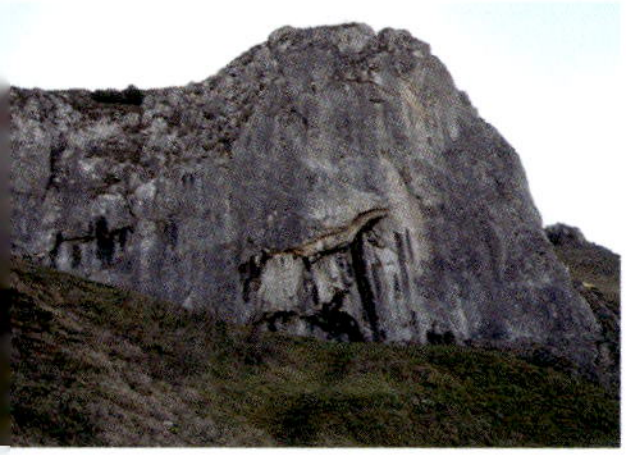

Zugang und allgemeiner Text siehe Seite 329
Access and general description see page 329

20 m, NNW

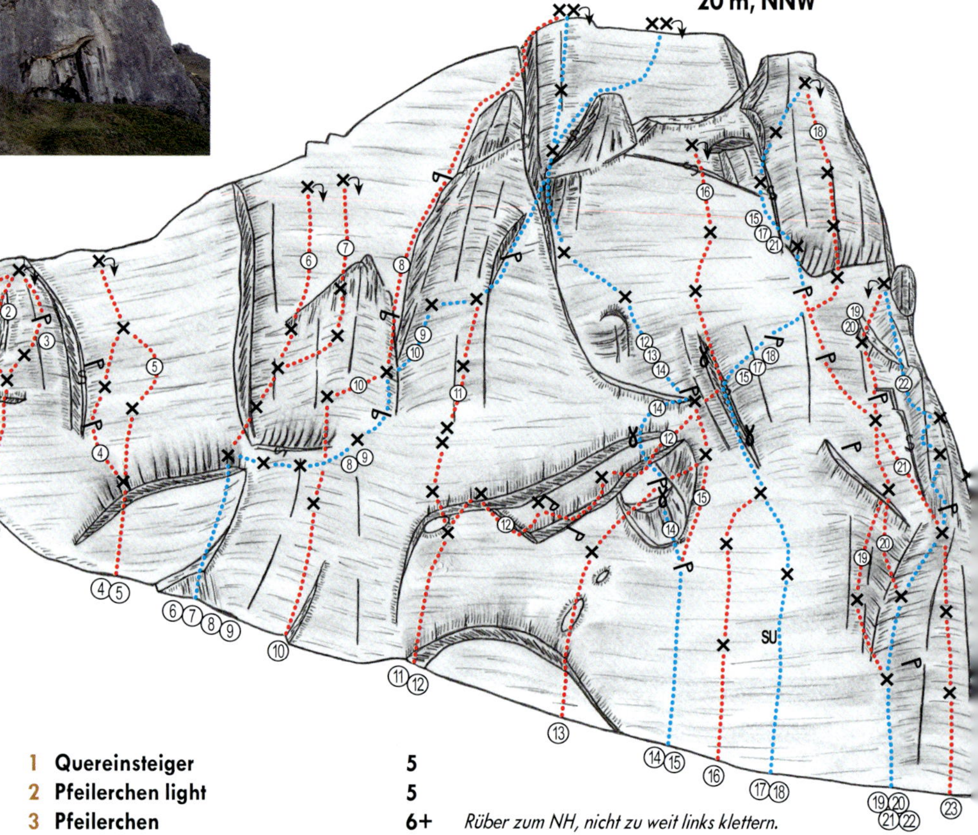

1	**Quereinsteiger**	**5**	
2	**Pfeilerchen light**	**5**	
3	**Pfeilerchen**	**6+**	*Rüber zum NH, nicht zu weit links klettern.*
4	**Verschneidung**	**7-**	
5	**Nordplatte**	**6-**	*Vom 2. zum 3. Bohrhaken Rechtsschlenker.*
6	**Renaissance links**	**5+**	
7	**Renaissance rechts**	**5+**	
8	**Wilder Hund**	**8**	
9	**Wilder Hund + Adapter**	**8+**	
10	**Spiel der Geister + Adapter**	**8+**	*Reichweite kein Nachteil.*
11	**Die Rote**	**VI A2**	*Uralte Haken.*
12	**Quergang**	**8-**	*Kräftig, athletisch, man bleibt eher tief.*
13	**Höhleneinstieg**	**8-**	
14	**Altherrenweg**	**8-**	*Schwerer, extrem kleingriffiger Start, der zudem enorm abgegriffen ist. Gut griffig über den Überhang. Die Querung ist nochmals ziemlich heftig, insgesamt tolle Route.*
15	**Altherrenweg + Verbindungsvar.**	**8-**	
16	**Turkish Airways & keine Panik**	**8+**	*Mittlerweile etwas verlängert.*
17	**Direkter Herbstweg**	**8-**	*Schwere und schlecht gesicherte Startpassage, oben extrem polierter Piaz, bei dem Größe/Spannweite kein Nachteil ist. Vor 1. BH kleine SU fädeln.*

18	**Spiel der Mücken**	..8+	*Schwere Ausstiegspassage. Von kleinem Untergriff in schlechtes Seitloch und weiter Zug nach oben, Größe hilft.*
19	**Variante**	6	
20	**Herbstweg Variante**	5+	*Ebenfalls sehr polierte Variante des Herbstweges.*
21	**Verbindungsweg**	8-	*Umgeht den schweren, ungemütlich gesicherten Start des Direkten Herbstweges.*
22	**Herbstweg**	5+	*Man klettert den Riss und klippt die Haken nach rechts, sehr beliebt und dementsprechend poliert.*
23	**Einstiegsvariante**	6+	

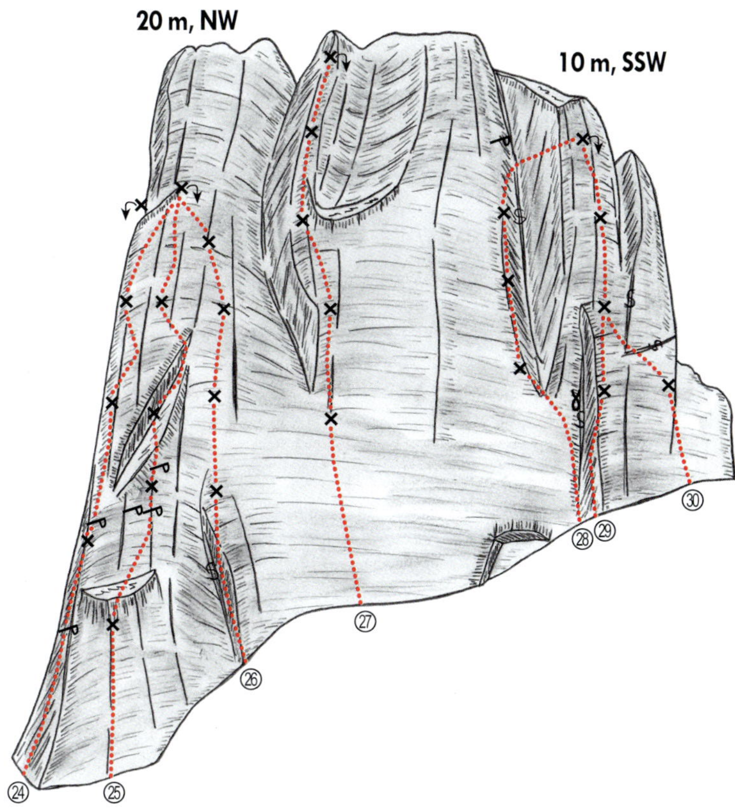

24	**Altweiberkante links**	7+..	*Nicht ganz einfacher Start, am 2.BH eher etwas rechts rum. Je direkter man hier zu klettern versucht, desto schwerer wird die Sache, stark abgegriffen.*
25	**Altweiberkante**	5-	*Nie zu direkt über die Haken, sondern immer eher rechts haltend klettern. Stark abgegriffen.*
26	**Jungfrauenkante**	5-	*Nette, gut griffige und stark abgegriffene Variante.*
27	**Dillinger Weg**	6+	*Ziemlich uneinheitliche Kletterei.*
28	**Südriss**	5	
29	**Südpfeiler**	7-	
30	**Südpfeiler rechts**	7-	*Rechte Einstiegsvariante*

Mittlere Wand 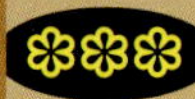

  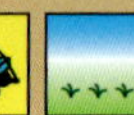 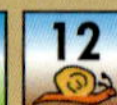

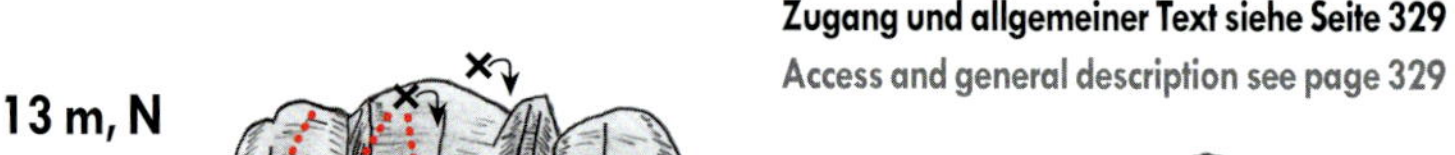

Zugang und allgemeiner Text siehe Seite 329
Access and general description see page 329

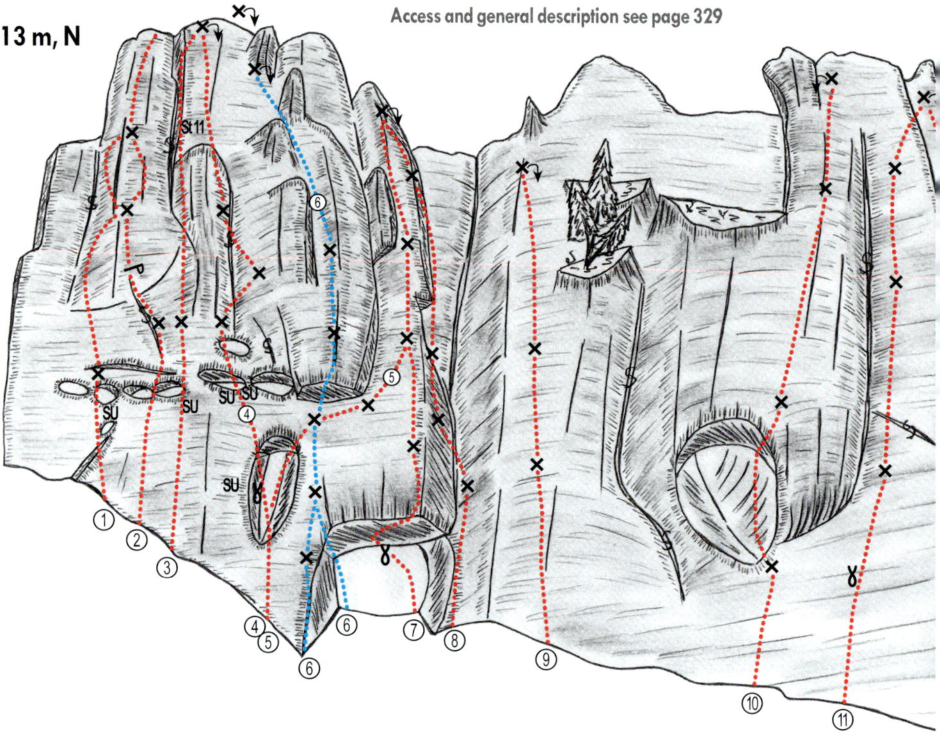

13 m, N

	Nr.	Route	Grad	Beschreibung
	1	**Kliff Hänger**	**5-**	*Schwere Stelle am 1. BH. Danach deutlich leichter aber brüchig.*
	2	**Via Jonas**	**6+**	*Weite Züge an relativ guten Griffen.*
	3	**Schlitzweg**	**6-**	*Vor 1. BH gute SU fädeln, oben Stopper Größe 11. Am 1. BH schwer, steil aber gut griffig.*
	4	**Sanduhrentour**	**5+**	*Schön, gut griffig, vor dem 1. BH kann man weitere gute Sanduhren fädeln.*
	5	**NO-Pfeilerquergang**	**6-**	*Schwere Stelle zum 3. BH, da so gut wie keine Trittmöglichkeiten.*
	6	**Traumland**	**7-**	*2 Einstiegsvarianten.*
	7	**Dach**	**8-**	*Athletisch großgriffig durchs Dach. Crux an der Dachlippe, Schlingen fädeln, Keile!*
	8	**Kamin**	**3+**	*Gut griffig durch den relativ abgeschmierten Kamin.*
	9	**Corona**	**6-**	
	10	**R10**	**6-**	*Kurze schwere Stelle über den kleinen Überhang. Weit vom 1. zum 2. BH mit erneutem Bodensturzpotenzial.*
	11	**Ulmer Weg**	**5+**	*Schöne aber leider sehr abgegriffene Risskletterei.*
	12	**WK Platte**	**7**	*Zwei schwere Passagen, 2 Ausstiege möglich.*
	13	**Faschingstour original**	**6+**	*Der einfachste Weg durch die glatte Platte, für den Grad aber nicht ohne.*
	14	**Faschingstour direkt**	**6+/7-..7+**	*Für kleinere Kletterer schwere, extrem kleingriffige Passage zwischen 1. und 2. BH. Größere Kletterer können diese Stelle übergreifen. Oben kann man noch eine kleine Sanduhr fädeln.*
	15	**Faschingstour rechts**	**7..8**	*Am 1. BH mit großem Rechtsschlenker geklettert. Direkt geklettert viel schwerer und stark größenabhängig. Mit 1,72 m Körpergröße eher 8.*

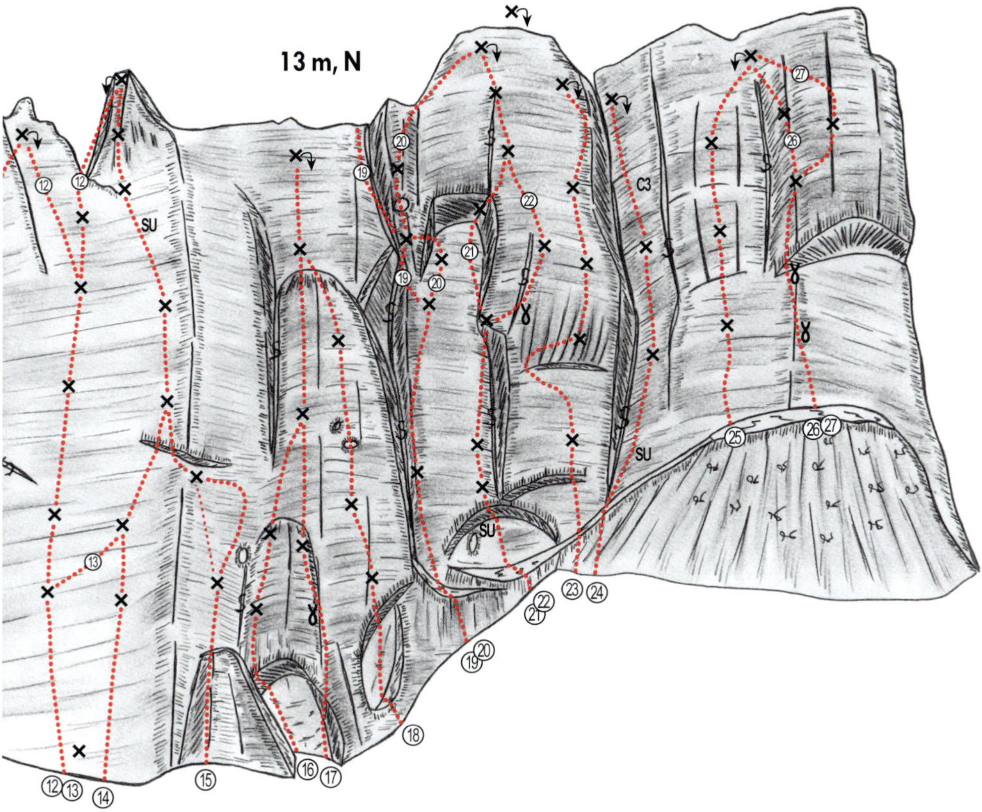

13 m, N

Nr.	Route	Grad	Beschreibung
16	**Elegante Einstiegsvar.**	5	*Mittlerweile gut gesichert.*
17	**Schlingentour**	5	*Steile, gut griffige Wandkletterei. Leider ist auch diese Route bereits sehr abgegriffen.*
18	**TH Platte**	6+	*Gute Löcher, etwas verzwungene Linie.*
19	**Stängle Überhang linker Ausstieg**	6+	*Unten Keile (Cams), schwere Stelle zum 2. BH.*
20	**Stängle Überhang links**	6+	*Unten Keile (Cams), schwere Passage über den Überhang.*
21	**Stängle direkt**	8-	*Vor 1. BH gute SU fädeln, schwere Passage bis zum 2. BH. Oben großgriffig, athletisch und ziemlich poliert.*
22	**Stängle Überhang rechts**	8-	*Wie Stängle direkt, aber bereits etwas vorher rechts bleiben. Eine der beiden Routen ist überflüssig.*
23	**100 Mistkäfer**	8	*Anhaltend schwere Kletterei mit oft schlechten Tritten. 4. BH sehr schwer einzuhängen, eigentlich gut, aber etwas reingedrückte Linie.*
24	**Nordriss**	4+	*Am Band gute SU fädeln, danach Stopper. Nach dem 2. BH lässt sich noch gut ein Cam Größe 3 platzieren.*
25	**No ned huudla**	7	
26	**AV-Überhang**	6+	*Die Sanduhrschlingen am besten durch eigene ersetzen. Nach dem BH schwere Passage durch den Ausstiegsriss.*
27	**AV-Überhang rechts**	6+	

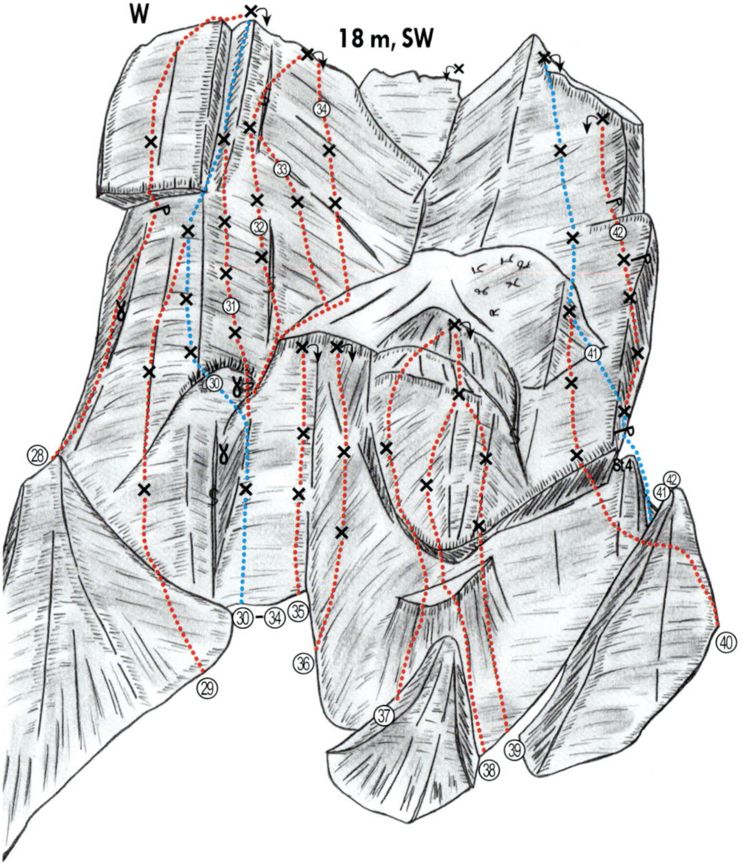

3.26 Mittlere Wand 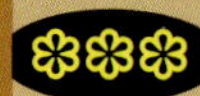

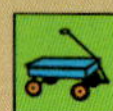 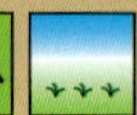 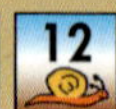

W

18 m, SW

28	**Kantenlos**	7	*Sehr definierte Einzelstelle ohne die naheliegende Kante.*
29	**Einstiegsvariante**	4-	
30	**2 Haken Tour**	4+	*Schwere Stelle am 2. BH.*
31	**Tip toe**	7	*Etwas gesuchte Schwierigkeit.*
32	**Westplatte**	7-..7/7+..	*Schwere und stark größenabhängige Einzelstelle am 2. BH.*
33	**Brenzblick**	6	
34	**Gipfelstürmer**	6-	
35	**Fitnesstest**	4	
36	**Fitnessübung**	4-	
37	**Hexenschuss**	5	
38	**Lebensgenuss**	5	
39	**Bewegungseleganz**	6-	
40	**Leben im Sonnenschein**	6	
41	**SW-Kante**	5+	
42	**Südpfeilerhangler**	7-	

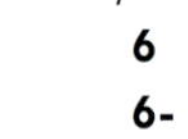

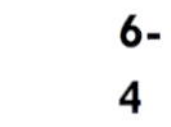

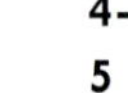

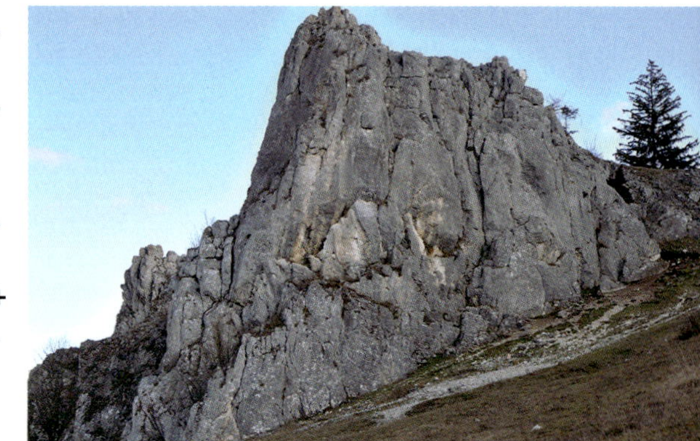

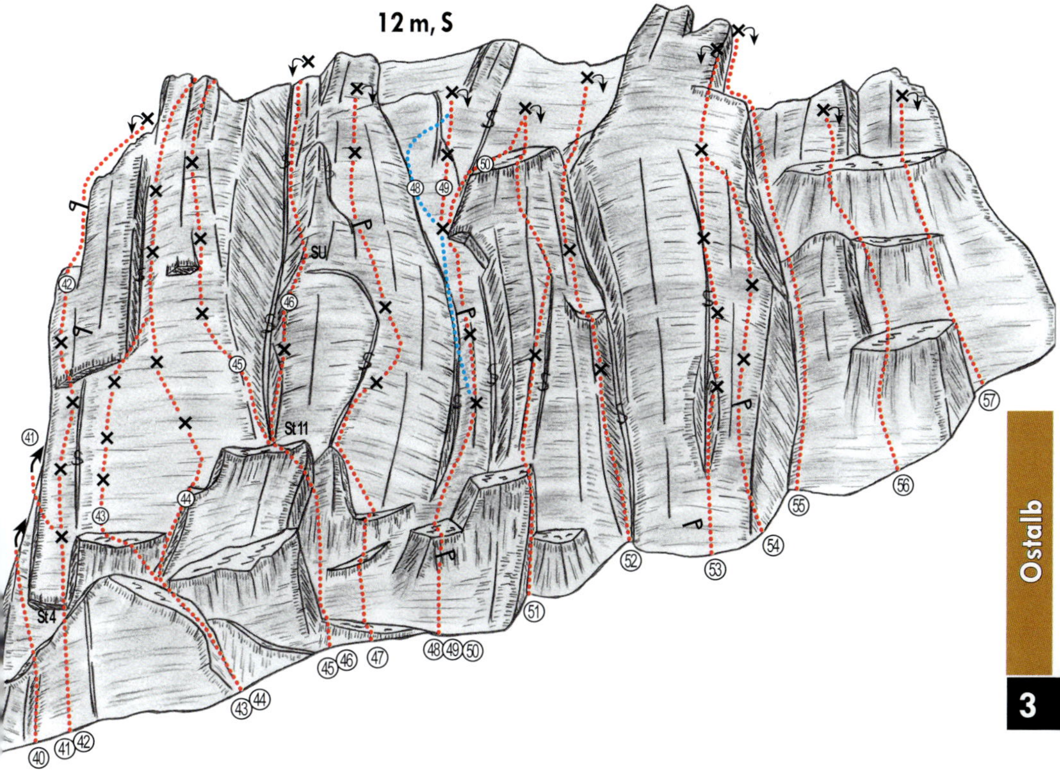

12 m, S

	Nr.	Route	Grad	Beschreibung
🍓	43	**Strawberry fields forever**	8	*Schwere Passage vom 1. zum 3. BH, hoch stehen, kleine Seitgriffe, schöne Route.*
	44	**Südpfeiler**	8-	*Schwer vom 1. zum 2. BH. Der große Griff nach dem 2. BH wackelt, klemmt aber noch gut. Umlenken am besten am 3. BH des Kabelbrands oder von oben nachsichern.*
	45	**Kabelbrand im Herzschrittmacher**	8+	*Schwerer Startzug überkreuz vom rechten Riss her. Sehr schlechte Trittmöglichkeiten und in der Folge flache Seitgriffe.*
	46	**Südriss**	4+	*Schwere Einzelstelle am 1. BH. Davor kann gut ein Klemmkeil (Stopper 11) gelegt werden. Oben lässt sich eine Sanduhr fädeln.*
🍓	47	**S-Weg**	6+	*Interessante Stelle mit gekletterter S-Kurve am 1. BH. Nach dem 2. BH entweder direkt über den Normalhaken oder logischer mit kurzem Linksschlenker, beides etwa gleich schwer.*
	48	**Mittlerer Riss linker Ausstieg**	5+	*Neue Linienführung am Ausstieg.*
	49	**Mittlerer Riss Mitte**	6-	
	50	**Mittlerer Riss rechter Ausstieg**	4-	
	51	**Platte**	4	
	52	**Rissle**	3	
🍓	53	**Piazriss**	6+	*Technisch nicht einfach, mal links rum, mal rechts rum piazen, stark polierte Felsoberfläche.*
	54	**Rechter Pfeiler**	6+	
	55-57	**Toproperouten**		*Die Routen 55-57 sind als Topropeübungsrouten eingerichtet.*

P N48°36'05,2" O10°11'13,8"

Das am wenigsten ergiebige Massiv im Eselsburger Tal. Nach erfolgter Sanierung mittlerweile ganz gut gesichert. Keine herausragenden Kletterrouten, aber viele, meist kurze Übungsklettereien, insgesamt ganz nett.

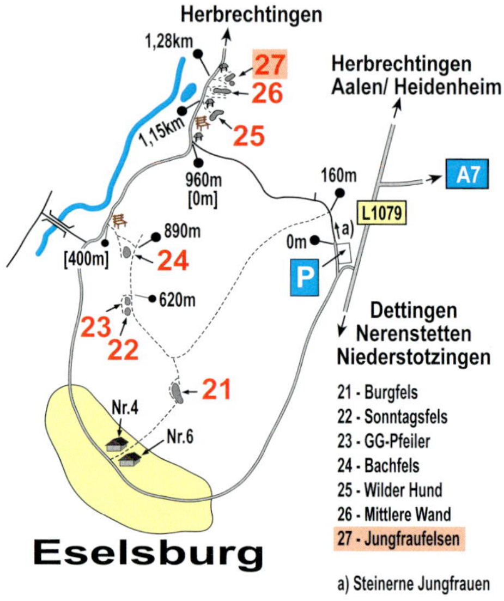

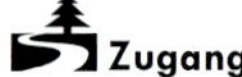

21 - Burgfels
22 - Sonntagsfels
23 - GG-Pfeiler
24 - Bachfels
25 - Wilder Hund
26 - Mittlere Wand
27 - Jungfraufelsen

a) Steinerne Jungfrauen

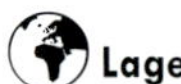

Anfahrt

Die A 7 an der Ausfahrt Giengen/Herbrechtingen verlassen und auf die L 1079 Richtung Dettingen/Nerenstetten/Niederstotzingen. An der T-Kreuzung links und der Straße folgen, bis rechts eine schmale Straße nach Eselsburg abzweigt. Hier rechts und sofort wieder rechts auf einen großen Wanderparkplatz.

Zugang

Vom Wanderparkplatz folgt man dem geschotterten Wirtschaftsweg hinab ins Tal. Nach 960 m erreicht man im Talgrund eine Straße. Hier nach rechts und vorbei am „Wilden Hund" und an der „Mittleren Wand" bis zum Jungfraufelsen. Vom Parkplatz aus 1,28 km.

Zugangszeit: 13 Minuten

Lage

Komplett feistehende Wand an mäßig steilem Grashang. Die Touren an der WSW Seite liegen ziemlich oben am Hang mit sehr steilem Zustieg.

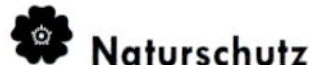

Naturschutz

Auf der Nordseite nicht aussteigen sondern umlenken.
Am kleinen Felsturm auf der SW-Seite Pfingstnelkenvorkommen. Don't top out on the north side. Strictly protected cheddar pinks grow on the SW-side of the small tower.

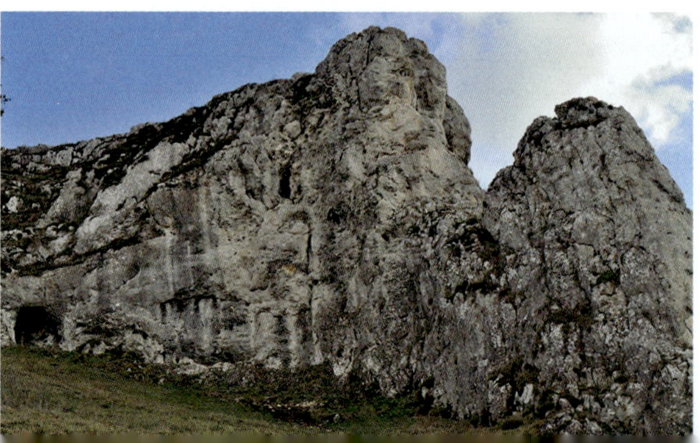

15 m, N

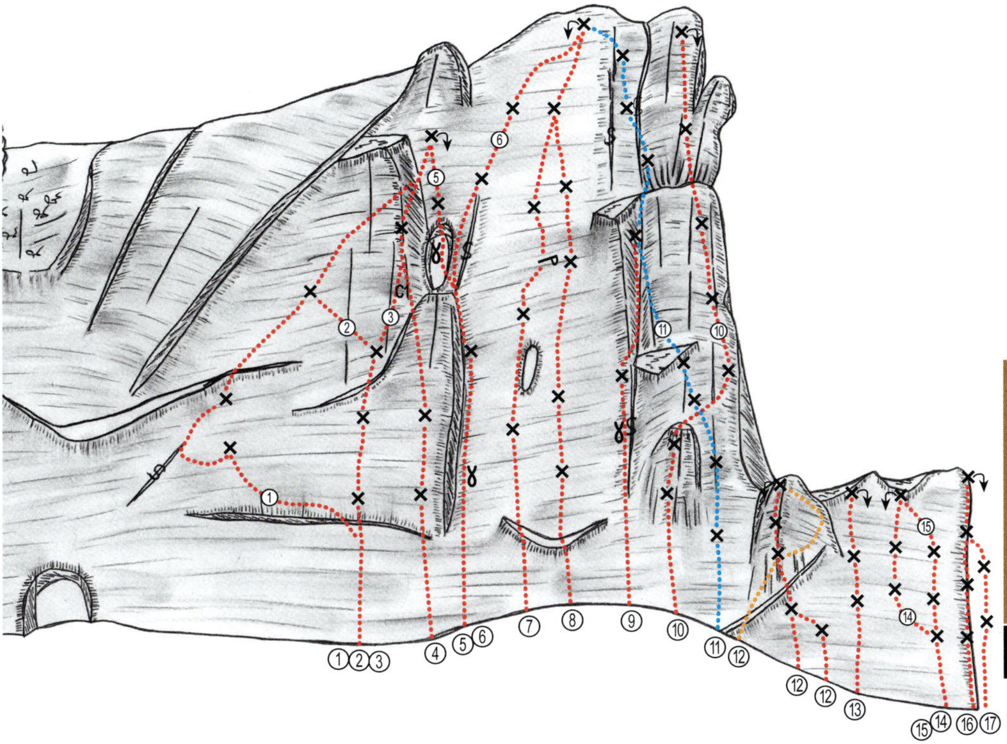

Nr.	Route	Grad	Beschreibung
1	**Ostkurve**	7	*Am 1. BH Linksschlenker, Spannweite keine Nachteil! Am 3. BH Tritt nicht übersehen!*
2	**Sonnenfinsternis Variante**	6+	*Steile Kletterei mit weiten Zügen.*
3	**Sonnenfinsternis**	6	*Gut griffig in steiler Kletterei.*
4	**Sonntagstreff**	7-	*Oben Cam 1 legen.*
5	**Ausstiegsvariante**	5	
6	**Nordverschneidung**	5	*Stark abgegriffene Route.*
7		6+	*Schöne und gut griffige Wandkletterei.*
8	**Nordplatte**	5+	
9	**Variante Sommernachtstr.**	5-	*Unten netter Riss, oben Keile.*
10	**Schöne Aussichten**	4+	*Gute, großgriffige und steile Wandkletterei, teils etwas brüchig.*
11	**Sommernachtstraum**	5-	
12	**Seepferdchen**	3..6	*Je nach gekletterter Variante 3..6*
13	**Anfängerglück**	4-	
14	**Ausstiegsvariante**	5	
15	**Übungsriss**	5	
16	**Pfeilerkante**	5+	
17	**Kindergeburtstag**	3	

3.27 Jungfraufelsen

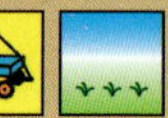

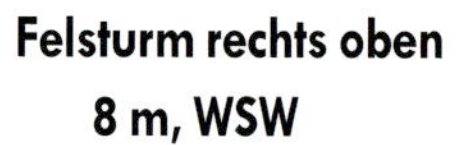

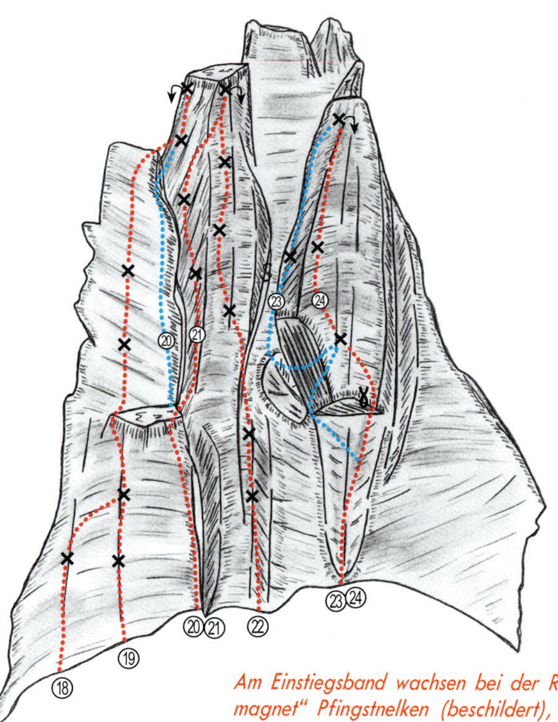

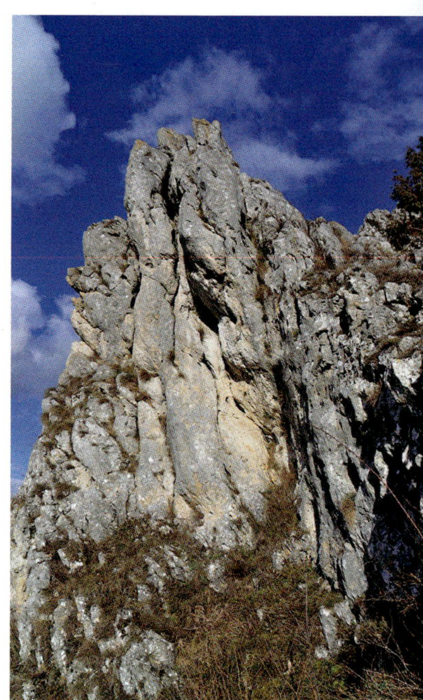

Am Einstiegsband wachsen bei der Route „Zuschauermagnet“ Pfingstnelken (beschildert), diese bitte nicht zertreten!

18	**Gipfelglück links**	**4+**	
19	**Gipfelglück rechts**	**4+**	
20	**Linker Westriss**	**3+**	*Haken von Paradies mit einhängen.*
21	**Paradies**	**5**	
22	**Zuschauermagnet**	**7**	
23	**Rechter Westriss**	**4+**	*Ziemliches Gewurstel, 1. BH von Rückhaltlos mit einhängen.*
24	**Rückhaltlos**	**7**	

Jürgen Reichardt tänzelt tiefenentspannt durch den Übungsriss (5) am Jungfraufelsen. Im Hintergrund die sagenumwobenen Steinernen Jungfrauen; Foto: Archiv Reichardt →

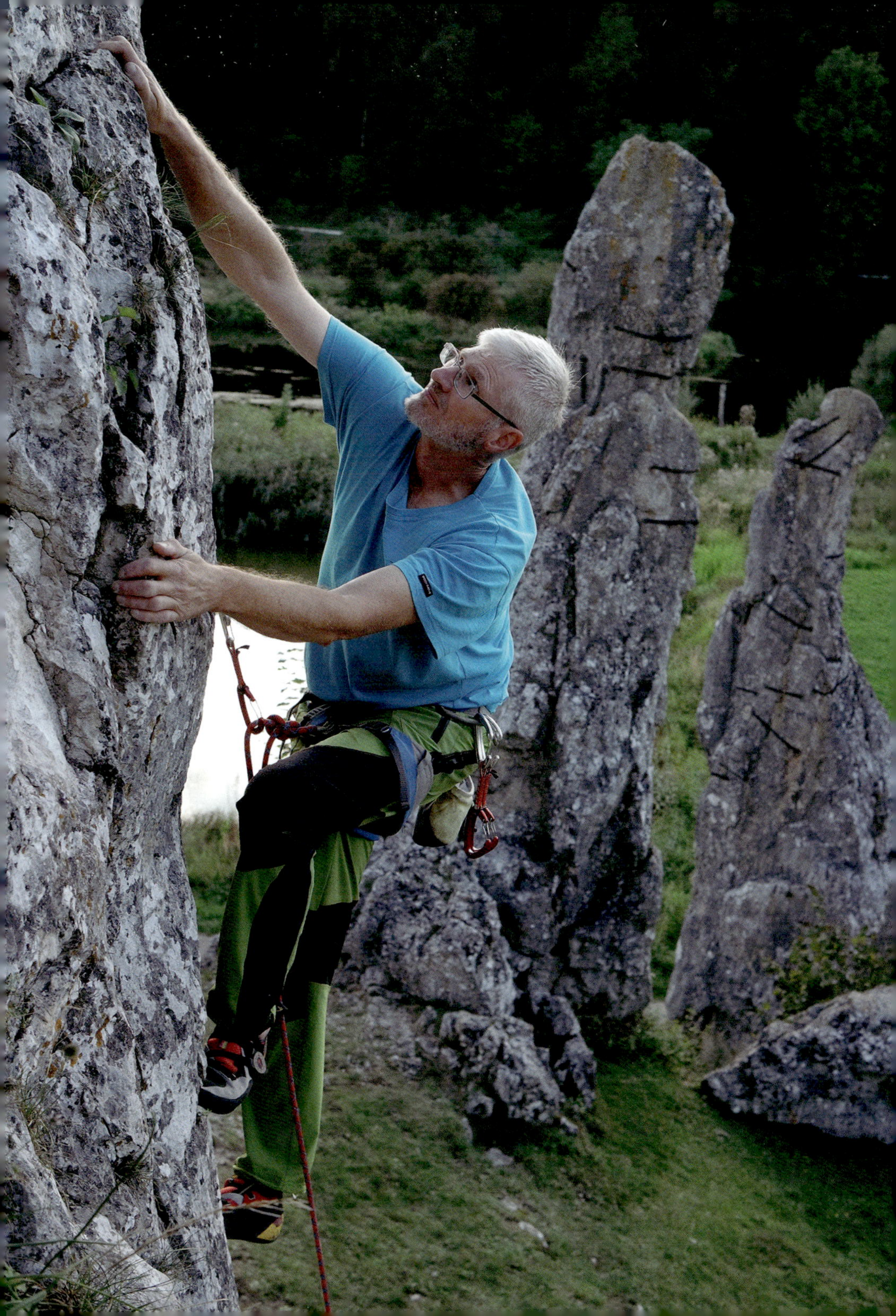

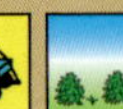

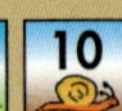

P N48°44'16,1" O10°06'52,5"

Kleiner Bruder des gleichnamigen, etwas weiter unten angesiedelten Massivs. Leider nicht ganz so außergewöhnlich gut, aber ebenfalls mit ausgesprochen kompaktem Gestein gesegnet. Es gibt auch hier einige gute Routen, diese sind jedoch meist etwas einfacherer Natur. Die Absicherung am Fels kann häufig etwas Unterstützung durch Keile oder Schlingen vertragen und nicht alle Routen wurden bereits saniert.

Though most routes are re-bolted nuts and slings can be useful.

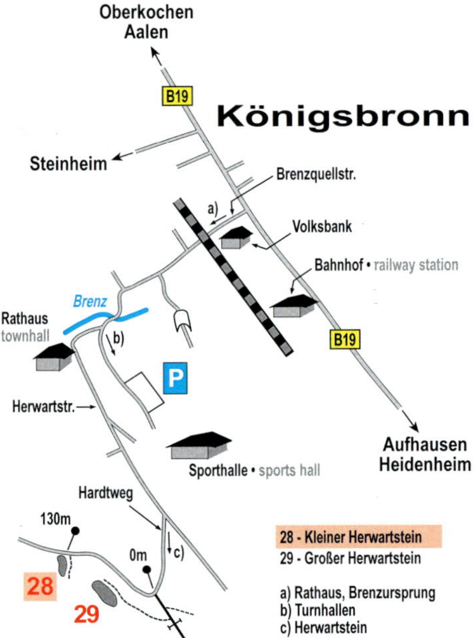

Anfahrt

Auf der A 7 an der Ausfahrt Aalen/Oberkochen abfahren, danach über Ebnat nach Unterkochen und dort auf die B 19. Vorbei an Oberkochen bis nach Königsbronn. In Königsbronn auf der Hauptstraße stets geradeaus. Nach der Abzweigung Richtung Steinheim (Ampel) an der 2. Abzweigung auf der rechten Seite in die Brenzquellstraße abbiegen (bei Volksbank und Richtung Rathaus/Brenzursprung). Geradeaus, bis die Straße einen Links-rechts-Knick macht. An der folgenden Gabelung links Richtung Ostalbhalle und auf den großen Parkplatz, hier parken.

Zugang

Vom Parkplatz kurz zurück und links ab in die Herwartstraße. Vorbei am Rathaus, bis rechts der Hardtweg schräg steil den Berg hinaufführt. Dieser Straße bis zu einer Kehre folgen. Oberhalb der Kehre befindet sich der Große Herwartstein. Zum Kleinen Herwartstein der Straße noch etwa 130 m bergauf folgen, die Wand befindet sich direkt an der Straße.

Zugangszeit etwa 10 Minuten.

Lage

Die direkt neben der Straße liegende östlich ausgerichtete Wand ist nach Baumfällarbeiten komplett freistehend. Am Wandfuß steht man im linken Teil beim Sichern etwas unkommod. Außerdem sollte man ganz rechts beim Sichern nicht auf die Straße treten, Autos kommen zwar nicht allzu häufig, aber stärker als ihr sind die Blechkutschen allemal.

Naturschutz

Ausstiegsverbot, alle Routen müssen umgelenkt werden. Kletterverbot 01.03.-15.07.

Lower off all routes and don't top out. Climbing prohibited 01.03.-15.07.

	Route	Grad	Beschreibung
1	**Heimspiel**	5+	*Start nicht ganz ohne, danach meist gut griffig. 2 SU fädeln und Stopper 9 legen, noch relativ grün und staubig.*
2	**Schlupf**	5-	*Nach nicht ganz einfachem Start geht es in einem engen Tunnel durch den Fels, eher etwas sinnlose Route.*
3	**Kriminaltango**	7-	*Schwere Passage vom 2. zum 3. BH. Oben raus Stopper Größe 5, 6 und 7 legen. Derzeit noch ziemlich botanische Angelegenheit.*
4	**Neues Leben**	8	*Technisch nicht einfach, oben nochmals anstrengende, weite Züge, schön.*
5	**Dornröschen + Kaminüberhang**	7	*Zuerst die schräg ansteigende Plattenquerung (7-), danach gerade hoch übers Dach und rein in die Verschneidung, klasse Route.*

20 m, SO

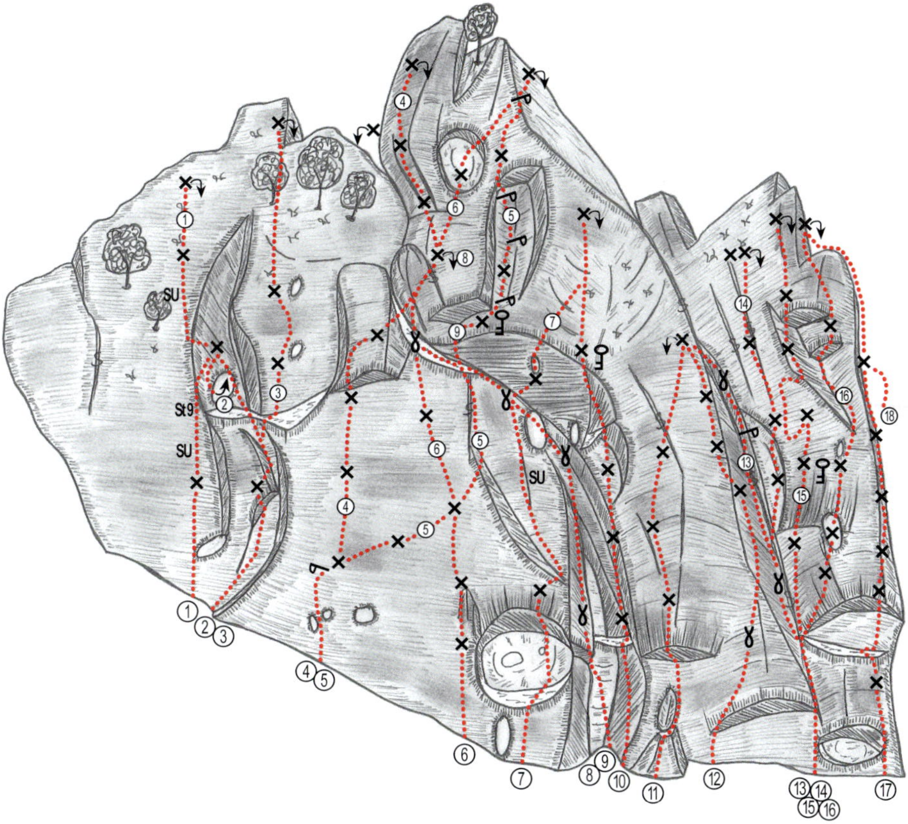

6	**Atommolch**	8	*Ehemals mager abgesichert, mittlerweile nachgesichert.*
7	**Primetime**	8	*1. BH ungemütlich hoch, von dort weg schwere Einzelstelle, leichten Rechtsschlenker klettern. Über den oberen Überhang nochmals schwere Passage mit Untergriffen. Sanduhrschlinge mitnehmen.*
8	**Kaminriss**	5-	*Klasse Kletterei durch den Kamin u. unter dem Dach nach links zur Umlenkung.*
9	**Kaminüberhang**	7	*Einstieg wie Kaminriss und raus wie Dornröschen. Sehr gute Route.*
10	**Feine Auslese**	7/7+	*Steile und schöne Route, durchweg gut griffig.*
11	**Long John Silver**	9-/9	
12	**Herr der Augenringe**	8+	
13	**Gefährlicher Riss**	6+	*Eigentlich eine Clean-Route, doch kann man links die Haken von Herr der Augenringe mit einhängen.*
14	**Kommando Bimberle**	8+	*Schwere Passage vom 2. zum 3. BH.*
15	**Finn(ale)**	8-..8..	*Großgriffig, aber durch die Bank extrem weite Züge, sehr größenabhängig.*
16	**Funtomas**	7	*Schöne, steile Route mit harter Stelle am 3. Bohrhaken, danach weiter Runout! Kurz vor der Umlenkung befindet sich ein größerer lockerer Block!*

3.28 Kleiner Herwartstein

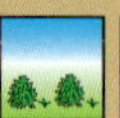
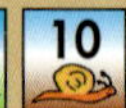

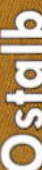

20 m, NNO

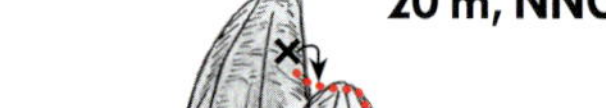

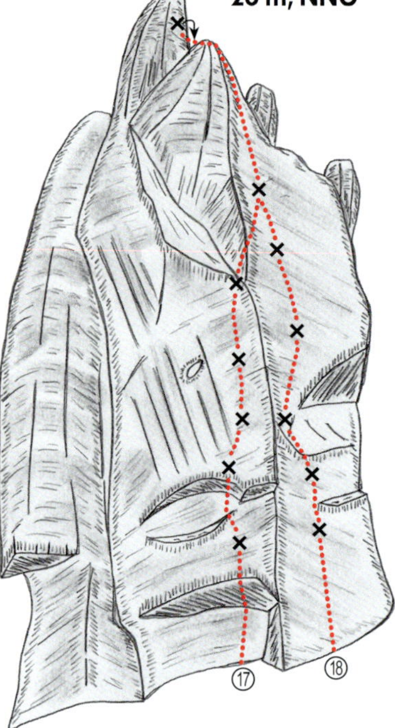

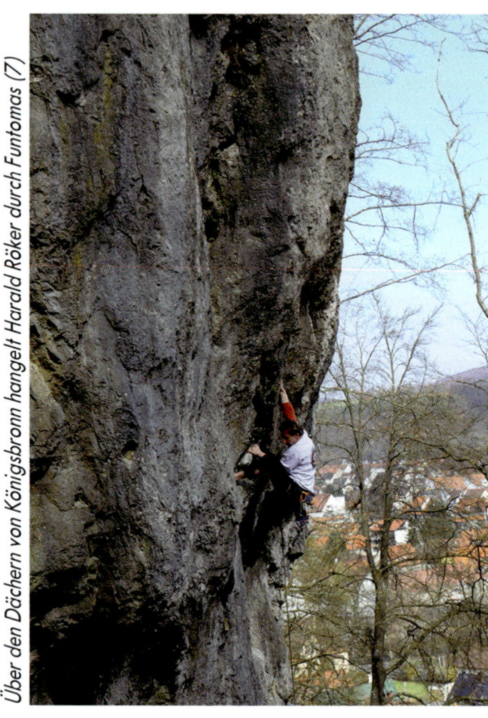

Über den Dächern von Königsbronn hangelt Harald Röker durch Funtomas (7)

17	**Münchhausen**	**7+**	*Schwerer und etwas brüchiger Start. In der darauf folgenden überhängenden Wand viele Seitgriffe und bis zum 5. BH anhaltend schwer.*
18	**Asphaltcowboy**	**6**	*Ziemlich brüchige Angelegenheit, unbedingt auf vorbeikommende Fahrzeuge, Fußgänger, Radfahrer achten. Diese Route ist wegen der direkt am Wandfuß verlaufenden Straße eigentlich nicht vertretbar!*

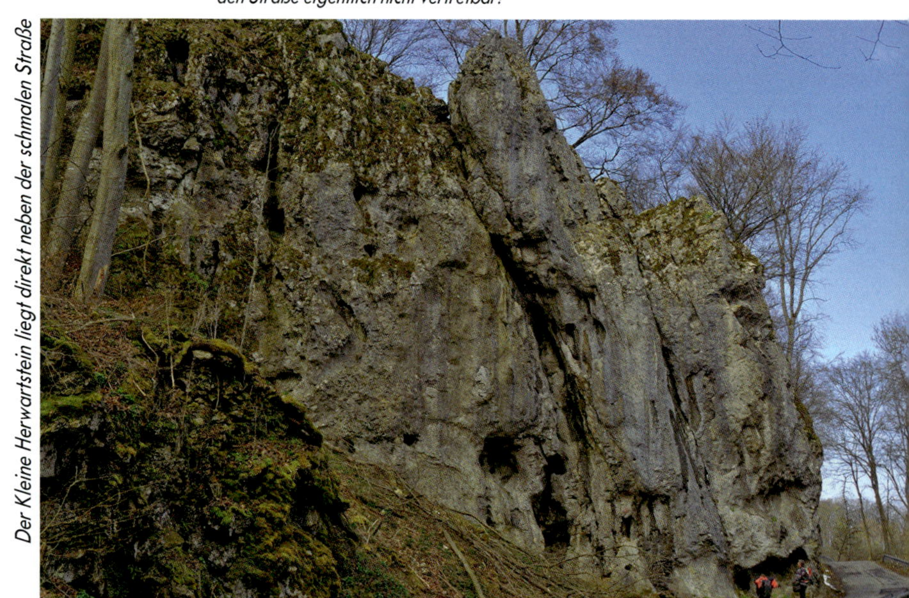

Der Kleine Herwartstein liegt direkt neben der schmalen Straße

N48°44'16,1" O10°06'52,5"

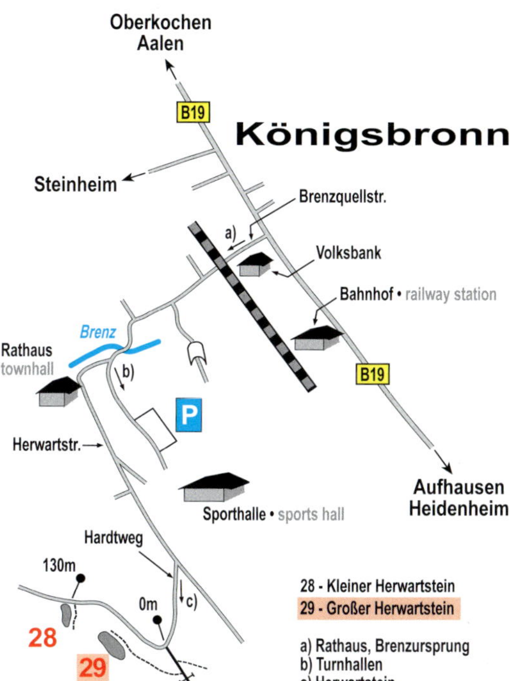

Ein Fels der Extraklasse, mächtig, wuchtig, überhängend, mit gewaltigen Löchern/Höhlen. Nicht zu glauben, dass so etwas auf der Schwäbischen Alb herumsteht. Die Felsqualität ist exzellent, die Absicherung nach der Sanierung meist recht ordentlich. Die ersten Haken stecken jedoch auch hier oft sehr hoch und vor allem im linken Wandteil ist der untere, etwas einfachere Wandbereich nur spärlichst gesichert, hier können Keile nicht schaden. Für einen Besuch an dieser Wand sollte man ziemlich fit anreisen, denn die ohnehin spärlich gesäten, einfacheren Routen sind nicht besonders lohnend.

Excellent crag, steep climbs and quite well protected, but better bring some nuts and slings for the lower parts of the routes.

Ostalb

3

Anfahrt

Auf der A 7 an der Ausfahrt Aalen/Oberkochen abfahren, danach über Ebnat nach Unterkochen und dort auf die B 19. Vorbei an Oberkochen bis nach Königsbronn. In Königsbronn auf der Hauptstraße stets geradeaus. Nach der Abzweigung Richtung Steinheim (Ampel) an der 2. Abzweigung auf der rechten Seite in die Brenzquellstraße abbiegen (bei Volksbank und Richtung Rathaus/Brenzursprung). Geradeaus, bis die Straße einen Links-rechts-Knick macht. An der folgenden Gabelung links Richtung Ostalbhalle und auf den großen Parkplatz, hier parken.

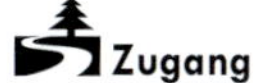

Zugang

Vom Parkplatz kurz zurück und links ab in die Herwartstraße. Vorbei am Rathaus, bis rechts der Hardtweg schräg steil den Berg hinaufführt. Dieser Straße bis zu einer Kehre folgen. Dort kurz nach links auf einen Forstweg und sofort wieder rechts auf eine Pfadspur, die direkt zum Wandfuß der bereits sichtbaren Wand führt.

Zugangszeit etwa 10 Minuten.

Lage

Die hohe Wand ist nordöstlich ausgerichtet und bleibt bei Regen zunächst lange trocken. Der Wandfuß ist groß und ziemlich eben, der umgebende hohe Laubwald ist nach Baumfällarbeiten licht geworden. Trotzdem erhält man hier nur wenig Sonne. Nach längeren ergiebigen Regenfällen bleibt der Fels oft lange nass. Im Hochsommer durch die schattige, aber freistehende Lage ideal.

Naturschutz

Flexible Sperrung, üblicherweise 10.02.-15.07. Ausstiegsverbot, alle Routen müssen umgelenkt werden. Neutourenverbot. Die beiden ziemlich botanischen Routen ganz rechts (17+19) sind derzeit mit einem Kletterverbot belegt, was vor Ort nicht ersichtlich ist.

Climbing prohibited flexible timewise. Usually closed 10.02.-15.07. Lower off all routes and don't top out. Don't make new routes here. There does exist a climbing prohibition for the routes 17+19.

3.29 Großer Herwartstein 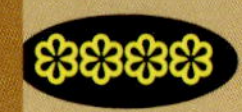

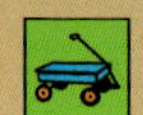 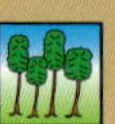 

30 m, NO

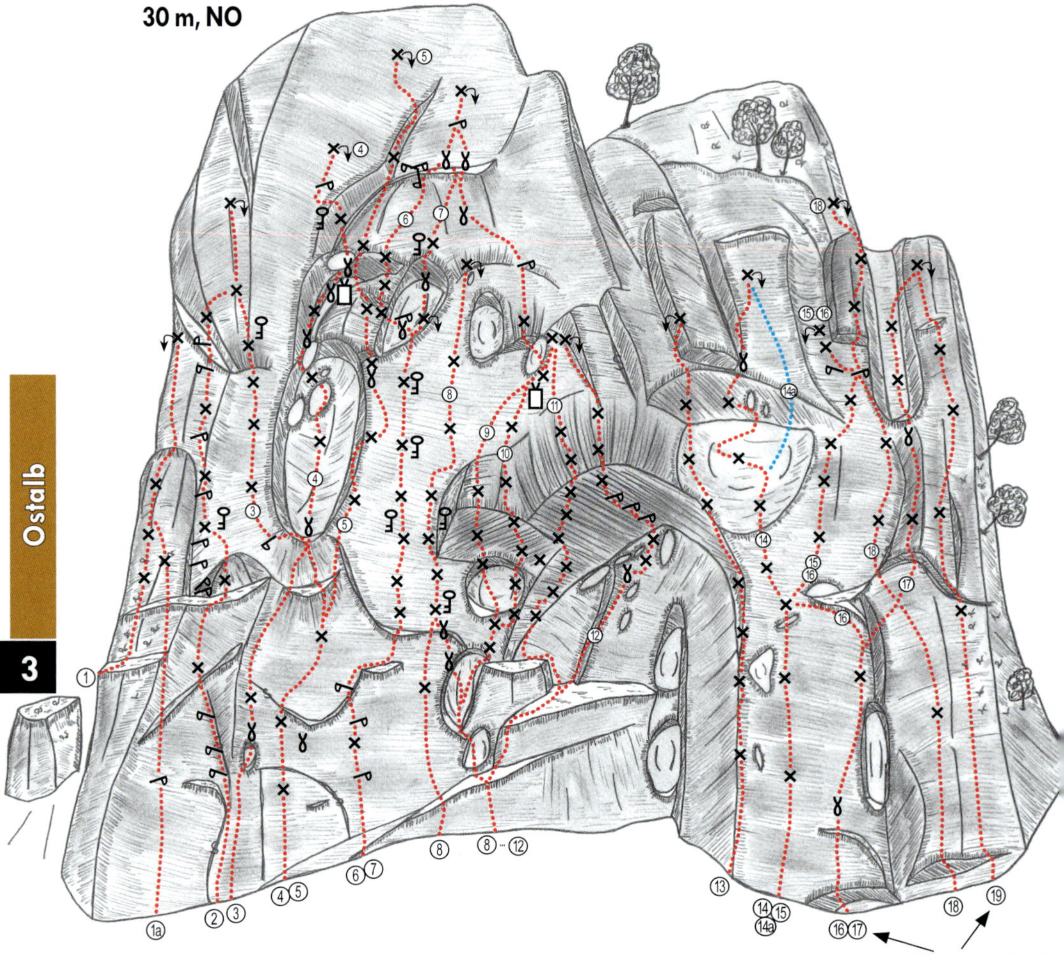

Kletterverbot für Routen 17 + 19

1	**Ügldül**	**7-**	*Zugang zur Route sehr botanisch, links ums Eck.*
1a	**Georg-Elser-Gedenkweg**	**7+**	
2	**Itzlberger Kante**	**7+**	*Klasse Route. Vom Band weg ist der nächste Bohrhaken für kleinere Kletterer nahezu nicht einzuhängen. Versteckter Griff oberhalb des Hakens in der ansonsten aalglatten Wand.*
3	**Café Seeblick + schöne Zeit**	**8..8+**	*Bis zum Band äußerst spärlich gesichert. Vom Band weg für kleine Kletterer sehr unangenehm, da nur ein alter Normalhaken steckt. Danach einfacher bis zum Überhang. Hier nicht links aufs Band, sondern gerade über eine stark größenabhängige Einzelstelle.*
4	**Fahrradweg**	**8-/8**	*Klasse Route, die eine erhebliche Portion Ausdauer verlangt. Eine schwere Piazpassage und ein knackiger Abschluss, bei dem die fetten Arme an die Berstgrenze geraten können.*
 5	**Kampf um die letzte Illusion**	**8+**	*Klasse, athletische Route mit harter Passage am Überhang. Die Route ist nicht überversichert!*

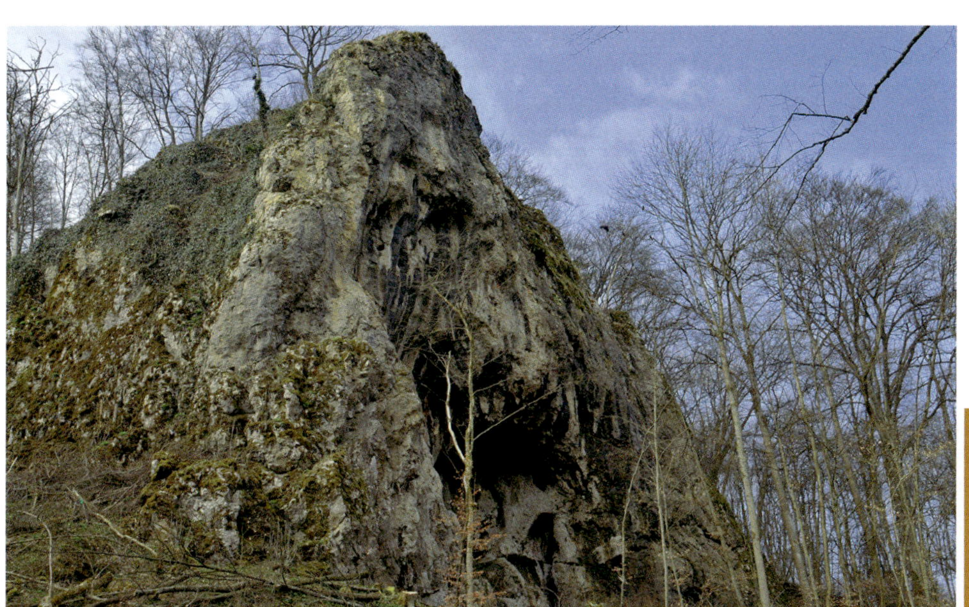

Die mächtige Grotte am Großen Herwartstein ist Schauplatz für einige schwierige und athletische Routen

Nr.	Route	Grad	Beschreibung
6	**Bildersturm**	**9/9+**	*Einstieg wie Mitte, aber dann links raus übers Dach. Gnadenlose Passage mit Sprung von flacher Delle an der Dachkante zu Henkel, Tritte sind Mangelware.*
7	**Mitte**	**9-**	*Perfekte, überhängende Wandkletterei, in der ein Schlüsselzug den nächsten jagt. Vor dem oberen Dach ist ein passabler Nohandrest möglich, der die Kräfte für das knackige, aber sehr schöne Abschlussdach zurückkehren lässt.*
8	**Hedonistenleiter**	**9-..9**	*Klasse Route mit 2 schweren Einzelstellen, wobei vor allem die obere mit schwindender Größe nicht einfacher wird, 2 Einstiege.*
9	**Namaste**	**9+**	*Dachkletterei.*
10	**Klinscamp**	**9+/10-**	*Dachkletterei.*
11	**Fledermausführe**	**10**	
12	**Harald Bugar Ged. Weg**	**6,a2**	
13	**Projekt**		
14	**Herrengedeck**	**9-**	*Ausdauernd, überhängend und anhaltend schwer, Spitzenroute.*
14a	**Con air**	**9-**	
15	**Finalekiller Direkteinstieg**	**8-/8**	*Abdrängende Wandkletterei mit teils sehr weiten Zügen. Umlenkung ungünstig platziert. Schöne Route.*
16	**Finalekiller original**	**8-/8**	*Am Einstieg etwas einfacher von rechts her kommend.*
17	**Doppeljonas**	**6+**	*Botanisch, Kletterverbot!*
18	**Gourmet Butze**	**6+/7-**	*Eher unlohnend und ziemlich botanisch. Definiert kann man wohl auch eine 7+ klettern!?*
19	**Jonas mal zwei**	**6-**	*Botanisch, Kletterverbot!*

Das kompakteste Gebiet des ganzen Führers. Hier stehen auf engem Raum verteilt eine ganze Anzahl erstklassiger Felsen, von denen in diesem Führer nur eine kleine Auswahl näher vorgestellt wird. Für umfassende Information zum Blautal empfehlen wir unseren Spezial-Gebietsführer Blautal-Rock (siehe Seite 375). Mit ausgezeichneter Felsqualität versehen, stellt das Blautal eine Besonderheit auf der Schwäbischen Alb dar. Bröselige Passagen sucht man hier in aller Regel vergebens, dafür verlangt das glatte und häufig ziemlich grifflose Gestein eine gewisse Gewöhnungsphase. Noch mehr als an den übrigen Felsen der Alb ist hier in vielen Routen eine gute Fußtechnik der Schlüssel zum Erfolg. Die Absicherung wurde in den letzten Jahren nahezu durchweg erneuert, so dass heutzutage an soliden Bohrhaken geklettert werden kann. Allerdings sollte im Blautal nie auf ein Klemmkeilset verzichtet werden, denn viele Routen wurden bei der Sanierung in ihrem Charakter nicht oder nur unwesentlich verändert. Keile zu legen ist im Blautal aber zum Glück meist gut machbar. Besonders eignet sich hier ein Satz Stopper. Ein kleiner Wermutstropfen im relativ engen Tal ist der Verkehrslärm, der an nahezu allen Felsen manchmal störend sein kann. Die klasse Routen entschädigen dies jedoch bei Weitem.

Besuch alleine mit der Steigklemme: Einige wenige Routen am Breitfels sind von oben zugänglich, ansonsten gilt im Gebiet ein Felskopfbetretungsverbot oder es handelt sich um freistehende Türme ohne einfachen Aufstieg.

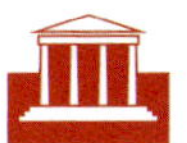
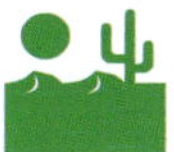

Kultur - Natur

Wer über den Klettersport hinaus noch kulturelle Interessen hat, findet in der weiter zurückliegenden Geschichte des „Täles“ interessante Anknüpfungspunkte. In nahezu allen Höhlen im Tal (es gibt einige) wurden Spuren menschlicher Besiedelung aus prähistorischer Zeit entdeckt und ein Besuch im Museum Blaubeuren stellt ein interessantes Ziel dar. Und selbst wer kein ambitionierter Höhlentaucher ist, kann einen Blick auf den Blautopf werfen, der sichtbares Ende eines weitverzweigten, mit Wasser gefüllten unterirdischen Höhlensystems ist.

Anreise mit öffentlichen Verkehrsmitteln

Mit öffentlichen Verkehrsmitteln, am besten in Verbindung mit einem Fahrrad, sind die Blautäler Felsen gut zu erreichen. In Blaubeuren, Schelklingen und Schmiechen befinden sich Bahnhöfe der Bahnlinie Ulm-Ehingen. Von dort aus sind alle beschriebenen Felsen zumindest mit dem Fahrrad gut zu erreichen.

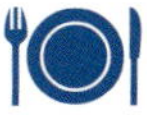

Gastronomie Tipp

Schillerstein, Gleißenburg15, Tel. 0 73 44 / 76 69

An der Steige Richtung Pappelau-Beiningen, sehr abgelegen.

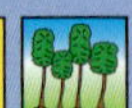
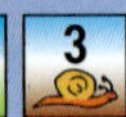

P N48°20'50,3" O09°42'56,4"

Kompakte, langgezogene Wandflucht mit guten Routen in den unteren Schwierigkeitsgraden. Für Achterspezialisten gibt es wenig zu erben, dafür gibt es hier im neunten Grad einige Klassiker abzuknipsen. Insgesamt ist die Wand saniert, aber nicht überversichert. Keile sind meist sinnvoll bis zwingend, können in der kompakten Wand jedoch nicht immer nach Wunsch gelegt werden.

The crag is re-bolted, but nuts and slings can be useful or even necessary sometimes.

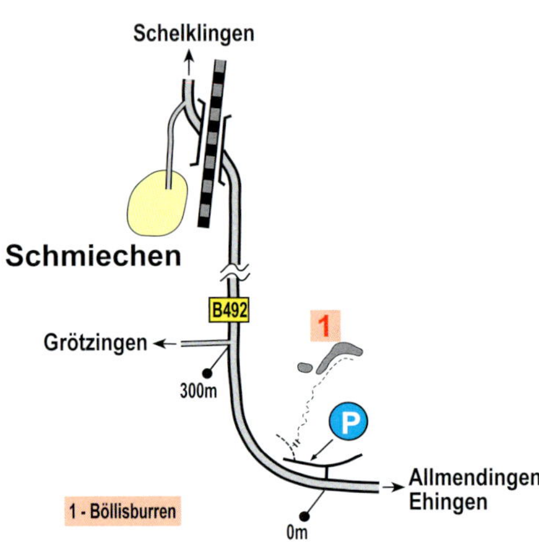

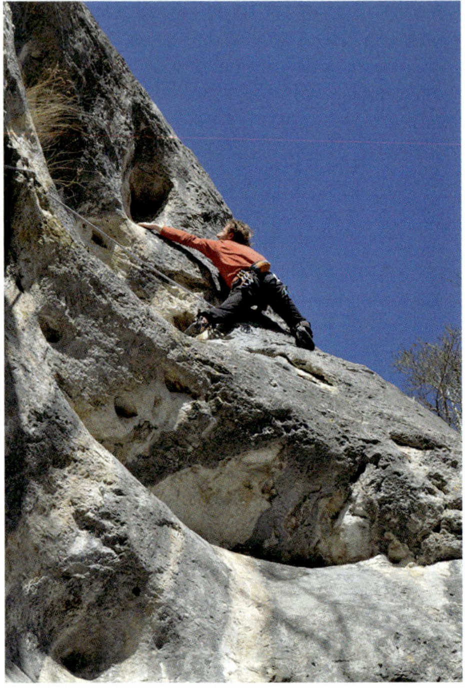

Perfekter Fels bei perfektem Wetter
Harald Röker in Obere Verschneidung Original (5)

Anfahrt

Auf der A 8 bis zur Ausfahrt Merklingen, dort abfahren und auf der L 1230 vorbei an Merklingen, über Machtolsheim, vorbei an Berghülen Richtung Blaubeuren. Am Rande der Albhochfläche trifft die Straße auf die B 28. Hier links ab und in einem engen Seitental bergab nach Blaubeuren. Nach Durchqueren des Tunnels am Ortseingang fährt man an der darauffolgenden Ampel rechts ab Richtung Ehingen/Schelklingen/Weiler. Blaubeuren verlassen und auf der B 492 vorbei an Weiler, durch Schelklingen, vorbei an Schmiechen bis zur Abzweigung nach Grötzingen. Von hier aus der B 492 noch 300 m durch eine Linkskurve folgen, dann links auf eine Forststraße abbiegen, die parallel zur Straße verläuft (rechtzeitig blinken, da es keine Abbiegespur gibt und alles etwas unübersichtlich ist). Auf dieser Forststraße nach links (Sackgasse) und an ihrem Ende am Waldrand parken.

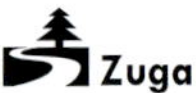

Zugang

Kurz vor Ende der Forststraße führt rechts ein Forstweg in den Wald, nach wenigen Metern zweigt von diesem rechts ein schmaler Pfad ab (1 Stufe), der in einigen Kehren steil bergauf zum Wandfuß führt.

Zugangszeit etwa 5 Minuten.

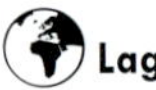

Lage

Hoch oben am Hang inmitten von Laubwald gelegen und südlich bis südwestlich ausgerichtet. Die Wand zieht sich in einem Bogen den Hang herab. Oben ist es am Wandfuß nahezu eben, im linken Teil fällt der Hang mäßig ab.

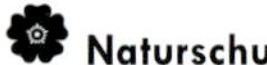

Naturschutz

Ausstiegsverbot, alle Routen müssen umgelenkt werden. Zustiegswege einhalten.

Lower off all routes and don't top out. Stay on trails.

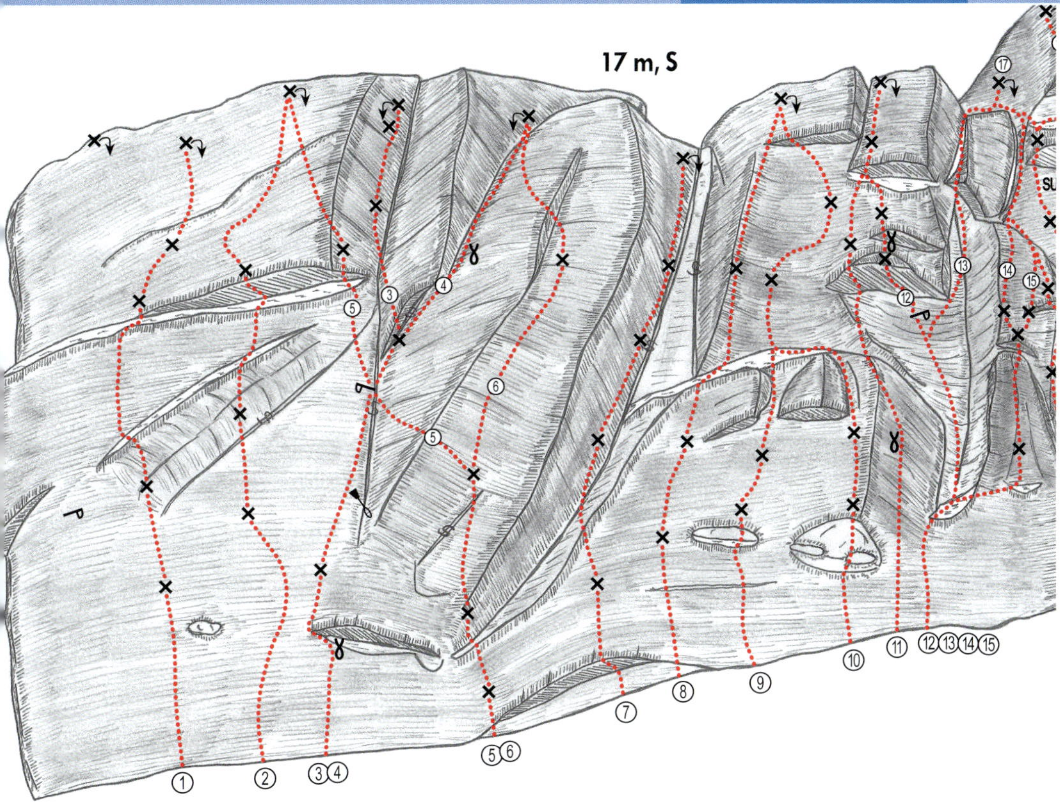

17 m, S

1	**Kreuz und quer**	6	*Schlüsselstelle im oberen Teil, nicht überversichert.*
2	**Runde Sache**	7-	*Knackige und extrem runde Einzelstelle am Wulst.*
3	**Untere Verschneidung linker Ausstieg**	5	
4	**Untere Verschneidung rechter Ausstieg**	4-	
5	**Steig ein**	6+	*Die Passage am oberen Dach ist nicht einfach.*
6	**Steig rüber**	6-	
7	**Baumannweg**	5-	*Der Einstieg ist am schwersten, schöne Verschneidungskletterei.*
8	**Erste Begegnung**	6+	*Kleingriffige Plattenkletterei.*
9	**Südwand**	6	*Steil, aber gut griffig.*
10	**Wächter**	6	*Athletisch, steil, gut griffig.*
11		6+/7-	*Schwere Passage am Bohrhaken, sehr definiert direkt.*
12	**Streck dich**	7-/7	*Athletisch über den Überhang, mittlerweile stark abgegriffen.*
13	**Kamin**	3+	
14	**Pfeiler**	6-	
15	**Schraube locker links**	7	

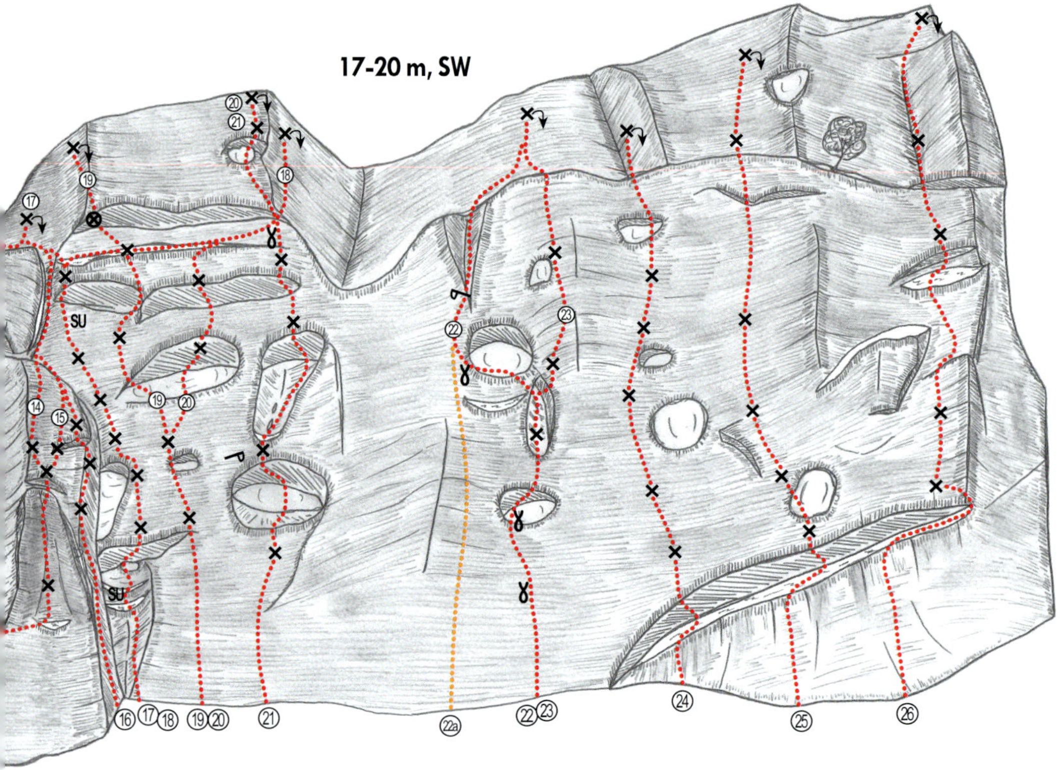

4.1 Böllisburren 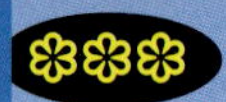

 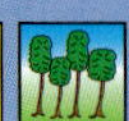 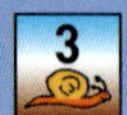

17-20 m, SW

16	**Schraube locker rechts**	7-	
17	**Obere Verschneidung links**	5	*Zum Abbauen besser geeignet als der originale Ausstieg.*
18	**Obere Verschneidung original**	5	*Klasse! Großgriffige und gut gesicherte Verschneidung.*
19	**Maiers Zauberkiste**	7	*Unten plattig, oben luftig über den Überhang.*
20	**Frauen allein zu Haus**	9-	*Kleingriffige, kompakte und leicht abdrängende Variante.*
21	**Don Camillo**	7-	*Einst kühn, mittlerweile etwas weniger, aber immer noch tolle Route.*
22a	**Freiklettersteig**	7-	*Frei zu kletternder Direktzustieg zum Mackweg, Keile!*
22	**Mackweg**	7-	*Nicht saniert und spärlich gesichert.*
23	**Minimagnet**	7+	*Spätestens am 2. BH geht es ordentlich zur Sache, schöne Route, der erste BH sitzt sehr hoch, die Schlinge zuvor ist eher zweifelhaft.*
24	**Heißer Tip**	9	*Klassiker mit kleinen Leisten, steile Platte.*
25	**Dolmix Pic**	9	*Schwere, fingermordende Einzelstelle.*
26	**Pfeiler**	7-/7	*Schwerer Einstieg, bei dem etwas Reichweite nicht schaden kann, dann weiter Runout, kaum abzusichern und nicht ganz fest. Im oberen Teil nochmals kompakte und schöne Wandkletterei.*

P N48°22'49,5" O09°45'48,2"

Kompakte Wand mit einigen erstklassigen Routen in den unteren Schwierigkeitsgraden. Keile/Schlingen sollten an dieser Wand bei allen Routen keinesfalls im Rucksack verbleiben, sondern gehören an den Gurt. Teilweise sind die Routen schon etwas abgespeckt.

Nuts and slings are necessary in most routes.

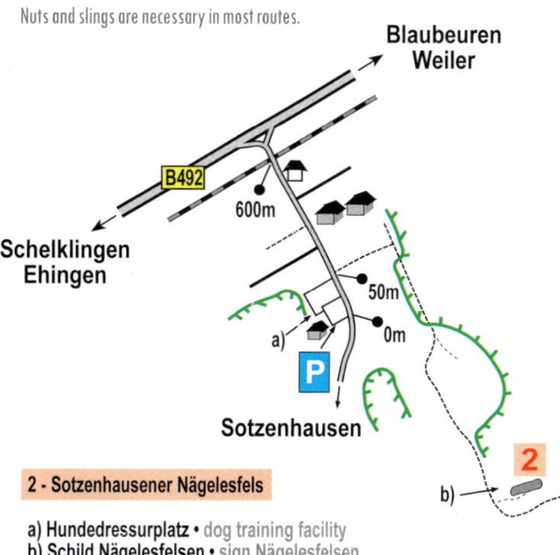

a) Hundedressurplatz • dog training facility
b) Schild Nägelesfelsen • sign Nägelesfelsen

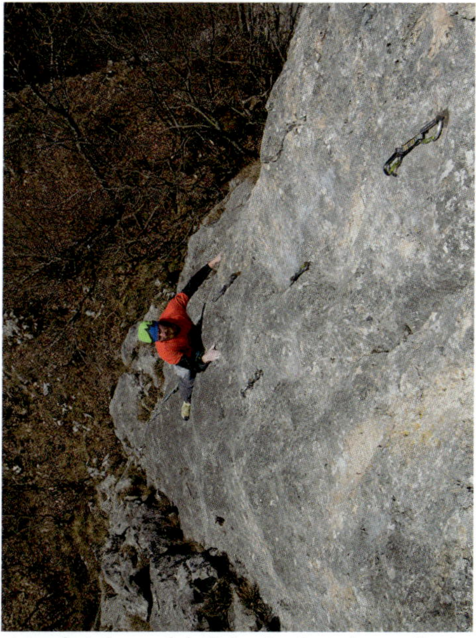

Jetzad wirds ernschd - Sebastian Brutscher am Beginn der oberen Schlüsselpassage im Kochweg (7+)

Anfahrt

Auf der A 8 bis zur Ausfahrt Merklingen. Dort abfahren und auf der L 1230 vorbei an Merklingen, über Machtolsheim, vorbei an Berghülen Richtung Blaubeuren. Am Rande der Albhochfläche trifft die Straße auf die B 28. Hier links ab und in einem engen Seitental bergab nach Blaubeuren. Nach Durchqueren des Tunnels am Ortseingang fährt man an der darauffolgenden Ampel rechts ab Richtung Ehingen/Schelklingen/Weiler. Blaubeuren verlassen, auf der B 492 vorbei an Weiler und weiter bis zur Abzweigung nach Sotzenhausen. Hier links ab, über die Bahnlinie und 600 m geradeaus bis zu einem Parkplatz bei dem dortigen Hundedressurplatz, hier parken. Neuerdings darf dort während der eingetragenen Nutzungszeiten der Eigentümer nicht mehr geparkt werden. Dann am besten am Waldrand parken.

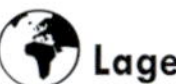

Lage

Einer der wenigen ruhig gelegenen Felsen im Blautal. Sonnige, südliche bis südöstliche Lage am Hang in einem Seitental. Der umgebende Laubwald spendet nur wenig Schatten.

Zugang

Vom Parkplatz 50 m zurück Richtung B 492 und rechts ab auf einen Feldweg. Auf diesem zum Waldrand und am dortigen Querweg nach rechts. Stets diesem Weg in das ruhige Seitental folgen, bis nach einiger Zeit vor einer markanten Linkskurve links des Weges der Fels erscheint (Schild Nägelesfelsen). Auf schmalem Pfad hoch zum Wandfuß.

Zugangszeit etwa 15 Minuten (1,1 km).

Naturschutz

Fels mit ökologisch sehr sensiblem Terrain, der unter besonderer Beobachtung steht. Deshalb gilt hier noch mehr, wie an anderen Massiven: haltet euch an die Regelungen, die da heißen: Felskopfbetretungsverbot, alle Routen müssen umgelenkt werden. Die Blockhalde unterhalb des Felsens ist tabu. Große Gruppen vermeiden! Nur auf beschrieben Routen klettern, der Rest des Felsens ist tabu.

Lower off all routes and don't top out. Stay on trails. The top of the crag is protected, don't walk there! The rubble-field below the wall is protected as well, don't touch it!

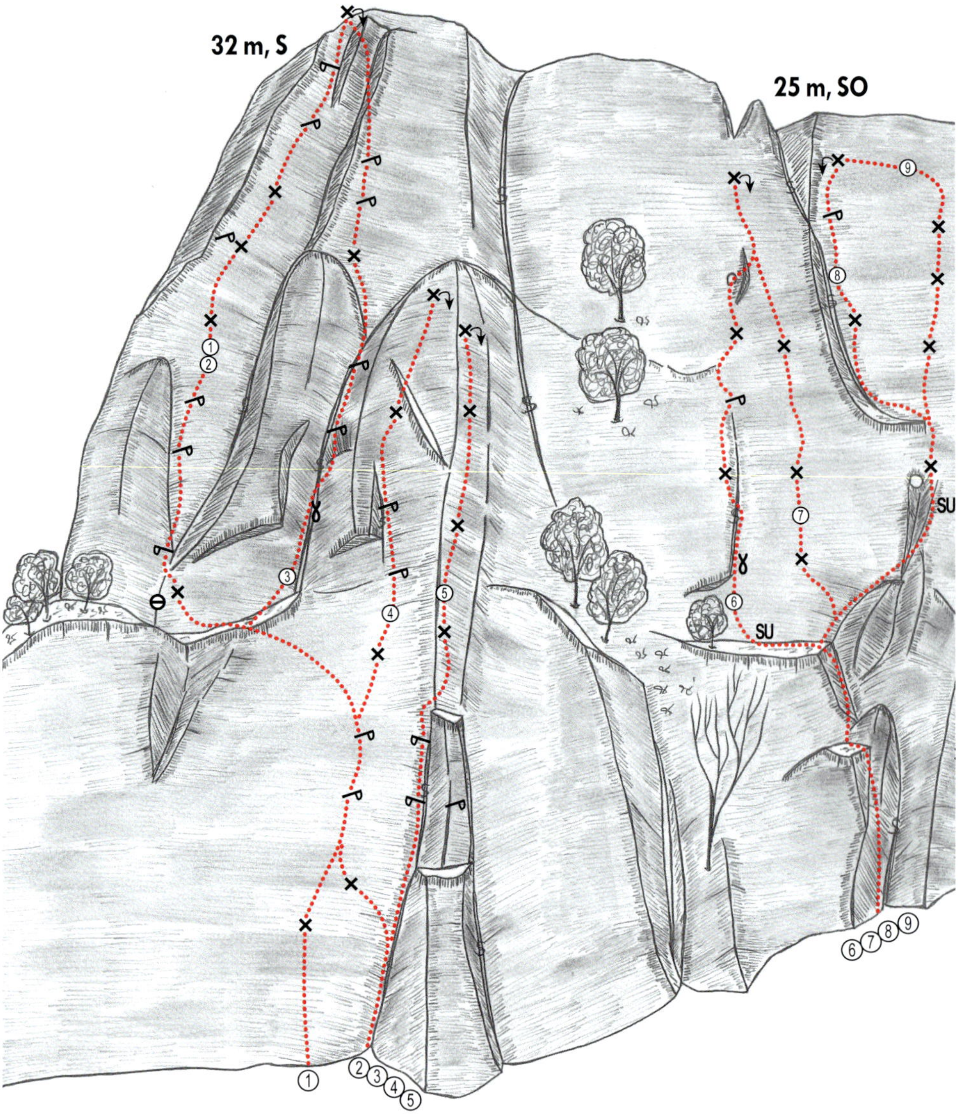

4.2 Sotzenhausener Nägelesfels

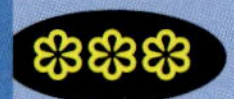
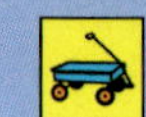
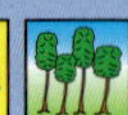
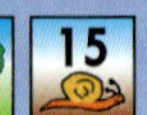

32 m, S

25 m, SO

	Route	Grad	Beschreibung
1	**Kochweg Direkteinstieg**	**7+**	*Harte Einstiegsvariante, 1. BH schwer anzuklettern.*
2	**Kochweg**	**7/7+**	*Nach einfacherem Einstieg wird die Route nach der Querung immer schwerer, klasse Tour.*
3	**Alte Südwand**	**5+**	*Mittlerweile saniert.*
4	**Neue Südwand**	**6-**	*Knackige Passage über den Überhang.*
5	**Südpfeiler**	**5**	
6	**Hard Rock**	**6+/7-**	*Keile dringend erforderlich, aber nicht einfach zu legen. Schwer bereits vor dem ersten Haken, welcher aus luftiger Höhe herunterlächelt, nur für sichere Geher.*

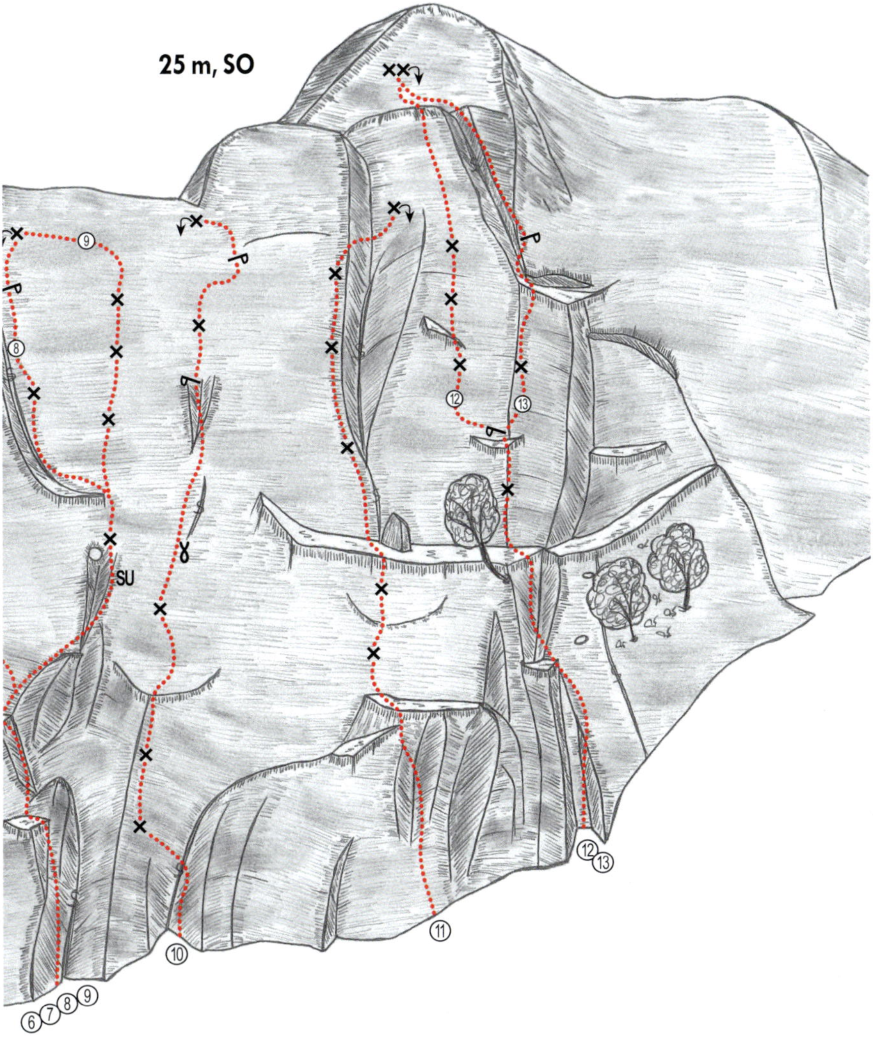

25 m, SO

Nr.	Route	Grad	Beschreibung
7	**Fukushima**	6+/7-	*Kleingriffige, schöne Platte, etwas definiert direkt bleiben.*
8	**Wallnerverschneidung**	4+	*Klasse und gut griffige Route mit einer knackigen Einzelstelle.*
9	**Herbstplatte**	7/7+	*Kleinfuzzelige Plattenkletterei im oberen Wandbereich.*
10	**Casinoeinstieg+Odysee**	7-	*Der mittlerweile sehr abgespeckte Einstieg hat es in sich, kleine runde Löcher und schlechte Tritte. Im oberen Teil muss ebenfalls kräftig zugepackt werden.*
11	**Pfeil-Sohn-Platte**	5	*Tolle Route mit einer knackigen Stelle bereits im unteren Wandbereich. Nach dem Band nochmals schöne Risskletterei.*
12	**In-A-Gadda-Da-Vida**	6	*Vom oberen Band weg auch direkt möglich, aber sehr weit zum nächsten Bohrhaken, Keile.*
13	**Südostpfeiler**	5	*Gut griffig, oben Riss.*

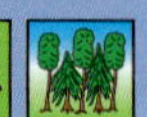

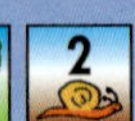

P N48°23'43,3" O09°46'01,1"

Felsturm aus kompaktem, grauem Gestein mit teils sehr spezieller Kletterei. Viele Seit- und Untergriffe dominieren hier das Geschehen. Die Routen sind mittlerweile alle saniert, aber nach wie vor nicht überversichert. Vor allem in den etwas einfacheren Routen sind Keile immer noch empfehlenswert. Kurzer Zugang.

The routes are re-bolted, but especially in the easier ones nuts are useful. Short access.

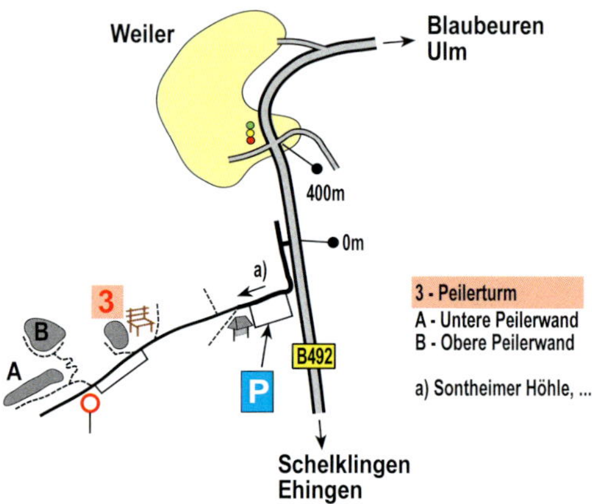

Anfahrt

Auf der A 8 bis zur Ausfahrt Merklingen. Dort abfahren und auf der L 1230 vorbei an Merklingen, über Machtolsheim, vorbei an Berghülen Richtung Blaubeuren. Am Rande der Albhochfläche trifft die Straße auf die B 28. Hier links ab und in einem engen Seitental bergab nach Blaubeuren. Nach Durchqueren des Tunnels am Ortseingang fährt man an der darauffolgenden Ampel rechts ab Richtung Ehingen/Schelklingen/Weiler. Blaubeuren verlassen, vorbei an Weiler und 400 m nach der Ampelkreuzung bei Weiler rechts ab, sofort wieder links und nach 200 m auf einen Wanderparkplatz. Total Gehfaule können bis zum Wandfuß fahren, die Schotterstraße ist erst nach 300 m gesperrt. Für alle Anderen sei hier der Wanderparkplatz mit Schautafel empfohlen.

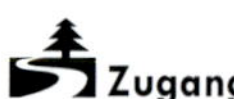

Zugang

Vom Wanderparkplatz dem geschotterten Forstweg Richtung Sontheimer Höhle etwa 200 m folgen. Kurz nach Eintritt in den Wald führt rechts ein schmaler Pfad zum bereits sichtbaren Fels.

Zugangszeit etwa 2 Minuten.

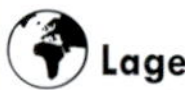

Lage

Freistehender Turm mit einer Südseite im Nadelwald und einer Ostseite in hohem Laubwald, schattige Lage. Aufgrund des kompakten Gesteins trocknet die Wand nach Regenfällen trotzdem meist rasch ab. Nicht übermäßig viel Platz am Wandfuß, aber auch nicht ungemütlich.

Naturschutz

Abstieg durch Umlenken/Abseilen, ansonsten keine besonderen Einschränkungen.

Lower off all routes or rappel down.

15 m, S

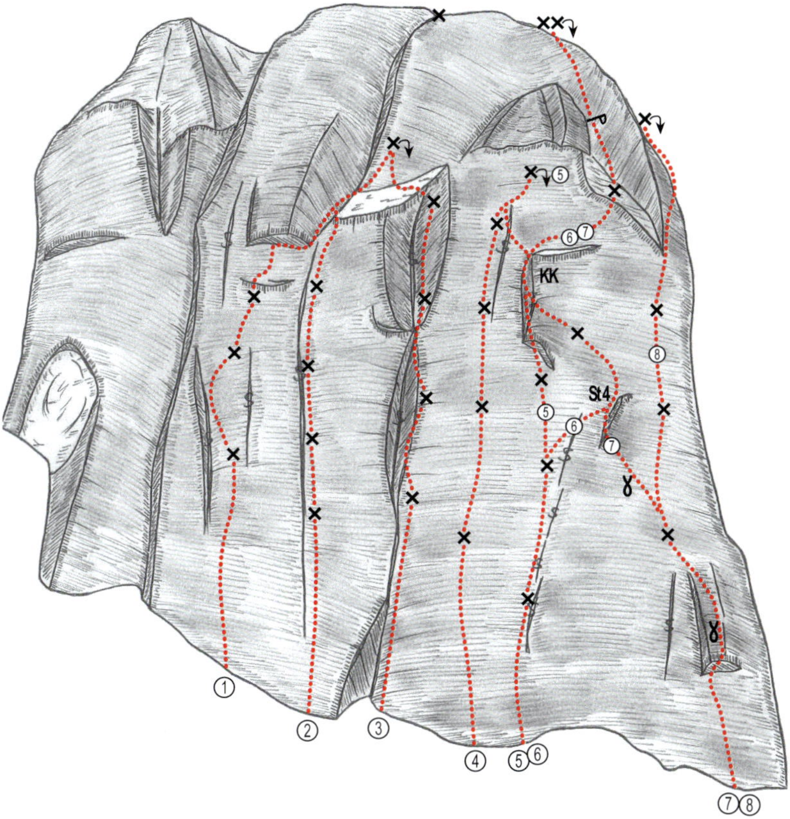

	Route	Grad	Beschreibung
1	**Vivat Che**	8-/8	*Die Linksaußen ist eine harte Nuss. Irgendwie eiert man die glatte Platte hoch und steht dabei oft ungemütlich über den Haken.*
2	**Haselnüssle**	8-	*Alte sanierte Route, wenig eigenständige Linie.*
3	**Ignorantenriss**	7+	*Diese Rissverschneidung hat es in sich, leider manchmal etwas dreckig und teils schon ziemlich abgegriffen.*
4	**Fingerpower**	8/8+	*Viele Seit- und Untergriffe bei gleichzeitig schlechten Tritten, technisch schwierig.*
5	**Flutwelle**	8-/8	*Neue Direktvariante zu Grüne Welle.*
6	**Grüne Welle**	7+	*Technisch ebenfalls nicht ganz einfach, aber kein Vergleich zu den Routen daneben.*
7	**Alter Weg**	7-	*Gute Route,wird leider heute kaum mehr gemacht, war aber eigentlich der erste und einfachste Weg durch die kompakte Südwand, Keile!*
8	**Mon Cheri**	9-	*Äußerst kleingriffige Kletterei über den Pfeiler, nicht überversichert (Keil).*

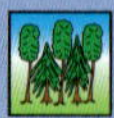
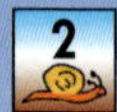

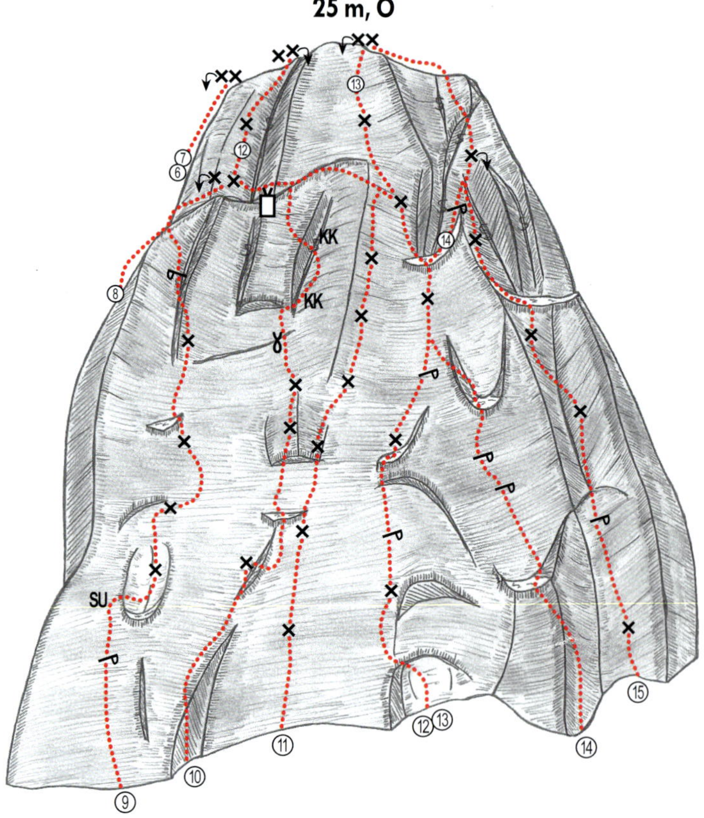

9	**Südpfeiler**	**6+**	*Schwere Stelle am 2. Bohrhaken, kurze Rechts-links-Schleife. Die glatte Verschneidung im oberen Teil wird durch den Speck, der sich in Jahrzehnten angesammelt hat, auch nicht einfacher.*
10	**Henkersmahlzeit**	**7**	*Nach Ausbruch des 1. Hakens war diese Route jahrelang gefährlich gesichert. Nach erfolgter Sanierung mittlerweile zum Glück etwas entschärft, was aber der Routenschwierigkeit keinen Abbruch tut. Kleingriffig und im oberen Teil wünscht sich sicher so manch eine/einer ein paar Zentimeter mehr Reichweite, Keile ratsam.*
11	**Steighilfe**	**7-**	*Wenig eigenständige, nachträglich eingebohrte Linie.*
12	**Südwand**	**6**	*Der Einstieg ist bereits ziemlich knackig und so geht es erst mal weiter. Der untere Teil ist nicht überversichert, der Sicherungspartner darf hier nicht schlafen! Oben einfacher und mit dem einen oder anderen Zusatzkeil perfekt abzusichern.*
13	**Südwand rechter Ausstieg**	**6-**	*Nochmals eine knackige Einzelstelle am Ausstieg.*
14	**Südwand +Karles Einstieg**	**4+**	
15	**Baumannweg**	**4**	*Mittlerweile nach Sanierung zum Glück etwas besser abgesichert.*

P N48°24'12,1" O09°46'55,8"

Mächtiges Felsenriff mit 2 sehr unterschiedlichen Wandfluchten. Die Südseite ist kompakt und bietet leicht geneigte Klettereien, die meist mit Keilen zusätzlich abgesichert werden sollten, die Westseite dagegen ist einige Grade steiler. Durch die teils absolut senkrechte Wandflucht ziehen deshalb auch vorwiegend schwerere Kletterrouten. Insgesamt gibt es hier eine große Auswahl an guten, aber immer anspruchsvollen Routen.

Bring nuts and slings, could be helpful in some cases.

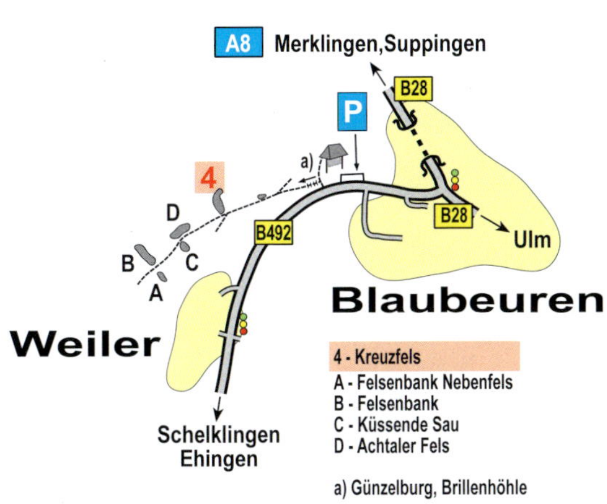

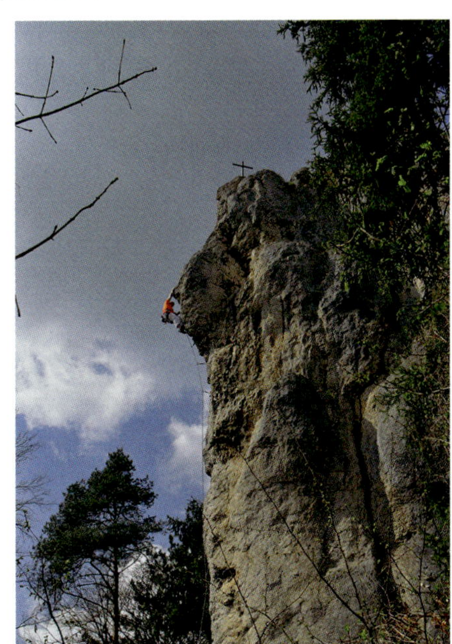

Ulrich Röker in der Bilderbuchkante Zittermanne (8+)

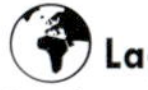 Anfahrt

Auf der A 8 bis zur Ausfahrt Merklingen. Dort abfahren und auf der L 1230 vorbei an Merklingen, über Machtolsheim, vorbei an Berghülen Richtung Blaubeuren. Am Rande der Albhochfläche trifft die Straße auf die B 28. Hier links ab und in einem engen Seitental bergab nach Blaubeuren. Nach Durchqueren des Tunnels am Ortseingang an einer Ampelkreuzung rechts ab auf die B 492 Richtung Ehingen. Kurz nachdem man Blaubeuren verlassen hat, erreicht man rechter Hand einen größeren Wanderparkplatz mit Infotafel (geschottert), hier parken.

Lage

Direkt am Wanderweg, in Mischwald gelegene Wand. Mit einer westlich und einer südöstlich ausgerichteten Wandflucht findet man eigentlich immer eine ideale Route. Der Wandfuß ist überwiegend am steilen Hang gelegen.

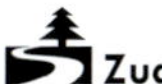 Zugang

Vom Parkplatz dem Straßenverlauf noch etliche Meter Richtung Weiler folgen. Am Beginn eines Forstweges rechts ab und sofort wieder links über Treppenstufen auf einen Wanderweg Richtung „Günzelburg/Brillenhöhle“. Diesem Weg stetig ansteigend folgen, bis man die mächtige Wand direkt am Wanderweg erreicht.

Zugangszeit etwa 10 Minuten.

 Naturschutz

Ausstiegsverbot, alle Routen müssen umgelenkt werden.

Lower off all routes and don't top out.

4.4 Kreuzfels

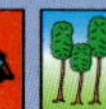
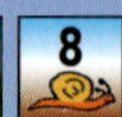

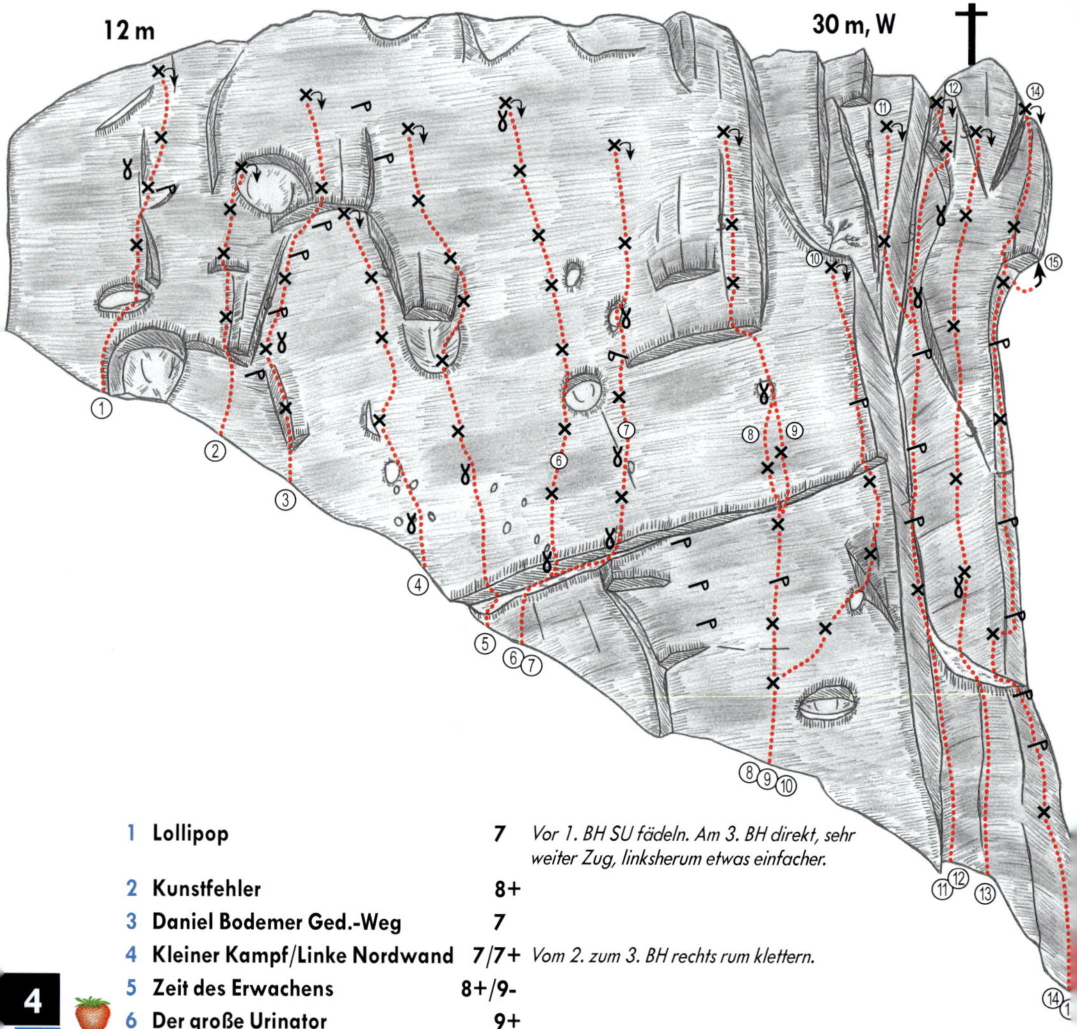

12 m

30 m, W

	Route	Grade	Notes
1	**Lollipop**	7	*Vor 1. BH SU fädeln. Am 3. BH direkt, sehr weiter Zug, linksherum etwas einfacher.*
2	**Kunstfehler**	8+	
3	**Daniel Bodemer Ged.-Weg**	7	
4	**Kleiner Kampf/Linke Nordwand**	7/7+	*Vom 2. zum 3. BH rechts rum klettern.*
5	**Zeit des Erwachens**	8+/9-	
6	**Der große Urinator**	9+	
7	**Wortwechsel**	7+/8-	*Tolle Route, ausdauernd, athletisch. Für kleinere Kletterer ziemlich ungünstig eingebohrt.*
8	**Geschenk**	8+	
9	**Milde Sorte**	8-	
10	**Eidechsenwand**	7-	*Teils etwas brüchig, aber nette Kletterei.*
11	**Dülfer Linksausstieg**	6	*Meidet den brüchigen Ausstieg.*
12	**Dülferverschneidung**	6	*Anspruchsvolle Verschneidungskletterei, bereits ziemlich abgegriffen, oben brüchig, Keile.*
13	**Felsenspringer**	8+	
14	**Zittermanne**	8+	*Nach dem schwersten Teil der Blessingkante darf man dann so richtig Gas geben, ideale Linie.*

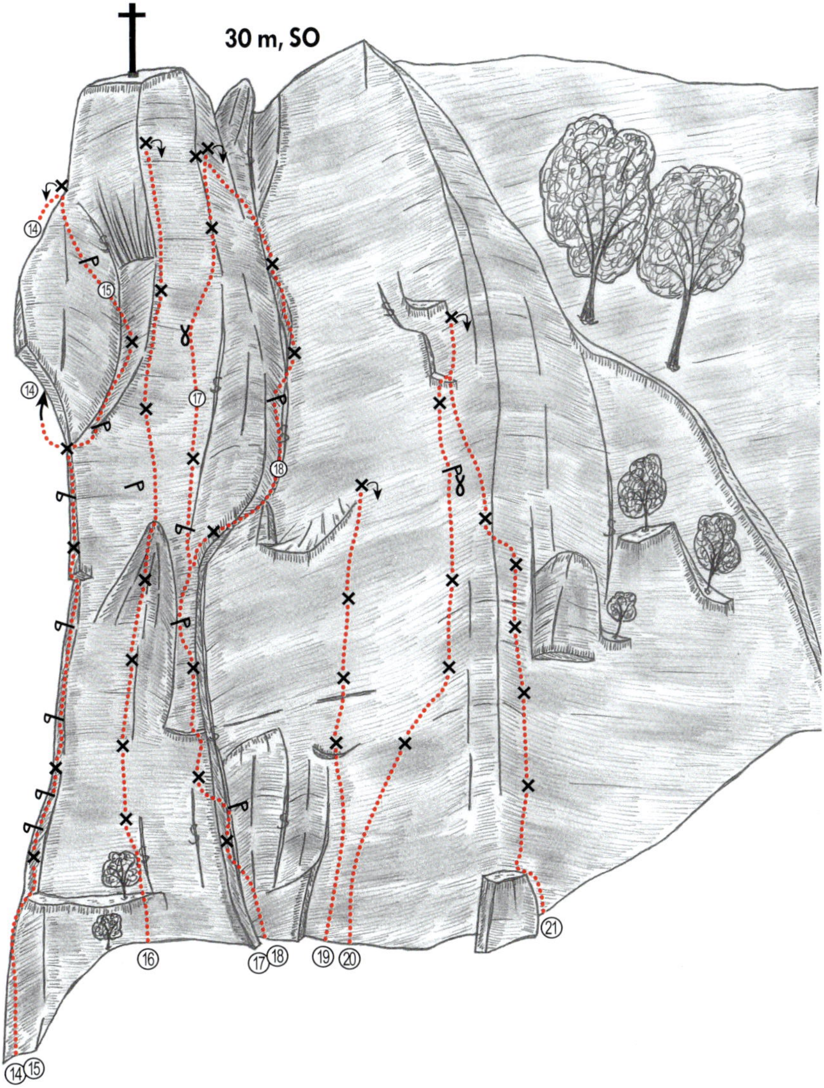

30 m, SO

Nr.	Route	Grad	Beschreibung
15	**Blessingkante**	**8-/8**	*Nach dem Vorbau geht es gleich gewaltig zur Sache, extrem kleingriffig, klasse Tour.*
16	**Traumfänger**	**8+/9-**	*Man klettert wohl eher etwas neben den Haken.*
17	**Sommerspiele**	**7-**	*Die Geradeausvariante der Teufelsküche.*
18	**Teufelsküche**	**7-**	*Der Riss hat es mächtig in sich, Keile.*
19	**Kreuzfeuer**	**9/9+**	
20	**Diebische Elster**	**8+/9-**	
21	**Holopfeiler**	**8-/8**	

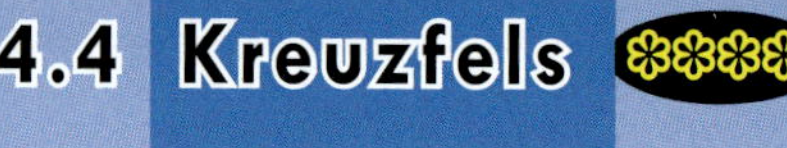

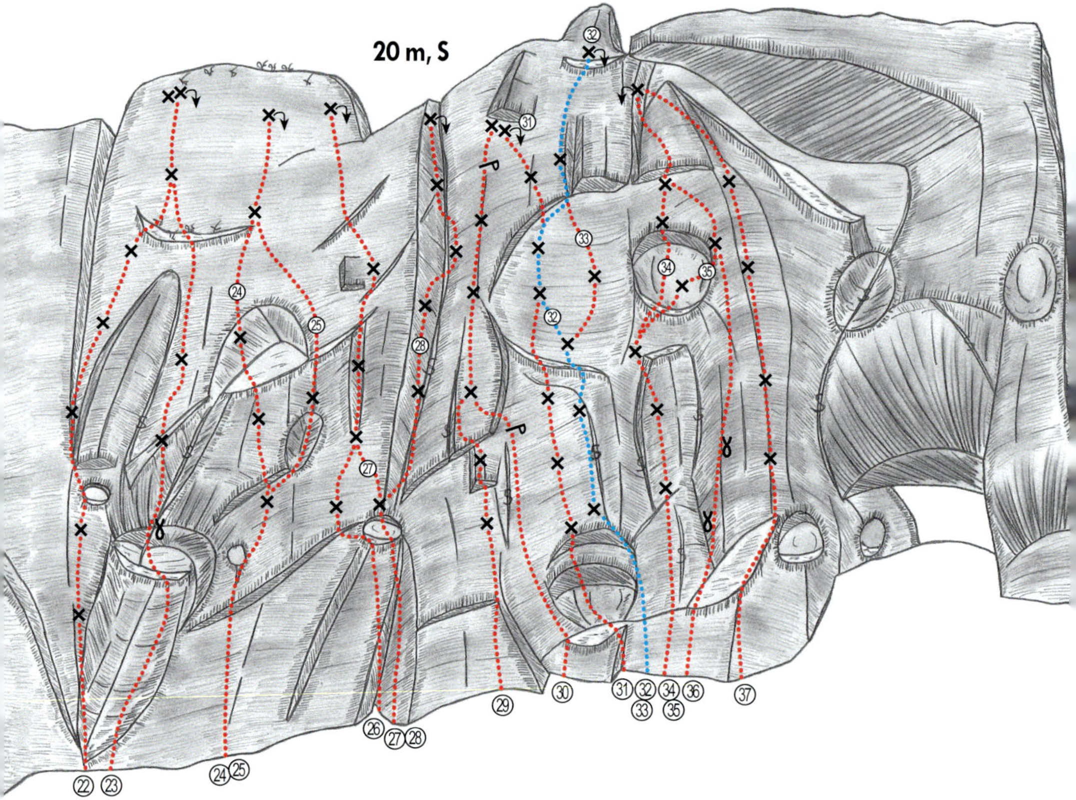

4.4 Kreuzfels

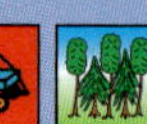

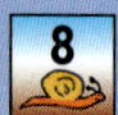

20 m, S

Nr.	Route	Grad	Beschreibung
22	**Zahnfee**	5-	*Schöner, gut griffiger Pfeiler.*
23	**Nur Mut Jürgen**	7-	*Den braucht nicht nur Jürgen, auch nach der Sanierung noch sehr freies Unterfangen und Keile lassen sich nur bedingt legen.*
24	**Hau ruck linke Variante**	8-	*Extreme, sehr kleingriffige Einzelstelle.*
25	**Hau ruck rechte Variante**	7	
26	**Gradaus**	7+	*Harte Plattenkletterei mit schwerem, größenabhängigem Zug gleich am ersten BH. Danach einfacher, aber trotzdem nicht leicht, Keile.*
27	**Gradaus rechte Variante**	7	*Der harte Einstiegszug wird umgangen.*
28	**Okasaverschneidung**	6-	*Früher clean und auch heute noch nicht überversichert, Keile.*
29	**Zeit zum Zug**	7	*Direkteinstieg, weite Abstände, schwer zum NH mit großem Abstand.*
30	**Zug um Zug**	7	*Wird kaum noch gemacht, nicht saniert und etwas definiert.*
31	**Kidnapper**	7	*Schwerer Piazstart.*
32	**Kopf hoch linke Variante**	7-	*Die etwas einfachere Version links herum.*
33	**Kopf hoch rechte Variante**	7	*Direkt über die glatte Platte.*
34	**Rechtsaußen mit li. Ausstieg**	7+	*Unten steile und recht happige Risskletterei (Keile) aus der Gufel gerade raus.*
35	**Rechtsaußen mit re. Ausstieg**	7	*Aus der Gufel rechts haltend rausklettern.*
36	**Klemmkeilchen**	7+	*Cleanroute, kleine Keile helfen weiter.*
37	**Macfit**	6+/7-	

P N48°24'52,5" O09°46'43,3"

Blaufels - Im linken Teil eine etwas niedrigere, im rechten Teil eine hohe, langgezogene Wand. Kompakter Fels und vor allem im rechten Wandbereich außergewöhnlich gute Routen. Gut gesichert, Keile werden nur vereinzelt benötigt. Well protected, nuts are necessary only in a few routes.

Breitfels - Viele kürzere und einfachere Übungsklettereien, aber auch einige längere und anspruchsvolle Routen in kompaktem Fels. Keile sollte man auch an diesem Fels immer mit am Gurt führen. Viele Routen sind mittlerweile bereits sehr stark abgegriffen. Bring nuts, they can be useful sometimes.

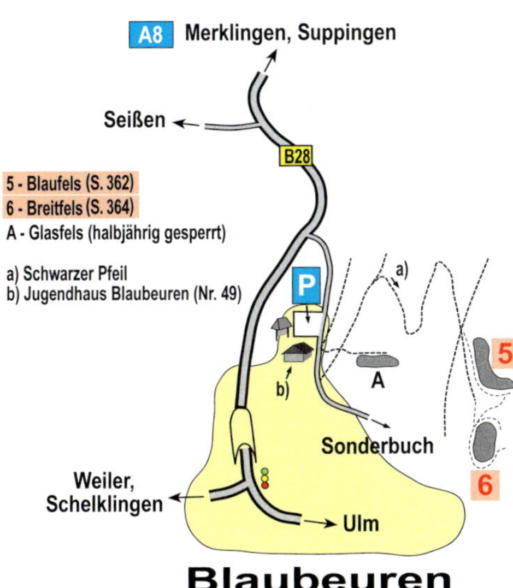

Anfahrt

Auf der A 8 bis zur Ausfahrt Merklingen. Dort abfahren und auf der L 1230 vorbei an Merklingen, über Machtolsheim, vorbei an Berghülen Richtung Blaubeuren. Am Rande der Albhochfläche trifft die Straße auf die B 28. Hier links ab und in einem engen Seitental bergab Richtung Blaubeuren. Kurz nachdem sich das Tal öffnet (nach einer Rechtskurve) links ab in die oberen Ortsteile von Blaubeuren. Wenige Meter nach dem Ortseingangsschild rechts ab auf einen Wanderparkplatz mit Infotafel, hier parken.

Zugang

Vom Parkplatz aus die Straße überqueren. Einige Meter bergab Richtung Ortskern und auf den 2. (oberen) schräg nach links ansteigenden Wanderweg. Diesem bergauf bis zu einer Abzweigung folgen (schwarzer Pfeil). Hier nach rechts und in langgezogenen Kehren bis zum Wandfuß des Blaufelsens. Der Breitfels liegt noch etwas weiter rechts (Blickrichtung Berg) und etwas unterhalb.

Zugangszeit etwa 10 Minuten.

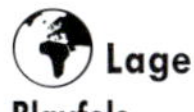

Lage

Blaufels

Hoch oben am Hang gelegene Wand. Nach Baumfällarbeiten mittlerweile nahezu komplett freistehend. Durch den direkt davor liegenden Breitfels auch gut gegen Verkehrslärm abgeschirmt. Durch die teils östliche, teils südliche Ausrichtung bekommt man den größten Teil des Tages Sonne satt.

Breitfels

Großer, rundum bekletterbarer Felsklotz, in hohem Mischwald gelegen. Die Nordseite ist nach Baumfällarbeiten ziemlich freistehend. Der Wandfuß ist meist gut geeignet, um sich auszubreiten. Nur die Routen der Nordseite sind teils an steilem Hang gelegen.

Naturschutz

Blaufels

Ausstiegsverbot, ausgenommen Tiffelriss sowie Routen, die am Fahnenmast enden.

Lower off all routes and don't top out except in the routes "Tiffelriss" and routes which end at the flag-staff.

Breitfels

Der obere Felskopf darf nicht betreten werden, da hier einige sehr seltene, vom Aussterben bedrohte Pflanzenarten vorkommen. Die etwas tiefer gelegenen, vorgelagerten Felsköpfe können dagegen betreten werden. Alle Routen umlenken.

Don't step on the upper top of the cliff, there grow rare plants! Lower off all routes

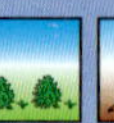

Zugang und allgemeiner Text siehe Seite 361
Access and general description see page 361

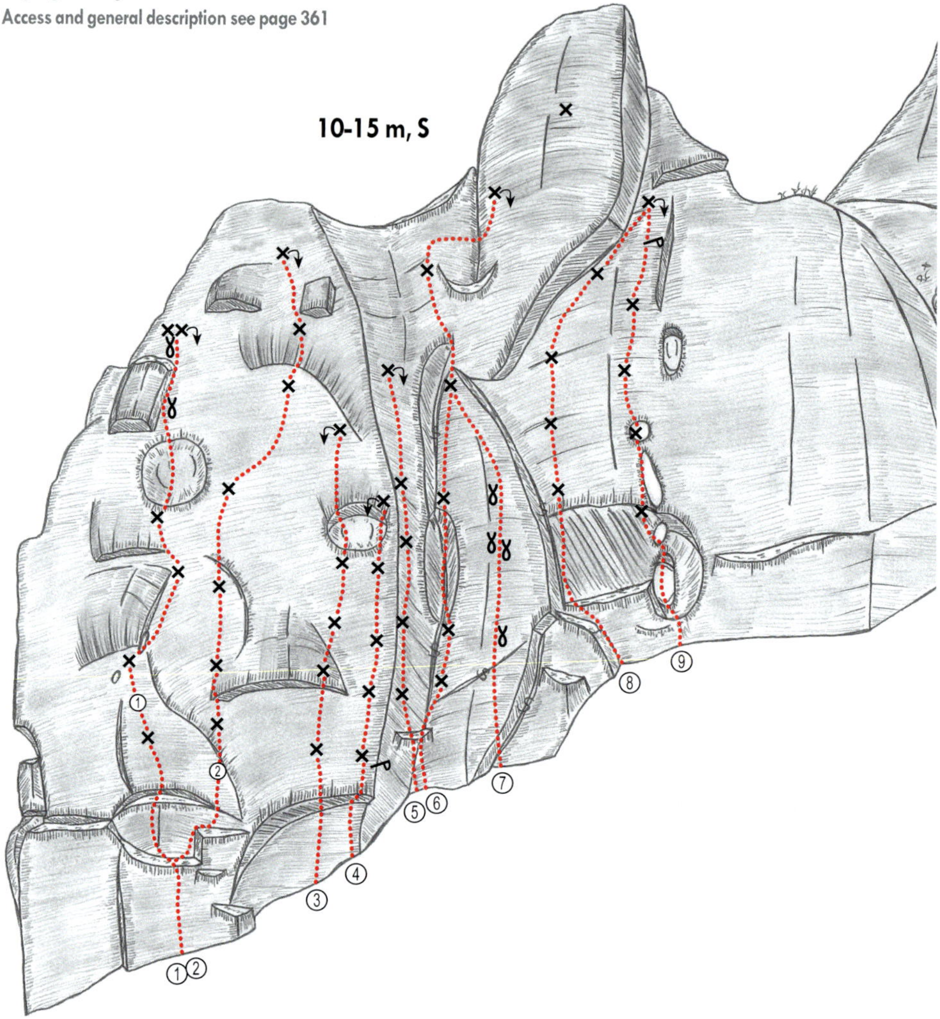

10-15 m, S

1 **Pils**	7	*Hart vom 1. und 3. BH, kleine Leisten, Fingerlöcher und Piazkletterei.*
2 **Hehlroute**	7	*Durchgängig anspruchsvolle Route, nur im Mittelteil etwas einfacher.*
3 **Woiza**	7-/7	
4 **Der Greis ist heiß**	7-	*Kurz und kräftig direkt an der Kante.*
5 **Anke's Bioladen**	6+/7-	*Links der Verschneidung durch die steile Wand.*
6 **Müsliman**	5+	*Verschneidungskletterei.*
7 **Jacke wie Hose**	6	*Nur einige alte, teils sehr dünne Schlingen, gefährlich!*
8 **Vier die Katz**	5	
9 **Kochweg**	6-	*Von Loch zu Loch, interessante Routenführung.*

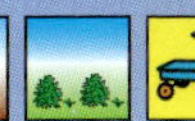

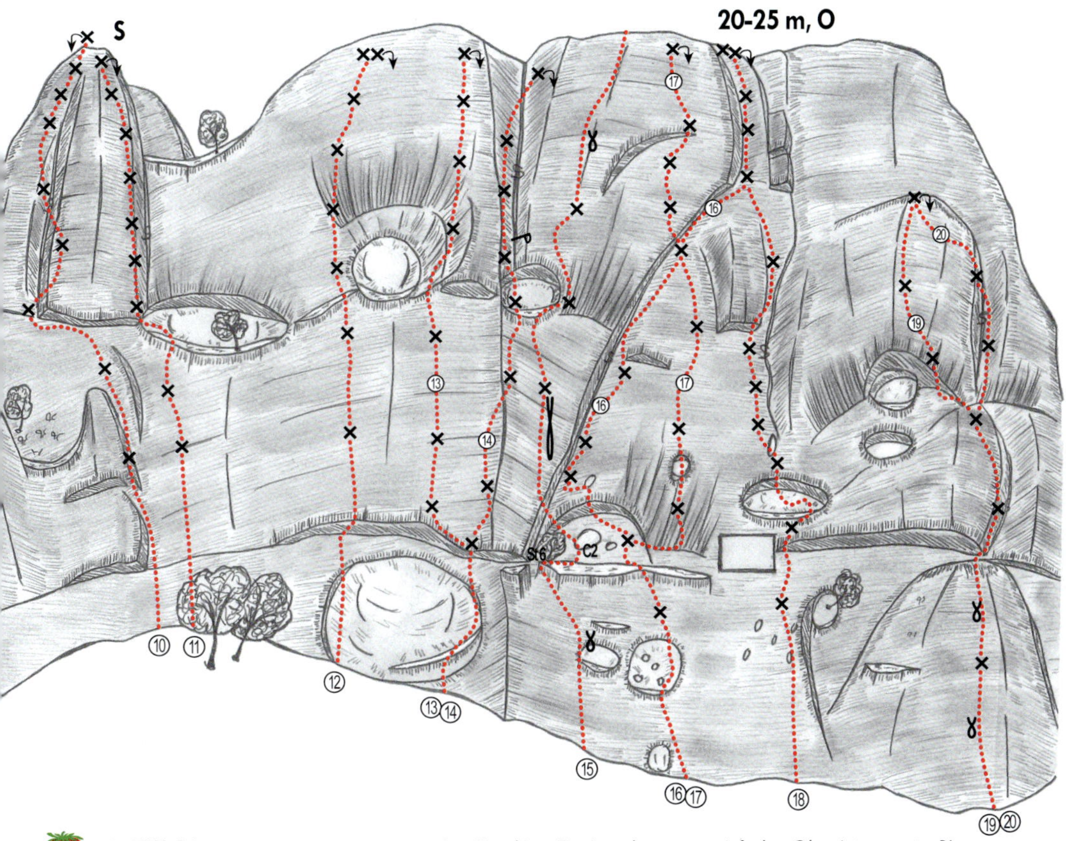

20-25 m, O

10	**Tiffelriss**	6-	*Knackiger Einstieg, dann etwas einfacher. Oben interessanter Riss.*
11	**Akku leer**	5+	*Am Start etwas schwerer, danach gut griffige Wand- und Verschneidungskletterei, nette Tour.*
12	**Panem**	8	
13	**Rock'n Roll**	8-/8	
14	**Unbekannte**	6	*Etwas brüchige, aber schöne Route. Aus der Höhle kurz knackig.*
15	**Hinterm Horizont**	8-	*1. BH extrem hoch, Stopper 6 legen, rechts raus aufs Band Cam 2 in Loch legen, übelst gesichert. Am 2. BH schwer in Untergriff, danach sehr unübersichtlich und schwer mit kurzem Linksschlenker.*
16	**Blaumeise**	7+	*Vom Band weg weit zum nächsten Bohrhaken. In einem der Löcher lässt sich gut ein Friend platzieren. Ohne diesen gefährlich! Die Querung danach ist knackig und in der Piazverschneidung heißt es dranbleiben, Ausstieg auch über Brunftmeister (7+), klasse Route.*
17	**Brunftmeister**	8-/8	*Harte Passage aus dem Loch heraus, dazu noch ein gehöriger Hakenabstand, klasse Route.*
18	**Nasenweg**	6+/7-	*Eine der besten Routen in diesem Grad, ausdauernd und einige harte Passagen.*
19	**Ostpfeiler linker Ausstieg**	8-	*Schwere und schmerzhafte 2-Fingerlochzüge über das kleine Dach.*
20	**Ostpfeiler rechter Ausstieg**	6+/7-	*Nette Kletterei am rechten Rand.*

4.6 Breitfels

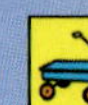
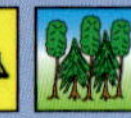
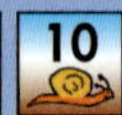

Zugang und allgemeiner Text siehe Seite 361
Access and general description see page 361

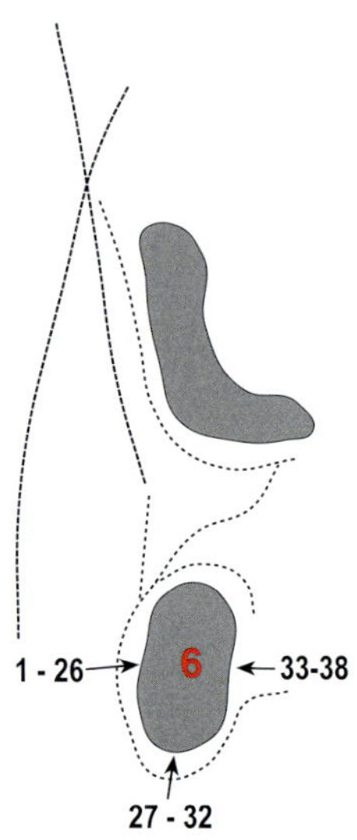

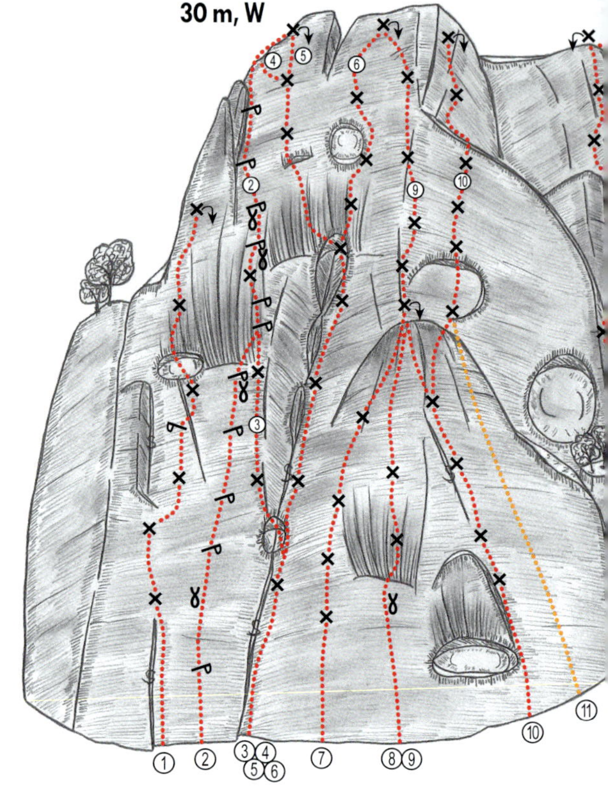

	Nr.	Route	Grad	Beschreibung
	1	**Sommerweg**	**7-**	*Nicht ganz einfache Einstiegspassage, erst nach dem 2. Haken wird es etwas einfacher, aber keinesfalls leicht.*
	2	**Kochweg**	**5,a1**	
	3	**World Trade Center**	**9+/10-**	
	4	**Roots**	**8+**	
	5	**Roots direkt**	**9-**	*An herzförmigem Griff gerade raus.*
	6	**Westwandriss**	**8+**	*Zuerst entlang des Risses, oben dann überhängend mit einigen schweren Zügen in die seichte Gufel, dort noch einmal knackige Passage an schlechten Griffen.*
	7	**Vollstrecker**	**7+**	
	8	**Jump**	**7+/8-**	
	9	**Jump and pump**	**8-/8**	
	10	**Herbstweg**	**6+/7-**	*Schöne Route. Unten leicht geneigte und ziemlich happige Platte, oben wird es dann steiler, dafür gibt es etwas bessere Griffe, sehr glatt geworden.*
	11	**Wenn links ned geht**	**5+**	
	12	**Baruchbauch**	**7-**	*Vom Band weg gut griffige Schuppe. Schwere Passage vom 1. zum 2. BH.*
	13	**Variante**	**7**	*Vom Band weg sehr schwerer Start über den 1. BH, sehr alte Haken.*
	14	**Kaminweg**	**2**	*Bis auf den Einstieg nahezu nur Grasbänder.*

4
Blautal

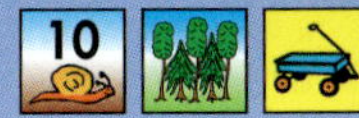

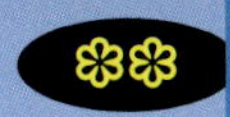

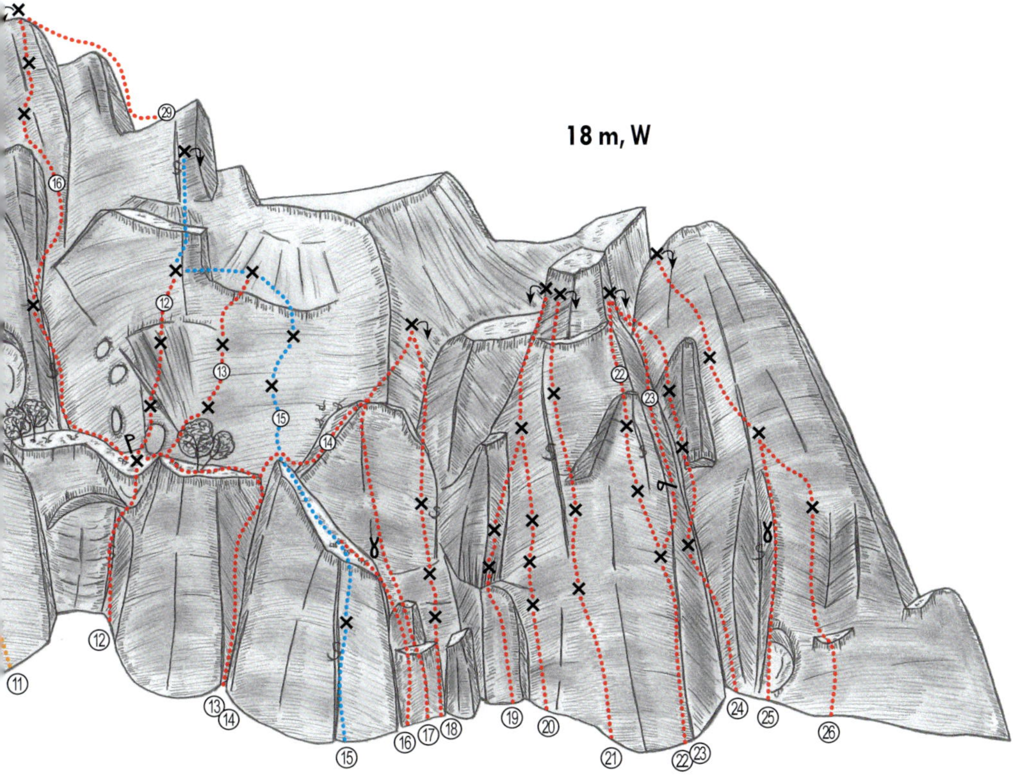

18 m, W

15	**Rocky Horror**	**6-**	*Start nicht ganz ohne, dann breites Grasband. Die folgende Wandstufe ist nicht einfach, vor allem der 1. BH ist schwer anzuklettern.*
16	**Graspromenade**	**3**	*Einfacher, aber trotzdem interessanter Weg, Abschlusswandl am schwersten. Abseilen am besten über den Normalweg.*
17	**Hard Grit**	**7+/8-**	*Mit einer uralten, gebohrten Schlinge eigentlich nicht mehr gesichert. Schwer über Fingerloch und Minileiste in die obere Risspur, nur Toprope sinnvoll (15 m).*
18	**Rattenflug**	**3**	*Einfache Rissverschneidung (15 m)*
19	**Gemüsemaulwurf**	**6+**	*Vom 1. zum 2. BH schwerer Zug im überhängenden Gelände, danach großgriffig, deutlich einfacher und etwas brüchig (18 m).*
20	**Schmirgels Kraftakt**	**6-**	*Leicht abdrängende Wandkletterei, zwischen 1. und 3. BH nicht ganz einfach, stark abgegriffen, oben etwas brüchig (18 m).*
21	**Frühlingsweg**	**4+**	*Steil, aber gut griffig, oben etwas brüchig (18 m).*
22	**Kurzer Jakob**	**5+**	*Vom 1. bis 3. BH nicht einfach, stark abgegriffen, oben raus leichter.*
23	**Kolibri**	**5+**	*Rechtsvariante, schwer vom 1. BH zum NH, Rest deutlich einfacher.*
24	**Reemtriss**	**3+**	*An sehr guten Griffen entlang der Verschneidung.*
25	**Dir. Ulmer Spatz**	**5**	*Einstiegsvariante über den Riss.*
26	**Ulmer Spatz**	**5**	*Schwer um den 2. BH, ziemlich poliert.*

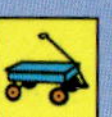

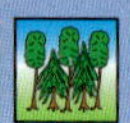

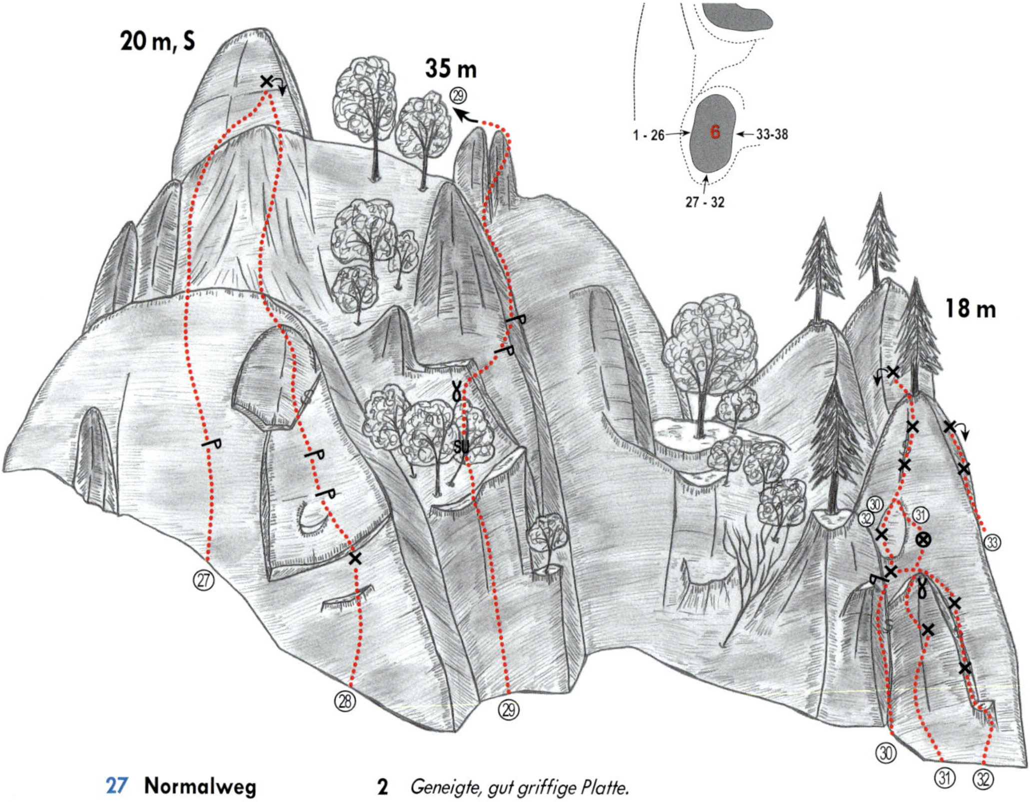

Nr.	Route	Grad	Beschreibung
27	**Normalweg**	2	*Geneigte, gut griffige Platte.*
28	**Südplatte**	4+	*Gut griffig, aber schon ziemlich poliert, vor allem das Trittangebot ist spiegelglatt (20 m).*
29	**Südpfeiler**	3+/4-	*Gut griffig entlang des Pfeilers, ziemlich alpines Unternehmen, das weitestgehend selbst abgesichert werden muss. UL kurz unterhalb des Gipfels, UL von Graspromenade (35 m). Absteigen/Abseilen über Normalweg.*
30	**Achterbahn direkt**	5-	*Über Köpfl zu Riss (Keil legen) und gerade, den Riss entlang, gut griffig empor.*
31	**Direktvariante**	7+	*Unten eher links klettern, am 2. BH an flachen Griffen schräg links raus zur Kante, ziemlich gesuchte Route mit uralten BH (16 m).*
32	**Achterbahn**	5+	*1. BH sehr hoch, danach gut griffige Linksquerung. Im Übergang zum senkrechten Riss schwere Passage (18 m).*
33	**Malefizkante**	5	*Durch den Spalt auf den Vorblock, dann in die Wand und über kurze Steilstufe. Oben nach links und durch die kompakte Wand zur UL.*
34	**Ostriss**	4-	*Zwischen Vorblock und Wand hochspreizen, dann gut griffig empor. Am letzten BH kurz schwer (14 m).*
35	**Projekt**		*Nicht einsteigen!! Extrem brüchig, der BH wurde unbrauchbar gemacht.*
36	**Krasse Ader**	7	*Clean zu kletternde Risslinie (Stopper, Friends). Vor allem der obere Teil ist sehr brüchig, nur für sehr erfahrene Geher.*
37	**Felsenputzer**	6-	*Steile, gut griffige Kletterei entlang einer Rissverschneidung. Kontinuierlich schwierig und bereits sehr stark abgegriffen (12 m).*
38	**Variante**	6-/6	*Ausstiegsvariante zum Umlenker der „Krassen Ader".*

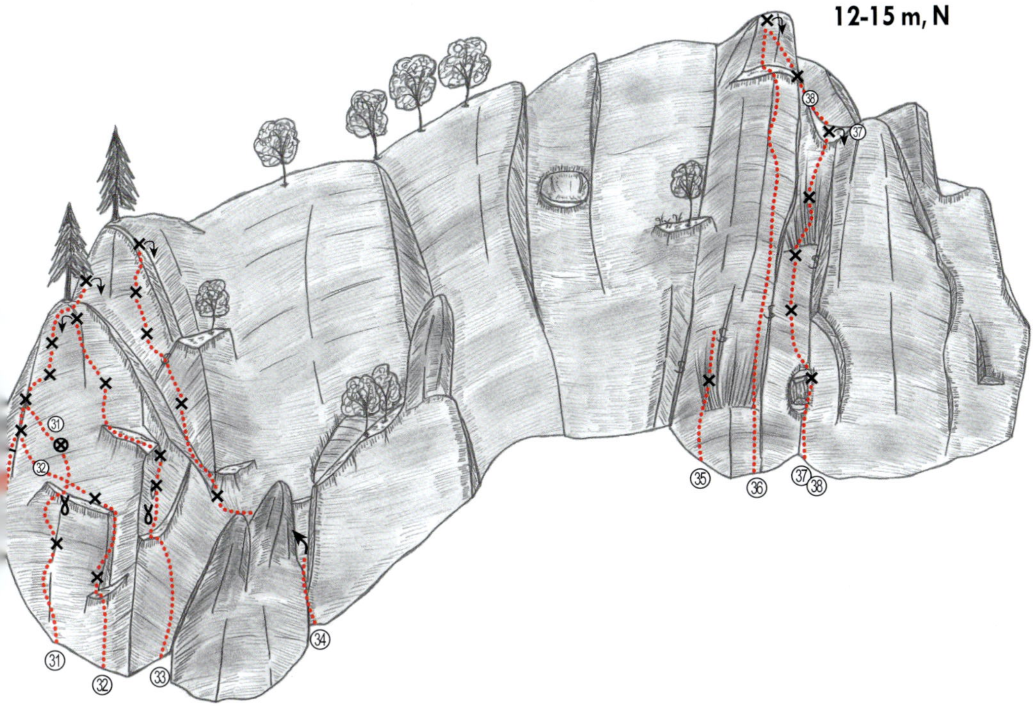

12-15 m, N

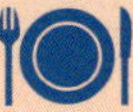

Blautäler Schlemmerplatte

Die Kalorienbombe nach einem harten Klettertag:

Kässpätzle mit Salat.

Erforderliche Ausrüstung

Pfanne um Zwiebeln und Speckwürfel anzubraten, Salatschüssel.

Zutaten

Zutaten Spätzle siehe Basis, Reibekäse, Salatzutaten ganz nach Wunsch, Zwiebeln, (Speckwürfel), Pfeffer, Salz, Gewürze für Salatdressing.

Zubereitung

Frisch zubereitete Spätzle zu goldbraun angebratenen Zwiebeln in die Pfanne geben und nochmals anbraten. Mit Reibekäse kräftig vermischt auf den Teller, wer möchte kann auch Speckwürfel mit anbraten. Das Ganze mit etwas Pfeffer und Salz je nach Geschmack nachwürzen.

Ein knackiger frischer Salat als Beilage rundet dieses einfach zu bereitende, nahrhafte Gericht perfekt ab.

4.7 Wannenwändle

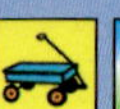
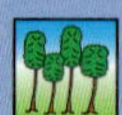
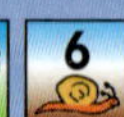

P N48°24'38,4" O09°50'50,8"

Kleine, kompakte Wand mit einigen guten und meist ordentlich abgesicherten Routen. Der eine oder andere Keil kann jedoch auch hier nicht schaden.

Though the protection is quite good nuts can be helpful in some cases also at this wall.

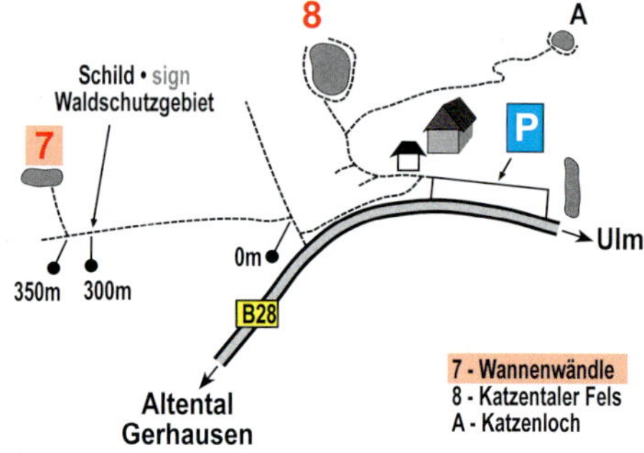

Anfahrt

Auf der A 8 bis zur Ausfahrt Merklingen. Dort abfahren und auf der L 1230 vorbei an Merklingen, über Machtolsheim, vorbei an Berghülen Richtung Blaubeuren. Am Rande der Albhochfläche trifft die Straße auf die B 28. Hier links ab und in einem engen Seitental bergab Richtung Blaubeuren. Nach Durchqueren des Tunnels am Ortseingang fährt man an der darauffolgenden Ampel geradeaus weiter Richtung Ulm. Durch Blaubeuren sowie Gerhausen hindurch und weiter bis nach Altental. Hier führt die B 28 unter der Bahnlinie hindurch. Nach weiteren 1,2 km befindet sich links der Straße ein größerer Parkplatz, hier parken.

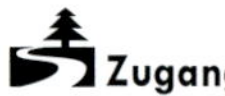

Zugang

Vom Parkplatz aus links an der kleinen Hütte vorbei, zur Zeit links auf einen Trampelpfad direkt neben der Straße (ändert sich immer mal wieder). Diesem bis zu einem breiten Querweg folgen. Kurz rechts und sofort wieder links auf einen breiten Forstweg. Auf diesem etwa 300 m geradeaus, bis rechts ein Schild mit der Aufschrift „Waldschutzgebiet“ auftaucht. Nach weiteren 50 m rechts steil bergauf zur bereits sichtbaren Wand.

Zugangszeit etwa 6 Minuten.

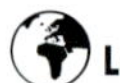

Lage

Die südseitig ausgerichtete Wand steht mitten in hohem Laubwald. Der Wandfuß ist hier einigermaßen eben und bietet genügend Platz.

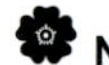

Naturschutz

Ausstiegsverbot, alle Routen umlenken.

Lower off all routes and don't top out.

10-15 m, S

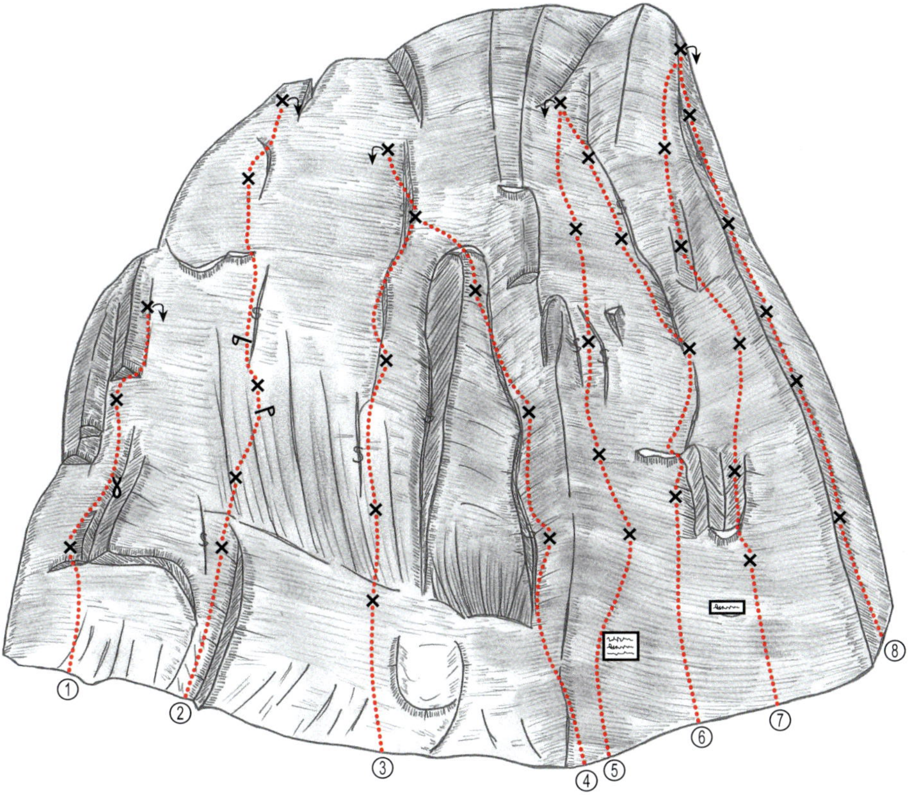

	Route	Grad	Beschreibung
1	**Hau ruck**	**6+**	*Steil, kurz und kräftig.*
2	**Nix für ungut**	**8+**	*Leicht abdrängende Route.*
3	**Namenlose**	**7+**	*Eine seltsam zu kletternde Route, in der es sofort hart zur Sache geht, ausdauernd.*
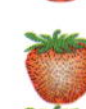 4	**Mackwandl**	**6+**	*Der Klassiker, ziemlich abgespeckter Riss.*
5	**Anachroet**	**7-/7**	*Schwere Passage vom 1. zum 2. BH, danach wird es etwas einfacher. Oben ungemütlich und nochmals gar nicht so einfach (Keil).*
6	**Südwand**	**5**	*Durch die Verschneidung.*
7	**Für Herbert - stark wie zwei...**	**6+**	*Steile, eher kleingriffige Wandkletterei, ziemlich definiert direkt über die Haken.*
8	**Back to the bar**	**6-**	*Die Route hat ebenfalls die eine oder andere knifflige Stelle.*

Katzentaler Fels

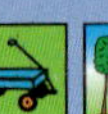
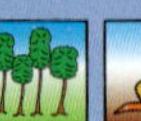
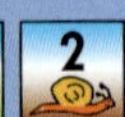

P N48°24'38,4" O09°50'50,8"

Der rundum freistehende Turm bietet eine große Zahl an Kletterrouten unterschiedlichster Schwierigkeiten. Auf der NO-Seite bietet der Fels ein sehr uneinheitliches Bild: teils gelb/brüchig, teils grau kompakt, aber immer mächtig steil. Der gelbe Bereich ist dabei zum Glück bei Weitem nicht so brüchig, wie man vermuten könnte. Die übrigen Seiten der Wand sind grau, kompakt und bieten die fürs Blautal oft typische Plattenkletterei. Die Wand ist mittlerweile gut gesichert, doch kann der eine oder andere Keil immer noch nicht schaden. Da hier auch öfters Kletterkurse stattfinden, sind vor allem die einfacheren Routen schon etwas abgegriffen.

Most routes are re-bolted and well protected, but also here some nuts can be useful.

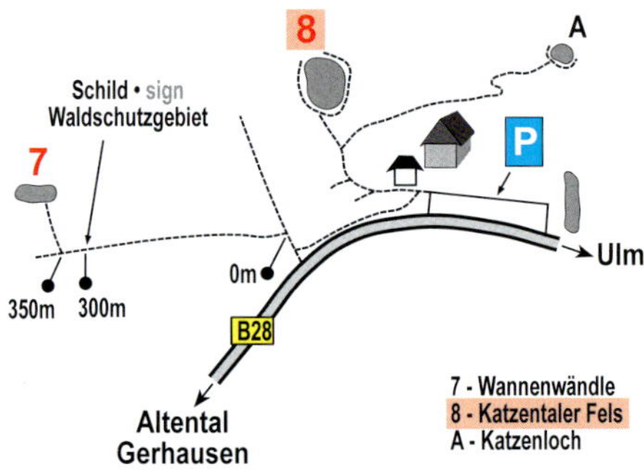

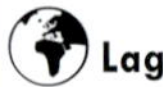

Anfahrt

Auf der A 8 bis zur Ausfahrt Merklingen. Dort abfahren und auf der L 1230 vorbei an Merklingen, über Machtolsheim, vorbei an Berghülen Richtung Blaubeuren. Am Rande der Albhochfläche trifft die Straße auf die B 28. Hier links ab und in einem engen Seitental bergab Richtung Blaubeuren. Nach Durchqueren des Tunnels am Ortseingang fährt man an der darauffolgenden Ampel geradeaus weiter Richtung Ulm. Durch Blaubeuren sowie Gerhausen hindurch und weiter bis nach Altental. Hier führt die B 28 unter der Bahnlinie hindurch. Nach weiteren 1,2 km befindet sich links der Straße ein größerer Parkplatz, hier parken.

Lage

Die Wand befindet sich inmitten von Laubwald. 2012 sind einige der alten Laubbäume umgestürzt, respektive gefällt worden, deshalb deutlich mehr Licht. die Routen sind nach allen Seiten ausgerichtet und der Wandfuß ist weitestgehend eben. Die Lage nahe der viel befahrenen Straße verhilft zu einer kurzen Zugangszeit, hat aber hinsichtlich des Geräuschpegels auch ihre Nachteile.

Zugang

Vom Parkplatz aus links an der kleinen Hütte vorbei auf einen schmalen Pfad und in 2 Minuten bergauf zum Wandfuß.

Zugangszeit etwa 2 Minuten.

Naturschutz

Umlenken, ansonsten keine außergewöhnlichen Einschränkungen.

Lower off all routes.

Ganz links 15 m, N

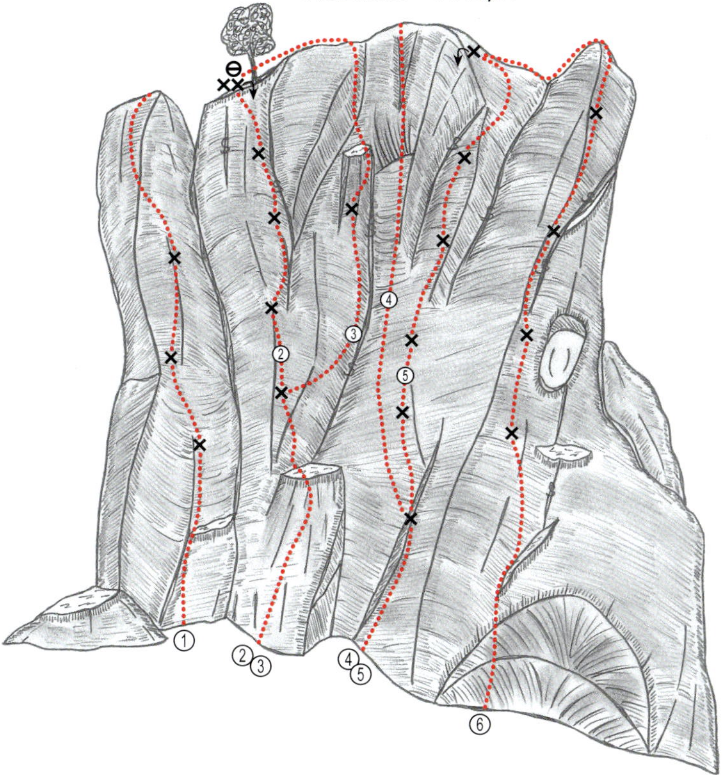

1	**Bergseite**	**4+**	
2	**Woodstock generation**	**6+**	*Knackige Risskletterei.*
3	**Bollaschua**	**6-**	*Kaum abgesicherte Variante, Keile!*
4	**Durststrecke**	**6**	*Derzeit clean, oben im Überhang soll noch ein Haken gesetzt werden.*
5	**Osterei**	**4+**	*Verschneidung, großgriffig und gut abgesichert.*
6	**Mackweg**	**6+/7-**	*Der Einstieg ist schon mal happig und nicht abgesichert. Im oberen, leicht überhängenden Teil muss ebenfalls nochmals kräftig Gas gegeben werden.*

4.8 Katzentaler Fels 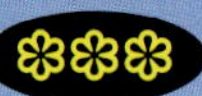

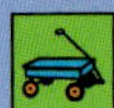 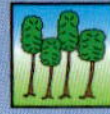 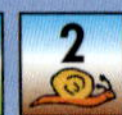

Links **15-20 m, NW**

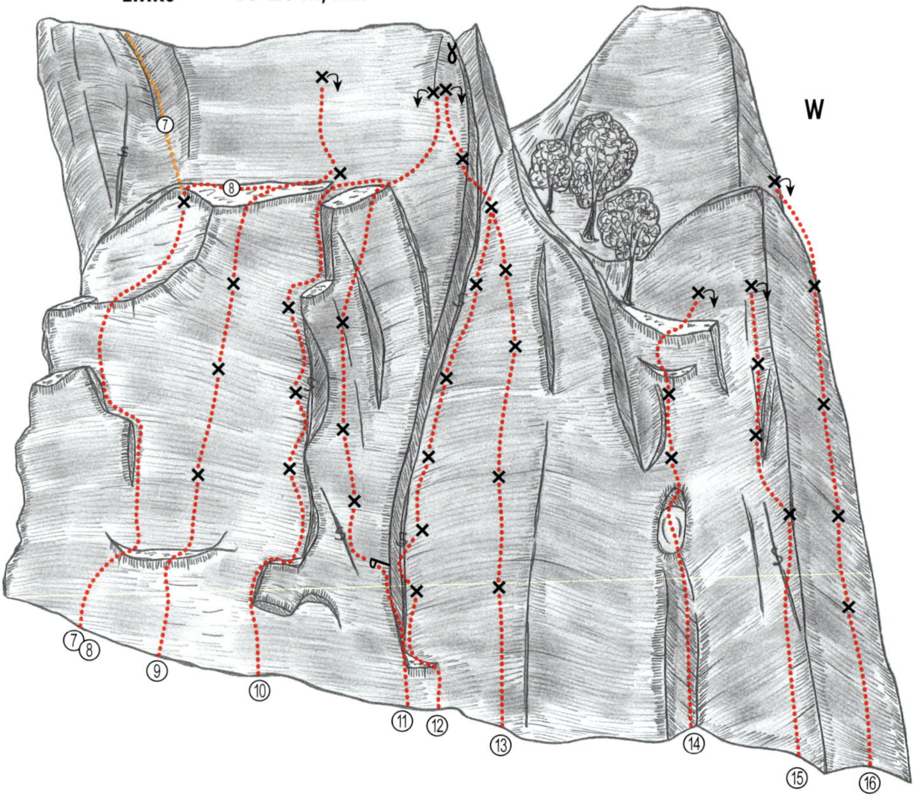

W

⑦ ⑧ ⑨ ⑩ ⑪ ⑫ ⑬ ⑭ ⑮ ⑯

7	**Normalweg links**	**3-**	*Neue Linksausstiegsvariante.*
8	**Normalweg**	**2+**	
9	**Neidruckt**	**6-**	
10	**Schiefer Riss**	**3+**	*Der eine oder andere Keil macht das Ganze noch entspannter.*
11	**Einäugige**	**5+**	*Zusätzlicher Stopper am Ein- und Ausstieg hilfreich. Einstieg alternativ über links mit Köpflschlinge und nach rechts zum 1. BH.*
12	**Piazriss**	**6-**	*Schöne Risskletterei. Extrem poliert, der ursprüngliche Grad 6- lässt sich vielleicht noch bei Kälte erahnen, im Sommer deutliche Tendenz zur 6+.*
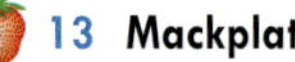 13	**Mackplatte**	**6+**	*In der glatten und bereits ziemlich speckigen Platte muss man ordentlich zupacken.*
14	**Baumweg**	**6-**	
15	**Südwestkante**	**6-**	
16	**Bodo Ballermann**	**8..9-**	*Die Schwierigkeiten ergeben sich hier je nach gewähltem Weg, glatte Platte.*

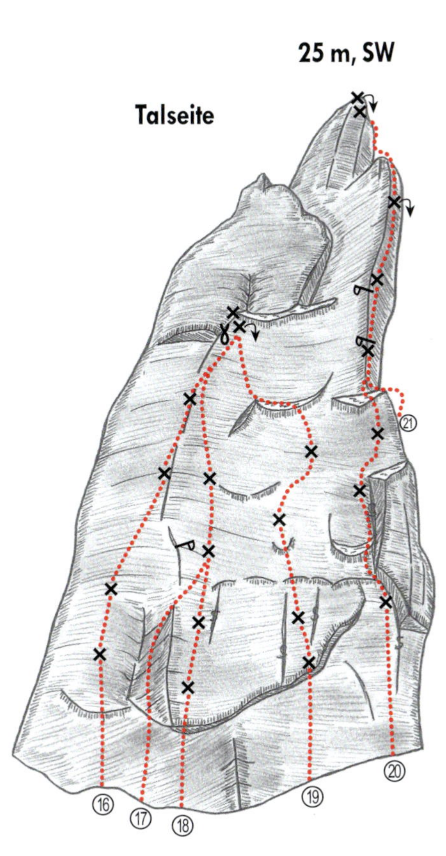

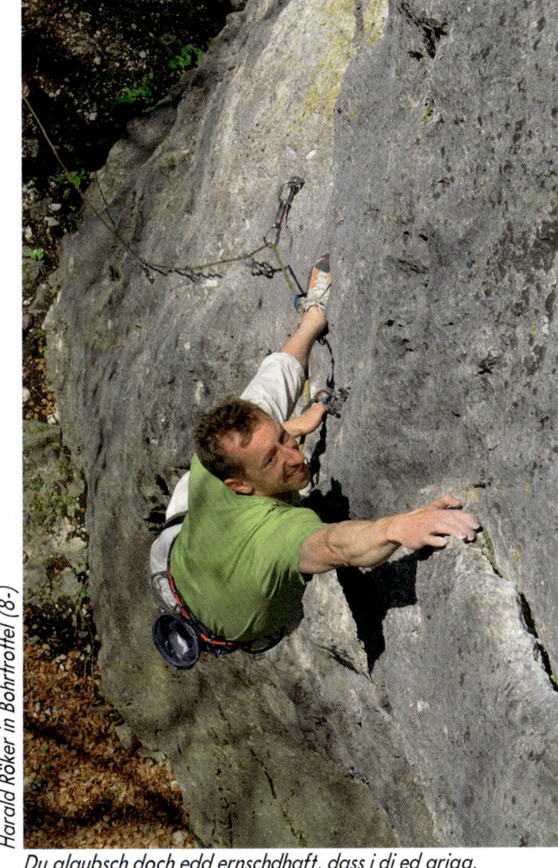
Harald Röker in Bohrtrottel (8-)

Du glaubsch doch edd ernschdhaft, dass i di ed griag, bloos weil i mi a bissle lang macha muaß... Ha!

17 Dir. Südwand + Mackeinstieg	**7+**	*Die Autoren sind der Meinung, dass dieser Einstieg heute Carmodram ist. In den 80er Jahren ist uns in dieser Route, die damals bereits mit 7+ bewertet war, eine entscheidende gute Schuppe ausgebrochen. Danach war die Route deutlich schwerer.*
18 Carmodram	**8-/8**	*Brutaler Start, oben anhaltend.*
19 Krausweg	**7+/8-**	*Schwerer Start, oben extrem kleingriffig.*
20 Kantenfeeling	**6+/7-**	*Relativ brüchig und sparsam gesichert, Keile!*

4.8 Katzentaler Fels 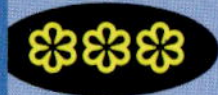

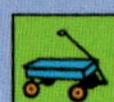 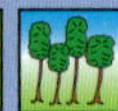 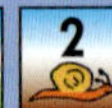

Rechts **22 m, SO**

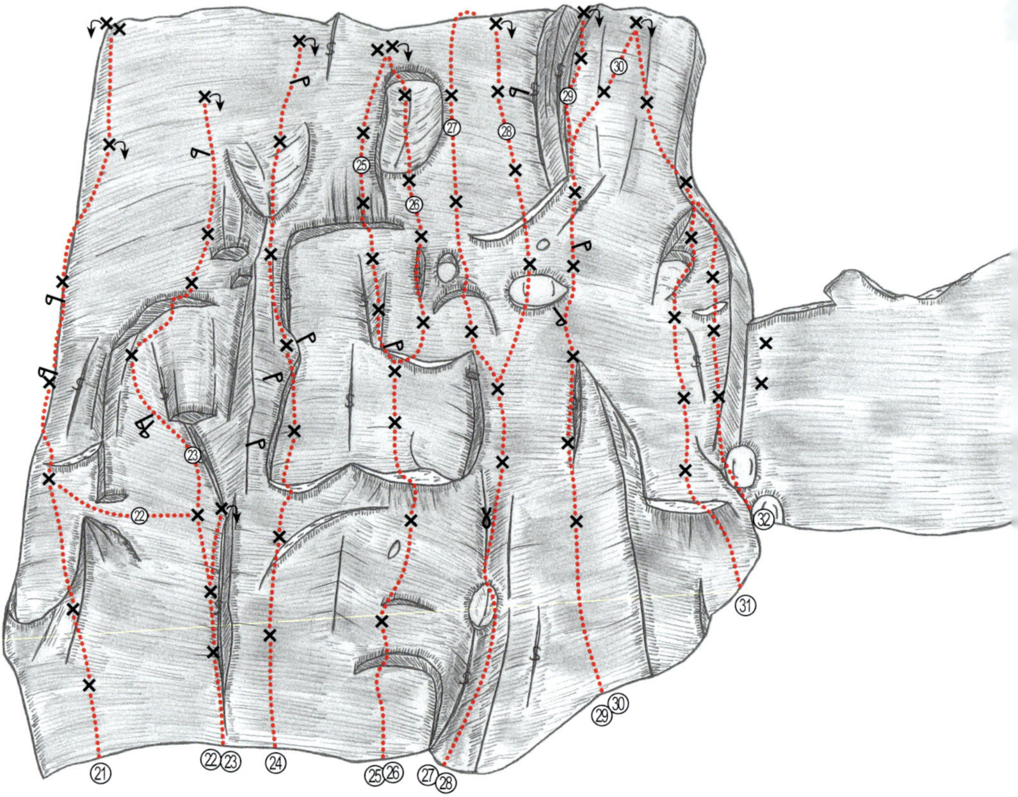

21	**Il gatto nero**	**6+**	
22	**Verbindungsvariante**		
23	**Rammstein**	**7**	
24	**Alte Ostwand**	**6**	*Steil, ausdauernd, glatt.*
25	**Meiranger Glob**	**8+**	
26	**Wildkatze**	**8**	
27	**Geisterstiege**	**8-**	
28	**Rubbel die Katz**	**8**	
29	**Bohrtrottel li. Ausstieg**	**8-**	*Oben über den Riss raus.*
30	**Bohrtrottel re. Ausstieg**	**8-**	*Harte Plattenkletterei mit technisch schweren Passagen, nicht überversichert!*
31	**Däumling**	**7**	*Wandkletterei mit schwerer Stelle am kleinen Überhang.*
32	**Vatertagsausflug**	**7**	*Etwas heikel abgesichert, Sicherungspartner sollte gut aufpassen.*

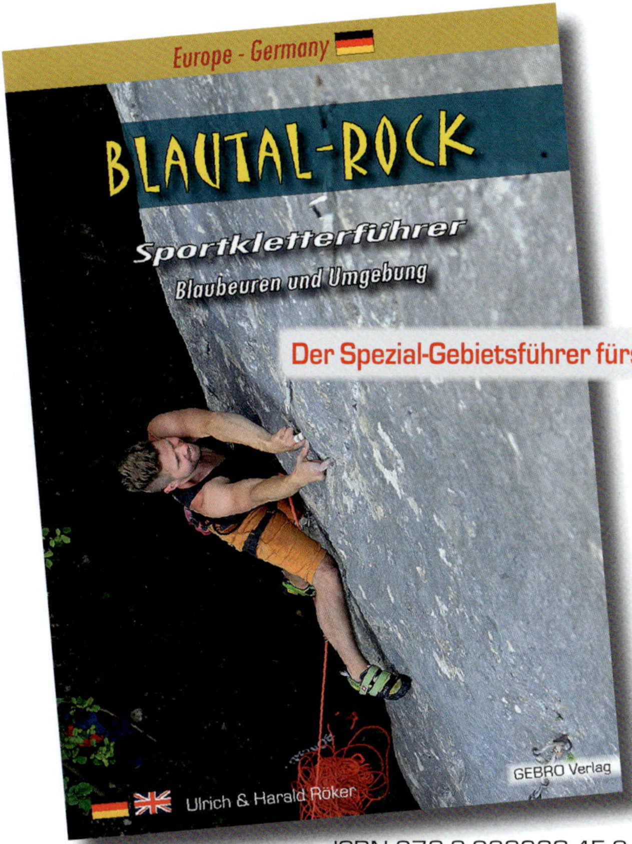

Allgäu

The climbing and bouldering destination in the German Alps

Das Allgäu ist die beliebteste deutsche Ferienregion am Rand der Alpen
Außer Klettern gibt es jede Menge Möglichkeiten der Freizeitgestaltung: Wandern, Radfahren, Bike-Trails, Gleitschirmfliegen, zahlreiche Badeseen, Sommerrodelbahnen, Klettersteige usw.

The Allgäu is the most popular german holiday region at the border of the Alps
Additionally to climbing there are a pile of possibilities to enjoy life: hiking, cycling, bike-trails, paragliding, numerous lakes for swimming, summer tobboggan runs, many via ferrata etc.

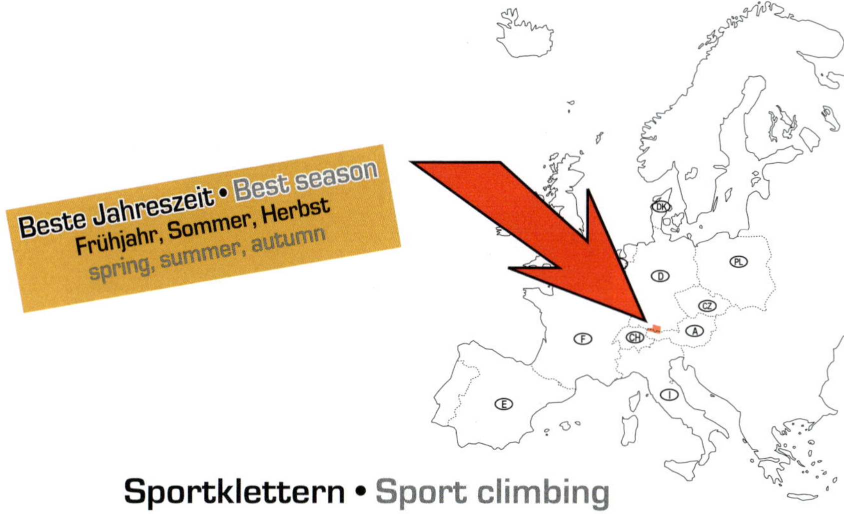

Sportklettern • Sport climbing

86 Sportklettergebiete mit mehr als 2250 Routen
Gute Absicherung in allen Gebieten
Alle Schwierigkeiten von einfach bis XI/XI+ (9a+)

86 sport climbing areas with more than 2250 routes
Well protected routes in all areas
All difficulties from easy to XI/XI+ (9a+)

Bouldern • Bouldering

26 Bouldergebiete mit mehr als 1850 Boulderproblemen
Vielfältige Gesteinsarten: Kalk, Konglomerat, Dolomit, Sandstein
Alle Schwierigkeiten von Fb 1 bis Fb 8b+ (bloc) und Fb 8c (trav)
Inklusive Hot Spot Hinterstein mit 870 Problemen

26 bouldering areas with more than 1850 problems
Various rock types: limestone, conglomerate, dolomite, sandstone
All difficulties from Fb 1 to Fb 8b+ (bloc) and Fb 8c (trav)
Including the hot spot Hinterstein with 870 problems

Gebietsinfos und viele Bilder auf • info to the area and many photos on:

www.blocheart.de

Notizen

Index

Fels	Seite	≤ 3	4	5	6	7	8	9	10	Gesamt
1 - Reutlinger + Uracher Alb	**20**									
1.1 - Wackerstein **	23	-	1	7	9	15	4	1	-	37
1.2 - Wiesfels ***	30	3	11	15	12	14	5	2	-	63
1.3 - Rossfels ***	38	-	5	6	9	11	3	-	-	35
1.4 - Hannerfelsen **	42	-	4	5	22	38	23	6	-	110
1.5 - Sirchinger Nadeln ***	60	8	2	7	13	18	28	10	-	96
1.6 - Baldecknadeln *	82	1	-	3	4	7	11	4	-	32
1.7 - Hockenlochfels **	86	2	3	14	7	5	1	1	-	34
1.8 - Geschlitzter Fels Nebenfels ***	92	-	2	3	5	7	7	8	-	34
1.9 - Geschlitzter Fels ***	96	-	2	3	4	8	6	7	1	33
1.10 - Linke Wittlinger Felsen ***	101	-	6	13	25	49	29	11	3	138
2 - Lenninger Alb	**116**									
2.1 - Neuffener Parkplatzfels **	118	1	10	13	17	14	4	-	-	60
2.2 - Schlupffels **	128	2	3	8	5	10	3	-	-	31
2.3- Friedrichstürme **	132	-	-	3	13	12	6	1	-	35
2.4 - Gelber Fels **	140	-	1	4	12	14	3	-	-	36
2.5 - Gelber Fels Unt. Nebenfels **	144	-	-	-	-	3	1	2	4	10
2.6 - Gelber Fels Ob. Nebenfels **	145	1	3	3	4	8	-	-	-	19
2.7 - Tückewand **	147	-	3	6	1	5	8	4	-	28
2.8 - Listnadel *	152	1	2	2	2	3	-	-	-	10
2.9 - Stellfels *	155	2	2	3	5	5	7	4	1	31
2.10 - Kesselwand ****	159	-	-	4	36	55	26	25	8	156
2.11 - Schwarze Wand ***	180	-	-	-	12	14	7	2	-	35
2.12 - Kompostfels **	186	-	2	7	5	7	-	-	-	21
2.13 - Reußenstein **	190	2	7	12	38	40	19	5	-	124
2.14 - Katzenfels *	203	-	-	-	5	4	6	3	-	20
3 - Ostalb	**206**									
3.1 - Degginger Nordalb **	210	-	-	-	6	9	4	4	-	24
3.2 - Kleine Hausener Wand **	214	-	-	1	11	14	1	-	-	27
3.3 - Amazonenfels **	222	-	-	-	10	13	6	2	-	31
3.4 - Frühstücksturm *	226	-	-	1	2	6	2	-	-	11
3.5 - Jungfraufels **	228	1	1	3	9	5	5	3	-	29
3.6 - Kahlenstein Nordfels *	233	1	3	1	7	10	-	-	-	22
3.7 - Kahlenstein Südfels **	236	-	1	1	5	10	3	-	-	20
3.8 - Kuhfels (Kuchfels) ***	240	1	1	1	9	11	2	-	-	25
3.9 - Löwin **	242	1	2	2	7	8	4	-	-	24
3.10 - Drehfels **	246	-	-	1	5	7	-	-	-	13
3.11 - Spielerwand **	250	-	-	-	-	2	8	5	-	15
3.12 - Roggenstein **	254	1	1	1	5	15	4	-	-	27
3.13 - Gabelfels **	260	-	-	-	-	1	3	5	-	9
3.14 - Donaldstein *	262	1	-	3	7	10	2	2	-	27
3.15 - Beutelfels **	266	1	4	3	4	2	1	-	-	15
3.16 - Rosenstein Westfels ****	272	-	-	1	9	14	15	6	3	48
3.17 - Rosenstein Mittelfels ****	284	2	7	9	11	17	14	1	-	63
3.18 - Rosenstein Ostfels ***	291	-	-	1	5	11	7	-	-	24
3.19 - Bindstein ***	297	-	-	2	6	15	5	3	-	32
3.20 - Falkenstein ****	303	-	-	5	15	20	9	2	-	52
3.21 - Burgfels ***	312	-	1	1	7	22	8	4	-	45
3.22 - Sonntagsfels **	318	-	-	1	1	4	4	4	-	14
3.23 - GG-Pfeiler *	320	-	-	-	3	3	-	-	1	7
3.24 - Bachfels ***	322	3	5	4	10	11	7	2	-	42
3.25 - Wilder Hund **	330	-	-	9	5	4	11	-	-	30
3.26 - Mittlere Wand ***	332	2	8	9	19	8	8	-	-	54
3.27 - Jungfraufelsen **	336	2	5	9	4	4	-	-	-	24
3.28 - Kleiner Herwartstein **	340	-	-	3	2	6	6	1	-	18
3.29 - Großer Herwartstein ****	343	-	-	-	-	3	5	6	2	20
4 - Blautal	**346**									
4.1 - Böllisburren ***	348	1	1	4	7	11	-	3	-	27
4.2 - Sotzenhausener Nägelesfels ***	351	-	1	4	2	6	-	-	-	13
4.3 - Peilerturm **	354	-	2	-	3	5	4	1	-	15
4.4 - Kreuzfels ****	357	-	-	1	3	19	9	5	-	37
4.5 - Blaufels ***	362	-	-	3	4	8	5	-	-	20
4.6 - Breitfels **	364	5	4	8	5	7	5	1	1	38
4.7 - Wannenwändle **	368	-	-	1	4	2	1	-	-	8
4.8 - Katzentaler Fels ***	370	3	2	1	10	6	8	1	-	32
	Gesamt	48	118	235	487	695	383	157	24	2210

63 Proj./Techno/Sonstiges